Responsabilidade por Dívidas do Casal

Responsabilidade por Dívidas do Casal

ALGUMAS (OUTRAS) REFLEXÕES EM TORNO DO REGIME DA RESPONSABILIDADE POR DÍVIDAS DOS CÔNJUGES

2021 • Volume II

Cristina Araújo Dias
Professora Associada com Agregação da Escola de Direito da Universidade do Minho

ALMEDINA

RESPONSABILIDADE POR DÍVIDAS DO CASAL

AUTORA

Cristina Araújo Dias

EDITOR

EDIÇÕES ALMEDINA, S.A.

Rua Fernandes Tomás, nºs 76-80

3000-167 Coimbra

Tel.: 239 851 904 · Fax: 239 851 901

www.almedina.net · editora@almedina.net

DESIGN DE CAPA

EDIÇÕES ALMEDINA, S.A.

PRÉ-IMPRESSÃO

João Jegundo

IMPRESSÃO E ACABAMENTO

Maio, 2021

DEPÓSITO LEGAL

ALMEDINA | GRUPOALMEDINA

BIBLIOTECA NACIONAL DE PORTUGAL – CATALOGAÇÃO NA PUBLICAÇÃO

DIAS, Cristina M. Araújo

Responsabilidade por dívidas do casal. – 2 v. – (Monografias)
V. 2: Algumas (outras) reflexões em torno do regime da responsabilidade por dívidas dos cônjuges. - p. - ISBN 978-972-40-9550-9

CDU 347

NOTA PRÉVIA

Depois de um primeiro trabalho em que efetuámos uma análise crítica do regime da responsabilidade por dívidas do casal, apresentamos neste estudo algumas matérias conexas com o regime da responsabilidade por dívidas.

A regulamentação do regime da responsabilidade por dívidas dos cônjuges, tal como nos surge atualmente, toca outros aspetos do regime patrimonial do Direito da Família. O regime da administração e disposição dos bens do casal, a relevância dos regimes de bens, as compensações pelo pagamento de dívidas e a partilha dos bens são alguns dos problemas a abordar (e a articular) com o regime da responsabilidade por dívidas.

Depois da análise do regime da responsabilidade por dívidas em si, impõe-se estudar nesta obra a sua articulação com as restantes regras reguladoras das relações patrimoniais entre os cônjuges, e, desde logo, com o regime da administração e disposição dos bens do casal, onde o legislador não parece ter tido grandes preocupações de harmonização.

Importará também abordar a repercussão do regime de bens e do respetivo regime da responsabilidade por dívidas na proteção dos credores.

O problema da responsabilidade por dívidas pode colocar-se, de igual modo, no domínio da liquidação e partilha dos bens do casal: por um lado, nas relações internas entre os cônjuges (sendo de analisar as compensações devidas pelo pagamento de dívidas bem como os eventuais créditos entre os cônjuges); por outro lado, nas relações com terceiros credores, sendo de resolver o problema do passivo não partilhado e do passivo existente no momento da liquidação e contraído após a dissolução do casamento.

A análise das diferentes matérias de caráter patrimonial que tocam o regime da responsabilidade por dívidas dos cônjuges procura ser exaustiva e detalhada, assumindo-se como uma reflexão crítica sobre as mesmas.

PRINCIPAIS ABREVIATURAS

AAFDL – Associação Académica da Faculdade de Direito de Lisboa
ac. – acórdão/acórdãos
al. – alínea
art. – artigo
arts. – artigos
BGB – Bürgerliches Gesetzbuch
BMJ – Boletim do Ministério da Justiça
Bull. Civ. – Bulletin des arrêts de la Cour de Cassation (chambres civiles)
Cass. – Cour de Cassation
cfr. – confira
cit. – citada
Civ. 1.re – Cour de Cassation, première chambre civile
Cód. – Código
Col. Jurisp. – Coletânea de Jurisprudência
CRP – Constituição da República Portuguesa
Dec. – Decreto
Dec.-Lei – Decreto-Lei
DP – Recueil périodique et critique mensuel Dalloz
Defrénois – Répertoire du notariat Defrénois
ed. – edição
FamRZ – Zeitschrift für das gesamte Familienrecht
For. it. – Il Foro Italiano
Giur. It. – Giurisprudenza Italiana
Giur. Mer. – Giurisprudenza di Merito
Giust. Civ. – Giustizia Civile
JCP – Juris-Classeur Périodique
JR – Jurisprudência das Relações
MünchKomm – Münchener Kommentar zum Bürgerlichen Gesetzbuch
nº – número
NJW – Neue Juristische Wochenschrift

ob. – obra
p. – página
pp. – páginas
p. ex. – por exemplo
RC – Relação de Coimbra
RDES – Revista de Direito e Estudos Sociais
Rdn. – Randnummer
RE – Relação de Évora
Req. – Cour de cassation, chambre des requêtes
RG – Relação de Guimarães
RL – Relação de Lisboa
RLJ – Revista de Legislação e de Jurisprudência
RP – Relação do Porto
RTDC – Revue Trimestrielle de Droit Civil
segs. – seguintes
STA – Supremo Tribunal Administrativo
STJ – Supremo Tribunal de Justiça
v. – ver
vol. – volume

I
Introdução e considerações prévias

A responsabilidade por dívidas dos cônjuges e outras matérias de ordem patrimonial do estado de casado

Como se sabe, o regime da responsabilidade por dívidas no âmbito da relação conjugal apresenta particularidades face ao Direito comum das Obrigações. A comunhão de vida conjugal justifica a adoção de mecanismos mais adequados e especiais. Desde logo, convém salientar que, ao contrário do que vale para a generalidade das obrigações, as dívidas comunicáveis dos cônjuges podem ser contraídas por um só cônjuge (cfr. o art. 1691º, nº 1, do Cód. Civil)[1]. Por outro lado, pelas dívidas comuns respondem, nos termos do art. 1695º, nº 1, os bens comuns do casal e, na falta ou insuficiência deles, solidariamente os bens próprios de qualquer dos cônjuges, ou seja, o património de um dos cônjuges pode ser chamado a pagar dívidas para além da quota de responsabilidade que lhe competiria. O mesmo se refira quanto ao património comum, nos termos do art. 1696º, frequentemente chamado a responder por dívidas próprias[2].

Tivemos já a oportunidade, numa outra obra, de analisar este regime especial da responsabilidade por dívidas dos cônjuges que constitui um desvio ao Direito das Obrigações. As diferenças são essencialmente no caso dos regimes de comunhão onde, além dos patrimónios próprios dos cônjuges, existe um património comum que pode responder pelas dívi-

[1] Sempre que no texto sejam citados artigos, sem indicação expressa do diploma a que pertencem, a menção reporta-se ao Cód. Civil.

[2] Haverá, obviamente, nestes casos, uma compensação, nos termos do art. 1697º.

das contraídas por um ou ambos os cônjuges. Em todo o caso, também no regime de separação de bens as regras gerais são alteradas, nomeadamente pelo facto de um cônjuge contrair uma dívida que poderá responsabilizar também (ainda que por metade) o património do outro (art. 1695º, nº 2).

A legislação anterior ao Cód. de Seabra não regulava a matéria da responsabilidade por dívidas de forma abrangente, deixando à margem vários problemas. A lei não referia os bens que respondiam pelas dívidas, presumindo-se que eram todos (salvo os bens dotais) e cabia ao marido, como administrador, o seu pagamento. Ora, a referida regulamentação até se compreendia pois a lei apenas regulava as questões que habitualmente surgiam e que se ligavam à contração de dívidas pelo marido. Assim, ainda que algumas referências possam encontrar-se nas Ordenações à matéria da responsabilidade por dívidas, o certo é que tal regulamentação surge, de forma clarificada, no Cód. de Seabra.

O Cód. Civil de 1867 conservou as desigualdades existentes entre marido e mulher, dado que, por regra, a mulher não podia contrair dívidas sem autorização do marido e este, qualquer que fosse o regime matrimonial, podia contraí-las por si só, sem consentimento da mulher, responsabilizando os seus bens próprios e a sua meação nos adquiridos. De facto, o marido, na sua qualidade de chefe de família, podia obrigar, sem consentimento da mulher, os seus bens próprios e a sua meação nos bens comuns; a mulher não tinha legitimidade para, por si só, contrair dívidas, porque não tinha poderes administrativos, não podendo responsabilizar sequer os seus bens próprios se não tivesse o consentimento do marido (salvo nos casos dos arts. 1116º, 1128º e 1129º, nº 4 (no regime de separação de bens), e 1192º do Cód. de Seabra).

De uma forma geral, nos regimes da administração e disposição dos bens e da responsabilidade por dívidas (e, em geral, nas relações patrimoniais entre os cônjuges) salientava-se a ideia de supremacia do marido em relação à mulher. Tal supremacia resultava de a administração dos bens do casal ser atribuída ao marido, apenas pertencendo à mulher na sua falta ou impedimento (art. 1189º do Cód. de Seabra), não podendo esta regra ser alterada em convenção antenupcial (art. 1104º do Cód. de Seabra). A mulher casada era considerada totalmente incapaz em atos de natureza patrimonial visando-se, com isso, dar à sociedade conjugal, no interesse da família, unidade de direção e de governo. De facto, a supremacia do marido raramente era justificada por uma ideia de desigualdade ou de inferioridade da mulher, mas para proteção da família, pela necessidade de uniformizar a administração da sociedade conjugal.

Um dos traços caraterísticos do projeto do Cód. Civil de 1966 era a maior independência e autonomia da mulher casada e a sua progressiva emancipação económica. Tal fenómeno, entre outros, foi destruindo a antiga conceção patriarcal, autoritária do grupo familiar, assente na superioridade conjugal do marido. No âmbito das relações pessoais e patrimoniais entre os cônjuges, o novo código amplia os poderes da mulher casada, eliminando certas limitações infundadas à sua capacidade, ao mesmo tempo que eleva à categoria de regime supletivo de bens o da comunhão de adquiridos em lugar da comunhão geral. Porém, apesar de considerar a maior independência da mulher casada como um dos sinais mais caraterísticos dos tempos modernos, o projeto não aceitou as profundas consequências que esse movimento implicaria no domínio das relações familiares. De facto, o projeto não proclamou a igualdade jurídica dos cônjuges, a qual acabaria por destruir a necessária unidade da família. Foi em nome dessa unidade familiar que o Cód. Civil de 1966 continuou a aceitar o princípio da chefia do marido e a manter certas restrições na esfera pessoal e patrimonial da mulher casada. Manteve-se a supremacia da mulher no governo doméstico e imputou-se ao marido a principal responsabilidade pelo sustento económico da família (arts. 1677º e 1879º do Cód. Civil de 1966). O poder de decisão nos assuntos de interesse comum e o direito de representação da família continuavam a pertencer ao marido, sem quebra da dignidade da mulher que deveria ser ouvida acerca deles (art. 1880º do Cód. Civil de 1966).

A Reforma de 1977 traduziu essencialmente a adaptação do Cód. Civil à CRP, pautada pelo princípio da igualdade dos cônjuges (art. 36º da CRP). Tal igualdade teve, obviamente, reflexos nas relações pessoais entre os cônjuges (arts. 1671º e segs.) e nas relações paterno-filiais e exercício das responsabilidades parentais, mas também no domínio das relações patrimoniais entre os cônjuges, nomeadamente, no campo da administração e disposição dos bens do casal (desaparece a figura do marido como único administrador dos bens, surgindo dois administradores com poderes administrativos próprios e com poderes de disposição) e da responsabilidade por dívidas (se, mesmo à luz do Cód. Civil de 1966, ambos os cônjuges tinham legitimidade para contrair dívidas, tal regra pouco significava para a mulher que tinha limitados poderes administrativos).

A regulamentação do regime da responsabilidade por dívidas dos cônjuges, tal como nos surge atualmente, toca outros aspetos do regime patrimonial do Direito da Família. O regime da administração e disposição dos bens do casal, a relevância dos regimes de bens, as compensações pelo pagamento de dívidas e a partilha dos bens são alguns dos problemas a abordar (e a articular) com o regime da responsabilidade por dívidas.

O regime da responsabilidade por dívidas regulado no Cód. Civil tem presente que a relação conjugal impõe uma obrigação de comunhão de vida que implica necessariamente uma certa osmose patrimonial. Não temos um regime em que se assiste a uma completa separação de patrimónios responsáveis, cada um, pelas respetivas dívidas[3]. Esta realidade exige uma regulamentação própria e especial para as dívidas dos cônjuges que procura conciliar a vida conjugal e a interpenetração patrimonial, por um lado, e o equilíbrio entre os diferentes patrimónios existentes e uma certa proteção dos terceiros credores, por outro lado.

Com efeito, o problema da responsabilidade por dívidas coloca-se no decurso do casamento (um determinado credor, querendo obter o pagamento de um crédito, precisa saber quem pode demandar judicialmente) e, por isso, há que analisar o seu regime no decurso do mesmo, a sua ligação com o regime da administração e disposição dos bens do casal e sua articulação nos diferentes regimes matrimoniais.

Mas aparece-nos, de igual modo, no momento da liquidação e partilha dos regimes matrimoniais. Só que aqui o problema desloca-se das relações dos cônjuges com terceiros credores[4], para o relacionamento entre

[3] Nem mesmo no regime de separação de bens. Jacques Leroy, "Perspectives sur le devenir du régime de la séparation de biens", *RTDC*, 1983, p. 34, afirma que a simplicidade da separação de bens desaparece com a inevitável confusão de bens no decurso do casamento e, consequentemente, das respetivas dívidas.

[4] Relações essas que, até à partilha, são reguladas pelas normas previstas nos arts. 1690º e segs. Contrariamente ao disposto no Cód. Civil francês (arts. 1482º e segs.), o nosso ordenamento jurídico não prevê a regulamentação das dívidas dos cônjuges depois de realizada a partilha, ou seja, a situação de a dívida ser contraída no decurso do casamento (art. 1690º, nº 2) e o credor apenas a vir exigir depois da dissolução do mesmo e partilha dos bens (sem que nesta se tenha considerado tal dívida). Parece-nos que se a dívida for própria (com base nos arts. 1691º e segs.) só responderão os bens próprios do ex-cônjuge devedor (onde se incluirá a sua meação nos bens comuns que, com a partilha, ingressa no seu património próprio). Se a dívida for comum, responderão os dois cônjuges na proporção em que receberam a sua meação, tratando-se de um dos regimes de comunhão. Não existindo esta meação (ou se se

os próprios cônjuges (dando origem às compensações e/ou aos créditos entre cônjuges).

Não faremos aqui uma abordagem do regime da responsabilidade por dívidas dos cônjuges, da legitimidade para contrair dívidas, da determinação das dívidas próprias e das comuns, do apuramento do regime da responsabilidade pessoal e patrimonial pelas mesmas, uma vez que já o fizemos numa outra obra[5].

Impõe-se aqui o estudo da articulação do regime da responsabilidade por dívidas com as restantes regras reguladoras das relações patrimoniais entre os cônjuges, e, desde logo, com o regime da administração e disposição dos bens do casal, onde o legislador não parece ter tido grandes preocupações de harmonização. A regulamentação do passivo no âmbito dos efeitos patrimoniais do casamento deve encontrar o seu paralelo, e a sua razão de ser, na organização do ativo e no regime de administração e disposição dos bens. Só existindo certas regras de administração e poder de disposição de determinados bens se justifica a responsabilidade desses mesmos bens no pagamento de certas dívidas. Numa altura em que o marido era o único administrador dos bens do casal, não podia justificar-se que a mulher pudesse contrair quaisquer dívidas ou por elas responsabilizar o património comum ou o património do marido (não podendo administrar os bens não teria sentido obrigá-los por dívidas); e, por outro lado, justificava-se que as dívidas contraídas pelo marido responsabilizassem todos os bens do casal. Com o princípio da igualdade jurídica entre os cônjuges e a repartição dos poderes de administração (e de disposição, daqueles dependentes) por ambos os cônjuges, o regime da responsabilidade por dívidas adaptou-se para poder articular-se com tais poderes. De facto, com uma nova disposição dos poderes dos cônjuges era necessária uma nova regulação da administração dos bens do casal e, em consequência, da responsabilidade por dívidas do casal. As relações patrimoniais com terceiros não podem deixar de coincidir com as relações patrimoniais entre os cônjuges, assentes no princípio da igualdade.

diluiu no património próprio), não parece justo afetar os credores com a partilha, ou seja, poderão estes exigir o pagamento da divida solidária ou conjuntamente aos cônjuges (por força do art. 1695º, nºs 1 e 2). Remetemos a análise desta questão para o respetivo capítulo.

[5] Cristina Dias, *Responsabilidade por dívidas do casal – evolução legislativa e doutrinal e análise crítica do regime atual*, volume I, Coimbra, Almedina, 2021.

É esta aparente (des)articulação que analisaremos ao abordar o regime de administração e disposição dos bens do casal e a sua ligação com o regime da responsabilidade por dívidas. De facto, tal como anteriormente se entendia que a mulher, dado que não tinha capacidade para administrar os bens, não tinha legitimidade para contrair dívidas em relação aos bens que não administrasse, também deveria funcionar o mesmo em relação a ambos os cônjuges. Ora, o que pode acontecer é o cônjuge não poder dispor livremente de um bem, mas acabar por onerá-lo ou aliená-lo por força do regime da responsabilidade por dívidas. Daí a necessidade da análise do referido regime de administração e disposição dos bens do casal, da identificação das eventuais desarticulações e a sua possível justificação ou necessidade de alteração.

Os poderes do cônjuge administrador vão além da mera administração, abrangendo poderes de disposição dos móveis comuns ou próprios do cônjuge administrador (art. 1682º). No conceito amplo de administração do cônjuge cabem todos os atos de gestão patrimonial para cuja prática ele não careça do consentimento do outro, ou seja, incluem-se não só os atos de conservação e frutificação normais dos bens, mas também certos atos de disposição e oneração dos bens. O mesmo pode dizer-se quanto à contração de dívidas no exercício da administração. Podendo qualquer um dos cônjuges contrair dívidas (art. 1690º) que podem ser comuns (p. ex., e desde logo, por força do art. 1691º, nº 1, al. *c*)), pode provocar-se algum prejuízo no património comum (e indiretamente ao outro cônjuge, na sua meação), sem que, à partida, o cônjuge administrador seja responsabilizado pelos seus atos. Por isso, importará analisar também este problema, ou seja, o da eventual e necessária responsabilização do cônjuge administrador.

O nosso legislador regulou a situação normal da vida familiar, mas "esqueceu" a previsão de eventuais medidas de regulação das situações de crise. De facto, não é quando a vida matrimonial corre normalmente que os problemas da administração e disposição dos bens do casal se colocam. Quando surgem situações de crise (de desentendimentos, separação de facto...) é que as dificuldades surgem e impõe-se a sua regulamentação pelo Direito. E aqui o nosso ordenamento jurídico falha, como veremos, fazendo prevalecer a teoria da fragilidade da garantia e a não intromissão do tribunal na vida familiar. O que, no nosso entendimento, só agrava as crises familiares.

Veremos que seria importante distinguir, e no caso de se tratar de uma dívida que envolva atos de administração de bem comum (e fora da hipótese prevista no art. 1691º, nº 1, al. *c*)), em matéria de responsabilidade patrimonial (e a admitir a redação atual do art. 1695º), de entre as dívidas que responsabilizam os patrimónios próprios dos cônjuges em qualquer regime de bens, as que foram contraídas no exercício da administração ordinária dos bens comuns e as que excederam esse exercício. Só assim se articulam os regimes de administração e de responsabilidade por dívidas. Caso contrário, pode responder o património do cônjuge não contraente (e mesmo na totalidade, no caso do art. 1695º, nº 1) por uma dívida assumida pelo seu cônjuge quando este não tem a administração do bem em causa.

Em matéria de administração e de disposição, há uma acentuada autonomia dos cônjuges no exercício de uma atividade comercial e, por isso, não se compreende a desarticulação com o regime da responsabilidade por dívidas onde, sem justificação, permanece a al. *d*) do nº 1 do art. 1691º, considerando comuns as dívidas contraídas no exercício do comércio. De facto, se se entende que o cônjuge no exercício do comércio pode praticar quaisquer atos livremente, não se compreende que pelos mesmos respondam o património comum e o de qualquer um dos cônjuges.

Por outro lado, sabemos que a constituição de direitos reais de garantia exige nos regimes de comunhão o consentimento de ambos os cônjuges, como, p. ex., a constituição de uma hipoteca sobre um bem comum. No caso de incumprimento da obrigação por esta garantida, responde pela dívida o bem comum onerado e todos os bens comuns e, solidariamente, os bens próprios de ambos os cônjuges (art. 1695º). Por isso se justifica a necessidade do consentimento de ambos para a sua constituição. Mas, se se tratar de uma hipoteca sobre um bem próprio, esta carece do consentimento do outro cônjuge para a sua constituição ainda que a dívida seja, em princípio, própria (art. 1694º, nº 2). Assim, não sendo o património comum nem o do outro cônjuge afetado pela constituição desta garantia não se justifica, neste caso, a necessidade do consentimento do outro cônjuge. Além do mais, também no regime de separação, onde a dívida é própria, não há necessidade do consentimento do outro cônjuge para a constituição de tais garantias. E não nos parece que a possibilidade de executar a meação do cônjuge devedor, na falta de bens próprios, seja argumento bastante para defender a necessidade do consentimento. É que qualquer um dos cônjuges pode contrair dívidas que podem mesmo ser comuns e responsabilizar o património comum, e aqui a lei não teve o cuidado de exigir o consentimento (p. ex., no caso do art. 1691º, nº 1, als. *b*), *c*) ou *d*)). O que acontece é que se impõe um consentimento de ambos os cônjuges para a oneração, com direitos reais de garantia, de bens próprios e comuns, nos regimes de comunhão, mas este já não é necessário quando se "oneram" bens comuns com a contração de dívidas.

Quanto à casa de morada da família, a lei exige, em qualquer regime de bens, o consentimento para a sua alienação, oneração, arrendamento ou constituição de outros direitos pessoais de gozo, mas não a protege no caso de execução por dívidas. Ou seja, podendo qualquer um dos cônjuges contrair dívidas sem o consentimento do outro, pode acabar por ser executada, penhorada e vendida a casa de morada da família, seja por dívidas comuns (se for um bem comum) seja por dívida própria (se for bem próprio ou até, sendo bem comum, se se incluir na meação do devedor).

Como referimos, o regime da responsabilidade por dívidas dos cônjuges apresenta especificidades face ao Direito das Obrigações. As diferenças de tal regime face ao regime geral verificam-se essencialmente no caso dos regimes de comunhão onde, além dos patrimónios próprios dos cônjuges, existe um património comum que pode responder pelas dívidas contraídas por um ou ambos os cônjuges. Em todo o caso, também no regime de separação de bens, as regras gerais são alteradas, nomeadamente pelo facto de um cônjuge contrair uma dívida que poderá responsabilizar também (ainda que conjuntamente) o património do outro (art. 1695º, nº 2). Importa, por isso, abordar a repercussão do regime de bens e do respetivo regime da responsabilidade por dívidas na proteção dos credores. É evidente que, à partida, será nos regimes de comunhão que os terceiros credores encontram maior proteção, dado existir um património comum que também responderá pelas dívidas (a título principal ou subsidiário). Procuraremos verificar tal facto e aferir se terá razão de ser num momento em que a autonomia e independência patrimoniais e financeiras dos cônjuges se fazem sentir. Assim, depois de uma abordagem geral dos regimes de bens e dos limites à liberdade de convenção (art. 1699º), tentaremos avaliar o regime da responsabilidade por dívidas à luz de cada regime de bens, na perspetiva da proteção da família e dos credores. Apesar de a lei regular tal matéria independentemente do regime de bens vigente entre os cônjuges, em determinados pontos a vigência de um regime de comunhão ou de separação faz toda a diferença. É esta diferença que procuraremos abordar. Pretendemos aferir das principais diferenças entre os regimes de bens de comunhão e separação, tentando, a partir daí, concluir qual o mais adequado à atual situação patrimonial dos cônjuges.

Como constataremos, não há propriamente um regime puro de comunhão ou de separação, assistindo-se à penetração de ideias separatistas nos regimes de comunhão e de ideias comunitárias no regime de separação. Nos regimes de comunhão, os patrimónios próprios dos cônjuges aumentam em detrimento do património comum, assumindo ambos os cônjuges iguais poderes de administração; na separação de bens prevê-se uma contribuição proporcional dos cônjuges para os encargos do casal, bem como restrições aos poderes do proprietário da casa de morada da família. São estas aproximações entre os dois regimes que levam algumas legislações a tentar combinar os dois, como acontece com o regime de comunhão nos ganhos ou de participação nos adquiridos (*Zugewinngemeinschaft*) da Alemanha, que se traduz numa partilha das valorizações ou uma separação de bens com igualação nos ganhos (*Gütertrennung mit Zugewinnausgleich*).

Não pretendemos assumir uma posição quanto à preferência de um regime de bens de comunhão ou de separação, mas apenas apontar as vantagens ou inconvenientes de cada um do ponto de vista da responsabilidade por dívidas dos cônjuges e interesses de terceiros credores. Em termos gerais, pode dizer-se que o regime de separação beneficia de uma maior simplicidade, assegurando, pelo menos formalmente, uma igualdade entre os cônjuges. Por seu lado, o regime de comunhão de adquiridos tem a vantagem de fazer participar ambos os cônjuges nos bens adquiridos depois do casamento, dando ao cônjuge que se dedica à atividade doméstica, não remunerada, a parte que lhe cabe nos ganhos e economias do outro, correspondendo ao ideal de comunhão dos cônjuges no plano patrimonial. A comunicação dos rendimentos dos bens próprios e das aquisições a título oneroso feitas no decurso do casamento constitui uma justa e proporcionada participação dos dois cônjuges nos resultados dos seus esforços comuns e da colaboração material e moral que mutuamente prestam.

Como já fizemos referência, o problema da responsabilidade por dívidas pode colocar-se também no domínio da liquidação e partilha dos bens do casal: por um lado, nas relações internas entre os cônjuges (sendo de analisar as compensações devidas pelo pagamento de dívidas bem como os eventuais créditos entre os cônjuges); por outro lado, nas relações com terceiros credores, sendo de resolver o problema do passivo não partilhado e do passivo existente no momento da liquidação e contraído após a dissolução do casamento.

A comunhão de vida que existe entre os cônjuges conduz, inevitavelmente, a uma promiscuidade patrimonial. O desenvolvimento normal da vida conjugal força à interpenetração patrimonial, à osmose entre os patrimónios próprios e o comum. É nos regimes de comunhão que tal facto mais acentuadamente se faz sentir, não sendo habitualmente fácil distinguir o que é próprio de cada cônjuge e o que é comum. Partimos, assim, do regime da comunhão de adquiridos como regime supletivo e da regulamentação do regime das compensações pelo pagamento de dívidas, não descurando, porém, o regime de separação.

A referida osmose patrimonial, que ocorre em virtude da comunhão de vida, exige a previsão de determinados mecanismos destinados a realizar um justo equilíbrio patrimonial entre os cônjuges. Na constância do matrimónio é possível que ocorram transferências de valores entre as diferentes massas de bens em presença. Tais transferências darão origem, no momento da partilha dos bens, a créditos e débitos recíprocos: os patrimónios próprios podem ser credores do comum, este daqueles e os próprios de cada um podem ser devedores dos próprios do outro. Tendo por objetivo restabelecer o equilíbrio entre os diferentes patrimónios, as compensações procuram evitar o enriquecimento injusto, como princípio geral de direito, de um património em detrimento de outro, decorrente, em especial, do pagamento de dívidas, por um dos patrimónios, que oneram definitivamente outro património. Por outro lado, a técnica das compensações impõe que se determine o rasto dos movimentos de valores entre os patrimónios, permitindo identificar as transferências que pretendem defraudar a imutabilidade do regime de bens, encobrir negócios jurídicos proibidos ou constituir liberalidades não sujeitas ao regime da revogabilidade.

As particularidades das relações patrimoniais entre os cônjuges, traduzidas na obrigação de comunhão de vida e na realização de um equilíbrio patrimonial justo, exigem um estatuto próprio e uma regulamentação específica face às restantes relações jurídicas estabelecidas entre pessoas não casadas. Por isso, as compensações entre as diferentes massas patrimoniais só são devidas no final da comunhão de vida e partilha dos bens.

O nº 1 do art. 1697º representa uma exceção ao direito de regresso nas obrigações solidárias passivas em geral (cfr. o art. 524º), no que toca ao prazo de exigibilidade. Apresenta-se, assim, como um regime excecional face ao Direito das Obrigações, onde há a exigibilidade imediata de todos os créditos (se alguém é titular de um crédito pode, obviamente, exigir o seu pagamento ao devedor). De facto, no campo obrigacional, não tendo as partes determinado um prazo ou um dia certo para o cumprimento das obrigações, o art. 777º, nº 1, estabelecendo o princípio geral em matéria de obrigações puras, determina que o credor tem o direito de exigir a todo o tempo o cumprimento da obrigação, assim como o devedor pode a todo o tempo exonerar-se dela. O vencimento de tais obrigações fica, assim, na dependência da vontade das partes. Apesar disso, há prestações que, seja pela sua natureza, seja pelas circunstâncias que a determinaram, seja pela força dos usos (art. 777º, nº 2), não podem ser subordinadas ao princípio da imediata exigibilidade. Não parece haver dúvidas de que as compensações pelo pagamento de dívidas do casal, afastando-se do princípio geral do Direito das Obrigações, não são imediatamente exigíveis, sendo diferidas para um momento ulterior ao seu surgimento.

De facto, o art. 1697º, nºs 1 e 2, refere expressamente o "momento da partilha". As razões da proibição da partilha dos bens comuns antes de cessarem as relações patrimoniais entre os cônjuges prendem-se com a ideia da proteção de um património comum especialmente afetado às necessidades da vida familiar. Têm que ver, além disso, com a própria natureza deste património comum, regulado pela lei como um património coletivo, tendo os cônjuges apenas direito a uma meação, em regra, só concretizável após a dissolução do casamento. Faz sentido, portanto, que a liquidação da comunhão ocorra somente no momento da dissolução da mesma e que só nessa altura se concretize o direito de cada um dos cônjuges sobre os bens que fazem parte da comunhão.

Visto que as compensações só têm lugar no momento da liquidação e partilha da comunhão, o problema da atualização dos valores a considerar é muito importante, pelo que a inflação pode tornar o seu valor nominal irrisório. Daí a importância de analisarmos as insuficiências da lei nesta matéria e as hipóteses a apresentar para as superar[6].

Problema que pode também colocar-se no momento da liquidação e partilha é, por um lado, o da regulamentação do passivo não partilhado.

[6] Para uma análise mais aprofundado do regime das compensações pelo pagamento de dívidas, v., Cristina Dias, *Compensações devidas pelo pagamento de dívidas dos cônjuges – análise crítica*, Coimbra, Almedina, 2021.

Será o caso da contração de uma dívida no decurso do casamento, que entretanto foi dissolvido, procedendo-se à liquidação e partilha do regime de comunhão vigente. O credor não reclamou a sua dívida, não constando esta do passivo da comunhão. Uma vez realizada a partilha dos bens, o credor vem reclamar o pagamento da sua dívida, alegando e provando que no momento em que foi contraída a mesma era comum, e, por isso, exigindo o seu pagamento mediante os bens comuns e subsidiariamente sobre os bens próprios de qualquer um dos cônjuges. Ora, não havendo já bens comuns, terá o cônjuge que não contraiu a dívida que a pagar, nos termos do art. 1695º, nº 1, ou seja, pagar mesmo a totalidade da dívida, sendo certo que o casamento já se dissolveu e se procedeu à partilha dos bens comuns?

Esta solução protegeria seguramente melhor os interesses de terceiros credores mas poderá obviamente ser gravosa para o cônjuge que não contraiu a dívida. Contudo, há que proteger o direito dos terceiros credores nestas situações. De facto, e excluindo os casos em que a culpa é sua por não ter reclamado o seu crédito, o credor não pode ser prejudicado pela partilha efetuada entre os cônjuges se detém um crédito que consubstancia uma dívida comum. Além disso, tratando-se de dívida contraída no decurso do casamento (art. 1690º, nº 2) será de aplicar o regime da responsabilidade por dívidas do casal e não pode considerar-se haver qualquer prejuízo para o cônjuge que não contraiu a dívida. O problema estará na concretização prática da responsabilidade patrimonial. Ora, não havendo mais património comum como responderão os cônjuges face a terceiros?

Por outro lado, há que resolver como regular as dívidas contraídas entre o momento da dissolução do regime de bens e a efetiva partilha do mesmo, ou seja, continuarão a aplicar-se as regras do regime de bens (muito embora o casamento tenha já sido dissolvido) ou aplicar-se-ão as regras gerais de qualquer indivisão como se não tivesse existido qualquer regime de bens entre os cônjuges?

O regime de bens termina com a dissolução mas mantém-se a comunhão, pelo que só com a partilha se sabe o que é próprio de um e outro cônjuge e o que é comum, e só nessa altura se apuram e pagam as dívidas. Contudo, terminando as relações pessoais e patrimoniais entre os cônjuges, não tem sentido que se mantenham unidos pelo regime da responsabilidade por dívidas, podendo um cônjuge ser solidariamente responsável por uma dívida que o outro contraiu, só por ainda não se ter procedido à partilha dos bens. O grande problema é a existência de um património comum que permanece até ao momento da partilha. Pelas dívidas já contraídas (art. 1690º, nº 2) será de aplicar o regime da responsabilidade por dívidas do casal. As dívidas a contrair depois da dissolução não deverão sujeitar-se a tal regime que apenas regula as relações patrimoniais entre cônjuges e não entre ex-cônjuges. Procuraremos então saber como deverão regular-se.

Na análise da regulamentação legal do regime da responsabilidade por dívidas no Cód. Civil português, bem como na abordagem dos problemas que nos propomos focar, impõe-se a compreensão do regime jurídico previsto noutros ordenamentos jurídicos. Sabendo como o regime da responsabilidade por dívidas é tratado em ordens jurídicas semelhantes à nossa, poderemos comparar soluções, chamando a atenção para as principais questões que podem colocar-se[7]. Assim, referiremos certas normas de alguns ordenamentos jurídicos mais próximos do nosso em matéria de Direito da Família[8].

Uma última nota para referir que nos propomos a analisar o regime da responsabilidade por dívidas do casal e a sua articulação com problemas conexos que se colocam no âmbito das relações patrimoniais entre os cônjuges e face a terceiros. Fora do âmbito do presente estudo, ainda que, pon-

[7] A necessidade de olharmos para os códigos estrangeiros impõe-se, sobretudo, pelo cariz marginal do ponto de vista do seu estudo que o regime da responsabilidade por dívidas assume entre nós. Por outro lado, este olhar para o direito comparado parece ser tradicional na nossa doutrina. Como refere Braga da Cruz, *Obras Esparsas*, vol. II, 1ª parte, Coimbra, Coimbra Editora, 1981, pp. 50 e 51, a propósito da aplicação dos códigos estrangeiros como direito subsidiário, fundando-se na autoridade da Lei da Boa Razão, "a licitude da utilização destes Códigos estrangeiros, como subsidiários do nosso direito, a ninguém, então, oferece dúvidas".

[8] Como será o caso dos ordenamentos jurídicos francês, espanhol, italiano e alemão. Tentando uma análise comparativa esclarecedora dos principais problemas que se nos colocam em matéria de responsabilidade por dívidas dos cônjuges, a abordagem destes ordenamentos será, em geral, restrita, atendendo ao escopo limitado do presente estudo. Cfr., sobre a importância da pesquisa comparatística em Direito da Família, Pamplona Corte-Real, *Direito da Família e das Sucessões. Relatório*, Suplemento da Revista da Faculdade de Direito de Lisboa, Lisboa, Lex, 1995, p. 66.

De chamar a atenção para o facto de mesmo o direito inglês, sem complexo de normas reguladoras da matéria e onde a regra é a da separação de patrimónios, ter em conta a necessidade de apurar, sobretudo atendendo aos momentos de crise, por que dívidas respondem ambos os cônjuges ou apenas o marido ou a mulher. V., Gareth Schofield/Jonathan Middleton, *et allii*, *Debt and insolvency on family breakdown*, NFLG, Bristol, Jordan Publishing Limited, 2003, pp. 2-12.

tualmente, e dada a interpenetração das matérias, a elas possamos fazer algumas referências, ficam questões como a do regime fiscal das dívidas de um ou de ambos os cônjuges face ao Estado ou outra entidade pública, ou a do regime da insolvência de um dos cônjuges[9] ou do das dívidas face à banca (e o problema das contas bancárias).

As contas bancárias coletivas constituem prática habitual entre pessoas casadas[10]. São o meio normal de administração da vida patrimonial comum, sejam as contas correntes (destinadas aos ganhos e despesas mais significativas da família), sejam contas a prazo (de poupança, destinadas a financiar despesas extraordinárias dos cônjuges, como a aquisição de uma casa).

O art. 1680º prevê a liberdade de constituição e movimentação de contas bancárias, independentemente de os valores depositados serem próprios ou comuns, podendo qualquer um dos cônjuges dispor dos valores em causa sem necessidade do consentimento do outro cônjuge. A existência desta norma do art. 1680º, traduzindo a necessária autonomia e independência patrimonial entre os cônjuges, pode ser perigosa ao nível

[9] O problema da insolvência de um dos cônjuges era discutido por vários autores italianos atendendo à "*presunzione muciana*" prevista no art. 70º, 1º, da *Legge Fallimentare*, anterior à Reforma de 2005, e a sua relação com a *impresa familiare* (v., p. ex., G. Oppo, "Acquisti alla comunione coniugale e pregiudizio dei creditori personali", *Rivista di Diritto Civile*, ano XXVII, I, 1981, pp. 11 e segs., "Regimi patrimoniali della famiglia e fallimento del coniuge", *Rivista di Diritto Civile*, ano XXXIV, I, 1988, pp. 43-58, e *Persona e famiglia*, vol. V, Milano, Cedam, 1992, pp. 278-298, e pp. 255 e segs., Corsi, "Comunione legale, scioglimento e presunzione muciana", *Giurisprudenza Commerciale*, ano X, nº 2, 1983, pp. 737-746, e A. Bartalena, "Inapplicabilità della presunzione muciana agli acquisti in regime di comunione legale", *Giurisprudenza Commerciale*, ano XI, nº 2, 1984, pp. 122-132).

[10] Como refere Rita Lobo Xavier, *Limites à autonomia privada na disciplina das relações patrimoniais entre os cônjuges*, Coimbra, Almedina, 2000, p. 301, nota 360, a prática de contas bancárias pertencentes a diversos titulares da mesma família parece ter tido origem na necessidade de realizar a transmissão *mortis causa* dos fundos depositados. Ao morrer um dos titulares (e proprietário único dos bens depositados) os fundos são retirados pelo sobrevivo como se fossem próprios, iludindo desta forma os regimes sucessório e fiscal. No mesmo sentido, J. M. Muñoz-Planas, *Cuentas bancarias com varios titulares*, Madrid, Civitas, 1993, p. 25. Este último autor, pp. 20 e 21, nota que a constituição de contas bancárias com vários titulares é frequente entre os cônjuges, permitindo o desenvolvimento económico da família, cujos créditos e despesas mais significativos ingressam na referida conta corrente.
Por outro lado, e seguindo o entendimento de Rita Lobo Xavier, *Limites à autonomia privada...*, *cit.*, p. 302, embora nas contas singulares tal também possa acontecer, é sobretudo nas contas coletivas ou plurais que é mais evidente a possibilidade de os cônjuges desvirtuarem o seu estatuto patrimonial pela abertura das referidas contas bancárias.

de responsabilidade por dívidas. Assim, e se os valores depositados forem bens comuns[11], pode um dos cônjuges utilizar os mesmos para pagamento de dívidas próprias, com prejuízo dos credores comuns e do outro cônjuge que, na falta de outros bens comuns, poderá ter que responder na totalidade pela dívida pela qual, não fosse a atuação do seu cônjuge, responderiam os bens comuns depositados. Isto sem prejuízo das devidas compensações nos termos do art. 1697º.

Generalizou-se, paralelamente, a ideia de que sendo ambos os cônjuges contitulares de uma conta solidária, cada um pode efetuar sobre ela quaisquer movimentos, sem que o estatuto patrimonial seja invocável entre eles ou oponível ao Banco ou a terceiros. De facto, cada um dos cônjuges é credor do Banco pela totalidade das somas disponíveis e pode efetuar sozinho qualquer operação até ao esgotamento do crédito. Ora, os bens depositados, podem ter diversas origens, ou seja, podem pertencer a patrimónios distintos aos quais correspondessem poderes de administração e de disposição diferentes[12]. Cada cônjuge pode fazer ingressar

[11] Referem Pires de Lima/Antunes Varela, *Código Civil Anotado*, vol. IV, 2ª ed., Coimbra, Coimbra Editora, 1992, p. 293, que se um dos cônjuges depositar em seu nome exclusivo quantias que sejam comuns, "cabe naturalmente ao lesado reagir contra o abuso pelos meios adequados". Interrogámo-nos quanto a esses meios de defesa entre os cônjuges estando em causa bens comuns. De facto, se um cônjuge resolver depositar bens comuns numa conta exclusiva sua, e mesmo que não se trate de uma das exceções do art. 1678º, nº 2, à regra da administração conjunta, o depósito e movimentação da conta são atos de administração ordinária pelo que a administração cabe a cada um dos cônjuges (art. 1678º, nº 3, 1ª parte). Se se trata de "usurpação" de bens comuns por parte de um dos cônjuges trata-se das relações internas entre os mesmos, a regular apenas no momento da liquidação e partilha. Parece-nos, por isso, que o cônjuge lesado não pode opor-se à atuação do outro cônjuge em depositar e movimentar bens comuns numa conta bancária (podendo, obviamente, e se for o caso, requerer a separação judicial de bens ou o divórcio). Só poderá um cônjuge atuar, com recurso às regras gerais, se se tratar do depósito de bens próprios seus pelo seu cônjuge e que este depois disponha (salvo se investido num mandato), devendo demonstrar que se trata de bens próprios seus. Os autores franceses admitem também o bloqueio da conta por esse cônjuge, provando a ausência de poderes do depositante sobre os bens.

[12] É frequente cada um dos cônjuges abrir uma conta de depósito à ordem onde são depositados os respetivos salários e que é administrada por aquele que aparece como primeiro titular. Contudo, mesmo essas contas são normalmente abertas em nome dos dois, o que não significa que o segundo titular se considere como o proprietário dos valores depositados na conta. De referir, e seguindo Rita Lobo Xavier, *Limites à autonomia privada..., cit.*, p. 306, nota 367, que o depósito bancário implica a transferência da propriedade do dinheiro entregue ao Banco. O Banco pode utilizar tal dinheiro, sendo o depositante apenas titular de um direito

no seu património, por força do levantamento ou disposição de valores da conta solidária, somas que pertencem ao património do outro cônjuge ou ao património comum[13].

A abertura de contas bancárias movimentadas por qualquer um dos cônjuges (contas coletivas solidárias)[14], ainda que permitam aos cônjuges juntarem o que ganham e gastarem em conjunto e permitam a concessão

de crédito. Por isso, ao falar de proprietário refere a autora reportar-se a um momento anterior à entrega dos valores ao Banco para depósito.

[13] Michel Dupuis, "Une institution dérogeant aus régles des régimes matrimoniaux: le compte bancaire joint", *Recueil Dalloz Sirey*, VI, 1988, p. 41. A jurisprudência espanhola considera mesmo que o levantamento dos valores depositados na conta, que integra bens comuns, por um dos cônjuges (ingressando os mesmos no seu património próprio) não pode considerar-se uma apropriação indevida (J. M. Muñoz-Planas, *ob. cit.*, p. 155), por ser titular solidário da conta. O que não impede, tais como quaisquer contitulares das contas, a existência de uma possível fraude nas relações internas entre os contitulares, traduzida na existência de eventuais compensações ou reembolsos entre os cônjuges (J. M. Muñoz-Planas, *ob. cit.*, pp. 157 e 158, e pp. 169 e 170).

[14] Designa-se por conta coletiva ou plural a que é aberta em nome de vários titulares. Tais contas coletivas podem ser conjuntas, se só podem ser movimentadas por ambos os titulares, ou solidárias, quando cada um dos titulares tem legitimidade para as movimentar autonomamente (cada um dos cônjuges isoladamente pode levantar e transferir a soma que na conta se encontre depositada). Também na Alemanha, a conta plural (*Gemeinschaftskonto*) pode ser solidária (*Oder-Konto*) ou conjunta (*Und-Konto*). No caso de *Oder-Konto* qualquer um dos cônjuges pode dispor dela. Como referem Claus-Wilhelm Canaris, *Handelsgesetzbuch Großkommentar. Bankvertragsrecht*, vol. 3, 3, 2ª ed., Berlin/New York, Walter de Gruyter, 1981, pp. 118 e 119, e Schröder/Bergschneider, *Familienvermögensrecht*, Bielefeld, Ernst und Werner Gieseking, 2003, Rdn. 5.468, p. 542, a conta solidária comporta alguns riscos para os contitulares, dado que os credores de um deles podem executar a totalidade dos valores nela depositados e ambos os cônjuges são também solidariamente responsáveis pelos respetivos débitos. De referir ainda que nas propostas de abertura de contas apresentadas pelo Banco existe em regra uma cláusula de proteção que permite a cada um dos cônjuges a revogação da legitimidade para qualquer um dispor sozinho da conta. Uma vez revogada, a conta solidária transformar-se-á numa conta conjunta. Isto releva sobretudo no caso de fracasso do casamento, para impedir levantamentos fraudulentos.

De igual modo, em França fala-se em *comptes joints* (conta coletiva a que se liga uma solidariedade ativa e passiva dos seus titulares pelos créditos e débitos respetivos – Michel Dupuis, *loc. cit.*, p. 39) e em Itália de *conti congiunti*. Estas abrangem os depósitos *semplici* (cada depositante só pode exigir ao Banco uma quota nos valores depositados) e os depósitos *solidali* (cada um pode exigir a totalidade dos valores). A prática bancária espanhola refere dois tipos de depósitos coletivos: os *conjuntos* e os *indistintos*, seguindo os primeiros o regime das obrigações conjuntas e os segundos o das obrigações solidárias (J. M. Muñoz-Planas, *ob. cit.*, pp. 29-38, e Mª Pilar Alvarez Olalla, *Responsabilidad Patrimonial en el Régimen de Separación de Bienes*, Pamplona, Aranzadi, 1996, p. 474).

de crédito pelas instituições bancárias, perturbam a aplicação das normas do direito patrimonial da família. A existência de tais contas faz surgir um regime pretensamente autónomo e simplificado, assente no contrato de depósito e na prática bancária (à margem das regras do direito matrimonial). O estatuto patrimonial dos cônjuges não tem repercussões nas relações com o Banco e com os credores dos contitulares da conta[15]. O Banco executa as ordens dos contitulares sem indagar previamente a natureza do ato em causa e sobre a questão de saber se o cônjuge se mantém nos limites dos seus poderes de administração[16]. Uma coisa é a titularidade da

[15] Rita Lobo Xavier, *Limites à autonomia privada..., cit.*, p. 307.

[16] Mesmo à luz do Cód. Civil de 1966, em que a mulher não detinha os mesmos poderes de administração do marido, entendia-se que, face ao art. 1680º, podia depositar e levantar dinheiro em Bancos, podendo, contudo, o marido, quando a administração dos valores em causa lhe coubesse a ele, opor-se a tais atos (conforme o que se dispunha no então art. 1680º, nº 2). Mas não bastava que o marido comunicasse ao Banco ou o informasse da sua oposição, sendo necessária uma ação judicial (ainda que, enquanto o Banco não fosse notificado da referida ação, o marido não respondesse pelos pagamentos feitos pela mulher). V., A. Lopes Cardoso, *A Administração dos Bens do Casal*, Coimbra, Almedina, 1973, p. 190.
Pelo contrário, no direito francês, e quanto às contas *ménagères*, cabia ao Banco notificar o marido do depósito, para que este pudesse fazer-lhe oposição (Marcel Frejaville, "Le compte de banque de la femme mariée dit "compte de ménage"", *JCP* 1943.I.364, nº 3, e Francis Delhay, "Les comptes bancaires de la femme mariée", *in* AAVV, *Quelques aspects de la nouvelle situation de la femme mariée*, Paris, Puf, 1968, p. 45). Numa altura em que se desenvolveu a importância da moeda escritural e em que a mulher detinha e dispunha de certos valores (como ganhos e salários ou rendimentos de bens próprios, dinheiro recebido do marido para a satisfação das despesas domésticas, bens decorrentes de uma liberalidade ou de uma sucessão em que a mulher foi chamada...), em 1943 o Cód. Civil francês autorizava as mulheres a abrirem em seu nome uma conta sob certas condições (quando exercessem uma profissão ou se tivessem a administração e uso dos bens em causa – arts. 222º e 1538º da então redação do Cód. Civil francês) e uma conta que, em virtude do mandato doméstico, podiam ter em representação do marido (*compte ménager* – art. 221º do Cód. Civil francês) – v., Flour/Champenois, *Les régimes matrimoniaux*, Paris, Armand Colin, 1995, pp. 99 e 100. A aplicação imperfeita dos referidos artigos conduziu a que frequentemente os Bancos exigissem a intervenção do marido para a abertura de contas por mulher casada (Henri Mazeaud, *et allii*, *Leçons de Droit Civil. La famille*, vol. III, tomo I, 7ª ed., Paris, Montchrestien, 1995, p. 509, nota 2). Para evitar isto, a Reforma de 1965 do Cód. Civil francês estipulou a norma do ainda vigente art. 221º do Cód. Civil francês. Pode, assim, qualquer um dos cônjuges abrir livremente, sem consentimento do outro, uma conta bancária, não podendo o Banco opor-se a essa abertura, nomeadamente alegando a necessidade de conhecimento do regime matrimonial e a origem dos fundos depositados. Pode, porém, obviamente, recusar a referida abertura por outras razões que não a qualidade de casado do depositante. V., Vasseur/Marin, *Les comptes en banque*, tomo I, Paris, 1966, pp. 69-79, Aubry/Rau, *Droit Civil français. Régimes matrimoniaux*, vol. VIII, 7ª ed.,

conta e outra a de saber a propriedade dos fundos aí depositados, ou seja, uma coisa é saber quem está legitimado, nas relações com o Banco, para movimentar a conta, e outra é determinar em qual dos patrimónios relativos ao regime matrimonial se devem imputar os valores depositados[17]. Ao Banco interessa apenas que o cônjuge que dá a ordem esteja legitimado, de acordo com o contrato que com o Banco celebrou.

Em virtude da constituição de tais contas bancárias entre os cônjuges pode o estatuto patrimonial dos cônjuges ser afetado[18]. Com efeito, pode

Paris, Librairies Techniques, 1973, p. 83, A. Colomer, *Droit Civil. Régimes matrimoniaux*, 10ª ed., Paris, Litec, 2000, pp. 111-113, e Rémy Cabrillac, *Droit Civil. Les regimes matrimoniaux*, 4ª ed., Paris, Montchrestien, 2002, p. 57.

[17] Rita Lobo Xavier, *Limites à autonomia privada..., cit.*, p. 316. Nas relações com o Banco, à luz do art. 1403º, nº 2, e, tratando-se de solidariedade, do art. 516º, presume-se que os fundos pertencem a ambos os cônjuges em partes iguais. No âmbito do direito matrimonial haverá que atender às normas dos arts. 1725º e 1736º, nº 2, que preveem presunções de comunhão e compropriedade em relação a bens móveis, respetivamente nos regimes de comunhão e de separação de bens. Estas regras devem, como especiais, sobrepor-se às anteriores. Estas presunções podem ser ilididas mediante a prova de que os bens pertencem a um dos cônjuges. Portanto, por regra, presume-se que os valores depositados numa conta bancária são bens comuns ou bens em compropriedade consoante o regime de bens seja a comunhão ou a separação de bens. Em qualquer altura, qualquer um dos cônjuges pode tentar provar que os valores depositados lhe pertenciam em exclusivo (p. ex., para se opor ao pedido de compensação do outro cônjuge por levantamentos excessivos, ou para salvaguardar a sua parte no dinheiro depositado na conta da responsabilidade por dívidas contraídas pelo outro ou ainda, sendo o saldo da conta devedor, quando o Banco pretenda responsabilizar ambos os cônjuges, mesmo aquele que nunca efetuou qualquer movimento relativamente à conta). O mesmo refere A. Colomer, *ob. cit.*, p. 120, a propósito do art. 221º do Cód. Civil francês. De facto, se o regime é de comunhão as somas depositadas presumem-se integrar a comunhão para efeitos de partilha; se o regime é de separação presume-se que pertencem aos cônjuges por metade (art. 1538º do Cód. Civil francês), salvo se o cônjuge interessado provar que os valores lhe pertencem em exclusivo. M. Morelli, *Il nuovo regime patrimoniale della famiglia*, Padova, Cedam, 1996, pp. 92 e 93, refere que integra a comunhão *de residuo* as somas relativas a depósitos bancários de um dos cônjuges. Também F. Piccaluga, "*Favor* communionis ed acquisto di beni com denaro personale", *Il Diritto di Famiglia e delle Persone*, ano XXXI, nºs 2-3, 2002, pp. 340 e 341 (em comentário à decisão da Corte di appello di Genova, de 22 de abril de 2000). Mas isto não impede o Banco de entregar os valores depositados ao cônjuge titular da conta (A. Fusaro, *Il regime patrimoniale della famiglia*, Padova, Cedam, 1990, p. 303). Mª Pilar Alvarez Olalla, *ob. cit.*, p. 475, refere que a participação de cada cônjuge na conta coletiva dependerá do acordo fixado entre eles e, na falta do mesmo acordo, deverá atender-se à procedência dos fundos depositados. Não se determinando essa procedência, presume-se a participação por igual (arts. 1138º e 393º do Cód. Civil espanhol).

[18] Marie-Pierre Champenois-Marmier/Madeleine Faucheux, *Le mariage et l'argent*, Paris, PUF, 1982, p. 31.

implicar uma transferência de bens entre as várias massas patrimoniais do casal[19], a subversão das normas relativas à administração dos bens do casal e à responsabilidade por dívidas e a inobservância das regras relativas à divisão dos bens no fim do regime.

Por outro lado, a existência de depósitos bancários, no nome de ambos os cônjuges, pode ligar-se à contração de um dado empréstimo contraído por um dos cônjuges, e considerado dívida própria. O credor confia na existência de tais valores depositados para pagamento do seu crédito. A livre disposição do mesmo depósito por qualquer um dos cônjuges pode implicar uma movimentação dos valores depositados pelo cônjuge não contraente do empréstimo, implicando uma dissipação de bens mas sem ser efetuada pelo cônjuge devedor (sem prejuízo de, sabemos bem, os credores, sobretudo se entidades bancárias, exigirem a vinculação de ambos os cônjuges na contração da dívida de empréstimo)[20].

De referir ainda que as contas solidárias entre cônjuges também implicam um alargamento da responsabilidade perante o Banco. De facto, o Banco pode exigir a qualquer um dos cônjuges o pagamento da totalidade dos débitos da conta, mesmo que o cônjuge acionado nunca tenha efetuado qualquer movimento. Por isso, e no caso de empréstimos, as entidades bancárias frequentemente exigem que o mesmo se ligue a uma conta solidária (facilitando a cobrança do crédito)[21]. Poderá haver, nas relações internas, uma compensação ao património comum se este pagou uma

[19] Sobre esta questão v., Rita Lobo Xavier, *Limites à autonomia privada..., cit.*, pp. 308-312.

[20] De facto, e seguindo Rita Lobo Xavier, "Acção cambiária. Proveito comum do casal. Ónus da prova. Conta bancária comum", Separata da *RDES*, ano XXXVII, Janeiro-Setembro, nºs 1-2-3, 1995, p. 238, nota 1, a abertura de contas bancárias pelos cônjuges pode implicar riscos para a entidade bancária, nomeadamente porque terá de demonstrar que a dívida é comum se quiser responsabilizar ambos os cônjuges (o facto de o dinheiro emprestado pelo Banco ter sido depositado numa conta solidária de ambos os cônjuges não é suficiente para basear a conclusão acerca do preenchimento do conceito jurídico de proveito comum do casal, devendo tal decorrer do fim/intenção do empréstimo, normalmente declarado perante o Banco na contração do mesmo). A existência de tais riscos implica especiais cautelas, como a exigência de especiais garantias ou a intervenção de ambos os cônjuges. O mesmo é referido por Sergio Alagna, "I cc.dd. effetti d'interesse bancario del nuovo regime patrimoniale della famiglia", *Famiglia e rapporti tra coniugi nel nuovo diritto*, 2ª ed., Milano, Giuffrè Editore, 1983, p. 482, quanto às cautelas particulares a assumir pela banca no caso de clientes casados.

[21] Pierre Dauchy, "L'influence du droit civil sur le droit bancaire", *Revue trimestrielle de droit commercial et de droit économique*, tomo XXXIX, 1986, p. 14.

dívida própria. Mas aí deverá provar-se a origem dos valores depositados e o direito à compensação[22].

Por outro lado, mesmo a existência de uma conta singular de um dos cônjuges pode alterar o regime da responsabilidade por dívidas. Pense-se o caso da contração de um empréstimo por apenas um dos cônjuges, ligado a uma sua conta singular, para ocorrer aos encargos normais da vida familiar (uma operação urgente e de elevado valor, p. ex.), em proveito comum do casal (para suportar os custos de uma produção, p. ex.) ou no exercício do comércio (se os cônjuges estiverem casados em regime de comunhão). Em todos estes casos, o Banco responsabiliza diretamente o titular da conta bancária ainda que a dívida seja comum. Mas, para provar a comunicabilidade da dívida, o Banco teria que intentar uma ação declarativa com esse fim, quando pode executar o titular da conta diretamente, tendo o património deste como garantia, independentemente do estatuto de casado[23]. Pode, assim, a entidade bancária reagir contra o cônjuge titular da conta, cabendo a este tentar evitar a sua única responsabilização (invertendo as regras da prova dos arts. 1691º e segs.) ou tentar obter uma compensação no fim do regime de comunhão. É evidente que não pode executar bens comuns e, existindo a presunção do art. 1725º e até do art. 1736º, nº 2 (para os bens em compropriedade no regime de separação), não poderia executar os valores depositados na conta (que são muitas vezes os salários do cônjuge titular, ou seja, bens comuns nos regimes de comunhão). Contudo, o que normalmente pode acontecer é o Banco reter esses valores para pagamento do seu crédito, cabendo ao cônjuge titular da conta ou ao seu cônjuge demonstrar que os valores não são próprios daquele (fazendo como que a presunção da comunicabilidade não existisse e invertendo o ónus da prova). Estes problemas são normalmente evitados, dado os Bancos exigirem a participação do outro cônjuge na contração do empréstimo, corresponsabilizando-o.

A nossa lei apenas prevê o disposto no art. 1680º, que não abrange, porém, as situações de contitularidade (e, por isso, não regula as contas

[22] Prova que obviamente será difícil ao cônjuge do devedor, que terá de provar quais os valores depositados que lhe pertencem (dado tratar-se de bens fungíveis). Michel Dupuis, *loc. cit.*, p. 45, e Rita Lobo Xavier, *Limites à autonomia privada...*, *cit.*, p. 324.

[23] A jurisprudência tem sido unânime quanto à natureza executiva dos documentos de abertura de conta quando se verifique uma situação de descoberto em conta. V., Timóteo Ramos Pereira, "Contrato de abertura de conta – constitui título executivo?", *in www.verbojuridico.com*.

coletivas). Tal norma conduz à irresponsabilidade do Banco em relação aos pagamentos feitos ao cônjuge titular da conta e a depósitos feitos exclusivamente em seu nome. O que significa que se um dos cônjuges depositar bens comuns numa conta singular sua o outro cônjuge apenas poderá fazer valer os seus direitos por via judicial, dado que, face ao Banco, este último não tem legitimidade para atuar sobre os valores depositados. "Consagra-se assim a irrelevância do regime matrimonial nas relações com o Banco, quanto a depósitos bancários em que apenas um dos cônjuges é titular da respectiva conta"[24].

Quer nas relações externas com o Banco, sujeitas a regime específico, quer nas relações internas entre os cônjuges, devem aplicar-se as regras do direito matrimonial aos fundos depositados em contas bancárias pertencentes aos cônjuges. Nas relações internas, a questão que poderá mais frequentemente colocar-se é a das compensações pela realização de levantamentos excessivos de dinheiro depositado na conta. A compensação devida será calculada no pressuposto de que as quantias depositadas deveriam ser divididas por metade, pelo que a prova de uma diferente conformação das relações internas ficará a cargo do cônjuge que a invocar[25].

[24] Rita Lobo Xavier, *Limites à autonomia privada..., cit.*, p. 333. Também Sergio Alagna, *Regime patrimoniale della famiglia e operazioni bancarie*, Padova, Cedam, 1988, pp. 23 e 24, considera que o cônjuge não titular da conta só poderá reagir face às relações entre o seu cônjuge e o Banco no momento da dissolução e nas relações internas entre os cônjuges, permanecendo o vínculo conjugal alheio à banca.
Problemático é o meio através do qual se consegue conjugar as regras do Direito patrimonial da Família com a disciplina do sigilo bancário. No caso de os Bancos alegarem o sigilo bancário, para não informarem das contas tituladas por um dos cônjuges para determinação dos bens comuns, resta a possibilidade do art. 1684º, nº 3, ou seja, suprimento judicial da recusa do consentimento do cônjuge que nega a revelação ao outro do valor dos bens comuns depositados em contas bancárias. V., o ac. do STJ, de 19.04.1995, citado por Rita Lobo Xavier, *Limites à autonomia privada..., cit.*, p. 333, nota 419, e Pereira Coelho/Guilherme de Oliveira, *ob. cit.*, pp. 469 e 470.

[25] Segundo a opinião maioritária, enquanto os cônjuges viverem em comunhão de vida as compensações são de excluir. Entende-se que durante a comunhão de vida existe uma relação de confiança entre os cônjuges e os levantamentos são normalmente para ocorrer aos encargos da vida familiar (v., decisão do BGH citada por Rita Lobo Xavier, *Limites à autonomia privada..., cit.*, p. 327, nota 404) ou funda-se a negação das compensações no decurso da comunhão de vida na regra da direção conjunta da vida em comum. V., Beitzke/Lüderitz, *Familienrecht*, 26ª ed., München, C. H. Beck, 1992, p. 117, e Lüderitz/Dethloff, *Familienrecht*, 28ª ed., München, C. H. Beck, 2007, p. 140.

Devem, portanto, aplicar-se as normas do direito matrimonial no caso das contas bancárias entre cônjuges (razão pela qual nos abstemos de analisar em particular o regime das contas bancárias). As normas relativas à responsabilidade por dívidas, aos poderes de administração e disposição dos bens do casal, às presunções de comunhão e compropriedade dos valores depositados, devem poder invocar-se não só nas relações internas como nas relações com o Banco e com terceiros[26]. Porém, e na falta de regulamentação especial reguladora desta matéria, o que normalmente acontece é a aplicação das regras do Direito Bancário, sem atender às particularidades do direito matrimonial, ou seja, nas relações externas os cônjuges são encarados como quaisquer outras pessoas que procedem à abertura de contas bancárias. E, na realidade, chocará que, p. ex., os cônjuges casados em regime de separação possam opor ao Banco a sua responsabilidade apenas conjunta ou até própria para não responderem solidariamente pela dívida resultante de débito bancário, o que, parece-nos, defraudaria o sistema bancário e a distinção das contas coletivas. Mas já nos parece possível essa invocação quando, em ação própria, se venha discutir, para efeitos também do débito bancário, a comunicabilidade ou não da dívida em causa (questão suscitada e alegada por parte do cônjuge interessado em demonstrar que não é responsável pelo débito da conta)[27]. Ora, como normalmente tal não acontece no decurso do casamento[28], surgindo os

[26] Rita Lobo Xavier, *Limites à autonomia privada...*, *cit.*, p. 334.

[27] Apesar de não acharmos que as dificuldades decorrentes da dissolução do casamento são maiores no regime de separação de bens do que nos regimes de comunhão, concordamos, porém, com Rita Lobo Xavier, *Limites à autonomia privada...*, *cit.*, p. 336, quanto à inevitável interpenetração de patrimónios mesmo no regime de separação. Esta interpenetração é agravada pelas contas bancárias entre os cônjuges. De facto, um cônjuge pode vir a assumir responsabilidade por atos praticados pelo outro. As regras da administração e disposição dos bens, da repartição das dívidas e dos bens sobre os quais deve incidir essa responsabilidade podem ser afetadas pela fusão patrimonial da conta bancária. Não pomos em causa tal situação, mas não ocorre o mesmo entre duas pessoas estranhas que resolvem partilhar uma conta bancária solidária? Apesar da osmose patrimonial que a comunhão de vida entre os cônjuges provoca mesmo no regime de separação, parece-nos que é nos regimes de comunhão que a alteração das regras matrimoniais é mais afetada.

[28] E mesmo no fim do regime matrimonial. Dado que a maioria das pessoas está casada em regime de comunhão de adquiridos, procede-se normalmente à repartição dos saldos bancários por metade, já que a comunhão dos bens adquiridos "adapta-se bem à fusão patrimonial operada pelas contas bancárias colectivas" (Rita Lobo Xavier, *Limites à autonomia privada...*, *cit.*, p. 335). De acordo com Rita Lobo Xavier, *Limites à autonomia privada...*, *cit.*, p. 334, apesar

principais problemas no fim do mesmo, é essencialmente no domínio das relações internas que importa acautelar o eventual enriquecimento de um dos cônjuges à custa do outro, nomeadamente, por levantamentos excessivos ou pelo pagamento de dívidas relativas a débitos bancários. Portanto, importa assegurar a existência de mecanismos restabelecedores do equilíbrio patrimonial entre os cônjuges, como as compensações.

Deixaremos também à margem deste trabalho todos os problemas causados pelo princípio da imutabilidade em matéria de contração de dívidas (a alteração do regime de bens pode afetar direitos adquiridos de terceiros credores). De facto, visamos abordar o regime da responsabilidade por dívidas em si, não se revelando a análise de tais problemas indispensável para o referido regime. A análise do princípio da imutabilidade justificar-se-ia na medida em que alguns dos problemas postos pelo regime da responsabilidade por dívidas (p. ex., a responsabilidade comum pelas dívidas contraídas no exercício do comércio de um dos cônjuges que não existe se vigorar entre os cônjuges o regime de separação de bens), podiam ser evitados ou resolvidos se os cônjuges pudessem, depois da celebração do casamento, alterar o seu regime de bens. De facto, p. ex., os cônjuges teriam todo o interesse em alterar um regime de comunhão pelo regime de separação se, no decurso do casamento, um dos cônjuges decidir iniciar uma atividade comercial que implica elevados riscos financeiros. Desde que se acautelem os interesses dos terceiros credores já existentes, haveria todo o interesse em alterar o referido regime de bens. Contudo, deparámo-nos com o princípio da imutabilidade das convenções antenupciais, ainda vigente entre nós[29]. Se verificarmos a tendência dos países modernos,

de tudo, o funcionamento das contas conjugais tem sido pacífico. Pondo de parte a questão da divisão dos saldos, por ocasião do divórcio, não encontrou a autora decisões acerca de impugnações de movimentos abusivos, de tentativas de elisão das presunções de compropriedade ou comunhão, ou de exigências de compensações por levantamentos excessivos. Tal facto não exclui a possibilidade de existirem tais levantamentos sem que o cônjuge exija uma compensação. Com efeito, a maioria das pessoas casadas ignora que pode invocar as regras do regime matrimonial, pelo menos nas relações internas, acreditando que todas as questões se regem pelas cláusulas do contrato bancário.

[29] V., quanto ao fundamento do princípio da imutabilidade, Pires de Lima/Braga da Cruz, *Direitos de Família*, vol. II, 3ª ed., Coimbra, Coimbra Editora, 1953, pp. 79-81. V. também, Manuel de Andrade, "Sôbre as disposições por morte a favor de terceiros, feitas por esposados na respectiva escritura antenupcial", *RLJ*, ano 69º, 1936/37, pp. 322 e 323, e pp. 337 e 338, Braga da Cruz, "Problemas relativos aos regimes de bens do casamento sobre que se julga necessário

o que já admitiram o princípio da imutabilidade, constata-se que evoluíram no sentido da sua flexibilização ou mesmo abolição. Tal princípio não existe na Alemanha, na Espanha e na Itália e está atenuado em França[30].

A alteração do regime matrimonial não pode obviamente implicar um prejuízo ou uma fraude aos direitos de terceiros credores. É fundamentalmente isso que deve acautelar-se, não só no caso de alteração direta do regime de bens mas também no caso de transferências patrimoniais ocorridas por força da celebração de outros contratos entre os cônjuges. Por um lado, a aquisição de bens em compropriedade ou a abertura de contas bancárias solidárias por cônjuges casados em regime de separação de bens traduz a aproximação de tal regime a um regime de comunhão (o que, em princípio, pode favorecer os credores). Por outro lado, assiste-se cada vez mais a uma penetração das ideias separatistas nos regimes de comunhão,

ouvir o parecer da comissão redactora do novo Código Civil", *BMJ*, nº 52º, 1956, p. 343, e Pires de Lima/Antunes Varela, *ob. cit.*, p. 398. Rita Lobo Xavier, *Limites à autonomia privada..., cit.*, p. 128, refere que "a inalterabilidade do estatuto estabelecido por via convencional justifica-se ainda agora em nome da realização da equidade entre os cônjuges, incompatível com a ocorrência de enriquecimentos injustificadamente obtidos por um deles à custa do outro". Refere a autora que a imutabilidade constitui uma manifestação do princípio mais geral de evitar o enriquecimento de um cônjuge à custa do outro, tal como são também manifestações do mesmo princípio as normas relativas à sub-rogação real e às compensações patrimoniais, a imposição do regime de separação de bens e da nulidade das doações entre cônjuges em certas circunstâncias (arts. 1720º, nº 1, e 1762º), as sanções patrimoniais previstas para o caso do divórcio (art. 1790º) e da não observância do prazo internupcial (art. 1750º). O princípio da imutabilidade atua preventivamente pela manutenção da existência ou da consistência dos patrimónios, tentando evitar modificações na composição das diferentes massas patrimoniais dos cônjuges (p. 133). Mas a "função genérica" de todos estes institutos é a mesma: evitar ou corrigir enriquecimentos patrimoniais de um cônjuge à custa do outro.
O mesmo chegou a ser defendido por Carmindo Ferreira, "A sub-rogação real e os regimes matrimoniais", *Jornal do Fôro*, ano 9º, 1945, p. 100. A ideia de que a imutabilidade se liga à manutenção dos equilíbrios patrimoniais ao longo do casamento é também referida por Pierre Julien, *Les contrats entre époux*, Paris, LGDJ, 1962, pp. 78 e 79. Por isso, todos os contratos que modifiquem esse equilíbrio afetam a imutabilidade.
Referia Jorge Duarte Pinheiro, O *Direito da Família Contemporâneo*, 7ª ed., Coimbra, Gestlegal, 2020, pp. 490 e 491, p. 518, que "a imutabilidade só pode radicar na ideia de que, após o casamento, se torna difícil um exercício autêntico da autonomia privada na relação entre os cônjuges". Parece-nos, contudo, que é essa dificuldade que leva à possibilidade de existirem desequilíbrios patrimoniais que, por isso, importa acautelar e corrigir.

[30] V., Júlio Gomes, "Modificação do regime matrimonial: algumas observações de direito comparado", *Revista do Notariado*, nº 3 (Julho/Setembro), 1987, pp. 321-393, e nº 4 (Outubro/Dezembro), 1987, pp. 475-555.

pela independência e autonomia dos cônjuges e os seus poderes quanto aos bens[31]. Podem assim os cônjuges celebrar contratos autonomamente entre si ou com terceiros, abrir e movimentar contas bancárias pessoais, etc.

Mas nem sempre os cônjuges pretendem alterar o seu regime matrimonial por razões fraudulentas (p. ex., se um dos cônjuges, assumindo riscos económicos na sua atividade, não quer responsabilizar o outro por tal). Além disso, a garantia dos interesses dos credores no caso de alteração direta do regime de bens pode ser assegurada por um sistema de publicidade e inoponibilidade. Podem, ainda, recorrer aos meios gerais, como o recurso à existência de fraude, o negócio indireto[32] ou a impug-

[31] Esta ideia era já em 1956 referida por Colette Saujot, *La pénétration des idées séparatistes dans les régimes communautaires*, Paris, LGDJ, 1956, p. 4.

[32] Há fraude à lei quando as partes visam conseguir o mesmo resultado que a lei quis impedir através de meios diferentes daqueles que ela expressamente previu, frustrando-se a intenção do legislador ao proibir aqueles negócios (Manuel de Andrade, *Teoria Geral da Relação Jurídica*, vol. II, 7ª reimpressão, Coimbra, Almedina, 1992, pp. 180 e 181, Mota Pinto, *Teoria Geral do Direito Civil*, 3ª ed., 8ª reimpressão, Coimbra, Coimbra Editora, 1993, p. 551, e Heinrich Ewald Hörster/Eva Sónia Moreira da Silva, *A Parte Geral do Código Civil Português*, 2ª ed., Coimbra, Almedina, 2019, pp. 578 e 579).
Quanto ao negócio jurídico indireto, v., Orlando de Carvalho, "Negócio jurídico indirecto (teoria geral)", *Escritos. Páginas de Direito*, Coimbra, Almedina, 1998, pp. 31-164. Como escreve o autor (p. 37), o negócio jurídico indireto assume-se como uma figura que aparenta um dado tipo legislativo, mas traz "no âmago a destinação a um fim incongruente com aquele aspecto negocial". Não se trata de um problema de interpretação ou integração dos contratos, "porque a vontade dos contraentes manifestou-se de modo explícito pela escolha voluntária do negócio adoptado". E é precisamente por as partes, na realidade, submeterem o fim económico pretendido a um dado negócio e a uma dada disciplina, que se questiona se essa vontade deve ser mantida, se o meio jurídico é compatível com o fim indireto que determinou o contratar. Há aqui uma escolha livre e voluntária de um tipo negocial como o meio mais eficaz para a prossecução do intuito económico (não se tratando, por isso, de um negócio aparente, onde falta a vontade efetiva do ato na plenitude das suas consequências, nem, como é bom de ver, de um negócio simulado (pp. 129-135)). Conforme diz Rita Lobo Xavier, *Limites à autonomia privada..., cit.*, p. 135, nota 46, o que parece acontecer é os cônjuges concluírem "um negócio que "lhes possibilita de modo "perfeito" o fim económico pretendido", afastando-se, de certo modo, da "função típica" de tal negócio (...). Ora, se, em regra, o emprego indirecto dos tipos legais será um "emprego legítimo" (...) também é certo que os negócios indirectos "estão sujeitos às normas proibitivas do sistema" (...) e, nessa medida, podem ser nulos se o respectivo resultado violar essas normas (...)". Por isso, defende a autora que os cônjuges estão proibidos de alcançar por via indireta o mesmo resultado a que conduziria a modificação pós-nupcial da convenção (p. 136). Mesmo que assim se entenda não por violação do princípio da imutabilidade mas por aplicação das regras do negócio indireto ou do negócio em fraude à lei (p. 136, nota 48), podendo também o negócio jurídico indireto implicar uma fraude à lei (Orlando

nação pauliana (arts. 610º e segs.)[33], além de deverem participar na partilha como credores.

Com a autonomia e independência recíprocas dos cônjuges e com um sistema de publicidade que acautele interesses de terceiros a imutabilidade não parece ter razão de ser[34]. Por outro lado, mesmo que exista, os cônjuges conseguirão sempre indiretamente efetuar transferências entre

de Carvalho, *ob. cit.*, p. 159). É também recorrendo à figura do negócio indireto que a mesma autora ("Qualificação de um bem adquirido a título gratuito por cônjuge casado no regime da comunhão de adquiridos – anotação ao ac. do TRC, de 21.01.2003", *Cadernos de Direito Privado*, nº 5 (Janeiro/Março), 2004, p. 33) considera que integra os bens próprios de um dos cônjuges a aquisição de uma fração autónoma no decurso do casamento, quando o negócio de compra e venda oculta uma liberalidade realizada por terceiros a um dos cônjuges. Ocorreu, por isso, uma doação indireta, ou seja, "o contrato de compra e venda funcionou como "negócio meio" – como negócio apto a transmitir o direito de propriedade sobre a fracção autónoma (...)".

33 Henri Fenaux, "Le changement de régime matrimonial et les droits des tiers", *RTDC*, ano 65º, 1967, pp. 572 e 573, e p. 574.
A ação revogatória (rescisória ou pauliana) pode definir-se como o poder, concedido pela lei aos credores, de rescindirem judicialmente os actos e contratos verdadeiros (e não simulados) celebrados pelos devedores em seu prejuízo (arts. 610º e segs.). Para tal será necessário o preenchimento de certos requisitos: a anterioridade da dívida, a insolvência do devedor e a má fé do alienante e do adquirente. V., Pires de Lima/Antunes Varela, *Noções fundamentais de Direito Civil*, vol. I, 6ª ed., Coimbra, Coimbra Editora, 1973, pp. 359-365.
Repare-se ainda que a dissipação de bens, com fraude aos credores, tem também tutela penal (v., art. 227º do Cód. Penal, que pune a insolvência dolosa). É a esta tutela penal no direito espanhol que se refere F. García Vicente, "Modificación del régimen económico del matrimonio: delito de alzamiento de bienes", *in* AAVV, *Régimen económico matrimonial y la protección de acreedores*, sob a direção de J. R. San Román Moreno, Madrid, Consejo General del Poder Judicial, 1995, pp. 395 e segs.

34 Como defende Pamplona Corte-Real, *ob. cit*, p. 87, nota 130, e p. 114, nota 225, a regra da imutabilidade é obsoleta face à afirmação da individualidade e paridade na relação conjugal. Mª Leonor Beleza, "Os efeitos do casamento", *in* AAVV, *Reforma do Código Civil*, Ordem dos Advogados, Lisboa, Livraria Petrony, 1981, p. 120, fala da "regra caduca da imutabilidade dos regimes de bens". Também Leite de Campos, *Lições de Direito da Família e das Sucessões*, 2ª ed., Coimbra, Almedina, 1997, pp. 379, 380 e 385, defende que as relações patrimoniais entre os cônjuges devem estabelecer-se como entre duas pessoas estranhas. Propõe, assim, a opção por uma separação patrimonial e por uma "imutabilidade flexível e controlada". Já Braga da Cruz, "Problemas relativos aos regimes de bens...", *loc. cit.*, pp. 342 e 343, entendia que a imutabilidade, como uma violência contra a liberdade dos contraentes, só se justificava se houvesse interesses morais e sociais para tal. Por isso, e conforme afirma Esperança Pereira Mealha, *Acordos conjugais para partilha dos bens comuns*, Coimbra, Almedina, 2004, p. 36, quando cessarem tais interesses deve igualmente cessar a limitação à liberdade contratual. No mesmo sentido, Colomer, *L'instabilité monétaire et les régimes matrimoniaux, le mal et ses remèdes*, Paris, Rousseau & Cª, 1954, p. 281, nota 7.

os diferentes patrimónios, gerando desequilíbrios patrimoniais que a imutabilidade visa prevenir (como acontece com os contratos de sociedade e as contas bancárias entre cônjuges, não proibidas mesmo na interpretação ampla do princípio da imutabilidade). Ora, se o objetivo é evitar desequilíbrios patrimoniais parece que outros mecanismos os conseguem prevenir (sub-rogação)[35] e corrigir (compensações).

Repare-se que as exceções à imutabilidade previstas no art. 1715º não constituem verdadeiras exceções – v., Leite de Campos, *ob. cit.*, p. 384, Antunes Varela, *Direito da Família*, 5ª ed., Lisboa, Livraria Petrony, 1999, p. 443, e Pereira Coelho/Guilherme de Oliveira, *ob. cit.*, p. 577, para quem apenas a revogação dos pactos sucessórios importa alteração direta à convenção antenupcial. Os "demais casos" previstos na lei (art. 1715º, al. *d*)) traduz-se fundamentalmente no previsto no art. 740º do Cód. de Processo Civil, onde se determina a possibilidade de se requerer a separação de bens. Pereira Coelho/Guilherme de Oliveira, *ibidem*, incluem também o caso da ausência e da morte presumida e da insolvência (art. 141º, nº 1, al. *b*), do CIRE). Com efeito, o art. 108º confere ao cônjuge do ausente o direito de requerer inventário e partilha e o art. 115º declara que a morte presumida, ainda que não dissolva o casamento, produz os mesmos efeitos que a morte, ou seja, a partilha dos bens comuns. No mesmo sentido, Pires de Lima/Antunes Varela, *Código Civil..., cit.*, p. 404, e Antunes Varela, *ob. cit.*, p. 444. Quanto ao art. 740º do Cód. de Processo Civil, Adriano Paiva, "Regimes de bens", *in* AAVV, *Comemorações dos 35 anos do Código Civil..., cit.*, p. 383, nota que os cônjuges não podem alterar o seu regime de bens, mas um terceiro, por força do regime da responsabilidade por dívidas, pode "obrigar" o cônjuge não devedor a requerer a separação de bens. Repare-se, porém, que, em todo o caso, o cônjuge não está obrigado a tal e se a intenção da manutenção da imutabilidade é a proteção de terceiros, não se justifica neste caso. Por isso, o art. 1715º abre aqui uma exceção. Nota também Francisco Barona, "O contrato-promessa de partilha dos bens comuns do casal", *in* AAVV, *Comemorações dos 35 anos do Código Civil..., cit.*, p. 406, nota 12, que as exceções previstas no art. 1715º denotam uma tendência da lei para admitir a passagem de um regime de comunhão para um de separação. Mas o contrário já não se verifica, dado que a passagem de um regime de separação para um de comunhão implicaria um maior risco de um dos cônjuges se enriquecer à custa do outro.

[35] A propósito da sub-rogação, A. Galasso, *Regime patrimoniale della famiglia. Commentario del Codice Civile Scialoja-Branca*, sob a direção de Francesco Galgano, tomo I, Bologna, Zanichelli Editore, 2003, pp. 295-300, admite que um cônjuge possa, fora dos casos previstos no art. 179º do Cód. Civil italiano, declarar que o bem é próprio do seu cônjuge, alterando o estatuto de um bem (que, pelas regras do regime matrimonial, seria comum). Mas a questão é discutida na doutrina e jurisprudência italianas – v., M. C. Lupetti, "Rifiuto del coacquisto: è il tramonto di un'epoca?", *Rivista del Notariado*, vol. LVII, nº 2, 2003, pp. 420-423. Admitindo a lei espanhola a atribuição voluntária da qualidade de comum de um bem (art. 1355º do Cód. Civil espanhol) e a livre contratação entre os cônjuges (art. 1323º do Cód. Civil espanhol), a alteração do estatuto de um bem (de próprio a comum) é admitida e não carece de obedecer às regras da alteração das convenções matrimoniais (Lledó Yagüe, *et allii*, *Compendio de Derecho Civil. Familia*, Madrid, Dykinson, 2004, p. 222), podendo os credores afetados socorrer-se dos meios gerais em caso de fraude (C. Vásquez Iruzubieta, *Administración y liquidación del régimen*

O principal problema reside na proteção de terceiros, acautelada, por um lado, pelo sistema de publicidade e pela eficácia não retroativa da alteração da convenção e, por outro lado, pela possibilidade de recurso aos meios gerais de Direito, como a alegação de fraude, negócio indireto ou impugnação pauliana. É fundamentalmente quando os cônjuges modificam, sobretudo em situações de crise económica, um regime de comunhão em que estavam casados pelo regime de separação, atribuindo os bens comuns, na liquidação da comunhão, ao cônjuge não devedor, fugindo ao cumprimento das dívidas contraídas pelo outro cônjuge antes da modificação da convenção matrimonial (e pelas quais respondiam anteriormente os referidos bens, então comuns), que a proteção dos terceiros credores mais se justifica[36]. Daí a importância do princípio da irretroatividade das convenções de modificação, bastando aos credores demonstrar, p. ex., que a dívida contraída antes da modificação era comum (quando, obviamente, essa modificação os prejudica). Assim, e se a dívida era comum, o património que era comum continua a responder pela dívida, mesmo que, entretanto, tenha sido adjudicado a um ou a ambos os cônjuges. A isto acresce ainda, como referimos, a importância da participação dos terceiros credores na partilha do património comum.

Portanto, defendemos um alargamento da autonomia e independência dos cônjuges no sentido de, por contratos de direito comum, auto-regulamentarem as suas relações jurídicas. Os sistemas jurídicos em geral encaminham-se para o alargamento da liberdade de contratação entre os

económico del matrimonio, Madrid, Dijusa, 2004, p. 126). O mesmo já não pode defender-se, pelo menos para alguma doutrina espanhola, no caso de passagem de um bem comum a próprio de um dos cônjuges (v., Lledó Yagüe, *et allii*, *ob. cit.*, pp. 223-225, com as duas posições perante o problema).

[36] Como afirma Fátima Yáñez Vivero, *Las capitulaciones matrimoniales en perjuicio de acreedores y la anotación de embargo sobre bienes ex-gananciales*, Madrid, Fundación Beneficentia et Peritia Iuris, Colegio de Registradores de la Propriedad y Mercantiles de España, 2003, pp. 23 e 24, é na fase de liquidação da comunhão que se podem cometer irregularidades, como omitir-se a inclusão da dívida comum em causa do passivo no inventário, proceder-se à infravalorização dos bens mais valiosos que se adjudicarão ao cônjuge não devedor e à sobrevalorização dos de escasso valor que ficarão para o cônjuge devedor, realizar-se uma partilha dos bens aparentando uma divisão equitativa e procedendo-se ao respetivo registo dos bens comuns adjudicados a cada cônjuge. Aliás, a alteração do regime de bens pode mesmo implicar uma fraude aos direitos de terceiros, como refere Bello Janeiro, "Los acreedores y la modificación del régimen económico matrimonial", *Revista Jurídica del Notariado*, julho-setembro, 1993, nº 34.

cônjuges[37]. Contudo, não podemos esquecer que certos contratos afetam não apenas as suas relações recíprocas, mas também interesses de terceiros. São estes que importa acautelar na celebração de cada contrato. Admitindo a mutabilidade, com ato notarial e um sistema de publicidade adequado e fixando a não retroatividade das alterações introduzidas na convenção matrimonial (não permitindo que as alterações possam ser opostas a terceiros que tenham adquirido os seus direitos anteriormente à alteração), acautela-se essa proteção relativamente à alteração direta do regime patrimonial. Além disso, importa fixar meios de proteção, mesmo existindo a imutabilidade, para os terceiros (essencialmente, credores), no caso de transferências patrimoniais indiretas e encobertas que visam o mesmo resultado que a alteração do regime de bens[38].

[37] Guilherme de Oliveira, "A reforma do direito da família de Macau", *RLJ*, ano 132º, 1999, p. 105, e *Temas de Direito da Família*, 2ª ed., Coimbra, Coimbra Editora, 2001, p. 308. Refere o mesmo autor ("Um direito da família europeu? (Play it again, and again... Europe!)", *RLJ*, ano 133º, 2000, p. 109, e *Temas..., cit.*, p. 326) que, no que diz respeito aos negócios entre cônjuges, o direito português está "envelhecido".
De referir ainda que o afastamento da possibilidade de contratos entre cônjuges justificava-se à luz do direito anterior em que a mulher ficava subordinada ao marido com o casamento. De facto, assumindo que pelo casamento os cônjuges passariam a ser "dois numa só carne", não poderiam celebrar contratos entre si por poderem configurar negócios consigo mesmo (Eduardo da Silva Carvalho, *As formas do regimen matrimonial. Comunhão geral de bens*, vol. I, V.N. Famalicão, Typographia Minerva, 1893, p. 40, Pereira Coelho/Guilherme de Oliveira, *ob. cit.*, p. 106, e Cornu, "Le contrat entre époux. Recherche d'un critère général de validité", *RTDC*, ano 51º, 1953, p. 463). Além disso, a mulher casada «adquiria» uma incapacidade de celebrar negócios jurídicos, não podendo, assim, celebrar quaisquer contratos (incluindo com o marido).

[38] Sobre todas estas questões v., Cristina Dias, *Alteração do Estatuto Patrimonial dos Cônjuges e a Responsabilidade por Dívidas*, reimpressão, Coimbra, Almedina, 2018.

II
Da articulação do regime da responsabilidade por dívidas dos cônjuges com o regime da administração e disposição dos bens do casal

1. O regime de administração dos bens do casal e os poderes do cônjuge administrador (artigos 1678º e seguintes)

A regulamentação do passivo no âmbito dos efeitos patrimoniais do casamento deve encontrar o seu paralelo, e a sua razão de ser, na organização do ativo e no regime de administração e disposição dos bens. Só existindo certas regras de administração e poder de disposição de certos bens se justifica a responsabilidade desses mesmos bens no pagamento de certas dívidas[39]. Numa altura em que o marido era o único administrador dos bens do casal, não podia justificar-se que a mulher pudesse contrair quaisquer dívidas ou por elas responsabilizar o património comum ou o património do marido (não podendo administrar os bens não teria sentido obrigá-los por dívidas); e, por outro lado, justificava-se que as dívidas contraídas pelo marido responsabilizassem todos os bens do casal. Com o princípio da igualdade jurídica entre os cônjuges e a repartição dos poderes de administração (e de disposição, daqueles dependentes) por ambos os cônjuges, o regime da responsabilidade por dívidas adaptou-se para poder articular-se com tais poderes. De facto, com uma nova disposição dos poderes dos cônjuges era necessária uma nova regulação da administração dos bens do casal e, em consequência, da responsabilidade por dívidas do casal. As relações patrimoniais com terceiros não podem deixar

[39] A doutrina francesa refere sempre o paralelo entre o ativo e o passivo para justificar a responsabilidade de determinados bens por certas dívidas. E isto acompanhando as evoluções legislativas.

de coincidir com as relações patrimoniais entre os cônjuges, assentes no princípio da igualdade[40].

É esta aparente (des)articulação que pretendemos analisar ao abordar o regime de administração e disposição dos bens do casal e a sua ligação com o regime da responsabilidade por dívidas. Convém, contudo, e previamente, fazer uma breve abordagem do regime da administração e disposição dos bens do casal. Só sabendo como se regula tal regime poderemos articulá-lo com o regime da responsabilidade por dívidas do casal e com as alterações neste verificadas. Apesar de a titularidade dos bens e a sua administração não influir na regulamentação do regime da responsabilidade por dívidas, o regime da administração e disposição dos bens tem alguma influência na forma como, p. ex., os arts. 1691º, nº 1, als. *c*) e *e*), e nº 2, 1693º, 1694º, e 1696º, nº 2, regulam as dívidas em causa, sem esquecer a regulamentação geral que pode chocar com o regime de administração e disposição dos bens do casal, nomeadamente, o facto de ambos os cônjuges poderem contrair dívidas livremente (art. 1690º), onerando mesmo aqueles bens de que não têm a administração ou livre disposição. De facto, tal como anteriormente se entendia que a mulher, dado que não tinha capacidade para administrar os bens, não tinha legitimidade para contrair dívidas em relação aos bens que não administrasse, deveria funcionar o mesmo em relação a ambos os cônjuges. Ora, o que pode acontecer é o cônjuge não poder dispor livremente de um bem, mas acaba por onerá-lo ou aliená-lo por força do regime da responsabilidade por dívidas. Daí a necessidade da análise do referido regime de administração e disposição dos bens do casal, da identificação das eventuais desarticulações e a sua possível justificação ou necessidade de alteração.

[40] V., De Paola, *Il diritto patrimoniale della famiglia coniugale. Il regime patrimoniale della famiglia*, vol. II, Milano, Giuffrè Editore, 1995, p. 515. Relações patrimoniais essas que, por seu lado, resultam da regulação das relações pessoais entre os cônjuges, traduzindo o disposto no art. 180º do Cód. Civil italiano o modo como a direção da família é atribuída a ambos os cônjuges, nos termos do art. 144º do mesmo código. Do mesmo modo, o art. 1678º do nosso Cód. Civil resulta da atribuição dos poderes aos cônjuges de acordo com o disposto no art. 1671º. Aliás, também a falta de acordo na administração conjunta é resolvida por recurso ao tribunal (art. 1684º do nosso Cód. Civil e art. 181º do Cód. Civil italiano), como a falta de acordo quanto à direção da família (art. 145º do Cód. Civil italiano) ou outros assuntos relativos aos efeitos pessoais do casamento (arts. 1673º, nº 3, 1675º, nº 3, e 1676º, nº 4, do nosso Cód. Civil) – De Paola/Macri, *Il nuovo regime patrimoniale della familia*, Milano, Giuffrè Editore, 1978, pp. 150 e 151.

O problema da administração dos bens do casal não se colocaria (e o dono dos bens administraria aquilo que lhe pertencia) se, por um lado, não estivessemos a falar de bens comuns, dotados de uma natureza jurídica específica e, por outro lado, mesmo que os bens sejam próprios de um ou outro dos cônjuges, a comunhão de vida em que vivem exige também regras específicas que permitam que um dos cônjuges possa administrar bens do outro ou bens comuns. De facto, a comunhão de vida, de interesses e de bens impõe uma comunhão de administração, espontânea ou imposta, afastando-se das regras gerais do Direito comum.

1.1. O regime de administração dos bens do casal à luz do direito anterior

Como se sabe, a posição jurídica do marido e da mulher na sociedade conjugal tem variado ao longo dos tempos. Durante muito tempo o marido gozou de uma posição de superioridade em relação à mulher e aos filhos. Desde o direito romano, a mulher ocupava uma posição de inferioridade social a que correspondia juridicamente uma situação de incapacidade. Ainda que a igualdade social e jurídica dos sexos encontre as suas raízes no pensamento iluminista do século XVIII, só a partir de meados do século XX se assiste a uma progressiva reação contra a incapacidade da mulher casada. Baseando-se a incapacidade na falta de qualidades psíquicas de entendimento ou do poder de autodeterminação necessários para o indivíduo reger a sua pessoa e os seus bens, não fazia sentido considerar, pelo simples facto do casamento, a mulher incapaz. Assiste-se, assim, à abolição da incapacidade da mulher casada, ainda que se mantenha na sociedade conjugal a diferenciação de funções. Por isso se atribuiu à mulher o governo doméstico (o poder das chaves), enquanto cabia ao marido a chefia da sociedade conjugal, por força da qual lhe incumbia assegurar o sustento da mulher e dos filhos, o poder de decisão nos assuntos de interesse comum e a administração dos bens do casal[41]. Este poder de decisão e de administração assentava na intenção de manter a autonomia do casal e de evitar a devassa da intimidade da família, sujeitando à apreciação do tribunal as questões em que os cônjuges não estivessem de acordo. Estando o poder de decisão concentrado nas mãos de um só cônjuge (o marido) não haveria, superficialmente, desacordo.

[41] Antunes Varela, *ob. cit.*, p. 329.

Depois da segunda guerra mundial operou-se uma profunda alteração na estrutura diferenciada da sociedade conjugal, com a emancipação económica da mulher, o seu trabalho fora do lar, a desagregação da família, etc. Eliminou-se a ideia da chefia da sociedade conjugal pelo marido e, em paralelo, a atribuição do governo doméstico à mulher.

O direito português acompanhou esta evolução. O Cód. Civil de 1867 seguia o modelo patriarcal, dispondo o art. 1185º a obrigação da mulher prestar obediência ao marido, e traduzindo a ideia de incapacidade geral da mulher casada. A mulher não podia, sem autorização do marido, adquirir ou alienar bens, nem contrair obrigações, exceto nos casos em que a lei especialmente o permitia (art. 1193º)[42].

Também o Cód. Civil francês de 1804 assentava na incapacidade jurídica da mulher casada e na sua subordinação ao poder do marido. Mesmo anteriormente, a posição de superioridade resultava dos vários costumes, aparecendo o marido como administrador dos bens comuns e dos próprios dos cônjuges, não controlando a mulher a administração do marido (salvo nos casos de fraude)[43]. O art. 113º do Cód. Civil francês determinava o dever de obediência da mulher ao marido e o dever deste de proteção da mulher. Ao marido cabia fornecer à mulher o necessário para as despesas da vida, segundo as suas faculdades e estado (art. 214º do Cód. Civil francês). A mulher, mesmo no regime de separação, não podia estar em juízo (art. 215º do Cód. Civil francês), nem doar, alienar, hipotecar, adquirir a título gratuito ou oneroso (art. 217º do Cód. Civil francês) sem o consentimento do marido. Porém, a mulher comerciante podia, sem autorização do marido, obrigar-se pelo que dizia respeito ao seu comércio (obrigando também, nos regimes de comunhão, o marido por tais dívidas – art. 220º do Cód. Civil francês). Pela Lei de 13 de julho de 1907, a mulher passou a administrar os bens (ainda que comuns) por si adquiridos no exercício de uma profissão independente da do marido. Ulteriormente, em 1938, este poder marital e a incapacidade da mulher foram substituídos

[42] É de referir a alteração introduzida pelo art. 39º do Dec. nº 1, de 25 de dezembro de 1910, que concedeu à mulher legitimidade para a prática de atos jurídicos relativos ao governo doméstico, sem a autorização do marido. Além disso, sendo comuns as dívidas contraídas pela mulher em proveito comum dos cônjuges, a lei concedia-lhe implicitamente autorização para a prática de atos de administração de que tais dívidas provinham, nomeadamente, sendo ela comerciante ou exercendo uma profissão (Cunha Gonçalves, *Tratado de Direito Civil em comentário ao Código Civil Português*, vol. VI, Coimbra, Coimbra Editora, 1932, p. 440).

[43] A. Colomer, *Droit Civil…, cit.*, pp. 11 e 12.

pela ideia do marido como chefe da família (art. 213º do Cód. Civil francês) e da capacidade da mulher (art. 215º do Cód. Civil francês), desaparecendo os preceitos que regulavam aquela incapacidade. O marido continuou, contudo, nos regimes de comunhão, a administrar os bens comuns e os próprios de qualquer dos cônjuges. E o mesmo se diga com a alteração de 1942, que apenas reconheceu o papel de chefe da família ao marido no interesse da vida familiar. Porém, no regime de separação, a mulher passou a ter poderes de disposição de todos os seus bens próprios (art. 1536º do Cód. Civil francês). Só em 1965 a igualdade dos cônjuges foi alcançada com a abolição do estatuto de chefe da família do marido. Cada um dos cônjuges passou a administrar e a dispor dos seus bens próprios, não obstante o marido permanecer como o administrador dos bens comuns, podendo, por isso, dispor dos mesmos e obrigá-los por dívidas. Deixou, porém, de ser um administrador irresponsável (arts. 220º-1 e 1426º do então Cód. Civil francês) e passou a necessitar do consentimento da mulher para certas operações (ainda que, em caso de recusa desta, pudesse obter o suprimento judicial, nos termos do art. 217º, se a mesma não fosse justificada pelo interesse da família – o que não seria difícil dado que a iniciativa para a disposição pertencia ao marido que era o administrador dos bens do casal)[44]. Paralelamente também era o marido que podia contrair dívidas, respondendo por elas os seus bens próprios e os bens comuns, salvo as dívidas relativas ao governo doméstico, que podiam ser contraídas pela mulher, e que, desde 1965, responsabilizavam o património comum e solidariamente os cônjuges.

O mesmo acontecia no direito italiano, onde, anteriormente à Reforma de 1975, e no regime de comunhão, o marido detinha o poder de administração dos bens comuns, ainda que só pudesse alienar os bens a título oneroso (art. 220º do então Cód. Civil italiano). Carecia, contudo, do consentimento da mulher para dispor dos bens comuns a título gratuito ou para constituir

[44] Também no direito belga o marido tinha poderes exclusivos sobre a administração dos bens comuns (art. 1421º do Cód. Civil belga anterior), tendo também a administração além dos seus bens próprios, dos bens próprios da mulher (art. 1428º do Cód. Civil belga anterior). Tinha, porém, em alguns casos, a mulher poderes de administração (como no caso de ausência do marido) e noutros participava ao lado do marido (doações de imóveis ou de móveis a título universal e a título particular com reserva de usufruto e todas as consideradas excessivas – art. 1422º do Cód. Civil belga anterior), além dos que lhe eram atribuídos no exercício do mandato doméstico ou por mandato do marido. V., Jean Renauld, *Droit patrimonial de la famille*, vol. I, Bruxelles, 1971, pp. 392-412, e pp. 458-483.

hipoteca sobre os mesmos. Por outro lado, nos termos do art. [illegible]º do então Cód. Civil italiano, a mulher estava autorizada temporariamente a administrar os bens comuns, em caso de ausência ou outro impedimento do marido, e quando tal correspondesse ao interesse da comunhão. Podia também, nas mesmas circunstâncias, e em caso de necessidade ou utilidade evidentes, dispor dos referidos bens, com controlo judicial.

Por outro lado, o marido, como administrador dos bens comuns, não era totalmente irresponsável no direito italiano. De facto, e ainda que a tradição resultante de França fosse a da irresponsabilidade, entendia-se que o marido era um normal administrador e, por isso, prestava contas da sua administração dos bens comuns, além de a mulher dispor da separação judicial de bens como meio de reação contra a má administração[45]. Paralelamente, apenas o marido respondia, além das suas dívidas próprias, pelas dívidas da comunhão.

Só na Reforma de 1981, o direito espanhol abandonou o sistema unidirecional de administração e disposição dos bens do casal. O marido detinha o poder de administrar e dispor dos bens comuns de forma exclusiva, ainda que, e desde a Lei de 24 de abril de 1958, o então art. 1413º do Cód. Civil espanhol exigisse o consentimento da mulher, ou o seu suprimento judicial, para atos de disposição de imóveis ou estabelecimentos mercantis comuns, sob pena de ineficácia do ato. Como administrador dos bens do casal, pelas dívidas contraídas pelo marido respondiam os bens comuns e os seus próprios bens[46]. A mulher, por seu lado, não tinha poderes de administração ou disposição dos bens comuns e a administração só lhe era atribuída em caso de incapaci-

[45] Roberto de Ruggiero, *Istituzioni di Diritto Civile. Diritto di famiglia. Diritti reali e possesso*, vol. II, 7ª ed., Messina-Milano, Giuseppe Principato, 1934, p. 160 (acentuando o caráter da irresponsabilidade do marido), e Guido Tedeschi, *Trattato di Diritto Civile Italiano. Il matrimonio. Il regime patrimoniale della famiglia*, sob a direção de F. Vassalli, vol. III, tomo 1, 2ª ed., Torino, Utet, 1950, p. 728.

[46] Para uma análise do art. 1413º do antigo Cód. Civil espanhol e dos poderes de administração e disposição do marido, v., A. Rodriguez Adrados, "Disposición onerosa de inmuebles gananciales", *Revista de Derecho Notarial*, ano VI, nºs XXI-XXII, 1958, pp. 171-228. J. Martínez Gijón, "El régimen económico del matrimonio y el proceso de redacción de los textos de la familia del Fuero de Cuenca", *Anuario de Historia del Derecho Español*, tomo XXIX, 1959, pp. 85 e 86, refere que eram poucas as normas relativas à administração dos bens do casal nos foros. Possivelmente a administração da comunhão cabia ao marido, dado que também as dívidas contraídas pelo marido eram comuns. Os atos de disposição de bens imóveis careciam, porém, de acordo com os foros de Molina e de Sepúlveda, da atuação conjunta de ambos os cônjuges. Também não podia o marido vender os bens próprios da mulher ainda que possivelmente administrados por ele.

dade física ou jurídica do marido. Exercia, porém, a administração dos seus bens próprios e detinha o "poder das chaves". Por isso, também não podia obrigar-se e contrair dívidas, salvo no exercício do poder doméstico. Em todo o caso, e à luz do *Código de Comercio* de 1885, a mulher que obtivesse o consentimento do marido para o exercício do comércio podia alienar e hipotecar os bens comuns e os seus bens próprios, ao contrário das restantes mulheres casadas (art. 10º). Caso exercesse o comércio sem a autorização do marido podia, nos termos do então art. 12º do *Código do Comercio*, alienar e hipotecar os seus bens próprios e ainda os bens comuns que tivesse adquirido com os proveitos do seu comércio. Com a alteração do Cód. Civil em 1958, que sujeitou o poder de disposição do marido de bens imóveis ou estabelecimentos mercantis ao consentimento da mulher, este regime da mulher comerciante foi afetado (o art. 10º do *Código do Comercio* conferia poderes mais amplos à mulher, não a sujeitando ao consentimento do marido, do que o art. 1413º do Cód. Civil espanhol conferia ao marido, sujeito ao consentimento da mulher). Com a Reforma de 1975 a mulher só podia dispor dos bens comuns adquiridos com os proveitos do seu comércio, já que o Cód. Civil impedia-a de dispor de quaisquer outros bens comuns. A Reforma de 1981 impôs o mesmo regime para ambos os cônjuges.

O poder marital era também referido no § 1354º do BGB, entretanto, abolido pela lei da igualdade de direitos (*Gleichberechtigungsgesetz*) de 1957, promulgada por força do regime constitucional que proclamou o princípio da igualdade de direitos do homem e da mulher (art. 3º da Constituição da República Federal da Alemanha de 1949). Porém, e mesmo depois da Reforma de 1958, continuou a atribuir-se à mulher o governo doméstico (*Schlüsselgewalt*) (§ 1356º do BGB).

Até 1953, vigorando o regime supletivo de administração e uso (*Nutzverwaltung*), o marido administrava os bens próprios da mulher, incluindo os adquiridos durante o casamento, com exceção dos bens reservados daquela (§§ 1365º e 1366º do BGB na redação da altura). Não tinha, porém, poderes de disposição dos bens adquiridos pela mulher (§ 1375º do BGB), salvo se se tratasse de dinheiro e coisas consumíveis, se se tratasse de compensar os créditos da mulher contra dívidas a pagar com os bens levados para o casamento (*eingebrachte Güter*), de pagar dívidas da mulher consistentes na entrega de um bem levado para o casamento (evitando a execução forçada), ou de dispor das partes componentes (recheio) de um bem ("*Inventar eines Gutes*") dentro dos limites de uma administração ordenada ou ainda se obtivesse suprimento judicial (no caso de falta injustificada de tal consentimento ou impedimento da mulher em prestá-lo por doença ou ausência) (§§ 1376º a 1379º do BGB)[47]. A mulher não tinha, por seu lado, poderes de disposição dos seus bens (salvo os bens reservados), carecendo da mediação do marido (§ 1395º do BGB). Caso ela praticasse um ato sem tal autorização do marido, o negócio era ineficaz, podendo haver ratificação do marido, tratando-se de contrato (§§ 1397º e 1398º do BGB). Podia apenas, sem o consentimento do marido, realizar os atos previstos nos §§ 1406º e 1407º do BGB, bem como os negócios relativos ao exercício de uma atividade autorizada pelo marido (§ 1405º do BGB).

Em consequência, pelas dívidas contraídas pelo marido não respondiam os bens reservados da mulher. Por outro lado, o marido era responsável pelas dívidas da mulher (§§ 1385º e 1386º do BGB).

No regime convencional de comunhão, a administração cabia ao marido (§ 1443º do BGB), não tendo a mulher, em princípio, poderes de administração (com as exceções previstas nos §§ 1449º a 1454º do BGB). Por isso também a mulher não ficava obrigada pelos atos de administração do marido. Carecia, porém, o marido, em certos casos, do consentimento da mulher (§§ 1444º, 1445º, e 1446º do BGB).

Depois de 1 de abril de 1953 passou a vigorar o regime de separação de bens, até 1 de julho de 1958, altura em que foi instituído como regime supletivo o de comunhão nos ganhos ou participação nos adquiridos (*Zugewinngemeinschaft*). Neste regime cada cônjuge administra o seu património (§ 1364º do BGB), ou seja, cada um dos cônjuges pode, sem o outro, usar e dispor dos seus bens, contrair obrigações pelas quais respondem tais bens e estar em juízo em nome próprio. Para assegurar bens necessários à manutenção da família, nenhum dos cônjuges pode dispor do conjunto do seu património ou dos objetos da casa sem o consentimento do outro (§§ 1365º e 1369º ambos do BGB).

A matéria da administração dos bens do casal era regulada, entre nós, nos arts. 1189º e 1117º do Cód. de Seabra, completada pelos arts. 1104º e 1128º do mesmo código e outros preceitos dispersos pelos vários regimes

[47] V., p. ex., Planck, *Bürgerliches Gesetzbuch. Familienrecht*, vol. IV, 1ª e 2ª ed., Berlin, F. Guttentag, 1901, pp. 118-124, H. Dernburg, *ob. cit.*, pp. 142 e 143, e Beitzke, *Familienrecht*, München/Berlin, Biederstein Verlag, 1947, p. 69.
O regime da *Verwaltungsgemeinschaft* era muito semelhante ao regime sem comunhão vigente na mesma altura no direito francês (Planiol/Ripert, *Traité élémentaire de Droit Civil*, tomo III, 10ª ed., Paris, LGDJ, 1927, p. 7).

de bens. O princípio geral sobre a administração dos bens dos cônjuges era formulado no art. 1189º do Cód. Civil de 1867: "a administração de todos os bens do casal pertence ao marido e só pertence à mulher na falta ou no impedimento dele". O art. 1117º do Cód. Civil de 1867, relativo à comunhão geral de bens, acrescentava que a administração dos bens do casal, sem exceção dos próprios da mulher, pertencia ao marido.

Os poderes de administração, conferidos ao marido, abrangiam os bens comuns, os seus bens próprios e os bens próprios da mulher, incluindo os bens dotais[48]. Os poderes que a lei atribuía ao marido eram tão latos que se tornava difícil caberem no conceito vulgar de administração[49].

[48] Mesmo no regime de separação de bens, os bens próprios da mulher ficavam sujeitos à administração exclusiva do marido (arts. 1189º e 1104º do Cód. Civil de 1867). Por isso, o regime de separação era apenas aparentemente de separação (Pereira Coelho, *Curso de Direito da Família*, vol. I, Coimbra, Atlântida Editora, 1965, p. 319, nota. 4). A mulher tinha, porém, a administração dos bens previstos no art. 1128º do Cód. de Seabra. Este artigo conferia poderes de alienação sobre os bens mobiliários separados da comunhão e sobre a terça parte dos rendimentos. Ora, quem pode alienar é porque pode também administrar.
À luz do art. 1449º do Cód. Civil francês de 1804 a mulher tinha o poder de administrar os seus bens no regime de separação, mas tratava-se apenas de atos de mera administração. Quanto aos atos de disposição, ainda que pudesse dispor dos móveis, carecia sempre do consentimento do marido para alienar os bens imóveis (Planiol/Ripert, *Traité élémentaire..., cit.*, pp. 269-272).

[49] Repare-se que, tal como o atual art. 1699º, nº 1, al. *c*), também o art. 1104º do Cód. Civil de 1867, não permitia que na convenção antenupcial a mulher pudesse privar o marido da administração dos seus bens, sendo, portanto, tal regime de administração imperativo. Esta disposição não estava em harmonia, como referem Dias Ferreira, *Código Civil Português Anotado*, vol. II, 2ª ed., Coimbra, Imprensa da Universidade, 1895, p. 334, e Cunha Gonçalves, *Tratado de Direito Civil..., cit.*, vol. VI, pp. 430 e 431, com a nossa tradição jurídica, que admitia que a mulher reservasse a administração dos seus bens próprios e dotais. Como escreveu Dias Ferreira, *ibidem*, "[n]ada mais natural do que permittir-se á mulher administrar pelo menos os bens proprios que ella quis separar da communhão; e é contradictorio prohibir á mulher administrar os bens, que no systema de separação ella póde alienar com ou sem auctorisação do marido – artigos 1127º e 1128º". Pires de Lima, "Anteprojecto de dois títulos do novo Código Civil referente às relações pessoais entre os cônjuges e à sua capacidade patrimonial", *BMJ*, nº 56º, 1956, p. 15, dizia que o que ficou consagrado na al. *b*) do nº 2 do art. 1678º do Cód. Civil de 1966, contrário ao art. 1104º do Cód. de Seabra, correspondia à nossa tradição jurídica, da qual nos afastámos por influência do art. 1240º do projeto espanhol de 1851. A este propósito Pereira Coelho, *Curso..., cit.*, 1965, p. 245 e nota 1, não via razões para a mulher não poder reservar para si a administração de determinados bens ou até de todos os bens que levasse para o casamento. Sugeria mesmo que o Cód. Civil de 1996, em projeto, deveria atribuir à mulher a administração dos seus bens próprios.

Porém, o Cód. Civil de 1867 estabelecia exceções e limitações aos poderes de administração do marido[50].

As exceções constavam dos arts. 1104º e 1128º do Cód. Civil de 1867. De facto, de acordo com o art. 1104º, a mulher podia reservar para si o direito de receber, a título de alfinetes, a terça parte dos rendimentos dos seus bens e dispor dela livremente. Se a mulher tinha sobre esses rendimentos poderes de disposição, também tinha os poderes de administração. Portanto, contrariamente à regra geral, a administração da terça parte dos rendimentos dos bens da mulher pertencia a esta se os cônjuges assim o estipulassem. Repare-se, porém, que era a administração dos rendimentos dos bens e não dos próprios bens que produzem esses rendimentos. Por sua vez, e no domínio do regime de separação de bens, o art. 1128º do Cód. Civil de 1867 dispunha que era aplicável à mulher, quanto aos seus bens mobiliários separados da comunhão e à terça parte dos seus rendimentos, o que no art. 1118º do mesmo código se dispunha, em relação ao marido, quanto aos mobiliários comuns, ou seja, podia a mulher dispor deles sem o consentimento do marido. Assim, quanto aos bens indicados no art. 1128º do Cód. Civil de 1867, podia a mulher administrá-los e dispor deles. Mas o marido continuava a administrar as outras duas terças partes dos rendimentos, os bens imobiliários e os capitais postos a juros (art. 1128º, § único, do Cód. Civil de 1867), o que não significava que os pudesse alienar sem o consentimento da mulher. O marido podia dispor livremente dos mobiliários comuns e dos seus próprios mas, no regime de separação, o marido carecia, para alienar os bens mobiliários próprios da mulher, do consentimento desta[51].

[50] V., Pires de Lima/Braga da Cruz, *ob. cit.*, pp. 22-32.

[51] A referência, no art. 1118º do Cód. Civil de 1867, aos bens móveis, abrangeria, segundo alguns autores, não só os móveis comuns, como também os próprios de qualquer um dos cônjuges, já que só no regime de separação o marido carecia do consentimento da mulher para alienar os seus bens móveis próprios (art. 1128º do Cód. Civil de 1867). Além disso, se o marido podia dispor livremente dos bens mobiliários dotais (art. 1148º do Cód. Civil de 1867) também poderia dispor dos próprios da mulher. A referência do art. 1128º do Cód. Civil de 1867 aos bens móveis *comuns* do art. 1118º do Cód. Civil de 1867 restringia-se a uma das hipóteses previstas no artigo, não significando que o art. 1118º apenas se referisse aos mobiliários comuns. V., Dias Ferreira, *ob. cit.*, pp. 362 e 363, José Augusto do Nascimento, *Lições de Direito Civil. Relações de Família e Sucessões*, de acordo com as lições de Pires de Lima, Coimbra, Casa do Castelo, 1931, p. 282, e Pires de Lima/Braga da Cruz, *ob. cit.*, pp. 143 e 144. Contra, Eduardo da Silva Carvalho, *ob. cit.*, vol. I, p. 145, para quem a lei apenas refere os bens comuns, Cunha

Quanto às limitações (ou seja, o marido era o administrador mas não podia exercer essas funções como bem entendesse, apenas dentro de certos limites), estavam previstas nos arts. 1191º, 1119º, 1120º e 2024º, 1114º, 1118º, e 1151º do Cód. Civil de 1867.

Dispunha o art. 1191º do Cód. Civil de 1867 que o marido não podia alienar bens imobiliários (comuns, próprios dele ou próprios da mulher), nem estar em juízo por causa de questões de propriedade ou posse de bens imobiliários, sem outorga da mulher. Esta mesma regra estava repetida no art. 1119º do Cód. Civil de 1867, quanto ao regime de comunhão geral. Esta limitação mantinha-se mesmo depois da separação judicial de pessoas e

Gonçalves, *Tratado de Direito Civil..., cit.*, vol.VI, p. 446, e pp. 490 e 491, e *Direitos de Família e Direitos das Sucessões*, Lisboa, Edição Ática, 1955, p. 132, e Pereira Coelho, *Curso..., cit.*, 1965, pp. 299 e 300, para quem o marido só podia alienar os seus bens móveis próprios e os bens móveis comuns. Para este último autor os bens próprios da mulher não eram "*do casal*", mas apenas da mulher e, por isso, não podia o marido aliená-los sem a outorga dela. Assentava o seu entendimento na letra do art. 1128º do Cód. Civil de 1867, mas com uma interpretação contrária aos primeiros autores aqui referidos. A mulher também não podia alienar esses seus bens, mas isso não significava que o marido, arrogando-se o direito de proprietário, alienasse tais bens (o que não estava incluído no seu poder de administração).
No direito francês, onde inicialmente se entendia que o marido podia livremente alienar os bens móveis da mulher (dado que a lei só o limitava quanto aos imóveis), passou a entender-se que o marido não podia alienar sozinho os bens da mulher, imóveis ou móveis (v., Planiol/Ripert, *Traité élémentaire..., cit.*, p. 129, e Colin/Capitant/Julliot de la Morandière, *Précis de Droit Civil*, tomo III, 8ª ed., Paris, Dalloz, 1950, pp. 118 e 119), salvo tratando-se de ato de administração ordinária (Beudant, *Cours de Droit Civil français. Le contrat de mariage et les régimes matrimoniaux*, tomo X, 2ª ed., Paris, Rousseau et Cª Editeurs, 1937, pp. 395 e 396).
No casamento por arras, que vigorou na Península, os poderes de administração do marido estendiam-se, muito provavelmente, à possibilidade de alienar os bens móveis mesmo da mulher sem consentimento desta (tirando os bens dotais). Esta regra encontrava-se também nos antigos direitos alemão e francês. Havia, porém, limitações a esta faculdade, nomeadamente, a proibição de o marido dispor de quaisquer bens em favor da sua *barregã*. Este costume foi depois, no reinado de Afonso III, expressamente convertido em norma geral do reino. A esta situação de supremacia do marido correspondia-lhe a incapacidade da mulher, prevista em muitos foros e costumes municipais que proibiam a mulher de contratar e de prestar fiança, bem como de comparecer em juízo sem consentimento do marido. Em contrapartida, alguns costumes determinavam que a mulher não podia ser demandada, julgada ou presa na ausência do marido ou sem sua permissão. Estas proibições cessavam, todavia, se a mulher fosse negociante. O mesmo valia para o regime da comunhão geral de bens, onde, aliás, não havia dúvidas quanto ao direito do marido de dispor dos bens móveis, tendo sido tal o entendimento sempre seguido pela jurisprudência até ao Cód. Civil. V., Paulo Merêa, *Evolução dos Regimes Matrimoniais*, vol. II, Coimbra, Imprensa da Universidade, 1913, pp. 11-13, e p. 119.

bens (art. 1216º do Cód. Civil de 1867), sendo de aplicar, quanto às alienações feitas por qualquer dos cônjuges sem consentimento do outro, as sanções previstas no art. 1191º[52]. Esta limitação, traduzindo a importância dada à propriedade imobiliária, encontra as suas raízes nas Ordenações (título XLVIII, do livro IV, das Ordenações Filipinas, título VI, do livro IV, e título XXXII, do livro III, das Ordenações Manuelinas, e título XI, do livro IV, e títulos XLV e XLVI, do livro III, das Ordenações Afonsinas) e, mesmo antes, remontando ao direito romano, ao direito visigodo e vigorando também no direito peninsular no casamento por arras e comunhão de adquiridos (cujo princípio foi expressamente consagrado em lei por Afonso III) e na comunhão geral. Se o marido alienasse sem outorga da mulher ficava sujeito a certas sanções que variavam em função do bem que alienasse. Assim, se a alienação fosse de bens próprios do marido, dispunha o § 2º do art. 1191º do Cód. Civil de 1867 que as alienações do marido só podiam, nesse caso, ser anuladas a requerimento da mulher ou dos seus herdeiros achando-se o marido constituído em responsabilidade para com ela ou para com eles e não tendo outros bens pelos quais responda. Se a alienação fosse de bens comuns, dispunha o § 3º do mesmo artigo que a mulher, ou os seus herdeiros, ou os herdeiros legitimários do marido, poderiam requerer que fossem anuladas, agora sem a limitação vista para a anulação das alienações dos próprios do marido. Finalmente, se a alienação fosse dos bens próprios da mulher, não dispunha o art. 1191º do Cód. Civil de 1867 qualquer sanção especial, sendo, assim, de aplicar a regra geral da alienação de coisa alheia, ou seja, o contrato de alienação seria nulo e o marido responderia por perdas e danos, tendo procedido com dolo ou má fé (art. 1555º do Cód. Civil de 1867). Só no regime de separação, de acordo com o art. 1127º do Cód. Civil de 1867, que atribuía ao marido poderes de

[52] Pires de Lima/Braga da Cruz, *ob. cit.*, pp. 25-27. Chamam os autores a atenção para o facto de, administrando os cônjuges os seus bens com a separação, poucos seriam os casos em que se verificava a situação, prevista no § 2º do art. 1191º do Cód. Civil de 1867, de o marido se achar constituído em responsabilidade para com a mulher (podendo acontecer no caso, p. ex., de, com a partilha, o marido ser obrigado a dar tornas à mulher, estando, por isso, constituído em responsabilidade para com ela).
É evidente que também nesta altura o marido podia escapar a esta limitação, contraindo dívidas, pelas quais os credores poderiam executar os bens imóveis, sem prejuízo do que se dirá em relação ao art. 1119º (v., Coelho da Rocha, *Instituições de Direito Civil Portuguez*, 8ª ed., tomo I, Lisboa, Livraria Clássica Editora, 1917, pp. 137 e 138).

disposição dc todos os seus bens (móveis e imóveis), podia este alienar os mesmos sem o consentimento da mulher[53].

O art. 1119º do Cód. Civil de 1867 dispunha mais ou menos nos mesmos termos para o regime de comunhão geral. Porém, enquanto o art. 1191º exigia a outorga da mulher para o marido *alienar* bens imobiliários, este art. 1119º exigia tal outorga para o marido *alhear ou obrigar* os referidos bens. Apesar de o art. 1119º estar na secção da comunhão geral entendia-se ser de aplicar a todos os regimes de bens. De facto, se o marido pudesse obrigar bens imobiliários sem a outorga da mulher, seria permitir-lhe que livremente os alienasse. Se o marido não podia alienar também não podia obrigar os mesmos bens. Além disso, e em relação às principais formas de oneração dos bens, a lei exigia a outorga da mulher (p. ex., o art. 894º do Cód. Civil de 1867, relativamente às hipotecas)[54].

Por seu lado, o art. 1120º do Cód. Civil de 1867 dispunha que o marido não podia repudiar herança sem outorga da mulher e a responsabilidade da aceitação pura, sem outorga da mulher, só recaía sobre os seus bens próprios e a sua meação. Também o art. 2024º do Cód. Civil de 1867 dispunha que a mulher só podia validamente aceitar ou repudiar a herança com autorização do marido e o marido com o consentimento da mulher. Ambos os artigos proibiam o repúdio sem o consentimento do outro cônjuge. Mas quanto à aceitação as soluções eram diferentes. De facto, de acordo com

[53] Neste sentido, Júlio Augusto Martins, "Regimens matrimoniaes", *Revista dos Tribunais*, ano 41º, 1922/1923, pp. 194 e 195, Cunha Gonçalves, *Tratado de Direito Civil..., cit.*, vol. VI, pp. 494-497, e Pires de Lima/Braga da Cruz, *ob. cit.*, pp. 198 e 199. Contra, Dias Ferreira, *ob. cit.*, p. 364 (apesar de, na p. 373, e contrariamente ao anteriormente defendido em relação ao marido, referir que no regime de separação é da mulher a iniciativa na venda dos seus bens próprios, sem excetuar os imobiliários), Pinto Coelho, *Direito de Família*, lições coligidas por José Lourenço Júnior, Lisboa, 1935, p. 338, e Pereira Coelho, *Curso..., cit.*, 1965, pp. 322-324, bem como a generalidade da jurisprudência da altura.

[54] Contudo, como escrevia Coelho da Rocha, *ob. cit.*, p. 138, ainda que a hipoteca seja uma espécie de alienação e, portanto, o marido careça do consentimento da mulher para a sua constituição, se ela fosse feita para garantia de certos contratos que o marido pudesse celebrar por si ou dos quais pudesse resultar lucro para o casal, seria válida mesmo que sem o consentimento da mulher. Sendo assim, podiam os credores executar os bens hipotecados. Mas, já entendia o autor não ser assim no caso de contrato do qual nunca decorria qualquer proveito, dando como exemplo a fiança. Além disso, essa oneração pressupunha os casos em que os bens fossem voluntariamente onerados, ou seja, os privilégios imobiliários, a penhora, o arresto, etc. são imposições da lei que podem onerar os bens mesmo nessas situações em que fosse necessário o consentimento da mulher (Cunha Gonçalves, *Tratado de Direito Civil..., cit.*, vol. VI, p. 459).

o art. 2024º, a mulher só podia aceitar com o consentimento do marido e este com o consentimento da mulher, mas de acordo com o art. 1120º, o marido podia, por si só, aceitar a benefício de inventário e, mesmo que a aceitação fosse pura, tinha apenas como sanção a responsabilidade dos seus bens próprios e da sua meação nos comuns. Apesar de o art. 1120º regular o regime de comunhão geral e o art. 2024º ser de carácter geral, não podia aquele aplicar-se apenas à comunhão geral, sob pena de o marido ficar com maior liberdade no regime de comunhão geral do que nos outros regimes. Consideravam alguns autores que seria de aplicar a nível geral o art. 1120º, considerando revogado o art. 2024º quanto ao marido[55]. Outros, porém, e face à não referência no art. 2024º da aceitação pura ou a benefício de inventário, entendiam que não havia uma prevalência daquele artigo face a este, dado que o marido só carecia da outorga da mulher para a aceitação pura e simples se a herança tivesse passivo. Não havendo passivo, a aceitação pura seria válida mesmo sem outorga da mulher, dado que dela não resulta qualquer responsabilidade ou encargo ao casal. Havendo passivo, a responsabilidade da aceitação recairia sobre a meação e os bens próprios do marido, quando este não pudesse demonstrar que os encargos excediam as forças da herança (art. 2019º do Cód. Civil de 1867), pois neste caso a aceitação seria na mesma válida. Com maior razão seria válida, sem outorga da mulher, a aceitação a benefício de inventário que constituísse um ato de mera administração[56].

O art. 1114º do Cód. Civil de 1867 fixava outra limitação aos poderes de administração do marido. O marido, apesar de ser o administrador dos bens do casal, não podia contrair dívidas, pelas quais ficavam obrigados os bens comuns e os bens próprios da mulher, sem a outorga desta (com as exceções previstas no seu § 2º). Esta disposição aplicava-se apenas aos imobiliários, dado que quanto aos bens móveis o art. 1118º do Cód. Civil de 1867 permitia ao marido dispor livremente dos bens mobiliários do casal. Ora, o que pode ser alienado também pode ser onerado, pelo que, o marido poderia contrair dívidas que onerassem tais bens. Pelo contrário, como o

[55] José Augusto do Nascimento, *ob. cit.*, p. 206, Pires de Lima/Braga da Cruz, *ob. cit.*, pp. 30 e 149, e Pereira Coelho, *Curso..., cit.*, 1965, p. 255. Referem ainda os primeiros autores que estas contradições entre o regime geral e o de comunhão geral deviam-se ao facto de aquelas terem sido introduzidas no código posteriormente e não terem sido feitas as necessárias alterações.

[56] Eduardo da Silva Carvalho, *ob. cit.*, vol. I, pp. 172 e 173, e Cunha Gonçalves, *Tratado de Direito Civil..., cit.*, vol. VI, pp. 433 e 434.

marido não tinha poderes de livre disposição sobre os imóveis, também não podia onerá-los livremente. Portanto, pelas dívidas contraídas pelo marido sem outorga da mulher respondiam todos os bens móveis (comuns ou próprios de qualquer um dos cônjuges) e os imobiliários próprios do marido.

O art. 1118º do Cód. Civil de 1867 não deixava, porém, de fixar uma limitação ao poder de disposição sobre os bens móveis. Se o marido os alheasse ou obrigasse por contrato gratuito, a importância dos bens assim alheados era levada em conta na meação dele, com exceção das doações remuneratórias ou de pouca importância e as doações de homem casado à sua concubina, sendo estas últimas nulas (ainda que se tratasse de nulidade relativa) (arts. 1471º e 1480º do Cód. Civil de 1867). É que se o marido alheasse os bens a título oneroso havia uma contra-prestação de valor equivalente, ao passo que o mesmo já não acontecia, podendo o património da mulher ficar afetado, se o fizesse a título gratuito. Esta disposição era um reflexo da disposição contida no título LXIV, do livro IV, das Ordenações Filipinas, que previa idêntica sanção, para que os maridos não doassem os bens móveis ou dinheiro em prejuízo das suas mulheres[57].

O art. 1151º do Cód. Civil de 1867, relativo ao regime dotal, fixava que o marido só podia alienar ou onerar os imobiliários dotais nos termos do disposto no art. 1149º do mesmo código, podendo também ser convencionada a inalienabilidade dos bens móveis (art. 1148º do Cód. Civil de 1867). No caso de o marido alhear ou onerar tais bens ficava responsável por todas as perdas e danos, tanto para com a mulher, como para com terceiros, a quem não haja declarado a natureza dos bens alheados.

Além destas limitações, o marido podia também estar privado da administração dos bens do casal. De facto, o marido não administrava se um dos cônjuges fosse menor e se casasse sem o consentimento dos pais ou

[57] No Cód. Civil francês, e no regime de comunhão, o marido administrava sozinho todos os bens comuns e os próprios de qualquer dos cônjuges, podendo dispor deles livremente (art. 1421º do Cód. Civil francês). Só não podia dispor dos bens imóveis próprios da mulher sem o consentimento desta (art. 1428º do Cód. Civil francês), como também não podia dispor a título gratuito dos bens imóveis comuns sem autorização da mulher (art. 1422º do Cód. Civil francês). Como contrapartida dos poderes do marido, a mulher tinha a possibilidade de renunciar à comunhão (se esta estava arruinada pela má administração do marido), limitar a sua obrigação pelas dívidas a um inventário, requerer a separação de bens e, em todos os regimes, beneficiava da existência de hipoteca legal sobre os bens adquiridos e os imóveis próprios do marido. V., sobre a regulamentação do regime de administração à luz do Cód. Civil francês de 1804, Planiol/Ripert, *Traité élémentaire...*, *cit.*, pp. 112-137.

daqueles que os representavam[58], se fosse surdo-mudo ou pródigo e não obtivesse o consentimento do tutor ou curador para contrair casamento ou se fosse tutor ou curador (ou seu descendente, ascendente, irmão, cunhado ou sobrinho) e casasse com a pessoa tutelada ou curatelada (arts. 51º, 52º e 55º do Dec. nº 1, de 25 de dezembro de 1910). Nos dois primeiros casos, a administração continuava nas mãos da pessoa que administrava os bens do incapaz antes do casamento, até que este se tornasse capaz. No terceiro caso, enquanto durasse a incapacidade do tutelado ou curatelado, a administração pertencia ao protutor (art. 258º, nº 1, do Cód. Civil de 1867).

Mas havia ainda casos em que a administração não cabia ao marido e que pertencia à mulher.

A mulher administrava os bens do casal quando o marido lhe conferisse tal administração por mandato, após o casamento (art. 1117º, § único, do Cód. Civil de 1867), o qual a autorizava a administrar os bens do casal; quando se tratasse de bens que adquirisse por sucessão ou doação, com a cláusula de ser ela a administradora desses bens; ou na ausência ou impedimento do marido (arts. 1189º e 1190º do Cód. de Seabra).

Assim, o marido podia encarregar a mulher da administração dos bens do casal, nos termos do art. 1117º, § único, do Cód. Civil de 1867, aplicável não só ao regime de comunhão geral mas a qualquer regime de bens[59]. Se, no regime de comunhão, o marido podia entregar a administração à mulher, por maioria de razão o deveria poder em qualquer outro regime. Mesmo que assim não se entendesse, o marido poderia sempre, de acordo com o princípio da autonomia da vontade nos negócios jurídicos, entregar a administração, dos bens comuns e dos próprios de ambos os cônjuges, à mulher se o quisesse.

[58] Repare-se que esta situação, onde a administração não cabe nem ao marido nem à mulher, continuou prevista no Cód. Civil de 1966 e mesmo atualmente, depois da Reforma de 1977, no art. 1649º.

[59] Tal não contradizia o então art. 1104º do Cód. Civil de 1867 (cfr. o atual art. 1699º, nº 1, al. *c*)) que apenas proibia que a administração fosse confiada à mulher na convenção antenupcial. As situações são distintas: se o marido passa à mulher um mandato em que a autoriza a administrar os bens do casal, como o mandato é livremente revogável, ele não fica verdadeiramente privado da administração dos bens, como ficaria se a administração fosse confiada à mulher na convenção antenupcial, que é imutável (cfr. o atual art. 1714º). O marido podia sempre revogar o mandato e podia, também, opor-se a qualquer ato da administração que a mulher desejasse praticar. V., Pires de Lima/Braga da Cruz, *ob. cit.*, pp. 34 e 35, e Rita Lobo Xavier, *Limites à autonomia privada...*, *cit.*, p. 486, nota 102.

Convém referir que a mulher comerciante, em virtude da autorização geral do marido para comerciar, podia praticar todos os atos relativos ao seu comércio e até hipotecar os seus bens próprios não dotais e propor ações (art. 1194º do Cód. de Seabra, e art. 16º do Cód. Comercial). Por outro lado, e embora obrigando-se em nome pessoal, a mulher comerciante obrigava o marido, exceto pelas dívidas que, por sua natureza, fossem incomunicáveis (art. 1198º do Cód. Civil de 1867). Em virtude da autorização geral concedida para o exercício de uma profissão, as dívidas que a mulher contraísse nesse exercício estavam consentidas pelo marido e, por isso, obrigavam-no também a ele[60].

A mulher era também a administradora dos bens que alguém lhe doasse ou deixasse em testamento, estipulando-se ser ela a administradora desses bens, apesar de não haver uma disposição que expressamente o permitisse (não havia também uma que o proibisse)[61].

Podia ainda a mulher administrar nos casos de ausência e impedimento do marido (arts. 1189º, 1190º e 1117º do Cód. Civil de 1867). Era discutido na doutrina a questão de saber se a "ausência" era empregue no seu sentido lato ou no sentido técnico, isto é, se, para a mulher poder administrar, bastava a simples não presença do marido ou se era necessário que dele não houvesse notícias[62]. E o mesmo se discutia em relação ao impedimento, ou seja, se seria necessário um impedimento legalmente verificado ou se

[60] Cunha Gonçalves, *Tratado de Direito Civil..., cit.*, vol. VI, pp. 441 e 442.

[61] V., Pires de Lima, "Administração da mulher casada imposta por terceiros", *RLJ*, ano 78º, 1945/46, p. 280, admitindo que os atos de natureza gratuita justificavam a exceção ao art. 1104º do Cód. de Seabra. Contra tal entendimento, v., Pinto Coelho, *ob. cit.*, p. 286.

[62] Sobre esta questão, v., Pires de Lima/Braga da Cruz, *ob. cit.*, pp. 36-38, e Carlos da Costa Picoito, *Da situação jurídica da mulher casada no campo do direito privado*, Faro, Tip. União, 1961, pp. 97-100, optando pela conceção ampla, nomeadamente, pelo facto de o art. 1116º do Cód. Civil de 1867, em matéria de dívidas, permitir à mulher a contração de dívidas no caso de ausência em sentido amplo do marido. Se assim não se entendesse, estar-se-ia a negar à mulher o poder de administrar e a atribuir-se-lhe, em paralelo, e pelo contrário, as faculdades que entram nos poderes de administração (contrair dívidas). Se, contudo, o marido desaparecesse, sendo ausente em sentido técnico, a mulher ficava administradora dos bens, nos termos do art. 1117º, § único, do Cód. Civil de 1867, enquanto não fosse instalada a curadoria definitiva (v., Cunha Gonçalves, *Tratado de Direito Civil..., cit.*, vol. VI, p. 444). Contra, defendendo que a ausência era a ausência em parte incerta, v., o ac. do STJ, de 20.07.1943 (*RLJ*, ano 76º, 1943/44, p. 271), anotado e criticado por Pires de Lima, "Atribuição da administração dos bens do casal à mulher na ausência do marido (notas a um acórdão)", *RLJ*, ano 76º, 1943/44, pp. 337-340, e pp. 353 e 354.

bastava um mero impedimento de facto, sendo defendido, em geral, bastar um impedimento de facto (p. ex., estando o marido gravemente doente ou se estava notoriamente louco)[63].

Contudo, não tinha a mulher nessa administração dos bens do casal poderes tão amplos como os conferidos ao marido (nomeadamente, em matéria de dívidas e alienação de bens imóveis – cfr. os arts. 1116º e 1190º do Cód. Civil de 1867). A lei era omissa quanto à alienação dos bens móveis e, portanto, questionava-se se os poderes conferidos no art. 1118º do Cód. Civil de 1867 ao marido seriam também de aplicar à mulher. Ainda que a mulher, como administradora, devesse ter os mesmos poderes do marido, da letra dos arts. 1190º e 1116º do Cód. Civil de 1867 podia concluir-se que o legislador quis regular de forma mais restrita os poderes da mulher administradora. Assim, a mulher só poderia alienar bens móveis desde que essas alienações coubessem no conceito de ato de administração, ou seja, apenas os atos destinados à conservação ou frutificação do património (como a alienação das rendas e dos frutos)[64]. Porém, podia também entender-se que a mulher administradora deveria ter os mesmos poderes que o marido, dado não haver norma que estabelecesse regime diferente[65]. Tendo ou não os poderes conferidos pelo art. 1118º do Cód. Civil de 1867 ao marido, o que parecia certo era que, enquanto administradora, mesmo quando em virtude de um mandato do marido, a mulher não tinha de prestar contas da sua administração (tal como o marido)[66].

Tirando estes casos, para que os atos indicados no art. 1193º do Cód. de Seabra pudessem validamente ser praticados pela mulher carecia esta da autorização do marido, ou, no caso de injusta recusa, do suprimento judicial dessa autorização. Os arts. 1194º e segs. do Cód. Civil de 1867 regulavam essa autorização e o § 3º do art. 1193º do mesmo código o suprimento

[63] Pires de Lima/Braga da Cruz, *ob. cit.*, pp. 38 e 39, e Carlos da Costa Picoito, *ob. cit.*, p. 101. Também na legislação francesa, no caso de o marido estar impossibilitado de manifestar a sua vontade, a mulher podia, com autorização judicial, substituí-lo no exercício dos poderes conferidos pelos arts. 1421º e 1428º do Cód. Civil francês (art. 1427º do mesmo código).

[64] Pires de Lima/Braga da Cruz, *ob. cit.*, pp. 39 e 40.

[65] Pereira Coelho, *Curso..., cit.*, 1965, p. 251. Defendendo esta posição, Carlos da Costa Picoito, *ob. cit.*, pp. 106 e 107, acrescentava ainda que a lei processual (art. 18º do Cód. de Processo Civil vigente na altura) concedia à mulher a faculdade de estar em juízo por questões relativas a bens mobiliários, podendo propor ações e até transigir no processo. Sendo assim, tal significava que ela também podia dispor de tais bens.

[66] Cunha Gonçalves, *Tratado de Direito Civil..., cit.*, vol. VI, p. 442.

de tal autorização[67]. A autorização ou o respetivo suprimento tornavam válidos os atos praticados pela mulher. A autorização para a contração de obrigações implicava responsabilidade do marido pelas dívidas contraídas pela mulher (art. 1198º do Cód. Civil de 1867), nos regimes de comunhão e no de separação (neste com a ressalva de as dívidas terem sido contraídas sobre bens ou interesses privados da mulher – arts. 1198º e 1129º, § 3º, do Cód. Civil de 1867). No caso de suprimento, o marido só respondia pelas obrigações contraídas pela mulher que procedessem de obrigações comuns ou revertessem em proveito comum (art. 1199º do Cód. Civil de 1867), nos regimes de comunhão. A falta de autorização conduzia à anulabilidade do ato praticado pela mulher. De facto, a nulidade era apenas relativa, só podendo ser alegada pelo marido ou pelos seus herdeiros e representantes (art. 1200º do Cód. Civil de 1867). O art. 1201º do Cód. Civil de 1867 previa os casos em que essa nulidade podia ser sanada[68].

A doutrina justificava a administração dos bens do casal, no Cód. de Seabra, da seguinte forma: por um lado, julgou-se que à boa gestão dos interesses patrimoniais do casal conviria a administração marital, por ser um só e exercida pelo cônjuge que em geral era o mais apto para esse cargo, em virtude da sua maior atividade, energia e experiência nos negócios. Por outro lado, entendeu-se que ficaria mal à própria dignidade do marido, à sua autoridade e prestígio na sociedade e na família, o estar ele privado da administração do casal, sem ser por qualquer dos motivos que legalmente produzem a incapacidade de qualquer pessoa. O marido ficaria como que diminuído perante a sociedade, perante a própria mulher e perante os filhos que viessem a nascer do casamento[69].

[67] V., sobre esta questão, Pires de Lima/Braga da Cruz, *ob. cit.*, pp. 47-53.

[68] O art. 1201º do Cód. Civil de 1867 previa a possibilidade de existir uma ação de anulação intentada por um terceiro. Contudo, só o marido e seus herdeiros e representantes tinham legitimidade para tal ação. Como escrevem Pires de Lima/Braga da Cruz, *ob. cit.*, pp. 52 e 53, a razão da contradição residia no facto de o primitivo projeto prever atribuir também aos credores do marido legitimidade para a ação anulatória. A comissão revisora eliminou essa possibilidade mas não alterou o art. 1201º.

[69] A manutenção da qualidade de chefe da família, discutida na Reforma de 1965 do Cód. Civil francês, era vista como um modo de proteção da própria instituição familiar. V., Eliana Gersão, "A igualdade jurídica dos cônjuges. A propósito do projecto de Código Civil", *RDES*, ano 13º, 1966, pp. 39-42. A mesma defesa da unidade de direção dos interesses patrimoniais da família, que não interferiria com o princípio da igualdade, era referida por Gonçalves Pereira, "Regimes convencionais. Anteprojecto para o novo Código Civil", *BMJ*, nº 122º, 1963, p. 225, quanto ao Cód. Civil de 1966.

Só quando aquele não podia administrar, diretamente ou por interposta pessoa, e houvesse necessidade urgente de prover acerca da administração, é que a lei chamava a mulher a administrar.

Em termos gerais, poderá concluir-se pela absoluta liberdade e irresponsabilidade do marido pelos seus atos de administração. A mulher, para evitar perder o que era seu, tinha a solução do então art. 1219º do Cód. Civil de 1867, ou seja, poderia requerer a simples separação judicial de bens[70]. Não tinha o Cód. de Seabra uma disposição semelhante ao art. 1428º, 4º, do Cód. Civil francês de 1804, que declarava responsável o marido por todos os prejuízos que os bens próprios da mulher sofressem por falta de atos conservatórios (não havia, porém, norma semelhante em relação à administração dos bens comuns)[71].

Em todo o caso, Cunha Gonçalves entendia ser de responsabilizar o património comum pelos atos que trouxessem prejuízo. Ou seja, a própria administração implicava a existência de deveres e, por isso, o marido devia praticar durante a sua administração todos os atos conservatórios dos direitos e interesses da mulher, devendo atuar com a diligência do bom pai de família ou do proprietário prudente (cultivar terras, efetuar seguros contra acidentes e incêndio, realizar obras de reparação de edifícios, proceder à cobrança de créditos, rendas, juros..., antes que o devedor se torne insolvente, pagar em tempo os impostos, etc.). Não atribuía, porém, responsabilidade ao marido (salvo no caso de responsabilidade delitual), como o Cód. Civil francês, mas ao património comum, tendo, portanto, a mulher que suportar a metade dos prejuízos havidos nos seus bens próprios[72].

[70] Excetuavam-se apenas os casos de dolo ou fraude (quando, p. ex., o marido produzisse danos intencionalmente, extraviasse valores, fizesse contratos fraudulentos, em prejuízo da meação da mulher), ou seja, havendo um dano e o propósito de afetar a meação da mulher. Nestas situações, os atos podiam ser anulados (arts. 1030º e segs. do Cód. Civil de 1867), ou incorrer o marido em responsabilidade civil (com indemnização nos termos dos arts. 2361º e segs. do Cód. Civil de 1867) ou até criminal.

[71] Como referia Beudant, *ob. cit.*, p. 386, a administração dos bens próprios da mulher pelo marido resultava de um mandato legal que, ao mesmo tempo que atribuía poderes ao marido, impunha-lhe também obrigações decorrentes do seu exercício no interesse da mulher e da comunhão. Daí a determinação de uma responsabilidade nos termos do art. 1428º, 4º, do Cód. Civil francês de 1804.

[72] Cunha Gonçalves, *Tratado de Direito Civil..., cit.*, vol. VI, pp. 435-437. Contra, Pires de Lima/ Braga da Cruz, *ob. cit.*, p. 33, nota 1, e Pereira Coelho, *Curso..., cit.*, 1965, p. 247, para quem a solução não era defensável à luz do então direito português. A responsabilidade do marido

No Cód. Civil de 1966 o princípio da administração dos bens do casal estava expresso no art. 1678º, que dispunha que "a administração dos bens do casal, incluindo os próprios da mulher e os bens dotais, pertence ao marido, como chefe da família". Mantinha-se, assim, o princípio estabelecido pelos arts. 1117º e 1189º do Cód. Civil de 1867. Tal como neste último, também aqui se trata de um princípio de natureza imperativa, dispondo o art. 1699º, al. *c*), que a atribuição dos poderes de administração dos bens do casal à mulher não podia ser objeto de convenção antenupcial, fora dos casos previstos na lei[73].

Portanto, com o Cód. Civil de 1966 eliminou-se a ideia de incapacidade da mulher casada, mas manteve-se a chefia marital (art. 1674º do Cód. Civil de 1966) e a atribuição à mulher do governo doméstico (art. 1677º do Cód. Civil de 1966). Tal chefia assentava não já na incapacidade da mulher, mas na ideia de unidade institucional da família, isto é, pretendeu-se evitar que os tribunais pudessem intervir à mínima discordância dos cônjuges, devassando a intimidade da vida familiar[74]. Portanto, o princípio continuava a ser o da supremacia do marido a quem a lei conferia todos os poderes de decisão em todos os atos da vida conjugal comum (art. 1674º do Cód. Civil de 1966). Contudo, a mulher podia já, sem o consentimento do marido, exercer profissões liberais ou funções públicas e publicar ou fazer representar as suas obras ou dispor da propriedade intelectual (art. 1676º do Cód. Civil de 1966).

O marido tinha, assim, obrigação de exercer a administração, da qual não podia abdicar senão por mandato[75]. À mulher concedeu-se a faculdade de reservar para si, na convenção antenupcial, o direito de administrar, não

ou do património comum só poderia admitir-se se existisse uma disposição semelhante à do Cód. Civil francês.

[73] A. Lopes Cardoso, *A Administração dos Bens..., cit.*, p. 14, considera como princípio de ordem pública a regra da administração do marido e, por isso, não pode ser derrogado fora dos casos taxativamente previstos. Por isso, também, e apesar de o art. 1699º, al. *c*), apenas referir a proibição à mulher, não podem os nubentes confiar a administração irrevogavelmente (em convenção antenupcial) a um terceiro.

[74] Como entendia A. Lopes Cardoso, *A Administração dos Bens..., cit.*, pp. 9 e 10, a propósito da regra da administração do marido, a solução passaria por criar sistemas de defesa e não em negar um princípio inerente à natureza humana.

[75] Neste sentido, cfr. o ac. da RL, de 09.11.1979 (*BMJ*, nº 296º, 1979, p. 318), que referia que "(...) as normas que atribuíam ao marido a administração dos bens do casal eram de interesse e ordem pública. Logo, era nula a renúncia do marido aos seus poderes de administração dos

só os bens próprios, mas também os bens comuns por ela levados para o casal ou adquiridos a título gratuito depois do casamento (art. 1678º, nº 2, do Cód. Civil de 1966). Atribuiu-se também à mulher o poder de dispor livremente de todos os seus bens, presentes e futuros, sem restrições, quando o regime de bens fosse o de separação (arts. 1678º, nº 2, al. *d*), e 1735º do Cód. Civil de 1966). O sistema de administração dos bens dos cônjuges era discriminatório contra a mulher, e particularmente injusto era o facto de a mulher não administrar, em princípio, os seus bens próprios, exceto se o regime de bens fosse o de separação (art. 1678º, nº 2, al. *d*), do Cód. Civil de 1966)[76].

O art. 1678º, nº 2, do Cód. Civil de 1966, enumerava então as hipóteses em que a mulher tinha a administração dos bens do casal. A estas exceções havia ainda que acrescentar a do art. 1677º do mesmo código, ou seja, a mulher era também administradora dos bens do casal nos limites do governo doméstico[77]. E no exercício do governo doméstico ou nos casos em que administrava ao abrigo do art. 1678º, a mulher podia movimentar por si só depósitos bancários (art. 1680º do Cód. Civil de 1966).

bens do casal, embora pudesse conferir à mulher mandato revogável para administrar todos ou parte dos bens do casal (...)".

A Reforma de 1965 do Cód. Civil francês continuou também a atribuir a administração dos bens do casal ao marido, ainda que ambos os cônjuges passassem a administrar os seus bens próprios (art. 1428º do Cód. Civil francês). Não podia, porém, o marido, sem o consentimento da mulher, arrendar um prédio rústico ou um imóvel para fins comerciais ou industriais nem praticar atos de disposição a título gratuito, tal como no direito anterior. Porém, não podia agora também, sem o consentimento da mulher, alienar ou onerar bens imóveis, estabelecimentos comerciais e explorações dependentes da comunhão, nem os direitos sociais não negociáveis e os móveis corpóreos cuja alienação estivesse sujeita a registo, nem receber os capitais provenientes de tais operações (art. 1424º do Cód. Civil francês).

[76] Mª Leonor Beleza, *Direito da Família*, policopiado, AAFDL, Lisboa, 1979, pp. 54 e 55. Repare-se também que, nos termos do então art. 1686º, a mulher continuava a carecer do consentimento do marido para o exercício do comércio. E o art. 16º do Cód. Comercial dispunha uma outra limitação. De facto, e ainda que a mulher estivesse devidamente autorizada a exercer o comércio, não podia associar-se comercialmente assumindo responsabilidade ilimitada sem autorização especial do marido.

[77] Representando o governo doméstico a zona de administração de bens do casal privativa da mulher, a lei veio expressamente determiná-lo (tal como já o havia feito no art. 39º do Dec. nº 1, de 25 de dezembro de 1910), tornando desnecessária a ficção do mandato tácito do marido que era utilizada noutras legislações. Por outro lado, e sendo um poder conferido por lei, não podia o marido retirá-lo à mulher ou limitá-lo.

A mulher tinha, assim, a administração de todos os bens do casal, se o marido se encontrasse em lugar remoto ou não sabido, ou estivesse impossibilitado por qualquer motivo de exercer a administração (art. 1678º, nº 2, al. *a*), do Cód. Civil de 1966), tal como já constava dos arts. 1117º e 1189º do Cód. Civil de 1867. Era preciso que se tratasse de impedimento permanente para que a mulher ficasse investida na administração dos bens do casal (se fosse temporário a mulher apenas poderia requerer as providências a que se referia o art. 1679º).

A mulher tinha também a administração dos bens próprios ou dotais, ou dos bens comuns por ela levados para o casal ou adquiridos a título gratuito depois do casamento, ou dos sub-rogados em lugar deles, quando tenha reservado esse direito na convenção antenupcial (art. 1678º, nº 2, al. *b*), do Cód. Civil de 1966). Tratava-se de uma solução inovadora, dado que à luz do Cód. de Seabra não era permitido à mulher reservar para si a administração de tais bens. Contudo, e se pensarmos que a maioria dos nubentes casava (e casa) sem realização de convenção antenupcial, poucos foram os casos em que esta exceção se verificou[78].

Cabia também à mulher a administração dos bens que lhe tivessem sido doados ou deixados, ainda que por conta da legítima, com exclusão da administração do marido (art. 1678º, nº 2, al. *c*), do Cód. Civil de 1966); de todo o seu património, se tivesse sido estipulado o regime de separação de bens (art. 1678º, nº 2, al. *d*), do Cód. Civil de 1966)[79]; de todos os bens do casal, ou de parte deles, se o marido lhe conferisse, por mandato revogável, esse direito (art. 1678º, nº 2, al. *e*), do Cód. Civil de 1966); dos bens móveis, próprios de qualquer dos cônjuges ou comuns, por ela exclusivamente utilizados como instrumento de trabalho (art. 1678º, nº 2, al. *f*), do Cód. Civil de 1966); dos seus direitos de autor (art. 1678º, nº 2, al. *g*),

[78] Pereira Coelho, *Direito de Família, Sumários das lições ao curso de 1966-1967*, policopiado, Coimbra, 1967, p. 102, defendeu que a lei deveria ter ido mais longe, entregando à mulher, independentemente de qualquer reserva feita na convenção antenupcial, a administração dos seus bens próprios. No mesmo sentido, Eliana Gersão, *loc. cit.*, p. 63, e Tavarela Lobo, "Temas Jurídicos. Discussão e soluções no novo Código Civil", *RDES*, ano XVI, nº 1-2, 1969, pp. 277-279.

[79] Não se trata já de um regime de aparente separação mas de uma verdadeira separação (Pereira Coelho, *Direito de Família..., cit.*, 1967, p. 103). No regime de separação de bens, o marido só administrava os bens da mulher se esta estivesse ausente ou impedida, por qualquer motivo, de administrar (art. 1678º, nº 3, do Cód. Civil de 1966) ou se ela lhe conferisse mandato para administrar.

do Cód. Civil de 1966), dos proventos que recebesse por seu trabalho ou indústria (art. 1678º, nº 2, al. *h*), do Cód. Civil de 1966)[80].

A al. *e*) do nº 2 do art. 1678º referia expressamente "mandato revogável", muito embora tal não fosse necessário já que, por definição, o mandato é livremente revogável (cfr. o art. 1170º)[81]. Foi, todavia, a maneira que a lei encontrou de reforçar o princípio de o marido não poder renunciar ao seu direito-dever de administrar. Fica também, por isso, excluída a possibilidade de a mulher poder exigir do marido qualquer indemnização em consequência da revogação, por se ter, nomeadamente, estipulado a irrevogabilidade ou se ter renunciado ao direito de revogação (cfr. o art. 1172º, al. *b*)) ou por se entender ser um mandato também concedido no interesse do mandatário (cfr. o art. 1170º, nº 2)[82]. De facto, os arts. 1157º, 1170º, nº 2, e 1175º, de então e atuais, e ainda que o mandato seja um contrato que visa o interesse do mandante, admitem que ele possa ser também conferido no interesse do mandatário (o cônjuge que passará a ter poderes administrativos), fazendo com que, nesse caso, o mandato seja irrevogável, salvo ocorrendo justa causa, bem como não caducará com a morte, interdição ou inabilitação do mandante. Não nos parece adequado admitir a aplicação destes preceitos no âmbito da administração dos bens do casal fundada em mandato. Tendemos, por isso, a admitir, neste contexto, a livre revogabilidade do mandato[83].

[80] A referência aos rendimentos provenientes da *indústria* colocava alguns problemas de interpretação, ou seja, quais os rendimentos que provinham do trabalho e quais os de indústria. Repare-se que atualmente o art. 1678º, nº 2, al. *a*), apenas refere os proventos que qualquer dos cônjuges receba pelo seu trabalho. A. Lopes Cardoso, *A Administração dos Bens..., cit.*, p. 84, entendia que a lei, ao falar em proventos da indústria, quis reportar-se aos proventos que advinham para a mulher da sua participação numa sociedade com a sua indústria.

[81] Parece partilhar deste entendimento a redação actual do art. 1678º, nº 2, al. *g*), sendo certo que à mesma solução conduz o art. 1681º, nºs 2 e 3, ao mandar aplicar as regras do mandato.

[82] O entendimento exposto é válido também para a redação atual da al. *g*) do nº 2 do art. 1678º.

[83] Cfr., no mesmo sentido, o ac. da RC, de 17.03.1976 (*Col. Jurisp.*, tomo I, 1976, p. 47). Se assim não fosse poder-se-ia até atentar contra o art. 1699º, al. *c*), do Cód. Civil de 1966, e cuja redação se manteve na Reforma de 1977, ao conferir irrevogavelmente a administração ao outro cônjuge, ou seja, não faria sentido que se proibisse a alteração das regras da administração dos bens do casal por convenção antenupcial e se viesse permitir isso pela concessão de um mandato irrevogável (nomeadamente, por ser concedido também no interesse do mandatário). É evidente que a questão do mandato conferido também no interesse do mandatário só se coloca quanto à administração de bens comuns, pois relativamente à administração de bens próprios do outro cônjuge (mandante) não haverá interesse do mandatário.

Quanto à forma que há de revestir este mandato, inclinámo-nos para aceitar aqui o princípio da liberdade de forma, não partilhando da opinião de A. Lopes Cardoso, quanto à aplicação analógica do art. 1684º, relativamente ao consentimento conjugal, exigindo que o mandato revista a forma da procuração[84]. Com efeito, e a maioria das vezes, tal mandato é concedido tacitamente[85]. E esta parece ser também a posição adotada pela Reforma de 1977 (cfr. o art. 1681º, nº 3).

Comparando com o Cód. Civil de 1867, é notório o alargamento dos casos em que a mulher detém poderes de administração. Porém, a administração da mulher mantém-se limitada a certos bens (art. 1678º, nº 2, do Cód. Civil de 1966), continuando o marido a ser o administrador dos bens do casal. De qualquer forma, quando a mulher administrasse os bens do casal tinha os mesmos poderes que o marido, contrariamente ao disposto no Cód. de Seabra.

Por outro lado, o marido perdeu, à luz do Cód. Civil de 1966, grande parte dos seus poderes como administrador. O art. 1681º, na redação de 1966, dispunha que "o cônjuge administrador não é obrigado a prestar contas da sua administração, embora seja responsável pelos actos praticados intencionalmente em prejuízo do casal ou do outro cônjuge". Manteve-se, portanto, a tradição jurídica da irresponsabilidade do marido pela administração dos bens do casal (sendo, apenas, facultado à mulher o recurso à simples separação judicial de bens, quando estiver em risco de perder o que é seu), mas, se o marido (ou antes, o cônjuge administrador), inten-

A revogabilidade era também uma caraterística do mandato conferido pela mulher ao marido para administrar os seus bens próprios, para respeito do princípio da imutabilidade das convenções matrimoniais. V., Guido Tedeschi, *ob. cit.*, pp. 701-706.

[84] A. Lopes Cardoso, *A Administração dos Bens...*, *cit.*, p. 70.

[85] Neste sentido, v., Guido Tedeschi, *ob. cit.*, p. 709, a propósito do direito italiano anterior, ao dizer que a administração pelo marido dos bens próprios da mulher podia resultar de mandato conferido tacitamente pela mulher quando esta não se opusesse, tolerando, os atos de administração praticados pelo marido.

Rui Ataíde, *A responsabilidade do "representado" na representação tolerada – um problema de representação sem poderes*, Lisboa, AAFDL, 2008, pp. 73 e 74, distingue a situação do nº 3 do art. 1681º da situação contemplada no nº 2 do mesmo artigo, para efeitos da forma exigida para o mandato. Com efeito, considera que a formulação "sem mandato escrito" do nº 3 implica uma exigência indireta de forma quanto ao mandato conferido nos termos do nº 2 do mesmo art. 1681º (que exigirá outorga por escrito do referido mandato). Em todo o caso, isto não altera o que dizemos no texto. De facto, o mandato não está sujeito a forma especial, podendo o seu regime ser abrangido pelo nº 2 ou pelo nº 3 do art. 1681º.

cionalmente, pratica atos que prejudicam o património comum ou o do cônjuge, já não será irresponsável[86]. É que o cônjuge administrador administra simultaneamente os seus bens próprios, os bens comuns e até os bens próprios do outro cônjuge, o que acarretaria sempre dificuldades em distinguir onde está a administração de um ou outro dos bens e, por isso, uma quase impossibilidade de prestar contas. Se assim não fosse, a comunidade conjugal, que a lei e a moral revestem de uma auréola de unidade, não se distinguiria de uma sociedade, em que a cada passo seriam necessários os votos para uma deliberação[87].

Continuava, porém, o Código Civil de 1966 a apresentar traços fortemente conservadores. De facto, o marido era ainda o chefe da família, decidindo, na dúvida, sozinho, em todos os assuntos da vida conjugal comum, mantendo-se uma inferioridade nítida das competências da mulher (não podendo, nem mesmo por recurso à convenção antenupcial, ser nomeada administradora dos bens do marido)[88].

1.2. O regime de administração dos bens do casal à luz do direito vigente

A Reforma do Cód. Civil de 1977 introduziu alterações significativas no Direito da Família, no sentido de o adaptar ao princípio da igualdade entre os cônjuges previsto na CRP (cfr. os arts. 13º e 36º, nº 3).

O regime da administração dos bens sofreu grandes transformações, vindo o art. 1678º determinar as regras em matéria de administração dos bens do casal. A Reforma veio também reduzir consideravelmente os poderes do cônjuge administrador se aqueles se baseiam em mandato (art. 1681º, nºs 2 e 3). As regras do art. 1678º continuam a ser imperativas (cfr. o art. 1699º, nº 1, al. *c*)) e apenas o mecanismo do mandato, que é livremente revogável, ao contrário das convenções antenupciais (art. 1714º), pode fazer

[86] O art. 3º, nº 2, do anteprojeto de Braga da Cruz ("Capacidade patrimonial dos cônjuges. Anteprojecto de um título do futuro Código Civil (articulado e exposição dos motivos)", *BMJ*, nº 69º, 1957, p. 367), dispunha que se o cônjuge administrador se abstivesse de praticar um ato de administração de manifesto interesse para o casal, podia o outro cônjuge requerer judicialmente autorização para o praticar. Porém, esta hipótese não foi contemplada no Cód. Civil.

[87] V., A. Lopes Cardoso, *A Administração dos Bens..., cit.*, p. 119.

[88] Wengler, "O projecto de um novo Código Civil português", *BMJ*, nº 168º, 1967, p. 337, e Heinrich Ewald Hörster, "Evoluções legislativas no Direito da Família depois da reforma de 1977", *in* AAVV, *Comemorações dos 35 anos do Código Civil e dos 25 anos da Reforma de 1977. Direito da Família e das Sucessões*, Coimbra, Coimbra Editora, 2004, p. 60.

alterar tais regras. Por sua vez, o regime de disposição dos bens do casal não sofreu grandes alterações. Com efeito, dependendo as regras de disposição das regras de administração, alteradas estas não precisavam aquelas de significativas modificações[89].

A titularidade dos poderes de administração dos bens do casal assenta, no direito vigente, na distinção entre bens próprios e bens comuns, não tendo o regime de bens em causa, em princípio, qualquer influência na definição de tais poderes, constituindo o que os franceses chamam de *regime patrimonial primário*.

No Código Civil de 1966, em relação ao Código de 1867 e às leis da família de 1910, notava-se algum progresso. Como referem Pereira Coelho e Guilherme de Oliveira, eram iguais os poderes de disposição do marido e da mulher quanto a bens imóveis e, no regime de separação de bens de 1966 (ao contrário do Código de Seabra em que, apesar da separação, o marido continuava a ser o administrador de todos os bens do casal, incluindo os da mulher), havia uma separação não só de bens mas também de administrações, apesar de se manterem as desigualdades. De facto, sendo os poderes de disposição dos bens móveis atribuídos em função dos de administração (art. 1682º, antiga redação) e a administração dos bens do casal, incluindo os da mulher, pertencer ao marido (art. 1678º antiga redação), comprendia-se a supremacia do marido sobre a mulher quanto aos poderes de disposição sobre bens móveis. Apesar de o Código de 1966 ter permitido que, por estipulação em convenção antenupcial, a mulher administrasse os seus bens próprios, os bens comuns que levasse para o casal ou adquirisse a título gratuito depois do casamento e os sub-rogados em lugar deles (art. 1678º, nº 2, al. *b*), antiga redação), tal raramente acontecia[90].

O princípio constitucional da igualdade jurídica dos cônjuges levou o legislador em 1977 a substituir a administração dos bens do casal pelo marido, como chefe da família, por três regras básicas: a da administração singular dos bens próprios por cada um dos cônjuges (art. 1678º, nº 1), a da prática por qualquer um dos cônjuges de atos de administração ordinária em relação aos bens comuns (art. 1678º, nº 3, 1ª parte), a da administração

[89] Mª Leonor Beleza, "Os efeitos do casamento", *ob. e loc. cit.*, p. 120.

[90] Pereira Coelho/Guilherme de Oliveira, *ob. cit.*, pp. 432 e 433.

conjunta dos bens comuns quanto aos atos de administração extraordinária (art. 1678º, nº 3, 2ª parte)[91].

Como se sabe, o art. 1678º apresenta as regras gerais de administração dos bens do casal. Tais regras são imperativas, não podendo pelos nubentes ser alteradas em convenção antenupcial (art. 1699º, nº 1, al. *c*)).

Por comparação com o direito estrangeiro, conclui Antunes Varela, a propósito da imperatividade do regime de administração dos bens do casal, que o direito português privilegiou o princípio da igualdade jurídica sobre o princípio da liberdade negocial e da autonomia privada "em termos que excedem a proclamação do texto constitucional"[92]. E isto apesar de o art. 1671º, nº 2, permitir aos cônjuges acordar sobre a orientação da vida em comum. De facto, a lei não parece querer permitir que através dos acordos previstos nesse art. 1671º, nº 2, os nubentes possam iludir o disposto no art. 1699º, nº 1, al. *c*).

Rita Lobo Xavier considera que a proibição de os cônjuges alterarem, por convenção antenupcial, as regras da administração dos bens do casal, se justifica mais pelo facto de aquela ser imutável do que pela consideração de que tal matéria deve estar excluída do âmbito da disponibilidade dos cônjuges. De facto, os contratos que incidam sobre relações duradouras e de confiança devem poder ser revogados, o que não aconteceria se os cônjuges convencionassem um qualquer regime de administração por convenção antenupcial. Por isso, defende a autora que tal matéria possa ser retirada do âmbito do estatuto imperativo, no caso de vir a ser abolido o princípio da imutabilidade[93].

> A Reforma de 1985 do Cód. Civil francês veio também eliminar os arts. 1505º a 1510º do Cód. Civil francês (que permitiam que os esposos, em convenção antenupcial, estipulassem que o marido tivesse a administração dos bens próprios da mulher, apesar do disposto no art. 1428º do mesmo código), tornando imperativo o princípio da independência recíproca dos cônjuges em relação ao património próprio de cada um (incluindo no âmbito do regime

[91] Pires de Lima/Antunes Varela, *Código Civil…, cit.*, vol. IV, p. 283.

[92] Antunes Varela, *ob. cit.*, p. 374, nota 2.

[93] Rita Lobo Xavier, *Limites à autonomia privada…, cit.*, p. 487, nota 102. Como escreveu a autora ("Reflexões sobre a posição do cônjuge meeiro…", *loc. cit.*, pp. 87 e 88, nota 3), seria preferível um regime mais liberal, semelhante ao do BGB, que oferecesse aos cônjuges a possibilidade de atribuírem a administração dos bens comuns a apenas um deles.

primário, no art. 225º, a regra da administração singular dos bens próprios com caráter imperativo) e a igualdade dos cônjuges face à administração do património comum[94]. Quanto aos bens comuns, eliminando-se o art. 1505º do Cód. Civil francês, que atribuía a administração dos bens comuns ao marido, estipulou-se o princípio da administração simultânea e isolada de qualquer dos cônjuges (administração disjunta) – art. 1421º do Cód. Civil francês.

Nos termos dos arts. 160º e 210º, 3º, do Cód. Civil italiano, as regras relativas à administração dos bens comuns são inderrogáveis por convenção antenupcial. Visou o legislador fundamentalmente garantir a igualdade jurídica entre os cônjuges, objetivo da Reforma de 1975, afastando-se da supremacia marital, evitando que o marido pudesse administrar sozinho os bens comuns. A exclusão de um dos cônjuges dessa administração só poderá ocorrer nos termos dos arts. 182º e 183º do Cód. Civil italiano[95].

No direito espanhol, o art. 1375º do Cód. Civil espanhol permite concluir que aos nubentes ou aos cônjuges é permitido atribuir, por convenção matrimonial, a gestão e a administração dos bens comuns[96]. Em todo o caso, as convenções matrimoniais devem respeitar o art. 1328º do Cód. Civil espanhol e, neste caso, o princípio da igualdade dos cônjuges. Por isso, consideram-se

[94] A. Colomer, *Droit Civil..., cit.*, pp. 257-259, e pp. 514 e 515. Sem prejuízo da possibilidade de os cônjuges regularem certas regras de administração em convenção matrimonial, conforme o disposto no art. 1503º do Cód. Civil francês. Mas não podem os cônjuges estipular, p. ex., que o marido ou a mulher administrará exclusivamente os bens próprios do outro.

[95] Bruno de Filippis, *Trattato Breve di Diritto di Famiglia*, Padova, Cedam, 2002, pp. 258 e 259.

[96] López Liz, "Adquisición, administración y disposición de bienes inmeubles en la sociedad conyugal", *Revista Jurídica de Catalunya*, ano LXXXVIII, nº 3, 1989, pp. 585 e 586, considera ser perfeitamente admissível a atribuição da administração e poder de disposição a um dos cônjuges. De facto, e em primeiro lugar, pesa sobre o administrador e eventual disponente a obrigação de prestar contas periodicamente (art. 1383º do Cód. Civil espanhol); em segundo lugar, o outro cônjuge pode requerer o fim da comunhão de adquiridos, no caso de fraude do cônjuge administrador, de perigo para os seus direitos (art. 1393º, 2º, do Cód. Civil espanhol) ou por violação do dever de informação do cônjuge administrador, previsto no § 4º do art. 1393º do Cód. Civil espanhol; e, finalmente, porque podem os cônjuges de comum acordo alterar o anteriormente estipulado em convenção matrimonial. Contra, Giménez Duart, "La gestión de la comunidad de gananciales", *Anuario de Derecho Civil*, tomo XXXV, nº 2, 1982, p. 572. Ávila Alvarez, "El régimen matrimonial español el la reforma del código civil", *Revista Crítica de Derecho Inmobiliario*, 1981, pp. 1391 e 1392, considera que podia argumentar-se no sentido de ser possível um acordo para fixar diferentes regras de administração mas não de disposição por, ao contrário do art. 1375º do Cód. Civil espanhol, o art. 1377º não salvaguardar regime diferente. Admite, porém, o autor a possibilidade de, por convenção matrimonial, poder alterar-se também as regras de disposição.

nulas as convenções que acordem na atribuição a um dos cônjuges da administração e disposição dos bens comuns a título permanente[97].

Por seu lado, o § 1356º do BGB permite aos cônjuges atribuírem o encargo do governo doméstico a qualquer um deles, sendo este, nesse caso, o único responsável por tal função. Por outro lado, o § 1421º do BGB dispõe que, ao convencionarem o regime de comunhão, os nubentes devem determinar se a administração do património comum pertence ao marido, à mulher ou a ambos. Caso nada estipulem, determina a lei que ambos o administram conjuntamente. No direito alemão os cônjuges podem celebrar entre si contratos com vista à transferência para um deles dos poderes de administração relativamente ao património que está sob a administração de cada um (os bens próprios, no regime de separação, e o *Vorbehaltgut* e o *Sondergut*, no regime de comunhão) (cuja revogação está sujeita à forma das convenções matrimoniais nos termos do § 1413º do BGB)[98].

Quanto à administração dos bens próprios, cabe a cada um dos cônjuges a administração dos seus bens (art. 1678º, nº 1), o que se afasta da redação inicial do Cód. Civil de 1966 onde a mulher só tinha a administração

[97] M. Amorós Guardiola, *et allii*, *Comentarios a las reformas del derecho de familia*, vol. II, Madrid, Tecnos, 1984, pp. 1544 e 1545, e pp. 1761 e 1943, A. López/V.L. Montés/E. Roca, *et allii*, *Derecho de Familia*, sob a direção de E. Roca i Trías, 3ª ed., Valencia, Tirant lo blanch, 1997, p. 191, J. González García, "Régimen económico de gananciales (II)", *in* AAVV, *Curso de Derecho Civil. Derechos de Familia y Sucesiones*, sob a direção de Francisco Javier Sánchez Calero, Valencia, Tirant lo blanch, 2004, p. 221, L. Díez-Picazo/A. Gullón, *Sistema de Derecho Civil. Derecho de Familia. Derecho de Sucesiones*, vol. IV, 9ª ed., Madrid, Tecnos, 2004, p. 186, e Francisco Javier Sánchez Calero, "El régimen económico del matrimonio (II)", *in* AAVV, *Curso de Derecho Civil. Derechos de Familia y Sucesiones*, sob a direção de Francisco Javier Sánchez Calero, *cit.*, p. 172. López Liz, *loc. cit.*, pp. 37 e 38, refere também que a todo o tempo podem os cônjuges alterar a convenção matrimonial, nomeadamente, alterando o regime de livre disposição a apenas um dos cônjuges anteriormente acordado (art. 1325º do Cód. Civil espanhol). Ávila Alvarez, *loc. cit.*, p. 1376, admite a possibilidade de atribuir por convenção matrimonial a administração dos bens comuns a apenas um dos cônjuges (já que se admite também a livre contratação entre os cônjuges e a possibilidade de alteração da convenção matrimonial e, por isso, poderá não ser a título definitivo, como seria se vigorasse a imutabilidade).

[98] Staudinger, *Kommentar zum Bürgerlichen Gesetzbuch mit Einführungsgesetzt und Nebengesetzen. Familienrecht*, vol. 4, §§ 1363º-1563º, 13ª ed., Berlin, Sellier de Gruyter, 1994, § 1413 Rdn. 1-25, pp. 415-420, e Gernhuber/Coester-Waltjen, *Lehrbuch des Familienrechts*, 4ª ed., München, C. H. Beck, 1994, § 32, IV, 1-6, pp. 352 e 353. Podem de igual modo restringir as limitações à liberdade de administração e disposição (§ 1364º do BGB) previstas nos §§ 1365º e 1369º do BGB. V., MünchKomm – *Gernhuber*, § 1365 Rdn. 99, p. 376, e § 1369, Rdn. 39, p. 402.

dos seus bens próprios se a reservasse em convenção antenupcial e a título excecional. Vale, assim, quanto à administração dos bens próprios o princípio da administração singular[99]. Em relação aos bens comuns, a regra é a da administração conjunta (art. 1678º, nº 3, 2ª parte), isto é, ambos os cônjuges administram os bens comuns. A estas regras são, porém, introduzidas exceções no art. 1678º, nºs 2 e 3[100/101].

[99] O mesmo princípio decorre dos arts. 225º do Cód. Civil francês e 185º do Cód. Civil italiano (que remete para o art. 217º do Cód. Civil italiano relativo à separação de bens). O direito espanhol não tem norma expressa quanto à administração e disposição dos bens próprios no regime de comunhão de adquiridos. Assim, decorre das regras gerais a administração e disposição singular por cada um dos cônjuges dos seus bens próprios, podendo cada um dos cônjuges administrar os bens do outro se tal lhe for conferido (arts. 71º e 1323º do Cód. Civil espanhol). No regime de separação de bens dispõe o art. 1437º do Cód. Civil espanhol, e os arts. 1412º e 1413º do Cód. Civil espanhol para o regime de participação nos adquiridos.

[100] Quanto aos bens comuns, e excluída, por inconstitucional, a possibilidade de a administração dos bens do casal ser atribuída apenas a um dos cônjuges (marido), poderia ter-se atribuído a cada um dos cônjuges a administração de certa massa de bens, como os que cada um levasse para o casal ou trouxesse ulteriormente para o casal. Outra possibilidade, quanto à regulação da administração dos bens do casal, seria a de ter-se admitido que cada cônjuge administrasse sozinho todo o património comum (administração disjunta ou sistema de gestão por representação mútua) ou exigir a intervenção de ambos para a prática de atos de administração sobre bens comuns (administração conjunta ou sistema de gestão de mão comum) o que seria, do ponto de vista da igualdade, compatível com a CRP. V., Mª Leonor Beleza, *Direito da Família, cit.*, pp. 55 e 56, e "Os efeitos do casamento", *ob. e loc. cit.*, pp. 122 e 123, onde refere que a lei portuguesa optou, de entre as duas últimas hipóteses, como sabemos, por um sistema misto. V. também, referindo as três formas de gestão dos bens comuns existentes em França, Cornu, *Droit Civil. La famille*, 8ª ed., Montchrestien, LGDJ, 2003, pp. 347 e 348. Assim, refere o autor a gestão concorrente (para a generalidade dos atos), a gestão conjunta (para os atos mais importantes) e a gestão exclusiva (para os atos relativos ao exercício de uma profissão - art. 1421º, 2º, do Cód. Civil francês). Com as mesmas soluções v., para o direito espanhol, Teodora F. Torres, "La administración de los bienes comunes en la sociedad de gananciales", *Revista de Derecho Privado*, tomo XLIX, 1985, p. 725.

[101] Simplificando o regime de administração e disposição, o art. 225º do Cód. Civil francês atribui imperativamente a cada um dos cônjuges o poder de administrar e alienar, por si só, em qualquer regime de bens, os seus bens próprios. Em paralelo, nenhum dos cônjuges pode obrigar, por dívidas por si contraídas, e sem mandato do outro cônjuge, os bens próprios deste último, salvo as dívidas *ménagères* previstas no art. 220º do Cód. Civil francês. O mesmo resulta dos arts. 1428º, 1536º, e 1569º do Cód. Civil francês, para os regimes de comunhão, separação e participação nos adquiridos, respetivamente. Porém, também admite o direito francês exceções, resultantes do art. 215º do Cód. Civil francês (a alienação da casa de morada da família carece sempre do consentimento de ambos os cônjuges, a que deve acrescentar-se o art. 1751º do Cód. Civil francês em matéria de arrendamento), da concessão de mandato

ao outro cônjuge para administrar os bens próprios de um dos cônjuges (arts. 218º, 1431º e 1432º, e 1539º e 1540º do Cód. Civil francês), e em relação aos atos de gozo dos bens próprios (não referidos no art. 225º do Cód. Civil francês).
Repare-se que, apesar da regra da administração singular, nos regimes de comunhão, os frutos dos bens próprios são comuns. Pode, por isso, uma má administração afetar a comunhão, podendo haver o recurso aos arts. 220º-1 e/ou 1429º do Cód. Civil francês, o que constituiu também uma limitação à livre administração e disposição dos bens próprios. Importa notar que a preocupação de proteção da comunhão está presente na disposição do art. 1429º do Cód. Civil francês, não existindo semelhante regra quanto ao regime de separação de bens. Limite resulta também do art. L. 411-68 do *Code rural*, determinando que o cônjuge titular do arrendamento carece do consentimento do seu cônjuge, que participa na exploração agrícola, para denunciar, ceder ou obrigar o local arrendado. O mesmo resulta do art. L121-5º do *Code de Commerce*, onde se exige o consentimento do cônjuge que colabora na empresa comercial, industrial ou artesanal do outro para disposição de certos bens. No regime de participação nos adquiridos resultam limites também dos arts. 1573º e 1577º do Cód. Civil francês que regulam o momento da dissolução do regime, e apuramento do crédito de participação, mas têm uma incidência sobre a gestão dos bens.
O direito italiano, assente na diferenciação entre ato de administração ordinária e ato de administração extraordinária, determina, em geral, que para todos os atos de disposição (de bens imóveis ou móveis) considerados de administração extraordinária é necessário o consentimento de ambos os cônjuges, ao passo que os que se qualificarem como de mera administração podem ser praticados por qualquer um dos cônjuges (art. 180º do Cód. Civil italiano). Daí a relevância na determinação dos conceitos de administração ordinária e extraordinária (v., p. ex., L. Bruscuglia, "L'amministrazione dei beni della comunione legale", *in* AAVV, *Trattato di diritto privato. Il diritto di famiglia*, sob a direção de Mario Bessone, vol. IV, tomo II, Torino, G. Giappichelli Editore, 1999, pp. 250-254). Pelo contrário, cada um dos cônjuges pode administrar e dispor dos seus bens próprios em qualquer regime de bens, podendo conferir mandato ao seu cônjuge para este os administrar (art. 185º do Cód. Civil italiano). O referido art. 185º remete para os §§ 2º, 3º e 4º do art. 217º do Cód. Civil italiano, devendo, porém, entender-se que o seu § 1º é também de aplicar ao regime de comunhão, ou seja, cada um dos cônjuges tem o poder de administrar e dispor dos seus bens próprios. É, aliás, o que resulta do art. 179º do Cód. Civil italiano. V., L. Bruscuglia, "L'amministrazione dei beni...", *ob. e loc. cit.*, pp. 315 e 316, Bruno de Filippis, *ob. cit.*, pp. 281 e 282, e A. Galasso, *ob. cit.*, pp. 383 e 384, que considera a disposição do art. 185º do Cód. Civil italiano supérflua.
Por seu lado, a regra no direito espanhol é a da administração e disposição conjunta dos bens comuns (arts. 1375º e 1377º do Cód. Civil espanhol), salvo as exceções previstas nos arts. 1376º e segs. do Cód. Civil espanhol. Assim, é necessário o consentimento de ambos os cônjuges para a prática de atos de disposição a título oneroso de bens comuns (art. 1377º do Cód. Civil espanhol), independentemente da natureza dos bens (móveis ou imóveis) ou do tipo de ato. Repare-se também no art. 324º do Cód. Civil espanhol, ao dispor que é necessário o consentimento de ambos os cônjuges, se um deles for maior, para que o cônjuge menor possa dispor ou onerar bens imóveis, estabelecimentos comerciais e objetos de valor extraordinário comuns. Se for menor é também necessário o consentimento dos pais ou tutores de cada um. Se o cônjuge maior recusar o seu consentimento será necessária a autorização judicial prevista

Assim, à regra da administração singular são introduzidas as exceções das als. *e*), *f*) e *g*) do nº 2 do art. 1678º, ou seja, um dos cônjuges pode administrar bens próprios do outro quando se trate de bens móveis que, ainda que próprios do outro, sejam exclusivamente utilizados como instrumento de trabalho pelo cônjuge administrador, no caso de ausência ou impedimento do outro cônjuge ou quando o outro lhe confira, por mandato, poderes de administração[102].

A administração conjunta tem como exceção, desde logo, o art. 1678º, nº 3, 1ª parte, que atribui a administração ordinária dos bens comuns a qualquer um dos cônjuges (administração disjunta). Trata-se daqueles atos frequentes onde pode presumir-se a existência de uma espécie de acordo entre os cônjuges, como os atos destinados a prover à conservação dos bens ou a promover a sua frutificação normal. Serão atos de administração extraordinária os que visem promover a frutificação anormal do prédio ou a realização de benfeitorias ou melhoramentos nos bens[103].

no art. 1377º do Cód. Civil espanhol, não sendo suficiente o consentimento dos pais ou tutor (L. Díez-Picazo/A. Gullón, *ob. cit.*, p. 193).
O direito alemão, vigorando como regime supletivo o de participação nos adquiridos (*Zugewinngemeinschaft*), determina que cada um dos cônjuges tem o direito de administrar e dispor do seu património (§ 1364º do BGB). Porém, mesmo neste regime, determinam os §§ 1365º e 1369º do BGB que qualquer dos cônjuges não pode dispor do seu património por inteiro ou na sua totalidade nem do recheio da casa de morada da família sem o consentimento do outro cônjuge. Note-se que estas limitações ao poder de disposição dos §§ 1365º e 1369º do BGB são apenas de aplicação aos negócios jurídicos dos cônjuges, ou seja, não se aplicam ao administrador de bens alheios, como é o caso do administrador de insolvência, o administrador de herança, de testamento, etc. (v., MünchKomm – *Gernhuber*, § 1365 Rdn. 52, p. 364, e § 1369, Rdn. 19, p. 398). Também no regime de comunhão geral (*Gütergemeinschaft*) o cônjuge administrador (tendo sido convencionalmente afastada a administração conjunta) não pode dispor da totalidade do património sem o consentimento do outro cônjuge (§ 1423º do BGB).

[102] Como referem Pereira Coelho/Guilherme de Oliveira, *ob. cit.*, p. 436, nada obsta também a que os dois cônjuges administrem um bem próprio de qualquer deles, desde que o titular do bem tenha concedido poderes de administração ao seu cônjuge, por mandato. De facto, se é permitido ceder a totalidade dos poderes de administração, também o será ceder parte deles, mediante uma coadministração de um bem próprio.

[103] Antunes Varela, *ob. cit.*, p. 381. Como refere o autor, na nota 2, entre os poderes compreendidos na administração ordinária cabe a legitimidade processual para intervir nas ações correspondentes aos poderes substantivos do administrador, com exceção dos atos processuais que envolvam disposição de bens ou contração de obrigações, cuja validade requeira o consentimento de ambos os cônjuges, e das ações capazes de acarretar a perda ou oneração de bens que só por ambos os cônjuges possam ser alienados ou onerados.

Como nota Antunes Varela, esta possibilidade de cada um dos cônjuges realizar atos de administração ordinária pode criar problemas na sua aplicação prática. Além de poder criar uma posição de vantagem ao cônjuge mais expedito e menos inibido, a possibilidade de um dos cônjuges realizar atos que o vinculam não só a si mas também ao seu cônjuge constitui, para o autor, uma derrogação do princípio da autonomia privada e da autodeterminação de cada um dos cônjuges[104]. Por outro lado, a legitimidade de ambos os cônjuges praticarem atos de administração ordinária sobre os bens comuns pode implicar que os dois cônjuges pratiquem atos contraditórios, por desavença ou conluio, com prejuízo de terceiro. Como, p. ex., a venda de uma colheita a pessoas diferentes e por preços diferentes[105]. É evidente que um conflito destes pode resolver-se pela regra geral, dando prevalência ao primeiro negócio, mas pode também implicar a pressão por parte de terceiros de ambos os cônjuges intervirem no negócio (o que implicaria uma inversão do sistema para a administração conjunta)[106]. Porém, tal situação será, em princípio, excecional e constitui um risco leve face a um regime que funciona bem na maioria dos casos[107].

Por seu lado, o princípio da administração conjunta (ou co-gestão) tem sido criticado, sobretudo em França, onde está consagrado nos arts. 1422º a 1425º do Cód. Civil francês, para a prática de certos atos, sendo certo que a regra é a da gestão concorrente (ou disjuntiva) (art. 1421º do Cód.

Como refere Leite de Campos, *Lições..., cit.*, p. 423, para que o ato seja de administração ordinária é também necessário que possam ser efetuados pelo casal sem sacrifício económico relevante e sem recurso às suas reservas financeiras, ou seja, atos correntes suportados com rendimentos correntes. O que variará de casal para casal.

104 A mesma afirmação é feita por Beitzke/Lüderitz, *ob. cit.*, p. 89, a propósito do § 1357º do BGB quanto à possibilidade de um dos cônjuges poder vincular o outro nos negócios destinados à satisfação das necessidades da vida familiar. De facto, como efeito normal do casamento, o poder de autodeterminação, protegido pelo art. 2º, I, da *Grundgesetz* (*GG*), de cada um dos cônjuges implica uma corresponsabilização do outro cônjuge pelas dívidas contraídas ao abrigo do § 1357º do BGB.

105 Antunes Varela, *ob. cit.*, pp. 381-383. O risco de conflito entre os atos praticados é também referido por Flour/Champenois, *ob. cit.*, pp. 303-305, A. Colomer, *Droit Civil..., cit.*, p. 27, e pp. 207-209, e Rémy Cabrillac, *ob. cit.*, p. 184 (sobretudo nas situações de litígio entre os cônjuges).

106 Pereira Coelho/Guilherme de Oliveira, *ob. cit.*, pp. 436 e 437.

107 A. Colomer, *Droit Civil..., cit.*, pp. 207 e 208. Também G. Oppo, *Persona e famiglia*, vol. V, Milano, Cedam, 1992, pp. 129 e 130, entende que a regra da administração disjunta justifica-se não só no interesse de terceiros como no interesse da família, permitindo que cada um dos cônjuges tenha legitimidade para a prática de atos de administração ordinária.

Civil francês). De facto, entende-se que, para salvaguarda do princípio da igualdade, veio afetar-se o princípio da independência dos cônjuges, que estão "atados" um ao outro. Ora, tais limitações resultantes do casamento são inoportunas na época atual, em que esta instituição se encontra ameaçada pela multiplicação dos divórcios e das uniões de facto[108].

A regra resultante do art. 1421º do Cód. Civil francês é a da administração concorrente[109]. Cada um dos cônjuges pode praticar os atos de administração ordinária sobre os bens comuns sem o consentimento do outro (p. ex., cultivar as terras, vender as colheitas, realizar atos de conservação dos bens, reparar os bens, depositar os rendimentos numa conta bancária, emprestá-los, etc.). Significa isto que qualquer um dos cônjuges pode, por si só, exercer os direitos relativos aos bens comuns em ações judiciais e os terceiros podem acionar um só dos cônjuges[110]. A regra comporta as exceções previstas nos arts. 1422º a 1425º do Cód. Civil francês[111].

O direito italiano seguiu o mesmo entendimento vigente entre nós, ou seja, atribuiu-se a administração a ambos os cônjuges, devendo esta exercer-se conjuntamente em relação aos atos de natureza extraordinária e à conces-

[108] A regra da administração conjunta foi sugerida na Reforma de 1985. Acabou, porém, por ser afastada por onerar de maneira excessiva o funcionamento do regime matrimonial (A. Colomer, *Droit Civil..., cit.*, pp. 24 e 25).
L. Bruscuglia, "L'amministrazione dei beni...", *ob. e loc. cit.*, pp. 261 e 262, fala de poder de veto do cônjuge que se opõe ao ato de administração que o outro pretende realizar, quando se trata de administração conjunta, podendo paralisar a gestão da comunhão, além de gerar insegurança face a terceiros que com um dos cônjuges contratem. Também Jannelli, "L'amministrazione dei beni della comunione legale", *in* AAVV, *Manuale del nuovo Diritto di Famiglia*, sob a direção de G. Cassano, 2ª ed., Piacenza, Casa Editrice La Tribuna, 2003, pp. 581 e 582. Para evitar tal paralisia, a lei prevê mecanismos pelos quais a vontade de um dos cônjuges prevalece (arts. 181º a 183º do Cód. Civil italiano) (De Paola, *Il diritto patrimoniale della famiglia..., cit.*, p. 518).

[109] Aquilo a que Malaurie/Aynès, *Les régimes matrimoniaux*, Paris, Defrénois, 2004, p. 192, chamam de «*aigle à deux têtes*».

[110] M. Grimaldi, *et allii*, *Droit patrimonial de la famille*, Paris, Dalloz, 1998, pp. 146 e 147, e A. Colomer, *Droit Civil..., cit.*, pp. 212 e 213.

[111] O art. 1421º, 2º, do Cód. Civil francês, determina também uma exceção à regra da administração disjunta dos bens comuns, ao fixar a administração exclusiva dos bens relativos ao exercício da profissão separada do cônjuge (ainda que comuns). Também o direito belga prevê como regra a administração disjunta (art. 1416º do Cód. Civil belga), mas admite algumas exceções onde se exige o consentimento de ambos os cônjuges (arts. 1417º, 1418º, e 1419º do Cód. Civil belga). V., Léon Raucent, *Droit patrimonial de la famille. Les régimes matrimoniaux*, 3ª ed., Louvain-La-Neuve, Cabay, Libraire-éditeur, 1986, nºs 144 e segs.

são ou aquisição de direitos pessoais de gozo[112], e disjuntamente face aos atos de administração ordinária (art. 180º do Cód. Civil italiano)[113]. E estas regras são inderrogáveis, nos termos do art. 160º do mesmo código, ao dispor que os nubentes não podem derrogar nem os direitos nem os deveres previstos na lei como efeitos do casamento[114].

[112] Visa-se, assim, assegurar que o cônjuge mais débil tenha uma efetiva participação nas decisões de gestão mais importantes (Schlesinger, "Del regime patrimoniale della famiglia. Della comunione legale", *in* AAVV, *Commentario al diritto italiano della famiglia*, sob a direção de Cian/Oppo/Trabucchi, vol. III, Padova, Cedam, 1992, p. 166).

[113] A doutrina italiana discute a questão de saber onde enquadrar, para efeitos do art. 180º do Cód. Civil italiano, os atos de aquisição de bens que integram a comunhão, nos termos do art. 177º, al. *a*), do Cód. Civil italiano, ou seja, saber se são atos de administração ordinária ou extraordinária. Entende-se que qualquer um dos cônjuges pode dispor dos seus bens para adquirir bens que integram a comunhão (e aqui não está em causa a administração dos bens comuns). Quando dispõe de bens comuns para adquirir outros que também integram a comunhão, é aceite que, de acordo com o art. 177º, al. *a*), do Cód. Civil italiano, tal aquisição corresponde aos poderes ordinários que o art. 180º do Cód. Civil italiano confere a qualquer um dos cônjuges (v., p. ex., De Paola/Macri, *ob. cit.*, pp. 163 e 164, e De Paola, *Il diritto patrimoniale della famiglia..., cit.*, pp. 532 e 533, e *Il diritto patrimoniale della famiglia nel sistema del diritto privato. Il regime patrimoniale della famiglia*, 2ª ed., Milano, Giuffrè Editore, 2002, pp. 626 e 627, e F. Galgano, *Diritto civile e commerciale*, vol. IV, 3ª ed., Padova, Cedam, 1999, p. 115).
Pode acontecer que um dos cônjuges adquira bens (comuns) que o outro administra. Não podendo requerer a anulação do ato, dado que não carece do consentimento do cônjuge (o art. 184º do Cód. Civil italiano fala em atos de disposição e não de aquisição, salvo nos casos de direitos pessoais de gozo), pode o cônjuge que adquiriu requerer a exclusão do outro por má administração, nos termos do art. 183º do Cód. Civil italiano. Porém, se se trata de atos de disposição de bens comuns, excede os poderes de mera administração (em princípio), podendo o outro cônjuge, tratando-se de bens imóveis ou móveis sujeitos a registo, requerer a anulação do ato de disposição (art. 184º do Cód. Civil italiano). V., T. Auletta, *Il diritto di famiglia*, 4ª ed., Torino, G. Giappichelli Editore, 1997, p. 174, A. Natucci, «Gli atti di amministrazione straordinaria del coniuge in regime di comunione legale», *Quadrimestre – Rivista di Diritto Privato*, nº 1, 1988, pp. 126 e 127, e L. Bruscuglia, "L'amministrazione dei beni...", *ob. e loc. cit.*, pp. 247-250.
As regras referidas são também aplicáveis ao fundo patrimonial, por força do disposto no art. 168º, 3º, do Cód. Civil italiano, às quais acresce, quanto à disposição dos bens do fundo, o art. 169º do Cód. Civil italiano, que exige o acordo de ambos os cônjuges, a autorização judicial no caso de haver filhos menores, e apenas em caso de necessidade e utilidade evidentes. Entende-se ainda, e não obstante a remissão ampla para as regras da administração dos bens do casal, que não será de aplicar ao fundo o art. 184º, 3º, do Cód. Civil italiano, dado que os bens móveis não sujeitos a registo não podem constituir o fundo patrimonial (Franco Carresi, "Del fondo patrimoniale", *in* AAVV, *Commentario al diritto italiano della famiglia*, sob a direção de Cian/Oppo/Trabucchi, vol. III, Padova, Cedam, 1992, pp. 355 e 356).

[114] Rodolfo Sacco, "Regime patrimoniale della famiglia", *in* AAVV, *Commentario alla riforma del diritto di famiglia*, sob a direção de Carraro/Oppo/Trabucchi, vol. I, tomo I, Padova, Cedam,

Por seu lado, a regra no direito espanhol é a da administração conjunta dos bens comuns (art. 1375º do Cód. Civil espanhol), mas com exceções[115]. De facto, além de poder estipular-se em convenção matrimonial regra diferente, os arts. 1376º e segs. do Cód. Civil espanhol fixam várias exceções. São exceções legais à administração e disposição conjunta de bens comuns a possibilidade que cada um dos cônjuges tem de utilizar valores comuns (resultantes de rendimentos obtidos pelo cônjuge na sua atividade própria e que integram a comunhão) necessários, de acordo com os usos e a situação familiar, para o exercício da sua profissão[116] ou administração ordinária dos seus bens, sem o consentimento do outro cônjuge mas com o seu conhecimento

1977, p. 326, afirma que esta disposição implica que a mulher não pode conferir ao marido um mandato irrevogável para que este administre todos os bens, já que atribuiria ao marido poderes de gestão incompatíveis com a igualdade dos cônjuges. Por isso, entende o autor que o art. 160º do Cód. Civil italiano vai além da área das convenções matrimoniais, regendo toda a área dos negócios unilaterais, bem como dos contratos de Direito comum. V. também, Schlesinger, "Della comunione", *in* AAVV, *Commentario alla riforma del diritto di famiglia*, sob a direção de Carraro/Oppo/Trabucchi, vol. I, tomo I, Padova, Cedam, 1977, pp. 418 e 419. Aliás, e quanto à adoção do regime de comunhão convencional, o art. 210º, 3º, do Cód. Civil italiano, determina que as normas da administração dos bens do casal aplicáveis à comunhão legal são inderrogáveis.

[115] O art. 1377º do Cód. Civil espanhol fixa a mesma regra quanto aos atos de disposição. Reconhece-se que a regra da administração conjunta, ainda que salvaguardando o princípio da igualdade entre os cônjuges, pode implicar um grave entorpecimento da vida jurídica e económica e, por isso, estabeleceu a lei as exceções à mesma regra (M. Amorós Guardiola, *et allii*, *ob. cit.*, p. 1761, e Gardeazábal del Río, "La sociedad de gananciales", *in* AAVV, *Instituciones de derecho privado. Familia*, sob a direção de Víctor M. Garrido de Palma, tomo IV, vol. 2, Madrid, Civitas, 2002, p. 165). A. Rodriguez Adrados, *loc. cit.*, p. 222, referia, antes da Reforma de 1981, que o princípio da administração conjunta, ao exigir o consentimento de ambos os cônjuges para todos os atos de administração, não parecia viável. O peso excessivo da administração conjunta é também referido por Dieter Giesen, *Familienrecht*, 2ª ed., Tübigen, Mohr Siebeck, 1997, p. 179, a propósito da administração dos bens comuns por ambos os cônjuges. Por isso, refere o autor ser provável e frequente a concessão de mandato por um dos cônjuges ao outro.

[116] O regime do Cód. Civil, determinando a administração e disposição conjuntas dos bens comuns, deve articular-se com o *Código do Comercio*, que permite que o cônjuge comerciante aliene e hipoteque os bens comuns adquiridos no exercício do comércio (art. 6º). O regime não se afasta do art. 1382º do Cód. Civil espanhol que permite que qualquer dos cônjuges possa dispor de valores comuns necessários para o exercício da sua profissão (seja comercial ou não). Pode, assim, acrescentar-se ao referido no texto, como exceção, a possibilidade, prevista no art. 6º do *Código do Comercio*, de o cônjuge comerciante alienar e hipotecar os bens comuns adquiridos no exercício do comércio (sem prejuízo de o mesmo comerciante beneficiar, quanto aos restantes bens comuns, das exceções referidas). V. Camino Sanciñena Asurmendi, *Régimen económico matrimonial del comerciante*, Madrid, Dykinson, 1996, pp. 241-244.

(art. 1382º do Cód. Civil espanhol)[117]; o exercício da defesa, judicial ou extrajudicial, dos bens e direitos comuns por via de ação ou exceção (art. 1385º, 2º, do Cód. Civil espanhol), podendo, por isso, demandar-se apenas um dos cônjuges para a referida defesa[118]; a possibilidade de realizar gastos urgentes de caráter necessário (evitando um perigo para a vida ou saúde de qualquer dos membros da família ou dos seus bens próprios ou dos bens comuns – art. 1386º do Cód. Civil espanhol)[119]; a administração e disposição dos frutos e produtos dos bens próprios de cada cônjuge (art. 1381º do Cód. Civil espanhol)[120]; a administração de bens e disposição de dinheiro ou valores titulados por um dos cônjuges (art. 1384º do Cód. Civil espanhol)[121]; o exercício de direitos de

[117] Apesar de a lei falar em antecipação de bens comuns, não há qualquer obrigação de reembolso por parte do cônjuge que utiliza os referidos valores, pois trata-se de uma provisão de fundos para gastos da comunhão. De facto, os gastos em causa são dívidas comuns, nos termos do art. 1362º, 3º e 4º, do Cód. Civil espanhol, devendo a comunhão suportá-los. Contra, Lledó Yagüe, *et allii*, *ob. cit.*, p. 257.
Não sendo necessário o consentimento, é necessário o conhecimento por parte do outro cônjuge, sob pena de incumprimento do dever de informação disposto no art. 1383º do Cód. Civil espanhol, para efeitos de dissolução da comunhão (art. 1393º, 4º, do Cód. Civil espanhol) (Lledó Yagüe, *et allii*, *ob. cit.*, p. 257).

[118] Contudo, e para evitar uma fraude à regra da administração conjunta, esta defesa não pode ser entendida em termos tão amplos que abranja as situações em que os cônjuges realizaram, p. ex., um contrato conjuntamente ou um com o consentimento do outro. Neste caso, os cônjuges devem intervir ambos processualmente. A jurisprudência espanhola distingue as ações reais (que devem ser intentadas contra ambos os cônjuges) e as obrigacionais (dirigidas contra o cônjuge interveniente no contrato). Por outro lado, se um cônjuge pode atuar sozinho para a constituição de uma relação jurídica não tem sentido exigir a intervenção do outro a título processual. A defesa dos bens comuns ocorre normalmente no caso de execução por dívidas de um cônjuge quando o credor penhora bens comuns. O cônjuge não devedor embarga com fundamento na não comunicabilidade da dívida, recorrendo à *tercería de dominio* (art. 595º da *Ley de Enjuiciamiento Civil*).

[119] Manuel Albaladejo, *Curso de Derecho Civil. Derecho de Familia*, vol. IV, 7ª ed., Barcelona, Bosch, 1996, p. 182, considera que esses gastos não são apenas um desembolso de dinheiro, mas também, p. ex., a contração de uma dívida para pagamento ulterior. Também M. Amorós Guardiola, *et allii*, *ob. cit.*, p. 1774. Permite-se que qualquer um dos cônjuges realize tais atos de administração, mesmo extraordinários, desde que urgentes e necessários. Por isso, os gastos decorrentes desta necessidade são dívidas comuns (art. 1362º, 1º, 2º, e 3º, do Cód. Civil espanhol). V., Teodora F. Torres, *loc. cit.*, pp. 754 e 755.

[120] Os frutos dos bens próprios são bens comuns. Contudo, cada cônjuge, como administrador do seu próprio património, poderá dispor de tais frutos e produtos.

[121] Visa-se essencialmente proteger terceiros que contrataram com o cônjuge em causa e que acreditaram na aparência criada pela titularidade do bem ou valor em causa. Tratando-se de atos de administração são válidos os atos sobre todos os bens (móveis ou imóveis, com salva-

crédito (nomeadamente, contas bancárias) pelo cônjuge em cujo nome se constituíram (art. 1385º, 1º, do Cód. Civil espanhol); a realização de liberalidades de uso, nos termos do art. 1378º, 2ª parte, do Cód. Civil espanhol[122].

Parece desviar-se da regra da administração ordinária disjunta o caso da administração de uma quota social que, por força do regime de bens do casamento, seja bem comum do casal. Segundo Rita Lobo Xavier, a atribuição a qualquer dos cônjuges de legitimidade para a prática de atos de administração ordinária em relação a uma participação social seria prejudicial e inconveniente ao normal desenrolar da vida societária[123]. Procurou-se

guarda dos bens móveis que constituem o recheio da casa de morada da família, bem como os atos de disposição dos direitos sobre esta (art. 1320º do Cód. Civil espanhol) – v., Teodora F. Torres, *loc. cit.*, p. 757). Exige-se evidentemente que seja realizado pelo cônjuge que figure como único titular do bem nos documentos aquisitivos do mesmo, ou que figure como titular único no registo ou que seja possuidor do bem (M. Amorós Guardiola, *et allii*, *ob. cit.*, p. 1771). Se se trata de atos de disposição, o seu âmbito limita-se ao dinheiro (dada a sua fungibilidade e porque a sua posse e propriedade se confundem) e outros valores (respeitando-se as regras da sua circulação, ou seja, se se trata de títulos nominativos ou à ordem é o cônjuge que nele figura como titular que pode praticar os atos de disposição; tratando-se de títulos ao portador é o seu possuidor que os pode alienar). A referência ao dinheiro abrange todas as formas que possa assumir, ou seja, contas correntes, certificados de aforro, depósitos bancários, etc. Em rigor, no caso dos depósitos, a propriedade do dinheiro é substituída por um direito de crédito à restituição da quantia pela entidade bancária, integrando, por isso, a previsão do art. 1385º do Cód. Civil espanhol (Gardeazábal del Río, *ob. e loc. cit.*, p. 191). A possibilidade de o cônjuge administrar e dispor livremente de tais valores não afasta a eventual compensação devida à comunhão no momento da liquidação da mesma, dado tais valores serem comuns.

[122] É também exceção à regra da administração conjunta, a possibilidade de qualquer um dos cônjuges realizar atos de administração e de disposição de bens comuns para suprir necessidades da vida familiar, nos termos do art. 1319º do Cód. Civil espanhol (Carlos Lasarte, *Principios de Derecho Civil. Derecho de Familia*, vol. VI, 3ª ed., Madrid, Marcial Pons, 2002, pp. 219 e 220, Camino Sanciñena Asurmendi, *ob. cit.*, p. 240, nota 622, e Teodora F. Torres, *loc. cit.*, pp. 744-752).

[123] Rita Lobo Xavier, "Reflexões sobre a posição do cônjuge meeiro em sociedades por quotas", Separata do *Boletim da Faculdade de Direito da Universidade de Coimbra*, ano XXXVIII, Coimbra, 1993, p. 100. Refere a autora que, por força do Direito das Sociedades, o problema da administração da quota social estaria resolvido. De facto, nas relações com a sociedade só um dos cônjuges é considerado como sócio, só esse devendo ser admitido a participar na vida social, exercendo os direitos e cumprindo os deveres inerentes à quota comum. Porém, uma coisa é a qualidade de sócio e outra a administração de uma quota (p. 91). Numa altura em que o marido era o administrador dos bens do casal, tornava-se complicado conciliar a eventual qualidade de sócia da mulher com os poderes de administração do marido. De facto, como permitir a intrusão de um estranho (o marido) na administração da quota da sociedade de que a mulher era sócia, sobretudo se se tratava de uma sociedade de pessoas, onde o caráter

evitar esta situação perturbadora do ponto de vista da sociedade e o art. 8º, nº 2, do Cód. das Sociedades Comerciais, determina que só tem legitimidade para a prática de atos de administração ordinária sobre a quota comum aquele dos cônjuges que figura nominalmente nos estatutos da sociedade ou no ato pelo qual a referida quota entrou para a comunhão. Mas repare-se que se trata apenas das relações com a sociedade, nada se modificando nas relações externas. Por isso, e apesar de o cônjuge administrador da quota social comum ter, em princípio, poderes que vão além da simples administração, abrangendo mesmo poderes de disposição, tal não será exatamente assim, carecendo o cônjuge sócio do consentimento do outro cônjuge para alienar ou onerar a participação social (art. 1682º, nº 1)[124]. O mesmo acontece em relação à prática de atos de administração extraordinária (que, como sabemos, não coincidem exatamente com os atos de disposição), para os quais, e apesar de a qualidade de sócio ser atribuída a apenas um dos cônjuges, é preciso o consentimento do cônjuge não sócio (art. 1678º, nº 3, 2ª parte)[125]. O consentimento do não sócio

intuitus personae era mais forte? Pronunciando-se no sentido de que o marido continuava o administrador, v., Pires de Lima, "Administração da mulher casada...", *loc. cit.*, pp. 278-281. Por seu lado, A. Lopes Cardoso, *A Administração dos Bens...*, *cit.*, p. 127, e pp. 147-152, defendia que ao cônjuge administrador competia exercer os direitos sociais inerentes a um quinhão social que administre, mesmo que não seja sua propriedade, ou até bem próprio do outro cônjuge. O exercício do direito de voto é um mero poder de administração e, por isso, mesmo tratando-se de quota própria do que não administra, este não precisava de prestar o seu consentimento ao outro para este efeito. Em todo o caso, sempre importaria aferir se a deliberação em causa não importava dissolução da sociedade, já que aqui o consentimento do cônjuge proprietário era necessário, dado tratar-se de uma autêntica alienação. E o mesmo se diga quanto à deliberação de amortizar a quota própria do cônjuge que não administrava (uma vez que tal deliberação conduzia à extinção da quota). Trata-se dos atos de administração extraordinária de uma participação social que, nos termos do art. 1678º, nº 3, 2ª parte, estão sujeitos à regra da administração conjunta. Ou seja, tais atos só podem ser praticados por ambos os cônjuges ou por um com o consentimento do outro (Rita Lobo Xavier, "Reflexões sobre a posição do cônjuge meeiro...", *loc. cit.*, pp. 111-113).

[124] De facto, qualificando-se a quota como um bem móvel (arts. 204º e 205º), o cônjuge administrador teria poderes de disposição (art. 1682º, nº 2). Tal poderá acontecer se um dos cônjuges utilizar exclusivamente a quota comum como instrumento de trabalho (p. ex., quando o cônjuge é um dos sócios-gerentes de uma sociedade por quotas e essa é a sua atividade profissional), situação em que os poderes de administração resultam do art. 1678º, nº 2, al. *e*), e os poderes de disposição do art. 1682º, nº 2.

[125] Seguimos o entendimento de Rita Lobo Xavier, "Reflexões sobre a posição do cônjuge meeiro...", *loc. cit.*, pp. 117 e 118. O problema que podia colocar-se, e que é levantado pela autora,

só será, portanto, exigido para que o sócio possa votar validamente uma deliberação social, quando o exercício do direito de voto envolver um ato de administração extraordinária da quota comum.

O mesmo entendimento é seguido em França, onde, e apesar de o art. 1832º-2 do Cód. Civil francês reconhecer a qualidade de sócio apenas ao cônjuge que realizar a entrada ou adquirir a participação social e apenas exija a informação ao outro cônjuge, mantém-se a necessidade de participação de ambos os cônjuges para a alienação ou oneração de tal participação social, se esta constituir um bem comum, se se tratar de disposição de direitos sociais[126].

Por seu lado, no direito italiano, os direitos sociais ligados a uma quota social comum só podem ser exercidos pelo cônjuge formalmente investido na qualidade de sócio[127].

Também no direito espanhol, a disposição de participações sociais não fica sujeita à regra da administração e disposição conjunta, sendo de incluir

é o de aferir as consequências da prática de um ato de administração extraordinária sobre a quota social comum sem o consentimento do cônjuge. À partida, teríamos a anulação do ato (art. 1687º, nº 1). Porém, articulando com o art. 59º do Cód. das Sociedades Comerciais, conclui-se que o cônjuge não sócio não tem legitimidade para arguir a anulabilidade de uma deliberação social. Admite, porém, a autora a possibilidade de não sócios exercerem direitos sociais, possibilitando, assim, ao cônjuge não sócio a anulação da referida deliberação. Isto por analogia com o art. 227º, nº 3, do Cód. das Sociedades Comerciais, que permite aos sucessores de um sócio falecido exercerem certos direitos sociais, embora não sejam sócios (pp. 118-126).

[126] A. Colomer, *Droit Civil..., cit.*, pp. 222 e 232. Entende-se que o art. 1424º do Cód. Civil francês, que exige o concurso de ambos os cônjuges para alienar ou onerar direitos sociais negociáveis, não se aplica, porém, às participações sociais em sociedades por ações. Tal posição tem sido criticada, pois se a alienação de ações cotadas na bolsa fizer perder a maioria que a comunhão detinha na sociedade, perdê-la será o mesmo que alienar a empresa.

[127] V., M. Dogliotti, "La comunione legale", *in* AAVV, *Giurisprudenza del diritto di famiglia. Rapporti personali e patrimoniali tra coniugi, famiglia di fatto*, sob a direção de Mario Bessone, vol. II, 4ª ed., Milano, Giuffrè Editore, 1994, p. 247. O que pode acontecer é a atribuição por parte da sociedade da contitularidade formal ao cônjuge meeiro, situação em que, face ao art. 180º do Cód. Civil italiano, importará aferir se o ato concreto é um ato de administração ordinária ou extraordinária, para efeitos de se exigir o consentimento do outro cônjuge. V. também, Antonio Jannarelli, "Impresa e società nel nuovo diritto di famiglia", *For. it.*, ano CII, V, 1977, p. 282. Franco Anelli, "L'amministrazione della comunione legale", *in* AAVV, *Trattato di Diritto di Famiglia de Paolo Zatti. Regime patrimoniale della famiglia*, Franco Anelli/Michele Sesta, vol. III, Milano, Giuffrè Editore, 2002, p. 307, não deixa de referir que face à sociedade é o cônjuge titular que exerce os respetivos direitos, mas sem esquecer que nas relações internas entre os cônjuges importa atender ao art. 180º do Cód. Civil italiano, nomeadamente, exigindo o consentimento de ambos os cônjuges para a alienação da participação social.

na exceção do art. 1384º do Cód. Civil espanhol, ao falar em disposição de valores titulados por um dos cônjuges[128].

No direito alemão, mesmo que vigore entre os cônjuges o regime da comunhão geral, se uma participação social numa sociedade por quotas fizer parte do *Sondergut* ou do *Vorbehaltsgut* de um dos cônjuges, só ele é sócio e só ele a administra, podendo livremente dispor dela[129]. Se a quota ingressar nos bens comuns (§ 1416º do BGB), são os cônjuges considerados ambos como sócios, aplicando-se as regras da administração dos bens do casal, ou seja, e se nada for estipulado em contrário, a administração é conjunta.

Portanto, as regras do Direito societário interferem não só com o problema da responsabilidade por dívidas, mas também com as regras de administração dos bens do casal.

Constituem também desvios à regra da administração conjunta dos bens comuns aquelas situações em que os bens, apesar de comuns, são administrados por um dos cônjuges, quer por terem com esse cônjuge uma ligação privilegiada, quer por o outro cônjuge estar ausente ou impedido de os administrar ou tenha conferido àquele, por mandato revogável, poderes de administração. Refere o nº 2 do art. 1678º essas exceções.

Assim, cada um dos cônjuges tem a administração exclusiva dos proventos que receba pelo seu trabalho (al. *a*)). Os bens em causa são, nos regimes de comunhão, comuns (arts. 1724º, al. *a*), e 1734º), mas é o cônjuge que os aufere que os administra[130]. Nos proventos do trabalho incluem-se as remu-

128 Garrido de Palma, "La economía de la familia. Las capitulaciones matrimoniales y el régimen económico matrimonial", *in* AAVV, *Instituciones de derecho privado. Familia*, sob a direção de Víctor M. Garrido de Palma, tomo IV, vol. 2, Madrid, Civitas, 2002, p. 249.

129 Como escreve Rita Lobo Xavier, "Reflexões sobre a posição do cônjuge meeiro...", *loc. cit.*, p. 49, problema discutido é o de saber se a incomunicabilidade de uma quota pode resultar do contrato de sociedade. De facto, a doutrina alemã divide-se entre os autores que consideram que tal poderá decorrer do contrato de sociedade e os que entendem que a qualificação de uma quota como *Sondergut* não pode resultar das regras estatutárias.

130 O mesmo dispõe, de forma imperativa e para todos os regimes de bens, o art. 223º do Cód. Civil francês. Não obstante os ganhos profissionais serem comuns nos regimes de comunhão é o cônjuge que os aufere que os administra e pode deles dispor (desde que satisfeita a contribuição para os encargos da vida matrimonial) – art. 1421º, 2º, do Cód. Civil francês. Por essa razão, pelas dívidas próprias de um dos cônjuges respondem não só os seus bens próprios mas também os seus "*revenus*" (art. 1411º do Cód. Civil francês).
O art. 1381º do Cód. Civil espanhol determina que o cônjuge, como administrador do seu próprio património, pode dispor dos frutos e produtos do referido património ainda que

nerações, certas ou variáveis, percebidas no desempenho de uma atividade por conta de outrem (salários, abonos, ordenados, prémios, subsídios, etc.). ou no exercício de uma profissão liberal (honorários, avenças, etc.)[131]. Já não cabem, todavia, na esfera da administração exclusiva do cônjuge que as percebe as importâncias recebidas, não como remuneração do trabalho, mas como lucro da atividade comercial ou industrial exercida por conta própria[132].

Não refere a lei o mesmo para os frutos dos bens próprios, pelo que a estes não será de aplicar a regra da administração exclusiva do cônjuge titular do bem[133]. A doutrina francesa, na dúvida da lei, defende esta administração exclusiva também no caso dos frutos de bens próprios[134]. A lei não refere também os rendimentos do capital, nem as somas que sejam simultaneamente rendimentos do trabalho e do capital, pelo que não estão sujeitas à administração exclusiva[135].

Cada um dos cônjuges tem também a administração exclusiva dos seus direitos de autor (al. *b*))[136], dos bens comuns que levou para o casal ou

comuns, mas não refere o mesmo quanto aos rendimentos do trabalho (Lledó Yagüe, *et allii*, *ob. cit.*, p. 256). Essa referência consta, porém, no art. 1382º do Cód. Civil espanhol, permitindo ao cônjuge utilizar valores monetários (dinheiro) para o exercício da sua profissão ou administração dos seus próprios bens.

131 O direito francês fala, no art. 223º do Cód. Civil francês, de *ganhos* e *salários*, para traduzir as duas vertentes analisadas no texto, ou seja, toda a remuneração periódica resultante de uma atividade subordinada (salário) e os recursos resultantes de atividades não subordinadas, sejam liberais, comerciais, industriais ou agrícolas (ganhos). V., Aubry/Rau, *ob. cit.*, pp. 69 e 70, e Simler, "La mesure de l'indépendance des époux dans la gestion des gains et salaires", *Indépendance financière et communauté de vie*, Actes des journées d'études des 15 et 16 décembre 1988, Paris, LGDJ, 1989, pp. 60 e 61.
Como refere Antunes Varela, *ob. cit.*, p. 377, nota 2, o facto de um cônjuge ter a administração de tais bens (e a sua livre disposição – art. 1682º, nº 2) não afasta a natureza comum dos mesmos. Estão, por isso, sujeitos à compensação fixada no nº 4 do art. 1682º e devem ser partilhados no momento da cessação das relações patrimoniais entre os cônjuges.

132 Pires de Lima/Antunes Varela, *Código Civil...*, *cit.*, vol. IV, p. 283.

133 Sobre esta questão, Pereira Coelho/Guilherme de Oliveira, *ob. cit.*, p. 438, questionam-se sobre a possibilidade de alargar o regime da administração exclusiva aos frutos dos bens próprios, pela mesma razão que justifica a al. *a*) do nº 2 do art. 1678º.

134 Terré/Simler, *Droit Civil. Les régimes matrimoniaux*, 2ª ed., Paris, Dalloz, 1994, p. 391.

135 Pires de Lima/Antunes Varela, *Código Civil...*, *cit.*, vol. IV, p. 283.

136 Trata-se dos direitos patrimoniais de autor, dado que os pessoais são incomunicáveis como direitos estritamente pessoais e são administrados pelo seu titular (art. 1733º, nº 1, al. *c*)) – Pereira Coelho/Guilherme de Oliveira, *ob. cit.*, p. 438. Tal como o caso da al. *a*), também os bens desta al. *b*) eram já confiados pela lei anterior à administração da mulher, quando por ela obtidos (art. 1678º, nº 2, al. *g*), do Cód. Civil de 1966). Repare-se que apenas estão em

adquiriu depois do casamento a título gratuito e dos sub-rogados em lugar deles (al. *c*))[137], dos bens que tenham sido doados ou deixados a ambos os cônjuges com exclusão da administração do outro cônjuge, salvo se se tratar de bens doados ou deixados por conta da legítima[138] desse outro cônjuge (al. *d*)), dos móveis comuns por ele exclusivamente utilizados como instrumento de trabalho (al. *e*)), de todos os bens do casal, se o outro cônjuge se encontrar ausente ou impedido de administrar (al. *f*)) e de todos os bens do casal ou de parte deles, se o outro cônjuge lhe conferir, por mandato revogável, esse poder (al. *g*)).

causa os direitos de autor e não outros direitos semelhantes, como os direitos de propriedade industrial (A. Lopes Cardoso, *A Administração dos Bens..., cit.*, pp. 78 e 79).

137 Segundo Pereira Coelho/Guilherme de Oliveira, *ob. cit.*, p. 438, apesar de a lei não mencionar os rendimentos destes bens, é razoável incluí-los. Por um lado, por identidade de razão com a al. *a*) já referida e, por outro lado, pela sugestão apresentada no art. 1696º, nº 2, al. *a*), que manda responder os rendimentos ao lado dos bens levados para o casamento ou posteriormente adquiridos a título gratuito, por dívidas da exclusiva responsabilidade do titular, indiciando, assim, a respetiva administração (Mª Leonor Beleza, "Os efeitos do casamento", *ob. e loc. cit.*, pp. 124 e 125).
Tal como a propósito do art. 1696º, nº 2, al. *c*), também aqui a sub-rogação vale em qualquer das suas modalidades (troca direta, preço dos bens alienados, troca indireta) e pode ser provada por qualquer meio, não sendo de observar aqui os requisitos do art. 1723º, al. *c*). Contra, parecem pronunciar-se Pires de Lima/Antunes Varela, *Código Civil..., cit.*, vol. IV, p. 285, e Antunes Varela, *ob. cit.*, p. 378, ao dizer que o poder de administração do cônjuge estende-se aos bens sub-rogados, valendo para a sub-rogação o conceito amplo resultante do disposto no art. 1723º.
Na redação do art. 1678º de 1966, o poder de administração exclusiva da mulher relativamente a estes bens só era reconhecido quando tal direito lhe tivesse sido reservado na convenção antenupcial. Segundo Antunes Varela, *ob. cit.*, p. 378, a Reforma de 1977 prescindiu desse requisito, em relação a qualquer um dos cônjuges, "com algum prejuízo para a *segurança* dos actos de administração que envolvam tais bens, visto ser geralmente difícil a terceiros saber se os móveis foram trazidos para o casal por um dos cônjuges ou foram adquiridos a título gratuito na constância do casamento".
A norma em causa tem, porém, pouco relevo prático, dado que no regime supletivo os bens em causa são próprios e, por isso, vale a regra da administração singular do nº 1 do art. 1678º.

138 Pires de Lima/Antunes Varela, *Código Civil..., cit.*, vol. IV, p. 285, entendem que esta restrição não vale no caso de legado em substituição da legítima. Também Antunes Varela, *ob. cit.*, p. 379. Repare-se que a referência à legítima é em sentido contrário à anteriormente feita pelo Código Civil de 1966, que permitia ao doador ou testador de bens à mulher excluir a administração do marido, ainda que a doação ou testamento fosse por conta da legítima. É que, em princípio, tais bens eram administrados pelo marido e, por isso, era determinado que os bens eram deixados por conta da legítima de quem os ia administrar (Mª Leonor Beleza, "Os efeitos do casamento", *ob. e loc. cit.*, p. 125).

A propósito da al. *d*), Pamplona Corte-Real levanta a dúvida quanto ao apuramento temporal e eficácia da situação ressalvada na norma. De facto, o testamento só é aberto depois da morte do autor da sucessão e o regime da administração pode ficar eventualmente indefinido até esse momento, além de que a doação ou a deixa podem exceder a legítima ou podem ser imputadas nesta (e não por conta da mesma). E igual desarticulação está patente nos arts. 1729º, nº 2, e 1888º, nº 2[139].

Quanto à referida al. *e*), o objetivo visado é que o cônjuge utilize os instrumentos de trabalho com a necessária liberdade para tomar sozinho decisões que podem ser de administração extraordinária ou de disposição (art. 1682º, nº 2)[140]. Não podemos esquecer, seguindo Pereira Coelho e Guilherme de Oliveira, que um cônjuge não pode, por si só, iniciar a utilização exclusiva, no exercício da sua profissão, de bens que são comuns. Ou seja, o iniciar a utilização de um bem móvel comum como instrumento de trabalho requer a colaboração do outro cônjuge, decidindo ambos nesse sentido[141]. Não pode um dos cônjuges começar a administrar sozinho um bem comum, com base numa decisão unilateral que tome sobre o exercício de certa profissão e sobre a utilização de um bem móvel comum que use nesse exercício. Depois do acordo inicial de ambos os cônjuges, é conferida por lei a administração exclusiva desse bem ao cônjuge em causa, garantindo-lhe a necessária liberdade para o melhor desempenho da sua profissão. Repare-se ainda que, ao contrário do que acontece com a concessão de um mandato, o outro cônjuge não pode revogar a utilização que deu nem o cônjuge que administra tem de prestar contas da sua administração (art. 1681º, nº 1)[142].

Em relação à exceção prevista na al. *f*) do nº 2 do art. 1678º, a letra da lei apenas refere os bens próprios do outro cônjuge, mas, por maioria de razão, deve admitir-se também a referência aos bens comuns. Se um côn-

[139] Pamplona Corte-Real, *ob. cit.*, p. 38.

[140] V., Braga da Cruz, "Capacidade patrimonial...", *loc. cit.*, p. 359, e A. Lopes Cardoso, *A Administração dos Bens..., cit.*, p. 74. Como entende Antunes Varela, *ob. cit.*, p. 376, a administração de tais bens neste caso não constitui apenas uma faculdade, mas também um encargo, ou seja, "um dever jurídico que persiste, enquanto não cessar a utilização da coisa por um dos cônjuges como seu instrumento *exclusivo* de trabalho".

[141] Como refere Castro Mendes, *Direito da Família, cit.*, p. 129, a administração cabe ao cônjuge que utiliza exclusivamente o bem como instrumento de trabalho, "por uma sorte de mandato tácito".

[142] Pereira Coelho/Guilherme de Oliveira, *ob. cit.*, pp. 439 e 440.

juge pode administrar os bens próprios do outro em caso de impedimento ou ausência também poderá fazê-lo no caso de se tratar de um bem comum. Ao falar em impossibilidade de exercer a administração, a lei pretende abranger os casos de ausência em sentido lato (lugar remoto) e em sentido restrito (lugar não sabido). É importante que a situação tenha caráter permanente ou duradouro, que torne inviável a administração dos bens a partir do lugar em que o seu titular se encontra. Caso contrário, se o afastamento tiver caráter transitório, rege, em princípio, o art. 1679º[143]. Por outro lado, abrange a lei também os casos de impossibilidade por qualquer outro motivo, ou seja, quer quando o impedimento resulte da lei (sendo decretada uma medida de acompanhamento que se traduza nesta limitação ao exercício da administração), quer nos casos em que a situação decorre de circunstâncias de facto (como uma doença prolongada ou condenação a pena privativa de liberdade).

A. Lopes Cardoso questionava-se sobre qual dos estatutos deve prevalecer no caso de o cônjuge ser considerado o substituto do ausente na administração dos seus bens e, ao mesmo tempo, ter o direito de ser nomeado curador provisório dos bens do ausente (art. 92º, nº 1)[144], nomeadamente, se ficava com os poderes limitados que cabem ao curador provisório ou

[143] Pires de Lima/Antunes Varela, *Código Civil..., cit.*, vol. IV, p. 286. O mesmo vale em relação ao art. 182º do Cód. Civil italiano, onde a "*lontananza*" abrange apenas os casos de longa duração, pelos quais um cônjuge fica impedido de contribuir para a administração dos bens comuns (Santosuosso, *Commentario del Codice Civile. Delle persone e della famiglia. Il regime patrimoniale della famiglia*, vol. I, título VI, tomo I, parte 3, Torino, Utet, 1983, p. 244, e *Beni ed attività economica della famiglia*, Torino, Utet, 1995, p. 136).

[144] A. Lopes Cardoso, *A Administração dos Bens..., cit.*, pp. 27-31. O Cód. de Seabra apenas falava do ausente casado a propósito da curadoria definitiva (arts. 82º a 95º) e não da provisória (arts. 55º a 63º), dado que o ausente deixava, sendo casado, quem legalmente administrasse os seus bens (art. 55º) e, por isso, não havia que prover à sua administração. Não havia lugar, assim, à instauração da curadoria provisória do ausente casado, uma vez que a administração dos seus bens cabia ao seu cônjuge de acordo com as regras da administração dos bens do casal (à mulher, como vimos, de acordo com os arts. 1189º, 1190º, e 1117º). E o mesmo entendimento era seguido no anteprojeto do Cód. Civil de 1966, onde se dizia que não fazia sentido atribuir ao cônjuge a curadoria provisória, já que, sendo aquele o administrador legal dos bens do ausente, não haveria sequer, nesse caso, lugar à curadoria provisória (Gonçalves Pereira, "Ausência (Anteprojecto para o novo Código Civil)", *BMJ*, nº 105º, 1961, p. 298, e pp. 373 e 374). O projeto e o Cód. Civil de 1966 não seguiram tal entendimento e, conforme decorreu do art. 92º, nº 1, do referido projeto, determinam que uma das pessoas a ser nomeada como curador provisório é o cônjuge do ausente.

exercia os poderes típicos do cônjuge administrador, como o de estar dispensado da obrigação de prévia inventariação dos bens e da prestação de contas. Além disso, será difícil de conciliar, se a curadoria for entregue a terceiro, a administração dos bens do casal (comuns) com a administração do curador. Entende o autor que só haverá nomeação de curador ao ausente casado quando o cônjuge presente não proveja, com perigo para os bens, à administração destes[145]. Deverá, assim, haver necessidade de prover à administração para proteção dos bens do ausente. E o mesmo questionava o autor citado se se tratasse de impedimento legal de interdição[146], sendo discutível a questão de saber se o cônjuge do interdito, nomeado tutor (na então redação do art. 143º, nº 1, al. *a*)), ficava com os

[145] Contra, v., Jorge Duarte Pinheiro, *ob. cit.*, p. 533. A. Colomer, *Droit Civil...*, *cit.*, p. 64, também em sentido diferente, defende que o cônjuge pode obter uma autorização nos termos do art. 219º, 1º, do Cód. Civil francês, mesmo que tenha sido atribuída a tutela a outra pessoa. Em todo o caso, chama a atenção que as razões que afastaram o cônjuge da tutela podem também justificar a recusa da autorização para representar o seu cônjuge ao abrigo do art. 219º. Do mesmo modo, o facto de ser atribuída a tutela de um cônjuge com alteração das faculdades mentais, p. ex., que lhe impeçam de manifestar a sua vontade, não impede que o outro cônjuge requeira a sua substituição na administração dos bens comuns para efeitos do art. 1426º do Cód. Civil francês (mesmo autor e obra, p. 247, nota 181, e Aubry/Rau, *ob. cit.*, p. 97). Também no direito italiano, L. Bruscuglia, "L'amministrazione dei beni...", *ob. e loc. cit.*, p. 270, refere que a nomeação de curador provisório, que apenas realiza os atos necessários à conservação dos bens pessoais do ausente não impede o pedido de autorização judicial para a prática de certos atos pelo cônjuge presente, para efeitos do art. 182º do Cód. Civil italiano. No mesmo sentido, G. Gabrielli, "Le autorizzazioni giudiziali nella disciplina dei rapporti patrimoniali tra coniugi", *Rivista di Diritto Civile*, ano XXII, I, 1981, p. 52. E parece-nos que o mesmo ocorre no nosso direito (sem prejuízo de só se vir requerer a curadoria provisória se houver perigo para a administração dos bens). De facto, e se o cônjuge não for nomeado curador provisório, ao curador cabe a administração dos bens próprios do ausente e colabora nos atos de administração extraordinária. Dúvidas podem, todavia, surgir no caso de o curador realizar atos de administração ordinária sobre bens comuns cuja administração cabia ao ausente. Será um terceiro a administrar bens comuns. Mas o mesmo ocorre com o curador definitivo. Portanto, o principal problema a analisar é o da compatibilização, sendo o cônjuge nomeado curador, das funções de curador e de administrador dos bens do casal. Repare-se ainda que a situação é diferente da da concessão de mandato a terceiro e que veremos de seguida. De facto, aqui trata-se da nomeação legal de curador ao ausente e não de uma declaração de vontade de alguém presente e perfeitamente capaz.

[146] Os regimes da interdição e da inabilitação foram, entretanto, eliminados pela publicação e entrada em vigor da Lei nº 49/2018, de 14 de agosto, criando o regime jurídico do maior acompanhado. A questão analisada no texto, pode, todavia, continuar a colocar-se nas situações em que tenha sido aplicada uma medida de acompanhamento a um dos cônjuges.

poderes limitados que cabiam ao tutor vulgar ou exercia os poderes típicos do cônjuge administrador, nomeadamente, se o cônjuge tutor estava ou não dispensado da obrigação de prévia inventariação dos bens e da prestação de contas. Como defendia o autor, devem prevalecer as regras da administração conjugal e a dispensa destas obrigações[147]. Em sentido contrário, Jorge Duarte Pinheiro considera que a instauração da curadoria provisória afasta as regras específicas da administração dos bens do casal, conferindo maior proteção ao ausente casado. A tutela do ausente deve prevalecer sobre "a eventual conveniência na atribuição de poderes amplos de administração ao cônjuge do ausente"[148].

Se o cônjuge impossibilitado de administrar não tiver conferido administração a terceiro para administrar os bens e o seu cônjuge não pretender exercer tal administração, nada obsta a que este, ou qualquer outro interessado, além do Ministério Público (art. 91º), requeira a instauração da curadoria provisória sobre os bens do ausente, já que o cônjuge presente não é representante legal do cônjuge ausente[149].

Idêntico regime prevê o art. 182º do Cód. Civil italiano, ainda que condicionado a autorização do tribunal. De facto, no caso de ausência (*lontananza*) ou qualquer outro impedimento de um dos cônjuges[150], e na falta de procu-

[147] A. Lopes Cardoso, *A Administração dos Bens..., cit.*, pp. 42-45.
É interessante notar que o § 1436º do BGB, sendo o cônjuge administrador sujeito a tutela, e ainda que o cônjuge possa assumir a função de tutor, mesmo que tal não aconteça, prevê a possibilidade de o tutor passar a administrar os bens comuns. Ora, tal solução é duvidosa dado que a administração foi atribuída ao cônjuge em causa por razões de confiança, de que o tutor não goza (Beitzke/Lüderitz, *ob. cit.*, p. 156). Pode, em todo o caso, o outro cônjuge requerer o fim da comunhão, nos termos do § 1447º, 4º, do BGB. Na administração conjunta, estando um dos cônjuges sujeito a tutela, a administração dos bens comuns passará totalmente para o outro cônjuge (§ 1458º do BGB).

[148] Jorge Duarte Pinheiro, *ob. cit.*, p. 533.

[149] Neste sentido, Pires de Lima/Antunes Varela, *Código Civil..., cit.*, vol. IV, p. 287. Contra, à luz da vigência da redação de 1966, A. Lopes Cardoso, *A Administração dos Bens..., cit.*, pp. 30 e 31.

[150] O impedimento pode também conduzir à exclusão da administração nos termos do art. 183º do Cód. Civil italiano.
Repare-se que, ao contrário do art. 181º do Cód. Civil italiano, no art. 182º do mesmo código o "ato necessário" não precisa ser efetivamente necessário, ou seja, basta ser útil dado que o que está em causa não é uma recusa injustificada do consentimento por parte de um dos cônjuges, mas de um impedimento à prestação do consentimento (v., De Paola, *Il diritto patrimoniale della famiglia..., cit.*, p. 560, e *Il diritto patrimoniale della famiglia nel sistema del diritto privato..., cit.*, p. 650, e A. Galasso, *ob. cit.*, p. 335. Contra, L. Barbiera, "La comunione legale",

ração deste (e não sendo esta possível de obter dada a urgência do ato a praticar), pode o outro cônjuge requerer autorização judicial para a prática dos atos de administração extraordinária ou de constituição de direitos pessoais de gozo, em que é necessário o consentimento de ambos os cônjuges (art. 180º do Cód. Civil italiano) ou para os atos necessários para a normal atividade da *impresa familiare*. Aquilo que entre nós decorre da lei está sujeito a autorização judicial no direito italiano, nos mesmos moldes que o suprimento desse consentimento, nos termos do art. 181º do Cód. Civil italiano.

Por seu lado, o art. 1387º do Cód. Civil espanhol atribui a administração e disposição dos bens comuns ao cônjuge que seja tutor ou representante legal do outro, o que exige a constituição da tutela ou a declaração legal da ausência. Mas há também a possibilidade, agora mediante autorização judicial, de a administração (e deve entender-se também a disposição)[151] ser atribuída a um dos cônjuges em caso de impossibilidade de o outro prestar o seu consentimento ou de abandono da família ou separação de facto (art. 1388º do Cód. Civil espanhol). O cônjuge a quem a administração é atribuída passa a deter os poderes normais de administração e disposição, salvo se o tribunal fixar alguma limitação. Porém, para a realização de atos de disposição de imóveis, estabelecimentos comerciais, objetos preciosos ou valores mobiliários (com exceção do direito de subscrição preferencial de novas ações) é necessária a respetiva autorização judicial (art. 1389º do Cód. Civil espanhol). Ora, pode acontecer que a transferência da administração, como lhe chama a lei, implique, por isso, limitações à livre disposição prevista, nomeadamente, nos arts. 1384º e 1385º do Cód. Civil espanhol[152].

in AAVV, *Trattato di diritto privato. Persona e famiglia*, sob a direção de Pietro Rescigno, vol. III, tomo II, 2ª ed., Torino, UTET, 1996, p. 537, que considera que o critério da necessidade usado no art. 181º do Cód. Civil italiano deve ser o mesmo do art. 182º do Cód. Civil italiano). Por as situações serem diferentes não refere também a lei, no art. 182º do Cód. Civil italiano, o interesse da família ou da empresa familiar.

[151] Carlos Lasarte, *ob. cit.*, p. 226, e L. Díez-Picazo/A. Gullón, *ob. cit.*, p. 189. Contra, M. Amorós Guardiola, *et allii*, *ob. cit.*, p.1776, para quem o art. 1388º do Cód. Civil espanhol apenas prevê a transferência dos poderes de administração.

[152] M. Amorós Guardiola, *et allii*, *ob. cit.*, p. 1778, considera, porém, que os casos de administração e disposição singulares estão previstos para as situações de desenvolvimento normal da vida conjugal e da convivência entre os cônjuges (onde também vigora o dever de informação previsto no art. 1383º do Cód. Civil espanhol), situação que não acontece nos casos dos arts. 1387º e 1388º do Cód. Civil espanhol, onde um dos cônjuges está incapacitado ou é afastado, o que justifica um maior rigor e maiores garantias.

No direito alemão, há uma transferência legal do poder de administração para o outro cônjuge no caso de doença ou ausência do cônjuge administrador (§ 1429º do BGB) ou do outro cônjuge (§ 1454º e § 1455º, 10º, do BGB), havendo perigo na demora na celebração do negócio em causa. Trata-se da concessão de poderes de administração em situações de necessidade/urgência (*Notverwaltungsrecht*). A lei refere que o outro cônjuge pode atuar em nome próprio ou em nome do cônjuge administrador (ou de ambos no caso da administração conjunta). A situação aproxima-se do nosso art. 1679º mas há concessão de poderes administrativos. O § 1429º do BGB não será de aplicar se existir mandato ou procuração de um cônjuge ao outro.

A solução da al. *f*) do nº 1 do art. 1678º resulta do já disposto, em relação à mulher, no Cód. de Seabra. De facto, podia a mulher administrar os bens do casal nos casos de ausência e impedimento do marido (arts. 1189º, 1190º, e 1117º do Cód. Civil de 1867). Aliás, as próprias Ordenações Filipinas (§ 1º do título CIII, do livro IV) determinavam que se o marido estivesse ausente em parte incerta, ou declarado interdito, o juiz devia nomear-lhe tutor, preferindo a mulher se ela tivesse capacidade.

Anteriormente à Reforma de 1977, discutia-se, na hipótese de o cônjuge ausente deixar procuração a um estranho para este administrar, se a procuração prevalecia sobre a administração da mulher (art. 1678º, nº 2, al. *a*), na redação de 1966)[153]. A Reforma de 1977 admitiu esta possibilidade ao acrescentar na parte final do art. 1678º, nº 2, al. *f*), "desde que não tenha sido conferida procuração bastante para a administração desses bens"[154]. Ora, se quanto aos bens próprios de um dos cônjuges a solução

[153] A. Lopes Cardoso, *A Administração dos Bens...*, *cit.*, p. 37, considerava tal procuração, nos casos de ausência ou impedimento do marido, como nula, por violar direitos atribuídos expressamente por lei à mulher.

[154] Enquanto o art. 1678º, nº 2, al. *a*), do Cód. Civil de 1966, atribuía à mulher por direito próprio o poder de administrar todos os bens do casal, no caso de ausência ou impedimento do marido, a atual al. *f*) do nº 2 do art. 1678º atribui a qualquer um dos cônjuges a faculdade de incumbir, nesses casos, terceira pessoa da administração dos seus bens. Para Antunes Varela, *ob. cit.*, p. 372, esta possibilidade representa uma ofensa à unidade institucional do casamento e à intimidade da vida familiar. Também Cunha Gonçalves, *Tratado de Direito Civil...*, *cit.*, vol. VI, p. 445, à luz do Cód. de Seabra, entendia que, no caso de ausência prolongada do marido, a administração competia à mulher, mesmo que o marido tenha deixado um procurador, cujo mandato a mulher pode revogar no exercício do seu poder de administrar. Não podia, assim, o marido privar a mulher dos direitos que a lei lhe conferia ao pretender substituí-la por um procurador. No mesmo sentido pronunciou-se Eduardo da Silva Carvalho, *ob. cit.*, vol. I, p.

não levanta problemas, a questão é duvidosa se se trata da administração de um bem comum. De facto, neste caso, o cônjuge presente partilha a administração de um bem comum com um estranho ou fica sujeito à administração exclusiva de um estranho quanto aos bens comuns cuja administração exclusiva cabia ao cônjuge ausente ou impedido[155]. Talvez por isso a lei só se refira aos bens próprios do outro cônjuge e não aos bens comuns. Tratando-se de bens comuns, sendo a regra a da administração conjunta, e não estando presente um dos cônjuges, a falta do seu consentimento poderá ser judicialmente suprida, nos termos do art. 1684º, nº 3. Porém, tal solução acarreta um ónus desnecessário ao cônjuge presente e, por isso, melhor será atribuir-lhe também essa administração nos termos da referida al. *f*) ou, a não ser assim, admitir a aplicação das regras da gestão de negócios como acontece no direito francês (sem prejuízo, sempre, da aplicação do art. 1679º)[156]. Sugere-se, nesta matéria, uma redação mais

166. Contra este entendimento pronunciaram-se o ac. do STJ, de 20.07.1943 (*loc. cit.*), e Pires de Lima, "Atribuição da administração dos bens do casal à mulher...", *loc. cit.*, pp. 355 e 356. Mª Leonor Beleza, "Os efeitos do casamento", *ob. e loc. cit.*, pp. 127 e 128, admite três sentidos para a expressão "procuração bastante". Assim, poderá entender-se que qualquer procuração para administração é bastante para excluir o cônjuge do impedido (1); ou o cônjuge presente pode intervir para além dos atos que a procuração legitima (2); ou a procuração só é bastante para afastar a substituição pelo cônjuge presente quando confere poderes tão amplos como os que o cônjuge impedido tinha (3). Para a autora dificilmente seria de admitir que qualquer procuração afastasse a competência do cônjuge presente e também seria estranho que o cônjuge presente pudesse substituir o ausente em certos atos importantes mas já não nos atos mais modestos que coubessem no âmbito da procuração. Por isso, prefere a autora a terceira solução, apesar de reconhecer que ela retira quase toda a aplicabilidade à norma.

[155] Pereira Coelho/Guilherme de Oliveira, *ob. cit.*, p. 440. A mesma dúvida é levantada por L. Bruscuglia, "L'amministrazione dei beni...", *ob. e loc. cit.*, pp. 275 e 276, quando se trata de procuração a terceiro para a prática de atos de administração em geral (e não um determinado ato em especial). Refere o autor que tal poderá afetar o equilíbrio da vida conjugal e a paridade das quotas entre os cônjuges. Tanto mais que, de acordo com o art. 183º, 3º, do Cód. Civil italiano, o representante legal não pode interferir na administração da comunhão (como pode então um representante voluntário fazê-lo?).

[156] O art. 219º, 1º, do Cód. Civil francês, dispõe que se um cônjuge se encontrar impossibilitado de manifestar a sua vontade, nomeadamente para os atos em que é necessário o consentimento de ambos os cônjuges, o outro pode judicialmente obter uma autorização para o representar (em todos os atos ou em alguns em especial). V., A. Colomer, *Droit Civil...*, *cit.*, pp. 63-65. Em todo o caso, obtida tal autorização judicial, o cônjuge atua como representante do outro, tal como se este lhe tivesse conferido um mandato. Caso contrário, atuando o cônjuge nesses casos sem tal autorização judicial, será de aplicar as regras da gestão de negócios (art. 219º, 2º, do Cód. Civil francês).

cuidada da al. *f*), distinguindo o caso da administração dos bens próprios e dos bens comuns, eliminando, neste último caso, a referência à concessão de procuração a um estranho (admitindo-a ao outro cônjuge, nos termos da al. *g*) do mesmo nº 2 do art. 1678º).

Também a al. *g*) do nº 2 do art. 1678º refere apenas os bens próprios do outro cônjuge. Porém, deve, de igual modo, admitir-se, por maioria de razão, que um cônjuge possa conferir ao outro, por mandato revogável, os seus poderes de administração sobre os bens comuns. Aliás, o art. 1681º, nº 2, refere expressamente os bens comuns que um dos cônjuges administre por mandato do outro. Parece, portanto, ter havido lapso do legislador na redação do art. 1678º, nº 2, al. *g*). Em todo o caso, mantemos a dúvida que expusemos a propósito da al. *f*). De facto, se quanto aos bens próprios de um cônjuge o outro cônjuge não tem meios de o substituir na administração (dado a autorização judicial só valer para a prática de atos que exigem o consentimento de ambos e não a gestão alheia, tal como o art. 217º do Cód. Civil francês)[157], a não ser pela concessão de um mandato, quanto aos bens comuns poderia sempre requerer autorização judicial para a prática do referido ato. Em todo o caso, nada impede que um dos cônjuges por mandato confira ao outro os poderes que detém sobre os bens comuns[158]. Duvidoso é saber se o mesmo será de aplicar em relação

[157] Não há no nosso ordenamento jurídico os meios previstos nos arts. 219º e 1429º do Cód. Civil francês para a substituição de um dos cônjuges pelo outro na administração dos seus bens próprios.

[158] A situação é também prevista no direito francês ainda que apenas relativa aos bens comuns afetos ao exercício de uma profissão de um dos cônjuges e, por isso, sujeitos à regra da administração exclusiva (art. 1421º, 2º, do Cód. Civil francês). V., Flour/Champenois, *ob. cit.*, p. 87. O mesmo decorre do art. 182º do Cód. Civil italiano, que prevê o mandato conferido (a terceiro ou ao cônjuge) no domínio da administração dos bens comuns. Neste caso é exigida uma forma específica, por uma questão de segurança quanto à sua existência e de maior solenidade do ato, ainda que o mandato possa ser livremente conferido entre os cônjuges (L. Bruscuglia, "L'amministrazione dei beni...", *ob. e loc. cit.*, p. 275). T. Auletta, "Comunione legale – amministrazione ordinaria e straordinaria – procura generale – exclusione. Comunione legale – procura a terzi – ammissibilità condizioni", *in* AAVV, *Questioni di diritto patrimoniale della famiglia (discusse da vari giuristi e dedicate ad Alberto Trabucchi)*, Padova, Cedam, 1989, p. 377, entende que a especial forma da procuração no art. 182º Cód. Civil italiano deve-se ao facto de aí se regular apenas a procuração geral no caso de impedimento ou ausência. A forma especial reside na necessária ponderação do cônjuge que outorga mandato ao outro. No caso de procuração especial entende o autor aplicar-se a regra geral do art. 1392º do Cód. Civil italiano. De facto, distingue a doutrina italiana entre a procuração passada ao cônjuge e a terceiro, considerando-se que mesmo ao cônjuge a procuração deverá ser especial (embora

a bens que os cônjuges (casados em comunhão ou separação) detenham em compropriedade. Será de aplicar a regra da al. *g*) do nº 2 do art. 1678º e, em consequência, as limitações na responsabilidade do mandatário previstas no art. 1681º ou a regra geral da compropriedade e do mandato (com a responsabilidade do mandatário face ao mandante nos termos gerais)? Atendendo às razões apresentadas para a limitação da responsabilidade no art. 1681º, e em especial o facto de os cônjuges não conseguirem prestar contas num período dilatado de tempo, deverão valer as mesmas para defender a aplicação das regras especiais do direito matrimonial face às da compropriedade e do mandato[159]. Isto ainda que, *de jure condendo*, nos pareça mais acertado a aplicação das regras do mandato sem limitações.

alguns autores considerem que pode ser geral no caso de ausência ou outro impedimento ou no caso da empresa familiar – Cian/Villani, *loc. cit.*, p. 364, e T. Auletta, "Comunione legale – amministrazione...", *ob. e loc. cit.*, p. 175, e pp. 372 e 373). Bruno de Filippis, *ob. cit.*, p. 268, chama a atenção para o art. 210º, 3º, do Cód. Civil italiano, dado que a procuração geral ao outro cônjuge corresponderia a um afastamento da referida regra e do princípio da igualdade dos cônjuges. Afasta, porém, o autor a crítica, admitindo, por ser revogável, a procuração geral entre cônjuges. O mesmo é defendido por Giusti, "Parità ed autonomia tra i coniugi nell'amministrazione dei beni della comunione legale", *Rivista di Diritto Civile*, ano XXXIII, I, 1987, p. 200, e Franco Anelli, *ob. e loc. cit.*, p. 325.
Schlesinger, "Della comunione", *ob. e loc. cit.*, sob a direção de Carraro/Oppo/Trabucchi, p. 418, admite a existência de uma procuração especial, limitada a determinados atos, conferida a terceiro para administrar bens comuns. Refere este último autor que o art. 182º, 2º, do Cód. Civil italiano, estabelece uma "delegação" ampla dos poderes de administração no caso de empresa familiar ao outro cônjuge. Se a lei especifica este caso é porque os restantes casos do § 1º são de procuração especial. Visa-se, assim, evitar que um dos cônjuges esteja dependente de um estranho para a administração extraordinária do património comum. Exigindo também a procuração especial, v., De Paola/Macri, *ob. cit.*, p. 182, De Paola, *Il diritto patrimoniale della famiglia..., cit.*, pp. 564 e 565, e *Il diritto patrimoniale della famiglia nel sistema del diritto privato..., cit.*, pp. 654 e 655, e A. Galasso, *ob. cit.*, pp. 338 e 339. Contra, admitindo a procuração geral a terceiro, Santosuosso, *Commentario del Codice Civile. Delle persone e della famiglia. Il regime patrimoniale della famiglia, cit.*, pp. 248-250, e *Beni ed attività economica..., cit.*, pp. 239-141, C. M. Bianca, *ob. cit.*, p. 92, nota 106. Numa outra obra, Schlesinger ("Del regime patrimoniale della famiglia...", *ob. e loc. cit.*, sob a direção de Cian/Oppo/Trabucchi, pp. 191 e 192), admite uma procuração geral a terceiro, diferenciando a situação prevista no § 2º (delegação) da do § 1º (procuração).
Quanto à administração de bens próprios qualquer um dos cônjuges pode conferir ao outro mandato para este administrar os seus bens próprios (arts. 185º e 217º, 2º, 3º, e 4º, do Cód. Civil italiano).

[159] Situação analisada, p. ex., na decisão da Cour d'appel de Paris, de 10 de maio de 1996 (*JCP* 1997.I.4047, pp. 389 e 390), que admitiu a solução por nós proposta no texto. Porém, a mesma

Não é possível, na convenção antenupcial, um dos nubentes conferir ao outro poderes de administração dos seus bens próprios ou dos bens comuns, dado que seria unilateralmente irrevogável e implicaria uma perda definitiva desses poderes de administração, o que a lei não permite (art. 1699º, nº 1, al. *c*)). Por seu lado, a cedência por mandato, que é livremente revogável, permite que um cônjuge não exerça, de acordo com a sua vontade, os poderes de administração que a lei lhe confere, sem correr o risco de os perder para sempre. Repare-se que o mandato para administrar não é suficiente para dispor, pelo que deverá ser conferido um neste sentido[160].

O contrato de mandato, como contrato que é, está sujeito às regras gerais sobre o termo dos negócios jurídicos. Mas, atendendo aos interesses específicos do mandato, a lei determina causas especiais do termo do mesmo, como a revogação e a caducidade (cfr. os arts. 1170º e segs. e 1174º e segs.). Se a livre revogabilidade é caraterística do próprio contrato de mandato, tal caraterística justifica-se ainda mais quanto à administração dos bens do casal[161]. Não nos parece, aliás, possível, neste contexto, a exis-

revista critica a solução por ser perigosa nos regimes de separação, dado um cônjuge poder administrar bens também do outro e com os frutos dos referidos bens obtidos adquirir bens que apenas lhe pertencem a si, sem qualquer indemnização ao outro cônjuge e responsabilização como mandatário (sem prejuízo de eventual crédito devido ao proprietário).

[160] Como refere A. Colomer, *Droit Civil..., cit.*, p. 62, no regime de comunhão, e tratando-se dos atos cuja disposição carece do consentimento de ambos os cônjuges, não deve admitir-se um mandato geral. O mandato para dispor tem, neste caso, que ser especial. Também M. Grimaldi, *et allii*, *ob. cit.*, p. 50. Além disso, e nos termos dos arts. 1432º e 1540º do Cód. Civil francês, nos regimes de comunhão e separação, a concessão de mandato tácito apenas confere ao cônjuge mandatário poderes de administração e gozo mas não poderes de disposição dos bens próprios do outro cônjuge. No direito alemão, MünchKomm – *Kanzleiter*, § 1421 Rdn. 3, p. 606, admite a concessão de mandato de um cônjuge ao outro para administrar (incluindo atos de disposição). É, aliás, possível a concessão de mandato pelo cônjuge administrador, no regime de comunhão geral, ao cônjuge não administrador, permitindo que pelos atos praticados por este possam responder os bens comuns e os bens próprios do cônjuge administrador (MünchKomm – *Kanzleiter*, § 1422 Rdn. 5-7, p. 608).

[161] Também A. Colomer, *Droit Civil..., cit.*, p. 62, afirma que não pode, no caso de mandato entre cônjuges, estipular-se uma cláusula de irrevogabilidade (que violaria o princípio da imutabilidade). É em atenção a isso que o art. 218º do Cód. Civil francês expressamente prevê a livre revogabilidade do mandato. V. também, Cornu, *ob. cit.*, pp. 100 e 101. M. Gorgoni, "La separazione dei beni", *in* AAVV, *Trattato di diritto privato. Il diritto di famiglia*, sob a direção de Mario Bessone, vol. IV, tomo II, Torino, G. Giappichelli Editore, 1999, p. 550, refere que a inclusão de uma cláusula de irrevogabilidade do mandato seria de uma validade muito duvidosa. Também nesse sentido, Gabrieli/Cubeddu, *ob. cit.*, p. 132, e A. Galasso, *ob. cit.*, p. 339.

tência de indemnizações previstas no art. 1172º: admitindo-se sempre a livre revogabilidade não tem sentido prever indemnizações decorrentes dessa revogação.

Resta referir, para além das particularidades já indicadas, que é também nos aspetos da retribuição e da substituição que o caráter familiar afeta o mandato entre cônjuges[162]. Normalmente, no mandato entre marido e mulher não haverá retribuição dada a relação que os une. Contudo, se existir acordo no sentido da retribuição (ou mesmo se se verifica a presunção do art. 1158º, nº 1), nada parece proibi-la.

Porém, o art. 1714º, nº 2, proíbe a compra e venda entre os cônjuges, podendo também entender-se que proíbe igualmente os outros contratos onerosos entre os cônjuges como o mandato oneroso[163]. Além disso, se se convencionar uma retribuição tão exagerada que possa significar uma transferência de capital do património do mandante para o do mandatário, poderia traduzir-se numa verdadeira doação sob a capa da retribuição do mandato e escapando à regra da livre revogabilidade das doações (dado que o mandato oneroso deixa de ser unilateralmente revogável – art. 1170º)[164].

Quanto à substituição no mandato entre cônjuges, dado o seu caráter familiar e ser um contrato *intuitus personae*, entende-se não ser possível, sobretudo por o administrador dos bens do casal gozar, mesmo sendo mandatário, de um estatuto especial que não poderia aplicar-se a outro que não o cônjuge (o que não impede a concessão de mandato para administrar a um terceiro, nos termos da al. *f*) do nº 2 do art. 1678º).

Também o direito francês prevê, no domínio do regime primário de base, no art. 218º do Cód. Civil francês, a hipótese de um cônjuge conferir man-

Admitindo uma cláusula de irrevogabilidade, no caso de procuração outorgada a terceiro, Schlesinger, "Del regime patrimoniale della famiglia...", *ob. e loc. cit.*, sob a direção de Cian/Oppo/Trabucchi, p. 190 (que a afasta no caso de se tratar de mandato entre cônjuges – p. 191).

[162] Sobre esta matéria, v., Antonio Cabanillas Sanchez, "La contratación entre cónyuges", *Anuario de Derecho Civil*, tomo XXXVIII, nº 3, 1985, pp. 573-579.

[163] Pereira Coelho/Guilherme de Oliveira, *ob. cit.*, p. 442. Entendimento que afastamos, como já tivemos oportunidade de o defender noutros textos (v., p. ex., *Do Regime da Responsabilidade por Dívidas dos Cônjuges – problemas, críticas e sugestões*, Coimbra, Coimbra Editora, 2009, p. 346, nota 647 e *Alteração do Estatuto Patrimonial dos Cônjuges...*, *ob. cit.*, p. 116 e pp. 143 e segs., a propósito da cessão).

[164] Os autores italianos dividem-se quanto à onerosidade ou gratuidade do mandato entre cônjuges. De facto, enquanto uns, afastando-se da regra geral, admitem que, em princípio, o mandato entre cônjuges será gratuito (dado que as relações especiais entre os cônjuges o justificam), outros autores mantêm a presunção da onerosidade do mandato.

dato ao outro para o exercício dos poderes conferidos pela lei, sendo de aplicar as regras do mandato. No âmbito do regime supletivo de comunhão e do regime de separação e participação nos adquiridos, os arts. 1431º e 1432º e os arts. 1539º e 1540º do Cód. Civil francês, respetivamente, regulam também a possibilidade de qualquer um dos cônjuges conferir ao outro, por mandato expresso ou tácito, o poder de administrar os seus bens próprios[165]. No caso de mandato tácito, os poderes conferidos são de mera administração e não de disposição como no mandato expresso, bem como a responsabilidade do mandatário face ao mandante é diferente nos dois casos. Por outro lado, o art. L 321º-1 do *Code rural* e o art. L121-6º do *Code de Commerce* estabelecem também uma presunção de mandato no caso de um dos cônjuges colaborar na atividade agrícola, por um lado, ou comercial e artesanal, por outro lado, e praticar atos relativos à satisfação das necessidades da exploração em causa. Repare-se que a atuação como mandatário implica que as obrigações por este assumidas responsabilizam apenas o mandante, por aplicação das regras do mandato (salvo quando ambos os cônjuges coexploram a empresa e, por isso, ambos são co-mandantes e ambos estão vinculados)[166].

Quanto ainda às regras da administração dos bens do casal, importa referir o caso especial da administração do estabelecimento comercial como bem comum do casal. Vasco Lobo Xavier entendeu que o estabelecimento comercial que seja bem comum do casal não deve estar sujeito às regras da administração previstas no art. 1678º, nº 3. A administração exclusiva pelo comerciante é a que melhor satisfaz os interesses do exercício da atividade do próprio estabelecimento. De facto, não convém à gestão do estabelecimento que o cônjuge não comerciante pratique sozinho atos de administração ordinária e, por outro lado, tenha necessariamente que intervir na administração extraordinária do estabelecimento comercial.

[165] M. Grimaldi, *et allii*, *ob. cit.*, pp. 139-142, e A. Colomer, *Droit Civil...*, *cit.*, pp. 61-63, e pp. 259-261.

[166] Rémy Cabrillac, *ob. cit.*, p. 58. Flour/Champenois, *ob. cit.*, pp. 81 e 82, colocam o problema de saber, no caso de ambos os cônjuges serem coexploradores da atividade profissional (e co-mandantes), se a dívida assumida é a título conjunto ou solidário. Apesar de a regra ser a da conjunção, esta não parece ser a vontade das partes quando contraem a dívida, além de que, por aplicação das regras do mandato, o mandante assume a totalidade da dívida e, por isso, não teria sentido que se fossem dois os mandantes cada um deles apenas assumisse a dívida pela metade.

E esta exceção às regras gerais de administração dos bens do casal assenta no princípio da liberdade para o exercício de profissão ou outra atividade (art. 1677º-D). De acordo com o mesmo, deve garantir-se que o cônjuge do comerciante não interfira no exercício do comércio, nos termos do art. 1678º, nº 3. A norma do art. 1677º-D deve prevalecer face a esta. Se qualquer dos cônjuges não pode interferir na escolha que o outro faça de certa atividade, essa interferência também não deverá ter lugar no exercício da atividade escolhida[167]. Aliás, a prevalência do princípio da autonomia profissional do cônjuge empresário sobre os interesses do outro cônjuge e da família nada tem de chocante, dado que a mesma solução resulta da disposição do art. 1691º, nº 1, al. *d*). De facto, o exercício do comércio por um dos cônjuges pode comprometer a totalidade do património comum e de ambos os cônjuges verificando-se os pressupostos do art. 1691º, nº 1, al. *d*), e por aplicação do art. 1695º[168].

Podia, todavia, pensar-se em aplicar o art. 1678º, nº 2, al. *e*), permitindo que o cônjuge comerciante administrasse sozinho o estabelecimento comercial como instrumento de trabalho. Vasco Lobo Xavier nega esta hipótese, entendendo que esta norma estaria pensada para bens móveis de natureza corpórea, que tenham uma ligação mais próxima e direta com

[167] Vasco G. Lobo Xavier/Henrique Mesquita, "Sobre o art. 1682º-A, nº 1, al. a), do Código Civil: desnecessidade do consentimento do cônjuge do empresário para a alienação de imóveis que se integre no objecto da empresa", *RDES*, ano XXVI, nºs 1-2-3-4, 1979, p. 61, e Vasco G. Lobo Xavier, "Se pode o cônjuge do empresário, ao abrigo do art. 1678º, nº 3, do Código Civil, intervir na gestão do estabelecimento mercantil, quando este seja um bem comum do casal", Separata da *RDES*, ano XXVI, nºs 1-2-3-4, 1982, pp. 6-10. Refere ainda Vasco G. Lobo Xavier, *loc. cit.*, pp. 16 e 17, que já à luz do Cód. de Seabra e do Cód. Civil de 1966, onde o marido era o administrador dos bens do casal, à mulher, a quem o marido concedeu autorização para o exercício do comércio (dado a mulher não poder exercer o comércio sem o consentimento do marido – art. 1686º do Cód. Civil de 1966), cabia a administração exclusiva do estabelecimento. O marido para o gerir teria de revogar a autorização concedida. A lei possibilitava, assim, à mulher empresária a livre e exclusiva administração da respetiva empresa, mesmo quando esta fosse bem comum do casal. Como referia A. Lopes Cardoso, *A Administração dos Bens...*, *cit.*, p. 72, o consentimento para o exercício do comércio pressupõe não só que a mulher possa fundar um estabelecimento comercial, como também o possa gerir. Tal consentimento podia inscrever-se na então al. *e*) do nº 2 do art. 1678º, dado corresponder a um verdadeiro mandato do marido. Por isso, a admitir-se a aplicação do art. 1678º, nº 3, ao estabelecimento comercial, a Reforma de 1977 veio piorar a situação da mulher empresária, quanto à sua autonomia para o exercício da atividade.

[168] Vasco G. Lobo Xavier, *loc. cit.*, pp. 11 e 12.

a atividade exercida do que aquela que intercede entre o comerciante e o estabelecimento, e que não apresentem a particular aptidão reditícia própria de um bem como o estabelecimento[169].

Por seu lado, Pereira Coelho e Guilherme de Oliveira, defendendo a mesma solução, duvidam dos argumentos apresentados. De facto, a liberdade de escolha e exercício de uma profissão ou atividade por parte de um dos cônjuges não pode, contudo, comprometer o património alheio e os direitos do outro cônjuge. Cada cônjuge é livre de abrir e administrar sozinho uma empresa se esta for um bem próprio, mas se esta for um bem comum, ou próprio do outro, já não terá a mesma liberdade, sob pena de se justificar a utilização indevida de um bem alheio. A exploração exclusiva de um estabelecimento, bem comum do casal, por um dos cônjuges deve ser precedida da autorização do outro, constituindo um mandato expresso ou tácito, para o início da atividade. O exercício da administração exclusiva deve assentar nesse mandato ou numa disposição legal que o justifique, não bastando invocar o princípio do livre exercício da profissão. A decisão de começar a explorar, com poderes exclusivos, um bem integrado no património comum é uma decisão relativa à vida conjugal que tem de ser tomada pelos dois cônjuges, de acordo com o art. 1671º, nº 2[170]. O facto de o bem em causa ser um estabelecimento comercial e um dos cônjuges pretender tornar-se comerciante não lhe permitem decidir sozinho. Admitindo o poder de decisão unilateral de um cônjuge, no sentido de exercer uma atividade ou profissão, de modo a que ele ficasse legitimado para entrar na administração exclusiva de um bem comum, permitir-se-ia uma alteração das regras da administração assente apenas na decisão unilateral do cônjuge beneficiado. O que, aliás, chocaria com a proibição de alteração das regras da administração por convenção antenupcial (art. 1699º, nº 1, al. *c*)). De facto, se assim se admitisse, estaria proibido o acordo de alteração por causa da dificuldade que um cônjuge prejudicado teria de recuperar os poderes normais que a lei lhe dá e, ao mesmo tempo, estar-se-ia a admitir que um cônjuge adquirisse poderes anormais de administração, com base na sua decisão unilateral de exercer uma atividade ou profissão. Portanto, para que um dos cônjuges administre sozinho um bem comum será preciso que a situação corresponda a uma das exceções previstas no art. 1678º, nº 2.

[169] Vasco G. Lobo Xavier, *loc. cit.*, pp. 13-15.

[170] Neste sentido, também A. Colomer, *Droit Civil..., cit.*, p. 250.

Para estes últimos autores é o art. 1678º, nº 2, al. *e*), que, conferindo poderes exclusivos de administração ao cônjuge que usa o bem comum como instrumento exclusivo de trabalho, após concordância prévia do outro cônjuge, justifica a administração exclusiva do estabelecimento comercial por um dos cônjuges. Acrescentam os autores que a continuação do exercício da administração escapa às regras do mandato, nomeadamente à possibilidade de o contitular do bem comum revogar a autorização e quanto ao regime da responsabilidade por má administração (art. 1681º, nº 1). Ao contrário de Vasco Lobo Xavier não consideram os autores que a natureza incorpórea do bem, a ligação entre o empresário e a empresa e a especial aptidão reditícia constituam obstáculos à aplicação do regime especial referido, ainda que por interpretação extensiva. Portanto, quando o estabelecimento comercial é explorado por um dos cônjuges, não é pelo facto de ser bem comum que se legitima a interferência do outro cônjuge na gestão empresarial (art. 1678º, nº 3)[171].

Quer a justificação assente no princípio da liberdade de escolha e exercício de profissão quer, como também entendemos, na al. *e*) do nº 2 do art. 1678º ou até na al. *g*) do mesmo número e artigo (caso seja conferido mandato por um cônjuge ao outro), o que parece ser certo é que sempre se defende a administração exclusiva do cônjuge comerciante do estabelecimento comercial que explora, mesmo que dele advenham, como normalmente acontece, proveitos para o casal. Por isso, não se compreende

[171] Guilherme de Oliveira, "Necessidade do consentimento do cônjuge do empresário para a alienação de imóveis que se integrem no objecto da empresa", *Col. Jurisp.*, tomo I, 2001, pp. 5 e 6, e Pereira Coelho/Guilherme de Oliveira, *ob. cit.*, pp. 443 e 444. V. também, na jurisprudência, partilhando desta posição e assentando a livre disposição do cônjuge nos poderes de administração decorrentes do art. 1678º, nº 2, al. *e*), o ac. da RP, de 11.12.2003 (*Col. Jurisp.*, tomo V, 2003, p. 214, com voto de vencido de Pires Condesso, que considera que o arrendamento comercial de bem imóvel é bem móvel e comum do casal e, por isso, os atos de administração extraordinária, como a sua rescisão, carecem do consentimento de ambos os cônjuges).
Jorge Duarte Pinheiro, *ob. cit.*, p. 531, nota 904, chama a atenção para o facto de a lei sujeitar a disposição do estabelecimento comercial ao regime dos bens imóveis (art. 1682º-A) e não dos bens móveis. Por isso, hesita quanto à aplicação da al. *e*) do nº 1 do art. 1691º ao estabelecimento comercial, por a mesma apenas se aplicar aos bens móveis. Parece-nos, porém, que se considera aqui a caraterização da utilização do estabelecimento comercial no exercício de uma atividade profissional (a administração, disposição ou oneração dos elementos materiais que compõem a universalidade de direito que é o estabelecimento comercial), que pode traduzir-se em atos de administração ao abrigo da referida al. *e*), e não a disposição do próprio estabelecimento comercial (esta sim sujeita ao art. 1682º-A).

por que as dívidas do cônjuge comerciante sejam comuns, nos termos do art. 1691º, nº 1, al. *d*), como já abordámos noutro local[172]. Esta é mais uma razão para excluir o disposto na referida al. *d*): articulando o regime de administração com o da responsabilidade por dívidas, se o bem é exclusivamente administrado por um dos cônjuges, sem interferência do outro, não parece ser justificável que ambos respondam pela dívida e, nos regimes de comunhão, responda o património comum[173].

Não podemos ainda deixar de fazer referência ao poder que cada um dos cônjuges tem para fazer e movimentar livremente depósitos bancários (art. 1680º)[174]. Significa, portanto, que independentemente de os valores depositados serem próprios ou comuns, qualquer um dos cônjuges pode dispor dos valores em causa sem necessidade do consentimento do outro cônjuge. É interessante notar que esta disposição existia na versão original de 1966 em relação aos depósitos bancários da mulher. De facto, o depósito de dinheiro, a sua movimentação e os seus levantamentos eram atos

[172] V., Cristina Dias, *Responsabilidade por dívidas do casal...*, *ob. cit.*, pp. 210 e segs.

[173] Ainda que careça do consentimento do outro para dispor, de acordo com o art. 1682º-A, nos regimes de comunhão. Em todo o caso, as situações não são exatamente iguais, ou seja, no caso de disposição é um bem que sai do património comum ou do próprio do cônjuge mas cujos rendimentos entravam na comunhão; na contração de dívidas, não é o bem que está em causa, mas a contração de obrigações pelo cônjuge administrador sem interferência e mesmo com objeção do outro cônjuge. Por isso, J. J. Rams Albesa, *La sociedad de gananciales*, Madrid, Tecnos, 1992, p. 255, afirma que o facto de os bens utilizados na atividade comercial poderem estar afetos ao pagamento das dívidas, nos termos do art. 1365º do Cód. Civil espanhol, não afasta as regras da administração disjunta do comerciante no exercício do seu negócio.

[174] O que dá expressão ao disposto no art. 1677º-D, que prevê que cada um dos cônjuges tem liberdade de escolha e exercício de uma profissão ou atividade sem consentimento do outro. Também não carece desse consentimento para administrar e dispor de contas bancárias. Norma idêntica resulta do art. 221º do Cód. Civil francês, e dos arts. 1384º e 1385º do Cód. Civil espanhol. É interessante notar que, apesar da livre disposição dos valores prevista nos arts. 1384º e 1385º, o art. 1389º do mesmo código, no caso de transferência da administração a um só dos cônjuges, exige sempre a autorização judicial para a disposição de valores mobiliários (onde se incluem os direitos de crédito ou títulos). Ora, pode acontecer que a transferência da administração implique, por isso, limitações à livre disposição prevista por aqueles arts. 1384º e 1385º do Cód. Civil espanhol.
O livre exercício de uma profissão não impede o ordenamento espanhol de prever um dever de informação entre os cônjuges quanto à situação e aos rendimentos da atividade económica. Apesar de se tratar de uma faculdade para o cônjuge que requer a informação ao outro, este deve cumprir sob pena de se requerer a dissolução da comunhão, nos termos do art. 1393º, 4º, do Cód. Civil espanhol.

de mera administração necessários para a administração que a mulher tinha de certos bens e do governo doméstico. Seria embaraçoso quer para a mulher quer para as entidades bancárias o regime de obrigar estas a averiguar previamente se os levantamentos efetuados pela mulher ou as suas ordens de pagamento cabiam ou não nos poderes de administração que lhe eram atribuídos. Por isso, a anterior redação do art. 1680º determinava a isenção de responsabilidade do Banco, quer face ao marido quer perante terceiros, pelos atos de disposição que a mulher praticasse em relação aos depósitos efetuados em seu nome exclusivo[175].

A norma do art. 1680º pode entender-se ser contraditória com o regime do art. 1678º. De facto, ela consente que os cônjuges administrem e possam dispor, ao depositar numa conta exclusiva, de bens comuns (ou de bens próprios de qualquer um dos cônjuges), dado que o Banco não vai apurar a titularidade dos bens depositados. O que significa que pode realizar-se sob a capa de um ato de simples administração um verdadeiro ato de disposição de bens comuns[176].

1.3. Os poderes do cônjuge administrador e a contração de dívidas

Os poderes do cônjuge administrador vão além da mera administração, abrangendo poderes de disposição dos móveis comuns ou próprios do cônjuge administrador (art. 1682º)[177]. No conceito amplo de administra-

[175] A. Lopes Cardoso, *A Administração dos Bens...*, *cit.*, pp. 190 e 191. Braga da Cruz, "Capacidade patrimonial...", *loc. cit.*, pp. 362 e 363, incluindo o preceito no seu anteprojeto de Cód. Civil, duvidava, contudo, da sua necessidade. Com efeito, o preceito não era inovador, dado que todas as instituições bancárias aceitavam correntemente depósitos à ordem ou a prazo em nome singular de mulheres casadas, sem a análise prévia do regime de bens do casamento ou sobre a procedência dos capitais depositados e poderes de administração que sobre eles, eventualmente, tivessem. O que constituía um desvio ao esquema do Cód. Civil de 1867 quanto à administração dos bens do casal. O Dec. nº 1, de 25 de dezembro de 1910, atribuindo à mulher o governo doméstico, veio conferir alguma base jurídica para a prática dos depósitos bancários da mulher casada. A isto veio juntar-se o progressivo reconhecimento da capacidade da mulher para dispor livremente dos proventos que auferia pelo seu trabalho. Formou-se, portanto, um direito consuetudinário, no sentido da liberdade da mulher casada abrir e movimentar depósitos bancários. Aproveitou-se o Cód. Civil de 1966 para expressar em lei aquilo que era já um princípio generalizado na realidade. Mas tal nem seria necessário, dado que se até aí, onde a mulher poucos poderes administrativos tinha, essa possibilidade não era contestada, agora sê-lo-ia menos.

[176] Neste sentido, Pamplona Corte-Real, *ob. cit.*, p. 38.

[177] Pereira Coelho/Guilherme de Oliveira, *ob. cit.*, p. 444, explicitam que poderes desta amplitude não costumam ser dados aos administradores de bens alheios, como se pode ver pelo

ção do cônjuge cabem todos os atos de gestão patrimonial para cuja prática ele não careça do consentimento do outro[178], ou seja, incluem-se não só os atos de conservação e frutificação normais dos bens (p. ex., prover a que um dado terreno seja cultivado, ou proceder ao levantamento de um dinheiro ou ao seu depósito a prazo para render, etc.), mas também certos atos de disposição e oneração dos bens. O mesmo pode dizer-se quanto à contração de dívidas no exercício da administração. Podendo qualquer um dos cônjuges contrair dívidas (art. 1690º) que podem ser comuns (p. ex., e desde logo, por força do art. 1691º, nº 1, al. *c*)), pode provocar-se algum prejuízo no património comum (e indiretamente ao outro cônjuge, na sua meação), sem que, à partida, o cônjuge administrador seja responsabilizado pelos seus atos. É este problema que pretendemos analisar aqui, ou seja, o da eventual e necessária responsabilização do cônjuge administrador.

Quanto à responsabilidade pelo exercício da administração, a Reforma de 1977 veio alterar a solução do direito anterior. De facto, anteriormente à Reforma de 1977, o cônjuge administrador não era obrigado a prestar contas da sua administração, embora fosse responsável pelos atos praticados intencionalmente em prejuízo do casal ou do outro cônjuge. A Reforma manteve esta regra (art. 1681º, nº 1), quando a administração se funde na lei, mas alterou o regime para a administração fundada em mandato, onde se aplicam as regras deste contrato. A regra da irresponsabilidade, antes da Reforma, mantinha-se para o caso de a administração ter sido conferida por mandato, já que nem por isso deixava de falar-se, quanto ao mandatário, de "cônjuge administrador" (art. 1681º na redação de 1966)[179]. Assim, não eram aplicáveis as normas ordinárias do mandato. O cônjuge-mandatário não era responsável pelos atos que praticava na administração dos bens e só respondia, nos termos do então art. 1681º, quando intencionalmente praticasse atos em prejuízo do casal ou do outro cônjuge. Atualmente, a lei distingue várias situações com tratamentos específicos.

1.3.1. A administração deferida por lei

O art. 1681º, nº 1, consagra o princípio da irresponsabilidade do cônjuge administrador. O cônjuge que administra bens comuns ou próprios do

disposto no art. 1159º e nos regimes especiais dos arts. 95º, nº 1 (curador dos bens do ausente), 1944º (tutor), 2093º, nº 1 (cabeça-de-casal), 2332º, nº 1 (testamenteiro), etc.

[178] A. Lopes Cardoso, *A Administração dos Bens...*, *cit.*, p. 120.

[179] A. Lopes Cardoso, *A Administração dos Bens...*, *cit.*, p. 252.

outro beneficia de um estatuto especial, não sendo equiparado aos restantes administradores de bens alheios. Em princípio, o cônjuge administrador não é obrigado a prestar contas, como sucede com a generalidade dos administradores de bens alheios (cfr. os arts. 465º, al. *c*), 1161º, al. *d*)...), nem será formalmente obrigado a prestar informações ou a comunicar a execução dos seus atos, à semelhança do que ocorre com o mandatário (art. 1161º, als. *b*) e *c*)), conquanto não possa, por força do dever recíproco de cooperação, deixar de prestar ao seu consorte as informações que este justificadamente pretenda obter sobre a gestão dos bens[180].

Por outro lado, o cônjuge administrador só responde pelos prejuízos resultantes de atos intencionalmente praticados em prejuízo do casal ou do outro cônjuge[181]. Pretende-se com este regime evitar que os cônjuges se

[180] Antunes Varela, *ob. cit.*, p. 384.

[181] Cfr. o ac. do STJ, de 17.11.1994 (*Col. Jurisp. (STJ)*, tomo III, 1994, p. 148), onde expressamente se refere que o administrador de bens comuns ou próprios do outro cônjuge está isento de prestação de contas, só respondendo pelos prejuízos quando a sua atuação seja intencional. V. também, R. Capelo de Sousa/J. França Pitão, *Código Civil e Legislação Complementar*, Coimbra, Almedina, 1979, pp. 683-685, onde referem o ac. do STJ, de 22.07.1975 (*BMJ*, nº 249º, 1975, p. 451), que afirma a regra de que o cônjuge administrador não é obrigado a prestar contas, respondendo apenas pelos atos intencionalmente praticados em prejuízo do casal ou do outro cônjuge (art. 1681º, nº 1).
A irresponsabilidade do cônjuge administrador era tradicional também no direito francês. O art. 225º do Costume de Paris, determinando que o marido era senhor dos móveis e dos imóveis adquiridos, podendo vendê-los, aliená-los ou hipotecá-los, bem como dispor deles por doação ou outro ato de disposição entre vivos, sem o consentimento da mulher, levava alguns autores a considerar que o marido podia mesmo abusar do seu poder, perdendo ou deteriorando todos os bens comuns sem indemnizar a mulher. Em todo o caso, o mesmo art. 225º dispunha que o marido devia atuar "sem fraude". O mesmo valia no Cód. Civil de 1804. Só com a Reforma de 1965 do Cód. Civil francês o marido passou a ser um administrador responsável, respondendo pecuniariamente pelos seus erros de administração (art. 1421º do Cód. Civil francês). Qualquer um dos cônjuges pode, atualmente, requerer judicialmente para ser substituído ao outro no exercício das suas funções de administração, quando este não se encontrar em estado de manifestar a sua vontade ou quando a sua gestão dos bens comuns atestar inaptidão ou fraude (art. 1426º do Cód. Civil francês). O poder de administração dos bens próprios pode também ser retirado ao cônjuge que estiver duradouramente impossibilitado de manifestar a sua vontade ou que ponha em perigo os interesses da família, dissipando os bens (art. 1429º do Cód. Civil francês). Estas possibilidades de substituição e retirada dos poderes ao cônjuge administrador não estão previstas no nosso direito. Mas só assim se acautela a posição de cada um dos cônjuges face aos atos praticados pelo outro no exercício da administração ordinária dos bens comuns ou dos próprios deste outro cônjuge. Também no regime de separação se um dos cônjuges se imiscuir na administração dos bens

envolvam em ações de responsabilidade que podem perturbar as suas relações[182]. Baseia-se tal solução na tradicional irresponsabilidade do cônjuge administrador, conduzindo à ideia da fragilidade da garantia no âmbito dos direitos familiares patrimoniais.

Com efeito, duas ordens de razões justificam o estatuto especial do cônjuge administrador, no que respeita à sua responsabilidade[183]. Por um lado, tomam-se em conta as graves perturbações que as ações de indemnização de um dos cônjuges contra o outro, facilitadas pela obrigação periódica da prestação de contas, podem causar nas suas relações pessoais, em prejuízo da estabilidade familiar. De facto, as ações de indemnização podem perturbar seriamente as relações entre os cônjuges e há todo o interesse em salvaguardar essas relações no interesse da sociedade familiar. Facilmente podem converter-se numa devassa à vida conjugal, cuja intimidade a lei procurou acautelar. Só nos casos mais nítidos de atuação prejudicial do cônjuge administrador deve conceder-se ao lesado o direito a uma indemnização. Por outro lado, não se considera razoável aplicar a uma gestão tão

do outro é responsável por essa ingerência e por todos os frutos recebidos, que negligenciou receber ou consumidos fraudulentamente (art. 1540º, 3º, do Cód. Civil francês).
O princípio da irresponsabilidade do cônjuge administrador vale também no direito italiano, estando em causa atos de administração ordinária (art. 180º, 1º, do Cód. Civil italiano). Não está obrigado a prestar contas nem está sujeito à regra de uma administração diligente. Porém, o outro cônjuge pode sempre requerer a exclusão da administração (art. 183º do Cód. Civil italiano) no caso de má administração do seu cônjuge. V., C. M. Bianca, *ob. cit.*, p. 86.
O direito espanhol, anterior à Reforma de 1981, já previa a possibilidade de sancionar os atos que o marido praticasse em fraude dos direitos da mulher, incluindo os atos dolosos e abusivos. Atualmente, os arts. 1390º e 1391º do Cód. Civil espanhol diferenciam as situações de dolo e abuso (art. 1390º) e de fraude (art. 1391º). Em ambos os casos há a possibilidade de responsabilizar o cônjuge que atuou pelo valor do lucro extraordinário que obteve com a sua atuação ou do dano causado à comunhão. Nos termos do art. 1391º há ainda a possibilidade de rescisão do ato se o terceiro estiver de má fé.

[182] Pires de Lima/Antunes Varela, *Código Civil...*, *cit.*, vol. IV, p. 296.

[183] V., Pires de Lima/Antunes Varela, *Código Civil...*, *cit.*, vol. IV, p. 296, Heinrich Ewald Hörster, "A Respeito da Responsabilidade Civil dos Cônjuges entre Si (ou: A Doutrina da "Fragilidade da Garantia" será Válida?)", *Scientia Iuridica*, tomo XLIV, nº 253/255, 1995, p. 116, e Antunes Varela, *ob. cit.*, pp. 384 e 385. Invoca também a tutela da tranquilidade doméstica e a intimidade e a harmonia familiares, por forma a excluir a intervenção do tribunal e assegurar a defesa da teoria da imunidade, Salvatore Patti, "Il declino della *imunity doctrine* nei rapporti familiari", *Rivista di Diritto Civile*, ano XXVII, I, 1981, p. 379. Para uma análise das doutrinas da imunidade (de origem anglo-americana) e da fragilidade, v., Jorge Duarte Pinheiro, *O núcleo intangível da comunhão conjugal. Os deveres conjugais sexuais*, Coimbra, Almedina, 2004, pp. 530-586.

complexa como a do cônjuge administrador, chamado a resolver simultaneamente assuntos pessoais e patrimoniais, os padrões normais de julgamento da administração isolada de bens alheios.

Além disso, a antiga falta de capacidade da mulher para estar em juízo e a conceção do casamento como a união de "dois numa só carne", traduzindo a *unity of spouses* referida nos ordenamentos jurídicos da *Common Law*, afastava a possibilidade de ações de responsabilidade de um cônjuge contra o outro e, em particular, de ações por má administração[184].

Não sendo obrigado a prestar contas, o cônjuge administrador é responsável pelos atos praticados intencionalmente em prejuízo do casal ou do outro cônjuge. O administrador pode constituir-se em responsabilidade civil para com o outro nos termos do art. 1681º, nº 1, 2ª parte. Assim, é indispensável que se tenha verificado um ato prejudicial. Mas este será insuficiente se não coexistir com ele o dolo, o elemento intencional, que consistirá na intenção, por parte do cônjuge administrador, de diminuir ou de suprimir a parte que o outro cônjuge tem nos bens do casal, isto é, de despojar voluntariamente o outro cônjuge duma parte dos bens comuns ou dos seus próprios bens[185].

[184] Salvatore Patti, "Il declino della *imunity doctrine...*", *loc. cit.*, p. 385. V. também, Guilherme de Oliveira, "Dois numa só carne", *Lex Familiae – Revista Portuguesa de Direito da Família*, ano 2, nº 3, 2005, p. 5.

[185] O mesmo se exige no caso de fraude do cônjuge administrador no direito francês (v., p. ex., os arts. 1421º, 1426º, 1413º, e 262º, 2º, do Cód. Civil francês). V., A. Colomer, *Droit Civil...*, *cit.*, p. 236, e Flour/Champenois, *ob. cit.*, p. 309. Resulta do art. 1421º do Cód. Civil francês, *a contrario*, que o ato praticado com fraude é inoponível ao outro cônjuge, além de este responsabilizar civilmente o cônjuge (v., o art. 1477º do Cód. Civil francês que pode aplicar-se se as condições do "*recel*" estiverem preenchidas). Ou seja, a fraude, para efeitos do art. 1421º do Cód. Civil francês, não conduz à invalidade do ato (ao contrário da sanção de anulabilidade fixada no art. 1427º do Cód. Civil francês, e também no nosso art. 1687º, no caso de o cônjuge ultrapassar os seus poderes de administração). Porém, Goubeaux/Voirin, *Droit Civil*, tomo II, 19ª ed., Paris, LGDJ, 1997, p. 62, e Rémy Cabrillac, *ob. cit.*, p. 197, admitem a anulação do ato se, além da atuação fraudulenta do cônjuge, o terceiro estiver de má fé. Isto mesmo decorre da lei espanhola, no art. 1391º do Cód. Civil espanhol, ao dispor que quando um dos cônjuges atuar fraudulentamente face aos direitos do outro cônjuge será devedor do valor em causa e pode rescindir-se o ato de disposição se o adquirente estiver de má fé.
Portanto, uma coisa será a responsabilização do cônjuge pelos seus atos fraudulentos (que nós regulamos no domínio da responsabilidade do cônjuge administrador e o direito francês no art. 1421º, 2º, do Cód. Civil francês) e outra a anulação do ato por falta de poderes de disposição (art. 1687º do nosso Cód. Civil e art. 1427º do Cód. Civil francês).

As palavras da lei não consentem explicitamente a inclusão no art. 1681º das omissões dolosas (e a hipótese pode, até, verificar-se com mais frequência do que a prática efetiva de atos de administração ruinosos), pois fala em "atos praticados"[186]. Todavia, o que a lei persegue é a lesão do património comum ou do do cônjuge não administrador e o administrador também causa prejuízo a esses quando deliberadamente o não defende. Respeitar-se-ia, assim, o princípio geral em matéria de responsabilidade civil do art. 486º. De qualquer forma, só poderia responsabilizar-se o cônjuge administrador pelas omissões intencionais provando-se a sua intenção dolosa (o que será muito difícil). De facto, seria muito difícil avaliar se elas teriam resultado de intenção malévola ou simples desleixo, bem como seria difícil confirmar que a prática do ato omitido teria evitado danos ou teria produzido vantagens. Como referia Braga da Cruz, a relevância das omissões intencionais seria "uma terrível fonte de dificuldades, de incertezas, e de injustiças"[187]. Por seu lado, A. Lopes Cardoso, atendendo à intenção legal de proteger o património comum ou o património próprio do outro cônjuge, considerou um atentado ao espírito da lei ilibar o administrador de responsabilidade nos casos em que, p. ex., o administrador omite obras indispensáveis, o protesto de uma letra ou a interrupção de uma prescrição, ou deixa de administrar o estabelecimento do casal, invocando a regra geral do art. 486º[188]. Braga da Cruz tinha proposto, numa altura em que o marido era o administrador dos bens do casal, que o dono do bem pudesse ser autorizado a praticar o ato que o administrador estava a omitir, mas o regime não foi consagrado[189]. É evidente que hoje poderia o mesmo ter algum interesse quando um cônjuge administra bens do outro por força da lei (art. 1678º, nº 2). Defendemos, portanto, que o cônjuge administrador deverá ser responsável também pelas omissões intencionais que geraram danos, dado que o prejuízo ao património comum ou ao património próprio do outro cônjuge pode resultar não só de ações como também de omis-

[186] Cfr. Braga da Cruz, "Capacidade patrimonial...", *loc. cit.*, pp. 367 e 368, que refere que o art. 1681º não pode aplicar-se, sem mais, ao caso das simples abstenções. Cfr. também, no mesmo sentido, Pires de Lima/Antunes Varela, *Código Civil..., cit.*, vol. IV, p. 296.
A possibilidade de responsabilizar o cônjuge administrador pelos atos fraudulentos, nos termos do art. 1421º, 1º, do Cód. Civil francês, inclui também as abstenções que implicaram um empobrecimento nos bens comuns (v., Flour/Champenois, *ob. cit.*, p. 307).

[187] Braga da Cruz, "Capacidade patrimonial...", *loc. cit.*, p. 368.

[188] A. Lopes Cardoso, *A Administração dos Bens..., cit.*, pp. 300-302.

[189] Braga da Cruz, "Capacidade patrimonial...", *loc. cit.*, p. 368.

sões. Outra questão será o problema da prova, como já referimos: não será fácil provar a intenção dolosa do cônjuge administrador. Mas a dificuldade da prova não deve afastar o princípio da responsabilidade nesses casos.

O cônjuge pode recorrer ao meio de defesa do art. 1681º, preenchidos os seus pressupostos, mesmo no decurso do casamento[190]. Aliás, a possibilidade de ações de um cônjuge contra o outro decorre também do art. 1684º, nº 3, ou do art. 1687º. É evidente que se o cônjuge pretende propor uma ação de indemnização contra o outro não andará longe de requerer a separação ou o divórcio. Porém, para A. Lopes Cardoso, já não será possível ao cônjuge lesado obter o pagamento da indemnização, a execução da sentença, enquanto não chegar o momento da partilha da comunhão. Isto pois o direito obtido pela sentença traduz-se num crédito sobre o outro cônjuge, cujo pagamento será feito preferentemente pela meação do infrator nos bens comuns do casal e só na sua falta ou insuficiência pelos bens próprios dele (art. 1689º, nº 3)[191]. Só em parte concordamos com o entendimento deste autor. De facto, só assim será se o prejuízo se deu no património comum, e considerarmos a indemnização daí resultante um bem comum, situação em que, efetivamente, teremos um restabelecimento dos bens comuns nos termos referidos, a que devemos acrescentar o art. 1689º, nº 1[192]. Porém, se se trata de meros créditos entre os cônjuges (se o

[190] A. Colomer, *Droit Civil..., cit.*, pp. 237 e 238, e Cornu, *ob. cit.*, pp. 349 e 350.

[191] A. Lopes Cardoso, *A Administração dos Bens..., cit.*, pp. 299 e 300.

[192] Tal como defende parte da doutrina francesa que entende que, tratando-se de um crédito do património comum, a situação deverá integrar a conta de compensações ou, em todo o caso, só poderá ser exigido no fim do regime matrimonial (F. Terré/Ph. Simler, *ob. cit.*, p. 388, M. Grimaldi, *et allii*, *ob. cit.*, p. 171, A. Colomer, *Droit Civil..., cit.*, p. 245, e Rémy Cabrillac, *ob. cit.*, p. 197). Esta doutrina defende que o crédito resultante da responsabilidade por atos faltosos do cônjuge administrador é sempre comum, dado que o prejuízo ocorre na administração dos bens comuns. Analisa-se, porém, a questão ao abrigo do art. 1421º do Cód. Civil francês onde efetivamente o que está em causa é a administração de bens comuns. Ora, à luz do nosso art. 1681º pode tratar-se da administração de bens comuns ou de bens próprios do cônjuge. Por isso, entendemos ser de diferenciar as situações. Em sentido diferente, v. Pereira Coelho/Guilherme de Oliveira, *ob. cit.*, p. 448. Mesmo no direito francês há autores que consideram tratar-se de um crédito do cônjuge e não da comunhão (v., p. ex., Montanier, *Les régimes matrimoniaux*, 4ª ed., Grenoble, Presses Universitaires de Grenoble, 2003, p. 151). No direito italiano, a indemnização a que um cônjuge está sujeito face ao outro, para efeitos do art. 184º, 3º, do Cód. Civil italiano, é entendida estar sujeita à norma das compensações (art. 192º, 4º, do Cód. Civil italiano), ou seja, só será paga no momento da dissolução, salvo se o tribunal entender que o interesse da família exige o seu pagamento antecipado (A. Galasso, *ob. cit.*, p. 381).

prejuízo se deu no património próprio do cônjuge lesado), com interferência do património comum, nada obsta à sua exigibilidade no decurso da comunhão, a suportar pelos bens próprios do cônjuge administrador[193]. A única razão seria a da não intromissão alheia na vida familiar. Mas esta existe, como vimos, noutros casos (arts. 1684º, 1687º, e 1767º), pelo que, por si só, não é razão suficiente para afastar essa possibilidade no decurso do casamento.

A mais drástica medida, e praticamente a única, que o cônjuge não administrador pode tomar contra o que administra mal, no decurso da vida conjugal, é a simples separação judicial de bens[194]. De facto, a limitação estabelecida no art. 1681º às regras gerais da responsabilidade civil, em nome do interesse superior da paz conjugal e da harmonia familiar, não impede que qualquer dos cônjuges possa reagir contra a má administração do outro, quando esta seja de tal modo grave e persistente que ponha em risco a conservação do seu património (art. 1767º). Mas esta solução só é viável se preencher os pressupostos do art. 1767º, ou seja, estar o cônjuge não administrador em risco de perder o que é seu, e este perigo derivar somente da má administração do outro, pautada pela diligência de um homem normal, de um bom pai de família (o que nem sempre será fácil)[195].

[193] V., a propósito das compensações, a distinção entre créditos e compensações, e a razão do diferimento de apenas estas para o momento da partilha, Cristina Dias, *Compensações devidas pelo pagamento de dívidas..., ob. cit., passim.* V., M. Grimaldi, *et allii, ob. cit.*, p. 171, e A. Colomer, *Droit Civil..., cit.*, p. 245.

[194] Cfr., a este propósito, o ac. do STJ, de 22.07.1975 (*loc. cit.*), que refere que o art. 1681º, nº 1, 2ª parte, estabeleceu uma limitação à irresponsabilidade do cônjuge administrador, estabelecida com base no interesse superior da paz conjugal e da harmonia familiar, mas qualquer um dos cônjuges pode reagir contra a má administração do outro, quando esta seja de tal modo grave que ponha em risco a conservação do seu património. Neste caso, haverá recurso à simples separação judicial de bens, com fundamento na má administração do outro cônjuge e no perigo de, por virtude dela, o requerente perder o que é seu (art. 1767º). Também o ac. da RL, de 22.05.1968 (*JR*, ano 14º, 1968, p. 565), ainda que à luz da redação do art. 1681º anterior à Reforma de 1977, estabeleceu que dentro da sociedade conjugal a má administração de bens, ou perigo da sua perda, só encontra defesa numa separação de pessoas e bens ou numa dissolução do vínculo conjugal, se for caso disso.
No caso do regime de participação nos adquiridos, a disposição do art. 1580º do Cód. Civil francês prevê a liquidação antecipada do crédito de participação (seguindo as regras da separação judicial de bens e passando a vigorar entre os cônjuges o regime de separação de bens), no caso de má administração de um cônjuge (v., A. Colomer, *Droit Civil..., cit.*, p. 576).

[195] Sobre estes pressupostos, v., Pereira Coelho/Guilherme de Oliveira, *ob. cit.*, pp. 651-653.

Os efeitos da sentença de simples separação judicial de bens consistem, como se sabe, na alteração do regime de bens que vigorava no casamento, passando a ser o da separação, procedendo-se à partilha como se o casamento tivesse sido dissolvido (cfr. os arts. 1715º, nº 1, al. *b*), e 1770º). Quer isto dizer que o processo de simples separação judicial de bens não é possível quando já vigorar entre os cônjuges o regime de separação de bens. Nesta hipótese, o que poderá ocorrer é um cônjuge ter passado a administrar de facto o património do outro. Aqui haverá a possibilidade de defesa prevista no nº 3 do art. 1681º.

Tudo visto, parece-nos que esta solução (simples separação judicial de bens), em termos de sanção, é quase nada[196]. Aliás, não se compreende a razão pela qual, ainda hoje, se mantém o princípio da irresponsabilidade do cônjuge administrador, já que as razões apresentadas não têm muito fundamento. De facto, a existência de ações de um cônjuge contra o outro é admitida, como referimos, nos arts. 1684º e 1687º e o legislador não deixou de considerar, no decurso do casamento, e pelas razões invocadas, o suprimento judicial do consentimento ou a possibilidade de anulação de certos atos. Além disso, mesmo que o que se pretendesse fosse evitar os litígios entre os cônjuges com prejuízo da harmonia familiar, bastaria diferir o pagamento das indemnizações para o momento da partilha, e não excluir à partida a responsabilidade do cônjuge administrador. Como refere Heinrich Hörster, "seria extremamente desejável fortalecer o princípio da responsabilidade por meio de um preceito legal que, à semelhança do art. 1897º, dissesse: "Os cônjuges devem administrar os bens comuns ou os bens próprios do outro com o mesmo cuidado com que administram os seus bens próprios""[197].

[196] Neste sentido, A. Lopes Cardoso, *A Administração dos Bens..., cit.*, pp. 313-315, e Heinrich Ewald Hörster, "A Respeito da Responsabilidade Civil...", *loc. cit.*, p. 118. Como escrevem Pereira Coelho/Guilherme de Oliveira, *ob. cit.*, p. 449, o regime da simples separação judicial de bens já teve importância maior do que tem hoje. De facto, até à Reforma de 1977, o marido era o único administrador dos bens do casal, incluindo os da mulher. Com um regime de administração menos severo que o atual e onde o marido tinha legitimidade para alienar livremente os bens móveis da mulher que administrava, os maridos estavam em condições de causar danos no património das mulheres que, assim, tinham interesse em recorrer à simples separação de bens. Hoje, com uma distribuição igualitária dos poderes de administração e com uma responsabilização um pouco mais severa pela má administração, o regime do art. 1767º perdeu alguma utilidade.

[197] Heinrich Ewald Hörster, "A Respeito da Responsabilidade Civil...", *loc. cit.*, p. 123. Jean Renauld, *ob. cit.*, p. 448, a propósito da responsabilidade do cônjuge administrador no direito

1.3.2. A administração com base em mandato

Abriu-se, com a al. *g*) do nº 2 do art. 1678º e com os nºs 2 e 3 do art. 1681º, uma brecha importante na tradicional irresponsabilidade do cônjuge administrador, determinando a aplicação das regras do mandato, o que implicará uma obrigação de prestação de contas e responsabilização nos termos gerais do cônjuge mandatário. A ideia é de responsabilizar quem administra bens alheios. De facto, os nºs 2 e 3 do art. 1681º apresentam exceções à regra da irresponsabilidade consagrada no nº 1, introduzidas pela reforma do Cód. Civil de 1977[198].

A regra da irresponsabilidade não é aplicável quando a administração se funde em mandato, pois aí aplicar-se-ão as regras próprias deste contrato, nomeadamente a regra da al. *d*) do art. 1161º, a qual implica a obrigação de prestar contas. No entanto, e nos termos do nº 2 do art. 1681º, salvo se outra coisa tiver sido estipulada, só há que prestar contas relativamente aos últimos cinco anos, em relação ao momento em que elas forem exigidas. É que, se se pretendeu reconduzir o mandatário à posição de um administrador vulgar, sem as prerrogativas de um administrador de bens do casal, já se entendeu que, em todo o caso, o ambiente normal de confiança entre os cônjuges permite estabelecer algumas restrições à obrigação normal de prestar contas, sem as quais a posição do administrador se poderia tornar excessivamente onerosa. O cônjuge administrador não terá, em princípio, uma contabilidade organizada de tal modo que a qualquer momento possa mostrá-la. Uma exigência de prestação de contas de muitos anos anteriores poderia colocá-lo na impossibilidade de cumprir. Por outro lado, tal regime não prejudica o outro cônjuge, já que este pode pedir a prestação de contas, se o entender, de cinco em cinco anos, vendo o seu interesse satisfeito[199].

belga, diz que este está sujeito às regras da responsabilidade que pesam sobre o "bom pai de família", salvo quanto à aplicação dos frutos administrados.

[198] Cfr. o ac. da RL, de 31.10.1996 (*BMJ*, nº 460º, 1996, p. 790), no sentido de que a lei não contempla a dispensa de prestação de contas por parte do cônjuge administrador fora do nº 1 do art. 1681º, designadamente nos seus nºs 2 e 3.
A Reforma de 1965 do Cód. Civil francês conduziu também à aplicação das regras do mandato, e à prestação de contas do mandatário, no caso de um cônjuge conferir mandato ao outro para administração ou disposição (v., os arts. 1431º, 1432º, 1539º, e 1540º do Cód. Civil francês).

[199] Estas limitações no caso de concessão de mandato tácito a um cônjuge para a administração de bens próprios do outro resultam também dos arts. 1432º, 2º, e 1540º, 2º, do Cód. Civil francês. O direito italiano, no art. 217º do Cód. Civil italiano, estabelece também limitações no

Pode acontecer que um dos cônjuges pratique atos de administração, mais ou menos continuamente, sem poderes. A situação está prevista no nº 3 do art. 1681º. A lei manda aplicar as regras do mandato se a administração se processa com conhecimento e sem oposição expressa do outro cônjuge. Tudo se passa como se houvesse um mandato tácito ou, até, aparente (ainda que seja difícil determinar-lhe os contornos)[200]. Mas se o outro cônjuge se vier opor, nesse caso são aplicáveis as disposições sobre a posse de má fé. Ou seja, o administrador responde pela perda da coisa mesmo que tenha agido sem culpa (art. 1269º), deve restituir os frutos que não colheu mas que um proprietário diligente poderia ter obtido (art. 1271º) e perde, em qualquer caso, as benfeitorias voluptuárias que tenha feito (art. 1275º, nº 2)[201]. Exige-se, contudo, uma oposição expressa, não bastando, portanto, uma mera oposição tácita, por factos de onde ela se deduza.

Significa isso que se aplicarão, no caso dos nºs 2 e 3 do art. 1681º, as regras constantes nos arts. 1157º e segs.

O art. 1159º refere que o mandato pode ser geral (nº 1) ou especial (nº 2), se o mandatário se encarregou de praticar certo ato. A extensão dos poderes do mandatário depende dos termos do contrato. De qualquer forma, o mandato para administrar não permite alienar (cfr. o art. 1682º, nº 2)[202].

caso de mandato conferido ao cônjuge. De facto, pode estabelecer-se a exclusão da obrigação de prestar contas. V., Gabrielli/Cubeddu, *ob. cit.*, p. 310, e L. Bruscuglia, "La responsabilità patrimoniale dei coniugi in comunione legale", *in* AAVV, *Trattato di diritto privato. Il diritto di famiglia*, sob a direção de Mario Bessone, vol. IV, tomo II, Torino, G. Giappichelli Editore, 1999, p. 349, referindo que o art. 217º do Cód. Civil italiano, ao afastar a regra geral da prestação de contas do mandatário, nos termos do art. 1713º do Cód. Civil italiano, regula um efeito patrimonial específico do casamento. Também o art. 1439º do Cód. Civil espanhol prevê a concessão de mandato ao cônjuge para administrar os bens próprios do outro, ficando aquele sujeito às obrigações do mandatário, nomeadamente, a de prestação de contas. Porém, a lei ressalva a prestação de contas relativas aos frutos percebidos e já consumidos, salvo se se demonstrar que foram utilizados com fim diferente ao da satisfação dos encargos familiares. Baseando-se a exclusão na presunção de que os frutos são consumidos com essa finalidade, se ela falha então manter-se-á a obrigação de prestação de contas dos mesmos (L. Díez-Picazo/A. Gullón, *ob. cit.*, p. 218).

[200] É a também designada administração de facto.

[201] Idêntica solução decorre dos arts. 1432º e 1540º do Cód. Civil francês, nos regimes de comunhão e de separação, respetivamente, quando um dos cônjuges administra bens próprios do outro com oposição deste.

[202] De facto, embora os poderes do cônjuge administrador possam ir além da mera administração (art. 1682º, nº 2), abrangendo poderes de disposição de móveis comuns ou próprios do cônjuge administrador (sem prejuízo do art. 1682º, nº 4), o cônjuge que administra com base

Relevante será referir as obrigações do mandante e do mandatário e verificar as suas exceções na administração dos bens do casal.

Quanto às obrigações do mandatário, constam do art. 1161º, assumindo particular relevo, para o que nos interessa, a al. *d*), que impõe ao mandatário a obrigação de prestação de contas. A obrigação de prestar contas tem lugar todas as vezes que alguém trate de negócios alheios ou de negócios, ao mesmo tempo, próprios e alheios[203].

Nos termos do art. 1162º, o mandatário pode legitimamente afastar-se das instruções recebidas ou deixar de executar o mandato. Mas, um desvio das instruções que não seja permitido nesses termos torna o mandatário responsável pelos prejuízos e o mandante não está obrigado a aceitar a execução do mandato como tal.

Repare-se que o cumprimento ou não cumprimento das obrigações do mandatário será apreciado face às normas que regulam o cumprimento ou não cumprimento das obrigações em geral (cfr. os arts. 798º e segs.). O art. 1681º, nºs 2 e 3, ao remeter para as normas do mandato, nomeadamente em matéria de responsabilidade, introduziu uma importante exceção ao princípio da irresponsabilidade do cônjuge administrador, isto é, também o cônjuge-mandatário que não cumpra as suas obrigações será responsável nos termos gerais[204].

Como sabemos, a lei vigente distingue o mandato com e sem representação (arts. 1178º e segs. e 1180º e segs.). No caso de mandato representativo aplicam-se não só as disposições do mandato mas também as da representação. São, pois, de aplicar conjuntamente as normas dos dois institutos (cfr. o art. 1178º, nº 1). Neste caso, é diretamente na pessoa do mandante-representado que os efeitos jurídicos, dos negócios que o mandatário-representante celebra com terceiros, se produzem (art. 258º), sem necessidade de uma ulterior transmissão do mandatário para o mandante

num mandato não pode dispor dos bens com fundamento no mesmo mandato. O mandato conferido nos termos do art. 1678º, nº 2, al. *g*), é apenas um mandato para administração e não para disposição dos bens em causa (cfr. o art. 1682º, nº 2, *a contrario sensu*). Para tal, deverá ser conferido outro mandato, concedendo poderes de disposição.

[203] Como será, na maioria das vezes, no caso do cônjuge-mandatário, tratando-se de bens comuns.

[204] Sem prejuízo das especificidades que, mesmo assim, o art. 1681º, nº 2, consagra.
As obrigações do mandante constam, por sua vez, do art. 1167º. Repare-se também no art. 1168º. V., o ac. da RC, de 30.06.1998 (*Col. Jurisp.*, tomo III, 1998, p. 43), onde se estipula que se o mandante não fornecer ao mandatário os elementos necessários, e este não renunciar ao mandato, mantêm-se as suas obrigações, com responsabilidade pelos danos.

(como acontece no mandato sem representação). O mesmo poderá ocorrer no âmbito da administração dos bens do casal, quando um dos cônjuges confere poderes administrativos ao outro por mandato.

Importa aqui proceder a uma delimitação de conceitos, procurando diferenciar as situações previstas nos referidos nºs 2 e 3 do art. 1681º, ou seja, analisar a concessão do mandato por via expressa, tácita ou até aparente.

O Cód. Civil parte do princípio da liberdade declarativa e distingue, em função disso, três modalidades em que a vontade pode ser revelada: a declaração pode ser expressa, tácita ou pode ser feita por meio da atribuição de valor declarativo ao silêncio (arts. 217º e 218º).

Ao lado das hipóteses de mandato expresso e tácito, nos termos legalmente definidos, poder-se-ia admitir o mandato aparente, onde, tal como o nome indica, há a aparência de um mandato mas este não existe (ou já não existe), não havendo qualquer declaração de vontade no sentido da sua constituição.

Muitas vezes a aparência do direito produz os mesmos efeitos que o próprio direito. Poder-se-á entender que, tendo alguém produzido através do seu comportamento a convicção (não culposa) num terceiro da existência de um contrato de mandato, essa pessoa fica vinculada aos atos que praticou, ou seja, se o "mandante", pelo seu comportamento, criar no terceiro a aparência de um mandato deverá responder por isso.

A aparência do mandato deve ser suficientemente forte para enganar terceiros de boa fé, que, por sua vez, deverão ter agido com toda a diligência necessária antes de contratar com o mandatário aparente. O problema do mandato aparente é o de saber como assegurar a proteção do terceiro. Como veremos, entende-se que da criação de uma aparência apenas pode derivar uma responsabilidade que recai sobre quem produziu tal situação por violação culposa do dever geral de boa fé nas relações jurídicas.

No direito francês, os arts. 1431º e 1432º do Cód. Civil francês, no regime de comunhão, e os arts. 1539º e 1540º do Cód. Civil francês, no regime de separação, regulam o mandato expresso e tácito, respetivamente[205]. De referir

[205] V., A. Colomer, *Droit Civil..., cit.*, pp. 259-261, e p. 553. Por seu lado, M. Grimaldi, *et allii*, *ob. cit.*, p. 140, considera que o art. 1431º do Cód. Civil francês aplica-se a todas as hipóteses de mandato concedido voluntariamente, seja expresso ou não. Refere, todavia, que a situação prevista no art. 1432º do Cód. Civil francês é a de um mandato presumido. Também Terré/Simler, *ob. cit.*, p. 395, considera que a situação prevista no art. 1432º do Cód. Civil francês é a de atuação sem mandato, mesmo tácito, e sem oposição do outro cônjuge (art. 1432º, 2º, do

ainda que, nos termos do art. L. 321º-1 do *Code rural*, o cônjuge que colabore ou coexplore uma empresa agrícola presume-se ter recebido mandato para a prática dos atos de administração relativos à necessidade da exploração. O mesmo resulta do art. art. L121-6º do *Code de Commerce*, em relação a uma empresa comercial ou artesanal[206].

Combinando tais disposições com o art. 222º do Cód. Civil francês, pode também acontecer que um cônjuge pratique atos de administração (ou, neste caso, até de disposição) com base num mandato aparente do outro cônjuge, ou seja, no caso de existir gestão de bens próprios do outro cônjuge com oposição deste. De facto, a administração por um dos cônjuges dos bens do outro com oposição deste só poderá produzir algum efeito se se socorrer das presunções legais do art. 222º do Cód. Civil francês e da teoria do mandato aparente[207]. A figura do mandato aparente depende da verificação de certos requisitos. Desde logo, devem existir circunstâncias de facto que permitam concluir a existência de um mandato. A par deste elemento objetivo, exige-se, por um lado, a boa fé do terceiro e, por outro, a culpa do "mandante" (que fundamenta a suposição de um mandato), tudo levando a entender que existe um mandato e o "mandante" se encontra vinculado. A crença do terceiro na existência de um mandato deve, assim, ser legítima, fundando-se nas circunstâncias que induzem o terceiro nesse sentido. O recurso ao mandato aparente, e como referiremos *infra*, é essencialmente utilizado para evitar a anulação de um ato de disposição praticado por um cônjuge sem o consentimento do outro. De facto, o recurso ao mandato aparente permite proteger terceiros que contrataram com o cônjuge que, aparentemente, estava investido de poderes de representação do outro cônjuge[208].

Cód. Civil francês – situação em que se presume ter recebido um mandato tácito, tal como acontece no nosso art. 1681º, nº 3, 1ª parte) ou com esta oposição (art. 1432º, 3º, do Cód. Civil francês – situação que o nosso art. 1682º, nº 3, 2ª parte, também prevê). A falta de mandato determina, nos regimes de separação e de participação nos adquiridos, uma ingerência de um dos cônjuges na administração dos bens do outro, com as sanções dos arts. 1540º, 3º, e 1541º, e 1569º do Cód. Civil francês.
Repare-se que o cônjuge mandatário beneficia da dispensa de prestar contas dos frutos, fixada nos termos do art. 1993º do Cód. Civil francês, conforme dispõe o art. 1431º, 2ª parte, do Cód. Civil francês.

[206] V., Flour/Champenois, *ob. cit.*, pp. 79-83, e Cornu, *ob. cit.*, pp. 137-139, e pp. 143-145.

[207] Terré/Simler, *ob. cit.*, p. 397, e Cornu, *ob. cit.*, p. 394. Permite-se, assim, esta figura mesmo havendo oposição do outro cônjuge, com base nas presunções do art. 222º do Cód. Civil francês.

[208] V., Monéger, "Le mandat apparent d'un époux de vendre un immeuble dependant de la communauté (à propos de l'arrêt de la première Chambre civile de la *Cour de cassation* du 14

No direito italiano, o art. 217º do Cód. Civil italiano (para o qual o art. 185º do mesmo código remete, e, por isso, aplicável a todos os regimes), no domínio da administração dos bens próprios[209], prevê nos seus §§ 2º e 3º o mandato (que pode ser expresso ou tácito[210], devendo, em todo o caso, o mandato para dispor obedecer à forma necessária para o ato em causa), determinando a obrigação do mandatário prestar contas dos frutos ou apenas, sendo tal estipulado, dos frutos existentes e não consumidos. Por seu lado, o seu § 4º apresenta a mesma norma prevista no nosso art. 1681º, nº 3, 2ª parte. Ou seja, quando um cônjuge administra os bens próprios do outro com oposi-

décembre 1976)", *JCP* 1979.I.137, pp. 137-149, onde se analisa precisamente um dos casos em que um dos cônjuges dispôs de um imóvel e vem depois requerer-se a anulação do ato por falta do consentimento do outro cônjuge, assentando o tribunal a sua decisão na teoria do mandato aparente. Chama a atenção o referido autor para a necessidade de alguma cautela na utilização da teoria da aparência, dado que, além de afetar as regras do regime de administração dos bens do casal, pode tornar inútil a disposição do art. 1427º do Cód. Civil francês, bem como todas as normas que exigem o consentimento de ambos os cônjuges (nomeadamente, em relação à casa de morada da família – art. 215º, 3º, do Cód. Civil francês). A jurisprudência francesa tende a não admitir a teoria do mandato aparente, sendo muito rigorosa na apreciação da legítima crença do terceiro na existência de um mandato.
O recurso à teoria do mandato aparente era também utilizada pela jurisprudência francesa quanto aos atos praticados pela mulher, quando esta não tinha capacidade para a realização de negócios jurídicos. Os credores podiam exigir a dívida ao marido quando os gastos realizados pela mulher estivessem de acordo com a situação aparente dos cônjuges.
Admitindo o mandato aparente, em sede de indivisão e partilha sucessória, v., Jean-Louis Costes, "La représentation dans la gestion d'une indivision", *JCP* 1985.I.3181.

[209] A possibilidade de existir mandato para administração dos bens comuns resulta do art. 182º do Cód. Civil italiano, como já referimos. O art. 217º do Cód. Civil italiano apresenta as mesmas soluções já anteriormente consagradas no direito italiano, mas apenas para o regime de separação de bens. De facto, apenas neste regime, onde cada um dos cônjuges mantinha a administração e poder de disposição dos seus bens, podia um dos cônjuges (normalmente o marido) administrar por força de mandato os bens do outro cônjuge. Tal mandato podia ser expresso ou tácito ou ainda resultar da inércia do outro cônjuge, e estipular a obrigação de prestação de contas ou isentar o mandatário de tal obrigação (arts. 212º e 214º do Cód. Civil italiano na redação anterior à Reforma de 1975). V., Roberto de Ruggiero, *ob. cit.*, pp. 165 e 166, Guido Tedeschi, *ob. cit.*, pp. 690-701, Liguori/Distaso/Santosuosso, *Commentario del Codice Civile. Disposizioni sulla legge in generale. Delle persone e della famiglia*, vol. I, tomo 1, Torino, Utet, 1966, pp. 1040-1047, e p. 1049, e Santosuosso, *Il matrimonio e il regime patrimoniale della famiglia*, Torino, Utet, 1965, pp. 542-545.

[210] Santosuosso, *Beni ed attività economica...*, *cit.*, p. 130, a propósito do mandato para administrar bens comuns (art. 182º do Cód. Civil italiano), considera que não é possível a concessão do referido mandato de forma tácita, atendendo à norma que dispõe sobre a atuação conjunta dos cônjuges.

ção deste responde pelos danos causados e pela perda na perceção dos frutos, protegendo-se a aparência criada em terceiros que com o falso procurador contrataram[211]. Torna-se, assim, lícita a ingerência de um dos cônjuges na administração dos bens do outro devido à inércia deste.

O art. 217º do Cód. Civil italiano deve ainda articular-se com o disposto no art. 218º do mesmo código, isto é, o cônjuge que usufrua dos bens próprios do outro está sujeito às obrigações do usufrutuário[212]. Além disso, o cônjuge que administra bens do outro é sempre responsável pelos danos que causar por dolo ou culpa grave (art. 1713º do Cód. Civil italiano).

A possibilidade de um dos cônjuges conferir ao outro mandato para administrar os seus bens próprios está prevista no art. 1439º do Cód. Civil espanhol (a propósito do regime de separação de bens e aplicável ao regime de participação nos adquiridos por força do art. 1413º do Cód. Civil espanhol). A administração dos bens próprios de um pode passar para o outro cônjuge por força de um mandato expresso, tácito ou resultar também de mera gestão de negócios.

Também no direito espanhol poderá haver um mandato aparente quando, das circunstâncias de facto, resultar para o terceiro (de boa fé) a existência de um mandato, sem que o "mandante", que sabia ou devia saber da inexistência dele se tivesse atuado com a diligência exigida no tráfego jurídico, tenha

[211] Poderia considerar-se que esta situação configura uma representação sem poderes que carece, para produção de efeitos, de ratificação. Não havendo ratificação o terceiro pode requerer uma indemnização nos termos do art. 1398º do Cód. Civil italiano, ou seja, terá direito a ver ressarcidos os danos causados por ter confiado sem culpa na validade do negócio celebrado pelo falso procurador. M. Gorgoni, *ob. e loc. cit.*, p. 552.

[212] O que gera problemas de articulação entre a aplicação das regras do mandato, por força do art. 217º do Cód. Civil italiano, e das regras do usufruto, nos termos do art. 218º do Cód. Civil italiano. Ora, o art. 217º do Cód. Civil italiano apenas regula o caso do mandato, enquanto o art. 218º do Cód. Civil italiano refere-se a qualquer hipótese em que um dos cônjuges usufrui dos bens do outro (p. ex., por contrato de locação, comodato, etc.). V., Cospite, "Del regime di separazione dei beni", *in* AAVV, *Commentario breve al Codice Civile*, sob a direção de Cian/Trabucchi, 5ª ed., Padova, Cedam, 2001, p. 297, M. Gorgoni, *ob. e loc. cit.*, p. 543, e F. Capoluongo, "Il regime di separazione dei beni", *in* AAVV, *Manuale del nuovo Diritto di Famiglia*, sob a direção de G. Cassano, 2ª ed., Piacenza, Casa Editrice La Tribuna, 2003, p. 737.
Anteriormente à Reforma de 1975, quando o marido administrava os bens parafernais da mulher (art. 212º do Cód. Civil italiano), estava também sujeito às obrigações do usufrutuário (art. 213º do Cód. Civil italiano). E a mesma obrigação resultava do art. 192º do Cód. Civil italiano, relativamente às obrigações do marido em relação aos bens dotais, e do art. 214º do Cód. Civil italiano, no caso de ser a mulher a administrar os bens próprios do marido.

tomado as necessárias medidas para destruir a aparência jurídica. De qualquer forma, faltará sempre uma vontade de conceder um mandato por parte do "mandante", que nem tem conhecimento do ato em causa[213]. A imputação ao cônjuge "mandante", por omissão da diligência devida, da confiança suscitada ao terceiro pela aparência criada, permite que o cônjuge "mandante" não possa recusar o cumprimento do ato em causa face ao terceiro.

Ao contrário dos outros ordenamentos jurídicos, incluindo o nosso, não distingue a lei espanhola se a administração dos bens próprios de um dos cônjuges pelo outro é com o seu consentimento ou pelo menos se é com ou sem a sua oposição. Em todo o caso, e sendo normal a administração de facto de um dos cônjuges dos bens próprios do outro, a lei equipara a gestão por um dos cônjuges sem a oposição do outro (por tolerância) a um mandato tácito (quando a tolerância traduza inequivocamente essa vontade, tendo esta, portanto, de existir, não bastando o silêncio)[214]. De referir que se não há consentimento do cônjuge para conceder mandato e a intervenção do seu cônjuge ocorre contra a sua vontade (com a sua oposição e não a mera tolerância), há um ilícito pelo qual o cônjuge administrador deverá responder pelos danos e prejuízos, atendendo, todavia, aos lucros obtidos pelo cônjuge cujo património foi administrado contra a sua vontade (não sendo de aplicar a isenção de prestação de contas prevista no art. 1439º do Cód. Civil espanhol, ainda que possa configurar-se uma gestão de negócios)[215].

O § 1413º do BGB prevê a possibilidade de um dos cônjuges atribuir ao outro a administração dos seus bens. Na Alemanha distingue-se o mandato tácito, aparente e, ainda, por tolerância. No mandato tácito a concessão de poderes é manifestada através de um procedimento concludente, isto é, haverá um comportamento do mandante que se apresente para o terceiro como uma declaração de vontade no sentido de conceder poderes. Não há aqui qualquer aparência. O mandato é real.

No mandato por tolerância, quem conhecer a atuação reiterada de uma pessoa, por sua conta, sem poderes para tal, e a tolerar responde, como man-

[213] Mª Eugenia Rodríguez Martínez, *Disposición de bienes gananciales*, Navarra, Aranzadi, 2000, pp. 103-110.

[214] Martínez Cortés, ""El régimen económico de separación de bienes", *in* AAVV, *Instituciones de Derecho Privado, Familia*, sob a direção de Víctor M. Garrido de Palma, tomo IV, vol. 2, Madrid, Civitas, 2002, p. 331. V. também, Mª Eugenia Rodríguez Martínez, *ob. cit.*, pp. 94-103.

[215] M. Amorós Guardiola, *et allii*, *ob. cit.*, p. 1942.

> dante, perante terceiros, segundo as regras da boa fé[216]. Este mandato gera um mandato aparente, pois, ao contrário do que acontece no mandato tácito, não existe uma vontade do "mandante", no sentido de atribuir poderes e apenas será tutelada a confiança do terceiro na existência de tal relação.
>
> Por sua vez, quem, de forma imputável, criar a aparência exterior de ter conferido a outrem um mandato, tem de ser tratado, nas relações com terceiros de boa fé, com os quais o outro tenha efetuado negócios jurídicos, tal como se tivesse realmente conferido poderes àquele. É-lhe imputada a aparência de um mandato quando, se tivesse usado da necessária cautela, teria ou poderia ter conhecimento da intervenção do "mandatário" e evitá-la. Neste mandato aparente há um desconhecimento negligente da representação (e, por isso, há quem o distinga do mandato por tolerância).

Tal como nos outros ordenamentos jurídicos aqui analisados, também entre nós poderá conceber-se a existência de um mandato aparente, ou seja, quando, da situação de facto, resultar para o terceiro a aparência da existência de um mandato, sem que o "mandante" tenha declarado qualquer vontade nesse sentido, mas não se tenha oposto a uma atuação de outrem por sua conta.

Em todos os casos, existindo a aparência de um mandato nos termos vistos, o "mandante" aparente será considerado um verdadeiro mandante, isto é, aplicar-se-ão as regras do mandato. Entende-se, contudo, que a mera aparência não pode criar um contrato de mandato, ou seja, o "mandante" não responderá como um real e verdadeiro mandante, como se de um mandato se tratasse, mas apenas no âmbito de uma responsabilidade pré-contratual, nos termos do art. 227º, por culpa *in contrahendo*[217]. De facto, a teoria da aparência tende a ser afastada pela nossa doutrina. Tratando-se

216 Esta ideia da tolerância como forma de concessão de um mandato é também referida por T. Auletta, *Il diritto di famiglia, cit.*, p. 140, quando um dos cônjuges consente de facto na administração dos seus bens pelo outro.

217 Raúl Guichard Alves, *Alguns aspectos do instituto da representação no Código Civil de 1966*, policopiado, Porto, 1992, pp. 143 e segs., defende que, no sistema legal português, se deve rejeitar a construção da figura do mandato aparente (ainda que se refira, mais concretamente, ao instituto da representação). Contra tal conceção depõe a disciplina legal da falta de consciência na declaração (art. 246º). De facto, dispõe o art. 246º que a declaração não produz qualquer efeito, mesmo que a falta de consciência na declaração não seja conhecida do declaratário, e estabelece-se uma indemnização para a hipótese da falta de consciência ser devida a culpa do declarante.

de um verdadeiro silêncio do "mandante", ou seja, se ele não se manifestou sequer indiretamente, sabendo que alguém atuou ou atua por sua conta, essa "omissão" só valerá como declaração negocial nos termos do art. 218º. Nos demais casos, não haverá qualquer declaração de vontade. Se houver qualquer manifestação de vontade então estaremos perante um mandato tácito e esse já será um verdadeiro mandato.

Qual então a solução a adotar em matéria de administração dos bens do casal, nos termos do art. 1681º, nºs 2 e 3?

É evidente que o nº 2 referido se reporta aos casos em que existe um mandato expresso. A questão coloca-se relativamente ao nº 3, isto é, está aqui em causa um mandato tácito ou aparente?

Atendendo ao exposto acima, parece-nos que a melhor solução será a de dividir o referido nº 3 em duas partes, ou seja, se o cônjuge, preterido na administração, conhecia, ou devia conhecer, a atuação do outro mas a ela não se opõe (pelo menos, expressamente), poderemos ter um mandato tácito ou aparente, consoante haja ou não uma declaração de vontade desse cônjuge (mandante), no sentido de daí se extrair, com toda a probabilidade, a existência de um mandato. Neste caso, quer o mandato seja tácito ou aparente (e a admitir a sua produção de efeitos como verdadeiro mandato)[218], aplicar-se-ão as regras do mandato, por força do próprio art. 1681º, nº 3, 1ª parte, que remete para o seu nº 2 e para os arts. 1157º e segs. Por outro lado, teremos um mandato aparente, que não gerará um verdadeiro contrato de mandato, com a aplicação das suas regras, se o cônjuge ("mandante") se vier opor expressamente à atuação do outro cônjuge[219]. Neste caso, por força do art. 1681º, nº 3, 2ª parte, o cônjuge administrador responde como possuidor de má fé[220]. Repare-se que, mesmo não havendo

A aparência jurídica da existência de um mandato conduz apenas a uma responsabilidade do "mandante" pelo seu comportamento e pelo dano que dele resultou.

218 Caso assim não se entenda, sempre haveria lugar à responsabilização do "mandante" por culpa *in contrahendo.*

219 Poder-se-á até duvidar que se trate, neste caso, de um mandato aparente, se o cônjuge "mandante" não tiver criado, pela sua atitude, qualquer aparência nesse sentido, face a terceiros. Tal aparência pode, todavia, ter sido criada, tanto mais que uma coisa é a oposição expressa face ao outro cônjuge e outra a oposição que chega ao conhecimento do terceiro. Com efeito, pode existir a primeira sem o conhecimento do terceiro, situação em que teremos um mandato aparente.

220 Quanto à qualificação do crédito de indemnização como bem próprio ou comum, v., Pereira Coelho/Guilherme de Oliveira, *ob. cit.*, p. 448, que optam pela caraterização, mesmo quando o

mandato, o cônjuge que atua apenas é responsável como possuidor de má fé, não se afetando o negócio celebrado com o terceiro, desde que o cônjuge que atue tenha poderes de administração e, sendo o caso, de disposição (sob pena de, neste último caso, poder haver anulação do ato, nos termos do art. 1687º)[221].

Admitindo a teoria do mandato aparente, o cônjuge "mandante" ficará também vinculado às eventuais obrigações decorrentes da atuação do "mandatário" face ao terceiro (arts. 1691º, nº 1, al. *a*), incluindo-se o mandato na concessão de consentimento, e 1695º)[222].

Há, assim, uma certa incongruência no nosso direito[223]. De facto, se a administração se funda em mandato expresso ou tácito, ou até em administração de facto, sem título, já não se limita a responsabilidade do cônjuge

dano seja sobre um bem comum, de bem próprio. Ou seja, o crédito corresponde a metade do dano e pertence ao cônjuge meeiro que se achou prejudicado. Também na doutrina francesa é discutido se o crédito indemnizatório é um bem comum ou se é um crédito entre cônjuges (v., A. Colomer, *Droit Civil..., cit.*, p. 245).

221 Manuel Albaladejo, *Curso de Derecho Civil..., cit.*, p. 203, e *Compendio de Derecho Civil*, 12ª ed., Madrid, Edisofer s.l., 2004, pp. 567 e 568, defende, a propósito do art. 1439º do Cód. Civil espanhol, a aplicação das regras da gestão de negócios, ou seja, não existindo mandato aplicar-se-ão as regras da gestão de negócios tendo o gestor as mesmas obrigações do mandatário (sem prejuízo do benefício de isenção de contas que o referido artigo prevê para o mandato de administração entre cônjuges). Contudo, ainda que a solução pudesse implicar uma responsabilização do gestor (arts. 465º, als. *c*) e *d*), e 466º), dificilmente, não o determinando a lei, poderá configurar-se um caso em que um cônjuge administre negócio alheio (só o sendo no caso de administração dos bens próprios do outro cônjuge) sem para tal estar autorizado (situação que acarreta a nulidade do ato de disposição, se for o caso, nos termos do art. 1687º, nº 4). Caso a lei não o determine expressamente, tal como já referimos em relação à al. *f*) do nº 2 do art. 1678º, a possibilidade de se configurar uma situação de gestão de negócios ocorre para efeitos do art. 1679º e não para efeitos de atribuição de poderes de administração (v., *infra*, p. 127, nota 244).

222 O mesmo é defendido por Mª Eugenia Rodríguez Martínez, *ob. cit.*, p. 112, ao dizer que se se admite que um cônjuge conferiu ao outro o seu consentimento para a realização de um certo ato por mandato aparente, para proteção do terceiro que com este contratou, também se deverá entender que o "mandante" está obrigado, não só com os bens comuns, mas também com os seus bens próprios. Poderá, contudo, o cônjuge "mandante", se não quis o ato e se o seu "mandatário" sabia dessa desconformidade, requerer uma indemnização ao seu cônjuge, nos termos dos arts. 1390º e 1391º do Cód. Civil espanhol (solução não contemplada no nosso ordenamento jurídico). De facto, a proteção do mandato aparente funciona para o terceiro mas não nas relações entre os cônjuges.

223 As palavras são de Pereira Coelho/Guilherme de Oliveira, *ob. cit.*, p. 445.

administrador aos atos de atuação dolosa. Os atos culposos geram responsabilidade civil, apesar do eventual prejuízo para as relações conjugais[224].

Face ao regime do art. 1681º há várias situações de lesão ou de perigo para o património do outro cônjuge e para o património comum que carecem de tutela legal e intervenção judicial[225], como, p. ex., o de um cônjuge se desinteressar da administração do estabelecimento, próprio ou comum, deixando de pagar os salários, os fornecimentos, e de cobrar os créditos, privando o património comum dos rendimentos da exploração e, eventualmente, colocando-se na impossibilidade de contribuir para os encargos da vida familiar. Nesta situação, o outro cônjuge teria um legítimo interesse em assumir a administração do estabelecimento ou em pretender nomear um terceiro como administrador, mas os arts. 1678º, nº 2, al. *f*), e 1679º não o permitem. O mesmo poderá dizer-se quanto a movimentos injustificados e prejudiciais feitos por um dos cônjuges, titular de uma conta solidária. O direito vigente não permite obter uma ordem judicial que bloqueie a conta e imponha até a restituição dos livros de cheques detidos pelo infrator[226]. Por isso, seria de toda a utilidade uma disposição semelhante à proposta por Braga da Cruz, e já referida, quanto à introdução legislativa da possibilidade de, na falta de atuação do cônjuge administrador, poder o outro cônjuge praticar o ato em causa.

[224] No direito francês, apesar de se ter proposto uma responsabilidade do administrador apenas por culpa muito grave, praticamente igual ao dolo, vigora um regime em que se dá relevo à culpa, em geral (art. 1421º do Cód. Civil francês). Apesar disso, a doutrina entende que não deve exagerar-se ao ponto de pedir responsabilidades ao administrador por qualquer pequena falta. V., Flour/Champenois, *ob. cit.*, p. 307, e A. Colomer, *Droit Civil...*, *cit.*, p. 244.

[225] Seguimos aqui o entendimento de Pereira Coelho/Guilherme de Oliveira, *ob. cit.*, pp. 449 e 450.

[226] A. Colomer, *Droit Civil...*, *cit.*, p. 124. Possibilidade que pode obter-se, no direito francês, se estiver em causa o interesse da família (art. 220º-1 do Cód. Civil francês).
Fixando o art. 1385º do Cód. Civil espanhol (já que nos depósitos bancários o que existe é um crédito sobre a entidade bancária) a livre disponibilidade de contas bancárias pelo cônjuge titular, independentemente da qualidade dos fundos aí depositados, Lacruz Berdejo, "El régimen económico del matrimonio", *in* AAVV, *La reforma del derecho de familia. Matrimonio, separación, divorcio, régime económico matrimonial, filiación y patria potestad*, Jornadas hispalenses sobre la reforma del derecho de familia, Sevilla, Imprenta Sevillana, 1982, p. 126, e Lacruz Berdejo/Sancho Rebullida, *et allii*, *Elementos de Derecho Civil. Familia*, *cit.*, p. 236, admitem que o cônjuge do depositante possa requerer judicialmente um bloqueio da conta em causa quando justificadamente reclame esses fundos para a comunhão.

Pense-se também na hipótese de, atuando no exercício de poderes de administração, um cônjuge contrair dívidas (art. 1690º), que negligentemente prejudicam o património comum e, indiretamente, o outro cônjuge. Será o caso, p. ex., e muito frequente, do exercício de uma atividade comercial por um dos cônjuges em nome individual. Não tem o seu cônjuge qualquer meio que o impeça de obstar preventivamente a tais danos nem de obter seguramente uma indemnização (pelo seu cônjuge) pelos danos causados pela atuação danosa (excluída a hipótese legal do art. 1681º que exige atuação dolosa). Resta-lhe a separação judicial de bens ou o divórcio (que será sem consentimento), que exigem o preenchimento de certos pressupostos, ou uma eventual compensação que o cônjuge devedor efetue ao património comum (que cairá por terra se os bens comuns não existirem mais e se o devedor também não tiver bens próprios). Responsabilizando ou prevenindo a atuação do cônjuge administrador acautelar-se-ia um sobreendividamento decorrente da legitimidade de qualquer um dos cônjuges para contrair dívidas.

O direito francês tem uma disposição que tem sido aplicada nestes casos – o art. 220º-1 do Cód. Civil francês. Os tribunais emitem interdições ou injunções positivas de praticar certos atos, com o intuito de evitar a produção de um dano e por um período limitado de três anos[227]. No nosso direito sempre se poderia requerer providências cautelares não especificadas (arts. 362º e segs. do Cód. de Processo Civil). Porém, estas são obrigatoriamente requeridas em função de uma ação futura sob pena de caducidade (art. 373º, nº 1, al. *a*), do Cód. de Processo Civil), enquanto o procedimento do direito francês não está sujeito a esta condição.

A utilização do art. 220º-1 do Cód. Civil francês não está isenta de dificuldades, nomeadamente, por a norma estar redigida em moldes demasiado amplos. Demonstrado que um cônjuge faltou gravemente aos seus deveres, pondo assim em perigo os interesses da família, permite-se ao juiz decretar todas as medidas urgentes que aqueles interesses ordenarem. Exige-se um comportamento culposo, não bastando o não cumprimento dos referidos deveres conjugais, com prejuízo para os interesses da família, por mera inaptidão para gerir certos bens ou por impossibilidade de

[227] O recurso ao art. 220º-1 do Cód. Civil francês não afasta a possibilidade de recurso aos arts. 1426º, no caso de se tratar de bens comuns, e 1429º, tratando-se de bens próprios, ambos do Cód. Civil francês, servindo mesmo de ação prévia a estes.

manifestar a sua vontade. Questiona-se, p. ex., se essas violações são apenas de deveres patrimoniais ou também pessoais[228]; se o tribunal pode impor medidas de caráter pessoal, como a proibição de exercer uma dada profissão[229]; quando pode dizer-se que um interesse está em perigo (entendendo-se que não será necessário que o dano já se tenha produzido, bastando que seja iminente ou muito provável a curto prazo); se basta a tutela de qualquer interesse de um membro da família que não seja o infrator[230]...

Por outro lado, e no caso de se tratar não de omissões do cônjuge administrador, mas de situações em que este ultrapassa os seus poderes[231], pode o outro cônjuge recorrer ao art. 1427º do Cód. Civil francês, com vista à anulação do ato. E esta anulação é oponível a terceiros, ou seja, se o cônjuge não tinha poderes para a prática do ato não pode haver qualquer proteção do terceiro que com esse cônjuge contratou[232].

Entre nós, o cônjuge lesado poderá também intentar uma ação de invalidade (nulidade) do ato em causa, quando haja atuação sem poderes administrativos, nos termos do art. 1687º, nº 4, mas terá de haver um ato de disposição e não de mera administração. Neste caso, o ato poderá ser nulo, tratando-se de bens próprios do outro cônjuge, de acordo com as regras gerais e a proteção do terceiro de boa fé poderá ocorrer de acordo com essas mesmas regras (arts. 892º e 291º).

[228] Não distinguindo a lei, a doutrina tende a admitir uma interpretação ampla de tais deveres (pessoais e patrimoniais). V., Aubry/Rau, *ob. cit.*, pp. 107 e 108, Marty/Raynaud, *Droit Civil. Les régimes matrimoniaux*, 2ª ed., Paris, Sirey, 1986, p. 49, Flour/Champenois, *ob. cit.*, p. 128, A. Colomer, *Droit Civil..., cit.*, pp. 73 e 74, e Rémy Cabrillac, *ob. cit.*, p. 76.

[229] Admitindo-o uns autores (Marty/Raynaud, *ob. cit.*, p. 52, e A. Colomer, *Droit Civil..., cit.*, p. 76) e negando-o outros (Malaurie/Aynés, *ob. cit.*, p. 76).

[230] Neste sentido, A. Colomer, *ob. cit.*, p. 74.

[231] Nomeadamente, quando um dos cônjuges entra na administração dos bens relativos ao exercício da profissão do outro cônjuge (art. 1421º, 2º, do Cód. Civil francês), ou se ultrapassa os poderes que o outro lhe conferiu por mandato ou que obteve por decisão judicial ou ainda nos casos em que se exige a administração conjunta (arts. 1422º, 1424º, e 1425º do Cód. Civil francês) e o cônjuge atua sozinho.

[232] A. Colomer, *Droit Civil..., cit.*, p. 242. Para o autor, o referido art. 1427º do Cód. Civil francês não é aplicável aos atos fraudulentos. Aplica-se aos casos em que um cônjuge ultrapassa os poderes que, por mandato judicial ou convencional do seu cônjuge, lhe foram atribuídos (p. 243). V. também, do mesmo autor, "La réforme de la réforme des régimes matrimoniaux ou: vingt ans après (premières réflexions sur la loi du 23 décembre 1985)", *Recueil Dalloz Sirey*, VII, 1986, p. 53. Para M. Grimaldi, *et allii*, *ob. cit.*, p. 167, os terceiros podem invocar, para proteção dos seus interesses, as presunções dos arts. 221º e 222º do Cód. Civil francês.

O ordenamento jurídico francês prevê, mesmo no âmbito do regime imperativo, e na sequência do que referimos, uma série de medidas a que qualquer um dos cônjuges pode recorrer no caso de atos mais graves praticados pelo outro cônjuge no exercício dos seus poderes de administração. Assente na independência e autonomia recíprocas dos cônjuges, a lei francesa não deixa de prever medidas a utilizar em situações de crise. Assim, além da possibilidade de concessão de um mandato ao outro cônjuge (art. 218º do Cód. Civil francês) ou a possibilidade de atuar como gestor de negócios (art. 219º, 2º, do Cód. Civil francês), os arts. 217º e 219º, 1º, do Cód. Civil francês [aos quais pode acrescentar-se, nos regimes de comunhão, os arts. 1426º (que dispõe, para situações duradoiras, a possibilidade de um cônjuge substituir o outro na administração dos bens comuns)[233], 1427º, e 1429º (este em relação aos bens próprios, tal como o art. 219º do Cód. Civil francês, mas para situações de caráter duradoiro) do Cód. Civil francês] preveem modos de o cônjuge afetado reagir face a situações de impossibilidade ou incapacidade de atuar ou recusa no consentimento (quando este é exigido) do outro cônjuge (medidas que estendem os poderes ao outro cônjuge) ou face a omissões na atuação do outro cônjuge (art. 220º-1 do Cód. Civil francês, que estabelece medidas de restrição dos poderes do cônjuge, como vimos)[234]. Tratam-se das medidas judiciais de proteção, necessárias para acautelar uma administração justa e cuidada dos bens.

Também o art. 183º do Cód. Civil italiano, ao lado da possibilidade de requerer a separação judicial de bens (art. 193º do Cód. Civil italiano)[235],

[233] O art. 1426º do Cód. Civil francês distingue-se facilmente dos arts. 217º (que prevê uma mera autorização para um ato determinado e não para uma generalidade de atos) e 220º-1 (que autoriza medidas pontuais e temporárias) do Cód. Civil francês, mas pode confundir-se com a situação prevista no art. 219º do mesmo código. Porém, este visa situações temporárias, ao passo que aquele visa situações duradoiras, além de a atuação ao abrigo do art. 219º do Cód. Civil francês conferir ao cônjuge poderes de representação do outro, enquanto pelo art. 1426º do Cód. Civil francês o cônjuge substitui o outro, exercendo um poder próprio (F. Terré/Ph. Simler, *ob. cit.*, pp. 371 e 372).

[234] Pode ainda acrescentar-se, tendo os cônjuges optado pelo regime de participação nos adquiridos, a constituição de hipoteca legal por cada um dos cônjuges sobre os bens do outro, para assegurar o crédito de participação (art. 2136º do Cód. Civil francês). Para evitar, contudo, a paralisia de cada cônjuge na gestão dos seus bens, a referida hipoteca apenas tem efeitos no momento da dissolução do regime.

[235] Em todo o caso, convém referir que a solução do art. 193º do Cód. Civil italiano, ao contrário do art. 183º do mesmo código, permite prevenir atos potencialmente perigosos para o património comum resultantes da administração de bens próprios (A. Galasso, *ob. cit.*, p. 349).

admite a privação judicial dos poderes de um cônjuge que pratique atos danosos de administração[236]. Esta violação dos deveres de administração do património comum deve ser sistemática, e não ocasional, traduzindo-se num abuso do poder de administração. Enquanto no nosso direito a única possibilidade de reagir à má administração de um dos cônjuges resume-se ao art. 1681º (e a uma eventual ação de indemnização e de reparação dos danos) e à separação judicial de bens, com todos os entraves que um e outra impõem, pela verificação dos seus requisitos, o direito italiano prevê uma medida preventiva evitando a prática de atos de má administração, ao excluir da administração o cônjuge que possa provocar os danos (tal como o art. 220º-1 do Cód. Civil francês). A doutrina italiana diverge, porém, quanto aos efeitos desta

Isto ainda que haja autores que permitam que a exclusão da administração possa resultar de má administração do património próprio, dado que também esta pode originar dívidas pelas quais, ainda que a título subsidiário, responde o património comum (art. 189º do Cód. Civil italiano). V., L. Barbiera, *ob. e loc. cit.*, p. 543.

[236] V., A. Galasso, *ob. cit.*, pp. 349 e 349. O mesmo facto impeditivo da participação de um dos cônjuges na administração comum pode dar origem aos "remédios" previstos nos arts. 181º, 182º, e 183º e até à separação do art. 193º, todos do Cód. Civil italiano (A. Galasso, *ob. cit.*, p. 344). Também a menoridade do cônjuge pode implicar a exclusão da administração (v., L. Bruscuglia, "L'amministrazione dei beni...", *ob. e loc. cit.*, pp. 276-280). Em vez de o outro cônjuge requerer autorização judicial, nos termos do art. 182º do Cód. Civil italiano, para a prática de todos os atos de administração conjunta, pode requerer a exclusão do cônjuge menor da administração. De facto, ainda que o casamento do menor careça também de uma apreciação da sua maturidade para contrair casamento pelo tribunal (autorização judicial), esse juízo não abrange necessariamente os seus dotes de bom administrador. Não se tratará tanto de um caso de proteção do menor, mas de um interesse do outro cônjuge em assegurar a administração do património comum. Aliás, não basta a menoridade para decretar a medida do art. 183º do Cód. Civil italiano, sendo necessário que se verifique uma inaptidão do cônjuge menor para administrar o património comum (A. Galasso, *ob. cit.*, pp. 345 e 346). Contra, considerando que a menoridade é suficiente, A. Finocchiaro/M. Finocchiaro, *Riforma del diritto...*, *cit.*, p. 546.
As outras hipóteses de exclusão da administração são a da impossibilidade de administrar (por doença, ausência prolongada, etc.) e a má administração, por violação dos deveres de cuidado do património comum. Finalmente, refere ainda o art. 183º, 3º, do Cód. Civil italiano, como causa de exclusão automática (de direito), a interdição. Não refere o legislador a inabilitação, ainda que De Paola/Macri, *ob. cit.*, p. 184, a integrem na impossibilidade de administrar. Bruno de Filippis, *ob. cit.*, p. 275, afasta a inabilitação como causa de exclusão, mas admite que as causas que conduzem à inabilitação podem conduzir à exclusão como má administração ou impossibilidade de administrar. Contra, Santosuosso, *Commentario del Codice Civile. Delle persone e della famiglia. Il regime patrimoniale della famiglia*, *cit.*, pp. 257 e 258, e *Beni ed attività economica...*, *cit.*, pp. 144 e 145, e C. M. Bianca, *ob. cit.*, p. 96, nota 127.

exclusão. De facto, enquanto a doutrina maioritária considera que a exclusão conduz à concentração da administração (ordinária e extraordinária) do património comum nas mãos do outro cônjuge[237], outros autores entendem ser tal solução perigosa para o interesse do cônjuge excluído e, por isso, para os atos de administração extraordinária o outro cônjuge continua a carecer da autorização judicial para a sua prática[238].

Por seu lado, o art. 1388º do Cód. Civil espanhol permite conferir a administração dos bens comuns a um só cônjuge quando o outro abandonou a família ou quando haja separação de facto. Quanto especificamente aos atos de administração e de disposição, prevê o art. 1390º do Cód. Civil espanhol, tal como o nosso art. 1681º, a possibilidade de responsabilização do cônjuge que praticou um ato de administração ou de disposição e dele retirou um benefício ou lucro exclusivo ou provocou dolosamente um dano à comunhão. Nestes casos deverá reembolsar a comunhão pelo valor do referido lucro ou do dano (cfr. também o art. 1359º, 2º, do Cód. Civil espanhol), ou seja, face a terceiros o ato (não tendo sido impugnado) mantém a sua validade, apenas surgindo uma obrigação de reembolsar a comunhão no momento da sua liquidação. A atuação por parte de um só dos cônjuges pode ocorrer nos casos em que a lei autoriza a atuação singular do cônjuge ou naqueles em que ele atua sem o necessário consentimento do seu cônjuge, independentemente da respetiva ação de anulação do ato (mesmo que esta seja possível, mas o ato não seja impugnado)[239].

O art. 1391º do Cód. Civil espanhol regula as consequências dos atos praticados com fraude. A sanção é a mesma da prevista no art. 1390º do Cód.

[237] A. Finocchiaro/M. Finocchiaro, *Riforma del diritto..., cit.*, p. 548 (onde chama a atenção que para melhor proteção do cônjuge excluído deveria manter-se a autorização judicial), Schlesinger, "Della comunione", *ob. e loc. cit.*, sob a direção de Carraro/Oppo/Trabucchi, p. 421, A. Pino, *Il Diritto di Famiglia*, Padova, Cedam, 1977, pp. 113 e 114, De Paola/Macri, *ob. cit.*, p. 184, Santosuosso, *Commentario del Codice Civile. Delle persone e della famiglia. Il regime patrimoniale della famiglia, cit.*, p. 255, e *Beni ed attività economica..., cit.*, p. 143, e C. M. Bianca, *ob. cit.*, p. 97.

[238] Schlesinger, "Del regime patrimoniale della famiglia...", *ob. e loc. cit.*, sob a direção de Cian/Oppo/Trabucchi, p. 194, onde muda a opinião anteriormente defendida, e L. Barbiera, *ob. e loc. cit.*, p. 544.

[239] Como referem L. Díez-Picazo/A. Gullón, *ob. cit.*, p. 195, a lei não estabelece um elenco das obrigações (e respetiva responsabilidade, acrescentamos nós) do cônjuge administrador, nomeadamente, a obrigação de uma administração diligente. Não sendo de aplicar as regras de outros contratos, por si só, como o mandato ou a representação, deve socorrer-se dos critérios da boa fé e dos usos sociais. V. também, J. J. Rams Albesa, *ob. cit.*, pp. 224 e 225. Contra, M. Amorós Guardiola, *et allii*, *ob. cit.*, p. 1779.

Civil espanhol, a que acresce a possibilidade de rescisão do ato se o terceiro tiver atuado de má fé. Em todo o caso, além destes arts. 1390º e 1391º do Cód. Civil espanhol, e quando, como tem exigido a doutrina, haja reiteração, pode o cônjuge prejudicado requerer a dissolução da comunhão de adquiridos nos termos do art. 1393º, 2º, do Cód. Civil espanhol (tratando-se de atos de disposição ou gestão patrimonial praticados por um dos cônjuges com fraude, dano ou perigo para os direitos do outro na comunhão)[240].

Os §§ 1435º e 1451º do BGB impõem ao cônjuge administrador ou aos cônjuges administradores o dever de administrar o património comum de forma regular[241]. No caso de administração singular impõe-se ainda ao cônjuge administrador o dever de informar o outro, a pedido deste, sobre a administração do património comum. Em caso de diminuição do património comum, o cônjuge administrador tem a obrigação de o restituir no caso de ser culpado nessa redução ou quando a tenha causado pela realização de um ato de disposição sem o consentimento do outro cônjuge.

Para além disso, a má administração pode também conduzir ao término da comunhão de bens, nos termos dos §§ 1447º, 1448º, e 1469º do BGB. Do mesmo modo, a atuação de um cônjuge sem o consentimento do outro, quando este é necessário (§§ 1365º e 1369º do BGB), permite ao cônjuge que não consentiu requerer, além do chamado "*Revokationsrecht*" previsto no § 1368º

[240] Deve ainda acrescentar-se os arts. 1423º e 1424º do Cód. Civil espanhol, quanto ao regime de participação nos adquiridos, que determinam a imputação no património final do cônjuge culpado do valor dos bens transmitidos sem o consentimento do cônjuge, ou com fraude ou causando prejuízo. De acordo com o art. 1416º do mesmo código, um dos cônjuges pode requerer o fim do regime de participação nos adquiridos quando a administração irregular do outro cônjuge afete os seus interesses.

[241] Até 1953, vigorando o regime de administração e uso, o BGB já previa o dever do marido de administrar os bens adquiridos de forma regular, devendo informar a mulher do estado da administração dos mesmos (v., o então § 1374º do BGB, e o comentário ao mesmo de Planck, *ob. cit.*, pp. 115 e 116, e também o § 1456º do BGB, no domínio do regime de comunhão). Estava também o marido obrigado a indemnizar a mulher quando infringisse culposamente os deveres que lhe incumbissem (§ 1359º do BGB). No término do regime, o marido tinha que restituir à mulher os bens adquiridos dela e prestar contas (§ 1421º do BGB). V., Ludwig Enneccerus/Theodor Kipp/Martin Wolff, *ob. cit.*, pp. 381-387, e Beitzke, *ob. cit.*, 1947, pp. 71 e 72. Em todo o caso, e como refere este último autor, o poder de controlo da mulher era quase insignificante.
MünchKomm – *Kanzleiter*, § 1435 Rdn. 4, p. 637, admite a aplicação do § 1435º do BGB também ao cônjuge não administrador quando este pratica os atos de administração que lhe são permitidos por lei.

do BGB, a partilha antecipada dos bens adquiridos (§ 1386º, 2º, 1, do BGB), conduzindo ao fim do regime da *Zugewinngemeinschaft* (§ 1388º do BGB)[242].

O nosso legislador regulou a situação normal da vida familiar, mas "esqueceu" a previsão de eventuais medidas de regulação das situações de crise. De facto, não é quando a vida matrimonial corre normalmente que os problemas da administração e disposição dos bens do casal se põem. Quando surgem situações de crise (de desentendimentos, separação de facto...) é que as dificuldades surgem e impõe-se a sua regulamentação pelo Direito. E aqui o nosso ordenamento jurídico falha, como vimos, fazendo prevalecer a teoria da fragilidade da garantia e a não intromissão do tribunal na vida familiar. O que, no nosso entendimento, só agrava as crises familiares.

Numa altura em que a mulher estava dependente do poder marital e dos poderes de administração e disposição exclusivos do marido, a lei não deixou de acautelar a sua posição e a sua participação nos bens comuns. De facto, para evitar que o marido pudesse dissipar os bens comuns com a sua administração e possibilidade de contração de dívidas, a maioria dos direitos estrangeiros fixava uma hipoteca legal da mulher sobre os bens do marido. Desaparecendo a subordinação da mulher ao marido e determinando-se a igualdade jurídica dos cônjuges não significa que não seja preciso acautelar a posição do cônjuge que, no caso, pode não ter poderes administrativos ou que até se encontra numa posição de inferioridade factual face ao outro.

O problema estará sempre em saber até onde a lei e os tribunais devem ir, imiscuindo-se na vida do casal. Foi objetivo da Reforma de 1977 admitir a intervenção do tribunal apenas nos casos mais graves de desentendimentos do casal, deixando a solução dos problemas aos próprios cônjuges. Resta saber se o mesmo entendimento se deverá manter hoje em dia, adotando os cônjuges uma posição muito mais individualista e mais litigiosa. Duvidamos que assim seja[243].

[242] Repare-se ainda, como forma de acautelar a participação nos adquiridos do outro cônjuge, que para aferição do património final do cônjuge deve atender-se à diminuição do património causada pelo cônjuge pelo esbanjamento desse património (§ 1375º, 2º, do BGB).

[243] Repare-se ainda que a sanção de invalidade prevista no art. 1687º é apenas para os atos de disposição, não havendo qualquer sanção (além da eventual responsabilidade do cônjuge administrador, se for o caso, à luz do art. 1681º) para os atos de administração, que não

1.4. Os poderes do cônjuge não administrador

Uma última referência, já não aos poderes do cônjuge administrador, mas aos do cônjuge não administrador.

O dever de cooperação (art. 1674º) que recai sobre os cônjuges justifica os atos que, no âmbito do art. 1679º[244], um dos cônjuges pode praticar sobre os bens próprios do outro ou sobre os bens comuns de que não tenha a administração. Visam-se aqui apenas os casos de impedimento ou impossibilidade temporária, não se tratando de poderes de administração. Será o caso da reparação de uma instalação elétrica, de esgotos, de gás ou de água, ou de um telhado que ameace ruína, da cobrança de um crédito prestes a prescrever, da venda de géneros deterioráveis, do tratamento de animais doentes, etc., quando o cônjuge administrador não possa praticar tais atos por, nomeadamente, ter adoecido subitamente ou ter sido forçado inesperadamente a deslocar-se[245]. Não se verificando os pressupostos deste artigo (impossibilidade do cônjuge administrador em agir e possibilidade de resultarem prejuízos do retardamento das providências), o ato praticado sobre os bens cuja administração pertence ao outro é nulo, nos termos do art. 1687º, nº 4. Se, porém, as providências tomadas sobre esses bens, sem se verificarem os pressupostos mencionados, são do

se qualifiquem como de disposição de bens, praticados por apenas um dos cônjuges e que carecem do consentimento de ambos os cônjuges. Pense-se no caso, p. ex., de num imóvel, bem comum do casal, um dos cônjuges, que não administra sozinho, resolver construir um novo piso ou realizar um melhoramento extraordinário (ato de administração extraordinário sem ser ato de disposição), sem o consentimento do outro cônjuge (art. 1678º, nº 3, 2ª parte).

[244] Como referem Pereira Coelho/Guilherme de Oliveira, *ob. cit.*, p. 452, o regime do art. 1679º tem semelhanças com a gestão de negócios, prevista nos arts. 464º e segs., podendo admitir-se que o cônjuge não administrador atue com base no art. 1679º ou com base nas regras da gestão de negócios. Contudo, o cônjuge não administrador só está legitimado para intervir nos termos do art. 1679º se do retardamento das providências puderem resultar prejuízos, enquanto o gestor pode atuar não apenas para evitar um prejuízo iminente mas também para garantir uma vantagem ao dono do negócio. Por outro lado, os atos jurídicos praticados pelo cônjuge não administrador de acordo com o art. 1679º vinculam o titular do bem sem necessidade de ratificação, enquanto as intervenções não urgentes não produzem efeitos em relação ao administrador se não forem ratificadas (arts. 471º e 268º). Também no ordenamento jurídico francês, o art. 219º, 2º, do Cód. Civil francês, prevê a aplicação das regras da gestão de negócios se um dos cônjuges atuar, sem autorização judicial, em representação do outro. Repare-se que o ordenamento jurídico espanhol confere mesmo poderes administrativos ao cônjuge que atua para realizar gastos urgentes e necessários, constituindo tal atuação uma exceção à regra da administração conjunta dos bens comuns (art. 1386º do Cód. Civil espanhol).

[245] A. Lopes Cardoso, *A Administração dos Bens...*, *cit.*, pp. 53-55.

conhecimento do outro cônjuge, que a elas não se opõe expressamente, aplicam-se as regras dos nºs 2 e 3 do art. 1681º, ou seja, as regras do mandato, admitindo a concessão de poderes administrativos por via de um mandato tácito e enquadrando-se a situação no âmbito do art. 1678º, nº 2, al. *g*) (e já não no art. 1679º).

2. O regime da disposição dos bens do casal e a necessidade do consentimento para a disposição de certos bens (artigos 1682º e seguintes)

Em relação às ilegitimidades conjugais previstas quanto à disposição dos bens do casal[246] distingue a lei as estabelecidas quanto aos bens móveis e quanto aos bens imóveis. De entre estas últimas distingue ainda a lei entre os regimes de comunhão e de separação. Repare-se que a redação primitiva das disposições relativas às ilegitimidades conjugais, do Cód. Civil de 1966, não divergia da atual (cfr. os então arts. 1682º e 1683º). De facto, mantinham-se as mesmas regras de disposição em articulação com os poderes de administração. O que a Reforma de 1977 veio alterar foram os poderes de administração, não afetando com isso as regras da disposição (o que acontece é que passando ambos os cônjuges a ter, por regra, poderes de administração, ambos têm também, em princípio, poderes de disposição, carecendo do consentimento do outro cônjuge em algumas alienações ou onerações de bens)[247].

2.1. A disposição de bens móveis

Quanto aos bens móveis a regra é a de que quem administra tem poderes de disposição (art. 1682º, nºs 1 e 2), com as exceções previstas no nº 3 do art. 1682º.

[246] Trata-se efetivamente de ilegitimidades estabelecidas com vista à proteção dos interesses gerais da família e não de incapacidades conjugais. Sobre a distinção, v., Manuel de Andrade, *ob. cit.*, vol. II, pp. 117 e 118.

[247] Ainda que, em rigor, seria dos poderes de disposição que resultariam os de administração, ou seja, retira-se de poderes mais limitados (de administração) poderes mais amplos (de disposição), quando deveria ser o inverso. O mesmo é defendido por Santosuosso, *Beni ed attività economica..., cit.*, pp. 127 e 128, dizendo que os poderes de administração extraordinária compreendem os de disposição (e, neste caso, não distinguindo entre os bens móveis e imóveis). O art. 222º do Cód. Civil francês, com vista à proteção de terceiros que contratem com um dos cônjuges, estabelece uma presunção, quanto aos bens móveis, de que quem os dispõe tem a titularidade sobre eles.

A alienação por um dos cônjuges dos seus móveis próprios ou dos móveis comuns que não administre, ou dos móveis a que se refere o art. 1682º, nº 3, al. *a*), é anulável, nos termos do art. 1687º, nº 1. Não pode também cada um dos cônjuges dispor dos móveis do outro cônjuge, quer esteja na sua administração ou não, sob pena, respetivamente, de anulabilidade (arts. 1682º, nº 3, al. *b*), e 1687º, nº 1) ou de nulidade do ato (arts. 892º e 1687º, nº 4), salvo se, tendo poderes de administração, o respetivo ato de disposição for ato de administração ordinária (art. 1682º, nº 3, al. *b*)).

Assim, não pode um cônjuge, sem o consentimento do outro, alienar os bens móveis, próprios ou comuns, utilizados conjuntamente pelos cônjuges[248] na vida do lar (art. 1682º, nº 3, al. *a*)). Esta utilização deve ser tanto a indispensável como a útil ou até supérflua[249], isto é, os bens protegidos não são apenas os indispensáveis ao serviço do lar (camas, fogão, mesas...) mas também os que são úteis porque aumentam a comodidade da casa (máquinas de lavar roupa e louça) e ainda os que ornamentam o lar (quadros, tapetes...). A lei visa proteger todo o recheio da casa, ou seja, o conjunto de todos os bens móveis que se encontram afetados à fruição normal da habitação.

Mas já não deve fazer-se tal interpretação quando se tratar do art. 737º do Cód. de Processo Civil. Os interesses que os credores exequentes têm no êxito da penhora levam a que se reduza a proteção do devedor aos bens imprescindíveis a qualquer economia doméstica que se encontrem na residência permanente do executado[250]. Aliás, as interpretações mais

[248] Como referem Pereira Coelho/Guilherme de Oliveira, *ob. cit.*, p. 463, não se pretendeu com esta expressão (utilizados conjuntamente pelos cônjuges) excluir os bens móveis utilizados exclusivamente pelos filhos ou por outros familiares que os cônjuges tenham a seu cargo. Sempre se pode entender que se trata de bens usados indiretamente pelos cônjuges para cumprirem os seus encargos relativamente a essas outras pessoas.

[249] Pereira Coelho/Guilherme de Oliveira, *ob. cit.*, p. 462. Também A. Colomer, *Droit Civil...*, *cit.*, p. 35, a propósito do art. 215º, nº 3, do Cód. Civil francês, remetendo para a noção do art. 534º do mesmo código. Contra, para o direito anterior, A. Lopes Cardoso, *A Administração dos Bens...*, *cit.*, p. 153, referindo apenas os bens indispensáveis à vida familiar. Também Braga da Cruz, "Capacidade patrimonial...", *loc. cit.*, p. 371, referia que se trata de objetos de primeira necessidade para ambos os cônjuges. Baseou-se o autor no seu anteprojeto no art. 395º, nº 2, 2º, do Anteprojeto do Cód. Civil francês. M. Amorós Guardiola, *et allii*, *ob. cit.*, p. 1506, L. Díez-Picazo/A. Gullón, *ob. cit.*, p. 146, e Lledó Yagüe, *et allii*, *ob. cit.*, p. 153, relativamente ao art. 1320º do Cód. Civil espanhol, referem também tratar-se de bens intimamente relacionados com as mais imperiosas necessidades do ser humano e da família.

[250] V., Nuno de Salter Cid, *A protecção da casa de morada da família no direito português*, Coimbra, Almedina, 1996, pp. 182-184.

restritivas do art. 1682º, nº 3, al. *a*), são influenciadas pelas noções utilizadas em processo executivo para delimitar os bens impenhoráveis. Ora, no processo executivo é razoável que se diminua o núcleo dos bens considerados imprescindíveis à economia doméstica (art. 737º, nº 3, do Cód. de Processo Civil), dado ser necessário ponderar o interesse do credor exequente. Contudo, nas relações entre os cônjuges, no domínio das ilegitimidades conjugais, não há razão para adotar um critério apertado para a definição dos bens utilizados na vida do lar. Assim, e segundo Pereira Coelho e Guilherme de Oliveira, o conjunto dos bens protegidos pelo art. 1682º, nº 3, al. *a*), está mais próximo daquele que se teve em vista para efeitos da atribuição preferencial prevista no art. 2103º-C do que do núcleo dos chamados bens imprescindíveis a qualquer economia doméstica. É ainda mais amplo que este, dado que o privilégio da atribuição preferencial, envolvendo sacrifício dos co-herdeiros, pode suportar limitações no seu âmbito, enquanto a comunhão de vida entre os cônjuges justifica as restrições do direito individual de dispor dos bens[251].

Em todo o caso, e apesar de considerarmos que, de facto, a comunhão de vida pode implicar limitações ao direito individual de dispor dos bens por parte de cada cônjuge, entendemos que não deve a interpretação das limitações ser demasiado ampla, sobretudo se estão em causa bens móveis próprios de um dos cônjuges, sob pena de se restringir injustificadamente a autonomia negocial do cônjuge numa altura em que cada vez mais a independência recíproca se verifica na relação matrimonial. De qualquer forma, a utilização conjunta não implica que se exclua deste regime alguns bens quando se demonstre que apenas um dos cônjuges normalmente utiliza diretamente o bem, ainda que ambos beneficiem dele[252].

[251] Pereira Coelho/Guilherme de Oliveira, *ob. cit.*, pp. 463 e 464. Por seu lado, Luis Martinez Calcerrada, "Comentario al art. 1319", *in* AAVV, *Comentario del Código Civil*, sob a direção de Ignacio Sierra Gil de la Cuesta, tomo 7, Barcelona, Bosch, 2000, p. 167, considera que a noção da lei processual espanhola aplica-se à disposição dos móveis de uso ordinário que o art. 1320º do Cód. Civil espanhol sujeita ao consentimento de ambos os cônjuges.

[252] Nuno de Salter Cid, *ob. cit.*, p. 180, dá o exemplo do fogão ou da máquina de lavar roupa quando se prove que um dos cônjuges nunca confeciona as refeições ou não lava na máquina. O mesmo autor, na nota 43, refere que certos bens são excluídos por alguns autores estrangeiros (como o automóvel, a bicicleta dos filhos ou os utensílios de jardinagem). Porém, o facto de serem mais ou menos necessários à vida do lar ou o facto de serem guardados dentro ou fora da habitação não deve relevar (contra, Giménez Duart, "La organización económica del matrimonio tras la reforma de 13 de Mayo de 1981", *Revista de Derecho Notarial*, ano XXIX, nºs

É interessante referir que também o art. 215º, 3º, do Cód. Civil francês, o art. 1320º do Cód. Civil espanhol, o art. 180º do Cód. Civil italiano[253] e o § 1369º do BGB[254] consideram que a alienação dos bens móveis pertencentes à casa de morada da família carece do consentimento de ambos os cônjuges. Há, assim, uma tendência dos vários ordenamentos jurídicos para criar um regime específico para estes bens[255].

CXIII-CXIV, 1981, p. 97, que exclui os móveis guardados fora da casa de morada da família). Ou seja, o que importa é que os bens integrem o quadro normal da vida familiar, a sua economia comum e que preencham uma função na vida quotidiana do agregado familiar. Neste sentido, Beitzke/Lüderitz, *ob. cit.*, p. 127, e Lüderitz/Dethloff, *ob. cit.*, p. 107. Como referem Henri Mazeaud, *et allii, Leçons de Droit Civil. Régimes matrimoniaux*, vol. I, tomo IV, 5ª ed., Paris, Montchrestien, 1982, p. 354, nota 6, os automóveis não estão sujeitos à administração conjunta, como exceção, prevista no art. 1424º do Cód. Civil francês, no sentido de serem bens sujeitos a registo (dado que o registo é mero requisito administrativo), mas podem integrá-la ainda se se considerarem móveis que compõem o lar familiar (p. ex., se forem estacionados no imóvel onde os cônjuges vivem).

[253] O entendimento referido resulta da interpretação dada pela doutrina, no sentido de que os atos de disposição dos bens que integram a casa de morada da família ou destinados à satisfação das necessidades quotidianas dos membros da família exigem o consentimento de ambos os cônjuges, por serem atos de administração extraordinária (L. Bruscuglia, "L'amministrazione dei beni...", *ob. e loc. cit.*, pp. 252 e 253).

[254] Trata-se dos bens móveis que constituem o recheio da casa de morada comum, utilizados na vida doméstica, e que são bens próprios de um dos cônjuges ou de ambos. Admite-se também a aplicação do § 1369º do BGB no caso de disposição por um dos cônjuges de bens do outro cônjuge e, com isso, afastando as regras dos §§ 932º e segs. do BGB relativos à proteção do terceiro de boa fé que adquire do não proprietário. Não será de invocar o mandato doméstico do § 1357º do BGB para defraudar a solução do § 1369º do BGB. Não deve aplicar-se o § 1369º do BGB no caso de bens de uso pessoal de um dos cônjuges ou utilizados profissionalmente por um deles (Martin Lipp, *Examens-Repetitorium, Familienrecht*, Heidelberg, C.F. Müller, 2001, p. 84, e Gernhuber/Coester-Waltjen, *ob. cit.*, § 35, III, 2, p. 382). Incluem-se, assim, no § 1369º do BGB os móveis, tapetes, quadros, as cortinas, as roupas do lar, equipamentos elétricos, eletrodomésticos e até um automóvel se utilizado no interesse comum da família (Staudinger, *ob. cit.*, §§ 1363º-1563º, § 1369 Rdn. 11-27, pp. 122-125). Pode colocar-se a dúvida do possível deslocamento da norma do § 1369º do BGB, dado que a mesma, visando a proteção da base económica da família, deveria aplicar-se a todos os casamentos, independentemente do regime de bens, tal como as normas dos §§ 1353º e segs. do BGB, e não apenas à *Zugewinngemeinschaft*, como acontece (MünchKomm – *Gernhuber*, § 1369 Rdn. 3, p. 395).

[255] Bens esses que são no fundo os mais valiosos, já que a maioria dos cônjuges gasta a maior parte dos seus rendimentos em habitação, comida e vestuário (Mary Ann Glendon, *The Transformation of Family Law. State, Law, and Family in the United States and Western Europe*, Chicago/London, The University of Chicago Press, 1989, p. 135).

Por outro lado, e constituindo outra exceção à regra da livre disponibilidade dos bens móveis pelo cônjuge administrador, não pode o cônjuge sem o consentimento do outro alienar bens móveis, próprios ou comuns, utilizados conjuntamente pelos cônjuges como instrumento comum de trabalho (art. 1682º, nº 3, al. *a*), *in fine*). Visando proteger o exercício da profissão por cada cônjuge, deixa de aplicar-se a norma quando os bens se inutilizarem ou deixarem de ser aptos para o fim a que se destinavam[256].

Finalmente, não pode o cônjuge que tem poderes de administração sobre bens móveis próprios do outro, nos termos do art. 1678º, nº 2, alienar esses móveis de que tem a administração, sem o consentimento do outro cônjuge (art. 1682º, nº 3, al. *b*)).

Importa ainda referir que se um dos cônjuges alienar ou onerar bens móveis comuns por negócio gratuito sem consentimento do outro, será o valor dos bens alienados ou a diminuição do valor dos bens onerados levado em conta na meação do disponente, salvo se a alienação ou oneração corresponderem a uma doação remuneratória (art. 941º) ou a um donativo usual (art. 940º, nº 2) (dado normalmente, nestes casos, constituírem encargos da vida familiar, ainda que praticados por um só dos cônjuges) (art. 1682º, nº 4)[257]. Não seria justo que, tratando-se de bens comuns, um só dos cônjuges, por que os administra, os pudesse alienar a título gratuito, fazendo "eventualmente *caridade* (em parte) *à custa alheia*, ou seja, à custa do outro cônjuge"[258]. Por isso, a lei estabelece um regime especial para os atos de alienação gratuita dos bens comuns administrados por um só dos cônjuges, ou seja, a sua validade não depende do consentimento do outro cônjuge, mas a sua realização, sem esse consentimento, penaliza o alienante pelo custo total da operação, nas relações internas. De facto, será imputado todo o valor da alienação ou oneração na meação do cônjuge alienante[259].

Para o ordenamento jurídico francês nenhum dos cônjuges pode dispor de bens comuns (móveis ou imóveis), entre vivos, a título gratuito (art. 1422º do

[256] Pires de Lima/Antunes Varela, *Código Civil…*, *cit.*, vol. IV, p. 301.

[257] A solução resultava já do disposto no art. 1118º do Cód. de Seabra.

[258] Antunes Varela, *ob. cit.*, p. 387.

[259] Acrescenta A. Lopes Cardoso, *A Administração dos Bens…*, *cit.*, pp. 304 e 305, que, nos termos do art. 1689º, deve entender-se que, na falta ou insuficiência da meação do cônjuge alienante, respondem os bens próprios dele.

Cód. Civil francês), exigindo-se sempre o consentimento de ambos[260], bem como, desde a *Ordonnance* nº 2006-346, de 23 de março de 2006, que introduziu uma segunda alínea ao art. 1422º do Cód. Civil francês, não pode um só dos cônjuges garantir com um bem comum uma dívida de terceiro. Também no regime de participação nos adquiridos nenhum dos cônjuges pode dispor a título gratuito dos bens adquiridos, nos termos dos arts. 1573º e 1577º do Cód. Civil francês[261].

De igual modo, os arts. 1322º, 2º, e 1378º do Cód. Civil espanhol determinam a nulidade de todos os atos de disposição de bens comuns realizados a título gratuito sem o consentimento de ambos os cônjuges. E repare-se que a sanção não é a anulabilidade (art. 1322º, 1º, do Cód. Civil espanhol), como acontece no caso de disposição a título oneroso sem o consentimento de ambos os cônjuges quando este é necessário, mas a nulidade[262].

Os §§ 1425º e 1450º do BGB exigem também o consentimento de ambos os cônjuges para a doação de bens comuns. A falta de consentimento de um dos cônjuges para a doação, não sendo suprível judicialmente (§ 1426º do BGB), pode não invalidar o negócio gratuito se houver ratificação do outro cônjuge (§§ 1427º, 1453º, e 1366º do BGB). Caso contrário, o negócio é inválido (§ 1366º do BGB).

2.2. A disposição de bens imóveis

Quanto aos bens imóveis importa distinguir os regimes de comunhão e o de separação. Nos regimes de comunhão, cada um dos cônjuges não pode

260 A. Colomer, *Droit Civil..., cit.*, pp. 215-218. Isto com exceção das doações de baixo valor e de acordo com os usos e as doações dos ganhos e salários (Goubeaux/Voirin, *ob. cit.*, p. 60, e M. Grimaldi, *et allii*, *ob. cit.*, p. 158).

261 M. Grimaldi, *et allii*, *ob. cit.*, pp. 306-308. As sanções previstas nos arts. 1573º e 1577º do Cód. Civil francês são aplicáveis também aos atos fraudulentos praticados por um cônjuge, e que põem em causa o direito futuro do outro cônjuge, na participação nos adquiridos.

262 A razão da diferença de tratamento parece encontrar-se na necessidade de dotar os cônjuges de uma maior proteção no caso dos atos a título gratuito, dado que não há nestes uma contraprestação que venha substituir o bem de que se dispôs no património comum (M. Amorós Guardiola, *et allii*, *ob. cit.*, p. 1765). Favorece-se também o tráfego jurídico, facilitando os atos a título oneroso. L. Díez-Picazo/A. Gullón, *ob. cit.*, p. 191, encontram também o fundamento da diferença no facto de os atos de disposição onerosos admitirem a autorização judicial para suprimento da falta de consentimento de um dos cônjuges, o que não acontece nos atos a título gratuito, dado não serem propriamente atos necessários à economia familiar. A isto pode acrescentar-se o facto de que o terceiro é menos digno de proteção do que nos atos a título oneroso (Mª Eugenia Rodríguez Martínez, *ob. cit.*, pp. 203 e 204).

dispor dos seus bens próprios nem dos bens comuns sem o consentimento do outro (art. 1682º-A, nº 1, al. *a*)), sob pena de anulabilidade do ato (art. 1687º, nº 1). Também não pode dispor dos bens do outro cônjuge, sendo nula a disposição que faça desses bens (arts. 892º e 1687º, nº 4).

Portanto, cada um dos cônjuges não pode, sem consentimento do outro, alienar bens imóveis, próprios ou comuns (art. 1682º-A, nº 1, al. *a*))[263]. Repare-se que a lei fala em alienação e não promessa de alienação. De facto, é aceite que o simples contrato-promessa de disposição não carece do consentimento de ambos os cônjuges[264]. Além disso, o contrato-promessa

[263] Segundo Pereira Coelho/Guilherme de Oliveira, *ob. cit.*, p. 454, este regime mostra como o Cód. Civil continua a dar relevo especial à "riqueza imobiliária e fundiária; apesar de a evolução económica ter favorecido a valorização das ações, dos títulos em geral, o nosso legislador reconheceu que os imóveis continuam a ser os valores patrimoniais básicos das famílias...". Referem os autores o ac. do STJ, de 26.01.1999 (*BMJ*, nº 483º, 1999, p. 211), onde se decidiu que o marido não tinha de pedir o consentimento da mulher quando, em conjunto com os outros co-herdeiros de uma herança indivisa, deu de arrendamento certos prédios rústicos que pertenciam à herança. O STJ afirmou que o marido não era ainda dono dos prédios e até podia não chegar a sê-lo, dependendo da partilha que estava por fazer. V. também, Antunes Varela, *ob. cit.*, p. 389.
Também o art. 1424º do Cód. Civil francês contém norma idêntica, ao dispor que um cônjuge não pode, sem o consentimento do outro, alienar ou onerar bens imóveis, estabelecimentos comerciais e explorações dependentes da comunhão, nem os direitos sociais não negociáveis e os móveis corpóreos cuja alienação estiver sujeita a registo (p. ex., navios, aeronaves), nem receber os capitais provenientes de tais operações. Uma vez, porém, recebidos tais capitais com o consentimento do outro cônjuge, pode qualquer um utilizá-los livremente (em princípio, como refere A. Colomer, *Droit Civil..., cit.*, p. 214). Trata-se, porém, de uma limitação à disposição dos bens comuns e não dos próprios de qualquer um dos cônjuges (salvo se se tratar da casa de morada da família cuja disposição é limitada pelo art. 215º, 3º, do Cód. Civil francês). Incluem-se as vendas, trocas, participações em sociedades, constituição de hipotecas, servidões, direitos de superfície e de usufruto, etc., desde que voluntariamente realizadas, pois é possível que judicialmente um só dos cônjuges participe numa ação para defesa ou reivindicação de tais bens. V., A. Colomer, *Droit Civil..., cit.*, pp. 221-232. Repare-se que as obrigações decorrentes de tais contratos responsabilizam apenas o cônjuge contraente não obstante o consentimento do cônjuge. Este consentimento visa apenas validar o ato e não coobrigar-se.

[264] O mesmo era defendido à luz do Cód. de Seabra. O marido carecia do consentimento da mulher para alienar bens imóveis, mas a simples promessa não envolvia alienação. Tratava-se, portanto, de uma simples obrigação que o marido podia livremente contrair. V., Pires de Lima/Braga da Cruz, *ob. cit.*, p. 147, nota 1. E o mesmo entendimento era seguido no Cód. Civil de 1966 (v., A. Lopes Cardoso, *A Administração dos Bens..., cit.*, pp. 159-162, que nega, porém, que o cônjuge administrador possa por si só outorgar em escritura pública de promessa de compra e venda a que seja atribuída eficácia real). Também Léon Raucent, *Droit patrimonial de la famille..., cit.*, nº 157, refere, a propósito do direito belga, que a promessa de venda não carece do

celebrado por apenas um dos cônjuges só vincula este a realizar o contrato prometido. Ora, por o outro cônjuge não se obrigar a nada, nunca estará em falta quanto à declaração de venda. Por isso, não deveria ser obrigado a ressarcir qualquer dano que resulte, para o promitente-comprador, da não realização do contrato prometido[265]. Em sentido contrário, pronunciou-se o Assento do STJ nº 4/94, de 26.01.1994 (*Diário da República*, nº 69, Série I-A, de 23.03.1994), no sentido de que a dívida de restituição do sinal em dobro, por incumprimento de contrato-promessa de compra e venda de coisa imóvel, celebrado por um dos cônjuges, comerciante, no exercício

consentimento de ambos os cônjuges se dela resultarem meras obrigações. No mesmo sentido, e para efeitos do art. 215º do Cód. Civil belga, a promessa de constituição de hipoteca sobre a casa de morada da família não constitui ato de disposição, não carecendo do consentimento de ambos os cônjuges ("La promesse d'hypothèque n'est pas une hypothèque: elle n'en a ni les avantages ni les inconvénients", *Recueil Dalloz*, ano 178º, nº 26, 2002, p. 2119). Pronunciou-se também a favor da validade do contrato-promessa de venda de bens imóveis comuns o ac. da RC, de 30.01.2001 (*Col. Jurisp.*, tomo I, 2001, p. 24). Contra, entendendo que o marido não podia outorgar validamente um contrato-promessa de venda de bens imobiliários, v., Eduardo da Silva Carvalho, *ob. cit.*, vol. I, p. 152. Também contra, M. Grimaldi, *et allii*, *ob. cit.*, p. 161, e Malaurie/Aynès, *ob. cit.*, p. 51, que incluem a promessa de venda nos atos para os quais um dos cônjuges carece do consentimento do outro, bem como alguma jurisprudência francesa (v., p. ex., Simler, *et allii*, "Régimes matrimoniaux", *JCP* 1995.I.3821, p. 66). A jurisprudência italiana [p. ex., a decisão do Trib. Catania, de 28 de abril de 1986 (*Il Diritto di Famiglia e delle Persone*, ano XVI, 1987, p. 188), e App. Nápoles, de 15 de maio de 1981 (*Giur. Mer.*, ano XVI, I, 1984, p. 98, que exige o consentimento de ambos os cônjuges para a validade do contrato-promessa de compra e venda)] considera a promessa de compra e venda, suscetível de execução específica (art. 2932º do Cód. Civil italiano) (contra, v., *Corte di Cassazione*, de 19 de maio de 1988, e Trib. Catania, de 29 de julho de 1986, que negam a possibilidade de execução específica de um contrato-promessa de bem imóvel comum realizado por apenas um dos cônjuges, dado que a "quota" respetiva desse cônjuge é indisponível; o terceiro contraente apenas poderá requerer uma indemnização pelos danos causados), um ato que carece do consentimento de ambos os cônjuges por ser ato de administração extraordinária. Assim, para os tribunais italianos, deve entender-se por ato de administração extraordinária não só os atos de disposição e alienação mas todos os atos que incidam direta ou indiretamente sobre o património (v., L. Bruscuglia, "L'amministrazione dei beni...", *ob. e loc. cit.*, p. 251 e nota 26, e pp. 302-305). A doutrina aponta no mesmo sentido – v., p. ex., Mastropaolo, "Del regime patrimoniale della famiglia. Commento all'art. 184º", *in* AAVV, *Commentario al diritto italiano della famiglia, cit.*, sob a direção de Cian/Oppo/Trabucchi, p. 201. Como refere A. Angiuli, "Preliminare di vendita di bene della comunione legale concluso da un solo coniuge e giudizio *ex* art. 2932 c.c.", *Giur. It.*, Junho, 2003, p. 1151, o contrato-promessa exige o consentimento de ambos os cônjuges (art. 180º), sob pena de anulabilidade, nos termos do art. 184º do Cód. Civil italiano. Contra, Corsi, *ob. cit.*, p. 141, para quem os contratos preliminares apenas têm efeitos obrigacionais.

[265] Neste sentido, Pereira Coelho/Guilherme de Oliveira, *ob. cit.*, pp. 454 e 455.

da sua atividade comercial, como promitente vendedor, seria da responsabilidade de ambos os cônjuges, nos termos e com as ressalvas previstas na al. *d*) do nº 1 do art. 1691º.

É também invocando o proveito comum, para efeitos do art. 1691º, nº 1, al. *c*), que a jurisprudência tem considerado comum a dívida resultante da restituição do sinal, ou perda do mesmo, pelo não cumprimento de contrato-promessa de compra e venda outorgado por apenas um dos cônjuges ou outros incumprimentos contratuais. Portanto, apesar de não ter qualquer interferência na celebração do contrato, que não é de disposição do bem mas de simples promessa de alienação, o outro cônjuge pode vir a responder por uma dívida resultante do seu incumprimento.

Contudo, tal solução vem deturpar o sistema legal. Ou seja, ainda que o contrato-promessa de compra e venda de imóveis não careça do consentimento do outro cônjuge, o contrato de compra e venda não pode realizar-se validamente sem o referido consentimento. Significa, portanto, que a dívida decorrente do incumprimento resulta de uma obrigação que à partida não podia cumprir-se (sem o consentimento do cônjuge). Assim, o contrato de compra e venda seria anulável por falta de consentimento do cônjuge, mas este responderia por uma dívida decorrente do incumprimento de um contrato para o qual não quis dar o seu consentimento. Ora, tal resultado não parece correto e desvirtua o sentido da lei ao exigir o consentimento do cônjuge. Por isso, entendemos que a dívida nesse caso deverá ser própria do cônjuge que a contraiu (art. 1692º), já que a dívida para responsabilizar ambos os cônjuges deverá ser validamente contraída, isto é, não decorrer de um contrato que não pode cumprir-se sem o consentimento do outro cônjuge.

Quanto à possibilidade de execução específica de contrato-promessa de compra e venda celebrado apenas por um dos cônjuges, não é possível, como já referimos, recorrer a uma execução específica em que o tribunal se substitua ao cônjuge que não assinou, pois ele não se obrigou a realizar o contrato prometido, não podendo ser considerado como contraente faltoso[266].

[266] V., António Santos Abrantes Geraldes, "Execução específica de contrato-promessa de compra e venda celebrado apenas por um dos cônjuges", *Lex Familiae – Revista Portuguesa de Direito da Família*, ano 1, nº 1, 2004, pp. 95 e segs., e o ac. da RC, de 30.01.2001 (*loc. cit.*). No mesmo sentido tem-se pronunciado a jurisprudência italiana (v., Raffaele Caravaglios, *La comunione legale*, tomo I, Milano, Giuffrè Editore, 1995, pp. 769-777). Deste modo, e como

Em todo o caso, a negação da execução específica pode, em certos casos, ser excessiva, p. ex., quando se trate de um contrato-promessa de compra e venda celebrado pelo cônjuge que exerce a atividade de construção civil de onde extrai proventos que revertem em benefício do casal ou que se dedica profissionalmente à atividade de revenda de imóveis para o efeito adquiridos[267]. Repare-se que, nestes casos, tem sido entendido que um cônjuge não necessita do consentimento do outro para alienar, pelo que também será de excluir a sua intervenção ou consentimento no respetivo contrato-promessa.

Além disso, a viabilidade da execução específica pode ainda decorrer de uma confirmação tácita por parte do cônjuge da atuação do outro. Neste sentido, o ac. da RL, de 24.10.2002 (*Col. Jurisp.*, tomo IV, 2002, p. 101), admitiu a execução específica com base no facto de o cônjuge do promitente vendedor não ter tido qualquer reação relativamente ao contrato-promessa, não obstante este ter sido seguido da entrega do bem ao promitente comprador. A inércia revelada pelo cônjuge do promitente vendedor traduziria a confirmação tácita da atuação do seu cônjuge. António Santos Abrantes Geraldes critica esta posição considerando que esta confirmação tácita é insuscetível de convalidar uma alienação que ainda não existiu e cujos efeitos jurídicos se procuram por recurso à execução específica[268]. De facto, também nos parece que a confirmação tácita terá de ser do próprio contrato de compra e venda e não do respetivo contrato-promessa.

A possibilidade da ação de execução específica pode também decorrer das especiais circunstâncias do contrato, se revelarem que a exclusão da execução específica é manifestamente inadequada, por implicar violação das regras da boa fé, da confiança ou dos fins das normas que regulam as ilegitimidades conjugais[269]. Com frequência a invocação da ausência da intervenção ou do consentimento do outro cônjuge constitui argumento usado apenas para favorecer o promitente incumpridor.

Não deve aplicar-se a norma da necessidade do consentimento prevista na al. *a*) do nº 1 do art. 1682º-A, quando a alienação de imóveis ou a cons-

referem Pereira Coelho/Guilherme de Oliveira, *ob. cit.*, p. 455, é duvidoso que na prática um comprador interessado se contente com um contrato-promessa assinado apenas por um dos cônjuges, em vez de obter o consentimento dos dois.

[267] António Santos Abrantes Geraldes, *loc. cit.*, p. 96.

[268] António Santos Abrantes Geraldes, *loc. cit.*, p. 98.

[269] António Santos Abrantes Geraldes, *loc. cit.*, pp. 99 e 100, e p. 101.

tituição de direitos de arrendamento sobre eles, praticadas pelo empresário, constituir o objeto da empresa (como acontece, p. ex., em relação às vendas de andares praticadas pelo empresário da construção civil). Neste caso, a alienação dos imóveis constitui um ato de administração ordinária da empresa, a cargo do empresário, sem necessidade do consentimento do seu cônjuge[270]. Vasco Lobo Xavier e Henrique Mesquita assentam a razão de tal entendimento no princípio da liberdade de escolha e exercício de uma profissão por parte de qualquer dos cônjuges, assentando aí a administração exclusiva do cônjuge empresário, quando a empresa for um bem comum do casal[271]. Não convém à gestão de um estabelecimento que o cônjuge não comerciante pratique sozinho atos de administração ordinária e intervenha necessariamente na administração extraordinária do mesmo. Além disso, entendem que a necessidade do consentimento do outro cônjuge para a alienação de imóveis foi pensado para aquelas disposições que raramente acontecem, o que não é o caso da alienação de imóveis que integram o objeto de uma empresa, que ocorrem frequentemente e exigem uma decisão rápida. Aliás, este entendimento era também defendido por Cunha Gonçalves, a propósito da liquidação das sociedades comerciais, onde, nos termos do então art. 134º, § 1º, nº 3, do Cód. Comercial, era necessária a autorização dos sócios para os liquidatários venderem bens imobiliários por venda particular[272]. Referia o autor que se o objeto da sociedade fosse a compra e revenda de bens imóveis tal autorização não era necessária.

Como já referimos não basta tal princípio, ou seja, a entrada na administração exclusiva da empresa comum ou na administração da empresa que pertença ao cônjuge estará na lei ou no mandato, mesmo que tácito, conferido pelo cônjuge do empresário, como referimos[273]. Assim, a possibi-

[270] V., Vasco G. Lobo Xavier/Henrique Mesquita, *loc. cit.*, p. 60 (para quem o problema se coloca em relação a outras empresas exploradas em nome individual e cujo fim se traduza numa atividade que envolva a alienação ou arrendamento de imóveis – p. 59), e Castro Mendes, *Direito da Família, cit.*, p. 133. Neste sentido também decidiram os ac. do STJ, de 10.02.2002 (*Col. Jurisp. (STJ)*, tomo I, 2002, p. 32), e da RC, de 16.03.1982 (*Col. Jurisp.*, tomo II, 1982, p. 82). Também Leite de Campos, *Lições..., cit.*, p. 399, entende que o ato de disposição de um bem móvel ou imóvel praticado pelo cônjuge comerciante, no exercício do seu comércio destinado à revenda dos bens, é um ato de administração ordinária, podendo dispor dele livremente.

[271] Vasco G. Lobo Xavier/Henrique Mesquita, *loc. cit.*, pp. 61-71.

[272] Cunha Gonçalves, *Comentário ao Código Comercial Português*, vol. I, Lisboa, Empresa Editora J. B., 1914, p. 313.

[273] V., *supra*, pp. 94 e segs.

lidade de um dos cônjuges empresário alienar os imóveis que façam parte do objeto da empresa sem consentimento do outro cônjuge decorre do art. 1678º, nº 2, al. *e*), ou da al. *g*), havendo mandato, e do art. 1682º, nº 2[274].

Também o art. 1421º, 2º, do Cód. Civil francês, determina que o cônjuge que exerce uma profissão tem o poder de praticar por si todos os atos de administração e disposição necessários àquela (sem prejuízo das limitações resultantes dos arts. 1422º a 1425º do Cód. Civil francês, que determinam os atos de cogestão – art. 1421º, 3º, do Cód. Civil francês).

A jurisprudência espanhola considera existir uma presunção de consentimento do cônjuge no caso de alienação de imóveis pelo outro cônjuge, quando a atividade deste é a compra e venda de imóveis[275]. Considera-se, portanto, que o cônjuge comerciante pode dispor dos bens relativos ao exercício do seu comércio, sejam móveis ou imóveis, sem o consentimento do outro cônjuge, dado tratar-se de um ato dispositivo que se integra nos poderes de administração, tal como acontece com o vendedor de carros ou de uma sapataria[276].

De igual modo, o art. 11º do Cód. Comercial de Macau estabelece que o empresário comercial, casado num regime de comunhão, não carece do consentimento do seu cônjuge para, no curso normal da sua atividade, alienar e onerar os bens que compõem a empresa comercial, para praticar atos de oneração ou disposição relativamente aos bens que representam o resultado da atividade da empresa comercial.

[274] Não obstante tratar-se da alienação de bens imóveis, dado que estes integram o objeto da empresa. Na verdade, tratando-se de ato de administração ordinária não segue as regras determinadas para a disposição dos bens (arts. 1682º-1682º-B), mas as regras do art. 1678º. Em todo o caso, melhor seria estabelecer uma exceção ao art. 1682º-A para este caso e não enquadrá-lo no art. 1682º, nº 2, que apenas regula atos de disposição sobre bens móveis, como entendem os autores referidos no texto.

[275] Lacruz Berdejo/Sancho Rebullida, *et allii*, *Elementos de Derecho Civil. Familia*, *cit.*, p. 228.

[276] Camino Sanciñena Asurmendi, *ob. cit.*, p. 247. Porém, o regime choca com o disposto no âmbito do registo de propriedade (arts. 91º a 96º do *Reglamento Hipotecario*) que exige o consentimento de ambos os cônjuges para a disposição de bens imóveis comuns (não excetuando os relativos ao exercício do comércio). Camino Sanciñena Asurmendi, *ob. cit.*, pp. 268 e 269, sugere a existência de um meio para que o conservador reconheça como válido o ato de disposição do comerciante no exercício da sua atividade sem o consentimento do outro cônjuge, pela introdução de uma norma que articulasse a regulamentação registal com a regulamentação mercantil.

Só a alienação da própria empresa carece do consentimento de ambos os cônjuges[277]. De facto, é preciso o consentimento do outro cônjuge para alienar o estabelecimento comercial, próprio ou comum (art. 1682º-A, nº 1, al. *b*)).

Repare-se, a este propósito, no direito francês, o princípio da administração exclusiva e da livre disposição relativo aos bens utilizados no exercício da profissão separada de um cônjuge (art. 1421º, 2º, do Cód. Civil francês, em ligação com o art. 223º do mesmo código). Ainda que o estabelecimento comercial, quando comum, careça do consentimento de ambos os cônjuges para a sua alienação (art. 1424º do Cód. Civil francês), os bens que o integram podem livremente ser alienados e onerados se no exercício da profissão. De facto, o cônjuge titular pode praticar os atos necessários ao exercício da profissão, incluindo renovação de *stocks*, compra e venda de certos bens, etc.[278]. Só carece do consentimento do seu cônjuge, mesmo para esses atos, se este colabora ou co-explora o mesmo estabelecimento comercial (cfr. o art. L121-5º do *Code de Commerce*).

O mesmo resulta dos §§ 1431º e 1456º do BGB, ao disporem que o cônjuge administrador, ou qualquer um dos cônjuges no caso de administração conjunta, que deu o seu consentimento ao outro para o exercício de uma atividade profissional independente (seja ou não comercial, podendo mesmo incluir-se o exercício de profissões como a de advogado ou médico), não precisa de o prestar novamente para os negócios relativos a essa mesma atividade, ainda que se entenda que é necessário o consentimento de ambos os cônjuges para a disposição do estabelecimento comercial em si (§§ 1365º e 1423º do BGB)[279]. E por esses atos fica também responsável o património comum e

[277] No mesmo sentido, Camino Sanciñena Asurmendi, *ob. cit.*, pp. 255-259, referindo que a disposição da empresa não se enquadra nos atos que o art. 6º do *Código do Comercio* refere, pelo que carece do consentimento de ambos os cônjuges. Além do mais o art. 1389º, 2º, do Cód. Civil espanhol, restringe os poderes do cônjuge administrador quanto à alienação de estabelecimentos comerciais, exigindo a autorização judicial, o que com maior razão deverá exigir-se no caso de não ter os poderes de administração conferidos nos arts. 1387º e 1388º do Cód. Civil espanhol. O mesmo acontece no direito alemão, nos termos dos §§ 1365º e 1423º do BGB, equiparando-se a disposição da empresa à disposição da totalidade do património, e no direito francês (art. 1424º do Cód. Civil francês).

[278] F. Terré/Ph. Simler, *ob. cit.*, p. 363, e Montanier, *ob. cit.*, p. 142.

[279] O § 1365º do BGB, cuja razão de ser se encontra na proteção da base económica da família (e, indiretamente, na salvaguarda do futuro balanço do património final adquirido – v., MünchKomm – *Gernhuber*, § 1365 Rdn. 1, p. 351), coloca o problema de saber o que deve entender-se

por disposição do património no seu conjunto („... *Vermögen im Ganzen*"), tanto mais que a lei não refere de modo uniforme tal património („*künftiges vermögen*" no § 310º, „*gegenwärtiges vermögen*" no § 311º, „*vermögen eines anderen*" no § 419º, todos do BGB – v., Martin Lipp, *ob. cit.*, p. 78). Entende-se que o § 1365º do BGB deve aplicar-se mesmo que se trate da disposição de um ou certos bens mas que constituam de facto o património do cônjuge ou quase todo esse património (*Einzeltheorie*), sendo necessário em cada caso aferir qual o património que resta para assim se poder concluir (Beitzke/Lüderitz, *ob. cit.*, p. 124, e Lüderitz/Dethloff, *ob. cit.*, pp. 105 e 106). A jurisprudência alemã tem entendido que só deve aplicar-se a norma em causa se o outro contraente sabia que o ato incidia sobre todo ou quase todo o património do cônjuge ou, pelo menos, tinha todos os elementos para o poder constatar (defendendo a *Einzeltheorie* numa vertente subjetiva). Também já decidiu que a oneração de um imóvel com um direito real de habitação (*dingliches Wohnrecht*) está incluída no preceito legal se o valor do imóvel baixar a um ponto tal que resta ao cônjuge proprietário uma parte ínfima do seu património. Pelo contrário, tem rejeitado a inclusão na norma de uma obrigação de pagamento, p. ex., uma caução, mesmo que tal obrigação possa pôr em perigo a totalidade do seu património. Gernhuber/Coester-Waltjen, *ob. cit.*, § 35, II, 1, p. 372, ainda que, por regra, afastem essa possibilidade, admitem que o § 1365º do BGB possa incluir não apenas as vendas mas também os negócios a crédito (empréstimos) e até negócios abstratos (letras, cheques), cuja dívida afete a totalidade do património comum e haja sujeição de tais contratos à ação executiva, se, pela celebração de tais contratos, existir fraude à lei (e, pela mesma razão, consideram que a disposição de participações sociais por um dos cônjuges poderá exigir o consentimento do outro no caso de haver fraude à lei – pp. 521 e 522). Mas afastam a necessidade do consentimento quanto aos encargos que oneram a propriedade mas que impliquem aquisições para aumento dos bens. Neste sentido, MünchKomm – *Gernhuber*, § 1365 Rdn. 57, pp. 365 e 366, considera que no caso de eventual constituição de hipoteca, por necessidade de recurso ao crédito para aquisição de bens, por se tratar de aumentar o património, será de afastar a necessidade do consentimento do cônjuge. Mas, por outro lado, tratando-se de negócios jurídicos dos quais resultam dívidas, onde não haja qualquer aquisição de bens, importa aferir a relação entre o bem hipotecado e os restantes bens para determinar a possibilidade de aplicação do § 1365º do BGB (pp. 361 e 362).

V., sobre a consideração como disposição sobre o património no seu conjunto a de um bem individual, e as diferentes teorias (*Gesamttheorie* e *Einzeltheorie* (subjetiva ou objetiva)), entre outros, Soergel-Lange § 1365 Rdn. 9-21, pp. 178-180, Beitzke/Lüderitz, *ob. cit.*, pp. 125 e 126, e Lüderitz/Dethloff, *ob. cit.*, pp. 105-107, e Gernhuber/Coester-Waltjen, *ob. cit.*, § 35, II, 2-6, pp. 372-377.

Assim, por ato de disposição na sua totalidade entende a doutrina dominante não só aquele que incide sobre todo o património existente num dado momento, mas também o ato através do qual se alienem determinados bens ou valores que representem substancialmente o património inteiro. Será o caso, p. ex., da venda da única casa que se possui. Rita Lobo Xavier, "Reflexões sobre a posição do cônjuge meeiro...", *loc. cit.*, p. 114, acrescenta também a alienação de uma participação social numa sociedade por quotas. Também MünchKomm – *Gernhuber*, § 1365 Rdn. 71, p. 370, Thomas Rauscher, *ob. cit.*, p. 236, e Schröder/Bergschneider, *ob. cit.*, Rdn. 4.43, p. 143, são da mesma opinião se há uma afetação, ainda que virtual, do património no seu conjunto. Karl Haegele, "GmbH und verfügungsbeschränkungen der

o património próprio do cônjuge administrador ou do outro cônjuge administrador (§§ 1437º e 1438º, e §§ 1459º e 1460º do BGB).

O estabelecimento comercial é o conjunto de valores afetado por uma ou mais pessoas singulares ou coletivas, ou por uma sociedade, à exploração de um certo ramo de atividade comercial ou industrial, constituindo uma universalidade de direito sendo, portanto, um bem móvel (arts. 204º e 205º)[280]. Tratando-se de um bem móvel podia incluir-se no grupo dos bens livremente alienáveis pelo cônjuge administrador. Porém, dada a sua importância pareceu razoável exigir-se o consentimento dos dois cônjuges para a sua alienação, quer o bem seja comum ou próprio de algum deles[281]. Pela mesma razão, a lei aplicou ao estabelecimento comercial as restrições que valem para a oneração de imóveis e a sua locação (art. 1682º-A, nº 1, al. b)). Estranhamente a lei não refere a necessidade do consentimento para a constituição de outros direitos pessoais de gozo sobre o estabelecimento[282].

Um cônjuge não pode também, sem o consentimento do outro, onerar bens imóveis, próprios ou comuns, através da constituição de direitos reais de gozo ou de garantia e ainda dar de arrendamento esses bens[283]

Zugewinngemeinschaft", *GmbH-Rundschau*, ano 56º, 1965, p. 190, considerava também necessário o consentimento do cônjuge, de acordo com o § 1365º do BGB, para o cônjuge sócio vender a participação social, se a venda afetar o património do cônjuge na sua totalidade, ou virtualmente o possa vir a afetar.

[280] Antunes Varela, *ob. cit.*, p. 390.

[281] V., Braga da Cruz, "Capacidade patrimonial...", *loc. cit.*, p. 372.
No ordenamento jurídico francês é necessário o consentimento de ambos os cônjuges para a alienação ou oneração de estabelecimento comercial mas apenas quando este seja um bem comum (art. 1424º do Cód. Civil francês). Acrescenta também o art. art. L121-5º do *Code de Commerce*, sobre os cônjuges dos artesãos e comerciantes que trabalham na mesma empresa comercial, que é necessário o consentimento do cônjuge do comerciante, que participa na atividade profissional da mesma empresa, para alienar ou onerar os elementos que integram o estabelecimento comercial comum e que sejam necessários à exploração da empresa e para arrendar o mesmo e receber os capitais provenientes dessas operações (Didier Martin, *ob. cit.*, pp. 177-194, e A. Colomer, *Droit Civil...*, *cit.*, p. 225).

[282] E, por isso, entende Leite de Campos, *Lições..*, *cit.*, p. 398, pode cada um dos cônjuges constituir outros direitos pessoais de gozo sobre o estabelecimento sem o consentimento do outro.

[283] Ainda que a locação seja considerada, em princípio, um ato de administração ordinária (art. 1024º), a sua inclusão nos atos de disposição justifica-se pelo facto de o exercício dos direitos do arrendatário também provocar uma privação das faculdades do proprietário. O mesmo se diga de outros direitos pessoais de gozo, como o comodato. V., Antunes Varela, *ob. cit.*, p. 389. O mesmo se passa no direito italiano (v., De Paola, *Il diritto patrimoniale della famiglia...*, *cit.*, p.

ou constituir sobre eles outros direitos pessoais de gozo (art. 1682º-A, nº 1, al. *a*))[284]. A constituição de direitos reais de gozo implica uma limitação

537) e no direito francês (v., art. 1425º do Cód. Civil francês, e A. Colomer, *Droit Civil..., cit.*, pp. 214 e 215). Neste último, porém, exige-se apenas a intervenção de ambos os cônjuges, ou de um com o consentimento do outro, se se tratar de arrendamento de terreno rural ou imóvel comum para fim comercial, industrial ou artesanal, ficando os restantes arrendamentos sujeitos às regras previstas para os arrendamentos realizados pelo usufrutuário (art. 595º do Cód. Civil francês). Para estes não é, em princípio, necessário o consentimento do outro cônjuge, salvo tratando-se da situação prevista no art. L121-5º do *Code de Commerce* (onde o arrendamento fica sujeito ao consentimento do cônjuge que trabalha na mesma empresa). Não deve, porém, esquecer-se a sujeição da disposição dos imóveis ao consentimento dos cônjuges nos termos do art. 215º do Cód. Civil francês, que inclui também o arrendamento, além da disposição do art. 1751º do Cód. Civil francês.

Castro Mendes, *Direito da Família, cit.*, pp. 130 e 131, nota que se ambos os cônjuges administram um dado prédio rústico e um deles vende certos frutos do mesmo, tem legitimidade para tal, dado tratar-se de um ato de administração ordinária (arts. 1678º, nº 3, 1ª parte, e 1682º, nº 1). Mas se um dos cônjuges pretender arrendar o prédio já não o poderá fazer sem o consentimento do outro, dado que o arrendamento é encarado como ato de disposição (art. 1682º-A, nº 1, al. *a*)). À luz da redação do Cód. Civil de 1966, o arrendamento só era qualificado como ato de disposição se tivesse prazo superior a seis anos. Só neste caso, e salvo se vigorasse o regime de separação de bens, o cônjuge administrador carecia do consentimento do outro para o arrendamento do imóvel. V., A. Lopes Cardoso, *A Administração dos Bens..., cit.*, pp. 174-177.

[284] A constituição de direitos pessoais de gozo está também sujeita ao consentimento de ambos os cônjuges no direito italiano, nos termos do art. 180º do Cód. Civil italiano, quanto ao regime de comunhão de adquiridos. A lei equipara-os sempre aos atos de administração extraordinária para efeitos da administração conjunta dos cônjuges (e, por maioria de razão, entende-se que são também atos de administração extraordinária a alienação e constituição de direitos reais – Gabrielli/Cubeddu, *ob. cit.*, p. 114). A intenção foi essencialmente a proteção da casa de morada da família e a subordinação dos atos a ela relativos ao consentimento de ambos os cônjuges. Aliás, a referência à casa de morada da família constava do projeto Iotti do código (v., Schlesinger, "Della comunione", *ob. e loc. cit.*, sob a direção de Carraro/Oppo/Trabucchi, p. 414, e A. Galasso, *ob. cit.*, p. 313). Entende alguma doutrina italiana que a limitação do art. 180º do Cód. Civil italiano não se aplica a todos os direitos pessoais de gozo, mas apenas àqueles adquiridos ou constituídos pela comunhão (no interesse da comunhão), uma vez que a limitação resulta da titularidade do bem. De facto, a lei não podia limitar a liberdade de contratar dos cônjuges. Assim, só limita no caso de contratos celebrados para a comunhão. Neste caso, será necessário o consentimento de ambos os cônjuges. Além disso, as dívidas contraídas por apenas um dos cônjuges relativamente à constituição de direitos pessoais de gozo para a comunhão não serão da responsabilidade do património comum, se contraídas por apenas um dos cônjuges, não sendo de aplicar o disposto no art. 186º, al. *c*), do Cód. Civil italiano (v., Schlesinger, "Della comunione", *ob. e loc. cit.*, sob a direção de Carraro/Oppo/Trabucchi, p. 415, e A. Fusaro, *ob. cit.*, p. 419). Por outro lado, e como referem alguns autores, os atos para constituição de direitos pessoais de gozo sobre bens de diminuto valor não são atos de admi-

nistração extraordinária, sendo de excluí-los da exigência da administração conjunta (p. ex., o empréstimo de um livro ou a locação de um local de diminuto valor). Além disso, a constituição de tais direitos sobre bens móveis não sujeitos a registo não gera a invalidade do ato (art. 184º, 3º, do Cód. Civil italiano). Deverá, assim, considerar-se que a exigência da administração conjunta é aplicada para os atos de constituição de direitos pessoais de gozo (locação e comodato) sobre bens imóveis da comunhão (L. Bruscuglia, "L'amministrazione dei beni...", *ob. e loc. cit.*, pp. 257 e 258). Nenhum dos cônjuges pode realizar um contrato de locação sem o consentimento do outro, salvo se se tratar de bens próprios seus ou destinados ao exercício da sua profissão (Schlesinger, "Del regime patrimoniale della famiglia...", *ob. e loc. cit.*, sob a direção de Cian/Oppo/Trabucchi, p. 172, defendendo uma interpretação restritiva da norma em causa). Não conseguimos, em qualquer dos casos, articular o regime da administração com a responsabilidade por dívidas: se a constituição de direitos pessoais de gozo carece do consentimento de ambos os cônjuges, sob pena de anulabilidade (art. 184º do Cód. Civil italiano), como pode dizer-se que a dívida, que pode resultar da constituição desses direitos pessoais de gozo por apenas um dos cônjuges, mas no interesse da família, responsabiliza a comunhão (art. 186º, al. *c*), do Cód. Civil italiano). Aliás, é isto mesmo que Enrico Messori, "Comunione legale tra coniugi e diritti personali di godimento", *Archivio giuridico Filippo Serafini*, nº 202º, 1 (Março), 1982, p. 118, refere ao dizer que se um cônjuge pratica sozinho um ato de administração extraordinária (p. ex., o arrendamento da casa de morada da família), apenas ele responde pela dívida daí decorrente (o pagamento das rendas), salvo se a contração da dívida for no interesse da família, não havendo anulabilidade do ato (dado que o autor considera que o art. 184º do Cód. Civil italiano apenas se aplica aos atos de disposição mesmo se estiverem em causa direitos pessoais de gozo). Repare-se que, neste caso, o cônjuge não contraente beneficia do arrendamento sem responder pelas dívidas a ele ligadas (p. 120). Também, Schlesinger, "Del regime patrimoniale della famiglia...", *ob. e loc. cit.*, sob a direção de Cian/Oppo/Trabucchi, p. 173, considera que o art. 180º do Cód. Civil italiano implica, neste sentido, uma derrogação do art. 186º, al. *c*), do mesmo código.
O direito espanhol não especifica quais os atos de disposição sobre os bens comuns que carecem do consentimento de ambos os cônjuges, devendo entender-se que se trata de atos que afetam a raiz do bem, nos termos já analisados neste trabalho. O art. 1377º do Cód. Civil espanhol determina que é necessário o consentimento de ambos os cônjuges para a disposição de bens comuns, nomeadamente, imóveis, acrescentando o art. 1320º do Cód. Civil espanhol a necessidade do consentimento para a disposição da casa de morada da família (e aqui seja bem comum ou próprio de um dos cônjuges). Decorre também dos arts. 1375º e 1377º do Cód. Civil espanhol que a constituição de direitos reais de garantia, como a hipoteca, está também sujeita ao consentimento de ambos os cônjuges (v., López Liz, *Bienes inmeubles y sociedad conyugal*, Barcelona, Bosch, 1998, pp. 138-143).
Os §§ 1424º e 1450º do BGB exigem o consentimento de ambos os cônjuges para disposição de bens imóveis pertencentes ao património comum, não especificando quais os atos em causa. É discutido também, para efeitos do § 1365º do BGB, saber se os encargos sobre a propriedade, sejam com direitos reais limitados (como o usufruto ou a servidão) ou com a constituição de direitos reais de garantia (p. ex., a hipoteca), se incluem como atos que podem virtualmente afetar o património no seu todo e, por isso, carecerem do consentimento do cônjuge não disponente. V., Staudinger, *ob. cit.*, §§ 1363º-1563º, § 1365 Rdn. 46-54, pp. 68-71

do uso e da fruição do bem que pode ser semelhante, na prática, à perda do valor do bem. A constituição de direitos reais de garantia pode acabar numa alienação forçada, sempre que não se cumpra a obrigação garantida.

Estas restrições à livre disponibilidade do cônjuge proprietário, tratando-se de imóveis próprios, parecem excessivas (o ordenamento jurídico italiano não prevê qualquer limitação a essa disposição, mesmo no caso da casa de morada da família)[285], além de que o regime das ilegitimidades conjugais, pensado para um modelo de riqueza fundiária, está hoje ultrapassado pela importância crescente dos valores mobiliários (depósitos bancários, ações, obrigações...)[286]. Estes, contrariamente àqueles, obe-

(defendendo a necessidade do consentimento nesses casos, consoante o efeito económico daí resultante: *„Nur solche „Verfügungen" über das „Vermögen im ganzen" im rechtstechnischen Sinne werden von § 1365 erfaßt, die das vorhandene Vermögen eines Ehegatten auch in ihrer „wirtschaftlichen", in ihrer vermögensrechtlichen bedeutung (nahezu) voll ausschöpfen")*, e Schwab, *Familienrecht*, 14ª ed., München, C. H. Beck, 2006, pp. 114-116.

[285] De facto, tratando-se da casa de morada da família os cônjuges deverão observar o art. 144º do Cód. Civil italiano, quanto ao acordo em relação à casa de morada da família, podendo qualquer um deles recorrer ao tribunal para resolver eventuais desacordos (art. 145º do Cód. Civil italiano). Mas não há norma que impeça o cônjuge proprietário de dispor de um bem próprio seu, que pode ser a casa de morada da família. Há apenas que observar, quanto à constituição de direitos pessoais de gozo sobre a mesma casa, o art. 180º, 2º, do Cód. Civil italiano, que exige o consentimento de ambos os cônjuges.
O direito alemão prevê idêntica restrição à livre disponibilidade dos bens próprios dos cônjuges no regime de *Zugewinngemeinschaft*, mas apenas quando estejam em causa disposições que possam afetar a totalidade do património (§ 1365º do BGB). O que significa que, não se tratando de disposições da totalidade do património, pode um cônjuge dispor livremente do seu bem próprio que constitui também a casa de morada da família, situação, aliás, notada por A. Rieg, "La participation aux acquêts en Allemagne et en France: deux visages d'une même institution", *in* AAVV, *Mélanges dédiés à Gabriel Marty*, Toulouse, Université des Sciences Sociales de Toulouse, 1978, p. 928.

[286] É evidente que, no caso de títulos nominativos, considerados bens comuns, este facto afasta a possibilidade de o cônjuge não titular poder administrar e dispor do título em causa (afastando-se da regra do art. 1682º, nº 1, e 1678º, nº 3, 1ª parte, tratando-se de ato de administração ordinária). Por outro lado, o cônjuge que figura como titular pode praticar todos os atos a ele relativos. Neste sentido, L. Bruscuglia, "L'amministrazione dei beni...", *ob. e loc. cit.*, p. 266. Leite de Campos, *Lições...*, *cit.*, pp. 399 e 400, analisa a questão da administração por um dos cônjuges de uma carteira de ações que é comum. Essa administração implica a sua venda e com o produto da venda a aquisição de outras e assim sucessivamente. Para alienar estas ações, bem comum, o cônjuge carece, de acordo com as regras gerais, do consentimento do outro. Porém, mesmo que não o obtenha, a alienação das ações é para o autor um ato de administração ordinária, podendo o administrador dispor do bem livremente. Só assim não será se a carteira de ações não constituir um património em movimento, mas dotada de estabilidade,

decem a um regime de livre movimentação (art. 1680º), sem as restrições dos regimes de administração e disposição dos bens do casal[287], protegido ainda pelo sigilo bancário. De facto, já Pires de Lima e Braga da Cruz, em 1953, a propósito da necessidade do consentimento para a alienação de bens imóveis, referiam que a necessidade de o marido ter o consentimento da mulher para dispor dos bens imóveis decorria da grande importância concedida à propriedade imobiliária na data da promulgação do Cód. de Seabra. "Hoje, a propriedade mobiliária, em muitos casos, apresenta uma importância superior à imobiliária, em consequência, sobretudo, do desenvolvimento dos capitais circulantes (...). Em consequência disto, o Código Civil encontra-se, hoje, um pouco antiquado nesta matéria, necessitando de ser profundamente refundido"[288]. Infelizmente, nem o legislador de 1966 nem o da Reforma de 1977 ponderaram tal facto.

Carece também do consentimento de ambos os cônjuges a alienação, oneração, arrendamento[289] ou constituição de outros direitos pessoais de gozo sobre a casa de morada da família (art. 1682º-A, nº 2, e 1682º-B)[290].

mantida em reserva. Neste caso, a sua alienação carece do consentimento do outro cônjuge. Na mesma lógica de obediência ao ritmo rápido da transação, Pereira Coelho/Guilherme de Oliveira, *ob. cit.*, p. 615, consideram que a aquisição de títulos na Bolsa não está sujeita ao regime do art. 1723º, al. *c*). Não seria viável que o outro cônjuge interviesse em cada ato de aquisição para declarar a proveniência do dinheiro. Por isso, consideram que a alienação de títulos e o reemprego subsequente dos valores próprios correspondem à gestão ordinária de uma carteira de títulos. No direito francês, entende-se que o art. 1424º do Cód. Civil francês não se aplica aos valores mobiliários, sejam ao portador ou nominativos, precisamente atendendo às exigências das técnicas bancária e da bolsa. A exigência do consentimento de ambos os cônjuges seria dificilmente compatível com as caraterísticas dos valores mobiliários que exigem rapidez na sua gestão (A. Colomer, *Droit Civil...*, *cit.*, p. 232).

287 Esperança Pereira Mealha, *ob. cit.*, p. 24.

288 Pires de Lima/Braga da Cruz, *ob. cit.*, p. 147, e Pires de Lima, "Anteprojecto...", *loc. cit.*, p. 17. V. também, Cunha Gonçalves, *Tratado de Direito Civil...*, *cit.*, vol. VI, p. 492, onde chama a atenção para as cada vez mais importantes e numerosas fortunas mobiliárias.
A importância dos bens móveis face aos imóveis era também referida por L. Ricca, "Gli atti di amministrazione nel regime patrimoniale della famiglia", *in* AAVV, *Studi sulla riforma del diritto di famiglia*, sob a direção de Ennio Russo, Milano, Giuffrè Editore, 1973, p. 472, a propósito da reforma do Direito da Família em Itália.

289 Nuno de Salter Cid, *ob. cit.*, p. 196, defende, no caso de a finalidade habitacional, secundária, estar contida num arrendamento rural, a extensão da tutela do art. 1682º-B. De igual modo, a tutela que esta norma concede à casa tomada de arrendamento deve ser estendida à casa habitada com fundamento num contrato de comodato (p. 229).

290 No Código Civil de 1966, a casa de morada da família não beneficiava de qualquer estatuto especial, estando sujeita às regras gerais de disposição sobre bens imóveis, ou seja, só podia ser

Visa-se salvaguardar a estabilidade da habitação familiar no interesse dos cônjuges e dos filhos, no decurso da vida conjugal. A lei visa proteger cada um dos cônjuges contra atos de disposição sobre a casa de morada da família praticados pelo outro cônjuge e que possam pôr em perigo a estabilidade da habitação familiar. De acordo com as regras gerais, o cônjuge proprietário da casa de morada da família poderia livremente onerá-la, vendê-la, doá-la... sem o consentimento do outro cônjuge e com prejuízo deste e dos filhos[291]. É evidente que a casa de morada da família mantém esta quali-

alienada ou onerada com o consentimento de ambos os cônjuges se estes fossem casados em regime de comunhão (se fossem em regime de separação, o seu proprietário podia dispor dela livremente). No caso de os cônjuges viverem em casa arrendada, o cônjuge arrendatário podia dispor livremente do direito ao arrendamento, sem necessidade do consentimento do outro cônjuge (dado não existir disposição semelhante ao art. 1682º-A, introduzido pela Reforma de 1977). Repare-se que, nos termos do art. 34º, nºs 1 e 3, do Cód. de Processo Civil, devem ser propostas por ambos os cônjuges, ou por um deles com consentimento do outro, ou contra eles, as ações de que possa resultar a perda ou a oneração de bens que só por ambos possam ser alienados ou a perda de direitos que só por ambos possam ser exercidos, incluindo as ações que tenham por objeto, direta ou indiretamente, a casa de morada da família. Se só ambos podem dispor dos bens, só ambos podem intervir processualmente se estão em causa os mesmos bens. Igual exigência é feita pelo art. 239º do Código de Procedimento e de Processo Tributário, em matéria de execução fiscal. Por isso, também determina o art. 786º do Cód. de Processo Civil a citação do cônjuge do executado quando esteja em causa a penhora de bens imóveis ou do estabelecimento comercial. E repare-se que esta intervenção de ambos os cônjuges processualmente no caso de bens imóveis era já exigida à luz do Cód. de Processo Civil de 1939: apesar da incapacidade da mulher casada exigia-se a participação processual de ambos os cônjuges quando estavam em causa bens imóveis (v., Alberto dos Reis, *Processo de Execução*, vol. I, 3ª ed. (reimpressão), Coimbra, Coimbra Editora, 1985, p. 206, e vol. II, reimpressão, Coimbra, Coimbra Editora, 1985, p. 230). Não refere, porém, o art. 786º do Cód. de Processo Civil a necessidade de citação do cônjuge nos casos em que esteja em causa a penhora de bens móveis para cuja alienação é também necessário o consentimento de ambos os cônjuges (bens utilizados conjuntamente pelos cônjuges na vida do lar ou como instrumento comum de trabalho – art. 1682º, nº 3). Defendendo o alargamento da citação do cônjuge do executado também nesses casos, v., Anselmo de Castro, *A acção executiva singular, comum e especial*, 2ª ed., Coimbra, Coimbra Editora, 1973, p. 180, e Mª José Capelo, "Pressupostos processuais gerais na acção executiva – A legitimidade e as regras da penhorabilidade", *Themis – Revista de Direito*, ano IV, nº 7, 2003, p. 92.

[291] A atual tendência é no sentido de uma tutela cada vez maior da casa de morada da família. Um dos problemas debatidos na doutrina estrangeira é o de saber se esta proteção abrange apenas a residência principal da família ou também a habitação secundária, de fim-de-semana ou de férias. V., Pereira Coelho/Guilherme de Oliveira, *ob. cit.*, pp. 459 e 460. O ac. da RC, de 12.01.1999 (*BMJ*, nº 483º, 1999, p. 278), considerou que a casa de morada da família não tem que ser a residência habitual do casal. Por isso, goza também da proteção conferida pelos arts.

dade se for e enquanto for a residência da família, fixada de acordo com o art. 1673º. A casa de morada da família só deixará de o ser se os cônjuges acordarem, expressa ou tacitamente, na alteração da sua residência, ou se o tribunal fixar uma nova residência a requerimento de qualquer dos cônjuges. Deixará também de existir casa de morada da família se os cônjuges resolverem separar-se e abandonarem ambos a casa onde moravam[292]. O mesmo acontece no caso de separação de pessoas e bens.

1682º-A e 1687º, a casa comprada em Portugal por um casal de emigrantes para a habitarem em tempo de férias. E com este problema relaciona-se o de saber se a proteção conferida pelo art. 1682º, nº 3, al. *a*), ao recheio da casa de morada da família, deve estender-se aos móveis utilizados numa residência secundária.

Para M. Grimaldi, *et allii*, *ob. cit.*, p. 29, A. Colomer, *Droit Civil...*, *cit.*, pp. 34 e 35, e Rémy Cabrillac, *ob. cit.*, p. 36, a casa de morada da família protegida pelo art. 215º, 3º, do Cód. Civil francês, corresponde à residência principal da família, não se aplicando, em princípio, à residência secundária. O mesmo acontece em relação à casa arrendada, nos termos do art. 1751º do Cód. Civil francês (p. 40). F. Terré/Ph. Simler, *ob. cit.*, p. 51, Flour/Champenois, *ob. cit.*, p. 109, M. Grimaldi, *et allii*, *ob. cit.*, p. 29, e Rémy Cabrillac, *ob. cit.*, p. 36, defendem ainda que se o local onde a família reside está em relação direta com a profissão exercida por um dos cônjuges ("*logement de fonction*"), e se a sua disposição está ligada a uma decisão profissional do seu titular, esta não exige o consentimento do outro cônjuge, tendo um estatuto à parte face ao art. 215º, 3º, do Cód. Civil francês, para salvaguarda da independência profissional dos cônjuges (art. 223º do Cód. Civil francês). A mesma razão vale para admitir a livre disposição no caso de habitação com um fim misto de habitação e profissional (salvo os casos em que a lei impõe a co-gestão: arts. 1424 º e 1425º do Cód. Civil francês, art. L. 411-68 do *Code rural*, e art. L121-5º do *Code de Commerce*).

Também o direito espanhol apenas contempla a casa de morada da família como residência principal da família, referindo o art. 1320º do Cód. Civil espanhol a *vivienda* habitual da família. A proteção do direito "a um teto" encontra também tradução no direito inglês (*Matrimonial Homes Act*), tendo o *Family Law Act* de 1994 denominado tal direito de *matrimonial homes rights* (Stephen Cretney, *Family Law*, 3ª ed., London, Sweet & Maxwell, 1997, pp. 95 e 96). Aliás, vigorando o regime de separação de bens, há uma preocupação no sentido da proteção da casa de morada da família, sendo apresentadas propostas no sentido de restringir o poder de disposição do titular da mesma sem o consentimento do cônjuge, de proteger a casa de morada comum contra execuções de credores, de presunção de compropriedade da mesma pelos cônjuges (v., S.M. Cretney/J.M. Masson, *Principles of Family Law*, 6ª ed., London, Sweet & Maxwell, 1997, pp. 227-230, e 7ª ed., 2003, pp. 167-172). O mesmo encontra tradução no direito escocês, onde *The Matrimonial Homes (Family Protection) (Scotland) Act 1981* estabeleceu regras limitativas do poder de disposição do cônjuge proprietário da casa de morada da família, visando essencialmente a proteção do outro cônjuge (v., Lilian Edwards/Anne Griffiths, *Family Law*, Edinburgh, W. Green/Sweet & Maxwell, 1997, pp. 301-325).

[292] Pronunciou-se neste sentido o ac. do STJ, de 10.05.1988 (*RLJ*, ano 123º, 1990/91, p. 366), ao apreciar um pedido de anulação apresentado pela mulher da alienação da casa de morada

Também os arts. 215º, nº 3, e 1751º do Cód. Civil francês (a que pode também acrescentar-se o art. 1424º do mesmo código) exigem o consentimento de ambos os cônjuges para a disposição da casa de morada da família e dos móveis que constituem o recheio da mesma ou para disposição do direito de arrendamento da mesma (mesmo que o contrato de arrendamento seja anterior ao casamento), sem prejuízo do suprimento judicial do mesmo (art. 217º do Cód. Civil francês)[293]. É importante referir que o art. 1751º do Cód.

da família, feita pelo marido, sem o consentimento dela. A venda tinha sido efetuada depois da separação de facto do casal, quando já nenhum dos cônjuges vivia na casa. Por seu lado, o ac. da RP, de 24.09.2001 (*Col. Jurisp.*, tomo IV, 2001, p. 197), decidiu que, mesmo havendo separação de facto, se um dos cônjuges continuar a habitar a casa o direito de habitação da casa e o direito de uso do recheio continuam a ser-lhe atribuídos, nos termos do art. 2103º-A. A. Colomer, *Droit Civil..., cit.*, p. 35, refere que, para proteção da casa de morada da família, para efeitos da sua disposição (art. 215º, nº 3, do Cód. Civil francês) não é indispensável que os cônjuges vivam juntos, sendo também necessário o consentimento de ambos para a sua disposição nas situações de separação de facto ou de crise conjugal. No mesmo sentido, Malaurie/Aynès, *ob. cit.*, p. 48.

[293] Uma das questões discutidas no ordenamento jurídico francês é a da determinação das fronteiras entre o art. 217º do Cód. Civil francês e o art. 219º do mesmo código, já que uma das situações previstas no art. 217º coincide com a do art. 219º, ou seja, a impossibilidade de um dos cônjuges manifestar a sua vontade. O art. 217º do Cód. Civil francês apenas se aplica aos casos em que um dos cônjuges pretende realizar um ato que está incluído nos seus poderes mas carece do consentimento do outro cônjuge. Ou seja, não serve, ao contrário do art. 219º do Cód. Civil francês, para os casos em que um cônjuge pretende praticar um ato incluído nos poderes do outro cônjuge (p. ex., um ato de administração ou disposição sobre um bem próprio do outro cônjuge em qualquer regime de bens, a alienação da casa de morada da família quando esta é bem próprio de um dos cônjuges...). V., Marty/Raynaud, *ob. cit.*, pp. 39 e 40, Cornu, *ob. cit.*, p. 121, e A. Colomer, *Droit Civil..., cit.*, p. 66. Este último autor fala de autorização a propósito do art. 217º do Cód. Civil francês e de habilitação quanto ao art. 219º do Cód. Civil francês (p. 122). Assim, alguns autores consideram que o art. 219º do Cód. Civil francês só poderá ser utilizado se o cônjuge não tem quaisquer poderes sobre o bem em relação ao qual solicitou a autorização judicial, e o art. 217º do Cód. Civil francês será utilizado quando o cônjuge tem algum poder (parcial) sobre o bem (Rieg/Lotz, *Technique des régimes matrimoniaux*, 2ª ed., Paris, Litec, 1984, p. 291, Marty/Raynaud, *ob. cit.*, pp. 39 e 46, François Boulanger, *Droit Civil de la Famille (aspects internes et internationaux)*, tomo I, 2ª ed., Paris, Economica, 1992, p. 294, Flour/Champenois, *ob. cit.*, pp. 118-122, e pp. 125 e 126, e Terré/Fenouillet, *Droit Civil. Les personnes, la famille, les incapacités*, 7ª ed., Paris, Dalloz, 2005, p. 403). Outros, pelo contrário, consideram que todos os atos que podem compreender-se no art. 217º do Cód. Civil francês podem também ser autorizados ao abrigo do art. 219º do mesmo código, ainda que os efeitos sejam diferentes (Aubry/Rau, *ob. cit.*, p. 105 e nota 37, Henri Mazeaud, *et allii*, *Leçons de Droit Civil. Régimes matrimoniaux*, *cit.*, p. 46 (ainda que considere que o art. 217º do Cód. Civil francês deveria apenas ser utilizado para os atos em que é preciso o

Civil francês, estabelecendo a contitularidade do arrendamento, determina a necessidade do consentimento de ambos os cônjuges para dispor do direito ao arrendamento da casa de morada da família, considerando-se o arrendamento no nome de ambos os cônjuges. Por isso, e em ligação ao passivo, ambos os cônjuges são solidariamente responsáveis pelas dívidas das rendas[294].

O art. L. 411-68 do *Code rural*, determinando que o cônjuge titular do arrendamento carece do consentimento do seu cônjuge, que participa na exploração agrícola, para denunciar, ceder ou obrigar o local arrendado, exige também o consentimento de ambos os cônjuges para a disposição do direito ao arrendamento rural. Quer se trate de bem comum ou próprio de qualquer um dos cônjuges, e não obstante a regra da administração singular dos bens próprios em qualquer regime de bens e a regra da administração disjunta para os bens comuns (salvo os casos dos arts. 1422º a 1425º do Cód. Civil francês e, em especial, para a limitação relativa ao art. 215º do Cód. Civil francês, o art. 1424º do Cód. Civil francês) nos regimes de comunhão; quer se trate de alienação a título oneroso ou gratuito.

Repare-se, porém, que o art. 215º, nº 3, do Cód. Civil francês, refere apenas os atos de disposição, ou seja, venda, doação, constituição de hipoteca, de usufruto, etc. A *Cour de Cassation* já entendeu que o cônjuge proprietário podia dispor da casa por testamento[295]. Discutiu-se também a possibilidade

consentimento de ambos os cônjuges), Goubeaux/Voirin, *ob. cit.*, p. 26, e A. Colomer, *Droit Civil..., cit.*, p. 67). Repare-se que o cônjuge autorizado ao abrigo do art. 217º do Cód. Civil francês obriga-se a si e à comunhão, se o regime for comunitário, mas não o seu cônjuge; ao passo que se o cônjuge atua com fundamento no art. 219º do Cód. Civil francês representa o seu cônjuge face a terceiros, ou seja, obriga o cônjuge representado e não o representante (Marty/Raynaud, *ob. cit.*, p. 45, e Henri Mazeaud, *et allii, Leçons de Droit Civil. La famille, cit.*, pp. 516 e 517). É essencialmente nas situações em que a lei excecionalmente exige a cogestão que se aplicará o art. 217º do Cód. Civil francês, que necessariamente terá de reportar-se a atos determinados e situações pontuais, servindo essencialmente para obter uma autorização, por forma a "desbloquear" uma situação. Diferente do art. 217º do Cód. Civil francês é também o art. 1426º do mesmo código, situação em que um dos cônjuges requer a substituição do outro cônjuge quanto aos seus poderes sobre os bens comuns (v., A. Colomer, *Droit Civil..., cit.*, p. 68).

[294] V., Annie Lamboley/Marie-Hélène Laurens-Lamboley, *Travaux dirigés de droit des régimes matrimoniaux*, 3ª ed., Paris, Litec, 2002, p. 62, e jurisprudência aí citada.

[295] V., Civ. 1.re, de 22 de outubro de 1974 (*JCP* 1975.II.18041), objeto de críticas por parte da doutrina francesa, pelo facto de o art. 215º, 3º, do Cód. Civil francês, não fazer qualquer distinção entre atos de disposição em vida ou por morte e por ser perigoso fazer cessar a proteção no momento em que ela será mais necessária. V., p. ex., Cornu, *ob. cit.*, pp. 90 e 112, e F. Terré/Ph. Simler, *ob. cit.*, p. 53. Defendem, porém, a posição jurisprudencial Marty/Raynaud,

de um cônjuge onerar a casa com a prestação de uma caução (dado esta não ser um ato de alienação)[296]. Ficam, obviamente, excluídos os casos de alienação forçada, como no de expropriação por utilidade pública ou de execução e penhora para pagamento de dívidas face aos credores.

Prevê também o direito espanhol, no art. 1320º do Cód. Civil espanhol, depois da Reforma de 1981, que é necessário o consentimento de ambos os cônjuges (ou a respetiva autorização judicial)[297] para a disposição dos direitos sobre a casa de morada da família (alienação, constituição de direitos reais limitados, hipoteca, arrendamento, etc.)[298] e sobre os móveis de uso ordinário da família (entendendo-se que se trata da generalidade dos móveis e não de um ato isolado)[299], independentemente do regime de bens adotado. A necessidade do consentimento de ambos os cônjuges impõe-se mesmo no caso de apenas um deles ser o titular dos direitos em causa[300]. A falta do referido consentimento (que pode ser prestado depois da prática do ato, mediante confirmação) implica a anulação do ato ou mesmo a sua nulidade se se tra-

ob. cit., p. 35, Flour/Champenois, *ob. cit.*, pp. 111 e 112, F. Lucet/B. Vareille, *Droit civil. Régimes matrimoniaux, libéralités, successions*, 2ª ed., Paris, Dalloz, 1997, p. 36, M. Grimaldi, *et allii*, *ob. cit.*, p. 31 (considerando que o art, 215º, 3º, do Cód. Civil francês, não se aplica aos atos de disposição por morte), Malaurie/Aynés, *ob. cit.*, p. 52, e *Droit Civil. La famille*, Paris, Éditions Cujas, 1987, p. 477, e Farafina L. Boussougou-Bou-Mbine, *La pénétration des idées communautaires dans les régimes séparatistes*, Paris, LGDJ, 1999, p. 56, nota 106. De facto, como defende o referido acórdão, inserindo-se o art. 215º do Cód. Civil francês na regulamentação do casamento, com a morte este dissolve-se, não sendo, assim, de aplicar a mencionada norma.

296 A. Colomer, *Droit Civil...*, *cit.*, p. 36. M. Grimaldi, *et allii*, *ob. cit.*, pp. 31 e 162, ao referir a exclusão da necessidade do consentimento no caso de alienações forçadas, refere o caso de execução dos bens na sequência da prestação de caução.

297 No regime de comunhão de adquiridos a autorização judicial só existirá no caso de disposição a título oneroso, sendo a disposição a título gratuito sem o consentimento do outro cônjuge nula (arts. 1377º e 1378º do Cód. Civil espanhol).

298 Sobre o conceito de *vivienda habitual*, v., Mª Pilar Alvarez Olalla, *ob. cit.*, pp. 421-429.

299 M. Amorós Guardiola, *et allii*, *ob. cit.*, p. 1506, e L. Díez-Picazo/A. Gullón, *ob. cit.*, p. 146.

300 Aplicando-se quando sejam os cônjuges comproprietários, quando sejam titulares do bem em comunhão, quando um deles seja o proprietário, sendo certo que nos dois primeiros casos há um ato de codisposição, enquanto no último caso um dos cônjuges não é parte interveniente no ato de disposição. O art. 12º da *Ley de arrendamientos urbanos*, de 24 de novembro de 1994 (com alterações subsequentes), refere o caso específico do direito ao arrendamento da casa de morada da família, e o art. 91º, 1º, do *Reglamento Hipotecario*, a inscrição dos atos de disposição sobre a casa de morada da família da titularidade de apenas um dos cônjuges (determinando que é necessária a prova de que a casa não é a de morada da família para a sua inscrição no registo).

tar de atos praticados a título gratuito (art. 1322º do Cód. Civil espanhol). O objetivo é, obviamente, evitar que, mediante um ato de disposição realizado por apenas um dos cônjuges, sem o consentimento do outro ou o respetivo suprimento judicial, o outro cônjuge e todos os membros da família tenham que abandonar a casa de morada da família[301].

A proteção da casa de morada da família encontra tradução também no art. 1321º do Cód. Civil espanhol no caso de morte de um dos cônjuges (que regula o chamado direito de sobrevivência ou de "*predetracción*" do cônjuge sobrevivente). Aí se dispõe que as roupas, móveis e equipamentos que integrem o recheio da casa de morada da família[302] (com exclusão de objetos artísticos, históricos e outros de valor extraordinário) são entregues ao cônjuge sobrevivo, sem se computar o valor na sua meação nos bens comuns nem na sua parte a título sucessório. Procura-se evitar que o cônjuge sobrevivo seja prejudicado nas mais elementares necessidades da sua vida com a morte do outro.

Por seu lado, nem o direito italiano nem o direito alemão dispõem de norma idêntica para proteção da casa de morada da família, preocupando-se apenas com essa proteção no fim do casamento (v. art. 540º, 2º, do Cód. Civil italiano, e § 1361ºb do BGB). Contudo, o art. 180º do Cód. Civil italiano faz referência à necessidade do consentimento dos cônjuges para os atos de constituição de direitos pessoais de gozo, nomeadamente, e em especial, quanto ao arrendamento da casa de morada da família[303].

[301] Por isso, Lacruz Berdejo/Sancho Rebullida, *et allii, Elementos de Derecho Civil. Familia, cit.*, p. 129, entendem que a venda da casa de morada da família pelo cônjuge proprietário sem o consentimento do outro mas com reserva de usufruto em proveito do cônjuge não se inclui na restrição do art. 1320º do Cód. Civil espanhol, dado que está assegurada a proteção da casa de morada da família. V. também, A. López/V.L. Montés/E. Roca, *et allii, ob. cit.*, p. 98, López Liz, *Bienes inmeubles y sociedad conyugal..., ob. cit.*, p. 123, e Román García, *El matrimonio y su economía (Régimen económico matrimonial legal y regímenes convencionales)*, Madrid, Fundación Beneficentia et Peritia Iuris, 2004, p. 67. Contra, Giménez Duart, "La organización económica del matrimonio...", *loc. cit.*, p. 88, que também neste caso acha preferível existir o consentimento do outro cônjuge ou respetivo suprimento judicial.

[302] Como referem L. Díez-Picazo/A. Gullón, *ob. cit.*, p. 147, a referência à casa de morada "comum" é desnecessária e até incorreta, dado que o art. 1321º do Cód. Civil espanhol aplica-se a qualquer regime de bens e, por isso, não é necessário que a casa seja comum nem que vigore o regime de comunhão entre os cônjuges.

[303] Na mesma lógica, as dívidas das rendas responsabilizam o património comum, nos termos do art. 186º, al. *c)*, do Cód. Civil italiano.

Pode acontecer, como refere Thomas Rauscher, *ob. cit.*, p. 229, no direito alemão, que um cônjuge, à luz do regime legal da *Zugewinngemeinschaft*, pode dispor livremente da casa de

Dispõe ainda o art. 1683º, nº 2, do nosso Cód. Civil, a propósito dos regimes de comunhão, que não pode um cônjuge sem o consentimento do outro repudiar heranças ou legados. Dado que, em princípio, a herança ou legado constituem um benefício, o seu repúdio significaria uma perda patrimonial como qualquer outra perda económica. Ambos os cônjuges são interessados, quer o bem se integre no património comum (art. 1732º), quer se integre no património do cônjuge chamado (art. 1722º, nº 1, al. *b*)), dado que o seu cônjuge sempre participará em metade dos frutos dos bens (arts. 1728º, nº 1, e 1733º, nº 2)[304]. Pelo contrário, pode qualquer dos cônjuges aceitar doações, heranças ou legados sem o consentimento do outro (art. 1683º, nº 1)[305]. Referem Pereira Coelho e Guilherme de Oliveira que "a aceitação, no nosso direito, não faz correr perigo, já que os encargos são limitados às forças da liberalidade" (arts. 963º, nº 2, 2071º e 2276º)[306]. Julgamos, todavia, que os riscos existem se o cônjuge aceitar herança sem ser em benefício de inventário. De facto, neste caso, cabe-lhe a prova de que

morada da família (salvo se se verificar a restrição do § 1365º do BGB), mas não pode dispor da televisão que integra o recheio da mesma (§ 1369º do BGB).

304 Se o chamado pretender, justificadamente, repudiar a herança ou legado e o seu cônjuge não der o necessário consentimento, fica dependente da notificação para dizer se aceita ou repudia, sob a cominação de o silêncio valer como aceitação (art. 2049º). Por isso, convém-lhe usar o meio de suprimento do consentimento conjugal, previsto no art. 1684º e nos arts. 1000º e 1001º do Cód. de Processo Civil. V., A. Lopes Cardoso, *A Administração dos Bens..., cit.*, pp. 179 e 180, e Pereira Coelho/Guilherme de Oliveira, *ob. cit.*, p. 465.

305 Em sentido oposto, no direito italiano tem sido entendido que é ato de administração extraordinária e, por isso, carece do consentimento de ambos os cônjuges, a aceitação da herança, bem como a recusa de legado ou de doação. V., Patrizia di Martino/Sergio Rovera, "La comunione legale tra coniugi: l'amministrazione dei beni", *in* AAVV, *Il Diritto di Famiglia. Il regime patrimoniale della famiglia*, sob a direção de G. Bonilini/G. Cattaneo, vol. II, Torino, Utet, 1997, p. 169 e nota 16.

Por seu lado, no direito alemão, o § 1432º do BGB, no caso de administração dos bens comuns por um dos cônjuges, e o § 1455º, 1º, do BGB, no caso de administração conjunta, dispõem que o cônjuge não administrador ou qualquer um dos cônjuges pode aceitar ou renunciar a herança ou doação sem consentimento do outro. Não aborda o BGB a situação do cônjuge administrador, já que este, tendo poderes administrativos e não estando nesta matéria limitados, poderá aceitar ou repudiar livremente heranças ou doações.

306 Pereira Coelho/Guilherme de Oliveira, *ibidem*. Também Pires de Lima/Antunes Varela, *Código Civil..., cit.*, vol. IV, p. 307. Parece-nos, porém, que a principal razão da distinção são motivos de ordem histórica. De facto, já o art. 1120º do Cód. de Seabra, que entendia-se ser de aplicar a todos os regimes de bens, afastando o art. 2024º (que exigia o consentimento para a aceitação e o repúdio), exigia o consentimento do outro cônjuge apenas para o repúdio da herança.

se excutiram os bens da herança. Não o conseguindo provar respondem todos os bens do cônjuge aceitante o que, obviamente, não o afeta só a si mas também ao seu cônjuge, sobretudo se, por força do regime de bens, os bens herdados ingressarem no património comum, situação em que responde também o património comum (art. 1693º, nº 2). Pode, porém, o cônjuge do aceitante impugnar o cumprimento dos encargos se demonstrar que o valor dos bens não é suficiente para a sua satisfação.

No regime de separação de bens cada um dos cônjuges pode dispor livremente dos seus bens imóveis próprios (art. 1682º-A, nº 1), salvo tratando-se da casa de morada da família, onde se aplica as mesmas restrições analisadas para os regimes de comunhão (arts. 1682º-A, nº 2, e 1682º-B). Não pode, porém, e logicamente, cada um dos cônjuges dispor dos bens do seu cônjuge sob pena de nulidade do ato (arts. 892º e 1687º, nº 4).

2.3. A necessidade do consentimento e as ilegitimidades conjugais

Para os atos referidos é necessário o consentimento do cônjuge. Este consentimento deve ser especial para cada ato (art. 1684º, nº 1)[307], permitindo

[307] Como refere o ac. do STJ, de 04.05.2000 (*BMJ*, nº 497º, 2000, p. 377), o consentimento deve ser dado caso a caso, e não de forma genérica, a fim de lhe garantir a genuinidade. V., sobre a especialidade do consentimento, Cristina Dias, "A especialidade do consentimento conjugal na alienação de imóvel próprio", *Cadernos de Direito Privado*, nº 15 (julho/setembro), 2006, pp. 65-72, onde se anota o ac. do STJ, de 28.03.2006. Estava em causa saber se o consentimento dado pelo cônjuge da Ré para a compra e venda prometida por anterior contrato-promessa de compra e venda estava de acordo com as exigências legais do art. 1684º do Código Civil. De facto, a Ré, casada no regime de comunhão de adquiridos, havia celebrado com o Autor um contrato-promessa de compra e venda de um imóvel, aí devidamente identificado e que a Ré veio a adquirir por partilha de herança, mediante o qual a Ré prometeu vender e o Autor comprar o mesmo imóvel, tendo o Autor entregue à Ré a totalidade do preço acordado. O marido da Ré declarou autorizar a mulher "a vender a quem, pelo preço e sobre as condições que entender, quaisquer prédios, parte de prédios ou direitos prediais, mesmo quinhões hereditários, que sejam seus bens próprios, designadamente nos concelhos de Vila Nova de Gaia e Gondomar, podendo para o efeito outorgar e assinar os documentos que forem necessários", tendo sido presencial o reconhecimento da assinatura do marido da Ré constante deste documento. O STJ julgou procedente o recurso de revista apresentado, no sentido de que o consentimento conjugal prestado pelo cônjuge da Ré nos termos descritos observou o requisito da especialidade previsto no nº 1 do art. 1684º do Código Civil.
A especialidade do consentimento só é possível concretizar em cada caso atendendo aos factos concretos. Ora, no caso apresentado, os factos apontavam para um consentimento especial para a alienação de imóveis que, na altura em que foi prestado o mesmo consentimento, pertenciam ao quinhão hereditário da Ré. O consentimento deve ser especial mas

que o consentimento do cônjuge seja ponderado, podendo ser expresso ou tácito. Em todo o caso, o consentimento está sujeito à forma exigida para a procuração (art. 1684º, nº 2), ou seja, à forma exigida para o respetivo negócio ou ato jurídico (art. 262º, nº 2). Assim, o consentimento para a constituição de direitos reais sobre imóveis, salvo disposição legal em contrário[308], deverá ser prestado por escritura pública[309]. Porém, o art. 117º do Cód. do Notariado, uma das disposições em contrário ressalvadas no art. 262º, nº 2, admite que a procuração revista outras formas. É normalmente através da intervenção simultânea dos dois cônjuges no ato que o consentimento é prestado[310].

A autorização do cônjuge pode ser revogada enquanto o ato para que foi concedida não estiver começado; caso contrário, se este já se iniciou, o cônjuge só a pode revogar reparando o prejuízo que eventualmente resulte da revogação para o terceiro[311]. A lei não refere a forma da revo-

não deve entravar a autonomia de disposição do proprietário dos bens, como ocorre com os imóveis em causa, bens próprios da Ré. Assim, o consentimento do marido da Ré ao declarar autorizar a mulher "a vender a quem, pelo preço e sobre as condições que entender, quaisquer prédios, parte de prédios ou direitos prediais, mesmo quinhões hereditários, que sejam seus bens próprios, designadamente nos concelhos de Vila Nova de Gaia e Gondomar, podendo para o efeito outorgar e assinar os documentos que forem necessários", preenche o referido requisito da especialidade: foi especificado o tipo de negócio e o objeto do mesmo, devendo, por isso, e tendo presente a distinção entre mandato especial e geral, considerar-se especial o consentimento prestado pelo marido da Ré.

308 Referimo-nos ao procedimento especial de transmissão, oneração e registo de imóveis, aprovado pelo Dec.-Lei nº 263-A/2007, de 23 de julho (com alterações subsequentes), no caso dos negócios previstos no seu art. 2º, e aos arts. 714º e 875º do Cód. Civil.

309 Já nas Ordenações o consentimento da mulher para o marido dispor de bens imóveis ou bens de que o casal tivesse o usufruto era exigido, devendo ser prestado expressamente.

310 Também o consentimento para a disposição da casa de morada da família, no direito francês (art. 215º, 3º, do Cód. Civil francês), pode ser conferido por qualquer forma, desde que certo e expressamente relativo à alienação (A. Colomer, *Droit Civil..., cit.*, p. 38). Tal consentimento não precisa de ser prestado no ato em causa, podendo ocorrer ulteriormente por ratificação, nos termos do art. 1427º do Cód. Civil francês (mesmo autor e obra, pp. 230 e 231). Pode mesmo haver consentimento assente na teoria da aparência, ou seja, pelas circunstâncias do caso criou-se a aparência face a terceiros de que o consentimento existiu (M. Grimaldi, *et allii*, *ob. cit.*, p. 35). No direito italiano, não se refere a forma do consentimento, sendo também normalmente prestado pela presença do cônjuge no ato de alienação (L. Bruscuglia, "L'amministrazione dei beni...", *ob. e loc. cit.*, p. 294).

311 Esta solução estava expressamente consagrada no art. 1197º do Cód. de Seabra, relativamente à autorização do marido para os atos praticados pela mulher. V., Pires de Lima/

gação, devendo estender-se à revogação as mesmas exigências de forma quanto ao próprio consentimento (arts. 1684º, nº 2, do Cód. Civil, e 117º do Cód. do Notariado)[312].

Importa distinguir a atuação dos cônjuges consoante o ato em causa foi praticado pelos dois ou por um com o consentimento do outro. De facto, se ambos intervêm no ato de disposição, ambos serão responsáveis na relação contratual em causa e face a terceiros. Se atuou um com o consentimento do outro, este não está vinculado, tendo apenas prestado o seu consentimento para conferir validade ao ato[313]. Em todo o caso, não parece ser este o resultado se analisarmos o problema do ponto de vista da responsabilidade por dívidas. Na realidade, pode o cônjuge que não está vinculado ao ato e que nele apenas consentiu vir a responder pela dívida em causa se ela for comum (arts. 1691º, nº 1, al. *a*), e 1695º), e até solidariamente se os cônjuges estiverem casados em regime de comunhão (art. 1695º, nº 1).

No caso das ilegitimidades conjugais, o efeito do consentimento é o de validar o ato praticado pelo cônjuge. No caso da contração de dívidas, dado que qualquer um dos cônjuges as pode contrair legitimamente sem o consentimento do outro, este permite a responsabilização do outro cônjuge e/ou do património comum.

O art. 1684º, nº 3, dispõe que o consentimento pode ser judicialmente suprido havendo injusta recusa ou impossibilidade, por qualquer causa, de o prestar. Portanto, o suprimento é admitido no caso de impossibilidade e no de injusta recusa, cabendo ao autor[314] não só a prova da recusa ou da

Braga da Cruz, *ob. cit.*, pp. 47 e 48. Apesar de o direito vigente não o prever continua assim a entender-se. V., Eduardo dos Santos, *ob. cit.*, p. 344.

312 Leite de Campos, *Lições..., cit.*, p. 403, e Pereira Coelho/Guilherme de Oliveira, *ob. cit.*, p. 467. Pereira Coelho, *Curso..., cit.*, 1986, p. 416, não defendia expressamente tal posição. Com efeito, dizia que não parecia que a revogação fosse formal, pois o código não exigia forma para a revogação da autorização e o caráter excecional do art. 1684º, nº 2, não permitia a sua aplicação analógica. Afirmava, porém, que a solução de estender à revogação a exigência de forma do art. 1684º, nº 2, "seria certamente a mais razoável".

313 Gardeazábal del Río, *ob. e loc. cit.*, p. 168, e pp. 169-171. Refere o autor que quando um dos cônjuges se limita a prestar o seu consentimento, não responsabiliza o seu património, mas apenas os bens comuns e os do cônjuge contratante. Também não estão vinculados os bens próprios do cônjuge não contratante no caso de o seu consentimento ter sido suprido por autorização judicial ou quando a lei permite a administração e disposição singular por um dos cônjuges.

314 O processo especial de suprimento judicial do consentimento é regulado nos arts. 1000º e 1001º do Cód. de Processo Civil.

É também nos casos de impossibilidade ou injusta recusa que o art. 217º do Cód. Civil francês prevê os casos de suprimento judicial.
O direito italiano prevê o suprimento judicial do consentimento de um dos cônjuges, que injustificadamente o recusou, no caso de ato de administração extraordinária ou de qualquer outro ato em que o consentimento é necessário, no art. 181º do Cód. Civil italiano. O tribunal apenas suprirá a referida falta quando se tratar de um ato necessário à satisfação do interesse da família ou da empresa familiar, visando evitar-se um prejuízo irreparável ao património comum. Repare-se que é preciso que o ato seja necessário e não meramente útil, como acontece, p. ex., quanto à disposição dos bens do fundo patrimonial (art. 169º do Cód. Civil italiano). Contra, atendendo ao critério da utilidade, A. Finocchiaro/M. Finocchiaro, *Riforma del diritto..., cit.*, p. 542, e Santosuosso, *Commentario del Codice Civile. Delle persone e della famiglia. Il regime patrimoniale della famiglia, cit.*, pp. 241 e 242, e *Beni ed attività economica..., cit.*, p. 135.
O art. 1377º, 2º, do Cód. Civil espanhol, prevê também a possibilidade do suprimento judicial do consentimento, necessário para a prática de atos de disposição de bens comuns, quando tal corresponda à satisfação do interesse da família e nos casos em que o cônjuge recusou injustificadamente o seu consentimento ou estiver impedido de o prestar. Há autores que entendem que esta autorização pode ser ulterior à realização do ato (L. Díez-Picazo/A. Gullón, *ob. cit.*, p. 193). Contra, Llopis Giner, *et allii, Curso Básico de Derecho de Familia*, Valencia, Editorial Práctica de Derecho, 2000, p. 102, e Lledó Yagüe, *et allii, ob. cit.*, p. 255. Por seu lado, e valendo a regra da administração (tal como a da disposição) conjunta dos bens comuns, o art. 1376º do Cód. Civil espanhol regula autonomamente a possibilidade de suprimento judicial no caso de recusa do consentimento para a prática de atos de administração que exigem o consentimento de ambos os cônjuges (e que não sejam atos urgentes, pois para estes vale o art. 1386º do Cód. Civil espanhol). Tal como para os atos de disposição, o tribunal pode suprir a falta de consentimento no caso de recusa injustificada de um dos cônjuges em prestá-lo ou em caso de impedimento. O art. 93º, 2º, do *Reglamento Hipotecario*, completa estes arts. 1376º e 1377º do Cód. Civil espanhol, ao dispor que para a inscrição dos atos de administração e disposição, a título oneroso, de bens comuns é necessário que os mesmos atos tenham sido realizados conjuntamente pelos cônjuges, ou por um com o consentimento do outro ou com a respetiva autorização judicial. Repare-se que a impossibilidade de prestar o consentimento prevista nos arts. 1376º e 1377º do Cód. Civil espanhol pode conduzir também à concessão da administração a um só dos cônjuges, nos termos do art. 1388º do Cód. Civil espanhol. Assim, pode o cônjuge, face à impossibilidade do outro, requerer o suprimento judicial para a prática de um ato ou que o tribunal lhe atribua a administração para a prática de atos administrativos (e dispositivos) em geral. V., M. Amorós Guardiola, *et allii, ob. cit.*, p. 1762.
O direito alemão, prevê, nos §§ 1426º e 1452º do BGB, a possibilidade de o tribunal suprir a falta de consentimento do cônjuge não administrador ou do outro cônjuge, consoante se trate de administração singular ou conjunta dos bens comuns, no caso de recusa injustificada na sua prestação e ainda, no caso de administração singular (§ 1426º do BGB), se o cônjuge não administrador não o puder prestar por doença ou ausência e a demora na prestação do consentimento acarretar perigo. Prevê ainda o § 1430º do BGB a possibilidade do suprimento do consentimento do cônjuge administrador, quando este injustificadamente o recuse para a prática de atos relativos a assuntos pessoais do outro cônjuge mas que carecem do consentimento do cônjuge administrador. A possibilidade de suprimento judicial do consentimento

impossibilidade, mas também a da vantagem ou necessidade da realização do ato. Parece-nos que, falando a lei em autorização judicial, a mesma deve ser anterior ao ato, ou seja, não se trata da confirmação do ato mas de autorizar a sua prática[315]. A ser assim pode surgir o problema da extemporaneidade da autorização judicial face ao ato que se visa realizar. De facto, a recusa injustificada de um cônjuge em prestar o seu consentimento pode provocar danos no património do outro cônjuge, sobretudo se se trata da disposição de bens próprios deste, que podem não ser afastados pelo suprimento judicial. E, mais uma vez, o cônjuge que recusou o consentimento e provocou danos não é, de acordo com as regras do Direito da Família (mas sem prejuízo do recurso às regras gerais da responsabilidade civil), responsabilizado pela omissão. Por isso, melhor seria se o suprimento judicial existisse não só como autorização de um ato (quando prestado antes da prática do mesmo) mas também como confirmação (suprimento judicial da ratificação) do ato já praticado (quando se demonstrasse que era necessário e urgente, sob pena de inutilidade do suprimento). Trata-se de um raciocínio idêntico ao que já defendemos na interpretação do consentimento para efeitos da al. *a*) do nº 1 do art. 1691º[316], ou seja, deve incluir-se não só o consentimento prévio ao ato mas também a ratificação do mesmo ato. Aliás, não parece que o nosso ordenamento jurídico exclua essa possibilidade, prevendo-a mesmo quanto ao registo provisório por dúvidas, no âmbito do registo predial. De facto, o art. 92º, nº 1, al. *e*), do Cód. de Registo Predial, prevê o registo provisório no caso de disposição de um bem por um dos cônjuges sem o consentimento do outro quando este é

decorre também do § 1365º do BGB em relação ao regime de *Zugewinngemeinschaft,* quando haja recusa injustificada ou impedimento (por doença ou ausência) em prestar o consentimento e o ato seja necessário para uma regular administração do património em causa, acarretando a demora um perigo para os bens (situação não prevista, por seu lado, no § 1369º, 2º, do BGB, onde se regula também o suprimento judicial).

315 Gabrielli/Cubeddu, *ob. cit.*, pp. 127 e 128, considera, à luz do art. 181º do Cód. Civil italiano, haver a possibilidade de obter a referida autorização judicial com efeito confirmativo do ato já praticado. Staudinger, *ob. cit.*, §§ 1363º-1563º, § 1426 Rdn. 19, p. 504, considera também que o suprimento judicial pode ser não só do consentimento (anterior ao negócio) como da ratificação (ulterior ao negócio). Contra, v., Eduardo Serrano Alonso, *Manual de Derecho de Familia,* Madrid, Edisofer, s.l., 2000, pp. 255 e 256, que afasta a possibilidade de autorização judicial *a posteriori* de ato de disposição realizado por um dos cônjuges sem o consentimento do outro quando o mesmo é necessário.

316 Cristina Dias, *Responsabilidade por dívidas do casal...*, *ob. cit.*, pp. 141 e segs.

necessário. O que significa, portanto, que o registo definitivo dependerá do consentimento ratificativo do negócio pelo cônjuge.

A possibilidade de suprimento judicial não vale quando o cônjuge pode praticar validamente o ato em causa sem necessidade do consentimento do outro cônjuge[317]. Também não há possibilidade de consentimento judicial para um cônjuge poder praticar atos que não lhe digam respeito, implicando uma intromissão na esfera jurídica do outro cônjuge[318].

O art. 1687º, nº 1, considera anuláveis os atos praticados contra o disposto nos nºs 1 e 3 do art. 1682º, nos arts. 1682º-A e 1682º-B e no nº 2 do art. 1683º. Serão também anuláveis, de acordo com o art. 1682º, nº 2, as alienações de bens móveis comuns feitas pelo cônjuge não administrador[319].

[317] Ainda que fique sujeito à produção de efeitos jurídicos diferentes do que se obtivesse o consentimento. P. ex., ficando apenas um cônjuge vinculado ao cumprimento de uma dívida ou suportando a penalização de ver descontado o valor de uma liberalidade na sua meação, de acordo com o art. 1682º, nº 4. V., Antunes Varela, *ob. cit.*, p. 395, nota 2. É também isso que diz A. Colomer, *Droit Civil..., cit.*, p. 68, a propósito do suprimento judicial previsto no art. 217º do Cód. Civil francês.

[318] Pereira Coelho/Guilherme de Oliveira, *ob. cit.*, pp. 467 e 468, referem a hipótese de um dos cônjuges pretender o suprimento do consentimento para alienar um bem do outro, que o dono administra.

[319] Pereira Coelho/Guilherme de Oliveira, *ob. cit.*, p. 468.
Também no direito francês, a falta de consentimento implica nulidade relativa do ato praticado (art. 215º, nº 3, do Cód. Civil francês), a requerimento do cônjuge que não deu o seu consentimento para a alienação da casa de morada da família, no prazo de um ano a partir do seu conhecimento. Porém, no regime de comunhão, há que articular o referido art. 215º com os arts. 1422º a 1425º do Cód. Civil francês e, em particular, com o art. 1427º do Cód. Civil francês que fixa um prazo de dois anos. Pode, por isso, o cônjuge lesado beneficiar deste prazo mais alargado (B. Vareille, "Régimes matrimoniaux", *RTDC*, nº 4, 2000, pp. 888 e 889). A proteção de terceiros fica limitada às regras gerais.
No direito italiano, a disposição de bens que integram o fundo patrimonial carece, além do acordo dos cônjuges, da autorização judicial no caso de filhos menores (art. 169º do Cód. Civil italiano). Na falta desta autorização entende-se que a anulação do ato não decorre do art. 184º do Cód. Civil italiano, mas das regras relativas aos atos praticados por incapazes (arts. 322º e 377º do Cód. Civil italiano) ou por violação de disposição legal (B. Grasso, "Il regime in generale e il fondo patrimoniale", *in* AAVV, *Trattato di diritto privato. Persona e famiglia*, sob a direção de Pietro Rescigno, vol. III, tomo II, 2ª ed., Torino, UTET, 1996, p. 427). Contra, M. Morelli, *ob. cit.*, p. 158, defendendo a aplicação do art. 184º do Cód. Civil italiano, e a anulação do ato praticado sem a autorização judicial devida ou o acordo dos cônjuges.
No direito espanhol, e no domínio do regime patrimonial primário, o art. 1322º do Cód. Civil espanhol e os arts. 1376º e 1377º do mesmo código, no regime de comunhão de adquiridos, determinam que sempre que seja necessário o consentimento de ambos os cônjuges para a

A anulação pode ser pedida pelo cônjuge que não deu o seu consentimento ou seus herdeiros, nos seis meses subsequentes à data em que o requerente teve conhecimento do ato, mas nunca depois de decorridos três anos sobre a sua celebração (art. 1687º, nºs 1 e 2). Repare-se que é absolutamente irregular num sistema que assenta na plena capacidade jurídica dos cônjuges, a possibilidade de um dos cônjuges anular as obrigações contratuais assu-

prática de um ato de administração ou disposição e apenas tenha atuado um dos cônjuges, e sem que o outro tenha expressa ou tacitamente confirmado o ato, o mesmo pode ser anulado a requerimento do cônjuge cujo consentimento faltou. Serão, porém, nulos se se tratar de atos de administração ou disposição a título gratuito realizados sem o consentimento de ambos os cônjuges (art. 1322º, 2º, do Cód. Civil espanhol). Deve articular-se os referidos artigos com o art. 1301º do Cód. Civil espanhol, que determina que o prazo para a ação de anulação corre desde o dia da dissolução da comunhão ou do casamento, salvo se antes tiver existido conhecimento do ato em causa. Problema discutido por Rodrigo Tena Arregui, "La pretendida anulabilidad de los contratos realizados por un cónyuge sin el consentimiento del outro", *Revista Jurídica del Notariado*, julho-setembro, 1999, pp. 294-295, é o das repercussões da referida anulabilidade face ao parceiro contratual, sugerindo a aplicação, nomeadamente, dos mecanismos da responsabilidade pré-contratual e contratual. Defende o autor, e atendendo ao sistema de transmissão da propriedade no direito espanhol (onde o contrato tem efeitos meramente obrigacionais) a validade do contrato afetando apenas a anulabilidade os seus efeitos face ao cônjuge não contraente (pp. 296-302).
No direito alemão, o § 1366º do BGB sanciona com a ineficácia (*unwirksam*) a prática por um dos cônjuges de um ato que careça do consentimento do outro, permitindo a ratificação do mesmo por este. Até à ratificação os efeitos do negócio estão suspensos (*schwebend unwirksam*). Havendo ratificação o contrato será retroativamente válido. No caso de não existir tal ratificação o ato será definitivamente ineficaz (Beitzke/Lüderitz, *ob. cit.*, pp. 129 e 130, e Lüderitz/Dethloff, *ob. cit.*, pp. 109 e 110, e Gernhuber/Coester-Waltjen, *ob. cit.*, § 35, IV, 1, p. 383, e 4, p. 385). Se se trata de negócio jurídico unilateral o ato é ineficaz sem mais (§ 1367º do BGB). O mesmo decorre, no regime de comunhão, dos §§ 1427º e 1453º do BGB. Se o ato for realizado pelo cônjuge não administrador, fora das exceções admitidas pela lei e salvo o caso de mandato do cônjuge administrador, o mesmo será absolutamente ineficaz, apenas responsabilizando a título pessoal o cônjuge não administrador (MünchKomm – *Kanzleiter*, § 1422 Rdn. 19-21, p. 611). Repare-se que, ao contrário dos outros ordenamentos, o terceiro pode revogar o negócio até à ratificação do cônjuge, salvo se no momento da celebração sabia que o cônjuge não tinha prestado o seu consentimento. Se o terceiro sabia que o seu parceiro contratual era casado só pode revogar o contrato se este afirmou falsamente que o seu cônjuge concordou com o negócio. Este regime decorre do que era determinado para as disposições da mulher sobre os bens adquiridos, que carecia do consentimento do marido, no regime de *Nutzverwaltung*, e do previsto no regime convencional de comunhão quando o marido carecia do consentimento da mulher para a realização de certos negócios sobre os bens comuns (Beitzke, *ob. cit.*, 1947, pp. 73-75, e p. 81).

midas pelo outro, sem que este ou o terceiro tenham legitimidade para arguir a anulabilidade[320].

A anulabilidade é sanável mediante confirmação (art. 288º), expressa ou tácita[321].

Paralelamente às normas de proteção do adquirente de boa fé no caso de atos nulos (arts. 1687º, nº 4, e 892º), o nº 3 do art. 1687º protege o adqui-

[320] Neste sentido, e quanto ao direito espanhol que prevê também a anulação dos atos no art. 1377º do Cód. Civil espanhol, v., o prólogo de José Mª Miquel Gonzáles ao livro de Mª Eugenia Rodríguez Martínez, *ob. cit.*, p. 18. Na verdade trata-se de uma anulabilidade que não assenta na falta de capacidade e a legitimidade para a ação de anulação é do cônjuge que não prestou o seu consentimento e que não é parte no contrato, afastando-se da regra geral da anulabilidade dos negócios jurídicos e da vinculação contratual das partes (estendendo a eficácia do contrato a outrem que não é parte no mesmo). Por outro lado, acrescenta a autora, determinando a anulabilidade como sanção para a falta do consentimento do cônjuge, e dado que a transmissão da propriedade no direito espanhol assenta no sistema de título e de modo, e não se tratando de uma disposição *a non domino* (o cônjuge disponente tem alguns poderes sobre os bens comuns em causa), assume-se que o cônjuge disponente tem poderes de disposição quando na realidade não os tem (p. 142). Por isso, considera que a anulabilidade deve atacar não o contrato em si, que não exige poderes dispositivos, mas a tradição da coisa (p. 160). Trata-se, assim, de uma anulabilidade especial traduzida na inoponibilidade do ato de disposição, mantendo a vigência a relação contratual (p. 163).

[321] Pereira Coelho/Guilherme de Oliveira, *ob. cit.*, p. 469, apresentam como um caso de confirmação tácita o de uma alienação feita por um dos cônjuges sem autorização do outro, e este último ter recebido o produto da venda. O problema que pode colocar-se é o de saber se esta confirmação está sujeita à forma exigida para o consentimento. Ou seja, se a alienação em causa se referir a bens imóveis será necessário que a confirmação revista a forma da alienação? Foi este, aliás, o problema analisado, ainda à luz do Cód. de Seabra, em relação à autorização do marido para a alienação de um imóvel realizada pela mulher, pelo ac. do STJ, de 24.05.1960 (*RLJ*, ano 94º, 1961/1962, pp. 168 e segs.). Entendeu o tribunal que a confirmação pelo marido da venda de bens imobiliários efetuada pela mulher, sem autorização daquele, dado não haver qualquer previsão expressa na lei, não tem de ser feita por escrito autêntico ou autenticado, podendo ser feita tacitamente e deduzindo-se do recebimento de parte do produto da venda. Porém, e comentando a referida decisão, Vaz Serra (*RLJ*, ano 94º, 1961/1962, pp. 170 e segs.), pronunciou-se em sentido contrário, dado que havendo uma disposição especial quanto à forma da autorização do marido, à mesma forma deve estar sujeita a confirmação. A não ser assim, uma autorização tácita do marido no momento da alienação seria nula por falta de forma, mas já seria válida a confirmação, não sujeita a forma, no dia seguinte à realização da alienação.
Também no direito espanhol, sendo necessário o consentimento de ambos os cônjuges para a prática de atos de disposição a título oneroso sobre bens comuns (art. 1377º do Cód. Civil espanhol), a falta do consentimento implica a anulabilidade do ato, com a possibilidade de confirmação, expressa ou tácita (já que o consentimento pode dar-se depois da realização do ato) (art. 1322º do Cód. Civil espanhol).

rente de boa fé no caso de atos anuláveis. Essa proteção só valerá, porém, no caso de atos sobre bens móveis não sujeitos a registo, ou seja, bens de mais baixo valor e sujeitos a transações frequentes. Apesar de haver violação da norma que exige o consentimento de ambos os cônjuges, neste caso, a anulação não produz qualquer efeito[322]. Sente-se necessidade de tutelar a confiança dos adquirentes que podem justificadamente presu-

[322] É discutido na doutrina italiana, quanto ao art. 184º, 3º, do Cód. Civil italiano, e dado que aí não se regula a tutela externa, mas apenas a interna (entre os cônjuges), a questão de saber se, de facto, o ato é válido e eficaz face a terceiros. É que também os bens móveis estão sujeitos à regra do art. 180º do Cód. Civil italiano e à administração conjunta no caso de atos de administração extraordinária, ainda que a maioria dos atos sobre móveis não sujeitos a registo coincida com atos de administração ordinária. V., para uma análise das sugestões seguidas pela doutrina, A. Galasso, *ob. cit.*, pp. 375-380, admitindo este autor a possibilidade de o cônjuge que não deu o seu consentimento recuperar o bem em causa, por recurso ao art. 1153º do Cód. Civil italiano, quanto à ineficácia da aquisição *a non domino*, quando o terceiro não esteja de boa fé (conhecia ou desconhecia por negligência grosseira o estado de casado do alienante). No mesmo sentido, Santosuosso, *Commentario del Codice Civile. Delle persone e della famiglia. Il regime patrimoniale della famiglia, cit.*, p. 272, e *Beni ed attività economica..., cit.*, p. 155, e Mastropaolo, "Del regime patrimoniale della famiglia", *ob. e loc. cit.*, sob a direção de Cian/Oppo/Trabucchi, p. 219. Outros autores consideram que o ato será sempre válido mesmo que o terceiro esteja de má fé, nada podendo fazer o cônjuge que não prestou o seu consentimento [v., p. ex., G. Oppo, "Responsabilità patrimoniale...", *loc. cit.*, p. 109, A. Finocchiaro/M. Finocchiaro, *Riforma del diritto..., cit.*, p. 556, C. M. Bianca, *ob. cit.*, p. 87 (parece ser esta a sua posição quanto aos bens móveis, mas adota posição diferente quanto aos imóveis – v., C. M. Bianca, "Gli atti di straordinaria amministrazione", *in* AAVV, *La comunione legale*, sob a direção de C. M. Bianca, tomo I, Milano, Giuffrè Editore, 1989, p. 624)], além de não ser de invocar o art. 1153º do Cód. Civil italiano por não se tratar de uma aquisição *a non domino*, dado o cônjuge alienante também ser proprietário do bem comum (Bruno de Filippis, *ob. cit.*, p. 279). A. Natucci, *loc. cit.*, p. 119, partilhando desta última posição, afirma que o art. 184º do Cód. Civil italiano derroga a solução do art. 1153º do Cód. Civil italiano, determinando a validade do negócio independentemente da boa fé do terceiro. A mesma discussão é colocada quanto à anulação do ato, nos termos do art. 184º, 1º e 2º, do Cód. Civil italiano, ou seja, enquanto uns autores consideram que o terceiro deve estar de má fé para haver anulação do negócio (Santosuosso, *Commentario del Codice Civile. Delle persone e della famiglia. Il regime patrimoniale della famiglia, cit.*, p. 267, e *Beni ed attività economica..., cit.*, p. 158), outros consideram tal irrelevante (L Ricca, *ob. e loc. cit.*, p. 474, A. Finocchiaro/M. Finocchiaro, *Riforma del diritto..., cit.*, p. 551, A. Giusti, *L'amministrazione dei beni della comunione legale*, Milano, Giuffrè Editore, 1989, p. 224, e L. Barbiera, *ob. e loc. cit.*, p. 547).

O terceiro pode requerer uma indemnização nos termos do art. 1398º do Cód. Civil italiano, ou seja, terá direito a ver ressarcidos os danos causados por ter confiado sem culpa na validade e eficácia do negócio celebrado pelo cônjuge alienante (Schlesinger, "Della comunione", *ob. e loc. cit.*, sob a direção de Carraro/Oppo/Trabucchi, p. 425, e Mastropaolo, "Del regime patrimoniale della famiglia...", *ob. e loc. cit.*, sob a direção de Cian/Oppo/Trabucchi, p. 218).

mir que o ato foi consentido por ambos os cônjuges ou que até ignoram o casamento. Por outro lado, esta confiança facilita as transações vulgares que cada cônjuge tem conveniência em praticar[323].

São também estas as razões que levam à adoção de um regime semelhante no direito italiano[324]. De facto, o art. 184º do Cód. Civil italiano dispõe que os atos praticados por um dos cônjuges quando é necessário o consentimento do outro (atos de administração extraordinária ou de constituição de direitos pessoais de gozo sobre os bens comuns) são anuláveis a requerimento deste, no prazo de um ano, tratando-se de bens imóveis ou de móveis sujeitos a registo (podendo, contudo, confirmar o ato do seu cônjuge, convalidando-o)[325]. Tratando-se de bens móveis não sujeitos a registo, o cônjuge que atuou

[323] Pode perguntar-se se, no caso de anulação dos atos de disposição relativos a bens imóveis ou móveis sujeitos a registo, não poderá haver uma qualquer proteção a terceiros, ou seja, se não será de responsabilizar o cônjuge alienante nos termos gerais da responsabilidade. Pode entender-se que haverá responsabilidade pré-contratual, assente na violação do dever de boa fé (art. 227º). Além disso, nada parece impedir uma proteção, face à invalidade, resultante da regra geral do art. 291º.
A jurisprudência italiana, atendendo ao art. 184º do Cód. Civil italiano, que prevê uma solução semelhante à nossa, admitiu tal responsabilidade no caso de contrato-promessa de compra e venda (sendo certo que se admite no direito italiano a necessidade do consentimento de ambos os cônjuges para este tipo de contratos preliminares). Admite-se também na doutrina italiana a possibilidade de o terceiro não realizar o pagamento, não cumprindo o contrato, nomeadamente, invocando a exceção de não cumprimento (enquanto o vendedor não lhe fornecer a prova da titularidade do bem – Segni, "Gli atti di straordinaria amministrazione del singolo coniuge sui beni immobili della comunione", *Rivista di Diritto Civile*, ano XXVI, I, 1980, p. 640). V., Franco Anelli, *ob. e loc. cit.*, pp. 271 e 272.
Antunes Varela, *ob. cit.*, p. 396, exprime algumas dúvidas quanto a este regime, que sacrifica os interesses do cônjuge do alienante em favor dos interesses do adquirente, sobretudo quando estão em causa bens móveis utilizados conjuntamente por ambos os cônjuges na vida do lar ou como instrumento comum de trabalho.

[324] V., De Paola, *Il diritto patrimoniale della famiglia..., cit.*, pp. 597-599.

[325] A sanção da anulabilidade afasta-se da regra geral da total ineficácia dos negócios *a non domino* ou dos realizados pelo falso procurador, gerando alguma discussão na doutrina. V., De Paola, *Il diritto patrimoniale della famiglia..., cit.*, pp. 576-591, e *Il diritto patrimoniale della famiglia nel sistema del diritto privato..., cit.*, pp. 665-678, que afasta as críticas ao art. 184º do Cód. Civil italiano, nomeadamente, por não se tratar de uma aquisição *a non domino*, mas de aquisição *a domino* mas sem legitimidade por carecer do consentimento do outro cônjuge. Alguma doutrina e jurisprudência consideram que apenas serão anuláveis os atos de administração extraordinária sobre bens imóveis ou móveis sujeitos a registo praticados por apenas um dos cônjuges quando o titular do bem é o cônjuge disponente. Se o bem é titulado pelos dois cônjuges ou pelo cônjuge não disponente a sanção continuará a ser a da ineficácia do ato,

deve restituir a comunhão tal como ela estava antes da prática do ato em causa ou, quando tal não seja possível (ou seja excessivamente oneroso)[326], o correspondente valor à data da restituição. Não havendo, neste último caso, anulação do ato (sendo o ato válido e eficaz), para proteção de terceiros (de boa ou de má fé)[327], a lei italiana não deixa de atender aos interesses da comunhão, ao exigir esta responsabilização do cônjuge alienante, o que não acontece,

como venda de coisa alheia (arts. 1478º e 1479º do Cód. Civil italiano) (Corsi, *ob. cit.*, p. 146). Contra, Segni, *loc. cit.*, p. 626, A. Natucci, *loc. cit.*, p. 118, C. M. Bianca, *Diritto civile..., cit.*, p. 87, nota 97, para quem o art. 184º do Cód. Civil italiano derroga, quanto aos bens imóveis e móveis sujeitos a registo, a disposição do art. 1478º do Cód. Civil italiano quanto à venda de coisa alheia. Outros autores consideram que o art. 184º do Cód. Civil italiano só será de aplicar quando o cônjuge atuou em nome próprio, ou seja, tendo atuado em nome da comunhão o ato será ineficaz porque realizado por um falso procurador (Cian/Villani, *loc. cit.*, pp. 361 e 362). V., para uma análise geral, Jannelli, *ob. e loc. cit.*, p. 591, e pp. 593-596.

A previsão do art. 184º do Cód. Civil italiano levanta algumas questões quanto à solução da anulabilidade e o seu prazo de arguição pelo cônjuge não alienante. De facto, pode um cônjuge alienar um bem imóvel comum sem o consentimento do outro cônjuge, devendo este diligenciar (controlando, nomeadamente, o registo predial (!)) para a anulação do ato no prazo fixado no art. 184º do Cód. Civil italiano. Além disso, permite-se, ainda que com a sanção da anulabilidade, que um cônjuge, que não pode dispor da sua "quota" na comunhão, disponha da totalidade do bem comum sem o consentimento do outro cônjuge. Se este não requerer a anulação no prazo fixado o terceiro adquire um bem comum de um só dos cônjuges que, assim, dispôs de um bem que integra a comunhão. E tudo isto sem esquecer a possibilidade de proteção do terceiro de boa fé pelas regras gerais. V., sobre estas questões, Carlo Argiroffi, "Sull'annullabilità degli atti compiuti da un coniuge senza il necessario consenso dell'altro (art. 184º C.C.)", *Il Diritto di Famiglia e delle Persone*, ano VI, 1977, pp. 828-835 (o qual defende que o art. 184º do Cód. Civil italiano não inclui atos de disposição de bens, sendo a estes de aplicar as regras da compropriedade, nomeadamente, a da ineficácia dos atos praticados por apenas um dos comproprietários (art. 1108º, 3º, do Cód. Civil italiano) – pp. 840-843), e Raffaele Caravaglios, *ob. cit.*, tomo I, pp. 734-759.

[326] A letra da lei refere apenas o caso da impossibilidade. Mas tratando-se de restituição em espécie é adequado recorrer também ao critério da excessiva onerosidade (art. 2058º do Cód. Civil italiano). V., C. M. Bianca, *Diritto civile..., cit.*, p. 88.

[327] L. Bruscuglia, "L'amministrazione dei beni...", *ob. e loc. cit.*, p. 312.

O facto de o negócio ser válido, não leva a que, para efeitos de responsabilidade pela dívida eventualmente contraída, a comunhão responda pela mesma. De facto, o terceiro apenas poderá executar o património comum subsidiariamente, nos termos do art. 189º do Cód. Civil italiano, uma vez que o ato subjacente não deixa de ser de administração extraordinária (De Paola/Macri, *ob. cit.*, p. 190).

Há quem entenda que a possibilidade de, em vez da anulação, exigir a responsabilidade do cônjuge alienante é de caráter geral, ou seja, mesmo no caso de bens imóveis e móveis sujeitos a registo pode o cônjuge não alienante intentar uma ação de responsabilidade contra o seu cônjuge quando tiver passado o prazo para a ação de anulação do ato (Santosuosso, *Commen-*

todavia, no nosso ordenamento jurídico (contrariamente ao disposto no nº 4 do art. 1682º). Não pode, porém esquecer-se que, e nos termos do art. 192º do Cód. Civil italiano, se o ato de administração extraordinária visou a satisfação de um interesse da família ou foi realizado em proveito da comunhão, não haverá reembolso ao património comum pelas dívidas dele decorrentes. Por isso, entende-se que o mesmo deve aplicar-se para efeitos do art. 184º do Cód. Civil italiano, ou seja, não haverá a responsabilização do cônjuge que praticou o ato nessas condições[328]. Há, contudo, uma lacuna neste art. 184º do Cód. Civil italiano, que não prevê os atos de administração que não se traduzam em ato de disposição de bens. Estas situações deverão integrar o § 3º do art. 184º do Cód. Civil italiano, dado o disposto no art. 813º do mesmo código (que aplica as disposições dos bens móveis a todos os outros direitos), ou seja, haverá responsabilização do cônjuge que dispôs do bem[329].

Por seu lado, o direito francês estabelece no art. 222º do Cód. Civil francês uma presunção para proteção de terceiros que contratam com apenas um dos cônjuges (não valendo a presunção nas relações entre os cônjuges)[330]. De facto, presume-se que o cônjuge que pratica um ato de administração, de gozo ou de disposição sobre um bem móvel que detém a título pessoal [com exceção dos móveis que integram o recheio da casa de morada da família, nos termos do art. 215º do Cód. Civil francês, ou dos móveis previstos no art. 1404º do Cód. Civil francês, cuja propriedade se presume do outro cônjuge ou ainda dos móveis sujeitos a matrícula, nos termos do art. 1424º do Cód. Civil francês, como os navios e aeronaves (os automóveis não integram a exceção)[331]] tem poderes para a sua prática, face a terceiros de boa fé[332]. Por isso, a solução

tario del Codice Civile. Delle persone e della famiglia. Il regime patrimoniale della famiglia, cit., p. 266, e *Beni ed attività economica..., cit.*, p. 152, e Gabrielli/Cubeddu, *ob. cit.*, p. 136).

328 Santosuosso, *Commentario del Codice Civile. Delle persone e della famiglia. Il regime patrimoniale della famiglia, cit.*, p. 273, e *Beni ed attività economica..., cit.*, p. 156.

329 Schlesinger, "Della comunione", *ob. e loc. cit.*, sob a direção de Carraro/Oppo/Trabucchi, p. 423, e Gabrielli/Cubeddu, *ob. cit.*, p. 134.

330 Contra, Rémy Cabrillac, *ob. cit.*, p. 67, para quem a presunção vale também entre os cônjuges.

331 Contra, Aubry/Rau, *ob. cit.*, p. 88, Marty/Raynaud, *ob. cit.*, p. 60, que incluem os navios, aeronaves e automóveis na presunção do art. 222º do Cód. Civil francês.

332 A. Colomer, *Droit Civil..., cit.*, pp.125-132. De referir que tem sido defendido, em ligação também com o art. 221º do Cód. Civil francês, que a referência a bens móveis abrange os valores mobiliários (mesmo autor e obra, p. 129). M. Grimaldi, *et allii, ob. cit.*, p. 43, chama a atenção para a distinção entre valores mobiliários suscetíveis de detenção (aos quais se aplica a presunção) e insuscetíveis de detenção (que escapam à presunção). Também defendem esta posição, Anne-Marie Frenisy, "La preuve de la propriété et des pouvoirs dans les régimes

acaba por coincidir com a nossa, ou seja, estando o terceiro de boa fé o ato em causa é inatacável[333].

O art. 1320º do Cód. Civil espanhol salvaguarda mesmo a posição do adquirente de boa fé quanto aos atos sobre a casa de morada da família. De facto, aí se dispõe que a manifestação errónea ou falsa do disponente sobre o caráter da casa de morada da família não prejudica o adquirente de boa fé. Esta boa fé deve traduzir-se numa errónea representação da realidade produzida sem negligência, ou seja, não conhecia nem tinha que conhecer a qualidade de casa de morada da família ou de recheio do lar dos objetos de disposição (sem que, contudo, se obrigue sempre o terceiro a uma pesquisa sobre se a casa é ou não a de morada da família)[334]. Haverá, assim, boa fé salvo se se provar que o terceiro conhecia a situação real. Nos casos em que haja boa fé e, por isso, proteção do terceiro mediante a validade do ato, pode o cônjuge não titular requerer o ressarcimento dos danos que ilicitamente lhe foram causados[335].

matrimoniaux depuis la loi du 13 juillet 1965", *RTDC*, ano 68º, 1970, p. 97, e Marty/Raynaud, *ob. cit.*, p. 61. Ainda que discutível, a maioria da doutrina francesa considera que o art. 222º do Cód. Civil francês é também aplicável às disposições a título gratuito (v., p. ex., Aubry/Rau, *ob. cit.*, p. 91).

[333] Era precisamente isso que, ainda que à luz da anterior redação do Cód. Civil francês, Philippe Simler, "Le conflit des présomptions en régime de communauté (Contribution à l'étude du rôle de la présumption de communauté après la loi du 13 juillet 1965)", *RTDC*, ano 68º, 1970, p. 491, defendia ao dizer que face a terceiros a presunção do art. 222º do Cód. Civil francês era "*irréfragable*".

[334] Repare-se que há uma proteção do terceiro em relação aos atos de disposição de móveis bem como de imóveis. De facto, esta proteção, caraterística dos bens móveis, estende-se aqui aos imóveis, independentemente das regras do registo (Giménez Duart, "La organización económica del matrimonio...", *loc. cit.*, p. 92). Como refere Antonio Gordillo, "La protección de los terceros de buena fe en la reciente reforma del Derecho de Familia", *Anuario de Derecho Civil*, tomo XXXV, nº 2, 1982, p. 1135, o art. 1320º do Cód. Civil espanhol traduz a proteção da aparência criada a terceiro de boa fé, validando negócios celebrados pelo titular do bem sujeito a limitações de disposição.
A lei fala, tal como a alemã, de terceiro de boa fé para se referir ao adquirente. Ora, a referência a *terceiro* reporta-se ao facto de ele desconhecer uma realidade que para ele é oculta (Antonio Gordillo, *loc. cit.*, p. 1135).

[335] M. Amorós Guardiola, *et allii*, *ob. cit.*, p. 1507, e Lledó Yagüe, *et allii*, *ob. cit.*, p. 154.
Por outro lado, se o negócio de disposição for anulado, o terceiro pode ver ressarcidos os danos causados pelos efeitos da anulação, invocando os princípios da responsabilidade pré-contratual, assente na culpa na contratação e a boa fé do terceiro comprador. Beneficia, assim, o comprador neste caso de uma proteção menor que a do comprador de coisa alheia, que pode reclamar a responsabilidade do vendedor independentemente da sua culpa (Mª Eugenia Rodríguez Martínez, *ob. cit.*, pp. 285-288). Mas isto independentemente da restituição

A lei não fala dos bens móveis que integrem o recheio da casa, provavelmente por em relação a estes os terceiros estarem protegidos pela regra geral do art. 464º do Cód. Civil espanhol[336].

Pelo contrário, o direito alemão, nos §§ 1368º, 1428º, e 1455º, 8º, do BGB, dispõe que quando um cônjuge atuou sem o consentimento do outro, sendo este necessário, e sem a sua ratificação, pode este último invocar a ineficácia do ato de disposição, com todas as consequências legais contra o terceiro (*Revokationsrecht*). E não releva que este terceiro tenha adquirido de boa ou de má fé[337].

O art. 1687º apresenta uma regulamentação mais uniforme em comparação com o disposto no art. 1191º, §§ 2º e 3º, por um lado, e nos arts. 1200º e 1201º do Cód. Civil de 1867, por outro, que dispunham regimes diferentes para a falta de legitimidade, consoante a alienação procedesse de ato praticado pelo marido ou pela mulher[338].

Importa ainda referir a redação pouco clara do nº 4 do art. 1687º. De facto, refere a norma as alienações feitas "sem legitimidade" por um dos cônjuges. Ora, todas as hipóteses previstas no art. 1687º pressupõem um ato realizado por um dos cônjuges sem legitimidade e são sancionáveis com a anulabilidade. Quais os atos considerados nulos nos termos do nº 4?

provocada pela ação de anulação (a autora refere-se à responsabilidade por vícios redibitórios, a que correspondem os arts. 905º e segs. do nosso Cód. Civil, reguladores da possibilidade de anulabilidade de tais contratos por erro ou dolo).

[336] Antonio Gordillo, *loc. cit.*, p. 1133, e Mª Dolores Díaz-Ambrona Bardají/Francisco Hernández Gil, *ob. cit.*, p. 257.

[337] A proteção do interesse da família acaba por afetar a proteção do tráfego jurídico, dado que, ao contrário do disposto nos §§ 932º e segs. do BGB (relativos à proteção do terceiro que adquire do não proprietário), a lei não tutela, no caso da falta do consentimento do cônjuge para um ato de disposição, e quando ele é necessário, qualquer aparência jurídica de propriedade (Schröder/Bergschneider, *ob. cit.*, Rdn. 4.104, p. 159, e Gernhuber/Coester-Waltjen, *ob. cit.*, § 35, I, 8, p. 370). O que não afasta a possibilidade de o terceiro poder intentar uma ação de responsabilidade ou por violação culposa do devedor do dever de informação (*culpa in contrahendo*). Além disso, no caso de atuação sem o necessário consentimento, há o dever de restituição naquilo que o património comum se enriqueceu, de acordo com os princípios do enriquecimento sem causa (§§ 1434º e 1457º do BGB). V., MünchKomm – *Gernhuber*, § 1366 Rdn. 40 e 41, p. 386, e *Kanzleiter*, § 1427 Rdn. 4 e 5, p. 622.

[338] De referir ainda que os §§ 2º e 3º do art. 1911º do Cód. de Seabra regulavam apenas os casos de alienação de bens imobiliários, próprios ou comuns, realizados pelo marido, sem fazer qualquer referência à hipótese da alienação pelo marido, sem a necessária legitimação, dos bens imobiliários da mulher (Pires de Lima/Antunes Varela, *Código Civil...*, *cit.*, vol. IV, p. 317).

Entende-se que são os atos mais graves, ou seja, os casos em que um dos cônjuges aliena ou onera bens próprios do outro cônjuge quando, além de não ser o dono, não tem poderes administrativos sobre o bem (caso detenha poderes administrativos, mesmo tratando-se de bem próprio do outro, a sanção é a anulabilidade – art. 1687º, nº 1)[339]. Traduz a solução já aplicada no Cód. de Seabra em relação à alienação de bens próprios da mulher, cuja solução não estava expressamente prevista no art. 1191º, aplicando-se a regra geral da alienação de coisa alheia, ou seja, o contrato de alienação era nulo e o marido respondia por perdas e danos, tendo procedido com dolo ou má fé (art. 1555º).

Por outro lado, o nº 4 refere apenas os atos de alienação e oneração, enquanto o nº 1 do mesmo art. 1687º abrange os outros atos ilegítimos como o arrendamento e a constituição de outros direitos pessoais de gozo. Não é, assim, claro se a restrição do nº 4 é intencional ou se, tendo sido mero lapso, se deve alargar o texto por via de uma interpretação extensiva[340].

2.4. Os poderes de disposição *mortis causa*

Uma última referência aos poderes de disposição *mortis causa* dos cônjuges. Com efeito, o que acabámos de analisar reporta-se aos poderes de disposição *inter vivos*. Assim, dispõe o art. 1685º que cada um dos cônjuges pode dispor, para depois da morte, dos seus bens próprios e da sua meação nos bens comuns, não valendo o regime das ilegitimidades conjugais. Trata-se de disposições que, ainda que feitas em vida dos cônjuges, só produzem efeitos depois da morte do disponente. Ora, com a morte dissolve-se o casamento, pelo que não se justificam as restrições analisadas aos poderes de cada cônjuge proprietário, efetuadas para salvaguarda da posição económica do outro cônjuge e da vida conjugal[341].

[339] Também no direito francês o ato praticado por um dos cônjuges sobre os bens próprios do outro, salvo se investido em mandato deste, é nulo, sendo o cônjuge responsável pelas consequências da sua ingerência (art. 1432º, 3º, do Cód. Civil francês). E o mesmo decorre do direito alemão, sendo de aplicar as regras gerais dos §§ 932º a 934º do BGB (Beitzke/Lüderitz, *ob. cit.*, p. 125).

[340] Como defende Leonor Beleza, "Os efeitos do casamento", *ob. e loc. cit.*, p. 132.

[341] Segundo Pereira Coelho/Guilherme de Oliveira, *ob. cit.*, p. 473, "a afirmação não é inteiramente verdadeira; a disposição *mortis causa* da casa de morada da família poderia deixar o cônjuge sobrevivo em condições difíceis, e a lei protege-o com o regime das chamadas "atribuições preferenciais" (arts. 2103º-A e segs.)".

A liberdade concedida pelo art. 1685º só tem como limite o de que cada cônjuge só pode dispor do que é seu (os seus bens próprios e a sua meação no património comum). O problema é que o cônjuge, antes da partilha, não sabe quais os bens concretos que lhe pertencerão a título de meação no património comum, pelo que uma disposição de um bem concreto que integre o património comum pode levantar dificuldades[342]. Com efeito, poderia considerar-se tal disposição como nula, por se tratar de disposição de coisa que não pertencia ao património do disponente (mas ao património comum como património de mão comum que é). Poderia também considerar-se a disposição como anulável, atendendo à posição que o cônjuge tem face ao património comum, não considerando propriamente uma disposição de bens alheios. Neste caso, a invalidade estaria sujeita a confirmação (art. 288º). Em qualquer dos dois casos poderia sempre haver uma convalidação ulterior da disposição, se a partilha atribuísse a propriedade exclusiva do bem ao disponente.

Ora, o Cód. Civil de 1966 resolveu proteger mais o beneficiário da liberalidade, sem afastar a proibição de dispor de bens certos integrados no património comum, divergindo da solução apresentada no código anterior[343]. Assim, a disposição de coisa certa e determinada do património comum é válida mas converte-se, por lei, em disposição do respetivo valor em dinheiro (art. 1685º, nº 2). A disposição "é sempre válida quanto ao valor e sempre nula, em princípio, quanto à substância, de tal modo que o contemplado pode sempre exigir o respectivo valor em dinheiro, mas não pode, em princípio, exigir a própria coisa"[344]. A coisa em espécie só pode ser exigida nos termos do nº 3 do art. 1685º, ou seja, se a coisa, por

[342] Seguimos aqui a exposição de Pereira Coelho/Guilherme de Oliveira, *ibidem*.

[343] Pires de Lima/Antunes Varela, *Código Civil...*, *cit.*, vol. IV, pp. 312 e 313. O art. 1766º do Cód. de Seabra (referindo-se apenas ao regime de comunhão, mas aplicável aos regimes em que existissem bens comuns) considerava, em princípio, nulas as disposições de coisa certa e determinada, pertencente ao património comum, feitas por qualquer dos cônjuges. Não se dizia se a nulidade se limitava apenas à substância da coisa ou se atingia também o seu valor (por não se admitir a conversão da disposição nula). V., Braga da Cruz, "Capacidade patrimonial...", *loc. cit.*, pp. 376-380.

[344] Braga da Cruz, "Capacidade patrimonial....", *loc. cit.*, p. 377.
Como referem Pereira Coelho/Guilherme de Oliveira, *ob. cit.*, p. 474, esta solução é diferente da que é dada no direito vigente ao caso parecido em que o testador deixa um legado de coisa que só lhe pertence em parte. Com efeito, e de acordo com o art. 2252º, o legado só vale quanto à parte que pertence ao disponente. Repare-se também na diversidade de regimes

qualquer título, se tiver tornado propriedade exclusiva do disponente à data da sua morte (al. *a*))[345], se a disposição tiver sido previamente autorizada pelo outro cônjuge por forma autêntica ou no próprio testamento (al. *b*))[346], se a disposição tiver sido feita por um dos cônjuges em benefício do outro (al. *c*)), caso em que também não se justifica uma proteção de um cônjuge contra o outro.

O art. 1423º do Cód. Civil francês tem norma idêntica, ao determinar que o cônjuge só pode dispor por morte dos bens comuns que lhe forem atri-

previstos no art. 1682º, nº 4, e 1685º, nºs 2 e 3, ambos relativos a disposições a título gratuito (Pamplona Corte-Real, *ob. cit.*, p. 40, nota 51).

345 Neste caso não há necessidade de um regime especial dado que, no momento em que a disposição vai produzir efeitos, o cônjuge está a dispor do que é seu. O momento para aferir se o bem pertence exclusivamente ao disponente é o da sua morte e não o momento em que os herdeiros fazem a partilha. De facto, não quis o legislador que a validade da disposição em substância ficasse na mão dos intervenientes na partilha e, portanto, sujeita ao arbítrio de outrem (como parece acontecer no ordenamento jurídico francês, no art. 1423º do Cód. Civil francês), contra o princípio do caráter pessoal do testamento (art. 2182º). V., Braga da Cruz, "Capacidade patrimonial....", *loc. cit.*, pp. 378 e 379, e Pires de Lima/Antunes Varela, *Código Civil..., cit.*, vol. IV, p. 314.

346 As limitações à disposição de bens certos e determinados visam proteger o património comum e as expectativas que os seus titulares tenham sobre ele e, assim, deixa de ser necessária tal proteção se ambos os titulares estão de acordo quanto à liberalidade. Tal autorização tem de ser prévia ou contemporânea (no próprio testamento), pelas mesmas razões que, no caso da al. *a*), o momento de aferição da propriedade é o da morte e não o da partilha.
Como referem Pereira Coelho/Guilherme de Oliveira, *ob. cit.*, p. 475, a possibilidade de um cônjuge dar o seu consentimento para que o outro disponha de certo bem do património comum, com o relevo de o cumprimento poder ser reclamado em espécie, demonstra que a lei admite um acordo, durante o casamento, sobre um certo aspeto da partilha do património comum. É este mais um argumento, que partilhamos, quanto à validade do contrato-promessa de partilha [validade que, aliás, tem sido defendida pela jurisprudência – v., p. ex., os ac. do STJ, de 23.03.1999 (*BMJ*, nº 485º, 1999, p. 423); de 09.12.1999 (*Col. Jurisp. (STJ)*, tomo III, 1999, p. 132, e *BMJ*, nº 492º, 2000, p. 445); e de 13.03.2002 (*Col. Jurisp. (STJ)*, tomo I, 2001, p. 161); e da RP, de 29.11.1999 (*BMJ*, nº 491º, 1999, p. 328, ressalvando a necessidade de respeitar a norma do art. 1730º). Contra, v., p. ex., o ac. da RL, de 04.02.1999 (*BMJ*, nº 484º, 1999, p. 434), que considerou nulo o contrato-promessa de partilha de bens comuns, por poder afetar o princípio da igualdade, pela mesma razão que é nula a efetiva partilha dos bens comuns no decurso do casamento]. Sobre a validade do contrato-promessa de partilha dos bens do casal, v. também, Rita Lobo Xavier, "Contrato-promessa de partilha dos bens do casal celebrado na pendência da acção de divórcio (comentário ao acórdão do Supremo Tribunal de Justiça de 26 de Maio de 1993)", Separata da *RDES*, ano XXXVI, nºs 1-2-3, janeiro-setembro, 1994, pp. 137-172. A questão é atualmente pacífica e aceite pela jurisprudência e pela doutrina.

buídos, ou seja, o legatário só poderá exigir os bens que, por efeito da partilha, correspondem ao testador. Caso contrário, o legatário terá direito ao seu valor total[347].

Também os arts. 1379º e 1380º do Cód. Civil espanhol regulam nos mesmos moldes a disposição *mortis causa* dos bens comuns. Determina o art. 1379º do Cód. Civil espanhol que cada um dos cônjuges pode dispor por testamento da sua meação nos bens comuns, não referindo a disposição de bens concretos. Esta é regulada no art. 1380º do Cód. Civil espanhol no sentido de que a disposição só será eficaz se o bem integrar, após divisão dos bens comuns, a herança do disponente. Caso contrário, o legado será não em substância mas pelo respetivo valor do bem em dinheiro à data do falecimento do testador (aplicando-se o mesmo critério do legado de coisa alheia – art. 861º do Cód. Civil espanhol).

3. A legitimidade de ambos os cônjuges para a contração de dívidas e da (des)articulação do regime de administração/disposição dos bens do casal com o regime da responsabilidade por dívidas

É evidente que não há uma correspondência exata entre o ativo e o passivo da comunhão, dado que os critérios que presidem à entrada dos bens na comunhão e os da comunicabilidade pelas dívidas são diferentes. O que até se justifica dado que, relativamente aos bens, estão em causa apenas as relações entre os cônjuges, ao passo que em relação ao passivo afetam-se interesses de terceiros credores. Mas isso não significa uma desarticulação entre as regras de administração e disposição dos bens e as de regulação do passivo.

No Cód. de Seabra, sendo o marido o único administrador dos bens, comuns e próprios dos cônjuges, apenas ele tinha legitimidade (e até capacidade) para contrair dívidas. Por elas respondiam os bens comuns e os bens próprios dos cônjuges (§ 1113º do Cód. de Seabra). Em certos casos, carecia o marido do consentimento da mulher para certos atos de disposição (arts. 1191º, 1119º, 1120º e 2024º, 1114º, 1118º, e 1151º do Cód. de Seabra). Podia acontecer que o marido onerasse os bens comuns e até subsidiariamente os bens próprios de ambos os cônjuges, com a contração de dívidas,

347 V., A. Colomer, *Droit Civil...*, *cit.*, pp. 218-220.
Gernhuber/Coester-Waltjen, *ob. cit.*, § 35, I, 5, pp. 368 e 369, ao referir as limitações à liberdade de disposição (§§ 1365º e 1369º do BGB), afirmam também que só estão abrangidos os negócios realizados no decurso da vida, nada afetando a liberdade de testar.

para as quais tinha plena legitimidade ainda que não pudesse dispor por si só dos mesmos bens. Porém, o art. 1119º, que deveria aplicar-se a todos os regimes de bens, referia não só a proibição de o marido alienar os bens imobiliários, mas também a de os obrigar, abrangendo aqui a contração de dívidas pelas quais respondessem tais bens.

Por outro lado, atendendo ao art. 1114º, o marido não podia contrair dívidas que responsabilizassem os bens imobiliários comuns e os próprios da mulher. Assim, só em relação aos bens de que o marido tinha a livre administração e disposição podia obrigá-los por dívidas. Em relação, porém, aos bens de que não tinha a administração e disposição, por estas caberem à mulher (terça parte dos rendimentos dos seus bens próprios, a título de "alfinetes" e, no regime de separação, os seus bens mobiliários e uma terça parte dos seus rendimentos – arts. 1104º e 1128º do Cód. de Seabra), também parece que só a mulher os poderia responsabilizar por dívidas (não, podendo, portanto, o marido onerar esses bens com dívidas).

A mulher, por seu lado, dada a sua situação de incapacidade que resultava, entre outros, dos arts. 1116º, no regime da comunhão geral, e 1193º, integrado nas disposições gerais, não tinha, em princípio, quaisquer poderes de administração ou disposição ou capacidade para contrair dívidas. Carecia sempre do consentimento do marido para contrair dívidas.

Aquela incapacidade da mulher não tinha, todavia, valor absoluto. Em primeiro lugar, os arts. 1116º e 1189º do Cód. de Seabra permitiam que a mulher pudesse contrair dívidas estando o marido ausente ou impedido, e não se podendo esperar pelo seu regresso ou pela cessação do seu impedimento, casos em que competia à mulher a administração do casal. Em segundo lugar, mesmo não estando o marido ausente nem impedido, o art. 39º do Dec. nº 1, de 25 de dezembro de 1910, atribuiu à mulher, sem necessidade de prévia autorização marital, o governo doméstico. Tal significava uma comparticipação da mulher na administração do casal e até uma preponderância na esfera da administração das despesas do lar. Era entendimento generalizado que a mulher possuía um mandato tácito do marido para fazer as compras e outras despesas necessárias ao governo doméstico. Além disso, podia também o marido conferir-lhe, nos termos do art. 1117º, um mandato para administrar os bens do casal. Em terceiro lugar, era preciso excetuar a mulher que exercia uma profissão (autorizada pelo marido) e que podia contrair dívidas a essa atividade necessárias, dado que também nesse exercício a mulher detinha poderes de administração.

A mulher tinha também a administração da terça parte dos seus rendimentos e dos seus mobiliários (art. 1128º) e podia contrair validamente obrigações relativas a esses bens, sem autorização marital[348]. E repare-se que, nestes casos, as dívidas contraídas pela mulher eram comuns, respondendo os bens comuns e subsidiariamente os bens próprios dos cônjuges. Portanto, tal como o marido, a mulher quando administradora podia contrair dívidas que responsabilizavam o património comum e subsidiariamente os bens próprios dos cônjuges.

No Cód. Civil de 1966 manteve-se a regra da supremacia marital, sendo o marido o único administrador dos bens comuns e dos próprios de cada cônjuge, salvo no regime de separação de bens, onde a mulher podia administrar e dispor dos seus bens. Permitiu-se, porém, no regime de comunhão de adquiridos, que a mulher pudesse reservar na convenção antenupcial a administração dos seus bens próprios e dos comuns por ela levados para o casal ou adquiridos a título gratuito depois do casamento. As situações em que excecionalmente a mulher podia administrar constavam do então art. 1678º, e do art. 1677º quanto ao governo doméstico.

Atendendo a tal regime, defendia-se a interpretação restritiva do art. 1690º na redação de 1966. De facto, não tendo, por regra, a mulher a administração dos bens do casal, nem o poder de disposição dos mesmos daquela decorrentes, não faria sentido admitir em termos latos a sua legitimidade para contrair dívidas. Se não pode administrar e dispor também não pode responsabilizar os bens pela contração de dívidas. Por isso, a mulher só teria legitimidade para contrair dívidas em relação aos bens dos quais ela fosse a administradora[349].

Após a Reforma de 1977, vimos que quanto aos atos de administração ordinária dos bens comuns vale a regra da administração disjunta, ou seja, qualquer um dos cônjuges pode praticar tais atos sem o outro. Referimos

[348] Cunha Gonçalves, *Tratado de Direito Civil..., cit.*, vol. VI, p. 508.

[349] Era isso que Ferrer Correia, *Aditamentos às lições de Direito Comercial (a mulher casada e o exercício do comércio)*, policopiado, coligido por Fernando José Bronze e revisto por António Caeiro, Coimbra, Unitas, 1971, p. 24, notava, e admitindo que o estabelecimento comercial podia ser um bem cuja administração coubesse à mulher nos termos do então art. 1678º, nº 2, als. *b*) e/ou *c*), ao dizer que tendo a mulher os referidos poderes de administração, pelas dívidas que ela contraísse no exercício do comércio respondiam, nos termos do art. 1691º, nº 1, al. *d*), "não só os bens próprios da mulher, como também os bens comuns do casal e até os bens próprios do marido".

também, citando Antunes Varela, que esta possibilidade de cada um dos cônjuges realizar atos de administração ordinária pode criar uma posição de vantagem ao cônjuge mais expedito e menos inibido, dando a possibilidade de um dos cônjuges realizar atos que o vinculam não só a si mas também ao seu cônjuge. Ora, parece-nos que esta afirmação valerá também em matéria de dívidas onde, podendo qualquer um dos cônjuges contrair dívidas sem o consentimento do outro, pode qualquer um deles vincular não só os bens comuns como até os bens próprios do outro cônjuge (art. 1695º), ficando o cônjuge não contraente vinculado a um negócio que não realizou. Seria talvez importante distinguir, e no caso de se tratar de uma dívida que envolva atos de administração de bem comum (e fora da hipótese prevista no art. 1691º, nº 1, al. *c*))[350], em matéria de responsabilidade patrimonial (e a admitir a redação atual do art. 1695º), de entre as dívidas que responsabilizam os patrimónios próprios dos cônjuges em qualquer regime de bens, as que foram contraídas no exercício da administração ordinária dos bens comuns e as que excederam esse exercício. Só assim se articulam os regimes de administração e de responsabilidade por dívidas. Caso contrário, pode responder o património do cônjuge não contraente (e mesmo na totalidade, no caso do art. 1695º, nº 1) por uma dívida assumida pelo seu cônjuge quando este não tem a administração do bem em causa[351]. Situação acautelada no direito italiano, onde as dívidas decorrentes de atos de administração extraordinária praticados por apenas um dos cônjuges, que carecem do consentimento de ambos os cônjuges (art. 180º do Cód. Civil italiano), nunca responsabilizam os bens próprios do cônjuge não alienante (art. 189º, 1º, do Cód. Civil italiano).

No direito francês, e dada a ligação entre os poderes de administração e o de obrigar a comunhão por dívidas (art. 1413º do Cód. Civil francês), se

[350] P. ex., se se trata de um ato de administração praticado por um dos cônjuges no exercício do comércio e sobre um bem comum (art. 1691º, nº 1, al. *d*)).

[351] Esta desarticulação entre o regime da administração dos bens do casal e o da responsabilidade por dívidas é também apontada por Pamplona Corte-Real, *ob. cit.*, p. 114, ao dizer que "a leitura do regime traçado quanto às dívidas conjugais nem sequer é, estruturalmente ajustado às regras vigentes no âmbito da administração e disposição do património do casal". V. também, o nosso texto, "Breves notas em torno da (des)articulação do regime de administração e disposição dos bens do casal com o regime da responsabilidade por dívidas", *in* AAVV, *Estudos dedicados ao Professor Doutor Nuno José Espinosa Gomes da Silva*, vol. I, *Direito e Justiça – Revista da Faculdade de Direito da Universidade Católica Portuguesa*, Lisboa, Universidade Católica Editora, 2013, pp. 271-296.

o cônjuge for afastado da sua administração (p. ex., por força do art. 1426º do Cód. Civil francês) já não pode responsabilizar o património comum como normalmente aconteceria[352].

Por outro lado, referimos também que carece do consentimento de ambos os cônjuges, nos regimes de comunhão, a alienação de bem imóvel comum ou próprio de qualquer um dos cônjuges. Mas já não no caso de simples promessa de venda, que pode validamente ser celebrada por apenas um dos cônjuges, ficando apenas este obrigado ao seu cumprimento face ao outro contraente. Como o outro cônjuge não se obrigou a nada, nunca estará em falta quanto à declaração de venda. Por isso, não deveria ser obrigado a ressarcir qualquer dano que resulte, para o promitente-comprador, da não realização do contrato prometido[353]. Em sentido contrário, pronunciou-se, como já vimos, o Assento do STJ nº 4/94, de 26.01.1994 (*loc. cit.*), no sentido de que a dívida de restituição do sinal em dobro, por incumprimento de contrato-promessa de compra e venda de coisa imóvel, celebrado por um dos cônjuges, comerciante, no exercício da sua atividade comercial, como promitente-vendedor, é da responsabilidade de ambos os cônjuges, nos termos e com as ressalvas previstas na al. *d*) do nº 1 do art. 1691º. É também invocando o proveito comum, para efeitos do art. 1691º, nº 1, al. *c*), que a jurisprudência tem considerado comum a dívida resultante da restituição do sinal, ou perda do mesmo, pelo não cumprimento de contrato-promessa de compra e venda outorgado por apenas um dos cônjuges ou outros incumprimentos contratuais. Portanto, apesar de não ter qualquer interferência na celebração do contrato, que não é de disposição do bem (e para o qual o consentimento do cônjuge seria necessário) mas de simples promessa de alienação, o outro cônjuge pode vir a responder por uma dívida resultante do seu incumprimento. Parece-nos existir também aqui uma incongruência entre a responsabilidade pelas dívidas e o princípio da autonomia privada e disposição dos bens.

Em matéria de administração e de disposição, há uma acentuada autonomia dos cônjuges no exercício de uma atividade comercial (v., o que dissemos quanto à administração exclusiva do estabelecimento comercial e quanto à consideração como atos de administração ordinária dos atos de disposição no exercício da atividade). Não se compreende, por isso, a desar-

[352] A. Colomer, *Droit Civil...*, *cit.*, p. 249.

[353] Neste sentido, Pereira Coelho/Guilherme de Oliveira, *ob. cit.*, pp. 454 e 455.

ticulação com o regime da responsabilidade por dívidas onde, sem justificação, permanece a al. *d*) do nº 1 do art. 1691º, considerando comuns as dívidas contraídas no exercício do comércio. De facto, se se entende que o cônjuge no exercício do comércio pode praticar quaisquer atos livremente, não se compreende que pelos mesmos respondam o património comum e o de qualquer um dos cônjuges[354]. E se o critério é o de o outro cônjuge usufruir dos rendimentos resultantes do exercício da atividade então poderá haver responsabilidade comum nos termos da al. *c*) do nº 1 do art. 1691º.

À luz do Cód. de Seabra, as soluções pareciam articular-se. De facto, a mulher só podia contrair dívidas comerciais, que responsabilizavam também o marido, desde que o marido lhe concedesse autorização para o exercício do comércio. Caso contrário, não podia contraí-las validamente, dado o seu estatuto de "incapaz". Essa autorização do marido era pressuposto não só para o exercício do comércio como para as dívidas contraídas no seu exercício. As dívidas contraídas pelo marido comerciante podiam responsabilizar os bens comuns e os seus bens próprios, verificados os pressupostos dos arts. 1114º, 2º, do Cód. de Seabra, e 15º do Cód. Comercial de 1888. Aliás, era o marido o administrador dos bens do casal, podendo livremente dispor dos bens móveis.

Por seu lado, e quanto à exclusão do regime de separação de bens, no Cód. Civil de 1966, o art. 1686º previa a necessidade do consentimento do marido para a mulher exercer o comércio, salvo se vigorasse entre os cônjuges o regime de separação de bens. Neste regime, cada um dos cônjuges podia administrar, alienar e onerar aquilo que era seu. Por isso, também pelas dívidas contraídas no exercício do comércio por um dos cônjuges, vigorando o regime de separação de bens, apenas respondia o cônjuge comerciante, sendo dívida própria deste (art. 1691º, nº 1, al. *d*)). Por outro lado, nos restantes regimes, e porque, no caso da mulher, havia o consentimento do marido, a dívida era comum.

Desaparecendo o consentimento marital, deixa de justificar-se a ainda atual redação do art. 1691º, nº 1, al. *d*), em clara desarmonia com o regime

[354] A limitação da responsabilidade pelas dívidas comerciais ao cônjuge comerciante também não foi seguida no art. 1558º, nº 1, al. *d*), do Cód. Civil de Macau, não obstante o art. 11º do Cód. Comercial conferir legitimidade ao empresário comercial, casado em regime de comunhão, para alienar e onerar os bens que compõem a empresa comercial, no exercício da sua atividade, bem como para praticar atos de disposição e oneração dos bens que representam o resultado da atividade da empresa comercial, sejam eles próprios ou comuns.

de administração e disposição dos bens do casal[355]. O que não invalida que as mesmas dívidas possam considerar-se comuns, nos termos, nomeadamente, das als. *b*) ou *c*) do mesmo nº 1 do art. 1691º. É, aliás, o que pode decorrer do art. 186º, al. *c*), do Cód. Civil italiano, ao referir as dívidas contraídas por um dos cônjuges no interesse da família, não especificando as contraídas no exercício do comércio ou de uma profissão.

Os §§ 1431º e 1456º do BGB dispõem que o cônjuge administrador, ou qualquer um dos cônjuges no caso de administração conjunta, que deu o seu consentimento ao outro para o exercício de uma atividade independente (comercial ou não), não precisa de o prestar novamente para os negócios relativos a essa mesma atividade. Ou seja, qualquer um dos cônjuges pode praticar os negócios relativos ao exercício da sua atividade comercial, mas também apenas ele é responsável pelas respetivas dívidas. Se, contudo, exercer a atividade com o consentimento do cônjuge responsabiliza não só o seu património mas também os bens comuns e o património próprio do outro cônjuge (§§ 1437º e 1438º, e § 1460º do BGB).

Isto para já não referir a chocante desigualdade, não prevista nos restantes ordenamentos jurídicos aqui analisados, entre o exercício do comércio e o de qualquer outra profissão. De facto, as leis estrangeiras referem o exercício de uma qualquer profissão, seja ela qual for.

[355] Desarmonia que também nos parece existir no direito espanhol, da articulação dos arts. 1362º, 4º, e 1365º, 2º, do Cód. Civil espanhol, que consideram comuns as dívidas decorrentes do exercício de uma profissão, arte ou ofício de um cônjuge, com o art. 1382º do Cód. Civil espanhol, no domínio da administração dos bens comuns, que permite a utilização de valores comuns necessários ao exercício da profissão. O mesmo problema coloca-se no ordenamento jurídico francês onde pode acontecer que sejam onerados com dívidas por parte de um dos cônjuges bens comuns de que esse cônjuge não tem a administração e livre disposição: bens comuns afetos ao exercício da profissão do outro (art. 1421º, 2º, do Cód. Civil francês). E tanto mais que pelo facto de o cônjuge que exerce a profissão poder realizar os atos de administração e disposição a ela necessários, os seus rendimentos (ainda que comuns) respondem pelas suas dívidas próprias (art. 1411º do Cód. Civil francês). Daí o risco de ser posta em causa a independência profissional de cada um dos cônjuges se o outro pode contrair dívidas fazendo com que o credor penhore bens afetos a esse exercício profissional. Rémy Cabrillac, *ob. cit.*, pp. 157 e 158. Isso salvo se, no exercício dessa profissão, o cônjuge constituir uma sociedade, uma pessoa moral, com património autónomo e ao abrigo das dívidas de ordem privada (não profissional). V., M. Grimaldi, *et allii*, *ob. cit.*, pp. 178 e 179. Como referem Flour/Champenois, *ob. cit.*, p. 378, este perigo pode induzir à adoção de um outro regime de bens ou de uma fórmula societária para o exercício da profissão.

Por outro lado, sabemos que a constituição de direitos reais de garantia exige nos regimes de comunhão o consentimento de ambos os cônjuges. Pense-se, p. ex., na constituição de uma hipoteca sobre um bem comum[356]. No caso de incumprimento da obrigação por esta garantida, responde pela dívida o bem comum onerado e todos os bens comuns e solidariamente os bens próprios de ambos os cônjuges (art. 1695º). Por isso se justifica a necessidade do consentimento de ambos para a sua constituição. Mas, se se tratar de uma hipoteca sobre um bem próprio, esta carece do consentimento do outro cônjuge para a sua constituição ainda que a dívida seja, em princípio, própria (art. 1694º, nº 2). Assim, não sendo o património comum nem o do outro cônjuge afetado pela constituição desta garantia não se justifica a necessidade do consentimento do outro cônjuge neste caso. Além do mais, também no regime de separação, onde a dívida é própria, não há necessidade do consentimento do outro cônjuge para a constituição de tais garantias. E não nos parece que a possibilidade de executar a meação do cônjuge devedor, na falta de bens próprios, ou a possibilidade de participar nos frutos dos bens próprios, sejam argumentos bastantes para defender a necessidade do consentimento. É que, qualquer um dos cônjuges pode contrair dívidas que podem mesmo ser comuns e responsabilizar o património comum e aqui a lei não teve o cuidado de exigir o consentimento (p. ex., no caso do art. 1691º, nº 1, als. *b*), *c*) ou *d*)). Ou seja, a ideia de proteção do património comum não colhe neste campo[357]. Por outro lado, o que também acontece é que se impõe um consentimento de ambos os cônjuges para a oneração, com direitos reais de garantia, de bens próprios e comuns, nos regimes de comunhão, mas este já não é necessário quando se "oneram" bens comuns com a contração de

[356] O mesmo já se exigia à luz do Cód. de Seabra, de acordo com os arts. 1119º e 894º do Cód. Civil de 1867.

[357] Nem a ideia de proteção de um dos cônjuges, o mais desfavorecido patrimonialmente e até sem rendimentos independentes, face a atos de disposição ou oneração dos bens imóveis, considerados ainda pelo legislador a principal riqueza familiar. De facto, se há que proteger, a proteção até se justificaria mais no regime de separação. Depois, a ideia de proteção de um dos cônjuges não parece que deva pautar o legislador atendendo à igualdade jurídica entre os cônjuges, devendo sim favorecer a autonomia e independência recíprocas, sobretudo quando estão em causa bens próprios de cada um dos cônjuges. Na verdade, se alguma restrição é justificada pela existência de um património comum afeto à satisfação das necessidades da vida familiar, a mesma não encontra razão no caso de bens próprios de cada um dos cônjuges (salvo tratando-se da casa de morada da família).

dívidas[358]. Em todo o caso, se a constituição da hipoteca estiver ferida de anulabilidade (at. 1687º), por falta de consentimento, e esta for requerida, haverá retorno à situação inicial, pelo que a comunhão não responderá pela dívida (e o incumprimento contratual está sujeito ao art. 1692º, al. *b*)). A questão só se coloca se a anulação não for requerida ou tiver passado o prazo para a mesma.

Além disso, tratando-se da constituição de hipoteca não voluntária, as regras da administração e disposição dos bens do casal não são observadas. De facto, pode constituir-se uma hipoteca judicial sobre um bem próprio de um dos cônjuges (art. 710º) para garantia de pagamento de uma dívida desse cônjuge. Protege-se aqui o credor, mesmo em prejuízo do interesse que o cônjuge do devedor tenha relativamente aos frutos do bem próprio (que são comuns). Em todo o caso, no momento da execução deve aplicar-se o previsto no art. 786º, nº 1, al. *a*), do Cód. de Processo Civil, quando a penhora tenha recaído sobre bens imóveis ou estabelecimento comercial que o executado não possa alienar livremente.

A constituição de hipoteca judicial sobre um bem comum também é permitida, mas, e para respeitar a autonomia das várias massas patrimoniais e o princípio da subsidiariedade que ela impõe, a hipoteca deve recair sobre um dos bens comuns que respondem ao mesmo tempo que os bens próprios (art. 1696º, nº 2). Não é, porém, permitido constituir hipoteca sobre a meação dos bens do casal (art. 690º).

Quanto à casa de morada da família, a lei exige o consentimento para a sua alienação, oneração, arrendamento ou constituição de outros direitos pessoais de gozo e em qualquer regime de bens, mas não a protege no caso de execução por dívidas. Ou seja, podendo qualquer um dos cônjuges contrair dívidas sem o consentimento do outro, pode acabar por ser executada, penhorada e vendida a casa de morada da família, seja por dívidas comuns (se for um bem comum) seja por dívida própria (se for bem próprio ou até, sendo bem comum, se se incluir na meação do devedor).

De facto, no direito vigente, ao contrário do que acontecia nos anos vinte e trinta do século XX, em que as leis estabeleciam a impenhorabili-

[358] No direito espanhol, a constituição de hipoteca sobre bens comuns está sujeita ao consentimento de ambos os cônjuges (art. 1377º do Cód. Civil espanhol), e, nesse caso, a comunhão responde pela dívida daí decorrente (art. 1367º do Cód. Civil espanhol).

dade do "casal de família", a casa de morada da família não está protegida contra uma penhora[359].

Pereira Coelho e Guilherme de Oliveira apresentam duas decisões do STJ a este propósito[360]. O ac. do STJ, de 13.03.1997 (*BMJ*, nº 465º, 1997, p. 498), entendeu que a proteção da casa da morada da família, resultante do art. 1682º-A e corroborada pelas normas processuais que impõem a demanda dos dois cônjuges quando estiver em causa a casa de morada da família (então art. 28º-A do Cód. de Processo Civil e atual art. 34º do mesmo código), se traduz no reconhecimento de um direito de uso e habitação do cônjuge do executado que não foi executado e que este pode defender por meio de embargos de terceiro. Seria este o meio de evitar que o cônjuge executado pudesse livremente nomear a casa de morada da família à penhora, até em conluio com o credor, prejudicando o direito à habitação do seu cônjuge, quando não pode dispor livremente desse direito, segundo as regras da disposição dos bens do casal, ainda que se trate de bem próprio[361].

Por seu lado, o ac. do STJ, de 29.04.1998 (*BMJ*, nº 476º, 1998, p. 341), onde a casa era um bem comum do casal no qual a mulher estava interessada na previsão do divórcio, entendeu que a atual redação do art. 1696º,

[359] V., o ac. da RG, de 07.05.2003 (*http://www.dgsi.pt*, consultado a 7 de março de 2021), onde se afirma que a casa de morada da família não é bem impenhorável, e tal não atenta contra o direito constitucional à habitação. Acrescenta ainda que o cônjuge do executado que resida na casa de morada da família, bem próprio do executado, não tem qualquer direito real de habitação.

Manifesta-se a favor dessa proteção Nuno de Salter Cid, *ob. cit.*, pp. 110-115, e pp. 170-175, assente sobretudo no princípio constitucional de proteção da família, previsto no art. 67º, nº 1, da CRP.

[360] Pereira Coelho/Guilherme de Oliveira, *ob. cit.*, pp. 460 e 461.

[361] Consagrando também a tutela do direito à utilização da casa de morada da família, v., Salazar Casanova, "Tutela do direito à utilização da casa de morada de família", *Lex Familiae – Revista Portuguesa de Direito da Família*, ano 2, nº 3, 2005, pp. 118-123, a propósito do ac. da RL, de 03.07.2002, e da possibilidade de a mulher do arrendatário deduzir embargos de terceiro numa ação de despejo contra este intentada pelo senhorio. "A protecção da casa de morada da família contra as agressões que lhe possam ser feitas pressupõe a tutela do respectivo gozo ou *utilização*" (p. 122).

Em sentido contrário, Carlos Lopes do Rego, *Comentários ao Código de Processo Civil*, Coimbra, Almedina, 1999, p. 264, defendendo a necessidade de facultar ao cônjuge do executado o contraditório que este pudesse deduzir na execução, sem lhe reconhecer, porém, um direito de uso e habitação sobre a casa, decorrente do art. 1682º-A.

nº 1, ao permitir a execução da meação dos bens comuns do casal antes da dissolução do casamento, viola o art. 65º da CRP, por ofender o direito à habitação.

Portanto, no primeiro acórdão, de 1997, não se impediu a penhora do bem próprio do executado, mas reconheceu-se a existência de um direito de uso e habitação a favor do cônjuge residente. No segundo acórdão o STJ defende a impenhorabilidade imediata da meação dos bens comuns, considerando inconstitucional o art. 1696º, nº 1, o que, como referem os autores citados, parece exagerado dado que a abolição da moratória permite que a execução corra sobre a meação dos bens comuns do devedor, também em casos onde não se põe o problema da casa de morada da família, e corresponde a uma exigência da prática negocial.

O que está obviamente em causa é a questão de saber até onde deve ir a proteção da casa de morada da família. Tendo em conta a proteção constitucional à habitação (art. 65º da CRP) e considerando o movimento geral no direito comparado, mesmo nos ordenamentos jurídicos de base mais separatista, no sentido de proteger a casa de morada da família, deve reforçar-se tal proteção, independentemente dos instrumentos técnicos usados para o efeito[362]. Resta saber se essa proteção não dificultará a obtenção de crédito pela maioria das pessoas que só pode dar como garantia a casa onde habitam[363].

[362] Pereira Coelho/Guilherme de Oliveira, *ob. cit.*, p. 461.

[363] Este receio leva a doutrina francesa a permitir a penhora da casa de morada da família, sem prejuízo de se manter a sua indisponibilidade voluntária (art. 215º, 3º, do Cód. Civil francês). V., entre outros, Terré/Simler, *ob. cit.*, p. 54, Cornu, *ob. cit.*, p. 90, F. Lucet/B. Vareille, *ob. cit.*, p. 36, A. Colomer, *Droit Civil..., cit.*, pp. 36 e 37, e Rémy Cabrillac, *ob. cit.*, pp. 38 e 39.
A possibilidade de penhora da "*vivienda habitual*" permanece também no direito espanhol, não obstante a necessidade do consentimento de ambos os cônjuges para a disposição da mesma (art. 1320º do Cód. Civil espanhol). V., C. Vásquez Iruzubieta, *ob. cit.*, p. 103. Em todo o caso, e como refere Ragel Sánchez, *Ejecución sobre bienes gananciales por deudas de un cónyuge*, Madrid, Tecnos, 1987, p. 162, sempre que esteja em causa a penhora da casa de morada da família, deve citar-se o cônjuge não devedor, nos termos do art. 144º, 5º, do *Reglamento Hipotecario*. Mª Pilar Alvarez Olalla, *ob. cit.*, pp. 455 e 456, defende a manutenção da penhorabilidade da casa de morada da família, dado que a sua impenhorabilidade seria excessivamente prejudicial para os credores e, em consequência, para o crédito familiar. Pronuncia-se a favor de uma solução intermédia que passaria pela defesa do direito de ocupação da casa da família. Sujeitando tal direito a registo, o mesmo seria inatacável por terceiros, de modo a que a penhora poderia recair sobre o direito de propriedade, mas com o ónus de respeitar o uso da casa comum pela família. Semelhante proteção foi conferida no direito inglês pelo *Matrimonial Home Act* de 1967.

Quanto às dívidas que oneram doações, heranças ou legados, parece haver uma certa articulação entre o regime da aceitação e o da responsabilidade por dívidas. Podendo qualquer um dos cônjuges aceitar heranças sem necessidade do consentimento do outro, e não exigindo a lei que o seja em benefício de inventário, poderia haver riscos para o património comum e para o outro cônjuge. Na falta de inventário, cabe ao cônjuge aceitante a prova de que se excutiram os bens da herança. Porém, não o conseguindo provar respondem todos os bens do cônjuge aceitante, ou seja, a dívida é, em princípio, própria do aceitante, não afetando o património comum e o outro cônjuge. Pode acontecer que, por força do regime de bens, os bens herdados ingressem no património comum, situação em que responde também o património comum (art. 1693º, nº 2). Só que neste caso, pode, porém, o cônjuge do aceitante impugnar o cumprimento dos encargos se demonstrar que o valor dos bens não é suficiente para a sua satisfação. O problema estará em situações limite em que esta impugnação não tem sucesso. É que, neste caso, o cônjuge que não se pronunciou quanto à aceitação pode não só ser afetado por via da responsabilização dos bens comuns como responder solidariamente pela dívida. É evidente que pode sempre argumentar-se que esse risco corre em paralelo ao benefício que o cônjuge do aceitante também tem pelo ingresso dos bens herdados no património comum. Só que aquele supera obviamente este quando o benefício não existe por a herança estar sobreonerada com dívidas, situação em que também não é preciso o consentimento do cônjuge do aceitante. Melhor seria, assim, ponderados os riscos, exigir que o cônjuge aceitante só possa aceitar a herança sem o consentimento do seu cônjuge se o fizer em benefício de inventário (responsabilizando apenas o seu património se aquele não existir). Só assim se acautela eficazmente a posição do outro cônjuge ao nível da responsabilidade por dívidas[364]. Era isso que previa o Cód. de Seabra, quanto à aceitação de heranças pelo marido. Com efeito, o marido podia validamente aceitar pura e simplesmente heranças ou legados sem outorga da mulher (arts. 1120º e 2024º). Mas, se a herança tivesse passivo, e o marido não demonstrasse que os encargos excediam as forças da herança, apenas eram responsáveis os seus bens próprios e a sua mea-

[364] Aliás, Braga da Cruz, no art. 13º, nº 2, do seu anteprojeto ("Capacidade patrimonial...", *loc. cit.*, p. 401), previu que, na hipótese de ingresso dos bens no património comum, só houvesse comunicação das dívidas quando tivesse existido o consentimento do outro cônjuge.

ção nos bens comuns, e nunca os bens da mulher. E isto numa altura em que o marido era o administrador de todos os bens do casal. De facto, e apesar das interpretações divergentes a propósito dos arts. 1120º e 2024º do Cód. Civil de 1867, o consentimento da mulher tinha como efeito a responsabilização de ambos os cônjuges pelas dívidas que a herança possuísse. Atualmente, o consentimento é irrelevante.

Pelo contrário, a exigência do consentimento mesmo para o repúdio (negócio jurídico unilateral), que não gera quaisquer encargos, dificilmente se justifica apenas pela eventual entrada dos bens no património comum. Trata-se de um benefício que devia estar na livre disponibilidade do cônjuge aceitante[365].

Quanto aos depósitos bancários, cuja liberdade de constituição e movimentação o art. 1680º prevê independentemente de os valores depositados serem próprios ou comuns, qualquer um dos cônjuges pode dispor dos valores em causa sem necessidade do consentimento do outro cônjuge[366]. Ora, a existência de contas bancárias pode desvirtuar o regime da responsabilidade por dívidas. Apesar disso, a existência desta norma do art. 1680º, traduzindo a necessária autonomia e independência patrimoniais entre os cônjuges, pode ser perigosa ao nível da responsabilidade por dívidas. Assim, e se os valores depositados forem bens comuns[367], pode um dos

[365] Neste sentido, v., Esperança Pereira Mealha, *ob. cit.*, pp. 23 e 24.
Repare-se que, nos §§ 1432º e 1455º, 1º, do BGB, o cônjuge não administrador, ou qualquer um dos cônjuges na administração conjunta, pode aceitar ou repudiar herança ou doação sem o consentimento do cônjuge administrador ou do outro cônjuge. Pelo contrário, o § 1455º, 3º, do BGB, prevê a possibilidade de qualquer um dos cônjuges requerer inventário de herança que ingresse nos bens comuns, independentemente de quem é o herdeiro. Isto precisamente porque os bens comuns respondem pelas dívidas da referida herança.

[366] Esta liberdade de disposição do dinheiro e contas bancárias está também presente no direito espanhol e com mais evidência, dado que aí a disposição de quaisquer bens comuns carece do consentimento de ambos os cônjuges, exceto se se tratar de dinheiro, valores ou direitos de crédito (arts. 1384º e 1385º do Cód. Civil espanhol).

[367] Refere Pires de Lima/Antunes Varela, *Código Civil..., cit.*, vol. IV, p. 293, que se um dos cônjuges depositar em seu nome exclusivo quantias que sejam comuns, "cabe naturalmente ao lesado reagir contra o abuso pelos meios adequados". Perguntamo-nos quais são esses meios de defesa entre os cônjuges, estando em causa bens comuns. De facto, se um cônjuge resolver depositar bens comuns numa conta exclusiva sua, e mesmo que não se trate de uma das exceções do art. 1678º, nº 2, à regra da administração conjunta, o depósito e movimentação da conta são atos de administração ordinária pelo que a administração cabe a cada um dos cônjuges (art. 1678º, nº 3, 1ª parte). Se se trata de "usurpação" de bens comuns por parte de um

cônjuges utilizar os mesmos para pagamento de dívidas próprias, com prejuízo dos credores comuns e do outro cônjuge que, na falta de outros bens comuns, poderá ter que responder na totalidade pela dívida pela qual, não fosse a atuação do seu cônjuge, responderiam os bens comuns depositados. Isto sem prejuízo das devidas compensações nos termos do art. 1697º.

É possível que, em virtude do sobreendividamento do ou dos cônjuges as regras da administração dos bens do casal sejam alteradas. Com efeito, quando algum dos cônjuges é apresentado a insolvência, a administração dos seus bens, que integram a massa insolvente, não pertence ao ou aos cônjuges, mas ao administrador de insolvência (arts. 52º e segs. e 81º do CIRE)[368].

"A clareza de um regime de bens, que constitui massas patrimoniais próprias de cada cônjuge e uma massa comum, e a clareza das regras legais sobre os poderes de administração e de disposição dos respectivos bens, estão condenadas a fracassar perante a confusão permanente de patrimónios, resultante de depósitos mistos, de aplicações e reaplicações, de transferências de propriedade entre os cônjuges"[369].

A rigidez das regras de administração e disposição dos bens do casal é ultrapassada pela necessidade da prática diária de variados negócios jurídicos, pela difusão dos contratos de adesão e pela conclusão de negócios através de meros comportamentos concludentes. Além disso, e como referimos, além de vigorar a regra da irresponsabilidade do cônjuge administrador, não há sanção adequada para a violação das regras da administração (dado o âmbito restrito da separação judicial de bens)[370].

Como vimos, qualquer um dos cônjuges tem legitimidade para contrair dívidas sem o consentimento do outro. Porém, também sabemos que para dispor de certos bens os cônjuges carecem do consentimento um do outro. Ou seja, pode acontecer que um cônjuge que carece do consentimento do outro para dispor de um bem acabe por o onerar com dívidas legiti-

dos cônjuges trata-se das relações internas entre os mesmos, a regular apenas no momento da liquidação e partilha. Parece-nos, por isso, que o cônjuge lesado não pode opor-se à atuação do outro cônjuge em depositar e movimentar bens comuns numa conta bancária (podendo, obviamente, e se for o caso, requerer a separação judicial de bens ou o divórcio).

368 V., A. Lopes Cardoso, *A Administração dos Bens...*, *cit.*, pp. 49 e 50.

369 Guilherme de Oliveira, "Transformações do Direito da Família", *in* AAVV, *Comemorações dos 35 anos do Código Civil e dos 25 anos da Reforma de 1977. Direito da Família e das Sucessões*, Coimbra, Coimbra Editora, 2004, p. 771.

370 V., Esperança Pereira Mealha, *ob. cit.*, p. 56.

mamente (e que poderão levar a que esse mesmo bem venha a responder pelas mesmas, saindo do património comum). De facto, não existe atualmente uma norma como a prevista no art. 1119º do Cód. Civil de 1867, que, apesar de estar na secção da comunhão geral, entendia-se ser de aplicar a todos os regimes de bens. Se o marido pudesse obrigar bens imobiliários sem a outorga da mulher, seria permitir-lhe que livremente os alienasse. Se o marido não podia alienar também não podia obrigar os mesmos bens.

Em todo o caso, não podemos deixar de articular as regras do Direito da Família com as regras gerais. Assim, p. ex., o art. 715º dispõe (como, aliás, fazia o art. 894º do Cód. de Seabra) que só tem legitimidade para constituir hipoteca quem pode dispor do bem. Ora, se o cônjuge não pode dispor, por si, do bem que quer onerar, também não o poderá hipotecar, sendo a constituição da hipoteca nula e não produzindo quaisquer efeitos jurídicos. O problema é que nem todas as onerações dos bens por dívidas implicam uma oneração direta do bem (com constituição de garantia real). Ou seja, o que pode acontecer é que o cônjuge contrai uma dívida que é considerada comum e por ela respondem bens comuns que ele não pode livremente dispor (pense-se, p. ex., no caso da casa de morada da família). Por outro lado, a dívida pode ser própria e, mesmo assim, pode onerar bens comuns de que não pode dispor, nomeadamente, por não ter a sua administração (pense-se no caso dos bens comuns previstos no nº 2 do art. 1696º, quando seja o outro cônjuge a administrar o bem).

Como referia A. Lopes Cardoso, a propósito do Cód. Civil de 1966, pode chegar-se à conclusão que o cônjuge, que está proibido de alienar por si só os seus bens imóveis, consegue o mesmo fim com a contração de dívidas da sua exclusiva responsabilidade. "Bastará que deixe penhorar e vender em execução esses bens"[371]. A situação é ainda mais grave quando pode conseguir esse fim em relação a bens de que nem sequer possui a administração, uma vez que, ao contrário do projetado pelos seus autores, também os bens administrados pelo outro cônjuge não estavam ao abrigo da moratória do art. 1696º, nº 1. A este propósito entendem Pereira Coelho e Guilherme de Oliveira que "[a] utilização, pelo devedor, de bens que não administre, para pagamento da dívida, constitui um ato de administração ilícita, contra o qual o cônjuge do devedor poderá reagir no quadro das regras do mandato tácito ou, provavelmente, no quadro das regras do

[371] A. Lopes Cardoso, *A Administração dos Bens...*, *cit.*, p. 247.

art. 1681º, nº 3, CCiv. Tratar-se-á ainda, provavelmente, da prática de uma "ilegitimidade conjugal", pois significará uma alienação de bens que o devedor não podia praticar sozinho"[372]. Em todo o caso, tal aplicação das regras da responsabilidade ou das ilegitimidades conjugais apenas permite resolver as questões entre os cônjuges, pois face aos terceiros credores, que obtêm judicialmente o seu pagamento através de bens que o seu devedor não tem a administração ou disposição, os referidos bens respondem pela dívida, não podendo o devedor ou o seu cônjuge opor-se à penhora dos mesmos por tal motivo.

Referimos também, quanto à necessidade do consentimento para a prática de certos atos de disposição, a distinção entre a situação em que o ato foi praticado pelos dois cônjuges e aquela em que um atuou com o consentimento do outro. De facto, se ambos intervêm no ato de disposição, ambos serão responsáveis na relação contratual em causa e face a terceiros. Se atuou um com o consentimento do outro, este não está vinculado, tendo apenas prestado o seu consentimento para conferir validade ao ato. Em todo o caso, não parece ser este o resultado se analisarmos o problema do ponto de vista da responsabilidade por dívidas. Na realidade, pode o cônjuge que não está vinculado ao ato e que nele apenas consentiu vir a responder pela dívida em causa se ela for comum (art. 1695º), e até solidariamente se os cônjuges estiverem casados em regime de comunhão (art. 1695º, nº 1). Assim, pode não haver diferença da atuação pelos dois cônjuges ou de um com o consentimento do outro.

À luz do Cód. de Seabra, os problemas de incompatibilização do regime da disposição dos bens do casal e da responsabilidade por dívidas faziam também sentir-se, mas eram sobretudo originados pela situação inversa. Ou seja, o marido tinha poderes de administração e disposição sobre todos os bens móveis, comuns ou próprios de qualquer dos cônjuges, mas só podia contrair dívidas com o consentimento da mulher, salvo no caso de ausência ou impedimento da mulher ou se aplicadas em proveito comum do casal (art. 1114º). Pelas dívidas contraídas apenas pelo marido ficavam obrigados os seus bens próprios e a sua meação nos bens comuns, mas sujeita a moratória. No caso das exceções respondiam pelas dívidas também os bens comuns. Podia acontecer que o marido contraísse uma dívida sem consentimento da mulher e sem que integrasse uma das exceções refe-

[372] Pereira Coelho/Guilherme de Oliveira, *ob. cit.*, p. 479.

ridas, e o credor viesse executar bens comuns móveis do casal alegando que o marido podia administrar e dispor livremente dos mesmos. Ora, se podia dispor também podia onerar os mesmos por dívidas. Como poderia o marido poder o mais e não poder o menos[373]. Entendia-se, portanto, que a proibição de o marido contrair dívidas sem o consentimento da mulher apenas teria como consequência a não afetação pelas dívidas dos bens imobiliários comuns. Caso contrário, não disporia o legislador, nos arts. 1118º e 1148º, a livre disposição dos mobiliários a favor do marido. Assim, o art. 1114º apenas referia os bens imobiliários, ficando os bens mobiliários sujeitos à execução por dívidas.

No Cód. de Seabra, no regime de separação o marido não podia obrigar nem alienar os bens imobiliários da mulher e, nessa lógica, os bens dela apenas respondiam pelas suas próprias dívidas e na proporção da sua responsabilidade.

Mas a desarticulação e os riscos de fraude à lei também existiam no Cód. Civil de 1867, onde o marido podia escapar à limitação da necessidade do consentimento da mulher para dispor dos bens imóveis, contraindo dívidas (próprias), pelas quais os credores poderiam, em processo executivo, executar os bens imóveis (comuns), ainda que sujeitos a moratória[374].

Ora, no nosso direito vigente, qualquer um dos cônjuges pode contrair dívidas mas pode carecer do consentimento do outro para dispor de certos bens. O regime tem uma maior coerência, isto é, os cônjuges podem o menos (contrair dívidas e onerar os bens) mas não quer dizer que possam o mais (dispor dos bens). O problema é que, em virtude de uma execução sobre certos bens, a oneração por contração de dívidas pode resultar numa disposição do bem por parte do cônjuge que contraiu a dívida, ainda que não tenha poderes de disposição. Só que não podemos esquecer que, sendo isto verdade, a disposição indireta feita pelo cônjuge que contrai a dívida não é voluntariamente feita pelo mesmo, ou seja, ela resulta sempre de uma ação judicial que implica execução e penhora dos bens em causa. Tal como é possível, por força de uma execução, e nos termos do art. 740º do Cód. de Processo Civil, a partilha forçada dos bens comuns do casal[375] em

[373] Situação analisada em *O Direito*, ano 3, nº 8, 1871, pp. 114-116.

[374] V., Coelho da Rocha, *ob. cit.*, pp. 137 e 138.

[375] Como sabemos, o património comum, atendendo à sua especial natureza jurídica, não pode ser partilhado no decurso da sociedade conjugal por iniciativa dos cônjuges. Por isso, as compensações, nos regimes de comunhão, só podem ser exigidas e pagas depois da liquidação e partilha.

virtude de uma ação executiva, por ação de terceiros, também será possível em virtude de ação semelhante a "disposição" de bens comuns, ou até próprios de um dos cônjuges, de que o cônjuge que contraiu a dívida não tem a livre disposição[376]. O problema em causa são as situações de conluio entre o credor e um dos cônjuges em prejuízo do outro cônjuge. Mas aí este terá sempre os meios processuais, mais ou menos eficazes, para reagir, como a oposição à penhora ou à execução e os embargos de terceiro. Não podemos, em todo o caso, deixar de referir que esta possibilidade de contrair livremente dívidas que podem implicar disposições de bens que o cônjuge que as contrai não pode dispor sozinho, choca com a solução legal de anulabilidade dos atos realizados por um dos cônjuges sem o consentimento do outro, quando este é necessário (art. 1687º). Por via da contração de uma dívida pode um cônjuge dispor de bens livremente, quando carece do consentimento do outro de acordo com as regras da administração e disposição dos bens do casal, consubstanciando uma fraude à lei. Repare-se que esta desarticulação dos regimes da responsabilidade por dívidas e da administração e disposição dos bens do casal pode conduzir a que o cônjuge que não contraiu a dívida (e não prestou o consentimento necessário para a disposição) venha alegar que o negócio do qual decorreu a contração da dívida é anulável, pois implica uma disposição de bens (necessária para pagamento judicial da dívida) para a qual o outro cônjuge carecia do seu consentimento (pondo em causa o direito ao pagamento do credor).

A articulação do regime da responsabilidade por dívidas com as normas de administração e disposição dos bens do casal manifesta-se, em maior ou menor grau, no direito comparado. Em geral, apesar da manutenção de desconformidades pontuais, como oportunamente referimos, os ordenamentos jurídicos estrangeiros traduzem também a referida articulação.

De igual modo, é também possível, e apesar da proibição da compra e venda entre cônjuges (art. 1714º, nº 2), um dos cônjuges exercer o seu direito de remissão na venda executiva dos bens do outro cônjuge (art. 842º do Cód. de Processo Civil).

[376] Aliás, é isso mesmo que resulta do ordenamento jurídico francês onde as exceções à regra da administração disjunta só se aplicam no caso de se tratar de atos de alienação voluntária, já que se esta for judicial (forçada) tais exceções não existem, não sendo necessário o consentimento de ambos os cônjuges. V., Flour/Champenois, *ob. cit.*, p. 319. O mesmo pode dizer-se em relação ao direito alemão, onde as limitações à liberdade de administração e disposição do cônjuge administrador não valem no domínio de execução processual (Staudinger, *ob. cit.*, §§ 1363º-1563º, § 1424 Rdn. 13, p. 494).

A evolução do direito francês denota a correlação entre o passivo e os poderes de administração. No Cód. Civil de 1804 toda a dívida do marido, único administrador de todos os bens, era uma dívida comum. Por seu lado, só a nua propriedade dos bens da mulher estava exposta à execução dos seus credores, salvo se exercesse uma profissão separada (situação em que respondiam também os bens reservados)[377]. O marido era o administrador de todos os bens, incluindo os próprios da mulher e, por isso, dispunha livremente deles (ainda que, no caso de bens próprios da mulher, carecesse do consentimento desta, este era facilmente obtido). Paralelamente, a mulher podia, no momento da dissolução, renunciar à comunhão e, assim, escapar ao pagamento do seu passivo. Podia ainda a mulher, no caso da administração do marido afetar os seus bens, requerer a separação de bens, bem como beneficiava, para garantia dos seus eventuais créditos contra o marido, de uma hipoteca legal sobre os imóveis próprios do marido e os comuns[378]. De facto, e em geral, a regulação do regime da responsabilidade pelas dívidas dependia dos poderes dos cônjuges sobre os bens. Assim, a dívida seria comum, e pela qual respondia o património comum, se o seu contraente tivesse poderes de disposição sobre os bens comuns. Por isso, as dívidas do marido obrigavam sempre a comunhão, ao contrário das da mulher que, por princípio, não a responsabilizavam. De facto, só quando a mulher tivesse a administração dos bens comuns responderia a comunhão, ou seja, quando por mandato do marido a mulher administrasse tais bens, quando tivesse o consentimento do marido para contrair a dívida em causa ou quando tivesse autorização judicial. A Reforma de 1965 terminou com esta desigualdade no que respeita às dívidas extracontratuais. De facto, as dívidas contratuais estavam condicionadas pelas desigualdades mantidas ao nível da administração dos bens. O marido, na sua qualidade de chefe da família, obrigava a comunhão por todas as dívidas que contraísse[379]. A mulher, por seu lado, ainda que capaz, não podia, em princípio, obrigar

[377] De facto, podendo a mulher administrar e dispor livremente desses bens, no exercício da sua profissão, também eles respondiam pelas dívidas que contraísse no mesmo exercício.

[378] Henri Mazeaud, *et allii*, *Leçons de Droit Civil. Régimes matrimoniaux*, *cit.*, p. 339. A existência da hipoteca legal implicava que, quando o marido pretendesse alienar ou onerar um imóvel próprio dele ou comum, carecia da intervenção da mulher, dado que os terceiros exigiriam que ela renunciasse à referida hipoteca (Colin/Capitant/Julliot de la Morandière, *ob. cit.*, p. 107).

[379] Apesar de tudo, o poder marital tinha limitações. Desde logo, os bens reservados da mulher permaneciam fora das intenções dos seus credores, salvo se se verificasse a situação prevista no art. 220º do Cód. Civil. Depois, os seus atos fraudulentos não obrigavam os bens comuns sempre que os terceiros com quem contratava estivessem de má fé, além de a mulher poder

os bens comuns, já que este poder cabia ao marido como administrador do casal[380]. Podiam, em todo o caso, tendo ela bens próprios, os seus credores executar a plena propriedade da sua fortuna pessoal (art. 1415º do Cód. Civil francês). Em todo o caso, o princípio da não responsabilização da comunhão pelas dívidas contratuais da mulher tinha alguns limites. Desde logo, e quanto aos bens adquiridos no exercício de uma profissão (bens reservados), estes bens respondiam pelo seu passivo, profissional ou não. Por outro lado, os bens comuns respondiam pelos atos praticados ao abrigo dos arts. 217º e 1426º do Cód. Civil francês e pelas dívidas contraídas para o sustento do lar e educação dos filhos (art. 220º do Cód. Civil francês).

A Reforma de 1985 terminou com a supremacia marital. Cada cônjuge tem o poder autónomo de administrar os bens comuns, em situação de plena igualdade face ao seu cônjuge. Em consequência, no atual regime do passivo, a lei não estabelece qualquer distinção entre a dívida contraída pelo marido e pela mulher (art. 1409º do Cód. Civil francês). Por seu lado, o art. 1413º do Cód. Civil francês comprova o aumento do poder dos cônjuges e um alargamento da garantia dos credores, determinando que a comunhão responde por todas as dívidas contraídas pelos cônjuges, de acordo, aliás, com o princípio da administração concorrente, previsto no art. 1421º do Cód. Civil francês. Para a afirmação do princípio da igualdade da administração no domínio do passivo bastou ao legislador estender a disposição do art. 1413º do Cód. Civil francês também à mulher. Respondendo os bens comuns, e desaparecendo a distinção entre os bens comuns ordinários e os reservados, não precisa o credor de determinar a origem dos bens que pretende executar, reforçando-se, com isso, o crédito do lar.

Na mesma lógica, determinando a lei a administração singular dos bens próprios de cada cônjuge, a dívida contraída por um só dos cônjuges não responsabiliza os bens próprios do outro (art. 1418º do Cód. Civil francês). Denotando a ligação entre os poderes de administração e a responsabilidade

restringir os poderes do marido, nos termos dos arts. 220º-1º e 1426º do Cód. Civil francês. Por outro lado, o património pessoal da mulher não respondia pelas dívidas do marido.

380 Embora os bens comuns e os próprios do marido também respondessem pelas dívidas contraídas pela mulher no caso de esta ter recebido mandato do marido ou autorização judicial ou quando atuasse na qualidade de gestor de negócios. De facto, a mulher responsabilizava os bens comuns e os próprios de ambos os cônjuges se contraísse dívidas com o consentimento do marido (art. 1419º do Cód. Civil francês), mas era também pelo lado do marido que a dívida entrava na comunhão (salvo se a dívida fosse solidária, situação em que se considerava que entrava na comunhão pelos dois cônjuges – art. 1418º do Cód. Civil francês).

por dívidas, cada um dos cônjuges administra os seus bens próprios e os bens comuns e, por isso, pode obrigar os referidos bens, mas já não os bens próprios do outro cônjuge.

Por outro lado, e não obstante os ganhos profissionais serem comuns nos regimes de comunhão, é o cônjuge que os aufere que os administra e pode deles dispor (desde que satisfeita a contribuição para os encargos da vida matrimonial – art. 223º do Cód. Civil francês). Por essa razão, pelas dívidas próprias de um dos cônjuges respondem não só os seus bens próprios mas também os seus "*revenus*" (art. 1411º do Cód. Civil francês).

Repare-se que, nos casos em que um cônjuge é substituído pelo outro nos seus poderes (art. 1426º do Cód. Civil francês), este obriga-se a si e aos bens comuns, nos termos gerais do art. 1413º do Cód. Civil francês, mas o cônjuge que é substituído deixa de poder obrigar os bens comuns de que não tem mais a administração. Também, havendo limitação dos poderes de administração dos seus bens próprios (art. 1429º do Cód. Civil francês) entende-se que o cônjuge impedido de administrar não pode obrigar esses mesmos bens por dívidas[381].

Sendo possível, nos termos do art. 1503º do Cód. Civil francês, a estipulação de uma cláusula, em convenção matrimonial, de administração conjunta, os atos praticados pelos dois cônjuges implicam uma solidariedade das obrigações assumidas. O que denota, obviamente, uma forte ligação entre as regras da administração dos bens e a responsabilidade pelas dívidas.

De facto, o regime da comunhão universal, ou outro, pode ser acompanhado de uma cláusula de administração conjunta (art. 1503º do Cód. Civil francês). Se assim for, e quanto às dívidas contratuais, tratando-se de atos de administração e disposição de bens comuns, sendo necessário o consentimento de ambos os cônjuges, estes ficam solidariamente obrigados por tais atos realizados de comum acordo. A dívida será comum e o património próprio de ambos os cônjuges ficará sujeito à execução dos credores. Repare-se que aqui o mero consentimento implica responsabilidade solidária (o que não impede os cônjuges de, em convenção matrimonial, determinarem que

[381] F. Terré/Ph. Simler, *ob. cit.*, pp. 375 e 376, e p. 400, e Flour/Champenois, *ob. cit.*, pp. 339 e 349. Como referem estes últimos autores, o poder atribuído pelo art. 1429º do Cód. Civil francês a um dos cônjuges é um poder de representar o outro na administração dos seus bens próprios. Assim, as dívidas contraídas pelo representante obrigam o representado (seus bens próprios) e os bens comuns, nos termos gerais (mas não obrigam os bens próprios do representante).

tal consentimento apenas terá o significado que lhe é conferido pelos arts. 1422º e segs. do Cód. Civil francês). Cada um dos cônjuges pode utilizar o art. 217º do Cód. Civil francês para obter autorização judicial, com vista à sua atuação isolada, se houver recusa do consentimento sem razão válida. Se assim for, a dívida obriga a comunhão, mas não o cônjuge que recusou o seu consentimento (art. 217º, 2º, do Cód. Civil francês). O mesmo se poderá dizer se um dos cônjuges obteve autorização judicial para atuar ao abrigo do art. 1426º do Cód. Civil francês.

Se, pelo contrário, não se tratar de um ato de administração ou disposição sobre um bem comum, qualquer um dos cônjuges pode atuar sem o consentimento do outro. A questão está em saber se, além dos bens próprios do cônjuge devedor, os bens comuns respondem por tal dívida[382].

Quanto às dívidas extracontratuais integram o passivo provisório da comunhão, ou seja, o art. 1503º do Cód. Civil francês não as refere expressamente pelo que deverá aplicar-se o regime legal (art. 1413º do Cód. Civil francês). Deve igualmente aplicar-se o disposto no art. 1418º, 1º, do Cód. Civil francês, não podendo ser executados, por dívida contraída por um dos cônjuges, os bens próprios do outro. A solidariedade prevista no art. 1503º do Cód. Civil francês abrange apenas as dívidas que os cônjuges contraíram conjuntamente para a administração dos bens comuns[383].

No direito italiano, no âmbito do princípio da autonomia negocial, cada um dos cônjuges pode contrair dívidas, conjunta ou separadamente, sem que as normas reguladoras da administração da comunhão legal possam constituir qualquer obstáculo ao cumprimento das obrigações contraídas perante terceiros por qualquer um dos cônjuges. Em todo o caso, o regime da responsabilidade por dívidas não deixa de articular-se com as normas relativas

[382] A resposta é obviamente positiva se a dívida se enquadrar no domínio do art. 220º do Cód. Civil francês. Caso contrário, alguns autores entendem que sim (Terré/Simler, *ob. cit.*, p. 407), dado que a cláusula da administração conjunta apenas exige a atuação dos cônjuges quanto ao poder de administrar a comunhão e não de a obrigar; outros defendem que, se atuar sozinho, os bens comuns não respondem pela dívida (Cornu, *ob. cit.*, p. 570), não podendo qualquer um dos cônjuges obrigar a comunhão por dívidas contraídas isoladamente, fora as previstas no art. 220º do Cód. Civil francês (dado que qualquer ato de contração de uma dívida integra a categoria de ato de disposição e de administração e para estes é necessário o consentimento de ambos os cônjuges).

[383] A. Colomer, *Droit Civil…*, *cit.*, p. 520, sugere o desaparecimento desta cláusula, dado que, exigindo para todos os atos, mesmo os de mera administração, o acordo dos cônjuges, pode implicar a paralisia do sistema se a discórdia se instalar.

à administração dos bens. De facto, a administração da comunhão é a administração de um património que comporta situações jurídicas ativas e passivas[384]. Por isso, estas últimas não podem deixar de articular-se com a referida administração.

O direito italiano seguiu o mesmo entendimento vigente entre nós, ou seja, atribuiu-se a administração dos bens comuns a ambos os cônjuges, devendo esta exercer-se conjuntamente em relação aos atos de natureza extraordinária e à concessão ou aquisição de direitos pessoais de gozo, e disjuntamente face aos atos de administração ordinária (art. 180º do Cód. Civil italiano). Assim, as dívidas contraídas por ambos os cônjuges responsabilizam o património comum (art. 186º, al. *d*), do Cód. Civil italiano). Ora, os atos de administração ordinária podem ser praticados por qualquer um dos cônjuges independentemente de serem ou não no interesse da família. Por isso, também as dívidas contraídas por um dos cônjuges no interesse da família, e relativas à gestão normal e ordinária da mesma (art. 186º, al. *c*), do Cód. Civil italiano), as resultantes de encargos que oneram os bens no momento da aquisição (art. 186º, al. *a*), do Cód. Civil italiano), os encargos de administração (art. 186º, al. *b*), do Cód. Civil italiano) e as despesas relativas ao sustento da família e à educação e instrução dos filhos (art. 186º, al. *c*), do Cód. Civil italiano) responsabilizam o património comum. Importa que a dívida preencha uma das referidas alíneas. P. ex., e como referimos, entende-se que qualquer um dos cônjuges pode dispor dos seus bens para adquirir outros que integram a comunhão (e aqui não está em causa a administração dos bens comuns). Quando dispõe de bens comuns para adquirir outros que também integram a comunhão, é aceite que, de acordo com o art. 177º, al. *a*), do Cód. Civil italiano, tal atuação corresponde aos poderes ordinários que o art. 180º do Cód. Civil italiano confere a qualquer um dos cônjuges. Portanto, o ato será válido, mas a comunhão não responde pela dívida que daí decorre (ou só responde nos termos do art. 189º, 2º, do Cód. Civil italiano), salvo se preencher os requisitos do art. 186º do Cód. Civil italiano e sem prejuízo das devidas compensações (art. 192º do Cód. Civil italiano). Apresenta-se, portanto, um regime em que a responsabilidade do património comum originada pelas dívidas contraídas por qualquer um dos cônjuges é mais restrita que os poderes de administração e disposição que os cônjuges têm sobre o património comum (sem prejuízo das limitações a esta administração nos termos dos arts. 182º e 183º do Cód. Civil italiano).

[384] Franco Anelli, *ob. e loc. cit.*, p. 285.

Pelo contrário, as dívidas contraídas por apenas um dos cônjuges, para cumprimento de atos que excedem a administração ordinária, sem o consentimento do outro, apenas responsabilizam a comunhão a título subsidiário, quando o credor não possa satisfazer-se pelos bens próprios do cônjuge devedor (art. 189º, 1º, do Cód. Civil italiano). Discute-se na doutrina italiana se a dívida contraída no interesse da família mas que excede a administração ordinária responsabiliza ou não o património comum nos termos do art. 186º, al. *c*), do Cód. Civil italiano. A posição que afasta tal entendimento é a que mais se adequa com o regime da administração dos bens do casal, nos termos do art. 180º do Cód. Civil italiano, que não distingue os atos de administração em função de serem no interesse da família. Por outro lado, é a interpretação mais conforme com o art. 181º do Cód. Civil italiano, que impõe ao cônjuge, no caso de recusa do outro em prestar o consentimento, uma autorização judicial para a prática do ato de administração extraordinária no interesse da família. Admitir a responsabilidade da comunhão conduziria a uma situação em que o ato de administração não seria, em princípio, válido (art. 184º do Cód. Civil italiano), mas a dívida era da responsabilidade do património comum[385]. Seria uma solução muito próxima da que acontece no nosso ordenamento por falta de articulação dos regimes de administração e responsabilidade por dívidas.

Repare-se que, referindo o art. 180º do Cód. Civil italiano, em ligação com o art. 184º do mesmo código, a necessidade do consentimento de ambos os cônjuges para os atos de disposição (e não também de aquisição, salvo os casos de direitos pessoais de gozo), pode acontecer que a aquisição de um imóvel, ato de administração extraordinária mas não sujeita à administração conjunta, origine uma dívida. Tal dívida, nos termos do art. 189º do Cód. Civil italiano, só responsabilizará o património do cônjuge alienante e a sua meação nos bens comuns. Ou seja, a administração pode ser praticada por qualquer um dos cônjuges mas apenas esse cônjuge fica obrigado pela dívida contraída.

Vigorando, no direito espanhol, a regra da administração conjunta, impede-se a contração de dívidas que obriguem a comunhão se os cônjuges não atuarem conjuntamente ou um com o consentimento do outro. A distinção das dívidas comuns a título definitivo ou provisório obedece ao regime da

[385] Ou então o ato será válido mas gera uma responsabilidade do cônjuge alienante (art. 184º, 3º, do Cód. Civil italiano) que, contudo, não existiria se a dívida fosse contraída no interesse da família. V., Bruno de Filippis, *ob. cit.*, p. 262.

administração dos bens comuns e visa a proteção dos terceiros credores[386]. De facto, o art. 1375º do Cód. Civil espanhol, estabelecendo a administração conjunta, articula-se com o art. 1367º do Cód. Civil espanhol, obrigando os bens comuns pelas dívidas contraídas pelos cônjuges conjuntamente ou por um com o consentimento do outro. Há também casos em que a lei admite a administração individual e, por isso, o art. 1369º do Cód. Civil espanhol dispõe um regime de solidariedade entre o património comum e o património próprio do cônjuge que contraiu a dívida. Por outro lado, a dívida que decorre de uma atuação individual tem caráter próprio, salvo se integrar as disposições dos arts. 1365º, 1366º ou 1368º do Cód. Civil espanhol.

Se se trata de uma dívida contraída por um dos cônjuges originada por um ato que deveria ser praticado por ambos os cônjuges (arts. 1375º e 1377º do Cód. Civil espanhol), e a dívida for definitivamente comum (art. 1362º do Cód. Civil espanhol), a comunhão responde se o cônjuge que não deu o seu consentimento não intentar ação de anulação do ato em causa que originou a dívida (mesmo que não integre os arts. 1365º, 1366º, e 1368º do Cód. Civil espanhol)[387].

Repare-se que o art. 1382º do Cód. Civil espanhol permite que um dos cônjuges utilize sozinho, ainda que com o conhecimento do seu cônjuge, valores comuns no exercício da sua profissão ou para administração ordinária dos seus bens. E se dessa utilização resultarem dívidas responde o património comum, nos termos do art. 1362º, 3º e 4º, do Cód. Civil espanhol[388].

De referir que, no direito alemão, o cônjuge administrador, no caso de dívidas contraídas pelo outro que responsabilizam o património comum, é também responsável solidariamente pelas mesmas com os seus bens próprios (cfr. o § 1437º, 2º, do BGB). Por outro lado, no caso de administração por ambos os cônjuges, cada um deles será responsável pelas dívidas contraídas pelo outro, como devedor solidário (cfr. o § 1459º do BGB), e, se nas relações internas a dívida for da responsabilidade de um dos cônjuges, a obrigação de pagamento do outro desaparece com o fim da comunhão. É a contrapar-

[386] Javier Seoane Prado, "Cuestiones procesuales que plantea la defensa de terceros y acreedores en situaciones de cambio convencional de régimen económico matrimonial. Medidas cautelares", *in* AAVV, *Régimen económico matrimonial y la protección de acreedores*, sob a direção de J. R. San Román Moreno, Madrid, Consejo General del Poder Judicial, 1995, p. 347.

[387] J. Fernández Villa, "El pasivo de la sociedad de gananciales: en torno al art. 1.369 C.c.", *Anuario de Derecho Civil*, tomo XLVI, nº 2, 1993, pp. 689-691.

[388] Teodora F. Torres, *loc. cit.*, p. 764.

tida pelos poderes de administração atribuídos ao cônjuge ou aos cônjuges. De facto, dado o amplo poder de administração e disposição sobre os bens comuns detido pelo cônjuge administrador, este podia usar tal poder com vista ao pagamento das suas dívidas, deixando por pagar as do outro cônjuge[389]. Na administração singular é, em princípio, o cônjuge administrador que obriga a comunhão, respondendo também com os seus bens próprios pelas dívidas comuns, não responsabilizando pessoalmente o cônjuge não administrador. Na administração conjunta, onde ambos os cônjuges devem praticar os atos de disposição, ambos responsabilizam a comunhão e respondem pelas dívidas comuns. No direito alemão é patente a ligação entre administração e responsabilidade por dívidas. Só o(s) cônjuge(s) administrador(es) é que pode(m) contrair dívidas que responsabilizam o património comum (sem prejuízo das dívidas previstas no § 1357º do BGB, que podem ser contraídas por qualquer um dos cônjuges isoladamente e mesmo pelo não administrador).

Como sabemos o § 1438º do BGB determina que os bens comuns respondem pelas dívidas contraídas pelo cônjuge administrador e também pelas do não administrador se contraídas com o consentimento do administrador ou quando a lei considera a dívida eficaz face ao património comum sem necessidade de tal consentimento. O que está obviamente em articulação com o regime dos §§ 1429º a 1433º do BGB, que contemplam situações em que o cônjuge não administrador tem poderes de administração sem necessidade do consentimento do cônjuge administrador. Também, e no domínio da administração conjunta, os §§ 1454º a 1456º do BGB preveem a possibilidade de um dos cônjuges poder realizar um negócio jurídico sem necessidade da colaboração ou do consentimento do outro cônjuge. Em articulação com tal regime dispõe o § 1460º do BGB que os bens comuns respondem pelas dívidas contraídas conjuntamente pelos cônjuges ou por um deles quando a dívida seja eficaz sem necessidade do consentimento.

[389] Schlüter, *BGB – Familienrecht*, 11ª ed., Heidelberg, C. F. Müller, 2005, pp. 116 e 117.

III
Da relevância dos regimes de bens no regime da responsabilidade por dívidas

1. Os diferentes regimes de bens e a proteção dos credores no regime da responsabilidade por dívidas dos cônjuges

Como sabemos, o regime da responsabilidade por dívidas dos cônjuges apresenta especificidades face ao Direito das Obrigações. As diferenças de tal regime face ao regime geral verificam-se essencialmente no caso dos regimes de comunhão onde, além dos patrimónios próprios dos cônjuges, existe um património comum que pode responder pelas dívidas contraídas por um ou ambos os cônjuges. Em todo o caso, também no regime de separação de bens, as regras gerais são alteradas, nomeadamente, pelo facto de um cônjuge contrair uma dívida que poderá responsabilizar também (ainda que conjuntamente) o património do outro (art. 1695º, nº 2).

A principal questão que aqui pretendemos abordar é da repercussão do regime de bens e do respetivo regime da responsabilidade por dívidas na proteção dos credores. É evidente que, à partida, é nos regimes de comunhão que os terceiros credores encontram maior proteção, dado existir um património comum que também responderá pelas dívidas (a título principal ou subsidiário). Procuraremos verificar tal facto e aferir se terá razão de ser num momento em que a autonomia e independência patrimoniais e financeiras dos cônjuges se fazem sentir. Assim, depois de uma abordagem geral dos regimes de bens e dos limites à liberdade de convenção (art. 1699º), tentaremos avaliar o regime da responsabilidade por dívidas à luz de cada regime de bens, na perspetiva da proteção da família e dos credores.

Na falta de estipulação das partes vigora entre os cônjuges o regime supletivo de comunhão de adquiridos[390]. Em matéria de regime supletivo é discutido se seria preferível o de comunhão de adquiridos ou o de separação. Tentaremos tomar uma posição a este propósito em matéria de responsabilidade por dívidas.

A primeira observação a fazer é a de que não há propriamente um regime puro de comunhão ou de separação, assistindo-se à penetração de ideias separatistas nos regimes de comunhão e de ideias comunitárias no regime de separação. Nos regimes de comunhão, os patrimónios próprios dos cônjuges aumentam em detrimento do património comum, assumindo ambos os cônjuges iguais poderes de administração; na separação de bens prevê-se uma contribuição proporcional dos cônjuges para os encargos do casal, bem como restrições aos poderes do proprietário da casa de morada da família. São estas aproximações entre os dois regimes que levam algumas legislações a tentar combinar os dois, como acontece com o regime de comunhão nos ganhos ou de participação nos adquiridos (*Zugewinngemeinschaft*) da Alemanha[391], que se traduz numa partilha das valorizações ou uma separação de bens com igualação nos ganhos ("*Gütertrennung mit Zugewinnausgleich*")[392]. No decurso do casamento os cônjuges vivem em separação de bens e no momento da dissolução calcula-se

[390] Apesar da possibilidade de os nubentes escolherem um dos regimes de bens previstos na lei ou convencionarem o que entenderem a esse respeito, nem sempre fazem uso dela, casando no regime supletivo.

[391] Já em 1920 a Suécia tinha a "comunhão diferida", ou seja, durante o casamento os cônjuges vivem em separação de bens, administram os seus bens e respondem pelas suas dívidas; no momento da dissolução do casamento, todos os bens são considerados propriedade do casal e cada cônjuge tem direito a metade do seu valor. Com a frequência de divórcios e de casamentos de curta duração (fazendo com que um cônjuge beneficiasse de metade do valor dos bens, mesmo aqueles trazidos pelo outro para o casamento que logo se dissolveu), foi necessário, em 1987, exigir que a participação por metade no valor do património conjugal dependesse da duração do casamento (vinte por cento ao ano), sendo que o direito a metade só se adquire ao fim de cinco anos. Na Noruega o regime é idêntico, mas cada cônjuge retira do património conjugal final os bens que levou para o casamento e os que adquiriu a título gratuito. Os valores partilhados correspondem aos bens que se dividiriam em espécie num regime de comunhão de adquiridos. V., Braga da Cruz, "O problema do regime matrimonial de bens supletivo, no novo Código Civil português (estado actual da questão)", *BMJ*, nº 53º, 1956, p. 175, Gonçalves Pereira, "Regimes convencionais...", *loc. cit.*, pp. 264-287, e Pereira Coelho/Guilherme de Oliveira, *ob. cit.*, pp. 567 e 568.

[392] Lüderitz/Dethloff, *ob. cit.*, p. 102.
O modelo alemão foi também seguido pelo Cód. Civil de Macau na revisão de 1999.

o aumento do valor do conjunto de todos os bens de cada cônjuge (que são bens próprios), confrontam-se os dois valores e apura-se a diferença. O cônjuge cujo património se valorizou mais e, portanto, que enriqueceu mais durante o casamento, deve entregar ao outro metade da diferença das valorizações dos patrimónios.

Os cônjuges, de acordo com o art. 1698º, que fixa o princípio da liberdade do regime de bens, podem fixar, em convenção antenupcial, o regime de bens do casamento, quer escolhendo um dos regimes previstos no código (comunhão de adquiridos, comunhão geral e separação de bens), quer, dentro dos limites legais, estipular o que entenderem[393]. Não existe um sistema de tipicidade, como acontece na Alemanha (§ 1408º do BGB) ou na Suíça (art. 182º do Cód. Civil suíço) em que os nubentes ou cônjuges têm de escolher um dos regimes previstos na lei[394]. Para a defesa de um regime de tipicidade costuma afirmar-se que os terceiros ficariam mais protegidos, pois saberiam mais facilmente qual a regulamentação em vigor

[393] A lei fixa alguns limites à liberdade de convenção. Além dos previstos no art. 1699º, a que faremos referência no texto, a lei fixa nos casos do art. 1720º um regime imperativo de separação de bens (casamentos celebrados sem precedência do processo de casamento e por quem tenha completado 60 anos de idade – limite que perde a sua utilidade de evitar casamentos por interesse económico a partir da Reforma de 1977 que colocou o cônjuge como herdeiro legitimário, ao lado dos descendentes, ou seja, a lei impede a escolha de um regime com receio do proveito económico de um cônjuge à custa do outro com mais de 60 anos, mas chama o cônjuge sobrevivo a herdar no momento da morte. Como referem Pereira Coelho/Guiherme de Oliveira, *ob. cit.*, p. 562, além de não se encontrar um interesse que justifique esta restrição à liberdade negocial, é de notar que os sistemas jurídicos têm reforçado a autonomia individual, consagrando a CRP um direito ao desenvolvimento da personalidade (art. 26º) que é contrário à limitação em causa. Deviam, portanto, os casos de tentativa de benefício económico pelo abuso de alguma debilidade ficar apenas sujeitos às regras gerais reguladoras da liberdade negocial); determina no art. 1699º, nº 2, a proibição de estipulação do regime da comunhão geral nos casamentos celebrados por quem tenha filhos, ainda que maiores ou emancipados; fixa no art. 1718º a proibição de se estipular o regime de bens por simples remissão genérica para lei estrangeira ou revogada, ou para usos e costumes locais.

[394] Já nas Ordenações Manuelinas (título VII, do livro IV) e Filipinas (título XLVI, do livro IV), prevendo como regime supletivo o casamento por "carta de metade", a liberdade de escolher o regime de bens estava prevista e transitou depois para o art. 1096º do Cód. Civil de 1867. Por seu lado, e apesar de, numa primeira fase, se prever o casamento *cum manu* e *sine manu*, o direito romano não previa a liberdade de convencionar o regime de bens. No direito romano o regime era apenas legal (dotal) e não convencional. O mesmo se passava na Idade Média e só a partir de certa altura começaram a existir acordos entre os nubentes que vieram alterar os costumes locais em matéria de regulação das relações patrimoniais (Planiol/Ripert, *Traité élémentaire...*, *cit.*, p. 8).

dentro do casal. Mas, como referem Pereira Coelho e Guilherme de Oliveira, não se justifica que essa proteção seja obtida à custa de um sacrifício escusado de interesses razoáveis dos cônjuges[395]. Além disso, a proteção dos terceiros consegue-se por via da publicidade do regime. Não podemos também esquecer que mesmo nos sistemas de tipicidade, como na Alemanha, podem os cônjuges, além de alterar o regime de bens no decurso do casamento, alterar (sem, contudo, desvirtuar) os regimes legais previstos. Nestes casos, os terceiros também não gozam da proteção referida, apenas beneficiando da proteção conferida pelo sistema da publicidade.

As razões para o princípio da liberdade de convenção apresentou-as Braga da Cruz para a manutenção do referido princípio no nosso Cód. Civil[396]. Por um lado, importa reconhecer aos contraentes plena liberdade de pactuar, dado os interesses de terceiros e os princípios de ordem pública não imporem quaisquer restrições[397]. Por outro lado, há toda a vantagem em deixar aos nubentes completa liberdade na regulamentação do seu regime de bens, dado que os regimes-tipo previstos na lei podem não se adaptar perfeitamente aos interesses do caso concreto (e não seria aconselhável que a imposição de um dos regimes constituísse obstáculo à celebração do casamento ou prejudicasse, no decurso do mesmo, o bom entendimento dos cônjuges).

Devem, em todo o caso, os nubentes observar o art. 1699º, ou seja, não podem alterar, por convenção matrimonial, as matérias aí previstas[398].

[395] Pereira Coelho/Guiherme de Oliveira, *ob. cit.*, pp. 563 e 564. No mesmo sentido, Pires de Lima/Antunes Varela, *Código Civil..., cit.*, vol. IV, p. 360.

[396] Braga da Cruz, "Problemas relativos aos regimes de bens...", *loc. cit.*, pp. 341 e 342, e "Regimes de bens do casamento. Disposições gerais. Anteprojecto dum capítulo do novo Código Civil (articulado e exposição de motivos)", *BMJ*, nº 63º, 1957, pp. 31-35, e *Obras Esparsas, cit.*, pp. 1 e 2, e pp. 68-70. Referindo-se também à necessidade de salvaguardar a liberdade contratual na escolha do regime de bens à luz do Cód. de Seabra, v., Eduardo da Silva Carvalho, *ob. cit.*, vol. I, p. 39. Semelhantes razões são apresentadas por Terré/Fenouillet, *Droit Civil. Les personnes, la famille, les incapacités*, 6ª ed., Paris, Dalloz, 1996, p. 376, para defesa do princípio da liberdade das convenções matrimoniais.

[397] Bastará o registo obrigatório das convenções antenupciais para a proteção dos interesses de terceiros; o interesse de ordem pública é protegido pelas limitações que a lei fixar.

[398] Não pode ser objeto de convenção antenupcial a regulamentação da sucessão hereditária dos cônjuges ou de terceiro (salvo os casos previstos nos arts. 1700º a 1707º) – art. 1699º, nº 1, al. *a*); a alteração dos direitos ou deveres paternais ou conjugais (p. ex., as cláusulas que atribuam poderes exclusivos ao marido na direção da vida familiar comum, que determinem a abolição do dever de fidelidade, que estabeleçam a necessidade de autorização conjugal

A proibição da alteração dos direitos e deveres patrimoniais (al. *b*)), tal como já resultava do disposto no art. 1103º do Cód. de Seabra, impede os cônjuges de modificar os deveres que lhes são impostos para proteção dos terceiros, nomeadamente, proíbe-os de alterarem o regime da responsabilidade por dívidas[399]. Além disso, qualquer cláusula que viole normas imperativas (como as relativas à responsabilidade por dívidas ou as da administração e disposição dos bens do casal) será nula (art. 294º)[400].

Também a norma do art. 220º do Cód. Civil francês, em matéria de dívidas, como, aliás, as normas relativas ao regime primário, não podem ser alteradas por convenção matrimonial (art. 226º do Cód. Civil francês)[401]. A proibição de alterar os direitos e deveres patrimoniais e, em consequência, a proibição de alterar os deveres relativos à proteção de terceiros, como o regime da responsabilidade por dívidas, é também defendido no direito alemão[402] e no

para o exercício de uma profissão, etc.) - art. 1699º, nº 1, al. *b*); a alteração das regras sobre a administração dos bens do casal - art. 1699º, nº 1, al. *c*); a estipulação da comunicabilidade dos bens enumerados no art. 1733º - art. 1699º, nº 1, al. *d*).

[399] Esperança Pereira Mealha, *ob. cit.*, p. 57, nota 131, entende, seguindo Pamplona Corte-Real, que a proibição de alteração do regime da responsabilidade por dívidas decorre antes de uma interpretação ampla do art. 1699º, nº 1, al. *c*).
Cunha Gonçalves, *Tratado de Direito Civil..., cit.*, vol. VI, pp. 307 e 308, concebia a validade de uma cláusula que estabelecesse a responsabilidade exclusiva do marido pelas dívidas emergentes da vida matrimonial. Considerava, porém, que tal cláusula não poderia ser oposta aos credores, só obrigando os cônjuges entre si, sendo atendida na partilha do casal.
A doutrina tem entendido que o art. 1699º não tem uma enumeração exaustiva, valendo aqui também os princípios gerais de direito matrimonial bem como os princípios gerais aplicáveis aos negócios jurídicos (v., entre outros, Cunha Gonçalves, *Tratado de Direito Civil..., cit.*, vol. VI, pp. 301 e 307, Pires de Lima/Antunes Varela, *Código Civil..., cit.*, vol. IV, p. 365, Leite de Campos, *Lições..., cit.*, p. 383, Rita Lobo Xavier, *Limites à autonomia privada..., cit.*, pp. 488-492, e Pereira Coelho/Guilherme de Oliveira, *ob. cit.*, pp. 575 e 576).

[400] Como referem Pereira Coelho/Guilherme de Oliveira, *ob. cit.*, p. 593, tendo sido aposta à convenção uma cláusula nula, a questão de saber se a própria convenção será nula ou se apenas se considera a referida cláusula como não escrita, deve resolver-se de acordo com o princípio geral do art. 292º, relativo à redução do negócio jurídico.

[401] Determina também o art. 1388º do Cód. Civil francês que os cônjuges não podem derrogar os direitos e deveres que decorrem do casamento. Mas, o Cód. Civil francês admite que os cônjuges regulem certas regras de administração em convenção matrimonial (art. 1497º, 2º, do Cód. Civil francês), estipulando a administração conjunta dos bens (art. 1503º do Cód. Civil francês).

[402] O BGB sujeita a liberdade contratual prevista no § 1408º às restrições decorrentes do caráter imperativo das normas do regime aplicável e das impostas, nos termos gerais, à liberdade contratual.

direito italiano[403]. Também a doutrina espanhola considera imperativos os arts. 1319º a 1322º do Cód. Civil espanhol, relativos aos poderes de administração e de disposição e à responsabilidade por dívidas[404]. Yolanda Bustos Moreno refere que nas relações externas as normas reguladoras do regime da responsabilidade por dívidas são imperativas, não podendo os terceiros ser afetados com eventuais alterações convencionais dos cônjuges[405]. Apenas nas relações internas será possível aos cônjuges estipular de forma diferente da legalmente prevista (ressalvadas as dívidas relativas à contribuição para os encargos da vida familiar – art. 1318º do Cód. Civil espanhol)[406], ou seja, ampliar as dívidas que oneram a título definitivo a comunhão ou restringi-las nas relações entre os cônjuges (tendo a autora dúvidas quanto à aceitação das cláusulas de restrição por poderem afetar o princípio da igualdade, dado que um dos cônjuges pode responder em proporção maior à que participa no ativo).

Portanto, os cônjuges não podem, por convenção matrimonial, alterar o regime da responsabilidade por dívidas (art. 1699º, nº 1, al. *b*), do nosso Cód. Civil, bem como nos restantes ordenamentos jurídicos que referimos, nos quais a regulamentação base ou "primária" não pode ser alterada por acordo dos cônjuges), mesmo nos ordenamentos jurídicos estrangeiros onde se admite a mutabilidade dos regimes de bens. O objetivo é assegurar a proteção de terceiros credores que contratem com os cônjuges e que devem confiar na existência de uma dada regulamentação legal (impe-

[403] Enzo Roppo, "Convenzioni matrimoniali", *Enciclopedia Giuridica*, Instituto della Enciclopedia Italiana, vol. IX, Roma, 1989, p. 3. Refere este autor que o art. 160º do Cód. Civil italiano, impedindo a alteração dos direitos e deveres previstos na lei como efeito do casamento, evita que através de atos praticados entre os cônjuges se iludam normas fundamentais relativas à tutela de terceiros, bem como dos cônjuges e da família.

[404] V., Yolanda Bustos Moreno, *Las deudas gananciales y sus reintegros*, Madrid, Dykinson, 2001, pp. 174-179, e Lacruz Berdejo/Sancho Rebullida, *et allii*, *Elementos de Derecho Civil. Familia*, *cit.*, pp. 140-142.

[405] Yolanda Bustos Moreno, *ob. cit.*, pp. 174-179. No mesmo sentido, Dölle, *Familienrecht*, vol. I, s.l., C. F. Müller, 1964, p. 933.

[406] Conforme explica Mª del Carmen Pastor Álvarez, *El deber de contribución a las cargas familiares constante matrimonio*, Murcia, Universidad de Murcia, Marcial Pons, 1998, pp. 101-107, o dever de contribuição do art. 1318º do Cód. Civil espanhol é de caráter imperativo, não permitindo aos cônjuges exonerar um deles de tal dever (salvo os casos em que haja uma impossibilidade de o cumprir por parte de um dos cônjuges por falta de recursos económicos; mas mesmo aí o dever de contribuição para os encargos familiares pode realizar-se pelo trabalho doméstico, prestado no lar).

rativa). E se não podem os cônjuges convencionar tal numa convenção matrimonial, não podem obter o mesmo resultado com a celebração de contratos entre eles (como os contratos de sociedade), muitas vezes com o único objetivo de defraudar expectativas de terceiros. Portanto, e antes de mais, quando por força de um contrato entre os cônjuges se visar alterar a regulamentação legal da responsabilidade por dívidas deve aplicar-se as mesmas restrições existentes para as convenções matrimoniais. Ou seja, não deve admitir-se essa alteração e, em consequência, a celebração de tal contrato. Entendemos, contudo, que é importante, em paralelo, alterar o regime legal da responsabilidade por dívidas, pelo menos eliminando a al. *d*) do nº 1 do art. 1691º.

Repare-se, porém, que o facto de não poderem alterar o regime da responsabilidade por dívidas face a terceiros (dado que o que se visa é a proteção destes), não impede uma regulamentação contratual diferente da legal nas relações internas entre os cônjuges (como é defendido pelas doutrinas espanhola e alemã). Não havendo terceiros a proteger e havendo acordo entre os cônjuges, podem estes internamente (para efeitos de compensações e créditos entre cônjuges) responsabilizar um ou outro património pela dívida[407]. Portanto, sendo o principal objetivo do art. 1699º, nº 1, al. *b*), e da não alteração de tais matérias, a proteção de terceiros credores, estes não são afetados pela regulamentação interna das relações entre os cônjuges. Por outro lado, a eventual proteção do cônjuge mais desfavorecido face ao ascendente do outro cônjuge não parece impedir tais acordos, podendo, porém, como qualquer outra cláusula contratual, ser afetados por recurso às regras gerais dos negócios jurídicos, demonstrando-se a falta ou vício de vontade ou até o abuso de direito.

Assim, face a terceiros credores sempre terá de observar-se as normas legais reguladoras do regime da responsabilidade por dívidas. Apesar de a lei regular tal matéria independentemente do regime de bens vigente

[407] Por isso, entendemos ser também possível fixar um regime de solidariedade em vez da conjunção prevista no art. 1695º, nº 2 (mas já não o inverso). Ou seja, ainda que os cônjuges não possam alterar o regime imperativo da responsabilidade por dívidas, que a lei fixou para salvaguarda de terceiros credores, não se trata aqui disso, mas apenas de em relação a uma dívida estabelecer um regime de solidariedade em vez da conjunção (o que até beneficia o credor em causa), de determinar como respondem os cônjuges pela dívida. Ou seja, será afastar o regime da conjunção previsto no art. 1695º, nº 2, pela convenção expressa do regime da solidariedade nos termos gerais do Direito Civil (art. 513º).

entre os cônjuges, em determinados pontos a vigência de um regime de comunhão ou de separação faz toda a diferença. É esta diferença que procuraremos abordar. Não é nosso objetivo analisarmos a composição dos regimes de bens de comunhão (e, por isso, será irrelevante a distinção entre o regime de comunhão de adquiridos e o de comunhão geral) ou de separação. Pretendemos antes, e atendendo à regulamentação do regime da responsabilidade por dívidas, aferir das principais diferenças entre os regimes de bens de comunhão e separação, tentando, a partir daí, concluir qual o mais adequado à atual situação patrimonial dos cônjuges.

2. Resumo da responsabilidade por dívidas nos regimes de comunhão

Regulando o Cód. Civil o regime da responsabilidade por dívidas independentemente do regime de bens é fundamentalmente em relação às als. *d*) e *e*) do nº 1 e ao nº 2 do art. 1691º, quanto à responsabilidade pessoal, e em relação às normas reguladoras da responsabilidade patrimonial (arts. 1695º e 1696º) que as diferenças fazem sentir-se. De igual modo, existe regulamentação legal diferente em matéria de compensações devidas pelo pagamento de dívidas do casal, mas deixaremos esta matéria para outro capítulo.

O art. 1691º, nº 2, faz uma referência expressa ao regime da comunhão geral, considerando que as dívidas contraídas por qualquer um dos cônjuges em proveito comum e anteriores à celebração do casamento só no regime da comunhão geral podem ser comunicáveis, desde que contraídas em proveito comum do casal.

Na comunhão geral são comuns todos os bens que cada um dos cônjuges leva para o casamento. Justo é, por conseguinte, que as dívidas contraídas por qualquer um deles, em proveito comum do casal, não deixem de responsabilizar ambos, pelo facto de terem sido contraídas antes do casamento (se se comunicam os bens, também se devem comunicar as dívidas anteriores, desde que contraídas em proveito comum). Nos outros regimes de bens, sendo considerados próprios os bens que cada um leva para o casamento, razoável é que as dívidas contraídas por só um deles, antes do casamento, ainda que revertendo em proveito comum, responsabilizem apenas o cônjuge que as assumiu.

Por sua vez, a al. *e*) do nº 1 do art. 1691º consagra a comunicabilidade das dívidas previstas no art. 1693º, nº 2, ou seja, as dívidas que onerem doações, heranças ou legados, quando os respetivos bens tenham ingressado no património comum (nomeadamente, por os cônjuges terem estipulado o regime da comunhão geral de bens ou uma cláusula de comunicabilidade de certos bens adquiridos a título gratuito). Também aqui a lei faz expressa menção ao regime de comunhão. E parece-nos importante a referência. De facto, a comunicabilidade da dívida corresponde a um princípio elementar de equidade, ou seja, se o património comum, de afetação especial, se enriquece com a liberalidade, justo é que responda pelas dívidas correspondentes[408].

Desnecessária e excessivamente problemática como já tivemos oportunidade de analisar numa outra obra[409], é a al. *d*) do nº 1 do art. 1691º, que exclui o regime de separação de bens. Assim, só nos regimes de comunhão as dívidas contraídas pelo cônjuge comerciante são comuns (salvo se se provar que não foram contraídas em proveito comum).

Nos regimes de comunhão, o cônjuge não comerciante (ou do comerciante) está confrontado com uma dupla presunção se quiser defender-se da sua responsabilidade. Em primeiro lugar, poderá ilidir a presunção de que a dívida comercial do cônjuge comerciante foi contraída no exercício do seu comércio (art. 15º do Cód. Comercial). Feita a prova contrária, excluída estará a sua responsabilidade que resultava do art. 1691º, nº 1, al. *d*). Mas, em segundo lugar, mesmo que não logre ilidir essa presunção, e se vier a apurar que a dívida foi contraída no exercício do comércio, poderá ainda ilidir a presunção implícita de que ela foi contraída em benefício do casal, provando que, pelo contrário, ela não foi contraída em proveito comum (art. 1691º, nº 1, al. *d*)). Por outro lado, e em terceiro lugar, pode acontecer que, tendo o cônjuge ilidido a primeira presunção, provando que a dívida não foi contraída no exercício do comércio do cônjuge comerciante, o credor venha ainda provar (e aí o ónus é dele) que a dívida foi contraída em proveito comum ou para ocorrer aos encargos normais da vida familiar, obtendo a responsabilidade de ambos, já não por força da referida al. *d*), mas face às als. *b*) e/ou *c*) do nº 1 do mesmo art. 1691º.

Parece-nos aconselhável a eliminação da al. *d*) do nº 1 do art. 1691º. Aliás, e em conjugação com o art. 1714º, não tendo os nubentes pensado convenientemente sobre o regime de bens a vigorar entre eles, podem vir a casar no regime supletivo de comunhão de adquiridos, sujeitando-se,

[408] Também os ordenamentos jurídicos estrangeiros por nós abordados têm regime idêntico nesta matéria.

[409] Cristina Dias, *Responsabilidade por dívidas do casal...*, *ob. cit.*, pp. 210 e segs, e pp. 360 e segs.

com o funcionamento das presunções dos arts. 1691º, nº 1, al. *d*), do Cód. Civil, e 15º do Cód. Comercial, à comunicabilidade das dívidas comerciais contraídas por um deles (comerciante), sem possibilidade de alterar a situação (ainda que possam ilidir as presunções).

A possibilidade de alterar o regime de bens nessas situações, afastando o princípio da imutabilidade, e desde que se salvaguardem os direitos anteriormente adquiridos, não parece afetar o interesse do credor. Por outro lado, poderá beneficiar o cônjuge do comerciante, eventual desconhecedor de questões de ordem patrimonial e que, por vezes, poderá até nem concordar com o exercício da atividade comercial por parte do seu cônjuge (cfr. o art. 1677º-D). É evidente que a possibilidade de alterar o regime de bens, com repercussão ao nível do regime da responsabilidade por dívidas, pode implicar o risco de fraude aos credores, no caso de a alteração visar tal intuito. Daí a necessidade de se acautelarem direitos adquiridos dos credores, com a inoponibilidade aos mesmos da alteração do regime, e a salvaguarda dos requisitos da publicidade da alteração do regime de bens.

O regime do art. 1691º, nº 1, al. *d*), visa a tutela do comércio, facilitando a obtenção de crédito ao cônjuge que exerce o comércio. Esta tutela envolve um certo sacrifício dos interesses do cônjuge do comerciante e da própria família. Só que o legislador entendeu que tal sacrifício não é arbitrariamente imposto, já que o mesmo só se impõe por se entender que a dívida foi contraída no interesse do casal e não apenas no do cônjuge comerciante. Fixou-se, assim, o limite a partir do qual os interesses do cônjuge do comerciante (e da família) não devem ceder perante os interesses do comércio (não será da responsabilidade de ambos os cônjuges a dívida não contraída em proveito comum). Além disso, pensa-se que o sacrifício acaba por reverter no interesse dos cônjuges e da família, já que dá confiança aos credores, facilita a obtenção de crédito e favorece o exercício do comércio que constitui parte relevante da sustentação financeira da família.

Não nos parece, porém, que este regime protetor das dívidas comerciais, ainda que possa garantir, pela mais fácil obtenção de crédito, a situação financeira da família que vive dos rendimentos da atividade comercial, permita excluir o exercício de outras profissões dessa proteção, além de não ter justificação na realidade atual.

De facto, e por um lado, no exercício da atividade agrícola ou industrial ou no exercício de uma profissão liberal também se manifesta o exercício no interesse da família, de tal modo que podiam também fundamentar uma presunção de proveito comum. Todavia, aqui os credores não beneficiam de qualquer regime especial.

Por outro lado, o regime das dívidas provenientes do exercício do comércio, vigente desde o Cód. Comercial de 1888, é um regime excessivo, iníquo e historicamente situado[410]. Com a Reforma de 1977, ambos os cônjuges passam a ter poderes administrativos relativamente aos seus bens próprios e certos bens comuns, ambos têm iguais poderes para administrar os bens comuns que não estejam sujeitos à administração exclusiva de um deles (art. 1678º), ambos podem livremente exercer o comércio ou qualquer outra atividade ou profissão (art. 1677º-D).

A realização de um plano de vida pessoal e profissional de cada um dos cônjuges implica um estatuto de independência em relação ao outro cônjuge, o que exige a não responsabilização deste pelas dívidas contraídas pelo outro no exercício da sua profissão. Ninguém pode ser livre para iniciar uma atividade se tiver de ponderar as consequências dela não só em relação ao seu património, mas também relativamente aos bens do seu cônjuge.

É evidente que o credor comercial sairá beneficiado com tal regime, concedendo, portanto, o regime de comunhão, face ao de separação, uma maior proteção a esses credores. Mas, não se compreende também a razão da manutenção da exceção para o regime de separação de bens[411]. Considerando que as dívidas comerciais previstas na al. *d*) do nº 1 do art. 1691º são comuns não se compreende, atendendo à autonomia patrimonial entre os cônjuges em qualquer regime de bens, a consagração de uma regulamentação especial para o regime de separação. Tanto mais que, mesmo neste regime, e sendo comum a dívida, poderia demonstrar-se a não existência de proveito comum para afastar a aplicação da mesma norma. A admitir-se, o que nos custa aceitar, a comunicabilidade da dívida, para proteção do credor, seria para qualquer regime de bens, sendo o factor de não comunicabilidade o proveito comum.

[410] António Caeiro, "Sobre a participação dos cônjuges em sociedades por quotas", Separata do número especial do *Boletim da Faculdade de Direito de Coimbra – Estudos em homenagem ao Prof. Doutor António de Arruda Ferrer Correia*, Coimbra, 1986, pp. 36 e 37.

[411] A razão apresentada para a exceção prende-se com o facto de que se os rendimentos advindos da atividade comercial são bens próprios não se justificaria a comunicabilidade do passivo. Só que é frequente que os rendimentos profissionais do comerciante casado em separação de bens sejam utilizados nas despesas familiares ou em proveito comum do casal.

A razão do afastamento da responsabilização de ambos os cônjuges no regime de separação, e que nos parece acertado em qualquer regime de bens, prende-se com uma maior independência patrimonial entre os cônjuges. Mesmo que a dívida beneficie o outro cônjuge, havendo proveito comum, a dívida poderá sempre ser comum, nomeadamente, nos termos da al. *c*) do nº 1 do art. 1691º.

Não está excluída a comunicabilidade nesses casos, mas tal ocorre não por a dívida ser comercial mas por ser contraída em proveito comum. Há, porém, jurisprudência contrária a este nosso entendimento, ao considerar que a al. *c*) do nº 1 do art. 1691º só poderia aplicar-se se a dívida não for contraída no exercício do comércio, pois, se o for caberá na al. *d*) do nº 1 do mesmo artigo que exclui o regime de separação de bens. Se a ideia até poderá ter alguma razão face à atual regulamentação, deixaria de ter fundamento se não existisse a referida al. *d*), como propomos.

Além disso, se se eliminasse a al. *d*) do nº 1 do art. 1691º, a proteção financeira da família e a obtenção de crédito, que justificam o regime especial das dívidas contraídas no exercício do comércio, não seriam significativamente afetadas. Na realidade, muito provavelmente, os credores do cônjuge comerciante continuariam a poder responsabilizar ambos os cônjuges por via da al. *c*) do mesmo nº 1 do art. 1691º, desde que provassem que a dívida fora contraída na constância do matrimónio pelo cônjuge administrador, nos limites dos poderes de administração e em proveito comum do casal. É evidente que a vantagem da al. *d*) do nº 1 do art. 1691º, face à al. *c*) do mesmo artigo, decorre da maior proteção concedida ao credor no caso da al. *d*), uma vez que, ao contrário do que ocorre na al. *c*), o credor não tem de fazer prova do proveito comum para responsabilizar ambos os cônjuges. Mas é, aliás, o que acontece no regime de separação de bens[412] e o que acontece no exercício de qualquer outra profissão.

Acresce que, haverá sempre possibilidade de recurso a instrumentos de crédito tão eficazes e diversificados que podem atingir o mesmo objetivo de tutela do crédito. Não vemos razão, atendendo à independência recíproca entre os cônjuges, para não vigorar o mesmo regime para os

[412] Com a vantagem de se passar a admitir, na perspetiva daqueles autores e jurisprudência que afastam da comunicabilidade as dívidas comerciais contraídas por cônjuge casado em regime de separação de bens, a comunicabilidade da dívida no regime de separação de bens no caso de ser contraída no exercício do comércio (por recurso às als. *b*) e/ou *c*) do nº 1 do art. 1691º). De facto, desaparecendo a al. *d*) já nada se oporia à aplicação das outras alíneas.

regimes de comunhão ou de vigorar este regime específico para o exercício do comércio.

Finalmente, ao nível comercial e societário, a realidade demonstra que a tendência é a da limitação das responsabilidades, mediante a opção pelas sociedades anónimas ou por quotas ou pela sociedade por quotas unipessoal, em vez do comerciante individual e até do estabelecimento individual de responsabilidade limitada (e.i.r.l.), quase não existindo sociedades em nome coletivo. Se assim é, se se visa a separação de patrimónios, traduzida não só na independência patrimonial entre os cônjuges (como já referimos), mas também na separação entre o património de cada um dos cônjuges e o "património profissional", não se justifica a manutenção de uma solução desfasada da realidade que é a da responsabilidade comum pelas dívidas comerciais (art. 1691º, nº 1, al. *d*)).

No Cód. Civil francês, no âmbito do regime supletivo de comunhão de adquiridos, a impenhorabilidade dos rendimentos profissionais de cada um dos cônjuges (art. 1414º, 1º, do Cód. Civil francês) assegura também a liberdade profissional, prevista no art. 223º do Cód. Civil francês (o cônjuge do comerciante nunca responde com os seus rendimentos por uma dívida comercial contraída pelo outro – salvo se ambos os cônjuges praticarem a mesma atividade comercial e agrícola, pois aí entende-se que se obrigam solidariamente). Além do mais, tais valores são administrados por cada um dos cônjuges, pelo que a dívida contraída por um não deve onerar bens administrados pelo outro. Ora, é também isto que pretendemos defender para o ordenamento jurídico português.

Tal como Pereira Coelho e Guilherme de Oliveira, pensamos que, paralelamente à sugestão de considerar as dívidas contraídas no exercício do comércio como dívidas próprias do comerciante, deveria propor-se a hipótese de os frutos do exercício do comércio serem tratados como bens próprios do comerciante e não como bens comuns[413]. Caso contrário, o cônjuge do comerciante evitava os riscos e os prejuízos e usufruía da sua parte nos proventos da atividade comercial. Ora, considerando a dívida própria do cônjuge que a contraiu seriam afetados ao pagamento da mesma os frutos gerados no exercício da atividade comercial, que passariam a ser bens próprios e não comuns.

[413] Pereira Coelho/Guilherme de Oliveira, *ob. cit.*, pp. 488 e 489.

É, aliás, isso que acontece no direito italiano, onde são consideradas próprias as dívidas assumidas por um cônjuge no exercício da sua profissão (sendo que os bens relativos à profissão não integram a comunhão – art. 179º, al. *d*), do Cód. Civil italiano – e os proventos resultantes da atividade profissional não integram a comunhão imediata – art. 177º, al. *c*), do Cód. Civil italiano) e as dívidas contraídas no exercício da empresa individual de um dos cônjuges (atendendo ao art. 178º do Cód. Civil italiano que exclui a *azienda individuale* dos bens da comunhão).

Mais próxima da nossa regulamentação, o direito espanhol, ainda que não regulando propriamente as dívidas contraídas no exercício do comércio, considera dívidas da comunhão as resultantes da exploração regular de um negócio (privativo do cônjuge) ou do desempenho de uma profissão, arte ou ofício de cada cônjuge (o que se justifica dado que os proveitos resultantes destas atividades ingressam no património comum – art. 1347º, 1º, do Cód. Civil espanhol) – arts. 1362º, 4º, e 1365º, 2º, do Cód. Civil espanhol. Trata-se dos gastos necessários para a exploração da atividade profissional (não sendo necessário que o cônjuge seja o seu titular, bastando ser interessado) mas que não comprometam seriamente a subsistência da sociedade conjugal. Exige-se, além da dívida ser contraída no exercício da administração ordinária, que seja adequada à natureza do negócio ou profissão atendendo à normal diligência de um empresário ou profissional. A regulação das dívidas relativas ao exercício de profissão, arte ou ofício é uma consequência de os rendimentos decorrentes do exercício dessas atividades serem comuns. Visa sobretudo evitar as dificuldades que o cônjuge poderia encontrar ao desenvolvimento da sua atividade, ao limitar a sua solvabilidade face aos credores. Repare-se, porém, que não há uma referência expressa ao exercício do comércio, valendo a referida regulamentação para o exercício profissional de qualquer atividade.

Quanto às dívidas do cônjuge comerciante contraídas no exercício do comércio (art. 1365º, 2º, § 2º, do Cód. Civil espanhol), a Lei de 2 de maio de 1975, que alterou os arts. 6º e 9º do *Código de Comercio*, veio estabelecer que nenhum dos cônjuges necessita de autorização para o exercício do comércio e fixou um regime de responsabilidade relativo aos proveitos do comércio (*resultas del comercio*). Assim, pelas obrigações contraídas pelo cônjuge comerciante no exercício do comércio respondem os bens próprios do cônjuge comerciante (art. 1911º do Cód. Civil espanhol) e os bens adquiridos com os proveitos da atividade comercial (seja diretamente seja pela verificação de sub-rogação real desses bens ou direitos, e independentemente do seu ulterior destino).

Para que os restantes bens comuns sejam responsáveis é necessário o consentimento de ambos os cônjuges e para responsabilizar os bens próprios do cônjuge do comerciante[414] é necessário o consentimento, expresso e em cada caso, deste (consentimento que, obviamente, só tem reflexos ao nível da responsabilidade dos bens e não no exercício da atividade). Para evitar o tratamento diferenciado do comerciante e de outro qualquer profissional, facilita-se a responsabilidade dos bens comuns, presumindo-se outorgado o consentimento pelo cônjuge do comerciante, se o comerciante exerce o comércio com o conhecimento e sem oposição expressa daquele ou quando antes do casamento já o exercia e continuou a exercer sem oposição do outro (arts. 7º e 8º do *Código de Comercio*). Tratando-se de dívida contraída com o consentimento de ambos os cônjuges o *Código de Comercio* não traz qualquer inovação face ao Código Civil, onde pelas dívidas de ambos os cônjuges respondem também os bens comuns (arts. 1367º e 1369º do Cód. Civil espanhol).

Porém, não existindo tal consentimento, por oposição do cônjuge ou revogação do consentimento prestado, os bens comuns apenas respondem nos exatos termos do art. 1373º do Cód. Civil espanhol e na falta de bens próprios do devedor comerciante e dos bens adquiridos com proveitos da atividade comercial.

Importa chamar a atenção para o facto de o art. 6º do *Código de Comercio* não determinar qual o património que a título definitivo responde pela dívida, pelo que recorrer-se-á à lei civil. Com efeito, dispõem os arts. 1362º, 3º e 4º, e 1365º, 2º, do Cód. Civil espanhol, que as dívidas contraídas no exercício do comércio são dívidas pelas quais o património comum responde diretamente e responde a título definitivo. Ora, isto independentemente de a dívida ser ou não contraída com o consentimento do cônjuge do comerciante. Por isso, a oposição do cônjuge do comerciante, deixa de ter relevo, já que com ela ou sem ela, as dívidas contraídas pelo cônjuge comerciante são sempre um encargo definitivo do património comum.

Também o art. 1694º consagra a comunicabilidade das dívidas em função do regime de bens, ou seja, referindo os bens comuns ou os rendimentos comuns está a fazer expressa referência aos regimes de comunhão. Aí se determina, por um lado, que as dívidas que oneram bens comuns res-

[414] Entende-se que ao prestar tal consentimento os bens próprios do cônjuge do comerciante ficam solidariamente obrigados pela dívida. Pode, porém, manifestar que limita essa responsabilidade a apenas alguns dos seus bens próprios ou que esta será apenas subsidiária.

ponsabilizam ambos os cônjuges; e, por outro lado, que as dívidas que oneram bens próprios são da exclusiva responsabilidade do cônjuge titular desses bens. Quanto às primeiras, o regime é o mesmo quer as dívidas sejam anteriores ou posteriores ao casamento, a fim de evitar que os credores das dívidas anteriores sejam prejudicados nas suas expectativas, pois contariam, naturalmente, com a responsabilidade dos bens por inteiro, para a realização do seu crédito, e não apenas com a agressão ao direito a uma quota ideal desses bens, dado os bens, próprios no momento da contração da dívida, passarem a ser bens comuns em virtude do regime de bens estipulado no casamento.

Também no direito italiano, a al. *a*) do art. 186º do Cód. Civil italiano dispõe que respondem os bens comuns pelas dívidas relativas aos encargos e onerações (*pesi ed oneri*) que pesam sobre os bens comuns no momento da sua aquisição, ou seja, se os bens que ingressarem na comunhão estiverem onerados com qualquer encargo, os bens comuns (todos e não apenas os onerados) respondem por ele. Constituiu, portanto, uma garantia para o credor que pode executar todo o património comum. Pode questionar-se o porquê do legislador responsabilizar os bens comuns nesses casos, ou seja, tratando-se de obrigação *propter rem*, para além do bem onerado, em caso de alienação deste, há responsabilidade solidária do devedor, nos termos gerais (art. 2740º do Cód. Civil italiano). Ora, se apenas um dos cônjuges contraiu a dívida, para além do bem onerado, poderia apenas responder o património próprio do devedor. Porém, o legislador entendeu que em vez de obrigar o credor a excutir o património próprio do devedor, como seria se a dívida em causa não fosse comum, melhor seria obrigar logo o bem onerado e os bens comuns. Trata-se, assim, de uma oneração real que se distingue da normal obrigação *propter rem*[415].

[415] A comunhão responde também pelos encargos que oneram os bens comuns no momento da sua aquisição. Os encargos constituídos depois responsabilizam, em princípio, os bens próprios do cônjuge que contraiu a dívida (salvo se se incluírem nas als. *b*) e/ou *d*) do art. 186º do Cód. Civil italiano). Assim, quando um bem imóvel, no momento da aquisição, e integrando a comunhão, está onerado com uma hipoteca, a dívida em causa será comum. Se, pelo contrário, o bem no momento da aquisição é livre, não estando onerado com qualquer hipoteca, a constituição ulterior de uma hipoteca voluntária constituiu um ato de administração extraordinária e, por isso, se contraído por um dos cônjuges sem a colaboração do outro, só a esse obriga, tratando-se de uma dívida própria (art. 189º, 1º, do Cód. Civil italiano). Ou seja, o credor hipotecário, além do bem (que será comum) onerado com a hipoteca consti-

Pode duvidar-se da necessidade sentida pelo legislador de tutelar assim o interesse destes especiais credores, quando o mesmo receio seria justificável em relação a todas as dívidas pessoais anteriores ao casamento, a todos os credores dos nubentes que casam em comunhão geral e ficam sem bens próprios para garantir as suas dívidas[416]. Julgamos que o regime especial concedido a estas dívidas prende-se com a conexão existente em relação a um determinado bem, ou seja, o bem é a garantia do pagamento da dívida. Parece-nos, contudo, que a garantia dos credores deveria estar não no âmbito da responsabilidade pessoal de ambos os cônjuges, mas no campo da responsabilidade patrimonial. Ou seja, mesmo considerando as dívidas anteriores ao casamento como próprias do cônjuge devedor, os credores podem responsabilizar, além do próprio bem em causa onerado com uma garantia, e não havendo bens próprios, os bens comuns levados para o casamento, nos termos do art. 1696º, nº 2, al. *a*). Além disso, pode também o credor, e na falta destes bens, executar a meação do cônjuge devedor (art. 1696º, nº 1, 2ª parte). O credor terá sempre a possibilidade de executar o bem onerado em causa, além de poder responsabilizar os bens próprios do seu devedor e os bens comuns.

Não se tratando apenas de bens comuns onerados com garantias reais, o ordenamento espanhol prevê no § 2º do art. 1362º do Cód. Civil espanhol, como um encargo da comunhão, as dívidas relativas à aquisição, manutenção e utilização dos bens comuns.

Por sua vez, o art. 1370º do Cód. Civil espanhol fixa um especial regime de responsabilidade ao dispor que, no caso de aquisição a prestações de um bem comum adquirido por um dos cônjuges sem consentimento do outro, responde pela dívida o bem adquirido, sem prejuízo dos outros bens segundo as regras do Cód. Civil. Portanto, deve tratar-se da aquisição, por compra a prestações, de um bem comum (arts. 1356º e 1361º do Cód. Civil espanhol). Depois, a aquisição deve dar-se no decurso do casamento. Finalmente, a aquisição deve ser realizada por um dos cônjuges sem o consentimento do outro (se existisse, a dívida caberia no art. 1367º do Cód. Civil espanhol), ou seja, não só no caso de ignorância do outro cônjuge, mas também no caso de oposição expressa ao negócio de aquisição (ainda que esta não seja necessária).

tuída por um só dos cônjuges, apenas pode executar bens próprios do cônjuge que contraiu a hipoteca (salvo se o credor exigiu que ambos os cônjuges assumissem a obrigação, como é frequente na prática bancária).

[416] Pereira Coelho/Guilherme de Oliveira, *ob. cit.*, p. 491.

Neste caso, a dívida circunscreve-se, portanto, ao pagamento das prestações do preço e o regime da responsabilidade previsto no art. 1370º do Cód. Civil espanhol é a esta dívida que se refere (e onde deve incluir-se também os juros ou qualquer outro gasto acessório daquela dívida).

Entende-se que o art. 1370º do Cód. Civil espanhol visa introduzir uma correção ao art. 1369º do mesmo código, no sentido de que em vez de responderem os bens comuns, apenas responde o bem comum adquirido a prestações, mantendo-se a responsabilidade solidária, com este, dos bens próprios do cônjuge adquirente e devedor. Ou seja, a dívida integra o art. 1373º do Cód. Civil espanhol, com a ressalva (e, por isso, não é propriamente dívida própria) de o credor poder executar o bem comum adquirido sem esgotar os bens próprios do devedor e sem que haja dissolução e liquidação da comunhão conjugal[417].

É evidente que o art. 1370º do Cód. Civil espanhol é uma norma favorável ao cônjuge que não deu o consentimento para a compra a prestações e desfavorável ao credor que deixa de ter a proteção conferida pelo art. 1369º do mesmo código. Entende-se, todavia, que deve fazer-se uma interpretação restritiva deste art. 1370º do Cód. Civil espanhol, não o aplicando no caso de compras que se incluam no âmbito do exercício do governo doméstico (arts. 1319º, 1369º, 1º, e 1368º do Cód. Civil espanhol). Repare-se que no exercício do poder doméstico nenhum dos cônjuges carece do consentimento do outro para responsabilizar os bens comuns (cfr. o art. 1365º, 1º, do Cód. Civil espanhol).

A segunda regra, prevista no nº 2 do art. 1694º do nosso Cód. Civil, comporta uma ressalva: o facto de os bens serem próprios não impede, nos regimes de comunhão, que sejam comuns os respetivos rendimentos e, assim, sempre que a dívida, onerando bens próprios, tenha por causa a perceção dos respetivos rendimentos, e estes sejam comuns, ela responsabilizará ambos os cônjuges. Há, portanto, que distinguir se a dívida está relacionada com o bem em si ou com a perceção dos rendimentos desses bens.

Também o ordenamento jurídico alemão, no regime de comunhão geral, considera que as dívidas que oneram bens próprios e pagas com os respetivos rendimentos são comuns. De facto, os §§ 1440º e 1462º do BGB (*Haftung für Vorbehalts- oder Sondergut*) referem a responsabilidade dos bens reservados ou dos bens próprios, determinando uma outra exceção aos §§ 1437º e 1459º do BGB, dispondo que o património comum não responde pelas dívidas deri-

[417] Mª del Carmen Pastor Álvarez, *ob. cit.*, p. 381.

vadas, no decurso da comunhão, de direitos ou da titularidade de bens pertencentes ao património reservado ou próprio do cônjuge não administrador, ou de qualquer um dos cônjuges no caso da administração conjunta, salvo se se tratar de negócio jurídico de aquisição desses bens praticado pelo cônjuge de maneira independente e com o consentimento do cônjuge administrador (ou do outro cônjuge tratando-se de administração conjunta) ou quando a dívida seja um encargo que onera os bens próprios e seja paga com os respetivos rendimentos. Portanto, no caso de dívidas relativas a bens próprios, o disposto nos §§ 1441º, 2º, e 1463º, 2º, do BGB, não terá aplicação se as dívidas forem pagas com os rendimentos dos respetivos bens (§§ 1442º e 1464º do BGB). O mesmo se aplica se as mesmas dívidas derivarem de um negócio jurídico de aquisição praticado por conta do património comum.

É fundamentalmente ao nível da responsabilidade patrimonial, e sobretudo no caso de dívidas comuns (art. 1695º do nosso Cód. Civil), que a lei distingue os regimes de comunhão e o de separação.

Dispõe o art. 1695º que pelas dívidas comuns respondem, em primeiro lugar, nos regimes de comunhão, os bens comuns, que integram um verdadeiro património coletivo, especialmente afetado à satisfação das necessidades da sociedade conjugal. Na falta ou insuficiência de bens comuns respondem, subsidiariamente, os bens próprios de qualquer dos cônjuges e, vigorando um dos regimes de comunhão, respondem solidariamente, podendo o credor agredir indiferentemente o património próprio de qualquer dos cônjuges.

No direito italiano, no regime de comunhão legal, pelas dívidas comuns respondem os bens comuns e os cônjuges mas na medida da metade do crédito (art. 190º do Cód. Civil italiano). Por outro lado, no regime de separação de bens cada um dos cônjuges está obrigado ao pagamento solidário da dívida contraída para ocorrer às necessidades da vida familiar, em proporção com a capacidade contributiva de cada cônjuge, de acordo com o regime patrimonial primário. O que conduziria a uma diferença desigual de tratamento dos credores consoante o regime matrimonial (em sentido inverso ao nosso art. 1695º)[418].

[418] E que deu origem a uma divergência doutrinal e jurisprudencial existente em Itália, como analisamos na obra *Responsabilidade por dívidas do casal – evolução legislativa e doutrinal e análise crítica do regime atual*, +++

No ordenamento jurídico espanhol, as dívidas de um dos cônjuges que sejam também dívidas da comunhão responsabilizam também os bens desta solidariamente (arts. 1365º a 1368º do Cód. Civil espanhol). Nas hipóteses do art. 1365º do Cód. Civil espanhol há uma responsabilidade solidária do património comum e do património próprio do cônjuge que contraiu a dívida. Ambos respondem diretamente perante o credor (que pode penhorar também os bens comuns, ainda que, dada a falta de personalidade jurídica da comunhão, a ação deva ser intentada contra o cônjuge devedor): o património próprio do cônjuge porque é este o devedor; o património comum porque se trata de dívida relativa às despesas normais da comunhão. Acresce ainda que, tratando-se de dívida que tenha a sua origem no exercício do poder doméstico, há uma responsabilidade subsidiária do património próprio do outro cônjuge (art. 1319º do Cód. Civil espanhol). Repare-se que esta responsabilidade do outro cônjuge é apenas subsidiária e somente no caso das dívidas relativas aos encargos da vida familiar. Pelas dívidas previstas no art. 1319º do Cód. Civil espanhol (aplicável a qualquer regime de bens) respondem, solidariamente, os bens comuns e os bens próprios do cônjuge que contraiu a dívida e, subsidiariamente, os bens do outro cônjuge. Respondem os bens comuns pois os negócios relativos às necessidades ordinárias da família são negócios relativos aos encargos inerentes à vida familiar (art. 1362º do Cód. Civil espanhol); e respondem os bens próprios do cônjuge que contraiu a dívida pois, face ao credor, é esse o devedor e terá de responder pelas suas obrigações (art. 1911º do Cód. Civil espanhol). Favorece-se, assim, a posição do credor, permitindo-se-lhe executar qualquer um desses bens. A par disso, estabelece-se uma responsabilidade subsidiária do outro cônjuge, a quem incumbe também suprir as necessidades familiares. Este, porém, só responderá quando não existam bens comuns ou próprios do outro ou quando tais bens sejam insuficientes para pagar a totalidade da dívida.

Apesar de o art. 1319º do Cód. Civil espanhol se basear no art. 220º do Cód. Civil francês, o regime da responsabilidade é diferente deste. Com efeito, neste estabelece-se a responsabilidade solidária dos cônjuges pelo pagamento da dívida, enquanto o art. 1319º do Cód. Civil espanhol estabelece a solidariedade entre o património comum e o próprio do cônjuge devedor e subsidiariamente a responsabilidade do outro cônjuge. Aliás, a responsabilidade solidária de ambos os cônjuges pelas dívidas relativas aos encargos normais da vida familiar é fixada nos restantes ordenamentos aqui referidos (art. 220º do Cód. Civil francês, arts. 143º e 186º, al. *c*), do Cód. Civil italiano, § 1357º do BGB, e arts. 1691º, nº 1, al. *b*), e 1695º do Cód. Civil português).

O ordenamento jurídico espanhol, e apesar de o art. 1367º do Cód. Civil espanhol apenas referir que os bens comuns respondem "em todo o caso" (ou seja, independentemente da natureza da dívida e da finalidade prosseguida na contração da mesma, que pode mesmo ser o interesse de apenas um dos cônjuges, sem prejuízo, neste caso, de ulteriores compensações), considera que também pelas dívidas contraídas pelos dois cônjuges respondem direta e solidariamente os bens comuns, nos termos do art. 1369º do Cód. Civil espanhol. Aqui distinguimos se a dívida foi contraída pelos dois cônjuges ou por um com o consentimento do outro: se ambos contraíram a dívida, ambos respondem com os seus patrimónios próprios (art. 1911º do Cód. Civil espanhol), solidariamente com o património comum, e não solidariamente com o outro cônjuge (diferente é o nosso art. 1695º); se um contrair a dívida com o consentimento do outro o património deste não deve ficar obrigado pelo pagamento da dívida.

Por regra, no direito alemão, no regime de comunhão, pelas dívidas contraídas pelos cônjuges respondem os bens comuns, sendo dívidas da comunhão (*Gesamtgutsverbindlichkeiten*). A regra é a da responsabilidade dos bens comuns, e do cônjuge administrador ou de ambos os cônjuges administradores, pelas dívidas contraídas pelos cônjuges (no decurso da comunhão). Porém, há certas dívidas pelas quais o património comum não responde (§§ 1438º a 1440º, e §§ 1460º a 1462º do BGB). Desde que não excluídas por tais normas, as dívidas responsabilizam o património comum e o cônjuge administrador ou, no caso de administração conjunta, ambos os cônjuges.

Portanto, o património comum responde pelas dívidas contraídas pelo cônjuge administrador e, salvo se outra coisa decorrer dos §§ 1438º a 1440º do BGB (ou dos §§ 1460º a 1462º do BGB, no caso de administração conjunta), pelas contraídas pelo cônjuge não administrador, no caso de administração singular, ou por ambos os cônjuges, no caso de administração conjunta (§§ 1437º e 1459º do BGB – *Gesamtgutsverbindlichkeiten; persönliche Haftung*). Há, porém, certas dívidas contraídas pelo cônjuge não administrador (na administração singular – §§ 1438º a 1440º do BGB) ou por ambos os cônjuges (administração conjunta – §§ 1460º a 1462º do BGB) que não são dívidas comuns não respondendo por elas os bens comuns (nem solidariamente os bens próprios do cônjuge administrador, na administração singular, ou de ambos os cônjuges, na administração conjunta). Verificando-se uma das exceções referidas o credor não pode executar os bens comuns, mas apenas os bens próprios e reservados do cônjuge (não administrador ou, na administração conjunta, qualquer um dos cônjuges).

Como já vimos, o cônjuge administrador, no caso de dívidas contraídas pelo outro que responsabilizam o património comum, é também responsável solidariamente pelas mesmas com os seus bens próprios (§ 1437º, 2º, do BGB). Por outro lado, no caso de administração por ambos os cônjuges, cada um deles será responsável pelas dívidas contraídas pelo outro, como devedor solidário (§ 1459º do BGB), e se nas relações internas a dívida deve ser da responsabilidade de um dos cônjuges, a obrigação de pagamento do outro desaparece com o fim da comunhão. É a contrapartida pelos poderes de administração atribuídos ao cônjuge ou aos cônjuges.

Por sua vez, o art. 1696º do nosso Cód. Civil determina os bens que respondem pelas dívidas da exclusiva responsabilidade de um dos cônjuges, válido para todos os regimes de bens, embora especialmente apontado, num dos seus (antigos) traços essenciais, para os regimes de comunhão. Por essas dívidas respondem, em primeiro lugar, os bens próprios do cônjuge devedor e só subsidiariamente a sua meação nos bens comuns.

Na execução para pagamento de uma dívida própria, a penhora há de recair primeiramente sobre os bens próprios do cônjuge devedor. Só se estes não existirem ou se o seu valor não for suficiente para pagamento da dívida, é que o credor pode penhorar também os bens comuns previstos no nº 2 do art. 1696º, ainda que possa requerer imediata e conjuntamente com os bens próprios a penhora dos referidos bens comuns. Tais bens não deixam de ser comuns e, por isso, se eles responderem por uma dívida própria, haverá uma compensação ao património comum. O que nos leva a entender que se os bens próprios forem suficientes não pode o credor exigir a penhora daqueles bens comuns para satisfazer o seu crédito. É evidente que a existência de uma compensação implicará já um relacionamento entre o património próprio do cônjuge devedor e o comum que não afeta a relação com os credores. E a possibilidade de esses bens responderem ao mesmo tempo que os bens próprios do cônjuge devedor representa uma garantia aos credores (com esses bens comuns conseguirão fazer face à insuficiência dos bens próprios). Mas se a dívida é própria e existem bens próprios suficientes para a suportar, a garantia dos credores já é assegurada com esses bens sem necessidade de afetar os bens comuns (e a consequente dissolução e necessária liquidação da comunhão).

Pelas dívidas consideradas próprias no direito italiano respondem os bens próprios do cônjuge devedor e, subsidiariamente, a meação deste nos bens comuns (*"...in via sussidiaria sui bene della comunione, fino al valore corrispondente alla quota del coniuge obbligato"* – art. 189º, 2º, do Cód. Civil italiano).

A possibilidade de o credor do cônjuge poder penhorar bens comuns, introduzida pela Reforma de 1975, constitui obviamente um reforço da garantia dos credores pessoais do cônjuge, que à garantia geral do art. 2740º do Cód. Civil italiano veem acrescentar a meação do devedor nos bens comuns, não obstante a preferência dada aos credores comuns no art. 189º, 2º, *in fine*, do Cód. Civil italiano (apesar da deficiente competência técnica do legislador na redação do art. 189º, já que os dois parágrafos são idênticos). De facto, se os credores pessoais não pudessem executar a meação do cônjuge devedor, na insuficiência de bens próprios, o regime de comunhão permitiria facilmente ao cônjuge que contraísse dívidas antes do casamento e investisse a soma correspondente, no decurso do casamento, na aquisição de bens que integrassem o património comum, retirar a garantia patrimonial aos credores pessoais.

Pelas dívidas próprias previstas no direito espanhol determina o art. 1373º do Cód. Civil espanhol a responsabilidade do património próprio do cônjuge que contraiu a dívida. Se os bens próprios do devedor não forem suficientes para o pagamento da dívida o credor pode executar os bens comuns. O que não deixa de ser ainda a tradução da regra do art. 1911º do Cód. Civil espanhol, dado que a parte nos bens comuns que cabe ao cônjuge devedor também lhe pertence (ainda que não definida antes da liquidação da comunhão). Repare-se que a execução incide sobre os bens comuns, ainda que limitados à parte que cabe ao devedor no património comum, mas não, de princípio, sobre a meação do cônjuge devedor (situação que só ocorre no caso de liquidação se o outro cônjuge embargar a execução). O que se compreende dado que o património comum constitui um património de mão comum, não sendo possível determinar o que é de cada cônjuge sem a sua liquidação e respetiva partilha. Como no nosso ordenamento jurídico, quando haja penhora de bens comuns sem que o cônjuge não executado se pronuncie na execução nem requeira a separação de bens (v., o art. 1696º, nº 1, do Cód. Civil, e art. 740º do Cód. de Processo Civil), em que a execução prossegue sobre os bens comuns penhorados (e não especificamente sobre a meação do devedor, não implicando, assim, a liquidação e partilha da comunhão), no ordenamento jurídico espanhol é possível o pagamento aos credores pessoais do cônjuge por bens comuns (e não exatamente a meação que cabe ao devedor), sem liquidação da comunhão. Melhor ficariam acautelados os interesses do cônjuge não devedor se na falta de bens próprios respondesse a meação do devedor nos bens comuns. É que ao permitir-se a execução sobre os bens comuns, os credores podem executar bens que pertencem a um terceiro à relação obrigacional (o não devedor), obrigando-o a adotar uma posição de alerta, o que torna o preceito legal num instrumento de defesa da integridade patrimonial do cônjuge não devedor por dívidas próprias do cônjuge devedor. De facto, ao pretender executar bens comuns, na falta ou insuficiência dos bens próprios do devedor, será notificado o outro cônjuge que pode exigir a substituição dos bens comuns pela parte que cabe ao cônjuge devedor no património comum (situação em que a execução acarreta a dissolução da comunhão). Neste caso, a execução e penhora recaem sobre os bens que sejam adjudicados ao cônjuge devedor em consequência da liquidação da comunhão (e que passaram a ser seus bens próprios), devendo o tribunal fixar um prazo razoável para a determinação desses bens, sob pena de a execução prosseguir sobre os bens comuns iniciais. Caso não exerça tal faculdade, a execução prossegue sobre os bens comuns penhorados. Pode ainda, apesar de não expressamente referido no art. 1373º do Cód. Civil espanhol, o cônjuge não devedor indicar bens próprios do devedor que possam ser executados (por analogia com o art. 1832º do Cód. Civil espanhol).

Tratando-se de uma dívida própria e não havendo bens do cônjuge devedor, o credor pode obter o pagamento mediante bens comuns (art. 1373º do Cód. Civil espanhol). Se o cônjuge do devedor optar pela dissolução da comunhão, desse modo, a dívida que era própria na esfera externa torna-se comum na esfera interna, pelo que deve integrar o passivo do inventário (art. 1401º do Cód. Civil espanhol) e ser paga com preferência (arts. 1398º, 1º, 1399º, e 1403º do Cód. Civil espanhol) para efeitos de liquidação e partilha da comunhão. Só quando a dívida seja própria quer na esfera interna quer na externa, o credor pessoal de um dos cônjuges não pode agredir os bens comuns concretos no referido caso de dissolução da comunhão e apenas se poderá contentar, depois da dissolução do casamento, com os bens adjudicados ao seu devedor.

Portanto, nos regimes de comunhão a proteção do terceiro credor sai mais favorecida, desde logo pelo facto de o art. 1695º, nº 1, do Cód. Civil, fixar a responsabilidade do património comum pelas dívidas comuns, o que não existe no regime de separação. Por outro lado, a garantia patrimonial dos credores é acrescida dado que os cônjuges respondem solidariamente pelas dívidas comuns. Além disso, a lei prevê uma proteção extra nos regimes de comunhão ao credor comercial, como decorre do art. 1691º, nº 1, al. *d*). Porém, como já deixámos claro, não cremos que esta excessiva proteção se justifique atualmente. De facto, o que há a proteger é a família e o seu património e essa proteção pode atingir-se com uma responsabilização do cônjuge que contrai a dívida e, em casos especiais, do património comum ou do outro cônjuge.

De referir ainda que, no caso de dívidas próprias, o credor tem também uma garantia acrescida no caso de vigorar o regime de comunhão, dado que, existindo um património comum, além dos patrimónios próprios dos cônjuges podem os credores executar a meação do cônjuge devedor nos bens comuns (art. 1696º).

3. Resumo da responsabilidade por dívidas no regime de separação de bens

A separação de patrimónios, que carateriza o regime de separação, tem nas dívidas comerciais a maior tradução. A al. *d*) do nº 1 do art. 1691º afasta expressamente do seu campo de aplicação o regime de separação de bens. A atividade comercial exercida por qualquer dos cônjuges, casado em regime de separação de bens, não aproveita forçosamente ao outro, nem legalmente responsabiliza os seus bens. Se é certo que mesmo no regime de separação de bens é possível ao credor provar, p. ex., face à al. *c*) do nº 1 do art. 1691º, que determinada dívida foi contraída em proveito comum do casal para o efeito de fazer responder ambos os cônjuges, já não poderá sustentar-se existir uma presunção de proveito comum quando se trate de dívidas contraídas por qualquer um dos cônjuges no exercício do comércio. É a tradução da ideia de que os cônjuges são estranhos um ao outro, do ponto de vista patrimonial (os riscos e insucessos de um não afetam o outro). Assim, segue a lei o entendimento de que pertencendo um dado estabelecimento comercial a um dos cônjuges casado em regime de separação de bens, a dívida praticada no exercício do comércio ou gestão desse estabelecimento será apenas para benefício do próprio bem e do seu dono, não havendo, à partida, hipótese de proveito comum mesmo que o casal viva desse estabelecimento. O que, no nosso entendimento, não obsta a que o credor venha provar que a dívida contraída, mesmo no regime de separação de bens e no exercício do comércio, se destinou a satisfazer os encargos normais da vida familiar ou foi contraída pelo cônjuge administrador em proveito comum, para efeitos de responsabilização de ambos os cônjuges, nos termos do art. 1691º, nº 1, als. *b*) e/ou *c*). A possibilidade de responsabilizar o outro cônjuge casado em regime de separação de bens, nos termos das als. *b*) e/ou *c*) do nº 1 do art. 1691º, mesmo pelas dívidas previstas e excluídas pela al. *d*) no regime de separação, dependerá sempre do caso concreto.

O que não se percebe é o privilégio concedido ao comércio nos regimes de comunhão, tanto mais que nenhuma outra profissão goza do mesmo benefício. A que acresce ainda a dessintonia com as regras do Direito das Sociedades. Ou seja, não podem ambos os cônjuges, que constituíram uma sociedade entre si, assumir responsabilidade ilimitada (art. 1714º, nº 3, do Cód. Civil, e art. 8º do Cód. das Sociedades Comerciais), mas podem, se não constituírem uma sociedade, aliarem-se na exploração de um estabelecimento comercial. E pelas dívidas daí resultantes já responde ilimitadamente cada um dos cônjuges se ambos o explorarem, de acordo com as regras gerais (no regime de separação) ou mesmo o património comum (nos regimes de comunhão – art. 1691º, nº 1, al. *d*)).

No ordenamento jurídico francês, o art. L161º-1 do *Code des procédures civiles d'exécution* concede ao devedor empresário em nome individual, no caso de uma dívida contratual relativa à sua atividade profissional, a possibilidade de orientar o *droit de poursuite* dos credores, ou seja, pode pretender que a execução recaia prioritariamente sobre os bens necessários à exploração da empresa (desde que o seu valor seja suficiente para garantir o pagamento do crédito, o credor não pode opor-se a esta exigência do seu devedor, salvo intenção danosa). Ora, se o empresário devedor estiver casado em regime de comunhão, dado a referida lei não fazer qualquer distinção, pode exigir o pagamento dos seus créditos profissionais sobre os bens profissionais, independentemente da sua natureza de bens próprios ou comuns (salvo havendo fraude, prevista no art. 1413º do Cód. Civil francês, e sem prejuízo de uma eventual compensação).

Porém, e mesmo no regime de separação de bens, o exercício por um dos cônjuges de uma atividade profissional, comercial ou agrícola, e a colaboração do outro cônjuge nessa atividade, implica a possibilidade de os terceiros de boa fé se fundarem nesta aparência de comercialidade para responsabilizar ambos os cônjuges pelas dívidas contraídas no exercício dessa profissão. Ou seja, a jurisprudência entende que há uma presunção, assente nesta aparência de comercialidade, de que há uma exploração comum pelos cônjuges e, assim, ambos devem responder pelas dívidas assim contraídas[419].

Por seu lado, o art. 1694º, nº 1, do nosso Cód. Civil, utiliza a expressão "bens comuns". Pode dar-se o exemplo da aquisição, por recurso a empréstimo bancário com hipoteca, de um imóvel antes do casamento por ambos os nubentes e que constituirá a casa de morada da família. Independentemente de a dívida de pagamento das prestações poder ser comum por recurso ao art. 1691º, nº 1, als. *a*) e/ou *b*), parece-nos ser de incluir esta hipótese no art. 1694º, dado que se trata de dívida que onera um bem pertencente a ambos os cônjuges. A dúvida reside em saber se no seu nº 1 ou no nº 2. Julgamos que ao falar em bens comuns o legislador quis reportar-se ao património comum, pelo que o bem em compropriedade é um bem próprio de cada um dos cônjuges. Sendo assim, a posição do credor, que o legislador procurou acautelar, varia consoante a contração da dívida foi um dia antes ou um dia depois do casamento celebrado num dos regimes de comunhão, sendo a matéria de facto a mesma. Se foi antes do casamento a dívida onerará um bem próprio de ambos os cônjuges, pelo que responde pela mesma, além do bem onerado com a hipoteca, os bens próprios de ambos os cônjuges comproprietários do bem, conjunta ou solidariamente, conforme se obrigaram, nos termos dos arts. 1694º, nº 2, e 1696º, nº 1. Se foi depois do casamento, pode o credor, demonstrando a comunicabilidade da dívida, executar a totalidade dos bens comuns e solidariamente os bens próprios dos cônjuges. Tem neste último caso uma garantia acrescida dado que pode executar todos os bens comuns (arts. 1694º, nº 1, e 1695º, nº 1).

Parece-nos uma desigualdade de tratamento que não se justifica. Aliás, a proteção conferida a estes credores não tem grande justificação, melhor sendo permitir ao credor executar o bem onerado, e que constitui a sua garantia, e os bens próprios do seu devedor, que podem ser ambos os cônjuges se conjunta ou solidariamente assumiram a dívida (como quaisquer outras pessoas podem contrair dívidas conjunta ou solidariamente). Além disso, será essa a situação existente na prática. Com efeito, e sem prejuízo

[419] Jacques Leroy, *loc. cit.*, pp. 41 e 42, acrescenta que, a propósito do regime de separação de bens, há formas de proteger o credor que contrai uma dívida com um dos cônjuges, além de exigir a vinculação do outro: o mandato tácito ou aparente, a gestão de negócios ou o enriquecimento sem causa. São meios de permitir uma participação do outro cônjuge na dívida e, assim, responsabilizar também os bens deste.

da possibilidade concedida pelos arts. 741º e 742º do Cód. de Processo Civil, tendo um credor uma garantia sobre um bem e que constitui título executivo, podendo imediatamente executá-la, além de exigir o pagamento aos seus devedores (os cônjuges), subsidiariamente, não tem sentido que opte por intentar uma acção declarativa, com o objetivo de demonstrar a comunicabilidade da dívida, e só depois executar os bens comuns, incluindo, se for o caso, o bem hipotecado. Além de mais moroso é também processualmente mais dispendioso a nível de custas judiciais. O que, à partida, poderia beneficiar o credor, permitindo-lhe uma maior garantia do que aquela que teria se a dívida não fosse contraída por cônjuges, já que pela dívida podiam responder os bens comuns, revela-se, na prática, sem grandes resultados.

Quanto à responsabilidade patrimonial, pelas dívidas consideradas comuns, respondem ambos os cônjuges, mas a responsabilidade dos bens próprios dos cônjuges não é solidária, a menos que, voluntariamente, se tenham obrigado como devedores solidários. A responsabilidade é, por isso, neste regime, conjunta, de acordo, aliás, com a regra geral do art. 513º. Assim, cada um dos cônjuges responde apenas pela parte da dívida que lhe compete ou pela parte do remanescente dela que lhe toque, na hipótese de uma parte da obrigação ter sido paga por bens de que ambos fossem contitulares. Assim, o art. 1695º, nº 2, traduz a maior autonomia patrimonial entre os cônjuges casados em regime de separação de bens. De referir que, no regime de separação, a lei não tem, especialmente, em consideração os bens dos cônjuges em compropriedade, ou seja, o credor pode exigir conjuntamente o pagamento da dívida aos cônjuges sejam os bens próprios ou, apesar de próprios, possuídos em compropriedade, não fixando qualquer prioridade destes em relação àqueles (o que também não fazia sentido, dado não se tratar de um património comum, de afetação especial, que responderia pelas dívidas comuns, como acontece nos regimes de comunhão).

A ideia da comunicabilidade da dívida (responsabilizando ambos os cônjuges) tem subjacente o facto de a mesma beneficiar ou poder beneficiar ambos os cônjuges e, com a comunicabilidade, proteger o credor que em vez de um só devedor tem dois. Acontece que no regime de separação de bens, sendo a dívida comum, não só respondem os cônjuges conjuntamente como o credor pode não obter o pagamento integral do seu crédito se um dos cônjuges não tiver bens. Ou seja, os interesses dos credores não foram particularmente considerados, ao contrário do que acontece nos regimes de comunhão, sendo de aplicar a regra geral da conjunção, e apenas essa responsabilidade conjunta, não existindo responsabilidade pessoal e integral do cônjuge que contraiu a dívida.

De facto, sendo a dívida contraída por apenas um dos cônjuges, mas da responsabilidade comum, nem o património do cônjuge que contraiu a dívida pode o credor executar na totalidade, afastando-se aqui da regra geral da garantia das obrigações (art. 601º). Não se trata verdadeiramente de uma exceção ao art. 601º, uma vez que os bens do devedor (cônjuge contraente) respondem pela dívida e, além disso, é também sujeito passivo o cônjuge não contraente. Porém, não respondem "todos os bens do devedor", impondo o art. 1695º, nº 2, em paralelo com o alargamento da responsabilidade ao outro cônjuge, uma restrição à satisfação do direito do credor.

Entendemos que nada justifica o afastamento do regime geral em matéria de responsabilidade patrimonial. O cônjuge que contrai a dívida deveria responder na totalidade por ela. O credor está em pior posição sendo a dívida comum do que se ela fosse própria do cônjuge que a contraiu. Assim, deveria ser estabelecido o regime da conjunção, sem prejuízo de, sobretudo no caso de falta de bens de um dos cônjuges, e tratando-se de dívida contraída por apenas um deles mas que a ambos os cônjuges responsabiliza, responder pela totalidade o cônjuge que a contraiu, surgindo um crédito face ao outro.

Aliás, a lei não impede isso. Com efeito, o art. 1695º, nº 2, apenas refere que "a responsabilidade dos cônjuges não é solidária". Significa isto que se não há solidariedade pode haver conjunção, mas não parece afastar-se a responsabilidade integral do cônjuge que celebra o negócio. De facto, quem contrai as dívidas é o cônjuge (aliás, em qualquer regime de bens), assumindo uma responsabilidade pessoal. O obrigado é sempre o cônjuge que contrai a dívida.

Como acontece em Itália, relativamente ao art. 190º do Cód. Civil italiano no âmbito do regime de comunhão, onde se entende que a responsabilidade do cônjuge que contrai a dívida é integral, enquanto a do outro é restrita a metade do valor[420]. E o mesmo se diga dos ordenamentos jurídicos francês

[420] No regime de separação de bens, as dívidas contraídas pelos cônjuges durante o casamento são próprias. De facto, existindo só bens próprios (em relação aos quais o seu titular tem a administração e livre disposição) também só existem dívidas próprias, de acordo com

(onde o património próprio do cônjuge devedor responde nos termos gerais (art. 1536º do Cód. Civil francês), além da responsabilidade solidária prevista no art. 220º do Cód. Civil francês) e espanhol (art. 1369º do Cód. Civil espanhol, para o regime de comunhão legal, e art. 1440º do mesmo código para os regimes de separação e participação nos adquiridos, além do art. 1911º do Cód. Civil espanhol, como regra geral).

No regime de separação de bens regulado no direito espanhol nos arts. 1435º a 1444º do Cód. Civil espanhol, existindo patrimónios próprios e independentes dos cônjuges, as dívidas contraídas por cada um dos cônjuges são da sua exclusiva responsabilidade e do seu património próprio (art. 1440º do Cód. Civil espanhol), salvo se os próprios cônjuges se obrigaram conjunta ou solidariamente pela dívida. Apenas se ressalva as dívidas contraídas no exercício ordinário do governo doméstico[421], pelas quais respondem ambos os cônjuges nos termos dos arts. 1319º e 1438º do Cód. Civil espanhol[422].

No direito alemão, só o § 1414º do BGB dispõe que uma vez dissolvido ou afastado o regime legal, é a separação de bens que passa a vigorar, salvo se outra coisa resultar da convenção matrimonial. Neste regime apenas existem bens próprios (e em compropriedade). De igual modo, cada um dos cônjuges é o único responsável pelas suas dívidas, salvo se se tratar de ocorrer às necessi-

o princípio do art. 1372º do Cód. Civil italiano e com a regra da responsabilidade patrimonial do art. 2740º do mesmo código. Mas, sem prejuízo da solidariedade entre os cônjuges pelo dever de contribuição – art. 143º do Cód. Civil italiano – e no interesse da família.

421 Cuja interpretação deve pautar-se pelo padrão de vida familiar, abrangendo os encargos relativos ao sustento do lar e educação dos filhos, que não tenham caráter excessivo e possam qualificar-se como necessidade ordinária da família. Deve também atender-se à boa fé do terceiro através da proteção da aparência, quando o nível de vida supere os recursos económicos efetivos do casal.

422 Face a terceiros credores respondem os cônjuges de acordo com o art. 1319º do Cód. Civil espanhol, ou seja, responsabilidade principal do cônjuge contraente e subsidiária do outro cônjuge, dado não haver no regime de separação um património comum e a lei não se referir aos bens adquiridos em compropriedade pelos cônjuges. Idêntico regime prevê o art. 220º do Cód. Civil francês (ainda que com responsabilidade solidária dos cônjuges), o art. 143º, 3º, do Cód. Civil italiano, e o § 1357º do BGB.
Entre os cônjuges a repartição da responsabilidade pela dívida deve efetuar-se, nos termos do art. 1438º do Cód. Civil espanhol (idêntico ao art. 214º e, no regime de separação, ao art. 1537º, ambos do Cód. Civil francês), e na falta de acordo, na proporção dos recursos económicos de cada cônjuge para a contribuição dos encargos familiares. Se foi o património próprio de um dos cônjuges que suportou a dívida integralmente terá direito de regresso contra o outro pela parte que lhe corresponda.

dades familiares, dívidas pelas quais ambos os cônjuges respondem nos termos do § 1357º do BGB ou, se ambos se obrigaram pela dívida, nos termos gerais.

Repare-se, porém, que a autonomia patrimonial dos cônjuges casados em separação de bens acaba por ser afetada em virtude da própria comunhão de vida que o casamento implica. Pense-se, nomeadamente, no âmbito do Direito Bancário, a existência de contas bancárias solidárias e conjuntas e a promiscuidade patrimonial daí resultante. Em todo o caso, o escopo do legislador, ao redigir o nº 2 do art. 1695º, foi traduzir a independência e autonomia patrimoniais patentes no regime de separação de bens.

Neste regime de bens, como podemos constatar, a proteção do terceiro não está tão salvaguardada quanto nos regimes de comunhão, aproximando-se mais do regime geral do Direito comum. Em todo o caso, também neste regime há certas dívidas que, consideradas comuns, apesar de contraídas por um dos cônjuges, a ambos responsabilizam. Enquanto os regimes de comunhão podem propiciar deslocações patrimoniais entre os patrimónios comum e próprios dos cônjuges pelo pagamento de dívidas (gerando as compensações no final do regime), no regime de separação podem ocorrer transferências patrimoniais entre os patrimónios dos cônjuges para fugir aos credores comuns (dado o regime previsto no art. 1695º, nº 2). Ou seja, como os cônjuges respondem apenas por metade, poderá um deles transferir a totalidade do seu património para o outro cônjuge respondendo depois apenas por metade da dívida face ao credor. Mas, além de dever ter-se em consideração o ainda existente princípio da imutabilidade, não pode isso significar um maior prejuízo aos credores. De facto, os credores podem sempre recorrer aos meios gerais (se fraudulentamente um cônjuge passar os seus bens para o outro) ou podem exigir previamente uma responsabilização solidária. Além disso, devem existir certas dívidas com regime de exceção (as relativas aos encargos normais da vida familiar).

O regime de separação, por ser mais simples, favorece as relações patrimoniais entre os cônjuges e terceiros e assegura a igualdade jurídica entre os cônjuges numa altura em que a autonomia e a independência recíprocas dos cônjuges assumem cada vez mais um maior papel. Importa, contudo, e em todo o caso, em relação a certas dívidas que beneficiam ambos os cônjuges, admitir um regime de exceção.

4. O regime de participação nos adquiridos – a experiência alemã da Zugewinngemeinschaft

O regime alemão da *Zugewinngemeinschaft* (comunhão nos ganhos ou participação nos adquiridos) baseia-se na ideia de que os ganhos obtidos por um dos cônjuges durante o casamento também resultaram da colaboração do outro[423]. Ainda que este último não tenha contribuído financeiramente para a vida em comum, pode ter contribuído para a criação das condições necessárias para que o outro obtivesse tais ganhos (p. ex., contribuindo com o trabalho doméstico ou a criação e educação dos filhos). O regime assenta, assim, no entendimento de que tudo que se obteve em virtude do trabalho comum e das economias comuns deve ser dividido igualmente entre os cônjuges, independentemente do património em que se formou[424].

A *Zugewinnausgleich* só existe depois da dissolução do regime e tem regulação diferente consoante este termine por morte de um dos cônjuges [onde a participação nos adquiridos é hereditária – *erbrechtliche Zugewinnausgleich*, ou seja, a participação nos adquiridos opera-se pelo acréscimo em ¼ da parte que cabe ao cônjuge sobrevivo na herança (§ 1371º do BGB)][425]

[423] O regime da *Zugewinngemeinschaft* traduziu o princípio de igualdade entre marido e mulher, imposto pelo art. 3º da Constituição alemã de 1949. Já a Constituição de Weimar, em 1919, tinha proclamado a igualdade dos sexos, mas nenhuma consequência daí decorreu no plano do Direito da Família, continuando a vigorar o regime da comunhão de administração (*Verwaltungsgemeinschaft*), onde o marido tinha o poder de uso e de administração dos bens próprios da mulher.

[424] Beitzke/Lüderitz, *ob. cit.*, p. 133, e Lüderitz/Dethloff, *ob. cit.*, p. 112. Como referem Gernhuber/Coester-Waltjen, *ob. cit.*, § 34, I, 1 e 2, p. 359, o objetivo fundamental do regime é a *Ausgleich* (compensação), baseada na ideia de que o cônjuge que ganhou menos foi em razão das maiores aquisições do outro.

Guilherme de Oliveira, "A reforma do direito da família de Macau", *loc. cit.*, p. 107, e *Temas...*, *cit.*, p. 314, considera que este é um regime que garante a independência dos cônjuges, facilita a iniciativa patrimonial de cada um, simplifica os processos de administração e de alienação, sem perder de vista a solidariedade conjugal. De facto, procura-se acautelar a independência de cada um dos cônjuges, salvaguardando a ideia de comunhão ligada ao casamento (A. Rieg, *ob. e loc. cit.*, p. 924).

[425] Recebendo o cônjuge uma quantia global (*großer Pflichtteil*). Como referem Gernhuber/Coester-Waltjen, *ob. cit.*, § 37, I, e II, pp. 420-423, sendo o cônjuge sobrevivo herdeiro legal, receberá essa "grande legítima", traduzida no acréscimo em ¼ à sua parte sucessória (*die pauschalierende erbrechtliche Lösung*). Se o cônjuge sobrevivo for herdeiro ou legatário testamentário (*die individuelle erbrechtliche Lösung*) o regime já não será o previsto no § 1º do § 1371º do BGB, ou seja, o da *großer Pflichtteil*, que pressupõe que o cônjuge seja herdeiro legal. Neste caso, bem como se o cônjuge for afastado da sucessão legal ou renunciar, a lei remete para a solução geral

ou por outro motivo (*güterrechtliche Zugewinnausgleich* – § 1372º e §§ 1373º e segs. do BGB)[426].

No decurso do regime os cônjuges vivem em separação de bens (§ 1363º do BGB)[427], prevendo-se uma compensação de patrimónios no final do regime. No caso de dissolução do regime que não por morte, esta compensação fará com que o cônjuge que não obtenha quaisquer ganhos no decurso do casamento fique limitado à hipótese de ter uma compensação[428]. Para o cálculo da *Zugewinnausgleich* verificam-se, em primeiro lugar, os bens adquiridos (*Zugewinn*) de cada um dos cônjuges, ou seja, a diferença entre o valor dos respetivos patrimónios no início e no final do regime.

de participação nos adquiridos (§ 1371º, 2º e 3º, do BGB). Nessas hipóteses será de calcular a participação do cônjuge sobrevivo nos adquiridos, além da sua parte eventualmente devida da legítima (*kleiner Pflichtteil*). V. também, Beitzke/Lüderitz, *ob. cit.*, pp. 144-146, e Lüderitz/Dethloff, *ob. cit.*, pp. 123-127. Convém esclarecer que ao falarmos em legítima referimo-nos ao instituto da legítima do direito alemão, que, ao contrário da regulada no nosso ordenamento jurídico, em que é uma parte da herança, consiste numa obrigação pecuniária face aos bens. A solução, apesar de ter sido prevista para facilitar a partilha após vários anos de casamento, é criticada, uma vez que a participação efetiva nos bens adquiridos, que constitui a ideia chave do regime legal alemão, é aqui afastada (dado que o aumento da parte na herança do cônjuge sobrevivo ocorre independentemente da existência de ganhos adquiridos e mesmo que no decurso do casamento tenha sido o cônjuge sobrevivo aquele que obteve maiores ganhos), parecendo vigorar apenas nos casos de dissolução anormal do regime (Dölle, *ob. cit.*, pp. 775-777, Beitzke/Lüderitz, *ob. cit.*, pp. 131 e 143, e Lüderitz/Dethloff, *ob. cit.*, pp. 112, 123 e 124). No caso de morte, o cálculo adotado assenta num aumento proporcional da parte sucessória normal do cônjuge sobrevivo (que pode ser inferior ao crédito que teria na participação nos adquiridos, podendo ser vantajoso ao cônjuge sobrevivo renunciar à sucessão do *de cujus* – § 1371º, 3º, do BGB). V., a hipótese de cálculo da *Ausgleich* em caso de morte, consoante o cônjuge é ou não herdeiro legal ou testamentário, apresentada por M. Liénard-Ligny, "Les régimes matrimoniaux en droit allemand depuis la loi du 18 juin 1957", *Annales de la Faculté de Droit de Liège*, ano 7º, nº 1, 1962, pp. 369-375. Abstemo-nos, obviamente, de maior pormenor, dado relevar uma abordagem do regime da *Zugewinngemeinschaft* para efeitos de responsabilidade por dívidas e não fazer parte do nosso estudo a análise do direito sucessório. Em todo o caso, convém acrescentar que, por força do § 1931º do BGB, o cônjuge sobrevivo tem direito, no caso de existirem filhos, a ¼ e, no caso de existirem parentes no segundo grau ou ascendentes, a ½ da herança. No caso de não existirem parentes no primeiro (descendentes do *de cujus* – § 1924º do BGB) ou segundo grau (pais do *de cujus* e seus descendentes – § 1925º do BGB), o cônjuge sobrevivo tem direito a todos os bens do *de cujus*.

[426] V., Schlüter, *ob. cit.*, p. 90, e Gernhuber/Coester-Waltjen, *ob. cit.*, § 34, I, 7, pp. 361 e 362.

[427] O facto de cada cônjuge administrar e dispor do seu património não impede a fixação de certas limitações no caso de certos bens, previstas nos §§ 1365º e 1369º do BGB.

[428] Gernhuber/Coester-Waltjen, *ob. cit.*, § 34, I, 8, p. 363.

É preciso determinar qual dos cônjuges ganhou mais do que o outro e quanto ganhou a mais (a diferença entre o património final (*Endvermögen*)[429] e o património inicial (*Anfangsvermögen*)[430] de cada um dos cônjuges – §

[429] O património final compreende todos os bens existentes no momento da dissolução do regime (§ 1375º do BGB), deduzindo-se as dívidas, aos quais se reúnem ficticiamente os bens dissipados, os alienados com vista a prejudicar o outro cônjuge e os doados sem que haja um qualquer dever moral ou de conveniência para a doação (§ 1375º, 2º, do BGB). A sua prova obedece ao § 1379º do BGB, ou seja, ambos os cônjuges estão vinculados ao dever de informação do seu património final. De acordo com o § 1376º, 2º, do BGB, os bens existentes são considerados pelo valor no dia da dissolução do regime. Pelo contrário, os bens reunidos ficticiamente ao património final são considerados pelo valor que tinham no dia em que saíram desse património. Esta solução é menos vantajosa para o cônjuge do que a prevista no direito francês, que considera o valor desses bens no dia da liquidação (art. 1574º do Cód. Civil francês), na medida em que entre a data da saída do bem do património final e a data da liquidação do regime pode dar-se uma mais-valia considerável no bem, nomeadamente, por força da desvalorização monetária (A. Rieg, *ob.e loc. cit.*, pp. 939 e 940).

[430] O património inicial compreende os bens que o cônjuge possuía ao tempo do casamento e os que adquiriu depois por sucessão ou doação, depois de descontadas as dívidas existentes no início do regime de bens e as que oneram a sucessão ou doação (mas até ao limite do ativo existente) (§ 1374º do BGB). A prova a efetuar deve realizar-se nos termos do § 1377º do BGB, ou seja, e para facilitar os cálculos, o § 1377º prevê que cada cônjuge possa exigir do outro a realização de um inventário no qual se constate a composição e o valor do património inicial. Caso contrário, se não existir inventário, a lei presume que os bens adquiridos pelo cônjuge ao longo do regime são os que constam no património final. E, de acordo com o § 1376º do BGB, o valor dos bens do património inicial é calculado no momento do início do regime matrimonial (valor que tinham nessa data) ou, para os bens adquiridos por sucessão ou doação, no momento em que entraram no património inicial (valor da data da aquisição). As alterações do valor dos bens que ocorrem no decurso do casamento não são, assim, tidas em conta na avaliação do património inicial, mas serão contabilizadas no património final, o que permite uma participação de um cônjuge no enriquecimento geral do outro, devido a flutuações económicas e monetárias ou à atividade do cônjuge. P. ex., se um terreno era considerado agrícola no início do regime matrimonial e tornou-se terreno de construção no seu decurso, para o cálculo do património inicial releva o valor do terreno como agrícola, ao passo que para o cálculo do património final há que reter o valor do terreno para construção. O cônjuge do proprietário beneficia, por isso, diretamente neste enriquecimento (A. Rieg, *ob. e loc. cit.*, p. 937, nota 55). Como veremos, diferente solução está prevista no art. 1571º do Cód. Civil francês, onde um cônjuge não participa na mais-valia obtida pelo cônjuge proprietário decorrente da alteração das circunstâncias económicas ou monetárias. Há aí uma participação nos adquiridos e não no enriquecimento geral. Diferente destas valorizações reais dos bens são as valorizações decorrentes de meras alterações do valor da moeda que podem implicar a existência de ganhos meramente aparentes. Para fazer face às desvalorizações monetárias, a jurisprudência alemã considera que deve atender-se ao valor do bem com base no índice do custo de vida publicado regularmente (dado não ser possível medir o efeito da inflação em

1373º do BGB). Finalmente, calcula-se o valor do direito de participação do cônjuge que realizou menores ganhos e que corresponde a metade daquilo que o outro cônjuge ganhou a mais[431]. Se houver adquiridos de ambas as

cada bem). V., Beitzke/Lüderitz, *ob. cit.*, p. 138, e Lüderitz/Dethloff, *ob. cit.*, pp. 117 e 118. O recurso ao referido índice permite medir a desvalorização monetária e tê-la em consideração na avaliação do património, sob pena de, em períodos de desvalorização monetária "o cônjuge credor participar economicamente no património originário do cônjuge devedor (...) o que é inconciliável com o fim da participação nos adquiridos" (A. Rieg, *ob.e loc. cit.*, p. 940). De facto, por força da inflação, e consequente valorização dos bens do património final, e dado que o património inicial é calculado no momento do início do regime ou no momento em que os bens ingressam no mesmo património e o património final no término do regime de bens, a compensação pode ser meramente aparente (ao contrário do que acontece com as valorizações reais dos bens). É isso que se pretende evitar com os referidos fatores de correção monetária (sem prejuízo do recurso ao disposto no § 1381º do BGB, no caso de grave injustiça). V. também, Gernhuber, "Geld und Güter beim Zugewinnausgleich", *FamRZ*, ano 31º, nº 11, 1984, pp. 1059-1061, MünchKomm - *Gernhuber*, § 1373 Rdn. 6-7a, pp. 431 e 432, Schlüter, *ob. cit.*, pp. 95 e 96, e Schwab, *ob. cit.*, p. 128. Staudinger, *ob. cit.*, §§ 1363º-1563º, § 1373 Rdn. 15, p. 196, Dieter Giesen, *ob. cit.*, p. 157, Langenfeld, *Handbuch der Eheverträge und Scheidungsvereinbarungen*, 4ª ed., München, C. H. Beck, 2000, p. 61, e Martin Lipp, *ob. cit.*, p. 90, entre outros, apresentam a seguinte fórmula de atualização dos valores do património inicial: (património inicial x índice do custo de vida publicado oficialmente no momento do fim do regime): índice do custo de vida publicado oficialmente no início do regime (ou no momento da aquisição). Assim, permite-se atualizar o poder de compra que existia no momento em que os bens integraram o património inicial ao momento do seu fim.

É atendendo à desvalorização monetária que o art. 1595º, nºs 2 e 3, do Cód. Civil de Macau, prevê a atualização dos valores dos bens de acordo com os índices de preços (art. 544º do mesmo código).

[431] Rita Lobo Xavier, *Limites à autonomia privada...*, *cit.*, p. 420, em nota, apresenta o seguinte exemplo: "no início o marido tinha bens no valor de 20000 contos, no momento do divórcio tinha um património no valor de 200000 contos, logo um ganho de 180000 contos; a mulher tinha inicialmente 20000 contos e no final 140000, portanto um ganho de 120000 contos; assim, os ganhos do marido são superiores aos da mulher em 60000 contos, consequentemente a mulher tem um direito de participação no valor de 30000 contos".

O § 1381º do BGB permite, contudo, que o cônjuge devedor possa recusar o direito à participação nos adquiridos em caso de iniquidade grosseira, como no caso de o cônjuge que reclama a compensação não ter cumprido as suas obrigações económicas em relação ao casamento. V., Staudinger, *ob. cit.*, §§ 1363º-1563º, § 1381 Rdn. 1-39, pp. 276-286, Beitzke/Lüderitz, *ob. cit.*, p. 139, e Lüderitz/Dethloff, *ob. cit.*, pp. 119 e 120, Dieter Giesen, *ob. cit.*, p. 162 e 163, Schlüter, *ob. cit.*, p. 101, Gernhuber/Coester-Waltjen, *ob. cit.*, § 36, VII, 6, pp. 414-416, e Schwab, *ob. cit.*, pp. 132-134. Também o art. 1579º do Cód. Civil francês, prevendo o art. 1578º do mesmo código o recurso ao tribunal quando os cônjuges não acordem na liquidação do regime, permite que o juiz decida de acordo com a equidade, sempre que as regras de avaliação se revelem manifestamente injustas. Disposição legal criticada, p. ex., por Henri Mazeaud, *et allii*, *Leçons de Droit*

partes, os dois créditos de participação compensam-se e só o excesso constitui o crédito de participação de um cônjuge. Se, pelo contrário, o património final for inferior ao inicial, este défice será suportado apenas pelo cônjuge proprietário (§ 1378º do BGB).

Há ainda que imputar no crédito compensatório de um cônjuge aquilo que ele recebeu do outro por negócio entre vivos com a determinação de que se tratava de uma antecipação do crédito de compensação (§ 1380º do BGB), para evitar que possa haver um duplo benefício desse mesmo cônjuge[432]. O valor da doação em causa acrescentar-se-á ao valor dos bens adquiridos do doador para o cálculo do crédito de compensação (§ 1380º, 2º, do BGB)[433].

Repare-se que a comunhão final não é de bens adquiridos mas do seu valor. A *Zugewinnausgleich* gera um direito obrigacional a favor do cônjuge que não realizou nenhum ganho ou que obteve menores ganhos durante o casamento, contra o que realizou todos os ganhos ou os ganhos mais elevados.

Por ao longo do casamento o direito à participação nos adquiridos poder ser afetado, o mesmo é protegido por uma série de medidas. Assim, se, nos dez anos anteriores à dissolução do regime e à participação nos adquiridos, um dos cônjuges dispuser do seu património gratuitamente sem justificação, ou delapidar o seu património ou ainda praticar atos jurídicos que o diminuam na intenção de prejudicar o outro cônjuge, os atos assim praticados são considerados como não realizados para efeitos da *Zugewinnausgleich*, ou seja, o património delapidado é acrescentado ao final (§ 1375º, 2º, do BGB), salvo se houver consentimento do cônjuge para as referidas

Civil. Régimes matrimoniaux, cit., p. 607, denominando-o de "*méthode détestable*", por arruinar a segurança jurídica, colocando por vezes os juízes em situações embaraçosas.
A possibilidade de recurso à equidade, para alteração do resultado obtido com as regras de avaliação fixadas pela lei, é também referida no art. 1595º, nº 4, do Cód. Civil de Macau.

[432] Beitzke/Lüderitz, *ob. cit.*, p. 134, e Lüderitz/Dethloff, *ob. cit.*, pp. 118 e 119.

[433] Como refere MünchKomm – *Gernhuber*, § 1380 Rdn. 20, p. 495, o valor da doação deve ingressar no património final do doador. O mesmo valor, imputando-se no crédito de compensação do cônjuge credor, faz com que efetivamente este receba menos. P. ex., se o património inicial do marido era de 50.000 e o património final de 150.000, há um ganho (*Zugewinn*) de 100.000; se o património inicial da mulher era de 20.000 e o património final de 40.000, há um ganho de 20.000. Se o marido tiver concedido à mulher, a título de antecipação, uma doação no valor de 20.000, este valor ingressa no seu património final, sendo os seus ganhos de 120.000. A diferença entre os ganhos do marido e da mulher é de 100.000 (120.000-20.000), devendo a mulher receber metade, ou seja, 50.000. Porém, desses já recebeu 20.000 relativos à doação, apenas recebendo como crédito de compensação 30.000. Também Staudinger, *ob. cit.*, §§ 1363º-1563º, § 1380 Rdn. 27, pp. 273 e 274, apresenta um exemplo semelhante.

alienações (§ 1375º, 3º, do BGB). Por outro lado, qualquer um dos cônjuges pode requerer a participação antecipada nos adquiridos no caso de separação de facto há pelo menos três anos ou se o outro não cumprir as suas obrigações económicas decorrentes do vínculo conjugal e existam razões para supor que não as cumprirá no futuro, se dispuser da totalidade do seu património sem a necessária autorização (§ 1365º do BGB – que já sanciona o negócio em causa como vimos), se o diminuir por liberalidades ou o delapidar, desde que se presuma um perigo para a futura participação nos ganhos, ou se se recusar, sem motivo justificativo, a informar o outro da situação do seu património (§ 1385º do BGB)[434].

O crédito de participação é pago em valor. Mas, se o cônjuge devedor não conseguir pagar imediatamente a totalidade da dívida, por dificuldades financeiras, pode requerer ao tribunal um diferimento no pagamento (§ 1382º do BGB). Pode o tribunal obrigar o devedor à prestação de garantias e o pagamento fica sujeito ao vencimento de juros (§ 1382º, 2º e 3º, do BGB).

Se os bens do cônjuge devedor forem insuficientes para o pagamento do crédito de participação ao outro (§ 1378º, 2º, do BGB), por ter empobrecido intencionalmente o seu património, o cônjuge credor pode intentar uma ação de restituição, devendo o terceiro restituir ao cônjuge credor o obtido do devedor, de acordo com as regras do enriquecimento sem causa (§ 1390º e §§ 812º e segs. do BGB)[435]. Esta ação ocorre no caso de o devedor ter efetuado doações a terceiro com intenção de prejudicar o seu cônjuge ou se realizou outros atos jurídicos (que não apenas a título gratuito) com terceiro que sabia da intenção de prejudicar o outro cônjuge[436].

[434] Repare-se que qualquer um destes meios de salvaguarda da posição do cônjuge futuro credor nos adquiridos do outro não impede a solução prevista no § 1378º, 2º, do BGB, ou seja, uma vez assumidas certas dívidas os credores do cônjuge devedor têm preferência no pagamento face ao cônjuge credor da compensação. Evitam, porém, que o cônjuge continue a contrair dívidas e a diminuir, assim, o seu património (MünchKomm – *Gernhuber*, § 1378 Rdn. 7, p. 476, e § 1389, Rdn. 1 e 2, p. 541, e Gernhuber/Coester-Waltjen, *ob. cit.*, § 36, I, 2, pp. 391 e 392).

[435] De facto, esta restituição face a terceiros não assenta no regime de bens, mas nas regras do enriquecimento sem causa (Staudinger, *ob. cit.*, §§ 1363º-1563º, § 1390 Rdn. 14 e 20-23, p. 341, e pp. 342 e 343).

[436] Como refere A. Rieg, *ob. e loc. cit.*, p. 942, esta ação de restituição não conduz a um pagamento em espécie, mas traduz uma venda forçada, cujo preço será determinado pelo valor do crédito de participação. Imagine-se, p. ex., que um dos cônjuges (F) não obteve qualquer

Só em situações muito excecionais o direito alemão admite o pagamento do crédito de participação em espécie (§ 1383º do BGB). De facto, o cônjuge credor pode requerer ao tribunal que o devedor lhe ceda bens do seu património para pagamento do crédito de participação, se tal for o único meio de evitar uma injustiça grave para o credor e se tal for possível de exigir ao devedor.

Como já vimos, cada um dos cônjuges pode, por si, administrar, usar e dispor do seu património (que é próprio no decurso do casamento) livremente (com as exceções previstas nos §§ 1365º e 1369º do BGB)[437], contraindo dívidas pelas quais apenas ele é responsável (salvo as dívidas relativas aos encargos da vida familiar – § 1357º do BGB – que responsabilizam ambos os cônjuges). Pode acontecer que, no momento da dissolução do regime e respetiva liquidação, existam dívidas que originem um saldo passivo não coberto pelos bens adquiridos. Ora, se na fase de liquidação tudo se passa como se existisse uma comunhão de adquiridos, as dívidas contraídas por um dos cônjuges poderiam vir a responsabilizar os bens adquiridos pelo outro cônjuge[438]. Contudo, o pagamento das dívidas contraídas é feito de acordo com o regime de separação de bens,

ganho no decurso do regime de bens e que o outro cônjuge (M) tem um património final de 10.000, mas tem dívidas no valor de 20.000. Ambos os cônjuges não obtiveram, assim, ganhos (*Zugewinn*). Contudo, se M fez uma doação a uma amiga no valor de 70.000, este valor integra o cálculo do património final (§ 1375º, 2º, do BGB), tendo F direito a um crédito compensatório de 35.000. Porém, não o podendo obter de M (§ 1378º, 2º, do BGB), poderá atuar sobre o terceiro beneficiado com a doação, nos termos do § 1390º do BGB (Martin Lipp, *ob. cit.*, pp. 94 e 95).

[437] O que, obviamente, não impede que um cônjuge confira ao outro, por mandato (*Auftrag*) ou gestão de negócios (*Geschäftsführung ohne Auftrag*), a administração dos seus bens, tal como também ocorre no regime de separação de bens. O mesmo acontece no direito francês (arts. 1569º e 1539º a 1541º do Cód. Civil francês).

[438] Por isso, Gonçalves Pereira, "Regimes convencionais...", *loc. cit.*, pp. 279 e 280, ao regular o regime de participação nos adquiridos no seu projeto, previa um artigo em que dispunha a renúncia de um dos cônjuges à participação nos adquiridos do outro. De facto, prevendo que a liquidação e a partilha seguissem o regime de comunhão de adquiridos, para a liquidação do passivo, os adquiridos de ambos os cônjuges constituíam um património único responsável pelas dívidas que, se houvessem sido contraídas no regime de comunhão de adquiridos, seriam comunicáveis. Com este sistema os credores, que seriam pagos segundo o regime de separação no decurso do casamento, ficavam agora sujeitos ao regime de comunhão, podendo não beneficiar com a concorrência ou preferência de outros credores, ainda que aqueles estivessem razoavelmente acautelados pela inventariação dos adquiridos. A alternativa, com certa imputação da solidariedade que se pretende conferir ao regime, seria liquidar o passivo

apresentando-se o património do devedor como a garantia do pagamento ao credor. Ora, e sendo a participação no valor e não nos bens, havendo uma preferência dos créditos de terceiros face ao de participação de um cônjuge (§ 1378º, 2º, do BGB – as dívidas são pagas em primeiro lugar e só o que restar do património servirá para pagar o crédito de participação ao cônjuge), o direito do cônjuge credor pode ser diminuído atendendo à necessidade de pagamento prévio aos outros credores do cônjuge devedor (o que significa que, além de participar nos adquiridos, também participa, porque as suporta como uma diminuição, por ausência de ativo, do seu crédito de participação, nas dívidas do cônjuge)[439]. É atendendo também a isto, e à possibilidade de fraude ao cônjuge, que se confere a este o poder de reclamar os bens ao terceiro de má fé de acordo com as regras do enriquecimento sem causa (§ 1390º do BGB).

O regime reúne as vantagens dos regimes de separação de bens e de comunhão de adquiridos. Tal como na separação há uma plena independência patrimonial dos cônjuges. Como na comunhão de adquiridos ambos os cônjuges participam nos benefícios realizados durante o casamento (dirigindo-se, assim, essencialmente, para os casamentos em que apenas um dos cônjuges recebe um salário)[440]. O principal problema do regime é o seu complexo funcionamento na fase da liquidação, dado ser preciso reconstituir os patrimónios próprios de cada um dos cônjuges, levados para o casamento e adquiridos ao longo do mesmo, encontrando-se a origem dos bens, as causas e os montantes das compensações devidas entre eles. Além disso, o cônjuge que nada adquiriu no decurso do regime, que se dedicou ao lar e educação dos filhos, está dependente da possibilidade de vir a participar nos adquiridos pelo outro, sendo que o direito de crédito que daí surge é menos vantajoso do que o direito a metade dos bens no regime de comunhão[441]. Por outro lado, a doutrina alemã critica também a solução resultante do aumento da parte sucessória do cônjuge sobrevivo no caso de morte do outro cônjuge, que ocorre independentemente da existência de ganhos ou de maiores ganhos do *de cujus*[442].

de cada cônjuge segundo o regime de separação, procedendo-se depois à partilha dos saldos existentes (pp. 283 e 284).

439 Gernhuber/Coester-Waltjen, *ob. cit.*, § 36, III, 3, p. 396.

440 Gonçalves Pereira, "Regimes convencionais...", *loc. cit.*, p. 267.

441 Gernhuber/Coester-Waltjen, *ob. cit.*, § 34, I, 8, p. 363.

442 Palandt/Brudermüller, *Bürgerliches Gesetzbuch*, vol. 7, 66ª ed., München, C. H. Beck, 2007, Grundz v § 1363º, p. 1640.

Regime idêntico vigora, no seu traço geral, nos países escandinavos (*comunhão diferida*)[443] e em Macau (arts. 1579º e 1581º e segs. do Cód. Civil de Macau) e, quando convencionado, em França (arts. 1569º e segs. do Cód. Civil francês), em Espanha (arts. 1411º e segs. do Cód. Civil espanhol), e no Brasil (arts. 1672º e segs. do Cód. Civil brasileiro).

O ordenamento jurídico francês prevê, desde a Reforma de 1965 (com os aperfeiçoamentos introduzidos ao cálculo do crédito de participação pela Reforma de 1985), como regime convencional o regime de "*participation aux acquêts*" (arts. 1569º e segs. do Cód. Civil francês). Este regime resulta de uma combinação entre a vontade comum de participação recíproca nos ganhos com a preocupação separatista da autonomia da administração. Esta combinação de opostos faz sentir-se durante o funcionamento do regime, bem como no momento da sua dissolução, sendo certo que a ideia separatista faz sentir-se mais acentuadamente no seu decurso, enquanto a ideia comunitária surge sobretudo no momento da dissolução. A participação nos adquiridos vive em regime de separação de bens e morre em regime de comunhão, ainda que a ideia comunitária também transpareça na vida do regime e a ideia separatista se faça também sentir na fase da liquidação. O regime de participação nos adquiridos, tal como o de separação, traduz-se por uma independência patrimonial dos cônjuges, ao nível da titularidade dos bens, do regime da sua administração e da responsabilidade pelas dívidas, no decurso do casamento.

Como no ordenamento jurídico alemão, no momento da dissolução cada um dos cônjuges participa por metade no valor dos bens adquiridos pelo outro cônjuge no decurso do casamento, aferido pela comparação do património inicial (que cada um dos cônjuges levou para o casamento) e o adquirido[444]. Se a dissolução resultar da morte de um dos cônjuges, os herdeiros deste têm os mesmos direitos sobre os adquiridos pelo cônjuge sobrevivo que o *de cujus* (art. 1569º do Cód. Civil francês), não havendo aqui uma solução específica como no direito alemão.

[443] Trata-se aqui de uma participação nos bens adquiridos e não de uma participação no seu valor como na generalidade dos países que preveem o regime de participação nos adquiridos.

[444] A autonomia dos cônjuges encontra o seu limite na esperança de cada um de participar no enriquecimento do outro. Cada um dos cônjuges trabalha e adquire bens mas não de uma forma plenamente egoísta, no seu exclusivo interesse. Por isso, Cornu, *ob. cit.*, p. 639, considera que mesmo no funcionamento deste regime de bens há um elemento de *affectio societatis*.

De igual modo, prevê o direito francês a possibilidade de liquidação antecipada do crédito de participação (art. 1580º do Cód. Civil francês)[445], quando, pela má gestão dos negócios de um cônjuge ou pela sua má ou desordenada administração, a atuação desse cônjuge comprometa o crédito de participação do outro cônjuge nos bens adquiridos por aquele. Também, e como medida de proteção do crédito de participação, considera-se integrar o património final do cônjuge, para apuramento do saldo final, os bens que já ali não se encontram por terem sido dispostos pelo cônjuge a título gratuito sem o consentimento do outro cônjuge, bem como os alienados fraudulentamente (art. 1573º do Cód. Civil francês)[446]. Por outro lado, se os bens existentes no património de um cônjuge, no momento do exercício do crédito de participação pelo outro, são insuficientes para o cumprimento do mesmo crédito, o cônjuge credor pode exigir o cumprimento do crédito sobre os bens que o outro alienou a título gratuito sem consentimento ou a título oneroso mas fraudulentamente (art. 1577º do Cód. Civil francês)[447].

[445] Repare-se que esta liquidação antecipada é semelhante à separação de bens requerida pelos cônjuges casados em comunhão de adquiridos (art. 1443º do Cód. Civil francês), assente no mesmo pressuposto da má administração de um dos cônjuges (e que também está prevista no nosso art. 1767º). Em todo o caso, a liquidação do crédito de participação é possível se a má administração de um cônjuge comprometer os interesses do outro cônjuge ("(...) *ne compromette les intérêts de l'autre conjoint* (...)"), enquanto que a separação judicial de bens no regime de comunhão supõe que os interesses de um cônjuge são postos em perigo pela má administração do outro ("(...) *mis en péril* (...)").

[446] Presume-se que a alienação traduzida numa renda vitalícia ou a fundo perdido foi realizada com fraude dos direitos do outro cônjuge se não foi consentida (art. 1573º, *in fine*, do Cód. Civil francês). Haverá alienação fraudulenta sempre que um cônjuge tenha disposto do bem com o fim de amputar o crédito de participação do seu cônjuge (p. ex., uma venda por valor insignificante). V., A. Colomer, *Droit Civil.., cit.*, p. 586.
Também o Cód. Civil de Macau, que apenas considera para efeitos de determinação do acréscimo patrimonial de cada cônjuge os bens integrados no património em participação (art. 1582º, nº 3), dispõe no seu art. 1593º, als. *b*) e *c*), que se incluem no património em participação de cada cônjuge os bens dispostos a título gratuito sem o consentimento do outro cônjuge na vigência do regime da participação nos adquiridos (salvo tratando-se de doação remuneratória ou donativo conforme os usos sociais) e o valor do prejuízo causado ao outro cônjuge com os atos de alienação de bens que tenha efetuado com o intuito de prejudicar o seu cônjuge.

[447] Norma semelhante ao § 1390º do BGB. Para evitar qualquer risco de contestação, os terceiros tenderão a exigir sempre o consentimento de ambos os cônjuges (A. Colomer, *Droit Civil.., cit.*, p. 576), passando-se na prática a exigir o consentimento para as referidas alienações, encobrindo a total independência dos cônjuges caraterística do regime de separação. V. também, com idêntica redação, o art. 1599º do Cód. Civil de Macau.

Tal como a separação de bens, a participação nos adquiridos não comporta mais do que dois patrimónios, perfeitamente dissociados um do outro, tanto do ponto de vista do ativo como do passivo. Assim, tal como não há ativo comum (sem prejuízo da possibilidade de aquisição de bens em compropriedade), também não há passivo comum (art. 1569º do Cód. Civil francês). Cada um dos cônjuges responde só pelas dívidas que contrai, sejam anteriores ou ulteriores à celebração de casamento e a qualquer título, tal como no regime de separação de bens[448]. Porém, por aplicação do art. 220º do Cód. Civil francês, de ordem pública e aplicável a todos os regimes matrimoniais, as dívidas *"ménagères"* obrigam solidariamente os cônjuges, qualquer que tenha sido o cônjuge a contraí-la[449].

É, portanto, no momento da dissolução do regime que se apura o crédito de participação, isto é, seja qual for a causa da dissolução (por liquidação antecipada, divórcio ou separação, ou por morte) procede-se sempre à liquidação do crédito de participação[450]. Cada um dos ex-cônjuges (ou seus herdeiros) concretizam a sua esperança de participação nos enriquecimentos recíprocos realizados no decurso do regime matrimonial[451]. Repare-se que cada um dos cônjuges mantém a propriedade dos seus bens,

[448] Sem prejuízo de se poder responsabilizar o outro cônjuge por aplicação das regras gerais do Direito comum. Como quaisquer outras pessoas, e como os cônjuges casados em separação de bens, podem os cônjuges obrigar-se conjunta ou solidariamente pela dívida (e, muitas vezes, sobretudo no caso de empréstimos bancários, a isso são conduzidos).

[449] De facto, apesar da plena liberdade de administração e disposição dos bens e contração de dívidas, os cônjuges estão vinculados ao regime imperativo de base, bem como às restrições resultantes das regras do arrendamento civil para habitação (art. 1751º do Cód. Civil francês) e arrendamento rural (art. L 411-68 do *Code rural*).

[450] Diferentemente, como vimos, do que se passa no direito alemão que, no § 1371º do BGB, substitui o direito do cônjuge sobrevivo participar nos adquiridos pelo *de cujus* por um aumento dos direitos daquele na sucessão deste. No direito francês procede-se sempre ao apuramento do crédito de participação entre os cônjuges ou, no caso de morte de um, entre o sobrevivo e os herdeiros do outro (que têm os mesmos direitos que o autor da sucessão – art. 1569º, 2º, do Cód. Civil francês). A generalidade dos ordenamentos jurídicos onde se prevê idêntico regime não faz também qualquer distinção em função da causa de dissolução do regime para apuramento do crédito na participação.

[451] O crédito de participação apenas surge no momento da dissolução do regime, sendo inexigível no decurso do mesmo. Como refere Cornu, *ob. cit.*, p. 638, até à dissolução o direito é eventual, de forma comparável à vocação sucessória antes da abertura da sucessão.
Repare-se que, após a dissolução, a ação de liquidação do crédito de participação está sujeita a uma prescrição de três anos a contar da mesma dissolução do regime (art. 1578º, 4º, do Cód. Civil francês).

sendo a participação no valor e não em espécie. Assim, importa determinar os bens e as dívidas que compõem o património inicial e o final, com vista ao apuramento dos bens adquiridos (*acquêts*). Como a participação é apenas em valor, importa proceder, por um lado, a uma valoração global de cada um dos dois patrimónios e, por outro lado, deduzir a cada uma das duas somas obtidas as respetivas dívidas. O montante do crédito resulta da subtração do valor do ativo líquido inicial ao valor do ativo líquido final. Àquilo a que um cônjuge tenha direito como crédito de participação pode ainda acrescentar-se as somas que esse cônjuge seja credor face ao outro.

Para determinação do ativo inicial, dispõe o art. 1570º do Cód. Civil francês que tal património compreende os bens que o cônjuge possuía ao tempo do casamento e os que adquiriu depois por sucessão ou doação, bem como os bens que no regime de comunhão legal são bens próprios por natureza (não dando lugar a qualquer compensação – art. 1404º do Cód. Civil francês). Não se atende aos frutos desses bens nem aos bens dessa espécie que tenham o caráter de fruto ou os que o cônjuge dispôs por doação entre vivos durante o casamento[452]. O valor dos bens é apurado no dia da liquidação do regime, atendendo ao estado que tinham no momento do casamento ou da sua aquisição, no caso dos bens herdados

[452] Compreende-se que se integre no ativo inicial os bens levados para o casamento e adquiridos ao longo do mesmo por sucessão ou doação, dado que a finalidade do regime de participação nos adquiridos é a participação no produto dos esforços comuns ao longo do casamento, aproximando-se aqui do regime de comunhão de adquiridos. E compreende-se também que se excluam os frutos dado que, e como acontece nos regimes de comunhão (onde integram os bens comuns), se não consumidos, assumem-se como adquiridos, sendo a sua consumação afeta à satisfação das necessidades comuns, e, por isso, integram o património final de que cada um dos cônjuges receberá uma parte. Finalmente, a exclusão das doações efetuadas durante o casamento foi inovação trazida pela Reforma de 1985. Até aí, o art. 1573º do Cód. Civil francês prescrevia o ingresso no património final de quaisquer doações efetuadas sem o consentimento do cônjuge. Isto fazia com que o cônjuge proprietário, se queria garantir alguma segurança ao seu negócio, estava sujeito ao consentimento do seu cônjuge. Ora, tratando-se do seu património inicial padecia de uma restrição à sua liberdade de disposição maior do que se estivesse casado no regime legal de comunhão de adquiridos, quanto aos bens próprios (F. Terré/Ph. Simler, *ob. cit.*, p. 612).
O Cód. Civil de Macau não se limita a excluir os referidos bens, sendo mais minucioso na determinação dos bens excluídos do património em participação para apuramento do respetivo crédito de participação, referindo, nomeadamente, os bens adquiridos por virtude de direito próprio anterior e da titularidade de bens excluídos da participação, os rendimentos decorrentes de exercício de empresa comercial, os bens sub-rogados no lugar de bens excluídos da participação, etc. (v., arts. 1584º a 1591º do Cód. Civil de Macau).

ou doados (os aumentos de valor nos bens, por circunstâncias económicas e monetárias, apenas beneficiam o cônjuge proprietário de tais bens, não constituindo tal mais-valia um "adquirido" para efeitos de crédito de participação)[453]. Se, entretanto, foram alienados, determina-se o seu valor na data da alienação; se foram sub-rogados por novos bens, deve atender-se ao valor destes (art. 1571º do Cód. Civil francês)[454].

Ao ativo inicial deduzem-se as dívidas que oneram esses bens (ou seja, as dívidas que o cônjuge já tinha ao contrair o casamento e as dívidas que oneram os bens originários que são obtidos no decurso do casamento por sucessão ou doação)[455], reavaliadas, se for o caso, de acordo com o disposto

[453] O que diverge da regulamentação alemã (§ 1376º do BGB), que tem por base o valor inicial do património originário, ou o valor que os bens tinham no momento da aquisição, assegurando uma maior participação de cada cônjuge no enriquecimento do outro, seja qual for a sua causa. O mesmo é disposto no art. 1421º do Cód. Civil espanhol, ou seja, o valor dos bens do património inicial é aferido no momento do início do regime (ainda que atualizado ao momento em que o mesmo regime cessou).
A data da avaliação, que até à Reforma de 1985 era a da dissolução, deve coincidir com a data em que se procede à sua regulamentação, ou seja, ao momento da liquidação (que pode ser muito depois da dissolução). V., A. Colomer, *Droit Civil.., cit.*, p. 589 e nota 40.
Por outro lado, se os bens receberam melhoramentos, os mesmos não são contabilizados no património inicial, dado que para este deve atender-se ao estado inicial dos bens. Os melhoramentos são, assim, considerados como "adquiridos", presumindo-se serem realizados com as economias de um dos cônjuges ou os rendimentos do seu trabalho ou dos seus bens (Cornu, *ob. cit.*, p. 657). Também no direito espanhol os bens do património inicial são aferidos pelo estado no momento inicial (art. 1421º do Cód. Civil espanhol).

[454] Sendo certo que se o novo bem é de valor superior ao anterior não pode figurar no património inicial pela totalidade do seu valor, salvo se a diferença foi suportada por montantes que integram eles mesmos tal património, sob pena de o ativo inicial aumentar injustificadamente em detrimento da massa final e, logo, do crédito de participação do cônjuge. A. Colomer, *Droit Civil.., cit.*, p. 590, apresenta três hipóteses de resolução: permitir ao juiz derrogar, por força do disposto no art. 1579º do Cód. Civil francês, as regras de avaliação em nome da equidade; deduzir do ativo inicial a soma correspondente ao que foi adiantado pelos adquiridos (art. 1571º, 2º, do Cód. Civil francês); ou atribuir ao cônjuge uma indemnização a acrescer ao seu crédito de participação (art. 1575º, 3º, do Cód. Civil francês).
A. Colomer, *Droit Civil.., cit.*, p. 582, já crítico quanto à própria disposição legal no regime supletivo, considera que não é de observar o art. 1434º do Cód. Civil francês, em matéria de sub-rogação de bens, no regime de participação nos adquiridos, dado que a posição dos terceiros não é afetada no apuramento do saldo final. No mesmo sentido, Aubry/Rau, *ob. cit.*, p. 621 e nota 76, e Cornu, *ob. cit.*, pp. 654 e 655, que considera aplicar aqui as regras gerais de prova referidas no art. 1570º, 2º, do Cód. Civil francês, cabendo ao cônjuge que invoca a sub-rogação a prova da existência dos novos bens.

[455] Mas já não as dívidas que oneram esses bens mas que são pagas com os rendimentos dos mesmos (M. Grimaldi, *et allii, ob. cit.*, p. 318).

no art. 1469º, 3º, do Cód. Civil francês, em matéria de compensações (para fazer face a desvalorizações monetárias), ou seja, as dívidas que permitiram a aquisição, conservação ou melhoramento de um bem que se encontra no património inicial ou que foi depois alienado com ou sem sub-rogação[456]. Se o passivo exceder o ativo, este excesso integra ficticiamente o património final (art. 1571º, 2º, do Cód. Civil francês)[457]. Só com esta dedução se obtém o ativo líquido inicial que se deduzirá ao ativo líquido final.

[456] A. Colomer, *Droit Civil.., cit.*, p. 593, nota 47, apresenta o seguinte exemplo: no momento da contração do casamento, o património de um cônjuge incluía um imóvel adquirido por 400.000 e uma dívida de 200.000, correspondente a um empréstimo contraído para suportar a aquisição do bem. No momento da liquidação o bem valia 800.000. A dívida a deduzir deste ativo inicial é de 400.000, por aplicação do art. 1469º, 3º, do Cód. Civil francês, na medida em que ela permitiu a aquisição do bem na proporção de metade. E isto é assim independentemente de a dívida ter sido suportada por valores originários ou adquiridos.

[457] Se se considerasse, como até 1985, que nestes casos o património inicial era igual a zero, haveria um enriquecimento ao qual o outro cônjuge era privado (norma que era criticada por Henri Mazeaud, *et allii, Leçons de Droit Civil. Régimes matrimoniaux, cit.*, p. 608). Ou seja, se, no momento do casamento, um dos cônjuges tivesse um ativo de, p. ex., 600.000 e um passivo de 800.000, haveria um défice de 200.000. No momento da liquidação esse cônjuge não tem nenhuma dívida, tendo-a pago com bens adquiridos ao longo do casamento. Por isso, o património final deve ser ficticiamente aumentado no valor de 200.000 (A. Colomer, *Droit Civil.., cit.*, p. 593, nota 48). Caso contrário, se se considerasse o resultado como nulo e se o outro cônjuge apresentasse bens adquiridos, o cônjuge que pagou as suas dívidas (com bens que efetivamente adquiriu) beneficiaria desses bens, havendo um enriquecimento da sua parte (Louis Bach, *Droit Civil. Régimes matrimoniaux*, Paris, Sirey, 1978, p. 131).
É, porém, este entendimento que resulta do art. 1420º do Cód. Civil espanhol, ou seja, para apuramento do património inicial, se o passivo for superior ao ativo considera-se que o património inicial é igual a zero. Tal solução é criticada, sendo evidente que há uma vantagem inicial para o cônjuge com património deficitário e uma correspetiva desvantagem para o cônjuge com património não deficitário ou com menor défice (L. Díez-Picazo/A. Gullón, *ob. cit.*, p. 224). P. ex., o marido apresenta apenas um passivo de 1.000 no seu património inicial e um património final de 9.000, enquanto a mulher tem um património inicial igual a zero e um património final de 10.000. É evidente que ambos os cônjuges obtiveram ganhos de 10.000, dado que o marido utilizou 1.000 para pagar a sua anterior dívida (A. López/V.L. Montés/E. Roca, *et allii, ob. cit.*, p. 274). M. Amorós Guardiola, *et allii, ob. cit.*, pp. 1846-1848, a este propósito, distingue o caso das dívidas que oneram doações ou heranças (cujos limites estão fixados no art. 1419º do Cód. Civil espanhol, ou seja, há que deduzir as dívidas às respetivas doações e heranças, com possibilidade de correções no património final) das dívidas que o cônjuge já tinha no início do regime. Neste último caso, trata-se de saber se o cônjuge que era inicialmente insolvente, e depois deixa de o ser pelo ingresso de novos bens no património inicial, continua a beneficiar da vantagem de não computar como adquirido tais novos bens que podem cobrir o seu défice originário. Neste caso, se há a possibilidade

O ativo final é composto por todos os bens que, no momento da dissolução, tenham sido adquiridos pelos cônjuges, ou seja, os bens existentes nos patrimónios dos cônjuges adquiridos ao longo do casamento, bem como os créditos que possam existir sobre o outro cônjuge e os frutos dos bens existentes que ainda não tenham sido consumidos. Tratando-se de avaliar, pela subtração ao valor do ativo líquido final do valor do ativo líquido originário, o enriquecimento real de um cônjuge durante o regime matrimonial, é lógico incluir no património final os bens adquiridos existentes no momento da dissolução. A estes acrescentam-se ainda (ficticiamente, ou seja, contabiliza-se o seu valor) os bens adquiridos alienados fraudulentamente ou doados sem o consentimento do outro cônjuge (arts. 1572º e 1573º do Cód. Civil francês)[458/459]. O valor dos bens é apurado no dia da liquida-

de cobrir o défice originário com bens que, entretanto, o cônjuge adquiriu (e que, por isso, deixam de ser adquiridos para o crédito de participação), não tem razão de se manter esta vantagem quando mais tarde outros bens, a contabilizar no património inicial, permitirem um saldo positivo suficiente para eliminar o défice anterior. Ou seja, os bens que foram levados para o casamento e que, por haver um passivo superior, não foram contabilizados nesse momento, podem sê-lo ulteriormente se, entretanto, existir uma aquisição gratuita (doação ou herança) que integra o património inicial e que cobre o défice existente. Se assim ocorrer poderá evitar-se um passivo inicial superior ao ativo e a não consideração deste, de acordo com o art. 1420º do Cód. Civil espanhol (norma que implica uma desvantagem para o cônjuge com património inicial não deficitário ou com menor passivo e que, por isso, pode provocar um desequilíbrio nas posições dos cônjuges – M. Amorós Guardiola, *et allii, ob. cit.*, p. 1848). O § 1374º do BGB, contabilizando-se as dívidas até ao limite do ativo existente, aproxima-se dessa solução (trata-se de uma comunhão nos ganhos – *Zugewinngemeinschaft* – e não nas perdas – *Verlustgemeinschaft*). Porém, aquilo que for adquirido durante o regime de bens e que permitiu o pagamento de dívidas anteriores é considerado adquirido e, por isso, ingressa no cálculo do património final.

[458] Apenas se os restantes bens adquiridos ao longo do casamento e existentes forem insuficientes para o preenchimento do crédito do cônjuge, poderão os terceiros ser forçados à restituição total ou parcial.

A. Colomer, *Droit Civil.., cit.*, p. 587, nota 37, considera que, ainda que as doações dos bens originários não figurem no património final, já devem integrá-lo o valor dos melhoramentos que beneficiaram os mesmos bens doados (art. 1574º, 3º, do Cód. Civil francês), e integram-no efetivamente e não apenas ficticiamente, desde que os valores utilizados nos melhoramentos tenham a natureza de adquiridos (o que o art. 1574º não especifica) e os bens tenham sido doados sem o consentimento do cônjuge. Também Cornu, *ob. cit.*, p. 666.

A inclusão dos referidos bens no património em participação (final) é também determinada no art. 1593º, als. *b*) e *c*), do Cód. Civil de Macau.

[459] A prova da constituição do património originário cabe ao cônjuge a quem o mesmo pertence e é feita nos termos do art. 1570º, 2º e 3º, do Cód. Civil francês. A prova do património

ção do regime (tendo em conta a desvalorização monetária), atendendo ao estado que tinham no momento da dissolução. Os bens alienados por doação ou em fraude aos direitos do seu cônjuge são avaliados de acordo com o seu estado no dia da alienação e pelo valor que teriam, se fossem conservados, no momento da liquidação (art. 1574º do Cód. Civil francês).

Também ao ativo final devem deduzir-se as dívidas que não se encontrem pagas no momento em que termina o regime. E devem também ter-se em consideração os valores que são devidos ao cônjuge (art. 1574º, 2º, do Cód. Civil francês). Repare-se que, ao contrário do previsto no art. 1571º, 2º, do Cód. Civil francês, a lei não prevê para o ativo final a reavaliação da dívida, o que é considerado chocante pelos autores franceses[460].

Uma vez apurado o ativo líquido inicial e o final subtrai-se ao valor do final o valor do inicial[461]. O resultado determina a participação líquida nos adquiridos, se tiver valor positivo (ou seja, se o valor do ativo final for superior ao valor do ativo inicial). Se o saldo for negativo (se o património final

final, mais facilitada (podendo efetuar-se por todos os meios e não apenas nos termos do art. 1402º do Cód. Civil francês, como acontece com o património inicial), é efetuada nos termos do art. 1572º, 2º a 4º, do Cód. Civil francês, e deve realizar-se nos nove meses seguintes à dissolução do regime.

[460] F. Lucet/B. Vareille, *ob. cit.*, p. 81, e A. Colomer, *Droit Civil.., cit.*, pp. 593 e 594. De facto, se se tratar de uma dívida originária que permitiu a aquisição, conservação ou melhoramento de um bem inicial e não se encontrar paga no momento da dissolução do regime matrimonial, a mesma deverá integrar o ativo inicial pelo seu valor reavaliado e o ativo final pelo valor nominal (M. Grimaldi, *et allii*, *ob. cit.*, p. 323).

A atualização do valor das dívidas está prevista no nº 3 do art. 1595º do Cód. Civil de Macau. Esta legislação prevê, para a determinação do montante do património em participação, a inclusão neste das dívidas da exclusiva responsabilidade do cônjuge existentes à data do início do regime de bens e das provenientes de crimes e indemnizações, sanções, restituições e custas judiciais ou multas devidas por factos imputáveis ao cônjuge (art. 1559º, al. *b*), do Cód. Civil de Macau), pagas com bens integrados no património em participação durante a vigência do mesmo regime de bens (art. 1593º, als. *d*) e *f*), do Cód. Civil de Macau). Por outro lado, as dívidas ainda não pagas devem deduzir-se ao património em participação para determinação do seu montante (art. 1594º, nº 1, al. *b*), do Cód. Civil de Macau), salvo as relacionadas com a aquisição de bens que só advenham ao cônjuge posteriormente à dissolução do regime da participação nos adquiridos, as indicadas na al. *b*) do art. 1559º do Cód. Civil de Macau e as contraídas exclusivamente em benefício do cônjuge, na medida em que não tenham aumentado o património em participação (art. 1594º, nº 4, do Cód. Civil de Macau).

[461] Em vez de património inicial e final, o Cód. Civil de Macau fala em património em participação e património dela excluído, dispondo que a determinação do crédito na participação implica que se efetuem as devidas compensações entre o património em participação de cada cônjuge e o seu património dela excluído (art. 1594º, nº 1, al. *a*), do Cód. Civil de Macau).

de um cônjuge for inferior ao seu património inicial), o défice é suportado inteiramente por esse cônjuge (art. 1575º, 1º, do Cód. Civil francês). Trata-se de uma participação nos ganhos e não nas perdas, o que denota, neste ponto, a ideia separatista do regime de participação nos adquiridos. Em todo o caso, apesar de não haver uma participação no défice não deixa de haver uma participação no passivo, dado que um cônjuge perde a sua parte nos adquiridos que serviram para pagar uma parte das dívidas[462].

Se o saldo for positivo haverá lugar a crédito de participação. Pode acontecer que as operações descritas apenas determinem que os adquiridos líquidos surjam apenas do lado de um dos cônjuges. Neste caso o outro terá direito a metade desse valor. Se existirem adquiridos líquidos de ambas as partes, procede-se à sua compensação e apenas o saldo final excedente se partilha, ou seja, o cônjuge com ganhos menores é credor do seu cônjuge em metade desse excedente (art. 1575º, 2º, do Cód. Civil francês)[463]. Se as duas somas coincidem, cada cônjuge conserva a totalidade dos seus adquiridos. Para este cálculo deve atender-se também a todos os créditos que um cônjuge tenha sobre o outro[464]. De facto, tais créditos e indemnizações integram o património final do credor e são subtraídos ao património final do devedor. Daí a sua referência no art. 1575º, 3º, do Cód. Civil francês. Assim, tais créditos passam a incluir-se numa conta única para apuramento do crédito de participação. Proceder-se-á a uma compensação não apenas entre os diversos créditos entre os cônjuges mas também entre

[462] Tal como também decorre do § 1378º, 2º, do BGB, como referimos. Por seu lado, também o art. 1594º do Cód. Civil de Macau prevê que as dívidas devem considerar-se para determinação do crédito de participação. Mas se tal não for tomado em consideração, os credores podem, depois de excutido o património do seu devedor, exigir o pagamento das mesmas ao cônjuge beneficiado com o crédito na participação. Porém, nunca o cônjuge do devedor é chamado a satisfazer dívidas de montante superior ao valor dos bens recebidos por força da satisfação do crédito na participação (art. 1600º, nºs 3 e 4, do Cód. Civil de Macau). Portanto, também daí resulta que, apesar de um cônjuge não responder e não participar nas dívidas do outro, não deixa de poder ser afetado pelo pagamento das dívidas, por via do seu crédito na participação.

[463] P. ex., se se determinar como adquiridos líquidos pelo marido 100.000€ e pela mulher 40.000€, significa que o marido teria direito a participar em 20.000€ nos adquiridos da mulher e esta em 50.000€ nos do marido. Ou seja, após compensação destas somas, resta um saldo final de 30.000€ a favor da mulher.
Importa referir que os cônjuges podem estipular cláusulas de participação desigual, ou seja, para que o crédito de participação de um cônjuge não corresponda a metade dos adquiridos pelo outro.

[464] De igual modo dispõe o art. 1594º, nº 2, do Cód. Civil de Macau.

os créditos de um cônjuge e o crédito de participação do outro cônjuge. Integrando uma mesma conta, o crédito de participação pode, por força daqueles créditos, ser aumentado, diminuído ou ser reduzido a zero[465].

O crédito de participação é pago em dinheiro (art. 1576º do Cód. Civil francês). Em princípio, uma vez apurado o crédito de participação, o cônjuge credor pode exigir o seu pagamento integral. Porém, o devedor pode, demonstrando que tem dificuldades graves no pagamento imediato, obter do juiz uma moratória, que não pode exceder cinco anos, com prestação de garantias e pagamento de juros[466]. Pode, p. ex., o cônjuge credor, obtida a moratória pelo devedor, tornar-se seu credor hipotecário, pela constituição de uma hipoteca para garantia do seu crédito. Se não se garantir pela constituição de hipoteca pode, havendo moratória no pagamento, ter de concorrer com os restantes credores do devedor, no caso de insuficiência dos bens deste (que constituíram o seu crédito entre a dissolução do regime e a liquidação do crédito de participação)[467].

[465] Pode acontecer que o cônjuge credor a título de participação nos adquiridos passe a devedor do seu cônjuge, se lhe deve somas mais elevadas. Discute-se, nestes casos, se será de aplicar as regras relativas à regulamentação e pagamento do crédito de participação, afastando a generalidade dos autores essa hipótese (dado que as particularidades de tal regulamentação exigem que se trate de regular um crédito por causa da participação nos adquiridos). V., Cornu, *ob. cit.*, p. 671.
Por seu lado, no direito alemão distingue-se o crédito de participação (*Zugewinnausgleich*) dos outros créditos ou somas devidas por um cônjuge ao outro, nomeadamente, por contração de dívidas da responsabilidade de ambos os cônjuges. Estes créditos não interferem com o apuramento do crédito de participação. V., Dieter Giesen, *ob. cit.*, pp. 173 e 174, e Schwab, *ob. cit.*, pp. 135 e 136. Como refere R. Wever, *Vermögensauseinandersetzung der Ehegatten ausserhalb des Güterrechts*, 4ª ed., Bielefeld, Ernst und Werner Gieseking, 2006, p. 158, o reembolso devido por um dos cônjuges ao outro pelo pagamento de dívidas solidárias mantém-se separado da *Zugewinnausgleich*.

[466] Discute-se se a taxa de juros é a legal ou se pode o juiz fixar uma livremente. V., Aubry/Rau, *ob. cit.*, p. 631, Henri Mazeaud, *et allii*, *Leçons de Droit Civil. Régimes matrimoniaux*, *cit.*, p. 610, e Cornu, *ob. cit.*, p. 673, defendendo todos a aplicação da taxa de juros legal. Admitindo uma fixação livre pelo juiz, v., F. Terré/Ph. Simler, *ob. cit.*, p. 626, nota 1. No direito alemão, onde o pagamento a prazo está também sujeito ao pagamento de juros (§ 1382º, 2º, do BGB), a respetiva taxa de juros é fixada pelo tribunal (MünchKomm - *Gernhuber*, § 1382 Rdn. 22, p. 510, e Gernhuber/Coester-Waltjen, *ob. cit.*, § 36, VII, 7, pp. 417 e 418).
O referido plano de pagamento não pode ser superior a dois anos no Cód. Civil de Macau (art. 1598º, nº 2).

[467] A insuficiência dos bens pode também decorrer da alienação a título gratuito ou oneroso com fraude efetuada no decurso do casamento sem o consentimento do cônjuge e que foi considerada ficticiamente no cálculo do crédito de participação (art. 1577º do Cód. Civil francês).

Excecionalmente a lei admite o pagamento em espécie. Pode haver, por um lado, interesse do credor em obter certos bens em espécie e, por outro lado, pode uma dação em pagamento permitir ao cônjuge devedor evitar a venda de certos bens em más condições. Em todo o caso, e apesar de o cônjuge surgir como credor e não comproprietário, não se trata de uma dação em pagamento normal, dado que a finalidade comunitária do regime e a qualidade de cônjuges do credor e do devedor justificam uma certa divergência às regras gerais, no interesse dos cônjuges e de terceiros[468].

Assim, o pagamento em espécie pode resultar de estipulação contratual dos cônjuges em convenção matrimonial, quando houver interesse do cônjuge credor (art. 1581º do Cód. Civil francês). Pode, de igual modo, resultar de convenção ulterior à dissolução do regime. O pagamento em espécie é, neste caso, considerado uma operação de partilha, desde que o bem atribuído ao cônjuge credor constitua um adquirido (não tenha integrado o património inicial) ou desde que o cônjuge credor seja chamado à sucessão do seu cônjuge (art. 1576º, 2º e 3º, do Cód. Civil francês).

Pode ainda o pagamento em espécie ser determinado pelo juiz se o devedor se encontrar em dificuldades graves para efetuar o pagamento em dinheiro (art. 1576º, 2º, do Cód. Civil francês). Caberá ao juiz determinar essas "dificuldades graves" (ausência de liquidez, empréstimos contraídos excessivamente onerosos, etc.) e, no caso de desacordo dos cônjuges, qual ou quais os bens que serão entregues ao credor. Trata-se, neste caso, de uma faculdade concedida apenas ao cônjuge devedor, ou seja, na falta de estipulação por convenção matrimonial ou de acordo ulterior à dissolução, o cônjuge credor tem de aceitar o pagamento em dinheiro. Tal como

O cônjuge credor pode pôr estas alienações em causa, tendo dois anos a partir do término das operações de liquidação (art. 1578º, 4º, do Cód. Civil francês). No caso de as alienações serem a título oneroso é preciso provar a má fé dos terceiros adquirentes. Repare-se que, como referem Cornu, *ob. cit.*, pp. 677 e 678, M. Grimaldi, *et allii*, *ob. cit.*, p. 307, e A. Colomer, *Droit Civil.., cit.*, p. 598, nota 62, a ação concedida ao cônjuge credor é a da impugnação pauliana, devendo observar os seus pressupostos.

[468] A. Colomer, *Droit Civil.., cit.*, p. 599, e pp. 601 e 602.
Conforme dispõe o art. 1576º, 4º, do Cód. Civil francês, e que implica uma derrogação às regras da dação em pagamento, os credores conservam o direito de penhorar os bens atribuídos ao cônjuge do seu devedor. Nestes casos, o crédito dos cônjuges permanece intacto. Esta solução apenas se aplica ao pagamento em espécie acordado pelos cônjuges depois da dissolução ou estipulado pelo juiz. No caso de ter sido acordado em convenção matrimonial, o interesse dos credores já está acautelado pela existência da própria convenção.

no caso de estipulação dos cônjuges depois da dissolução, também aqui o pagamento em espécie é considerado uma operação de partilha (art. 1576º, 3º, do Cód. Civil francês)[469/470].

Apesar das vantagens[471], o regime de participação nos adquiridos francês não deixa de ser objeto de críticas pela doutrina e jurisprudência, sobretudo pelo facto de aparentar uma simplicidade que encobre potenciais dificuldades. A liquidação pode ser muito difícil, dado os cônjuges não disporem de uma contabilidade regular. A. Colomer entende que o principal problema deriva do divórcio entre a teoria e a prática[472]. Isto é, teoricamente o regime de participação nos adquiridos tem as vantagens e a simplicidade do regime de separação, mas sem as suas desvantagens, dado que alia uma sociedade dos cônjuges nos bens adquiridos. Face aos terceiros o regime traduz também segurança, dado que cada cônjuge detém

[469] Discute-se se esta mesma regra vale também para o pagamento em espécie efetuado por aplicação de uma cláusula da convenção matrimonial. Favoráveis a tal aplicação, v., F. Terré/Ph. Simler, *ob. cit.*, p. 634, e Cornu, *ob. cit.*, p. 693. Contra, Henri Mazeaud, *et allii*, *Leçons de Droit Civil. Régimes matrimoniaux*, *cit.*, p. 613, Marty/Raynaud, *ob. cit.*, p. 373, e Rémy Cabrillac, *ob. cit.*, p. 317.

[470] O art. 1598º, nºs 3 e 4, do Cód. Civil de Macau, prevê também o pagamento excecional em espécie, por acordo das partes ou por determinação do juiz a pedido fundamentado do devedor ou ainda a requerimento do credor quando o devedor, condenado no pagamento imediato da totalidade ou de parte do crédito na participação, não cumprir o pagamento no prazo de 30 dias após a decisão definitiva.

[471] De facto, o regime de participação nos adquiridos reúne as vantagens dos regimes de separação e de comunhão de adquiridos. Tal como na separação cada um dos cônjuges é titular dos seus próprios bens, administra-os e pode livremente dispor dos mesmos, bem como contrair dívidas; e, como no regime de comunhão de adquiridos, ambos os cônjuges beneficiam, no momento da dissolução do regime matrimonial, das suas economias obtidas no decurso do casamento.

[472] A. Colomer, *Droit Civil..*, *cit.*, p. 604. V., sobre estas críticas, Henri Mazeaud, *et allii*, *Leçons de Droit Civil. Régimes matrimoniaux*, *cit.*, p. 601, e pp. 614 e 615, e Rémy Cabrillac, *ob. cit.*, p. 304. Ao mesmo problema das dificuldades de liquidação referem-se L. Díez-Picazo/A. Gullón, *ob. cit.*, p. 222. Para estes últimos autores o regime de participação é útil para aqueles cônjuges economicamente independentes com rendimentos separados. No caso de existir um único rendimento no lar, dedicando-se um dos cônjuges (habitualmente a mulher) às tarefas domésticas, o resultado final é muito idêntico ao regime de comunhão de adquiridos, protegendo este regime melhor o estatuto dos cônjuges no decurso da comunhão de bens (com a existência de bens adquiridos e com as regras da administração e disposição conjuntas) do que o regime de participação (que apenas fará surgir um direito de crédito na liquidação do regime). São as suas falhas que justificam a sua pouca relevância prática, o que, no entender de Henri Mazeaud, *et allii*, *Leçons de Droit Civil. La famille*, *cit.*, p. 545, é lamentável.

sobre todos os bens que levou para o casamento e que adquiriu ao longo do mesmo todos os poderes de um solteiro. Mas, na prática, esta segurança e independência dos cônjuges podem revelar-se ilusórias. De facto, pode um cônjuge pôr em causa as alienações a título gratuito ou onerosas efetuadas com fraude pelo outro cônjuge que ponham em causa o crédito de participação. Na realidade a co-gestão que este regime visa afastar, acaba por a impor na prática, ao exigir-se, para evitar a incerteza futura, o consentimento do cônjuge para aquelas disposições[473]. E isto mesmo nas alienações a título oneroso (com fraude), que apenas podem ser postas em causa se o adquirente estiver de má fé, por a prática vir a impor tal comportamento. Por isso, entende o autor citado que é muito difícil assegurar aos cônjuges uma autonomia real permanecendo fiel à tradição comunitária.

O ordenamento jurídico espanhol prevê, nos arts. 1411º a 1434º do Cód. Civil espanhol, o regime de *participación*, idêntico ao existente nos ordenamentos francês e alemão. Assim, aplicando-se o regime de separação de bens no decurso do casamento, administrando e dispondo cada um dos cônjuges os seus bens (art. 1412º do Cód. Civil espanhol), não existem nem bens comuns nem dívidas comuns, sendo as dívidas próprias do cônjuge que as contraiu, salvo as relativas ao sustento da família, nos termos gerais do art. 1318º do Cód. Civil espanhol (cfr. o art. 1413º do Cód. Civil espanhol que remete para as normas reguladoras do regime de separação de bens e o art. 1440º, 2º, do mesmo código). Só no momento da liquidação existe um crédito correspondente ao cômputo global dos ganhos e perdas de cada património.

Tal como acontece nos ordenamentos jurídicos alemão e francês, se os interesses de um dos cônjuges estiverem gravemente comprometidos pela má (*irregular*) administração que o outro cônjuge realiza dos seus próprios bens (afetando o seu crédito de participação, dado a má administração comprometer bens que já não ingressam no património final ou, ingressando, poderá ameaçar a existência de bens suficientes para o pagamento do crédito de participação) pode requerer o fim do regime de participação (art. 1416º do Cód. Civil espanhol)[474].

[473] O mesmo é referido por A. Rieg, *ob. e loc. cit.*, p. 930, a propósito do direito alemão. De facto, face aos §§ 1375º e 1390º do BGB, o cônjuge disponente tem todo o interesse em obter o consentimento do seu cônjuge.

[474] Essa administração irregular é não só a que resulta de uma má atuação ou má sorte nos negócios, mas também havendo administração imprudente, desordenada ou gravemente

A proteção do crédito de participação decorre também do art. 1433º do Cód. Civil espanhol, ao dispor que, não havendo bens no património do cônjuge devedor para satisfação do crédito de participação do outro cônjuge, este pode impugnar as alienações realizadas por aquele a título gratuito sem o seu consentimento e aquelas realizadas em fraude aos seus direitos[475]. Não se concede uma preferência especial para o seu pagamento face aos restantes credores, mas concede-se esta especial ação impugnatória, além das regras gerais conferidas a quaisquer credores[476], sujeita ao prazo de dois anos desde o momento da dissolução do regime de participação (e não desde o momento da sua liquidação). Ficam, porém, sempre salvaguardados os direitos dos adquirentes a título oneroso de boa fé, ou seja, em caso de conflito entre os interesses do credor do crédito de participação e os do adquirente a título oneroso de boa fé prevalecem estes últimos interesses (art. 1434º do Cód. Civil espanhol)[477].

A estas disposições pode ainda acrescentar-se o dever de informação de cada cônjuge da administração do seu próprio património. De facto,

pródiga ou negligente (Lacruz Berdejo/Sancho Rebullida, *et allii*, *Elementos de Derecho Civil. Familia, cit.*, p. 277). A norma do art. 1416º do Cód. Civil espanhol tem como causa de cessação do regime de participação a mesma prevista pelo art. 1393º, 2º, do mesmo código, para o regime supletivo de comunhão de adquiridos.

475 Esta garantia concedida ao cônjuge credor deve relacionar-se com o disposto nos arts. 1423º e 1424º do Cód. Civil espanhol. De facto, adicionando-se ficticiamente ao património final os bens doados e alienados fraudulentamente, o património final apresentará um resultado ativo fictício, fazendo com que o ganho a partilhar seja impossível de satisfazer pelo devedor face aos bens que efetivamente existem no seu património. Como vimos idêntico regime decorre dos §§ 1375º, 2º, 1378º, 2º, e 1390º do BGB, e art. 1577º do Cód. Civil francês.

476 Nomeadamente, a possibilidade de impugnação com base em fraude (art. 1291º, nº 3, do Cód. Civil espanhol), por negócios realizados pelo cônjuge devedor (mesmo após a dissolução do regime).

477 Como refere M. Amorós Guardiola, *et allii*, *ob. cit.*, p. 1908, a solução dos arts. 1433º e 1434º do Cód. Civil espanhol é uma consequência razoável do funcionamento do regime de participação, permitindo contrabalançar a liberdade de disposição dos bens próprios e o caráter meramente creditício do direito de participação.
Quanto à boa fé do adquirente, considera Avila Alvarez, "El régimen económico matrimonial en la reforma del Código Civil", *Revista Critica de Derecho Inmobiliario*, 1981, p. 1403, que a boa fé não fica excluída pelo facto de o adquirente ter conhecimento, nomeadamente pelo registo predial, de que falta o consentimento do outro cônjuge. É que não basta isso, ou seja, para a impugnação é também necessário que não existam bens no património do cônjuge devedor e que não tenha passado mais de dois anos desde a dissolução do regime. Ora, o registo predial não consegue informar a quem adquire no decurso do regime se estes dois fatores se verificarão no momento da sua dissolução.

havendo a expectativa de participação nos adquiridos do outro, cada cônjuge deve informar da administração do seu património, sob pena de o outro poder exigir a dissolução antecipada do regime de participação (arts. 1415º e 1393º, 4º, do Cód. Civil espanhol).

Com a dissolução do regime cada cônjuge adquire o direito a participar nos bens adquiridos pelo outro durante a vigência daquele. Surge, assim, o crédito de participação. Para a determinação deste crédito pecuniário é preciso apurar os bens adquiridos pelos patrimónios de cada um dos cônjuges. Esses adquiridos resultam da diferença entre os patrimónios inicial e final de cada cônjuge (art. 1417º do Cód. Civil espanhol).

De acordo com o art. 1418º do Cód. Civil espanhol o património inicial de cada cônjuge é constituído pelos bens e direitos que pertenciam ao cônjuge ao iniciar o regime, bem como pelos adquiridos depois por sucessão, doação ou legado[478]. A este ativo deduzem-se as dívidas que o titular do património tinha no início do regime e as derivadas de heranças ou encargos inerentes às doações ou legados que aumentaram o ativo (desde que estas não excedam os bens herdados ou doados), obtendo-se, assim, o património inicial líquido (art. 1419º do Cód. Civil espanhol). Como já

[478] Tais bens são aferidos de acordo com o estado e o valor que tinham no momento em que se iniciou o regime ou, se for o caso, no momento em que foram adquiridos, não se atendendo aos melhoramentos ou deteriorações sofridos (art. 1421º do Cód. Civil espanhol). Mas tal valor deve atualizar-se no dia em que o regime tiver cessado. L. Díez-Picazo/A. Gullón, *ob. cit.*, p. 225, apresentam o seguinte exemplo: o marido recebeu em 1945 por doação um prédio rústico mais tarde convertido em prédio urbano. Para a determinação do património inicial do marido deve atender-se ao valor do bem doado em 1945 (p. ex., 10.000), atualizando-se o referido valor para a atualidade (p. ex., 300.000), independentemente da valorização resultante da conversão do prédio em urbano.
Repare-se que a lei apenas exige a atualização do valor dos bens e não das dívidas. Se o objetivo é evitar que se produza um ganho fictício, produto apenas da desvalorização, deverá aplicar-se o mesmo critério para as dívidas a deduzir ao ativo, dado que se o ativo se atualiza o não o passivo, o saldo do património inicial é fictício e, com isso, também o ganho que resulta depois quando ao património final se retira o valor do património inicial (A. López/V.L. Montés/E. Roca, *et allii*, *ob. cit.*, p. 275, e L. Díez-Picazo/A. Gullón, *ob. cit.*, p. 225). A atualização do valor dos bens não é necessariamente efetuada reportando-se ao índice de preços (ao contrário do que é defendido pela doutrina e jurisprudência alemãs) nem reportando-se ao mesmo índice para todos os bens (contra, Llopis Giner, *et allii*, *ob. cit.*, p. 122, que defende a adoção de um critério uniforme para todos os bens), ou seja, deve reportar-se a um índice fiável acordado pelas partes ou estipulado pelo juiz, e que melhor se ajuste à evolução do valor da moeda que se repercute sobre o preço de cada bem em concreto (Lacruz Berdejo/Sancho Rebullida, *et allii*, *Elementos de Derecho Civil. Familia*, *cit.*, p. 279).

referimos, resulta do art. 1420º do Cód. Civil espanhol que se o passivo for superior ao ativo considera-se que o património inicial é igual a zero (tal como no direito alemão e ao contrário do direito francês).

Por seu lado, dispõe o art. 1422º do Cód. Civil espanhol que o património final é constituído pelos bens e direitos que cada cônjuge seja titular no fim do regime de bens, com dedução das dívidas ainda não satisfeitas (e as dívidas a favor do outro cônjuge – art. 1426º do Cód. Civil espanhol). Engloba, portanto, a totalidade dos bens de cada cônjuge, ou seja, os originais e os adquiridos a qualquer título[479] depois do início da vigência do regime, de acordo com o estado e valor que tiverem no fim do regime[480]. Sendo o património inicial aferido pelo valor que tinha no momento em que se inicia o regime e o património final pelo valor no momento em que o mesmo regime cessa, as mais-valias e melhoramentos nos bens constituem ganhos que integram o crédito de participação. Inclui-se também no património final o valor dos bens dispostos pelo cônjuge titular dos mesmos a título gratuito sem o consentimento do outro, salvo tratando-se de liberalidades de uso (art. 1423º Cód. Civil espanhol). O mesmo vale para os atos praticados por um dos cônjuges com fraude aos direitos do outro (art. 1424º Cód. Civil espanhol)[481]. Caso contrário, não ingressando tais disposições a título gratuito no património final, facilmente desapareceriam os bens adquiridos. Não pode uma disposição gratuita de um dos cônjuges afetar o direito de participação do outro nos bens adquiridos por aquele. Por isso, e tal como ocorre nos direitos alemão e francês, há uma inclusão fictícia de tais bens no património final, pelo estado que tinham no momento da sua disposição e pelo valor que teriam se ainda integrassem o património final no fim do regime (art. 1425º Cód. Civil espanhol)[482].

[479] De facto, também os bens adquiridos a título gratuito ingressam no património final, ainda que também se computem no património inicial.

[480] L. Díez-Picazo/A. Gullón, *ob. cit.*, p. 225, consideram não ser necessária aqui qualquer atualização dos valores. Consideramos, porém, que a mesma poderia ser necessária se o fim do regime não coincidir com a sua liquidação.

[481] Para uma análise dos critérios para aferição da existência de fraude, v., M. Amorós Guardiola, *et allii, ob. cit.*, pp. 1870-1874.

[482] L. Díez-Picazo/A. Gullón, *ob. cit.*, p. 226, consideram esta aferição do valor no momento da dissolução do regime como uma medida de sanção do doador. O sistema de valorização previsto no art. 1425º do Cód. Civil espanhol não é adequado, como referem Lacruz Berdejo/Sancho Rebullida, *et allii, Elementos de Derecho Civil. Familia, cit.*, p. 281, para certos bens de consumo que perdem valor com o decurso do tempo, como acontece, p. ex., com os automóveis.

É importante referir também que os créditos que um cônjuge tenha sobre o outro, nomeadamente, por ter pago dívidas deste, integram o património final do cônjuge credor e deduzem-se ao património do cônjuge devedor (art. 1426º Cód. Civil espanhol)[483].

O crédito de participação determina-se pela diferença entre o património final e o património inicial de cada cônjuge. Se o saldo final for negativo, não haverá crédito de participação, não havendo participação nas perdas.

Se o saldo final for positivo por parte dos patrimónios dos dois cônjuges, a participação realiza-se pela atribuição ao cônjuge cujo património tenha obtido menos ganhos do direito a receber metade da diferença entre os seus ganhos e os ganhos do seu cônjuge (art. 1427º Cód. Civil espanhol)[484]. Se apenas um dos patrimónios dos cônjuges tiver saldo positivo, o crédito de participação do cônjuge não titular de tal património será de metade desse saldo (art. 1428º Cód. Civil espanhol)[485]. Portanto, o crédito de par-

[483] Podendo ocorrer, como vimos no direito francês, compensações entre os créditos de um cônjuge ao outro e o crédito de participação (M. Amorós Guardiola, *et allii*, *ob. cit.*, p. 1879).

[484] P. ex., a mulher apresenta um património inicial de 300 e um património final de 500, ou seja, um saldo final positivo de 200. O marido, por seu lado, tem um património inicial de 200 e um património final de 300, isto é, um saldo final de 100. A diferença entre os adquiridos de ambos é de 100. Como o resultado do marido é inferior (100) do que o da mulher (200), o marido recebe da mulher metade da diferença entre os seus adquiridos e os da mulher, ou seja, metade de 100 – 50 (Lledó Yagüe, *et allii*, *ob. cit.*, p. 294).

[485] P. ex., a mulher apresenta um património inicial de 300 e um património final de 200, ou seja, um saldo final negativo com um défice de 100. O marido, por seu lado, tem um património inicial de 200 e um património final de 300, isto é, um saldo final positivo de 100. Assim, a mulher receberá do marido metade do aumento verificado no património do marido, ou seja, metade de 100 – 50 (Lledó Yagüe, *et allii*, *ob. cit.*, p. 295).

Ainda que, por regra, o crédito de participação seja de metade, podem os cônjuges estipular no momento da constituição do regime uma diferente participação, desde que seja a mesma proporção para ambos os patrimónios dos cônjuges e a favor de ambos (art. 1429º Cód. Civil espanhol). Só assim não poderá convencionar-se se existirem descendentes não comuns, por considerar-se que tal acordo pode prejudicar os seus direitos sucessórios (art. 1430º Cód. Civil espanhol), pela redução do património do seu ascendente pela modificação acordada. A limitação não se justifica se os descendentes forem comuns, dado que aí serão herdeiros de ambos os cônjuges e o que não recebam de um recebem do outro.

Repare-se, em todo o caso, que essa participação desigual pode decorrer do disposto no art. 1420º Cód. Civil espanhol, que pode conduzir a uma participação desigual nos ganhos obtidos pelos cônjuges (dado que o cônjuge com passivo superior utilizará bens adquiridos para pagamento das suas dívidas e tal não será contabilizado). M. Amorós Guardiola, *et allii*, *ob. cit.*, p. 1851, sugere a introdução de uma correção neste caso havendo descendentes não comuns, ou seja, elevar ficticiamente o património inicial do cônjuge não deficitário na mesma quantia do défice do outro.

ticipação será do cônjuge cujo património não obteve bens ou adquiriu-os em menor quantidade.

O crédito de participação, como crédito pecuniário, deve ser satisfeito em dinheiro (art. 1431º Cód. Civil espanhol) e imediatamente. Contudo, pode o juiz estipular, sempre que o devedor tenha dificuldades graves, um pagamento a prestações desde que o período não exceda três anos e que a dívida e seus juros sejam devidamente acautelados (art. 1431º Cód. Civil espanhol).

Admite-se, porém, excecionalmente, o pagamento em espécie (dação em pagamento), desde que haja acordo dos interessados ou por concessão do juiz a pedido do devedor, por falta de liquidez e impossibilidade de pagamento (art. 1432º Cód. Civil espanhol). A possibilidade do pagamento em espécie salvaguarda a posição do credor, que pode não conseguir obter o seu crédito de participação de outra forma[486], e permite também que o devedor consiga efetuar o seu pagamento no caso de dificuldades graves de o fazer em dinheiro.

Uma vez efetuada a liquidação importa atender aos direitos dos credores dos cônjuges. De facto, se tal for necessário para o pagamento do seu crédito, podem os credores impugnar a liquidação efetuada, sem a sua participação, com fraude aos seus direitos (art. 1291º, 3º, do Cód. Civil espanhol). Poderão também intervir, por si, na liquidação, para evitar que esta se efetue com prejuízo para os seus direitos (art. 1083º do Cód. Civil espanhol)[487].

Portanto, e tratando-se de analisar a questão da responsabilidade por dívidas, os credores não podem ver a garantia patrimonial constituída pelo património do seu devedor (e existente no decurso do regime) afetada no momento da liquidação e apuramento do crédito de participação. É evidente que os bens do seu devedor continuam no seu património (salvo se, excecionalmente, houver pagamento em espécie), mas poderá haver uma diminuição dos valores que o integram, necessários para o pagamento

[486] Além de que pode ser-lhe vantajoso em situações de elevada inflação, para garantir a conservação do valor real da sua participação, já que a reavaliação da dívida não está prevista nem mesmo no caso de pagamento a prestações (art. 1431º Cód. Civil espanhol). M. Amorós Guardiola, *et allii*, *ob. cit.*, pp. 1897 e 1898.

[487] M. Amorós Guardiola, *et allii*, *ob. cit.*, p. 1832. Acrescenta o autor que já é duvidoso saber se o credor pode paralisar o pagamento do crédito de participação, quando possa estar em causa a satisfação ou a completa satisfação dos seus créditos.

do crédito de participação ao outro cônjuge, mesmo que as dívidas ainda não pagas sejam excluídas do património final para apuramento do crédito de participação (como acontece, aliás, nos direitos alemão e francês, como vimos). De facto, e para acautelar a posição dos terceiros credores, o § 1378º, 2º, do BGB, dispõe que o pagamento do crédito de participação do cônjuge está limitado ao ativo existente depois de pagas as dívidas aos credores, disposição não existente no direito espanhol.

Acresce que, podem sempre os cônjuges defraudar os direitos de terceiros credores acordando um pagamento em espécie do crédito de participação (e o mesmo se diga em relação aos ordenamentos jurídicos vistos onde se regula o regime de participação nos adquiridos). Assim, e na falta de disposição semelhante ao § 1378º, 2º, do BGB, é importante acautelar a posição dos credores, permitindo-lhes, além do recurso aos meios gerais de impugnação da liquidação efetuada se se visou afetar os seus direitos (impugnação pauliana), a possibilidade de intervir, só para acautelar os seus direitos, na liquidação do regime de participação.

Críticas semelhantes às que vimos serem apontadas no ordenamento jurídico francês são referidas no direito espanhol ao regime de participação. É a sua demasiada complexidade que representa o principal inconveniente do regime. Mas, mais que isso, e como referem Lacruz Berdejo e Sancho Rebullida, a objeção a este regime deve-se mais à sua novidade do que às dificuldades de aplicação prática. Com efeito, a comunhão de adquiridos também levanta problemas e pode revelar-se igualmente confusa, só que as suas normas são aplicadas há muitos anos, sendo largamente conhecidas na sua aplicação prática. Portanto, apesar da complexidade, o regime não é mais confuso que a comunhão de adquiridos, tendo a vantagem de, à semelhança do regime de separação, serem as relações patrimoniais dos cônjuges entre si e com terceiros muito mais simples que no regime de comunhão[488].

Repare-se que a vantagem do regime de participação nos adquiridos é, como referimos, a de vigorar o regime de separação de bens no decurso

[488] Lacruz Berdejo/Sancho Rebullida, *et allii, Elementos de Derecho Civil. Familia, cit.*, p. 275. Román García, *ob. cit.*, p. 153, considera, por outro lado, que o regime de participação, mal assimilado pelos aplicadores do direito e mal tratado fiscalmente, não tem êxito, provavelmente por se afastar da tradição e dos costumes domésticos. Manifesta, por isso, este autor a sua preferência pelo regime de separação de bens como regime supletivo, por ser o que melhor se adapta às novas exigências do casamento (p. 154).

do casamento, facilitando a regulamentação das relações de cada um dos cônjuges com terceiros credores, sobretudo se, por simplificação do regime da responsabilidade por dívidas, este se aproximar do regime geral do Direito das Obrigações (com exceção das dívidas relativas aos encargos normais da vida familiar). Ou seja, as dívidas contraídas por cada um dos cônjuges a ele responsabiliza; as contraídas pelos dois são da responsabilidade de ambos (conjunta ou solidariamente consoante a forma como se obrigaram). É, assim, acautelada a posição de cada um dos cônjuges face às dívidas contraídas pelo outro (pelas quais não responde), traduzindo a autonomia patrimonial e financeira dos cônjuges; é, por outro lado, protegida a posição dos terceiros credores que sabem que podem contar com o património do seu devedor como garantia geral das obrigações não só no decurso do regime como no momento da sua liquidação. Com efeito, a posição do terceiro credor deve ser assegurada com uma norma semelhante à prevista no § 1378º, 2º, do BGB, para que os seus créditos não sejam postos em causa pelo pagamento do crédito de participação ao cônjuge[489] ou permitindo-lhes a intervenção na liquidação do regime como acontece no direito espanhol. Em todo o caso, parece-nos que a posição dos credores estará mais protegida no primeiro caso, já que a possibilidade de participação na liquidação exige-lhes uma intervenção processual com a prova dos seus créditos, o que é facilitado no primeiro caso. Paralelamente, e sobretudo nas situações em que a partilha de acordo com o regime de separação de bens pode revelar-se injusta (p. ex., se um dos cônjuges não auferiu qualquer rendimento ao longo do casamento, dedicando-se ao lar e educação dos filhos, e auxiliando, dessa forma, o aumento da fortuna pessoal do outro), a participação nos adquiridos permite ao cônjuge com menores ganhos uma participação nos adquiridos pelo outro ao longo do casamento, permitindo corrigir a referida injustiça na liquidação e partilha[490]. Portanto, apesar dos problemas de cálculo que possam surgir na liquidação do regime, a sua partilha pode revelar-se mais justa que num regime de separação puro.

[489] Salvaguardando-se, em paralelo, a posição do cônjuge credor contra atuações fraudulentas do seu cônjuge, permitindo-lhe exigir o pagamento do seu crédito de participação ao terceiro nas situações em que tenha havido doações a terceiros com o intuito de prejudicar o cônjuge ou outros quaisquer atos jurídicos com fraude aos direitos do cônjuge conhecidos pelos terceiros.

[490] Muitas vezes os tribunais procuram corrigir a injustiça referida no texto, que surge no regime de separação de bens, por recurso a certos institutos do Direito comum, como o instituto do enriquecimento sem causa.

É evidente que um regime de responsabilidade por dívidas como o referido (em que cada um dos cônjuges responderia pelas dívidas que contraiu, assegurando-se a posição do credor ao longo do casamento e no momento da liquidação e partilha do regime de bens) poderia também existir nos regimes de comunhão. Contudo, e mesmo admitindo uma alteração do atual regime da responsabilidade por dívidas por um mais simples, como referiremos, sempre teríamos a existência de um património especial (património comum) que complicaria o regime. Além disso, tal regime simplificado coaduna-se melhor com a ideia do regime de separação ou de base separatista que se aproxima, por si, do regime geral e sem a existência de um património comum. Manifestamos, por isso, desde já, a nossa preferência por este regime que, além de proteger um cônjuge face às dívidas contraídas pelo outro (traduzindo a autonomia patrimonial entre os mesmos), não prejudica os terceiros credores (apesar de não existir um património comum que possa responder por certas dívidas), sobretudo se, e existindo um regime de participação nos adquiridos, se acautelar a sua posição no momento da liquidação do regime, além da possibilidade de recurso às regras gerais como a impugnação pauliana.

5. A regulamentação legal portuguesa: análise de algumas disposições legais e o direito comparado

Não pretendemos assumir uma posição quanto à preferência de um regime de bens de comunhão ou de separação, mas apenas apontar as vantagens ou inconvenientes de cada um do ponto de vista da responsabilidade por dívidas dos cônjuges e interesses de terceiros credores. Em termos gerais, pode dizer-se que o regime de separação beneficia de uma maior simplicidade, assegurando, pelo menos formalmente, uma igualdade entre os cônjuges[491]. Por seu lado, o regime de comunhão de adquiridos tem a van-

[491] Seguimos aqui Pereira Coelho/Guiherme de Oliveira, *ob. cit.*, pp. 566 e segs. Por seu lado, Antunes Varela, *ob. cit.*, p. 453, defende que a comunhão de adquiridos é um regime mais defensável do que o de separação de bens, "que não corresponde ao espírito comunitário do casamento, não tem raízes nos sentimentos do povo, e constitui, além disso, o regime em que o cônjuge menos escrupuloso mais facilmente pode defraudar o seu consorte". Contra, Leite de Campos, *Lições...*, *cit.*, pp. 379 e 380, que considera possível uma completa comunhão de vida entre os cônjuges, mas sem que implique relações jurídicas patrimoniais diferentes daquelas que se estabelecem entre duas pessoas estranhas. Defende que o regime de separação de bens coaduna-se melhor com a independência profissional e patrimonial dos cônjuges. E tal regime de separação pode, na prática, ser transformado num regime de comunhão pelo entendimento

tagem de fazer participar ambos os cônjuges nos bens adquiridos depois do casamento, dando ao cônjuge (habitualmente a mulher) que se dedica à atividade doméstica, não remunerada, a parte que lhe cabe nos ganhos e economias do outro, correspondendo ao ideal de comunhão dos cônjuges no plano patrimonial. A comunicação dos rendimentos dos bens próprios e das aquisições a título oneroso feitas no decurso do casamento constitui uma justa e proporcionada participação dos dois cônjuges nos resultados dos seus esforços comuns e da colaboração material e moral que mutuamente prestam[492].

entre os cônjuges. Pelo contrário, os regimes de comunhão não só não contribuem para o bom entendimento entre os cônjuges como agravam as consequências indesejáveis no caso de desentendimento. Sugere mesmo o afastamento do regime de comunhão e a eliminação dos bens comuns como forma de resolver os problemas que surgem em resultado das regras de administração comum (p. 424) e da necessidade do consentimento de ambos os cônjuges para a disposição dos bens comuns (p. 413). De facto, um desentendimento pessoal reflete-se no aspeto patrimonial, tornando impossível o acordo dos cônjuges para a administração e disposição dos bens e, em consequência, paralisando a vida económica do casal. Também Pamplona Corte-Real, *ob. cit.*, p. 113, nota 224, pronuncia-se a favor do regime de separação de bens como futuro regime supletivo. Aliás, já em 1924, Aurora de Castro e Gouveia, "Situação da mulher casada nas relações matrimoniaes dos bens do casal", *Gazeta da Relação de Lisboa*, ano 37º, 1924, p. 372, defendia que o regime matrimonial legal deveria ser o da separação absoluta de bens.

Grimaldi, *et allii, ob. cit.*, p. 283, escreve que o regime de separação corresponde à preocupação dos cônjuges que exercem atividades profissionais independentes, a maior parte das vezes associadas a um risco de passivo. Pelo contrário, pode implicar desvantagens para o cônjuge que se dedica ao lar e não trabalha fora, dado não haver a participação nos enriquecimentos do outro cônjuge (referindo as mesmas desvantagens, v., Lledó Yagüe, *et allii, ob. cit.*, pp. 277 e 278). Por isso, a jurisprudência, sobretudo em casos de divórcio, tem tentado encontrar corretivos a esta total independência (p. ex., indemnizações compensatórias, existência de sociedade de facto ou recurso ao instituto do enriquecimento sem causa). V. também, Henri Mazeaud, *et allii, Leçons de Droit Civil. Régimes matrimoniaux, cit.*, pp. 584-587, e Jacques Leroy, *loc. cit.*, pp. 64-67.

492 Braga da Cruz, "O problema do regime matrimonial de bens supletivo...", *loc. cit.*, p. 196. V., por outro lado, as críticas apontadas ao atual regime supletivo de comunhão de adquiridos por Esperança Pereira Mealha, *ob. cit.*, pp. 23-25, sendo de destacar o modo de constituição do património comum, as limitações ao poder de disposição dos bens e as ilegitimidades conjugais. Foi alegando esta filosofia subjacente ao regime de comunhão de adquiridos – de que o património comum deve ser composto por bens adquiridos em resultado do esforço conjugado de ambos os cônjuges, sob pena de permitir um enriquecimento injustificado de um cônjuge face ao outro – que o ac. da RL, de 09.01.2001 (*RLJ*, ano 133º, 2001, p. 348, e *Col. Jurisp.*, tomo I, 2001, p. 76), excluiu da comunicabilidade o bem imóvel que a mulher adquiriu por sorteio (aquisição a título oneroso ainda que através de negócio aleatório), decorrente de compras

Por outro lado, e como já referimos, não há propriamente um regime puro de comunhão ou de separação, assistindo-se à penetração de ideias separatistas nos regimes de comunhão e de ideias comunitárias no regime de separação. Nos regimes de comunhão os patrimónios próprios dos cônjuges aumentam em detrimento do património comum, assumindo ambos os cônjuges iguais poderes de administração; na separação de bens prevê-se uma contribuição proporcional dos cônjuges para os encargos do casal, bem como restrições aos poderes do proprietário da casa de morada da família e a comunicabilidade de algumas dívidas, além de que a celebração de certos negócios entre os cônjuges, as aquisições em compropriedade ou a abertura de contas bancárias implicam alguma confusão patrimonial[493]. São estas aproximações entre os dois regimes que levam algumas legislações

num supermercado realizadas com dinheiro da mãe desta, no decurso da separação de facto do seu marido, com quem estava casada em regime de comunhão de adquiridos, e que deixou de contribuir para as despesas domésticas. Em todo o caso, convém referir que, e uma vez que a questão se discutia para efeitos de partilha do casal, ainda que a solução seja justa, deveria ter assentado na possibilidade de fazer retroagir os efeitos do divórcio, que foi decretado com culpa do marido, à data em que cessou a coabitação dos cônjuges (art. 1789º, nº 2, na redação anterior à Lei nº 61/2008, de 31 de outubro) ou no regime da sub-rogação dos bens próprios (o dinheiro da mãe) nos termos do art. 1723º, al. *c*). De facto, e como refere Guilherme de Oliveira, "Bem adquirido num sorteio; comunhão de adquiridos, separação de facto e divórcio – anotação ao ac. da RL, de 9 de Janeiro de 2000", *RLJ*, ano 133º, 2002, p. 351 (que sugere também o recurso ao abuso de direito), os requisitos de prova da referida al. *c*) devem considerar-se preenchidos, dado haver negócios em que seria despropositado fazer tais exigências: seria o caso da venda e compra em sessão da Bolsa de uma carteira de títulos que nasça como bem próprio do titular ou da introdução dos boletins na tômbola do sorteio na caixa do supermercado. Além disso, e pelo menos para efeitos de compensações, sempre se admite a referida prova da proveniência dos valores entre os cônjuges, não estando em causa interesses de terceiros.

[493] Também A. Colomer, *Droit Civil..., cit.*, p. 542, refere que atendendo a tal "confusão" a independência e a simplicidade do regime de separação evaporam-se. Jacques Leroy, *loc. cit.*, p. 34, traduzindo a mesma ideia, afirma que a simplicidade da separação de bens desaparece com a inevitável confusão de bens no decurso do casamento. É a essa penetração de ideias "comunitárias" no regime de separação que se refere Farafina L. Boussougou-Bou-Mbine, *ob. cit., passim*. Chama, nomeadamente, a atenção o autor à questão de haver uma comunhão de interesses dos cônjuges casados em separação de bens, traduzida na aquisição em comum de certos bens (sobretudo, a casa de morada da família e os bens que integram o seu recheio), na presunção de compropriedade do art. 1538º, 3º, do Cód. Civil francês, na existência de dívidas que responsabilizam solidariamente os cônjuges (art. 220º do Cód. Civil francês), na concessão de mandato entre os cônjuges para administração dos seus bens próprios, na necessidade de liquidação do próprio regime de separação, etc.

a tentar combinar os dois, como acontece com o regime de participação nos adquiridos. O objetivo é fazer com que ambos os cônjuges participem, de forma justa, no valor dos bens adquiridos ao longo do casamento[494].

Por seu lado, nos países anglo-saxónicos e nos países nórdicos o regime legal, evitando os inconvenientes dos regimes de comunhão e os cálculos do regime de participação nos adquiridos, é o de separação de bens[495].

[494] Karl H. Neumayer, *Die Kombination von Vermögenstrennung und Vermögensteilhabe im ehelichen Güterrecht*, Berlin/Tübingen, Walter de Gruyter & CO./J.C.B. Mohr (Paul Siebeck), 1954, p. 381, a propósito da combinação de um sistema de separação de patrimónios com uma participação no património, afirma a ideia do texto, ou seja, importa assegurar que durante o casamento os cônjuges adquirem bens que livremente administram e dispõem e que no fim do regime de bens um dos cônjuges participe nos bens adquiridos pelo outro (em espécie ou no seu valor).

[495] Só com os *Married women's property Acts* de 1882 e 1883, o *Bankruptcy Act* de 1914, o *Trustee Act* e o *Law of property Act* de 1925, passou a vigorar na Inglaterra entre os cônjuges a separação de bens (ainda que, como afirma Mary Ann Glendon, *ob. cit.*, p. 124, os países da *Common Law* não tenham um termo específico para as suas regras reguladoras das relações patrimoniais entre os cônjuges). Até aí todos os bens da mulher passavam a ser, com o casamento, propriedade do marido ("*(...) husband and wife became legally one – (...) the husband was that one*" – S.M. Cretney/J.M. Masson/R. Bailey-Harris, *ob. cit.*, p. 103, e Stephen Cretney, *Family Law in the Twentieth Century. A History*, Oxford, University Press, 2003, p. 91). V., para uma análise da evolução histórica no direito inglês, com a progressiva separação dos patrimónios dos cônjuges e autonomia da mulher, Bromley, *Family Law*, 2ª ed., London, Butterworths, 1962, pp. 401-413. Em todo o caso, o legislador inglês tentou evitar algumas injustiças que podiam resultar de uma completa separação de patrimónios. Assim, pelo *Married Women's Property Act* de 1964 determinou uma presunção de compropriedade em partes iguais em relação a certos bens (bens adquiridos graças às economias resultantes das somas destinadas às despesas do lar). O *Matrimonial Homes Act* de 1967 exigiu autorização do tribunal para que o cônjuge proprietário da casa de morada da família pudesse expulsar o outro dela. O *Matrimonial Proceedings and Property Act* de 1970 regulou o direito resultante para um cônjuge dos melhoramentos que efetuou nos bens do outro. Com uma análise aprofundada das alterações legislativas no direito inglês tendentes a uma maior justiça depois do estabelecimento do princípio da separação de bens, v., Stephen Cretney, *Family Law in the Twentieth Century..., cit.*, pp. 98-141. Esta preocupação pela correção das regras do regime puro de separação dos países da *Common Law* é também referida por A. Rieg, "Traits fondamentaux de l'évolution du droit des régimes matrimoniaux dans l'Europe du XXe siècle", *in* AAVV, *Le Droit de la Famille en Europe. Son evolution depuis l'antiquité jusqu'à nos jours*, sob a direção de Roland Ganghofer, Actes des journées internationales d'Histoire du Droit, Strasbourg, Presses Universitaires de Strasbourg, 1992, pp. 426 e 427, e Marino Bin, *Rapporti patrimoniale tra coniugi e principio di eguaglianza*, Memoria dell'Instituto Giuridico, Torino, G. Giappichelli Editore, s.d., pp. 172-196. Significa, portanto, que, não obstante o regime de bens e a titularidade dos mesmos, o tribunal, em caso de dissolução do casamento, tem poderes para partilhar os bens adquiridos ao longo do casamento de acordo com certos critérios e objetivos, com vista a um justo resultado (v., S.

De facto, os regimes comunitários e de participação nos adquiridos implicam sempre questões de valorização de bens e direitos, dada a existência de patrimónios próprios e de património comum e a sua constante comunicação, ainda que mais acentuadas no regime da *Zugewinngemeinschaft*[496].

Pelo contrário, a reforma do direito italiano em 1975 substituiu o regime de separação como regime supletivo pelo de comunhão, permitindo, dessa forma, a proteção do cônjuge mais débil e o reconhecimento do trabalho doméstico da mulher – traduzidos na participação igualitária no património comum e na administração dos bens[497]. Além disso, e como escreve Rita Lobo Xavier, em alguns estados dos E.U.A. a regra da *Common Law* segundo a qual, em caso de divórcio, os patrimónios dos cônjuges seriam divididos de acordo com os respetivos títulos de aquisição, foi substituída pelo sistema de *Community Property*[498], onde existe uma divisão igualitária

M. Cretney/J.M. Masson/R. Bailey-Harris, *ob. cit.*, p. 105, e Section 25 do *Matrimonial Causes Act* de 1973). Daí o recurso às teorias do *resulting trust* (quando há uma contribuição direta de um dos cônjuges na aquisição de um bem titulado exclusivamente pelo outro cônjuge, será atribuída àquele uma parte no bem, proporcional à sua contribuição, deduzindo-se das circunstâncias a existência de um acordo dos cônjuges de comunhão de bens, procedendo-se, dessa forma, à divisão dos bens adquiridos), *implied trust* (quando a participação de um cônjuge nos bens do outro decorre da existência de acordo tácito) ou do *constructive trust* (quando se trate de acordos supostos pelo juiz com objetivos de equidade, independentemente de se deduzir tal intenção da conduta das partes). Pode mesmo acontecer, por recurso à equidade, que a responsabilidade de um dos cônjuges seja afastada. De facto, e sobretudo estando em causa a aquisição da casa de morada da família, os cônjuges são chamados a assumir ambos a dívida resultante de empréstimo bancário. Várias decisões jurisprudenciais de tribunais ingleses abordaram a possibilidade de proteger o cônjuge que foi influenciado pelo outro a corresponder pela dívida, por forma a afastá-lo da responsabilidade pela mesma (v., S.M. Cretney/J.M. Masson/R. Bailey-Harris, *ob. cit.*, pp. 151-156). A preocupação pela correção das regras da separação de bens é também referida por Lilian Edwards/Anne Griffiths, *ob. cit.*, pp. 282-284, relativamente ao ordenamento jurídico escocês. Também Martin Guggenheim, "Family Law", *in* AAVV, *Fundamentals of American Law*, sob a direção de Alan B. Morrison, New York University School of Law, Oxford University Press, 1996, p. 423, nota a preocupação de vários estados americanos numa distribuição mais justa dos bens adquiridos no decurso do casamento, independentemente da propriedade dos mesmos bens.

496 Pamplona Corte-Real, *ob. cit.*, p. 89.

497 A. Finocchiaro/M. Finocchiaro, *Riforma del diritto...*, *cit.*, p. 448, Rodolfo Sacco, *ob. e loc. cit.*, p. 320, e "Del regime patrimoniale della famiglia", *in* AAVV, *Commentario al diritto italiano della famiglia*, sob a direção de Cian/Oppo/Trabucchi, vol. III, Padova, Cedam, 1992, pp. 9 e 10, e A. Galasso, *ob. cit.*, p. 1.

498 Em todo o caso, as correções de tipo comunitário ao regime separatista podem representar alguns perigos para a liberdade individual dos cônjuges.

do património adquirido depois do casamento por qualquer um dos cônjuges[499]. Noutros estados optou-se pelo sistema da *equitable distribution*, onde, em caso de divórcio, o tribunal pode distribuir equitativamente entre os cônjuges os bens adquiridos durante o casamento, independentemente de o respetivo título de aquisição dizer respeito a apenas um deles (o que provocou o aumento dos acordos antenupciais para evitar a incerteza de uma indivisão operada no final do casamento pelos critérios do juiz)[500].

Na Holanda, por seu lado, e até 1 de janeiro de 2018, vigorou o regime de comunhão geral, mas cada cônjuge administrava os seus bens e dispunha livremente deles. O regime foi, entretanto, alterado, passando a vigorar como regime supletivo o da *limited community of property*.

A necessidade de proteção do cônjuge que fica no lar (pela participação nos adquiridos no fim do casamento) não se justifica como há uns anos atrás. Em todo o caso, pode ainda haver necessidade de conceder alguma proteção em alguns casos. Mas tal proteção não implica uma participação nos bens adquiridos ao longo do casamento, podendo passar pela compensação a fixar por contribuição para os encargos da vida familiar além daquilo a que estava obrigado e pela adequada regulação dos efeitos patrimoniais da dissolução do casamento[501]. Como entende Mª Pilar Alvarez

[499] Rita Lobo Xavier, *Limites à autonomia privada...*, *cit.*, pp. 449-452.

[500] Acordos esses que muitas vezes os juizes ignoram, continuando a distribuir o património adquirido segundo critérios de equidade. Foi para resolver a incerteza quanto à validade e eficácia dos contratos antenupciais, cuja celebração era cada vez mais frequente, que foi elaborado o *Uniform Premarital Agreement Act* em 1983.

[501] Além de que, não podemos esquecer, o cônjuge será sempre herdeiro legitimário do outro, ou seja, a sua posição estará acautelada também no momento da morte do outro.
Sobre a compensação ao cônjuge que contribuiu de forma consideravelmente superior para os encargos da vida familiar, v., Cristina Dias, "O crédito pela compensação do trabalho doméstico prestado na constância do matrimónio (a contribuição consideravelmente superior de um dos cônjuges para os encargos da vida familiar – o artigo 1676º do Código Civil)", *in* AAVV, *E foram felizes para sempre...? Uma análise crítica do novo regime jurídico do divórcio*, sob a coordenação de Mª Clara Sottomayor e Mª Teresa Féria de Almeida, Coimbra, Coimbra Editora/Wolters Kluwer, 2010, pp. 199-226.
Beitzke/Lüderitz, *ob. cit.*, p. 107, referindo como principais desvantagens do regime de separação de bens o facto de o cônjuge que não aufere quaisquer rendimentos não participar nos bens adquiridos pelo outro cônjuge para cuja aquisição também contribuiu e o de não haver limitações à disposição dos bens utilizados no lar, afirmam que a comunhão de bens não é necessária para a proteção da vida matrimonial comum, bastando prever meios, nomeadamente, de evitar as livres disposições dos bens fundamentais como o recheio da casa de morada da família ou realizando certos contratos entre os cônjuges para prevenir a situação

Olalla, cabe ao sistema jurídico evitar que a debilidade de um cônjuge face ao outro se produza, adotando as medidas necessárias para se alcançar uma igualdade no processo educativo e de formação de ambos os sexos, para fomentar o emprego e o livre acesso de ambos os cônjuges ao mundo laboral[502]. Deve, assim, evitar a debilidade, e não partir do seu reconhecimento e fazer com que o cônjuge "não débil" seja responsável pela debilidade do outro, através da redução dos bens que adquiriu ao longo do casamento.

do mais desfavorecido (p. ex., seguros de vida, contratos sucessórios, testamento, doações, etc. A jurisprudência alemã recorre também à constituição de uma sociedade entre os cônjuges para regular as suas relações no momento da dissolução do regime de separação e para proteger o cônjuge desfavorecido) (pp. 150 e 151).

[502] Mª Pilar Alvarez Olalla, *ob. cit.*, pp. 31 e 32. Consideram também Gabrielli/Cubeddu, *ob. cit.*, p. 13, que a igualdade entre os cônjuges e a eventual proteção de um deles não exige a adoção de um regime de comunhão, ou seja, não é este um meio imprescindível para atingir tais objetivos. Ennio Russo, *Il Codice Civile Commentario..., cit.*, p. 39, considera também que a igualdade moral e jurídica dos cônjuges não exige a adoção do regime de comunhão como regime supletivo, atingindo-se pela previsão do regime patrimonial primário aplicável a todos os casamentos. A. de Cossio y Corral, *Instituciones de Derecho Civil*, tomo II, Madrid, Civitas, 1988, p. 453, defende que a "pior situação" do cônjuge casado em regime de separação pode ser resolvida por força do disposto no art. 1438º do Cód. Civil espanhol. Contra, Rita Lobo Xavier, *Limites à autonomia privada..., cit.*, pp. 566-576, para quem o regime de comunhão permite o justo reconhecimento no plano patrimonial da contribuição de ambos os cônjuges para a formação do património familiar e para a satisfação das necessidades da família. Considera a autora que o regime de comunhão é, por um lado, o que melhor se coaduna com a interpenetração patrimonial que ocorre durante o casamento e, por outro lado, assegura uma partilha mais justa dos bens ao partilhar os bens adquiridos ao longo do casamento. Com o mesmo entendimento, v., L. Díez-Picazo/A. Gullón, *ob. cit.*, p. 215. J. Martínez Cortés, *ob. e loc. cit.*, p. 295, afasta os argumentos de defesa do regime de separação de bens, assentes na igualdade jurídica de marido e mulher, fundamentalmente pelo facto de não refletir a realidade sociológica maioritária da família.

Salvaguardados, porém, os adequados meios de proteção de um dos cônjuges em certos casos, não nos parece, como referem Marie-Pierre Champenois-Marmier/Madeleine Faucheux, *ob. cit.*, p. 98, Rita Lobo Xavier, *Limites à autonomia privada..., cit.*, p. 453, nota 46, e L. Díez-Picazo/A. Gullón, *ibidem*, que o regime de separação só alcance resultados satisfatórios quando ambos os cônjuges possuem fortuna pessoal, ou exercem profissões remuneradas de forma equivalente ou ainda quando um dos cônjuges exerce uma atividade economicamente arriscada (permitindo salvaguardar o património do outro).

M. Amorós Guardiola, *et allii*, *ob. cit.*, p. 1920, acrescenta ainda que no regime de separação, por não existir um património comum, os credores dos cônjuges não são tão protegidos como no regime de comunhão. Porém, considera favorável a existência do regime de separação no caso de um ou ambos os cônjuges exercerem uma atividade comercial, para evitar alguns riscos financeiros.

Se, efetivamente, o enriquecimento de um cônjuge se verificar à custa do outro, que se dedicou ao lar, deverá haver meios para repor o equilíbrio patrimonial que não passam necessariamente pelo regime de comunhão. O importante será, em qualquer regime, fixar mecanismos que impeçam não as transferências, exigidas pela comunhão de vida, mas o restabelecimento do equilíbrio patrimonial (p. ex., as compensações, a fixação de uma compensação ao cônjuge que sempre dedicou a sua vida ao lar e educação dos filhos no momento da dissolução, seja por via do direito a alimentos ou não – como fazem os direitos francês (arts. 270º e segs. do Cód. Civil francês), espanhol (art. 1438º do Cód. Civil espanhol (que estabelece uma compensação ao cônjuge que prestou o seu trabalho no lar, independentemente do direito a alimentos que possa ter) e alemão (§ 1587º do BGB e nos termos da *Versorgungsausgleichsgesetz*), ou o direito italiano com o instituto da *impresa familiare* (art. 230º-bis do Cód. Civil italiano) -, ou ainda o recurso às regras gerais do enriquecimento sem causa)[503/504]. Além disso, o regime de separação estará sempre vinculado ao regime matrimonial

[503] O recurso ao enriquecimento sem causa implica que a prestação do trabalho doméstico por um dos cônjuges ou a sua colaboração na atividade profissional do outro cônjuge (o único que exerce uma atividade remunerada) não encontre a sua causa justificativa no dever de contribuição para os encargos da vida familiar. V., Henri Mazeaud, *et allii*, *Leçons de Droit Civil. Régimes matrimoniaux*, *cit.*, pp. 592-594.

[504] V., sobre as soluções apresentadas pela jurisprudência estrangeira por forma a assegurar a referida "compensação" ao cônjuge casado em separação de bens que colaborou para o incremento patrimonial do seu cônjuge, no fim do regime matrimonial, Rita Lobo Xavier, *Limites à autonomia privada...*, *cit.*, pp. 459-472.

Na verdade, e como escreveu Braga da Cruz, "O problema do regime matrimonial de bens supletivo...", *loc. cit.*, pp. 190 e 191, e *Obras Esparsas*, *cit.*, p. 41, importa adotar um regime supletivo que resolva com justiça os problemas de crise, pois nos bons momentos haverá entendimento conjugal e a comunhão florescerá por si. Ora, parece-nos que o importante será no momento da dissolução, nos momentos de crise, acautelar mecanismos que assegurem a proteção do cônjuge desfavorecido e o restabelecimento patrimonial, ainda que o regime vigente seja o de separação de bens. O mesmo é referido por Adriano Paiva, *ob. e loc. cit.*, p. 392. Na verdade, e como refere Lacruz Berdejo, "La reforma del régimen económico...", *loc. cit.*, p. 369, o regime patrimonial matrimonial ideal é o "*que no tiene camisa*", ou seja, o que substitui as regras e as contas, o de um e do outro, por um sinalagma de amor e desinteresse.

Planiol/Ripert, *Traité élémentaire...*, *cit.*, p. 67, defendiam que a separação de bens não era natural no casamento, dado que seria contraditório que duas pessoas que partilham o mesmo lar tenham interesses distintos para os seus bens. Parece-nos, obviamente, que a separação estrita de patrimónios não ocorre num casamento normal, como vimos, mas isso não afasta a adoção do regime de separação de bens como regulador das relações patrimoniais dos cônjuges.

primário, nomeadamente, em matéria de dívidas para ocorrer aos encargos normais da vida familiar ou de disposição de certos bens como a casa de morada da família.

Em alternativa, pode optar-se pelo regime de participação nos adquiridos, como a *Zugewinngemeinschaft* alemã, assegurando assim a participação final no valor do património adquirido ao longo do casamento[505]. De facto, o regime de participação nos adquiridos é visto como o regime ideal para os casamentos em que um dos cônjuges não aufere rendimentos fora, dedicando-se ao lar e à educação dos filhos (*Hausfrauenehe*)[506]. Surgem aqui depois os problemas, que ocorrem nos países que o adotaram, da liquidação do respetivo regime. Além disso, e já que o crédito de participação é monetário, importa acautelar mecanismos de atualização dos valores em causa, evitando que o crédito de participação apurado esteja desvalorizado. Parece-nos, porém, que deve encontrar-se a solução mais

[505] Que chegou a ser proposta como regime supletivo pela comissão revisora do Cód. Civil, mas que foi afastada por não corresponder à tradição vigente em Portugal, representando, por isso, um "salto demasiado brusco" (Braga da Cruz, "Problemas relativos aos regimes de bens...", *loc. cit.*, p. 349, e "O problema do regime matrimonial de bens supletivo...", *loc. cit.*, p. 176, e *Obras Esparsas, cit.*, p. 11, e pp. 22 e 24, e Gonçalves Pereira, "Regimes convencionais...", *loc. cit.*, pp. 270-287, que apresentou uma proposta de regulamentação do regime de participação de adquiridos como regime convencional).
Foi também por uma forte vinculação ao regime de comunhão e pelo seu desconhecimento pela população em geral que a Reforma de 1965 do direito francês remeteu o regime de participação nos adquiridos para um regime convencional e não o adotou como regime legal (Henri Mazeaud, *et allii*, *Leçons de Droit Civil. Régimes matrimoniaux*, *cit.*, pp. 614 e 615, e Cornu, *ob. cit.*, p. 152). Permitir-se-ia, assim, que se experimentasse o regime antes de, eventualmente, passar a regime legal numa ulterior reforma legislativa (Aubry/Rau, *ob. cit.*, p. 604). De facto, a adoção do regime de participação nos adquiridos como regime supletivo chegou a ser proposta em França em 1932, com o projeto *Renoult*, onde foi também afastado pelo facto de os franceses estarem muito presos ao regime de comunhão, não encarando bem os regimes de base separatista e a supressão da incapacidade da mulher casada (v., A. Colomer, *Droit Civil...*, *cit.*, p. 17).
Passados tantos anos talvez seja altura de proceder ao referido "salto". Tanto mais que o outro argumento utilizado para afastar o regime de participação nos adquiridos era o de que a atribuição do poder de administrar os seus bens próprios à mulher seria letra morta, pois, na generalidade dos casos, tal poder seria conferido por ela, por mandato expresso ou tácito, ao marido. Numa altura em que tal argumento não tem razão de ser, provavelmente também já não haverá um verdadeiro "salto" para o referido regime.

[506] F. Merzbacher, "Die Zugewinngemeinschaft. Eine wiederentdeckte Institution des ehelichen güterrechts", *Archiv für die civilistische Praxis*, nº 156º, 1957, p. 6, MünchKomm – *Gernhuber*, Vor § 1363 Rdn. 5, p. 335, e Langenfeld, *ob. cit.*, p. 54.

justa e não a mais simples, ou seja, a que no fim do regime melhor acautele os interesses dos cônjuges e de terceiros credores.

Não podemos esquecer que o regime patrimonial supletivo de comunhão não pode defender-se com base apenas na ideia de proteção da comunhão entre os cônjuges, dado que implica também relações com terceiros. De facto, o regime de comunhão legal regula não apenas as relações entre os cônjuges mas também com terceiros, podendo implicar o envolvimento do património próprio de um dos cônjuges em função de uma atividade desenvolvida pelo outro cônjuge. Portanto, visando a proteção da solidariedade conjugal pode afetar-se o património próprio de um cônjuge para pagamento de dívidas contraídas pelo outro, com prejuízo para a autonomia patrimonial de cada um dos cônjuges e podendo tornar o mais débil e menos empreendedor sujeito à atuação do seu cônjuge, onerando, dessa forma, o seu património[507].

É também de chamar a atenção para o facto de a nossa lei tentar resolver os problemas de ordem patrimonial entre os cônjuges, resultantes das regras de administração e disposição dos regimes de comunhão, pela fixação do regime de separação entre os cônjuges (art. 1767º), o que traduz a vantagem da separação face à comunhão. O mesmo se diga quando é decretada a separação judicial de pessoas e bens (art. 1795º-A). De salientar também que o direito alemão e o direito espanhol preveem, no caso de os nubentes ou cônjuges afastarem por convenção matrimonial o regime supletivo mas nada estipularem, a aplicação do regime de separação como regime supletivo de "2º grau" (§§ 1388º, 1414º, 1449º, e 1470º do BGB, e art. 1435º, 2º, do Cód. Civil espanhol)[508]. No direito italiano o regime de separação surge como regime legal subsidiário para resolução das situações de crise (no caso de separação judicial ou consensual de pessoas, de declaração de ausência ou de falência)[509].

Uma das críticas apontadas ao regime de separação é a de que este é um regime mais prejudicial aos credores, dado que, não existindo patri-

[507] Neste sentido, Ennio Russo, *Il Codice Civile Commentario..., cit.*, pp. 45 e 46. A mesma crítica é apontada por Gernhuber/Coester-Waltjen, *ob. cit.*, § 31, III, 3, p. 344.

[508] Um dos casos em que se dissolve a comunhão de adquiridos passando a vigorar o regime de separação decorre dos arts. 1373º e 1374º do Cód. Civil espanhol, ou seja, quando haja execução de bens comuns por dívidas próprias de um dos cônjuges.

[509] G. Cattaneo, "Del regime di separazione dei beni", *ob. e loc. cit.*, p. 418, e "Note introduttive agli articoli 82-88 Nov.", *in* AAVV, *Commentario alla riforma del diritto di famiglia, cit.*, sob a direção de Carraro/Oppo/Trabucchi, vol. I, tomo I, p. 465, e A. Galasso, *ob. cit.*, p. 600.

mónio comum, os credores não têm esse património autónomo que será eventualmente responsável pelas dívidas contraídas pelos cônjuges. O credor apenas pode executar o património do seu devedor, diminuindo a sua garantia patrimonial se comparado com o regime de comunhão. Ora, tal poderá gerar certa desconfiança dada a possibilidade de os cônjuges efetuarem transferências patrimoniais entre si, com prejuízo dos credores de cada um. Não podemos, porém, esquecer que, dentro da normalidade, os credores, no caso de verem os seus direitos afetados, podem recorrer aos meios gerais de Direito (p. ex., a impugnação pauliana, ações de nulidade, simulação, etc.). Sempre poderá argumentar-se no sentido de que, estando casados e vivendo juntos, a comunhão de vida entre os cônjuges gera uma maior promiscuidade patrimonial do que se se tratasse de estranhos. Será isso suficiente para afastar o regime de separação? Não nos parece: o mesmo argumento de proteção do credor também não impõe a solidariedade das dívidas como acontece nos regimes de comunhão (art. 1695º, nºs 1 e 2).

Até à alteração efetuada pela Lei nº 15/2015, de 2 de julho, que afastou a presunção, o direito espanhol, e para proteção dos credores, fixava, no art. 1442º do Cód. Civil espanhol, no caso de insolvência de um dos cônjuges, uma presunção, que admitia prova em contrário, de que os bens adquiridos a título oneroso pelo cônjuge não insolvente, durante o ano anterior à declaração de insolvência, foram pelo cônjuge insolvente doados por metade[510]. Idêntica norma chegou a existir no Cód. de Comércio francês,

[510] O art. 1442º do Cód. Civil espanhol adotava uma presunção que lembrava a presunção "muciana" do direito romano, que presumia que o adquirido pela mulher provinha do seu marido. Lacruz Berdejo/Sancho Rebullida, *et allii*, *Elementos de Derecho Civil. Familia*, *cit.*, p. 266, consideravam que se presumia aqui a existência de uma cooperação entre os cônjuges para defraudar terceiros, ou seja, que o cônjuge não falido teria adquirido bens em parte com valores próprios e em parte com valores do seu cônjuge. M. Amorós Guardiola, *et allii*, *ob. cit.*, p. 1959, nota 21, não considerava a existência de cooperação fraudulenta um elemento determinante. O que a norma visava era a proteção dos credores e, por isso, aplicava-se houvesse ou não cooperação fraudulenta. Tratava-se de uma norma criticada pela doutrina espanhola dado não existir qualquer disposição que presumisse a fraude nas relações estabelecidas entre os cônjuges (não havia qualquer presunção de gratuidade) e o facto de o regime de separação poder facilitar possibilidades de fraude aos credores não era suficiente para fixar tal presunção contrária aos princípios básicos do regime (v., sobre estas críticas, Mª Pilar Alvarez Olalla, *ob. cit.*, pp. 368 e 369). De facto, repare-se que não se presumia que determinados bens eram propriedade do insolvente, mas que determinados bens foram doados por este ao seu cônjuge. E a este propósito discutia-se se a metade doada nos bens adquiridos se reportava à procedência do dinheiro empregue na aquisição ou aos bens em si. Por outro lado, e ainda que

mas foi afastada pela Lei de 13 de julho de 1967, reguladora da falência. O mesmo aconteceu no direito alemão, onde se afastou também a referida presunção. O direito falimentar italiano manteve até à Reforma de 2005 a presunção de que os bens adquiridos a título oneroso pelo cônjuge do falido se presumiam propriedade deste último[511].

Em todo o caso, não pretendemos tomar posição quanto à controvérsia do regime de bens supletivo, mas apenas tentar aferir o melhor regime face à responsabilidade por dívidas do casal e respetiva relação com os credores.

Entendemos que as relações entre os cônjuges, pautadas pela autonomia e independência patrimoniais, podem regular-se pelo regime de separação de bens ou por um regime de base separatista[512]. Mas não podemos

o empobrecimento intencional do cônjuge devedor em benefício do outro cônjuge pudesse ocorrer nos dois casos, entendia-se que as aquisições a que se referia a disposição legal eram as provenientes do cônjuge devedor e transmitente e não as de terceiros (Luis Martinez Calcerrada, *ob. cit.*, pp. 197 e 198). Sobre o art. 1442º do Cód. Civil espanhol e a presunção nele contida, v., Susana Navas Navarro, *El régimen de separación de bienes y la protección de los terceros (Análisis de los artículos 1.441 y 1.442 del Código civil)*, Valencia, Tirant lo blanch, 1996, pp. 69-103, e Matilde Cuena Casas, *La protección de los acreedores en el régimen económico matrimonial de separación de bienes (La llamada presunción muciana)*, Madrid, Dykinson, 1999, pp. 89 e segs. Não deve esquecer-se que, protegendo o art. 1442º do Cód. Civil espanhol apenas os direitos de terceiros no caso de aquisições a título oneroso, existindo aquisições a título gratuito podiam sempre os credores recorrer aos arts. 1290º e segs. do Cód. Civil espanhol no caso de fraude aos seus direitos.

[511] V., Mª Pilar Alvarez Olalla, *ob. cit.*, pp. 335-338, e pp. 353-356.

[512] Também Guilherme de Oliveira, "Um direito da família europeu?...", *loc. cit.*, p. 108, e *Temas...*, *cit.*, pp. 325 e 326, considera que o direito português não ofereceria resistência a uma unificação dos regimes de bens na Europa no sentido de um regime de base separatista. Apesar de tudo, não vamos tão longe quanto Leite de Campos, *Lições...*, *cit.*, pp. 379 e 380, que defende que as relações entre os cônjuges podem regular-se pelas mesmas normas que regulam as relações entre pessoas estranhas. Consideramos, pelo contrário, que algumas especificidades continuam a exigir-se dado tratar-se de relações entre pessoas obrigadas a uma comunhão de vida o que afeta as suas relações patrimoniais. Também Pires de Lima/Braga da Cruz, *ob. cit.*, p. 54, entendiam que a vida em comum faz surgir entre os cônjuges uma série de questões que não podem ser reguladas pelo Direito comum dos contratos. Daí a necessidade de disposições especiais reguladoras dos regimes de bens. E no mesmo sentido, Gomes da Silva, *ob. cit.*, p. 186.

Rita Lobo Xavier, *Limites à autonomia privada...*, *cit.*, pp. 335 e 336, ainda que defenda a manutenção do regime de comunhão, por traduzir a maior união patrimonial dos cônjuges e por trazer maiores vantagens no momento da dissolução, não deixa de afirmar que os casamentos em separação de bens tendem a aumentar. É efetivamente o regime adotado pelas pessoas que casam em segundas núpcias e pelos casais mais jovens, "em virtude de proporcionar

negar que a existência do casamento exige sempre uma regulamentação específica face ao regime geral do Direito comum, dado que a comunhão de vida existente entre os cônjuges implica necessariamente uma qualquer forma de ligação e cruzamento patrimonial (nunca existindo uma rígida separação de patrimónios)[513]. Também no regime de separação, e além de questões concretas como a existência de contas bancárias, os cônjuges devem contribuir para os encargos da vida familiar e são responsáveis por certas dívidas, o que implica uma certa forma de "comunhão" patrimonial. Os cônjuges vivem juntos e no decurso do casamento não contabilizam quem paga o quê, confundindo-se os bens de cada um[514]. Mas parece-nos

maior autonomia e independência económica". Considera, porém, que as dificuldades decorrentes da dissolução da comunhão de vida patrimonial são maiores no regime de separação do que nos regimes de comunhão, dada a interpenetração de patrimónios (pense-se nas contas bancárias) que ocorre também no regime de separação. A aplicação rígida de um regime separatista pode implicar graves problemas. Consideramos, porém, que os problemas causados pela interpenetração patrimonial ocorrem também, e até mais acentuadamente, nos regimes de comunhão. O importante será, em qualquer regime, fixar mecanismos que impeçam não as transferências, exigidas pela comunhão de vida, mas o restabelecimento do equilíbrio patrimonial.
Também a união de facto, que vem exigindo uma regulamentação especial em certas matérias, pode regular-se, nomeadamente, em matéria de dívidas, por recurso ao Direito comum. Rita Lobo Xavier, *Limites à autonomia privada...*, *cit.*, pp. 473-478, considera que a regulamentação da união de facto traduz a incompatibilidade da plena comunhão de vida com a rígida divisão de patrimónios. É a própria comunhão que implica uma fusão dos interesses patrimoniais. Não negamos que assim seja, mas não entendemos que daí possa resultar uma necessidade de opção por um regime de comunhão, no casamento ou na união de facto, como forma de regular a referida fusão.

513 Como refere Rita Lobo Xavier, *Limites à autonomia privada...*, *cit.*, p. 443, a comunhão de vida a que os cônjuges estão obrigados é "incompatível com a absoluta separação dos respectivos patrimónios". O regime de separação assenta num regime base com regras de espírito comunitário. Os próprios cônjuges casados em separação de bens tentam recorrer a vários meios para obterem resultados idênticos aos conseguidos com os regimes de comunhão (p. ex., adquirirem bens em compropriedade, constituírem sociedades ou realizarem liberalidades entre si, abrirem contas bancárias coletivas). Aliás, e como vimos acontecer na preocupação pela correção das regras do regime puro de separação dos países da *Common Law*, a aplicação no momento da dissolução do regime de separação de bens das regras do enriquecimento sem causa não deixa de ser uma equiparação com a teoria das compensações do regime de comunhão, conforme escreve Simler, no prefácio de Farafina L. Boussougou-Bou-Mbine, *ob. cit.*, p. VI.

514 Aliás, o art. 1736º fixa uma presunção de compropriedade dos bens móveis, tradutora da referida confusão patrimonial (bem como o art. 1538º, 3º, do Cód. Civil francês, o art. 219º do Cód. Civil italiano, e o art. 1441º do Cód. Civil espanhol). Pela confusão patrimonial que a

que caberá à lei fixar os mecanismos corretores do eventual desequilíbrio patrimonial causado por tais transferências, sem obstar à autonomia e separação patrimoniais de cada cônjuge, facilitando o regime de administração e disposição dos bens (evitando a constante necessidade de atuação de ambos os cônjuges ou de um com o consentimento do outro como exige o regime de comunhão, com o risco de provocar ou agravar desentendimentos conjugais ou de paralisar o tráfego jurídico, além de poder chocar com o regime da responsabilidade por dívidas, como já referimos).

Demonstrando a nossa preferência por um regime separatista (ainda que o mesmo valha para qualquer regime), em termos gerais, em matéria de dívidas, e por entendermos dever existir uma regulamentação específica em certos pontos, parece-nos que apenas as dívidas contraídas para ocorrer aos encargos normais da vida familiar deveriam ter um tratamento especial, ou seja, e em relação a qualquer regime de bens, estas dívidas deveriam responsabilizar solidariamente ambos os cônjuges.

De acordo com o art. 1691º, nº1, al. *b*), as dívidas contraídas para ocorrer aos encargos normais da vida familiar oneram ambos os cônjuges por força da própria natureza que revestem, quer sejam contraídas antes ou depois da celebração do casamento e quer caibam nos poderes de administração de quem as contrai quer os excedam.

O art. 220º do Cód. Civil francês responsabiliza solidariamente os cônjuges pelas dívidas relativas à vida familiar quotidiana, abrindo aos credores o acesso a todos os bens. É por força desta disposição legal, aplicável a todos os regimes de bens, que cada um dos cônjuges, ao mesmo tempo que se obriga pessoalmente, responsabiliza também o outro. Isto significa que no regime de separação de bens (e no de participação nos adquiridos que funciona, no seu decurso, como se existisse separação patrimonial entre os cônjuges) o cônjuge que respondeu pela dívida na sua totalidade poderá exigir do outro um reembolso proporcional à sua parte na contribuição. Nos regimes de comunhão, as dívidas em causa integram o passivo definitivo da comunhão (art.

comunhão de vida implica também o regime de separação está sujeito a liquidação e partilha. Bruno de Filippis, *ob. cit.*, p. 312, traduz essa ideia ao referir que a natural interação entre os cônjuges leva a que um utilize bens do outro, confundindo-se a propriedade dos bens. Também J. Martínez Cortés, *ob. e loc. cit.*, pp. 418 e 419, afirma a necessidade de liquidação do regime de separação, nomeadamente, pelo facto de o funcionamento do regime e a comunhão de vida entre os cônjuges conduzirem a uma realidade muito semelhante aos regimes de comunhão.

1409º do Cód. Civil francês). O credor tanto pode exigir o pagamento da dívida sobre os bens próprios do cônjuge que a contraiu, ou sobre os bens próprios do outro ou sobre os bens comuns, dado o regime de solidariedade. O cônjuge que respondeu com os seus bens próprios por tal dívida terá, obviamente, direito a uma compensação no momento da liquidação da comunhão.

Mesmo no regime de separação de bens, apesar de cada um dos cônjuges possuir os seus bens próprios, administrando-os e tendo poderes de disposição dos mesmos, estas dívidas responsabilizam solidariamente os cônjuges. Como regime separatista, é-o do ponto de vista da composição dos patrimónios e da sua administração. Os cônjuges separados de bens são, patrimonialmente, um em relação ao outro como se de dois estranhos se tratassem. Quanto ao passivo, quer do ponto de vista da obrigação como do da contribuição, as dívidas que oneram o património de cada um dos cônjuges, no momento da celebração do casamento ou que estes assumam depois dele a qualquer título, permanecem próprias (art. 1536º, 2º, do Cód. Civil francês), sem prejuízo de se poder responsabilizar o outro cônjuge, além de este se poder obrigar juntamente com o outro, por aplicação das regras gerais do mandato, gestão de negócios ou enriquecimento sem causa (tal como pode acontecer nos regimes de comunhão, onde um cônjuge pode atuar, contraindo dívidas, em representação do outro). Com efeito, e como quaisquer outras pessoas, podem os cônjuges obrigar-se conjunta ou solidariamente pela dívida. A possibilidade de os cônjuges afastarem a independência patrimonial do passivo no regime de separação de bens é até frequente, nomeadamente, no caso de empréstimos contraídos pelos cônjuges, a título solidário, para aquisição da casa de morada da família ou se um dos cônjuges surge como fiador do outro, empresário em nome individual ou gerente de uma sociedade.

Porém, a esta independência patrimonial é imposto um limite pelo estatuto imperativo de base a respeito de dívidas do casamento. Com efeito, pelas dívidas previstas no art. 220º do Cód. Civil francês os cônjuges estão solidariamente obrigados (art. 1536º, 2º, do Cód. Civil francês).

No direito italiano, ao contrário do que acontece nos direitos francês e alemão, e no nosso direito[515], a dívida contraída por um dos cônjuges no interesse da família não responsabiliza solidariamente ambos os cônjuges (v., arts. 186º

[515] Os arts. 1440º e 1319º do Cód. Civil espanhol preveem também o regime de solidariedade, mas entre o património comum e o património próprio do cônjuge que contraiu a dívida e apenas uma responsabilidade subsidiária do outro cônjuge.

e 190º do Cód. Civil italiano), salvo se se incluir na al. *d*) do art. 186º do Cód. Civil italiano, ao contrário do que estava previsto no projeto da reforma[516/517].

Ao nível da responsabilidade patrimonial, e ao contrário dos ordenamentos jurídicos francês (art. 220º do Cód. Civil francês), alemão (§ 1357º do BGB), espanhol (art. 1319º do Cód. Civil espanhol) e português (arts. 1691º, nº 1, al. *b*), e 1695º), o direito italiano não contém uma disposição legal reguladora da responsabilidade pelas dívidas contraídas para a satisfação das necessidades da vida familiar. Ou seja, não determina se pela dívida responde o património próprio do cônjuge que contraiu a dívida, se o património de ambos os cônjuges, se o património comum (no regime de comunhão a dívida será comum, nos termos do art. 186º, al. *c*), Cód. Civil italiano) e o próprio de cada um dos cônjuges (determinando o art. 190º Cód. Civil italiano que os bens próprios só respondem na medida da metade, mas não havendo norma que regule a questão na separação de bens).

Dispõe o art. 1319º, 1º, do Cód. Civil espanhol, por seu lado, que qualquer um dos cônjuges pode praticar os atos necessários para ocorrer às necessidades ordinárias da família, que estejam a seu cargo, de acordo com aquilo que for considerado normal no lugar e circunstâncias da mesma família. De acordo com o artigo em causa, aplicável a todos os regimes de bens, são comuns as dívidas contraídas para satisfação das necessidades domésticas.

Por outro lado, o regime previsto pelo art. 1319º do Cód. Civil espanhol para as dívidas relativas às necessidades ordinárias da família implica uma exceção aos regimes de comunhão, na medida em que permite a atuação individual de qualquer um dos cônjuges face à regra da atuação conjunta, e uma exceção ao regime de separação, dado que, nos termos do art. 1440º Cód.

516 A. Galasso, *ob. cit.*, pp. 388 e 389. Se, como alguns autores italianos entendem, a responsabilidade dos bens comuns não afastar o regime geral do art. 2740º do Cód. Civil italiano, haverá responsabilidade solidária dos bens próprios do cônjuge que contraiu a dívida face aos bens comuns (não respondendo apenas na medida da metade do crédito, como aparentemente dispõe o art. 190º do Cód. Civil italiano).

517 O direito italiano, na al. *c*) do art. 186º do Cód. Civil, dispõe, no âmbito do regime de comunhão de adquiridos, que os bens comuns respondem pelas despesas de sustento da família e de instrução e educação dos filhos e pelas dívidas contraídas pelos cônjuges ou por um deles no interesse da família. Como se sabe, cada um dos cônjuges pode contrair dívidas, sem consentimento do outro. Mas para salvaguarda do património comum e do outro cônjuge só o património do cônjuge devedor responde pelas dívidas contraídas no seu interesse pessoal (art. 189º Cód. Civil italiano). Pelo contrário, as dívidas contraídas não no interesse pessoal mas no interesse da família responsabilizam os bens comuns.

Civil espanhol, a regra é a de que cada cônjuge responde pelas dívidas que contrai (e a mesma norma vale para o regime de participação nos adquiridos).

O § 1357º do BGB, regulador das relações patrimoniais dos cônjuges independentemente do regime de bens, determina que qualquer um dos cônjuges tem o poder de concluir, com efeitos em relação ao outro cônjuge, negócios destinados à satisfação das necessidades da vida familiar. Portanto, cada um dos cônjuges deve satisfazer de maneira apropriada as necessidades da família. Ambos os cônjuges estão, por isso, autorizados a realizar tais negócios, estando também ambos obrigados pelos direitos e as obrigações emergentes desses negócios, salvo se algo diferente resultar das circunstâncias.

Nas relações internas (entre os cônjuges), o § 1357º do BGB atribui a cada um dos cônjuges o poder de realizar negócios que produzem efeitos em relação ao outro, não parecendo admitir acordos em sentido contrário (o que não impede a faculdade conferida no § 1357º, 2º, do BGB). Nas relações com terceiros, o negócio realizado por um faz nascer direitos e obrigações para os dois cônjuges, desde que se trate da satisfação das necessidades da vida familiar, não haja circunstâncias que se oponham à existência do "mandato doméstico", não haja separação de facto entre os cônjuges e não haja exclusão do poder em causa nos termos do § 2º. Se os pressupostos do § 1357º do BGB estiverem preenchidos os cônjuges são solidariamente responsáveis (*Gesamtsschuldner*) pela obrigação assumida por um deles.

Entendemos, assim, que o regime da responsabilidade por dívidas deverá assentar na regra de que o cônjuge que contrai a dívida é o responsável pela mesma. Isto sem prejuízo de, em relação a certas dívidas, poder prever-se um regime especial, nomeadamente, admitindo que certas dívidas contraídas por um dos cônjuges responsabilizem ambos os cônjuges e, nos regimes de comunhão, o património comum (em especial, as dívidas contraídas para ocorrer aos encargos normais da vida familiar)[518]. Em todo o caso, e atendendo às críticas noutras ocasiões apresentadas[519], impõe-se a abolição da al. *d*) do nº 1 do art. 1691º.

[518] Em sentido contrário, Mª Dolores Díaz-Ambrona Bardaji, "La responsabilidad de los cónyuges en el ejercicio de la potestad doméstica en el sistema del artículo 1319 del codigo civil", *Actualidad Civil*, 1, nº 11, 1988, p. 658, defende a abolição do regime de solidariedade do art. 1319º do Cód. Civil espanhol, por se fundar no princípio da direção unilateral do marido e não ter razão de ser face ao princípio da igualdade jurídica entre os cônjuges.

[519] V., p. ex., Cristina Dias, *Responsabilidade por dívidas do casal*..., *ob. cit.*, pp. 210 e segs. e pp. 360 e segs.

Quanto à responsabilidade patrimonial, prevista no art. 1695º do nosso Cód. Civil, mesmo nos regimes de comunhão, onde a solidariedade mais se poderá justificar, poderia também vigorar, para a generalidade das dívidas, o regime da conjunção. Ou seja, com a diferença de, em primeiro lugar, responder pelas dívidas comuns o património comum, poderia determinar-se o mesmo que no regime de separação de bens; na falta ou insuficiência do património comum responderiam subsidiariamente os bens dos cônjuges em regime de conjunção, sem prejuízo da responsabilidade integral do cônjuge que contraiu a dívida, como também defendemos para a separação de bens.

Com esta solução, que nos parece mais justa no contexto atual das relações patrimoniais entre os cônjuges, os credores não ficam prejudicados. No regime de separação sempre podem executar a totalidade do património do cônjuge que contraiu a dívida; nos regimes de comunhão, podem executar o património comum e, na falta ou insuficiência deste, os bens próprios de cada um dos cônjuges ou do cônjuge que contraiu a dívida comum sem que o outro também se obrigasse diretamente.

O regime da responsabilidade patrimonial por dívidas dos cônjuges é especial, na medida em que, atendendo à existência de um casamento e à interpenetração patrimonial decorrente da vida em comum, o legislador visa encontrar um equilíbrio entre a proteção da família e os interesses de terceiros credores. Todavia, o casamento não pode ser um meio de eximir o devedor de responder pelas dívidas que contrai. Por isso, o cônjuge que contrai a mesma deve responder por ela sempre e nos termos gerais. A esta responsabilidade, se a dívida for comum, acrescenta a lei a do património comum, se se tratar de regime de comunhão, e a do património próprio do outro cônjuge.

Caminhando neste sentido, e como vimos, alguns autores italianos entendem que a regra do art. 190º do Cód. Civil italiano deve ser sistematicamente coordenada com o princípio geral em matéria de autonomia negocial e responsabilidade pessoal e patrimonial, de forma a que o cônjuge pessoalmente responsável pela dívida (que a contraiu) responda pela dívida comum (na falta de bens comuns) com todo o seu património (art. 2740º do Cód. Civil italiano). Poderá, contudo, invocar o benefício da excussão prévia, fazendo com que o credor só atue sobre os seus bens próprios depois de esgotados os bens comuns. De facto, a responsabilidade dos bens comuns não afeta o princípio geral do art. 2740º do Cód. Civil italiano, constituindo antes um acréscimo na garantia patrimonial que já detém sobre o seu devedor, na medida em que poderá, além dos bens deste, executar os bens comuns e ainda, subsidiariamente, os bens próprios do seu cônjuge na medida da metade do crédito. Assim, por dívidas comuns, o cônjuge responde com os seus bens próprios "na medida da metade", tratando-se de dívida que não contraiu pessoalmente (e não havendo solidariedade convencional entre os cônjuges). Se, pelo contrário, se trata de dívida contraída pessoalmente por esse cônjuge, ou contraída solidariamente por ambos os cônjuges, o cônjuge executado não pode restringir a sua responsabilidade. A não ser assim, o cônjuge que contraiu a dívida teria uma posição mais favorável no regime legal de comunhão do que no regime de separação de bens onde todo o seu património responde pelas obrigações assumidas.

Deverá, em todo o caso, abrir-se uma exceção para as dívidas contraídas para a satisfação dos encargos normais da vida familiar (as despesas correntes). A estas deveria manter-se o regime da solidariedade entre cônjuges nos regimes de comunhão e estipulá-lo até para o regime de separação. Trata-se daquelas dívidas necessárias ao dia a dia da vida familiar do casal e dos seus filhos e que, não parece haver dúvidas, a ambos os cônjuges devem responsabilizar solidariamente sem diferenciação de regime. O que, aliás, acontece nos ordenamentos jurídicos estrangeiros aqui analisados. Com efeito, as dívidas contraídas para ocorrer às necessidades da vida familiar integram a parte geral dos efeitos patrimoniais do casamento aplicável a qualquer regime de bens.

Numa altura em que a independência económica e financeira carateriza as relações patrimoniais entre os cônjuges dificilmente se encontra justificação para um regime de responsabilidade por dívidas dos cônjuges, no qual por uma dívida contraída por um respondam, com exceção à regra geral, ambos os cônjuges solidariamente (art. 1695º, nº 1). Salvaguardamos, como vimos, as dívidas relativas ao suprimento das necessidades e encargos da vida familiar, pelas quais, e em qualquer regime de bens, deverão responder ambos os cônjuges solidariamente. A razão está no facto de estas dívidas serem fundamentais e necessárias para o decurso normal da vida em comum. A responsabilidade limitada ao património próprio do cônjuge que contraiu a dívida (e aos bens comuns nos regimes de comunhão) pode implicar um benefício injustificado para o outro cônjuge (que poderá ser sempre o mesmo) que, beneficiando da contração da dívida (e, repete-se, necessária ao decurso normal da comunhão de vida, pautada pelo padrão normal da vida familiar em causa), nunca seria responsável pela mesma. Seria o caso de um casal em que um dos cônjuges contrai habitualmente as dívidas necessárias ao sustento do lar (compras relativas à alimentação do casal e dos filhos, pagamento da eletricidade, da água, gás, etc.). O outro cônjuge, contribuindo de acordo com as suas possibilidades para algumas despesas domésticas (cumprindo, assim, o dever de contribuição), beneficia largamente daquelas dívidas contraídas pelo seu cônjuge, poupando, por seu lado, a maior parte dos seus rendimentos. Ainda que nos regimes de comunhão estes rendimentos sejam comuns e, por isso, respondem também pelas dívidas como património comum, no regime de separação a desigualdade de tratamento entre os cônjuges é mais acentuada. De facto, o cônjuge que poupou os seus rendimentos não será responsável perante o credor pelo pagamento da dívida, necessária para o decurso da vida normal e da qual beneficiou. Por isso, entendemos que por estas dívidas respondem, mesmo no regime de separação (ao contrário do atualmente previsto no art. 1695º, nº 2), ambos os cônjuges solidariamente.

Mesmo que o regime da responsabilidade por dívidas seja regulado independentemente do regime de bens (e, por isso, independentemente de uma eventual alteração do regime supletivo para um de base separatista), o regime da responsabilidade patrimonial previsto para a separação de bens deveria valer para os regimes de comunhão. Ou seja, e com a exceção das dívidas relativas aos encargos normais da vida familiar, pelas quais valeria a solidariedade (em qualquer regime), a dívida deveria responsabilizar, por aplicação da regra geral, o cônjuge que a contraiu. Vigorando um dos regimes de comunhão, responsabilizaria, em primeiro lugar, o património comum (e aqui estaria a especificidade face ao regime geral), ainda que o credor não precise de excutir este para executar também o património do cônjuge devedor (cabendo ao devedor provar a existência de outros bens comuns). Um cônjuge não deverá, à partida, ser responsável por uma dívida contraída pelo outro. Nem mesmo a solidariedade patrimonial existente nos regimes de comunhão (que apenas explica a responsabilidade do património comum) justifica tal solução.

Por tudo isto entendemos ser de alterar o atual regime da responsabilidade por dívidas por um mais simples que corresponda à autonomia pessoal e patrimonial entre os cônjuges.

Resultante do dever pessoal de contribuição para os encargos da vida familiar, originado no casamento (arts. 1675º e 1676º), deveria fixar-se uma responsabilidade solidária, em qualquer regime de bens, pelas dívidas contraídas para a satisfação dos encargos normais da vida familiar.

De igual modo, seriam comuns, embora conjunta ou solidariamente, consoante o modo como os cônjuges se obrigaram, as dívidas contraídas por ambos os cônjuges (desde que se verifique a participação de ambos na contração da dívida ou a adesão de um à dívida contraída pelo outro – art. 1691º, nº 1, al. *a*)), bem como as dívidas contraídas pelo cônjuge administrador em proveito comum do casal (art. 1691º, nº 1, al. *c*) – não obstante poder implicar um endividamento do cônjuge administrador que responsabiliza também o outro cônjuge, e sobretudo no regime de separação onde há maior liberdade de administração e disposição dos bens, aquele (e o património comum, nos regimes de comunhão) só responde no caso de haver proveito comum). Seria ainda de manter a solução prevista no art. 1691º, nº 2, quanto ao regime da comunhão geral, e no art. 1693º, com as particularidades que referimos.

No caso de dívida que onere bens comuns ou próprios, deveria pela mesma responder o bem onerado (fosse próprio ou comum) e o património próprio do cônjuge que contraiu a dívida. Alargar a responsabilidade, no caso de o bem onerado ser comum, aos restantes bens comuns, ainda que favoreça a posição do credor (que além do bem que constitui a sua garantia de pagamento pode obter o mesmo pelos restantes bens comuns), parece-nos um sacrifício demasiado penoso para o património comum e para o outro cônjuge.

Pelas restantes dívidas contraídas por qualquer um dos cônjuges responderia o património próprio do cônjuge que a contraiu, em moldes idênticos aos regulados no art. 1696º. Salvaguardamos, porém, o caso dos bens administrados pelo outro cônjuge, dado que as regras da administração dos bens não devem ser afetadas pela possibilidade de um cônjuge poder contrair dívidas livremente. Ou seja, se apenas um dos cônjuges administra o bem e, portanto, só ele pode dele dispor, ou mesmo se um administra e carece do consentimento do outro para dispor, não faz sentido que, mediante a contração de dívidas, o cônjuge que não administra ou que, por si só, não pode dispor, possa onerar o bem com dívidas.

A não ir tão longe, deveria, pelo menos, eliminar-se a responsabilidade solidária, nos regimes de comunhão, prevista no art. 1695º, nº 1, para todas as dívidas comuns. Assim, pelas dívidas consideradas comuns deveria responder o património comum e subsidiariamente o património próprio dos cônjuges. Porém, e em primeiro lugar, essa responsabilidade dos patrimónios próprios seria conjunta (e não solidária, salvo as dívidas relativas aos encargos normais da vida familiar). Por outro lado, a conjunção não pode afastar a responsabilidade integral do cônjuge que contrai a dívida. Ou seja, a solidariedade manter-se-ia não entre os patrimónios próprios dos cônjuges, mas entre o património comum e o património próprio do cônjuge devedor. A responsabilidade parciária seria apenas do cônjuge não devedor.

O mesmo valeria para o regime de separação de bens, com a diferença de não existir património comum e, por isso, responder o património próprio dos cônjuges. Assim, o cônjuge que contraiu a dívida responderá integralmente pela mesma, nos termos gerais. O outro cônjuge responderá na medida da metade da dívida e não mais que isso.

Não podemos ainda deixar de notar, e porque o que aqui se pretende é conferir o devido grau de proteção aos terceiros credores, a importância de se estabelecerem presunções de propriedade a favor de terceiros, e não apenas a favor dos cônjuges como fazem os arts. 1725º e 1736º (ainda que valham face a terceiros que podem ilidir a presunção)[520], como determina o § 1362º do BGB. Apresenta este artigo uma presunção de propriedade (*Eigentumsvermutung*), sendo uma regra geral aplicável independentemente do regime de bens vigente entre os cônjuges. De facto, e quanto aos bens móveis (a que a lei equipara os títulos ao portador ou à ordem com endosso em branco), a comunhão de vida entre os cônjuges torna, muitas vezes, difícil aos credores saberem qual dos cônjuges é o verdadeiro proprietário do bem que o credor pretende penhorar para obter o pagamento do seu crédito[521]. Dispõe o § 1362º do BGB que presume-se, em benefício dos

[520] V., Pires de Lima/Antunes Varela, *Código Civil...*, *cit.*, vol. IV, p. 449.

[521] Como referem Beitzke/Lüderitz, *ob. cit.*, p. 94, e Lüderitz/Dethloff, *ob. cit.*, p. 73, a presunção de propriedade do § 1006º do BGB não consegue resolver os problemas dado, na maioria dos casos, ambos os cônjuges serem possuidores do bem. No mesmo sentido, MünchKomm – *Wacke*, § 1362 Rdn. 3, pp. 312 e 313, Martin Lipp, *ob. cit.*, pp. 70 e 71 (chamando também a atenção para o facto de que, dada a obscuridade face a terceiros de quem é o real proprietário do bem, podem os cônjuges dispor de certos bens de forma mais ou menos duvidosa e com prejuízo dos credores), e Gernhuber/Coester-Waltjen, *ob. cit.*, § 22, II, 1, pp. 214 e 215.
A solução apresentada no § 1362º do BGB foi proposta em 1947 por Beitzke, *ob. cit.*, 1947, p. 42, entendendo que a solução na altura vigente (que estabelecia uma presunção de propriedade a favor do marido e apenas referia que os bens pessoais da mulher se presumiam seus) era

credores do marido e da mulher, que os bens móveis que se encontram na posse de um ou de ambos os cônjuges pertencem ao devedor (permitindo ao credor executar tais bens). Esta presunção, que apenas vale face a terceiros credores, é, porém, afastada se os cônjuges estiverem separados de facto e os bens estiverem na posse do cônjuge não devedor ou se se tratar de bens reservados ao uso exclusivamente pessoal de um dos cônjuges, independentemente de quem o detém. Além disso, a presunção é ilidível, ou seja, o cônjuge não devedor pode provar que o bem lhe pertence. É evidente que esta presunção só vale para os bens móveis, dado que no caso de bens imóveis a necessidade de registo facilita ao credor a demonstração de quem é o proprietário do bem[522].

Idêntica presunção, em qualquer regime de bens, facilitaria a execução do credor sobre os bens do seu devedor, mesmo vigorando o regime de separação de bens. Aliás, o mesmo parece decorrer do art. 1538º do Cód. Civil francês, ou seja, o credor pode executar a parte do cônjuge seu devedor nos bens abrangidos pela presunção de compropriedade. No ordenamento jurídico italiano tem-se entendido também que a presunção de compropriedade dos bens prevista no art. 219º do Cód. Civil italiano, no domínio do regime de separação de bens, vale também nas relações com terceiros e não apenas nas relações internas entre os cônjuges[523]. De igual modo, a presunção de compropriedade, no regime de

unilateral, melhor sendo uma disposição que presumisse a propriedade do devedor, fosse o marido ou a mulher.

[522] Beitzke/Lüderitz, *ob. cit.*, p. 96, e Lüderitz/Dethloff, *ob. cit.*, p. 74, chamam a atenção para a relevância da presunção no caso de insolvência de um dos cônjuges. Neste caso, o administrador de insolvência poderá incluir todos os bens móveis ao abrigo do § 1362º do BGB mesmo que o seu titular seja o cônjuge não insolvente.

[523] A. Finocchiaro/M. Finocchiaro, *Riforma del diritto..., cit.*, p. 609 (para quem, na falta da prova da propriedade exclusiva do bem, o credor pode agir sobre a quota ideal que o cônjuge seu devedor tem no bem), Attardi, "Profili processuali della comunione legale dei beni", *Rivista di Diritto Civile*, ano XXIV, I, 1978, p. 51, M. Vascellari, "Separazione dei beni – presunzione di comproprietà *ex* art. 219, comma 2º, c.c. – opponibilità da parte del coniuge dell'esecutato in sede di opposizione di terzo all'esecuzione – condizioni", *in* AAVV, *Questioni di diritto patrimoniale della famiglia..., cit.*, pp. 415-428, Gabrielli/Cubeddu, *ob. cit.*, p. 318, e Cospite, "Del regime di separazione dei beni", *ob. e loc. cit.*, p. 269. M. Morelli, *ob. cit.*, pp. 148 e 149, nota que a presunção não deve funcionar em prejuízo de terceiros, ou seja, e no caso de oposição de um cônjuge à execução movida contra o outro cônjuge por um seu credor, não pode aquele limitar-se a invocar a presunção (afetando os interesses do credor que vê diminuída a sua garantia patrimonial), devendo provar-se a titularidade dos bens. Ora, nesses casos, não

separação, que resulta do art. 1441º do Cód. Civil espanhol não se reduz ao âmbito interno, sendo de aplicar nas relações com terceiros. Os cônjuges serão considerados como comproprietários dos bens, salvo se algum deles provar a sua exclusiva propriedade. Significa, portanto, que os credores próprios de um dos cônjuges podem penhorar a quota no bem correspondente ao seu devedor, quando o outro não conseguir provar a sua propriedade exclusiva[524].

Mas repare-se que nestes ordenamentos jurídicos a presunção é de compropriedade e não de propriedade exclusiva do cônjuge que detém o bem como acontece no direito alemão (encontrando-se, portanto, o credor mais protegido neste regime jurídico).

Um regime de responsabilidade por dívidas como o atualmente vigente entre nós, com uma maior proteção dos credores, justificava-se numa altura em que a sociedade conjugal se assumia pela unidade e direção conjunta dos cônjuges. Essa unidade, com inevitável confusão patrimonial, aconselhava um regime em que os credores não fossem por ela prejudicados, ou seja, ao contratar com um dos cônjuges tinham a garantia que toda aquela união patrimonial estava também envolvida no negócio.

Numa altura em que os cônjuges se assumem como independentes entre si (sem prejuízo da inevitável interpenetração patrimonial) e face a terceiros credores, estes sabem que, à partida, apenas podem contar com o seu parceiro negocial como responsável pela dívida. Fixar um regime diferente para a generalidade das dívidas, sobretudo em matéria de responsabilidade patrimonial, apenas por o devedor ser casado, não parece encontrar justificação na realidade conjugal atual.

Os regimes de bens, o regime de administração e disposição dos bens do casal, o regime da responsabilidade por dívidas, tudo foi objeto de alteração legislativa ao longo dos tempos para adaptação a novas realidades sociais e económicas que se repercutem na relação patrimonial conjugal.

conseguindo o cônjuge não devedor provar a propriedade exclusiva, entendem alguns autores não ser de aplicar a presunção do referido art. 219º, 2º, do Cód. Civil italiano, prevalecendo a propriedade exclusiva do devedor (como De Paola/A. Macri, *ob. cit.*, p. 277, e B. Grasso, "Il regime della separazione dei beni", *in* AAVV, *Trattato di diritto privato. Persona e famiglia*, sob a direção de Pietro Rescigno, vol. III, tomo II, 2ª ed., Torino, UTET, 1996, p. 657).

[524] M. Amorós Guardiola, *et allii*, *ob. cit.*, p. 1956, e Lledó Yagüe, *et allii*, *ob. cit.*, pp. 283 e 284. Evita-se, assim, que haja fraude aos interesses de terceiros pela fácil transmissão de bens móveis entre os cônjuges casados em separação de bens.

Será, por isso, de repensar esta matéria à luz da realidade presente. Aliás, além do regime de administração e disposição conjuntas, que pode gerar entraves na gestão dos bens, a responsabilidade do outro cônjuge, além dos bens comuns e do cônjuge que contrai a dívida, é criticada por representar um excessivo favoritismo do credor em prejuízo do cônjuge não devedor. Por outro lado, a responsabilidade do património comum com exclusão da responsabilidade do cônjuge que contrai a dívida representa uma limitação na garantia do credor.

Só assim não será no caso de dívidas em que aquela união pessoal e patrimonial esteja em causa, ou seja, as dívidas que são contraídas para a satisfação dos encargos normais da vida familiar e, por isso, beneficiam ambos os cônjuges e a família.

Por isso, consideramos que o regime de separação de bens acautela suficientemente os credores (que não devem ser beneficiados sem uma razão válida, pelo único facto de o seu devedor ser casado) e os interesses da família [só haverá responsabilidade solidária dos cônjuges se a dívida foi contraída em benefício da família, não se justificando uma maior (ou menor, como parece decorrer do regime de conjunção atualmente previsto no art. 1695º, nº 2) oneração sobre o património familiar (constituído pelo património próprio de cada um dos cônjuges)]. Por isso, também consideramos que as dívidas contraídas para ocorrer aos encargos normais da vida familiar devem ter um regime especial face às restantes dívidas: o da solidariedade em qualquer regime de bens, sendo matéria a regular no domínio do regime patrimonial primário (como fazem o art. 220º do Cód. Civil francês, o art. 1319º, 2º, do Cód. Civil espanhol, e o § 1357º do BGB).

O regime da responsabilidade por dívidas deverá assentar na regra de que o cônjuge que contrai a dívida é o responsável pela mesma. Numa posição mais radical, iríamos até um pouco mais longe, pela estipulação de um regime semelhante ao previsto no direito alemão, ou seja, adotando um regime de base separatista, fixar a responsabilidade do cônjuge que contrai a dívida, nos termos gerais, e apenas no caso das dívidas contraídas para a satisfação dos encargos normais da vida familiar a determinação da responsabilidade solidária de ambos os cônjuges[525]. É evidente que

[525] Aliás, mesmo nos regimes jurídicos que, como o nosso, adotam a comunhão de adquiridos como regime supletivo, no regime de separação de bens cada cônjuge responde pelas suas dívidas e apenas há responsabilidade de ambos os cônjuges no caso de dívidas contraídas

mesmo no regime de separação (ou de base separatista) algumas dívidas podem ser contraídas por um dos cônjuges em proveito comum sem que sejam para satisfação dos encargos normais da vida familiar. Mas, nestes casos, se o cônjuge que a contraiu, e seu responsável, a pagou, sempre podem prever-se mecanismos de correção, além da possibilidade de recurso às regras gerais do enriquecimento sem causa[526]. Seria a propósito do regime, então convencional, de comunhão de adquiridos ou geral que se preveria uma regulamentação semelhante à vigente, mas com a abolição do art. 1691º, nº 1, al. *d*), e a alteração do regime da responsabilidade solidária do art. 1695º, nº 1.

De referir ainda a importância da manutenção da proibição de alteração do regime da responsabilidade por dívidas (seja ele qual for), para que os credores não sejam surpreendidos com alterações nem sempre conhecidas estipuladas pelos cônjuges. Quando muito, a admitir-se isso, tais alterações sempre estariam sujeitas às regras da alteração das convenções matrimoniais (a admitir a revogação do princípio da imutabilidade) e, em especial, a registo e à não retroatividade das alterações, com vista à manutenção dos direitos já adquiridos pelos credores.

para ocorrer aos encargos normais da vida familiar (art. 1536º do Cód. Civil francês e art. 1440º do Cód. Civil espanhol).

[526] A jurisprudência francesa admite que pela dívida contraída por um cônjuge, casado em regime de separação de bens, em benefício do outro possa vir a responder este face ao credor. O que só poderá acontecer com fundamento nas regras do mandato tácito, da gestão de negócios ou do enriquecimento sem causa. V., A. Colomer, *Droit Civil...*, *cit.*, p. 547, nota 17.

IV
A liquidação e partilha: as compensações devidas pelo pagamento de dívidas do casal e os problemas relativos à existência de passivo não pago no momento da liquidação ou após a partilha

1. Noções introdutórias: compensações no âmbito da responsabilidade por dívidas do casal

A comunhão de vida que existe entre os cônjuges implica e conduz, inevitavelmente, a uma promiscuidade patrimonial. Não pode haver qualquer pretensão de estabelecer uma absoluta e completa separação de patrimónios, isto é, ainda que configuremos a existência de patrimónios próprios de cada um dos cônjuges e, nos regimes de comunhão, de um património comum, o desenvolvimento normal da vida conjugal força à interpenetração patrimonial, à osmose entre os patrimónios próprios e o comum.

É nos regimes de comunhão que tal facto mais acentuadamente se faz sentir, não sendo habitualmente fácil distinguir o que é próprio de cada cônjuge e o que é comum. Partimos, assim, do regime da comunhão de adquiridos como regime supletivo e da regulamentação do regime das compensações pelo pagamento de dívidas, não descurando, porém, o regime de separação[527].

[527] A liquidação do regime de bens não é exclusiva dos regimes de comunhão, existindo também no regime de separação. Em todo o caso, é a existência de um património comum que implica a possibilidade de surgimento de compensações no momento da liquidação e exige uma partilha que levanta os principais problemas. Por isso, centramos o nosso estudo no regime de comunhão.
As compensações (*stricto sensu*) pelo pagamento de dívidas do casal implicam o relacionamento de um património próprio com o património comum, o que não ocorre no regime de

A referida osmose patrimonial que ocorre em virtude da comunhão de vida, exige a previsão de determinados mecanismos destinados a realizar um justo equilíbrio patrimonial entre os cônjuges. Na constância do matrimónio é possível que ocorram transferências de valores entre as diferentes massas de bens em presença. Tais transferências darão origem, no final do matrimónio[528], a créditos e débitos recíprocos: os patrimónios próprios podem ser credores do comum, este daqueles e os próprios de cada um podem ser devedores dos próprios do outro. O que se pretende evitar com tais mecanismos é o enriquecimento de um dos cônjuges à custa do empobrecimento do outro, procurando salvaguardar um certo equilíbrio patrimonial.

O princípio da imutabilidade dos regimes de bens, as regras relativas à sub-rogação de bens, a livre revogabilidade das doações entre os cônjuges e as penas patrimoniais aparecem como uns desses mecanismos[529]. Restringimos, porém, o nosso estudo ao âmbito das compensações pelo pagamento das dívidas do casal, reguladas no art. 1697º do Cód. Civil, porque obviamente só esta matéria toca o problema das dívidas dos cônjuges[530].

separação por ausência deste último. Tal não significa, porém, a ausência de créditos entre os patrimónios próprios dos cônjuges (que poderão também ocorrer nos regimes de comunhão), os quais não estão sujeitos ao regime específico das compensações mas ao regime geral das obrigações. Por isso, e como veremos, distinguimos as compensações *stricto sensu* dos simples créditos entre cônjuges.
Uma solução pensável para os problemas que a regulamentação legal das compensações encontra entre nós, seria a de afastar o regime da comunhão de adquiridos, admitindo como regime supletivo um regime de base separatista (o regime de participação nos adquiridos, semelhante à *Zugewinngemeinschaft* do direito alemão, ou mesmo o regime de separação de bens), não nos repugnando aí admitir a regulação, por remissão para o Direito das Obrigações, de créditos entre cônjuges imediatamente exigíveis no decurso do casamento. Querendo convencionar um regime de comunhão, teriam os cônjuges que estipular na convenção antenupcial o regime das compensações. Só nesse caso não seria premente regular o regime das compensações em geral e, em especial, pelo pagamento de dívidas do casal. Mas, mesmo nessa hipótese, poderia sempre acontecer que os cônjuges, na convenção antenupcial, não regulassem o regime das compensações e, por isso, também nesse caso, seria importante a lei prever tal regulamentação.

528 Em rigor, a lei não prevê tais mecanismos no momento da dissolução do casamento mas no momento da partilha dos bens.

529 V., sobre todas estas questões, Rita Lobo Xavier, *Limites à autonomia privada...*, *cit.*, *passim.*

530 Planiol/Ripert, *Traité pratique de Droit Civil français. Régimes matrimoniaux*, vol. VIII, parte I, Paris, LGDJ, 1925, pp. 498 e 499, referem que a teoria da sub-rogação real apresenta uma dupla vantagem sobre a teoria das compensações: permite assegurar a composição dos pa-

O mecanismo das compensações é uma peça fundamental dos regimes de comunhão. Caraterizados pela coexistência de três massas de bens, implicando osmoses inevitáveis entre as mesmas, os regimes de comunhão têm de prever mecanismos com vista ao restabelecimento do equilíbrio entre os diferentes patrimónios em causa, eventualmente afetado durante a vigência da comunhão conjugal. O mecanismo das compensações desempenha, assim, um papel de relevo.

Tendo por objetivo restabelecer o equilíbrio entre os diferentes patrimónios, as compensações procuram evitar o enriquecimento injusto, como princípio geral de direito, de um património em detrimento de outro, decorrente, em especial, do pagamento de dívidas, por um dos patrimónios, que oneram definitivamente outro património[531]. Por outro lado, a técnica das compensações impõe que se determine o rasto dos movimen-

trimónios mesmo no decurso da comunhão e, por outro lado, previne a rutura do equilíbrio entre os três patrimónios ao passo que as compensações só atuam no momento ulterior da partilha. Reconhecem, porém, o âmbito mais limitado de aplicação do mecanismo da sub-rogação real. V. também, Françoise Chapuisat, *loc. cit.*, pp. 647 e 656. Planiol/Ripert, *Traité élémentaire..., cit.*, p. 84, e A. Colomer, *Droit Civil..., cit.*, p. 301, consideram que a sub-rogação real confere a qualidade de proprietário, enquanto o mecanismo das compensações apenas confere a qualidade de credor (sujeito à insolvabilidade do património devedor e às desvalorizações monetárias). Também J. J. Rams Albesa, *ob. cit.*, p. 161, considera a sub-rogação um importante meio de restabelecer os equilíbrios patrimoniais *in natura* e não em direitos de crédito como acontece com as compensações. Contudo, e como acontece no domínio da responsabilidade por dívidas, o enriquecimento de um património em detrimento de outro não se traduz necessariamente no aparecimento de um novo bem suscetível de ocupar, nesse património, o lugar deixado pelo bem sacrificado. Por isso, o mecanismo da sub-rogação não afeta os desequilíbrios que possam resultar de uma alteração do regime da responsabilidade por dívidas. Assim, para que os desequilíbrios patrimoniais sejam, senão prevenidos, pelo menos corrigidos, torna-se necessário um mecanismo apto a intervir todas as vezes em que os outros mecanismos falhem, como o das compensações. É isso mesmo que L. Barbiera, *ob.* e *loc. cit.*, p. 452, expressa ao dizer que o conteúdo da disposição do art. 192º do Cód. Civil italiano pressupõe o não funcionamento da regra da sub-rogação real. De igual modo pronunciou-se Carmindo Ferreira, *loc. cit.*, ano 9º, p. 101. V. também, A. Colomer, *L'instabilité..., cit.*, pp. 36-44, que apresenta, como formas de salvaguardar o equilíbrio entre as diferentes massas patrimoniais no regime de comunhão, o mecanismo da imutabilidade das convenções matrimoniais, o da sub-rogação real e o das compensações.

[531] Sobre o fundamento das compensações, v., Cristina Dias, *Compensações devidas pelo pagamento de dívidas..., cit.*, pp. 110 e segs., e "Breves notas sobre o fundamento das compensações no âmbito das relações patrimoniais entre os cônjuges", *in* AAVV, *Ars Ivdicandi – Estudos em homenagem ao Prof. Doutor António Castanheira Neves*, vol. II, Coimbra, Coimbra Editora, 2009, pp. 207-223.

tos de valores entre os patrimónios, permitindo identificar as transferências que pretendem defraudar a imutabilidade do regime de bens, encobrir negócios jurídicos proibidos ou constituir liberalidades não sujeitas ao regime da revogabilidade[532].

O Código Civil fala, expressamente, em compensações devidas pelo património comum ao património próprio de um dos cônjuges ou por este àquele nos arts. 1682º, nº 4, 1697º, 1722º, nº 2, 1726º, nº 2, 1727º, 2ª parte, e 1728º, nº 1, *in fine*[533]. Defendemos a existência de um princípio geral que obriga às compensações entre os patrimónios próprios dos cônjuges e o

[532] Cornu, *ob. cit.*, p. 492.

[533] Assim, haverá compensações, de acordo com o art. 1722º, nº 2, quando, em virtude de um direito próprio anterior, certos bens adquiridos na constância do matrimónio, e considerados próprios de um dos cônjuges, forem pagos com dinheiro comum ou à custa de bens comuns. Surge aí um crédito a integrar a conta de compensações a favor da comunhão.
De igual modo, compensações serão devidas nos termos dos arts. 1726º, nº 2, 1727º, 2ª parte, e 1728º, nº 1, *in fine*. Quanto ao art. 1726º, nº 2, no caso de as prestações, para a aquisição de um bem, serem de desigual valor e os bens adquiridos assumirem, por força do critério estabelecido no nº 1 do mesmo artigo, a natureza (própria ou comum) da prestação mais valiosa, haverá que compensar o património desfalcado. A compensação dar-se-á a favor do património próprio do cônjuge lesado se a coisa adquirida for considerada comum e a favor do património comum na hipótese inversa. Será à luz deste art. 1726º que poderão surgir compensações decorrentes da construção de uma casa, no decurso do casamento, em terreno próprio de um dos cônjuges e com recurso a empréstimo bancário, cujas prestações sejam pagas com o salário dos cônjuges. De facto, e consoante a contribuição mais alta seja a do património próprio (terreno) ou do património comum (dinheiro comum utilizado para pagamento de empréstimo com vista à construção da casa), e, assim, o bem se qualifique como próprio ou comum, haverá a devida compensação ao património empobrecido. V., sobre esta questão e o afastamento do regime geral da acessão, Rita Lobo Xavier, "Das relações entre o Direito comum e o Direito matrimonial – a propósito de atribuições patrimoniais entre cônjuges", *in* AAVV, *Comemorações dos 35 anos do Código Civil e dos 25 anos da Reforma de 1977, Direito da Família e das Sucessões*, vol. I, Coimbra, Coimbra Editora, 2004, pp. 487-500, e Cristina Dias, "Da acessão no âmbito da titularidade dos bens no regime de comunhão de adquiridos: bens adquiridos por virtude da titularidade de bens próprios", *in* AAVV, *Estudos em Comemoração do 10º Aniversário da Licenciatura em Direito da Universidade do Minho*, Coimbra, Almedina, 2004, pp. 229-249.
Também no caso do art. 1727º, 2ª parte, pode suceder que o cônjuge comproprietário tenha que efetuar o pagamento da parte adquirida com somas pertencentes ao património comum. Quando assim seja haverá lugar a compensação a favor do património comum. Finalmente, o art. 1728º, nº 1, *in fine*, prevê a necessidade de compensar o património comum sempre que a nova aquisição tenha envolvido despesas custeadas com dinheiro ou outros valores comuns. A estas disposições poderá acrescentar-se, ao prever compensações devidas à comunhão pelo cônjuge que, sem consentimento do outro, alienou ou onerou, por negócio gratuito, móveis

comum sempre que um deles, no final do regime, se encontre enriquecido em detrimento do outro. A não ser assim, verificar-se-ia um enriquecimento injusto da comunhão à custa do património de um dos cônjuges ou de um destes à custa daquela. Por isso, e apesar de não estar expressamente previsto, admitimos também a existência de compensações nos termos do art. 1723º, al. *c*)[534].

comuns de que tem a administração, o art. 1682º, nº 4, no âmbito das disposições gerais relativas aos efeitos patrimoniais do casamento.

534 Seguimos aqui o mesmo entendimento já defendido por Rita Lobo Xavier, *Limites à autonomia privada...*, *cit.*, p. 395. Sobre esta hipótese de um direito de compensação do cônjuge prejudicado com o ingresso de um bem próprio na comunhão, por não indicação da proveniência dos valores em causa, nos termos da al. *c*) do art. 1723º, no momento da dissolução e partilha do património comum, v., Rita Lobo Xavier, "A sub-rogação real indirecta...", *loc. cit.*, pp. 185 e segs., e *Limites à autonomia privada...*, *cit.*, pp. 350 e segs. Com efeito, se a compensação visa evitar o enriquecimento injusto de um património à custa de outro, comprovando-se que o ingresso de um bem na comunhão empobreceu o património próprio de um dos cônjuges, não nos choca admitir a compensação deste pelo património comum, muito embora o art. 1723º, al. *c*), não o refira expressamente. As normas reguladoras das compensações "reafirmam um princípio geral que obriga às compensações entre os patrimónios próprios dos cônjuges, e entre estes e o património comum, sempre que um deles se encontre enriquecido em detrimento de outro" (Rita Lobo Xavier, *Limites à autonomia privada...*, *cit.*, p. 352). Aceitando também a existência de uma compensação nessa situação, v., Pereira Coelho/Guilherme de Oliveira, *ob. cit.*, p. 508.
Será de admitir a existência de compensações em qualquer situação em que, no final do regime de bens, um dos patrimónios se encontre empobrecido em detrimento do outro, como nos parece ser o caso da disposição, em proveito próprio do cônjuge administrador, de valores comuns depositados em conta bancária e analisado pelo acórdão da RE, de 21.02.2002 (v., Cristina Dias, "Processo de inventário, administração e disposição de bens (conta bancária) e compensações no momento da partilha dos bens do casal – comentário ao acórdão da Relação de Évora, de 21-2-2002 (*Col. Jurisp.*, tomo I, 2002, p. 274)", *Lex Familiae – Revista Portuguesa de Direito da Família*, ano 1, nº 2, 2004, pp. 120-122).
Sobre o art. 1723º, al. *c*), e o preenchimento dos seus pressupostos, cabe analisar a posição da doutrina e da jurisprudência. Sendo a ideia de proteção de terceiros que justifica a exigência do art. 1723º, al. *c*), há doutrina, apoiada por alguma jurisprudência (p. ex., o ac. do STJ, de 12.07.2001 (*http://www.dgsi.pt*, consultado a 17 de fevereiro de 2021)), que entende que, quando não esteja em causa o interesse de terceiros, mas apenas o dos cônjuges, a conexão entre os valores próprios e o bem adquirido pode ser provada por quaisquer meios, sem necessidade do documento previsto na lei. De facto, a menção da proveniência do dinheiro na escritura de aquisição é o meio de garantir que terceiros conheçam a sub-rogação, que contraria a aparência criada de que o bem adquirido a título oneroso é comum. Na ausência de terceiros que possam ser enganados pela aparência, a exigência desse meio especial de prova não terá sentido. V., Castro Mendes, *Direito da Família*, *cit.*, p. 170, e Pereira Coelho/Guilherme de Oliveira, *ob. cit.*, pp. 611-616.

No campo da responsabilidade por dívidas, as compensações estão previstas no art. 1697º[535].

Outros autores entendem que a falta de menção da proveniência dos valores constitui presunção de que os bens são comuns, mesmo que um dos cônjuges esteja em condições de provar o caráter próprio dos valores utilizados e mesmo que não intervenham interesses de terceiros. V., Pires de Lima/Antunes Varela, *Código Civil..., cit.*, vol. IV, p. 427, e Leite de Campos, *Lições..., cit.*, p. 396, e na jurisprudência, o ac. do STJ, de 25.05.2000 (*BMJ*, nº 497º, 2000, p. 382). De igual modo, Rita Lobo Xavier, "A sub-rogação real indirecta de bens próprios nos regimes de comunhão", Separata da *RDES*, ano XXXIX, nºs 1-2-3, janeiro-setembro, 1997, p. 208, e *Limites à autonomia privada..., cit.*, p. 350, entende que "a menção da proveniência dos bens e a intervenção dos cônjuges são requisitos absolutos da qualificação dos bens adquiridos, na constância do matrimónio, como próprios de um dos cônjuges. Pelo que a sua falta implica a qualificação de tais bens como bens comuns". De facto, também entendemos que a eventual produção de prova em contrário não afeta a qualificação do bem, mas apenas permite demonstrar que na aquisição de um bem, que ingressou na comunhão por falta da documentação exigida, foram empregues bens próprios e, assim, reconhecer ao património próprio o direito a ser compensado. Entre os cônjuges, a prova, por qualquer meio, da proveniência do dinheiro deve ser permitida apenas para fundar o direito a uma compensação, e não para obter a restituição do bem em espécie.

Quanto às posições defendidas na jurisprudência, que se inclina ora para uma posição ora para a outra, v., algumas decisões referidas por Pereira Coelho/Guilherme de Oliveira, *ob. cit.*, pp. 612 e 613. Veja-se a este propósito o acórdão uniformizador de jurisprudência do STJ nº 12/2015, de 2.07.2015 (*Diário da República*, 1ª série – nº 200, de 13 de outubro de 2015), e Cristina Dias, "Bens sub-rogados no lugar de bens próprios – omissão no título aquisitivo das menções constantes do art. 1723º, alínea *c*), do Código Civil", *Cadernos de Direito Privado*, nº 51, 2015, pp. 59-85, e Rita Lobo Xavier, "Omissão das formalidades exigidas pela norma da alínea c) do artigo 1723º do Código Civil para a sub-rogação real indireta de bens próprios no regime da comunhão de adquiridos: o Acórdão de Uniformização de Jurisprudência nº 12/2015 e as novas dimensões do problema", *Julgar*, nº 40, janeiro-abril, 2020, pp. 13-29.

[535] Os nºs 1 e 2 do art. 1697º correspondem ao § 2º do art. 1113º do Cód. de Seabra e ao § 2º do art. 10º do Cód. Comercial, na primitiva redação, respetivamente. Em termos gerais, poderá dizer-se que são devidas compensações quando as dívidas comuns forem pagas com bens próprios de um dos cônjuges, bem como quando as dívidas de um só dos cônjuges forem pagas com bens comuns. É essencialmente no facto de "o crédito de um dos cônjuges sobre o outro" só poder ser exigível no momento da partilha dos bens do casal que o nº 1 do art. 1697º se distingue do § 2º do art. 1113º do Cód. de Seabra, onde havia a imediata exigibilidade. A regra do nº 1 do art. 1697º corresponde, com algumas diferenças, ao § 2º do art. 1113º do Cód. de Seabra. Com efeito, enquanto o art. 1113º se referia a dívidas comunicáveis que, por falta de bens comuns, foram pagas com bens próprios de um dos cônjuges, o nº 1 do art. 1697º evita a utilização desse termo, usando o de "dívidas da responsabilidade de ambos os cônjuges", evidenciando, assim, que a solução se aplica a todos os regimes de bens e não apenas aos de comunhão.

Procedeu-se também à eliminação da referência ao direito de regresso de um dos cônjuges contra o outro, feita no § 2º do art. 1113º, atendendo a que se tratava de uma compensação

devida em consequência do regime de solidariedade passiva aplicado a essas dívidas pelo § 1º do mesmo artigo, e a sua substituição pela simples afirmação de que um dos cônjuges se torna credor do outro (em rigor, será um crédito do património próprio de um dos cônjuges face ao comum, nos regimes de comunhão; só será verdadeiramente um crédito do outro cônjuge no regime de separação e, por isso, pode ser imediatamente exigível). O direito de crédito atribuído a um dos cônjuges tanto existe nos casos em que o cônjuge respondeu com os bens próprios, como obrigado solidário (nos termos do art. 1695º, nº 1), como nos casos em que tenha respondido como obrigado conjunto (cfr. o art. 1695º, nº 2). Se a dívida for comum, da responsabilidade de ambos os cônjuges, e não existirem bens comuns ou forem insuficientes, respondem solidariamente os bens próprios de qualquer um dos cônjuges. Mas se o regime adotado for o da separação de bens, tal responsabilidade será apenas conjunta. Ora, tanto num caso como no outro pode um dos cônjuges pagar a mais do que lhe competia: nos regimes de comunhão poderá ser forçado a isso dada a sua posição de devedor solidário; no regime de separação, poderá querer voluntariamente fazê-lo para evitar, nomeadamente, discussões familiares ou outros problemas (quando a dívida é da exclusiva responsabilidade de um dos cônjuges – art. 1696º – e respondem bens próprios de outro cônjuge, porque voluntariamente o quis fazer, deverá também aqui admitir-se um crédito entre os cônjuges. Tal situação não é abordada no art. 1697º, nº 2, porque não se trata de uma compensação *stricto sensu* mas de um crédito entre cônjuges, sujeito ao regime geral do Direito das Obrigações). Razoável será que, nas duas situações, surja um crédito face ao outro cônjuge ou face ao património comum pelo que pagou além do que lhe competia.
Por um lado, o nº 1 do art. 1697º não fala, como fazia o § 2º do art. 1113º, no que o cônjuge pagou "além da metade que lhe pertencia", mas somente no que pagou "além do que lhe competia satisfazer". O § 2º do artigo mencionado apenas se referia às dívidas comunicáveis e, admitindo-se apenas a comunhão por metades, o preceito podia exprimir-se dessa forma. À luz do Cód. Civil de 1966 a situação é diferente, dado que não se trata somente de dívidas comunicáveis, mas de dívidas da responsabilidade de ambos os cônjuges, seja nos regimes de comunhão seja no de separação de bens e, consequentemente, sejam dívidas solidárias ou conjuntas. É possível aos cônjuges obrigarem-se em proporções desiguais e não por metades, mesmo nas dívidas solidárias, podendo haver casos, embora raros e excecionais, em que os cônjuges não estejam onerados por metade, mas sim em proporções desiguais. Seria o caso, apresentado por Braga da Cruz, "Capacidade patrimonial dos cônjuges...", *loc. cit.*, p. 413, de serem doados por terceiros certos bens ao património comum dos cônjuges, mas com a estipulação de estes participarem neles em partes desiguais. A participação nas dívidas comuns, dentro das forças desses bens, obedecerá à mesma desigualdade de proporções. De referir que não há, neste caso, violação da regra da metade prevista no art. 1730º – cfr., neste sentido, Guilherme de Oliveira, "Sobre o contrato-promessa de partilha...", *loc. cit.*, p. 285, nota 21. Braga da Cruz, "Regimes de bens do casamento. Disposições gerais. Regimes de comunhão....", *loc. cit.*, p. 215, chegou a propor um artigo específico intitulado "Participação no património comum em partes desiguais", mas a norma não passou para a versão definitiva, mantendo-se hoje a participação em partes iguais.
Mas é na parte final do nº 1 do art. 1697º que, seguindo o ensinamento de Braga da Cruz (repare-se que o atual art. 1697º traduziu na íntegra o art. 17º do anteprojeto de Braga da Cruz, da sua autoria, já que o anteprojeto de Pires de Lima não previa a matéria aí regulada),

reside a principal diferença entre a solução do Cód. Civil de 1966, e ainda atual, e o § 2º do art. 1113º do Cód. de Seabra. De facto, o "direito de regresso" estabelecido em favor do cônjuge que pagou mais do que devia apresentava-se no referido § 2º com a natureza de um direito imediatamente exequível, ao passo que o crédito estabelecido no atual nº 1 só é exigível no momento da partilha do casal, salvo se vigorar o regime de separação de bens.

Parece-nos, contudo, que as situações contempladas nos arts. 1113º, § 2º, do Cód. de Seabra, e 1697º, nº 1, do Cód. Civil, não são exatamente iguais. Por que admitia o Cód. de Seabra a imediata exigibilidade do direito de regresso de tal crédito de um cônjuge face ao outro? Precisamente por não se tratar de relações entre os patrimónios próprios dos cônjuges e o comum, ou seja, apesar de termos dívidas comuns pelas quais responderam bens próprios de um dos cônjuges, o art. 1113º fazia surgir imediatamente um crédito no património próprio do cônjuge que pagou a dívida face ao património próprio do outro, não intervindo a comunhão. Em rigor, não eram propriamente créditos entre cônjuges, pois havia o pagamento de uma dívida comum. Porém, tudo se passava como se se tratasse de simples créditos entre cônjuges, na medida em que não se fazia intervir o património comum, não se prevendo o pagamento de tal crédito mediante a meação nos bens comuns. Contra tal entendimento não se poderá argumentar no sentido de que, sendo assim, o art. 1697º, nº 1, também criaria um crédito a favor do cônjuge que pagou a dívida, imediatamente exigível, pois o artigo é claro ao remeter a sua exigibilidade para o momento da partilha e implicando uma conexão com o património comum (cfr. o art. 1689º, nº 3). Mesmo que entendêssemos que o art. 1697º, nº 1, regula créditos entre cônjuges, mesmo nos regimes de comunhão (o que, desde já, afastamos), nunca poderíamos defender, atendendo à letra da lei, a sua imediata exigibilidade como expressamente fazia o Cód. de Seabra.

O art. 1697º pretende regular as compensações e, em rigor, não deveria dispor como faz: não há um crédito entre os cônjuges (daí não fazer sentido falar em "credor"), mas compensação do património comum ao próprio do cônjuge que pagou dívidas comuns com bens próprios, ainda que tal crédito passe pelo aumento da sua meação no património comum e por uma diminuição da meação do outro cônjuge como se este fosse o devedor, atendendo ao disposto no art. 1689º, nº 3. Também aí o termo "créditos entre os cônjuges" não nos parece acertado ou, pelo menos, aplicado no seu sentido rigoroso, parecendo abranger tanto esses créditos como as compensações propriamente ditas. Porém, se o articularmos com o nº 1 do art. 1697º compreende-se a solução legal: se esse nº 1 se refere a um crédito a favor de um dos cônjuges, o nº 3 do art. 1689º necessariamente terá de regular precisamente esse crédito, não lhe chamando compensação. Além disso, o nº 3 do art. 1689º, relativo à partilha, deve abordar não apenas a questão das compensações do património comum ao próprio de um dos cônjuges (e repare-se que o nº 1, *in fine*, regula as compensações devidas ao património comum), mas também os eventuais créditos entre os cônjuges que ainda não tenham sido exigidos. Aliás, o mais provável será que, não obstante poderem ser exigidos a todo o tempo, nos termos gerais do Direito das Obrigações, tal só ocorra no momento da dissolução e partilha do regime de bens. Salvaguarda-se o regime de separação de bens pois aí só haverá créditos entre cônjuges e não compensações. O Cód. de Seabra admitia a imediata exigibilidade tal como o atual art. 1697º a admite para o regime de separação: nos dois casos trata-se de relações entre patrimónios próprios. Nos regimes de comunhão, o que temos são compensações *stricto sensu*, que se diferem para o momento da partilha dada a natureza do património comum. Tratando-se, nesses regimes,

Em termos gerais, poderá dizer-se que são devidas compensações quando as dívidas comuns forem pagas com bens próprios de um dos cônjuges, bem como quando as dívidas de um só dos cônjuges sejam pagas com bens comuns.

O nº 1 do art. 1697º regula as compensações devidas pela comunhão a favor de um dos cônjuges, quando este respondeu por dívidas comuns. O direito de crédito aí atribuído a um dos cônjuges tanto existe nos casos em que o cônjuge respondeu com os bens próprios, como obrigado solidário (nos termos do art. 1695º, nº 1), como nos casos em que tenha respondido como obrigado conjunto (art. 1695º, nº 2), uma vez que, mesmo neste último caso, ele poderá ter querido satisfazer uma parte da dívida global superior à que lhe competia (muito embora, neste último caso, não tenhamos compensações *stricto sensu*).

Pretende-se que o cônjuge que pagou mais do que devia tenha sempre o direito a ser compensado daquilo que pagou a mais.

Por sua vez, o nº 2 do art. 1697º, referindo-se às compensações devidas pelo património próprio de um dos cônjuges ao património comum, pretende abranger todos os casos em que, por dívidas próprias, responderam bens comuns. Cabem, assim, no mencionado nº 2 dois núcleos de situações.

O primeiro abrange os casos em que, na falta ou insuficiência dos bens próprios do cônjuge devedor, responderam por uma dívida própria bens comuns, nos termos do nº 1 do art. 1696º.

O segundo grupo de casos abrangidos pelo nº 2 do art. 1697º é o daqueles em que os bens comuns responderam ao mesmo tempo que os bens próprios do cônjuge devedor, nos termos do nº 2 do art. 1696º. Pelo facto de os bens comuns serem, nesses casos, executados conjuntamente com os bens próprios do cônjuge devedor, por dívidas da exclusiva responsabilidade deste, não deixam de ser bens comuns. Haverá, assim, um paga-

de créditos entre os cônjuges não nos parece que não possam ser exigidos no decurso do casamento – a isso não obsta a natureza do património comum, pois apenas se relacionam os patrimónios próprios de cada um dos cônjuges.
Por outro lado, o nº 2 do mesmo art. 1697º representa uma generalização do princípio consagrado no § 2º do art. 10º do Cód. Comercial, na sua versão original. Enquanto o art. 10º do Cód. Comercial se referia à hipótese de ter havido execução de bens comuns por conta da meação do marido, para pagamento das dívidas comerciais deste (não tendo a mulher requerido a separação judicial de bens), o nº 2 do art. 1697º pretende abranger todos os casos em que, por dívidas próprias (sejam ou não comerciais, e sejam do marido ou da mulher), tenham respondido bens comuns.

mento de dívidas próprias com bens comuns e, consequentemente, um prejuízo do outro cônjuge que terá de ser compensado no momento da partilha do casal.

Portanto, sempre que, nos regimes de comunhão, por dívidas da exclusiva responsabilidade de um dos cônjuges tenham respondido bens comuns, surgirá um direito de compensação do património comum a efetivar no momento da partilha.

Se atendermos à titularidade do crédito nascido do pagamento de dívidas comuns com bens próprios de um dos cônjuges (nº 1) ou nascido do pagamento de dívidas próprias com bens comuns (nº 2), constatamos que, enquanto no nº 1 o credor da compensação devida é o cônjuge que pagou a dívida com bens próprios, no nº 2 o credor é o património comum.

As razões apresentadas por Braga da Cruz, no seu anteprojeto, para a referida regulamentação, ligavam-se ao facto de no nº 1 não fazer sentido estabelecer um crédito contra o património comum, já que a disposição se aplica também ao regime de separação de bens (onde não há património comum) e, para além disso, nos regimes de comunhão, o património comum pode estar esgotado no momento da partilha e o cônjuge credor não deve ficar prejudicado por isso[536]. Mas reconhece que, se, no momento da partilha, houver bens comuns, é por eles que o cônjuge credor do outro será pago em primeiro lugar (cfr. o art. 1689º, nº 3), tudo se passando como se o devedor fosse realmente o património comum e, a título subsidiário, o outro cônjuge. Por outro lado, no nº 2 entendeu-se que não faria sentido estabelecer um simples crédito do outro cônjuge, como faz o nº 1 do art. 1697º (ainda que, no entendimento por nós seguido, em rigor, o que aí está em causa são compensações *stricto sensu*, devidas pela comunhão), pela importância correspondente à sua meação nos bens utilizados para o

[536] A solução legal, fazendo surgir um crédito a favor do cônjuge, poderia também justificar-se alegando a falta de personalidade jurídica da comunhão. Com efeito, não sendo dotada de personalidade jurídica, não seria correto considerá-la credora de um pagamento a efetuar por um dos cônjuges. Em rigor, o património comum é possuído por ambos os cônjuges, como propriedade de mão comum, e, no final, os créditos e débitos resolver-se-iam entre os cônjuges. Porém, para além de tal entendimento estar em contradição com alguns preceitos legais que se referem expressamente ao património comum como titular de uma compensação (cfr. os arts. 1697º, nº 2, 1722º, nº 2, 1726º, nº 2, 1727º, 2ª parte, 1728º, nº 1, *in fine*), de nada valeria à lei regular especificamente as compensações entre os patrimónios comum e próprios dos cônjuges, se, afinal, tudo se resolveria como créditos e débitos entre cônjuges.

pagamento da dívida (art. 1689º, nº 3)[537], pois o património comum é um património de afetação especial que tem de ser devidamente ressarcido daquilo em que for desfalcado, a fim de não ficarem prejudicados os interesses daqueles que têm, em relação a ele, direitos especiais. Estão em causa interesses de terceiros, credores do património comum (cfr. o art. 1689º, nº 2), que ficariam prejudicados se, em vez de um crédito do património comum sobre o cônjuge cujas dívidas foram pagas com bens comuns, se estabelecesse um simples crédito do outro cônjuge. Além do mais, a solução traduz a existência de uma verdadeira compensação, ao relacionar o património próprio do cônjuge devedor com o património comum, indiciando, igualmente, a existência de uma conta-corrente, no decurso da vida conjugal, cujo cálculo e saldo final será apurado no final do regime, ao referir que a importância devida é "levada a crédito do património comum".

Como já tivemos oportunidade de o referir[538], se as razões apresentadas para o nº 2 têm o nosso acolhimento, as apresentadas para justificar o nº 1 carecem de uma especificação, numa dupla perspetiva.

A primeira relaciona-se com o facto de se dizer que não se poderia constituir um crédito do património próprio de um dos cônjuges face ao comum por o nº 1 do artigo em causa se referir também ao regime de separação de bens onde não há património comum. Podemos afirmar que no regime de separação de bens não há património comum (no sentido de comunhão de bens, ainda que possa haver bens em compropriedade). Mas tal constatação não nos pode levar a afastar que a compensação existente nos regimes de comunhão seja devida pelo património comum e não pelo outro cônjuge. O que temos são dois institutos diferentes: no regime de separação, abordado na parte final do nº 1 do art. 1697º, não há qualquer compensação (precisamente por não haver património comum), mas sim créditos entre cônjuges; nos regimes de comunhão o que deverá existir

[537] Repare-se que idêntica solução apresenta o direito espanhol no art. 1373º, 2º, do Cód. Civil espanhol, implicando uma restituição dos valores em causa ao património comum, e os arts. 1470º, 1º, do Cód. Civil francês, e 192º, 1º e 2º, do Cód. Civil italiano. Diferentemente regula o direito alemão que, no caso de compensação devida pelo património de um dos cônjuges ao património comum, quando só possa realizar-se no momento da liquidação da comunhão, dispõe no § 1476º, 2º, do BGB, a imputação na meação do devedor do valor da compensação e, quando tal não seja possível (por insuficiência da referida meação), faz surgir um crédito a favor do outro cônjuge.

[538] Cristina Dias, *Compensações devidas pelo pagamento de dívidas..., cit.*, pp. 88-90.

são compensações do património comum ao património próprio de um dos cônjuges. Compensações estas a ter lugar apenas no momento da partilha do casal, atendendo à natureza do património comum, e pagas pela meação do outro cônjuge no património comum. Porque de dois institutos diferentes se trata a solução legal de um e outro deverá também divergir e justifica-se que assim seja. Aliás, a solução é também diferente quanto ao momento da exigibilidade do crédito: a todo o tempo no regime de separação e apenas no momento da partilha nos regimes de comunhão.

A segunda objeção prende-se com a questão de não permitir que, esgotado o património comum, o cônjuge credor fique prejudicado por isso, pois será o outro cônjuge que terá de o compensar, ainda que, se ainda houver bens comuns, a compensação passe primeiro pela meação deste último, respondendo, assim, o património comum, como se fosse este o devedor. É efetivamente a meação do cônjuge não credor que compensará o cônjuge que respondeu com o seu património por dívidas comuns (cfr. o art. 1689º, nº 3), verificando-se, desta forma, uma compensação do património comum ao próprio de um dos cônjuges. É que, note-se, dada a ausência de personalidade jurídica da comunhão, os titulares do património comum são, efetivamente, ambos os cônjuges. No final, a compensação devida a um dos cônjuges pela comunhão será paga por um acréscimo da meação do cônjuge credor nos bens comuns, de valor igual ao da compensação devida e, necessariamente, por uma diminuição, na mesma proporção, na meação do outro cônjuge. A tal não obsta que se trate de um património de afetação especial e com autonomia (ainda que não plena) face aos cônjuges e ao património próprio de cada um deles. A não ser assim, no final, tratar-se-ia sempre de relações entre patrimónios próprios e as compensações (*stricto sensu*) não tinham razão de existir.

A dúvida poderá surgir quando o património comum se esgotar, ou seja, configurando o património comum como o devedor de uma compensação, acabando este o cônjuge credor não verá satisfeito o seu crédito. Daí que se considere que se trataria de créditos entre os cônjuges, assegurando que o cônjuge credor sempre seria reembolsado, na falta de bens comuns, pelos bens próprios do outro cônjuge (cfr. o art. 1689º, nº 3, 2ª parte). Não nos parece, todavia, correto tal entendimento.

Em primeiro lugar, confundem-se as compensações (a haver entre o património comum e os patrimónios próprios dos cônjuges e, necessariamente, só nos regimes de comunhão) e os créditos entre cônjuges (existentes entre os patrimónios próprios dos cônjuges, sem intervenção do património comum, possíveis em qualquer regime de bens e exigíveis a todo o tempo). Se se trata de uma dívida comum, pela qual respondem os bens comuns, mas paga com bens próprios, temos, consequentemente, compensação e não créditos entre cônjuges.

Depois, o problema de o cônjuge credor não ser compensado, em virtude do esgotamento dos bens comuns, é um risco existente também no regime de separação de bens, em matéria de créditos entre os cônjuges, e aqui o legislador não se preocupou em arranjar uma solução: se o património próprio do cônjuge devedor se esgotar o outro cônjuge não será reembolsado.

Ainda assim, poderá evitar-se tal risco nos regimes de comunhão[539], procurando interpretar os arts. 1697º, nº 1, 1ª parte, e 1689º, nº 3, 2ª parte, à luz do art. 1730º.

Com efeito, o art. 1689º, nº 3, 1ª parte, ao referir-se aos "créditos de cada um dos cônjuges sobre o outro", não deverá ser interpretado como créditos entre cônjuges, quando esteja a regular a situação decorrente do art. 1697º, nº 1, 1ª parte, mas como compensações, na sequência do entendimento apresentado anteriormente.

Deve atender-se ao art. 1730º, que estabelece a regra da metade, isto é, os cônjuges participam por metade no ativo e no passivo da comunhão. O facto de os arts. 1689º, nº 3[540], e 1697º, nº 1, se reportarem a compensações entre o património comum e o próprio de um dos cônjuges, nos regimes de comunhão, e exigíveis apenas no momento da partilha, não obsta, nem afasta a que atendamos, nesses regimes, ao art. 1730º, ou seja, qualquer estipulação que afaste a regra da metade é nula. Por isso, se um cônjuge pagou dívidas comuns com bens próprios, o outro, que necessariamente participa em metade do passivo da comunhão, terá de ter a mesma par-

[539] Repare-se que, na sequência do que dizemos no texto, no regime de separação os créditos entre os cônjuges que existam no momento da partilha serão, nos termos do nº 3 do art. 1689º, entendido em termos gerais, e na ausência de património comum, pagos pelos bens próprios do cônjuge devedor.

[540] Quanto a este artigo, deverá, como disposição geral reguladora da partilha, abarcando todos os regimes de bens, regular quer as relações do património comum com os patrimónios próprios dos cônjuges quer as relações entre patrimónios próprios. Como o nº 1 do art. 1697º faz surgir um crédito a favor de um dos cônjuges, o nº 3 do art. 1689º, limita-se, sem especificar e sem diferenciar as situações, a regular esses "créditos".

ticipação daquele[541]. Daí a solução da 2ª parte do nº 3 do art. 1689º: não existindo, nos regimes de comunhão, bens comuns, ou sendo estes insuficientes, respondem os bens próprios do cônjuge devedor. Assim, não se trata aí de consagrar um crédito de um cônjuge face ao outro, mas de concretizar a regra geral do art. 1730º.

Repare-se que não se faz, no nº 2 do art. 1697º, nenhuma ressalva para o caso de vigorar entre os cônjuges o regime de separação, ao contrário do que acontece no nº 1 do mesmo artigo. A razão normalmente apontada[542] está em que, não havendo no regime de separação bens comuns, *stricto sensu*, não há que prever a hipótese de serem pagas por tais bens as dívidas da exclusiva responsabilidade de um dos cônjuges. A tal razão podemos acrescentar, no seguimento do entendimento que perfilhamos, que não havendo, no regime de separação, bens comuns, património comum, consequentemente, não há, neste regime de bens, lugar a quaisquer compensações. Se a elas não há lugar, então a lei não tem necessidade de as regular.

O que poderá acontecer, no regime de separação, será o pagamento, por um dos cônjuges, voluntariamente, de dívidas próprias do outro cônjuge. Ora, neste caso surgirá um crédito entre cônjuges, exigível a todo o tempo e sujeito ao regime geral do Direito das Obrigações[543/544].

[541] Apesar de o art. 1730º ser normalmente utilizado no âmbito da partilha final dos bens do casal, nada impede a sua aplicação no decurso da vida do casal. Além do mais, sistematicamente, o preceito incluiu-se no âmbito da regulamentação do regime de comunhão de adquiridos e não nos artigos relativos à partilha dos bens do casal (arts. 1688º e 1689º). As compensações são, entre nós, pagas por imputação ou acréscimo na meação do cônjuge devedor ou credor da compensação. Mas, não se pense que tal viola a regra da metade: por um lado, as próprias compensações permitem uma repartição igualitária das dívidas dos cônjuges (evitando o enriquecimento de um património à custa de um outro) e, por outro lado, só depois de calculadas e "reservadas" as compensações se procederá à partilha do restante entre os cônjuges.

[542] Braga da Cruz, "Capacidade patrimonial dos cônjuges...", *loc. cit.*, p. 418.

[543] Repare-se que esta hipótese é também admissível nos regimes de comunhão, onde um dos cônjuges poderá pagar com bens próprios dívidas da exclusiva responsabilidade do outro cônjuge. Aqui, não obstante o regime de bens, surgirá também um crédito entre os cônjuges, imediatamente exigível e sujeito ao regime geral do Direito das Obrigações.

[544] Não encontramos disposição idêntica nos outros ordenamentos jurídicos que temos vindo a analisar, uma vez que aí a regulamentação das compensações é efetuada a propósito do regime de comunhão legal e, por isso, não há que ter em consideração o regime de separação de bens. Quando muito, seria à luz deste regime que a questão seria abordada. Como vimos, porém, não havendo compensações no regime de separação, os ordenamentos estrangeiros limitam-se a regular os créditos entre os cônjuges ou, nada referindo, sujeitá-los ao regime geral das obrigações.

Convém, neste ponto, e partindo da noção de compensações, distinguir as compensações dos créditos entre cônjuges.

A compensação é o meio de prestação de contas do movimento de valores entre a comunhão e o património próprio de cada cônjuge que se verifica no decurso do regime de comunhão. A compensação aparecerá, no momento da liquidação e partilha, ou como um crédito da comunhão face ao património próprio de um dos cônjuges ou como uma dívida da comunhão face a tal património, permitindo que, no fim, uma massa de bens não enriqueça injustamente em detrimento e à custa de outra.

Se assim é, a compensação apenas existirá se aquelas transferências se realizarem no decurso do regime matrimonial (e num dos regimes de comunhão).

Por definição, uma compensação presume um movimento de valores entre o património comum e o património próprio de um dos cônjuges. Se, durante o regime matrimonial, a transferência de valores se realizar entre os patrimónios próprios, haverá um crédito entre cônjuges, e não uma compensação[545]. Tais créditos entre cônjuges obedecem a um regime jurídico distinto das compensações. Desde logo, salvo convenção em con-

[545] V., entre outros, Baudry-Lacantinerie/J. Le Courtois/F. Surville, *Traité théorique et pratique de Droit Civil. Du contrat de mariage ou des régimes matrimoniaux*, vol. XVI, tomo I, 3ª ed., Paris, Librairie de la Société du Recueil J.-B. Sirey et du Journal du Palais, 1906, pp. 727 e 728 e segs. (que já entendiam que se deveria distinguir as *récompenses* das *indemnités* devidas por um dos cônjuges ao outro), e *Traité théorique et pratique de Droit Civil. Du contrat de mariage ou des régimes matrimoniaux*, vol. XVII, tomo II, 3ª ed., Paris, Librairie de la Société du Recueil J.-B. Sirey et du Journal du Palais, 1906, p. 349 (que, ainda que falem em *récompenses*, sujeitam as que se referem às relações diretas entre os cônjuges a regras diferentes das que envolvem a comunhão), Morin, "Examen de quelques problèmes que souleve en pratique la nouvelle théorie des récompenses", *Defrénois*, ano 91º, nº 2, 1971, I, art. 29769, pp. 5 e 6, Aubry/Rau, *ob. cit.*, pp. 467 e segs., G. Marty/P. Raynaud, *ob. cit.*, pp. 275 e 276, F. Terré/Ph. Simler, *ob. cit.*, pp. 463 e 464, Cornu, *ob. cit.*, pp. 528-532, M. Grimaldi, *et allii*, *ob. cit.*, pp. 226 e 227, A. Colomer, *Droit Civil..., cit.*, pp. 446 e 447, e Malaurie/Aynés, *Les régimes matrimoniaux*, *cit.*, pp. 279 e 280. No direito espanhol, v., M. Amorós Guardiola, *et allii*, *ob. cit.*, pp. 1678 e 1679, e Mª Teresa Martín Meléndez, *La liquidación de la sociedad de gananciales. Restablecimiento del equilíbrio entre masas patrimoniales*, Madrid, McGraw-Hill, 1995, pp. 47 e 48, e no direito italiano, v., Mastropaolo/Pitter, *ob. e loc. cit.*, p. 345, nota 2, citando G. Gabrielli, que entende não ser possível haver compensações entre os cônjuges, uma vez que, nesses casos, relacionam-se os patrimónios próprios daqueles e não os patrimónios próprios e o comum. Também no direito belga, Léon Raucent, *Droit patrimonial de la famille..., cit.*, nºs 246 e 297, distingue as compensações, existentes entre o património comum e o património próprio dos cônjuges, dos créditos entre cônjuges a existir entre os patrimónios próprios dos cônjuges.

trário, tais créditos são exigíveis desde o momento do seu surgimento, por estarem sujeitos ao regime geral do Direito das Obrigações, não se justificando o seu diferimento para o momento da partilha[546]. O seu pagamento pode ser exigido durante o casamento, sem esperar pela sua dissolução e pela liquidação e partilha do regime matrimonial[547].

Planiol/Ripert, *Traité pratique de Droit Civil français..., cit.*, pp. 547 e segs., e apesar de falarem em "*récompenses dues par un des époux à l'autre*", não deixam dúvidas ao referirem que a teoria das compensações, com as suas particularidades, não deve aplicar-se às relações que se estabelecem entre os patrimónios próprios dos cônjuges. Estes dois patrimónios são entre si independentes, tal como no regime de separação de bens. O que justifica a teoria específica e especial das compensações é a existência de um património comum. No mesmo sentido, Henri Deschenaux, *La nature juridique da la communauté de biens entre époux d'après les droits français, allemand et suisse*, Paris, Rousseau et Cª Éditeurs, 1934, p. 354, nota 2, e Rieg/Lotz, *ob. cit.*, p. 435. V., na jurisprudência francesa, Req., de 2 de maio de 1906 (*DP* 1906.I.401, note Binet), citado por A. Colomer, *Droit Civil..., cit.*, p. 446, nota 4.

546 Os problemas do património comum e a sua natureza de património coletivo, que nos parece justificar o diferimento das compensações, não se colocam quando apenas se relacionam os patrimónios próprios dos cônjuges.
O tratamento diferenciado das compensações e dos créditos entre cônjuges leva-nos a não concordar com Pereira Coelho/Guilherme de Oliveira, *ob. cit.*, pp. 448 e 449, no sentido de seguir a sugestão do art. 1697º no caso de crédito de indemnização surgido da responsabilidade do cônjuge administrador (art. 1681º). De facto, e de acordo com os autores, tratando-se de créditos entre cônjuges (o crédito de indemnização será bem próprio, seja no caso de danos num bem próprio – art. 1733º, al. *d*) – seja no de danos em bem comum – podendo o cônjuge credor considerar o crédito (correspondente à sua metade do dano) como um bem próprio), não havendo intervenção do património comum, não se justifica a aplicação da regra da exigibilidade diferida das compensações, prevista no art. 1697º. Assim, nada obsta à exigibilidade imediata de tal crédito mesmo no decurso do casamento. Apenas a tentativa de evitar conflitos entre os cônjuges no decurso do casamento poderia explicar tal diferimento da exigibilidade. Considerando que os créditos entre cônjuges, surgidos nomeadamente do pagamento por um dos cônjuges da totalidade de uma dívida solidária (e não comum) contraída com o outro, estão sujeitos ao regime geral e, por isso, também exigíveis no decurso do casamento, v., A. Weber, "Die Entwicklung des Familienrechts seit Mitte 1999. Eherecht, Kindschaftsrecht, Ehewohnung, Hausrat und vermögensrechtliche Beziehungen", *NJW*, ano 54º, nº 18, 2001, p. 1327, ainda que considere poder tal crédito, resultante do § 426º do BGB, ser diferido para o fim do casamento no caso de ser o cônjuge que aufere o único rendimento do casal, dedicando-se o outro ao lar e educação dos filhos, a suportar a dívida integralmente. Portanto, o eventual diferimento do crédito não se dá por imposição legal ou impossibilidade de determinação dos bens de cada um mas por questões de justiça e equidade. De facto, o trabalho no lar realizado pelo cônjuge será ponderado no momento da liquidação do regime de bens, podendo compensar o pagamento realizado pelo outro.

547 A possibilidade de exigir o pagamento de créditos entre os cônjuges no decurso do casamento resulta também, entre outros fatores, da admissão legal da dação em cumprimento,

É evidente que, na prática, durante o casamento tal exigibilidade raramente se verificará e será provável até que ocorra o pagamento voluntário e espontâneo por parte do cônjuge devedor ao cônjuge credor por meio de fundos próprios. Mas, o mais frequente será que a determinação de tais créditos pessoais entre cônjuges seja efetuada na altura da liquidação e partilha. Aliás, nos regimes de comunhão, nem sempre será fácil saber se estamos perante uma compensação ou um crédito entre cônjuges. O movimento de valores que se opera nos regimes de comunhão torna difícil distinguir o surgimento de um crédito entre cônjuges ou de uma compensação[548]. Contudo, esses créditos não integram a massa a partilhar nem constam de uma conta como as compensações. Daí a importância e necessidade da distinção entre compensações e créditos entre cônjuges. O regime jurídico é diferente sobretudo ao nível do seu cálculo, avaliação e exigibilidade, estando as compensações sujeitas a um regime particular, ao passo que os créditos entre cônjuges submetem-se ao regime geral do Direito das Obrigações.

prevista no art. 1714º, nº 3, não abrangida pelo princípio da imutabilidade. A lei admite, assim, o pagamento de dívidas dos cônjuges, por dação em cumprimento, no decurso do casamento e em qualquer regime de bens.

[548] Emane, "Les créances entre époux", *JCP* éd. N., Doctrine, 1994, p. 309, afirma haver, efetivamente, o risco de confusão entre compensações, que, determinadas no momento da liquidação, regulam as relações entre os patrimónios próprios dos cônjuges e o património comum, e os créditos entre cônjuges, que regulam as relações entre os patrimónios próprios durante o casamento. Refere ainda que as compensações apenas se verificam nos regimes de comunhão enquanto os créditos entre cônjuges podem verificar-se em qualquer regime de bens. O direito alemão, nos §§ 1446º, 2º, e 1468º do BGB, regula, tal como o art. 1689º, nº 3, do nosso Cód. Civil, as compensações e os créditos entre os patrimónios próprios dos cônjuges, permitindo que sejam pagos da mesma forma, ou seja, com os bens próprios ou reservados dos cônjuges. Como o pagamento não passa no direito alemão, e no caso de haver bens próprios suficientes, pela meação no património comum, a compensação (e os créditos) pode ser imediatamente exigível. Tal já não acontecerá se os bens próprios não forem suficientes, pois, neste caso, remete-se o seu pagamento para o momento da partilha (§ 1476º, 2º, do BGB). Solução diferente é apresentada no § 1446º, 1º, do BGB, em relação ao cônjuge único administrador, onde se diferem as compensações para o fim da comunhão, atendendo, parece-nos, à natureza do património comum, uma vez que aí, havendo uma maior confusão entre o património comum e o património próprio do administrador, os bens comuns já responderiam pelas compensações (idêntica solução era, entre nós, apresentada no § 1113º e no § 1123º do Cód. de Seabra). Não se compreende a razão pela qual o legislador alemão não sujeitou ao mesmo regime as compensações devidas à comunhão pelos cônjuges no caso de ambos serem administradores dos bens comuns (§ 1468º do BGB).

O nosso atual art. 1697º tem como epígrafe "compensações devidas pelo pagamento de dívidas do casal", não fazendo qualquer diferenciação entre compensações e créditos entre cônjuges. De qualquer forma, da leitura do preceito, sobretudo do nº 1, que difere as compensações para o momento da partilha dos bens do casal, salvo se vigorar o regime de separação, podemos efetuar uma distinção. Com efeito, o art. 1697º refere as compensações devidas pelo pagamento de dívidas do casal em sentido lato, de entre as quais se destacam as compensações *stricto sensu*, que apenas ocorrem nos regimes de comunhão, e os créditos entre cônjuges, que podem verificar-se em qualquer regime de bens. Pelo facto de no regime de separação apenas podermos ter créditos entre cônjuges, não há qualquer diferimento para o momento da partilha, sendo aqueles imediatamente exigíveis.

Concluindo, aquilo a que chamamos compensações são as compensações em sentido estrito que apenas ocorrem nos regimes de comunhão, tratando-se de um crédito que se estabelece, no decurso do casamento e na vigência do regime de bens, entre a massa comum e um ou outro dos patrimónios próprios[549].

[549] Cornu, *Vocabulaire Juridique*, 6ª ed., Paris, PUF, 1996, p. 694, define *récompense* como, nos regimes de comunhão, a indemnização pecuniária devida pela comunhão a um dos cônjuges ou por um dos cônjuges à comunhão e apenas determinada e exigível após a dissolução da comunhão. No mesmo sentido, Planiol/Ripert, *Traité pratique de Droit Civil français..., cit.*, pp. 490 e 491.
Não seguimos, assim, o entendimento de Pereira Coelho/Guilherme de Oliveira, *ob. cit.*, pp. 508 e 509, para quem os "créditos entre os cônjuges" nascem de factos específicos que não se relacionam com as transferências normais de valores entre os patrimónios, com a conta-corrente de financiamentos que as compensações procuram liquidar de forma a evitar enriquecimentos de um património em detrimento de um outro. Para os autores podem nascer créditos entre os cônjuges, designadamente por força de responsabilidade civil baseada em atos de administração intencionalmente prejudiciais (art. 1681º, nº 1) ou em administração contra a vontade do dono dos bens (art. 1681º, nº 3); ou por força de responsabilidade por danos não patrimoniais assentes na violação culposa de direitos fundamentais ou do estatuto matrimonial do outro cônjuge; ou ainda por factos jurídicos negociais – mútuos, locações... – sujeitos ao regime geral dos negócios que lhes dão origem. Designar-se-ia por compensações todas as operações que visassem restabelecer um desequilíbrio entre patrimónios e reservar-se-ia a expressão "créditos entre cônjuges" para designar os vínculos nascidos por outras razões. Não negamos a existência de créditos entre os cônjuges naquelas hipóteses. Porém, a noção de "créditos entre os cônjuges" é, para nós, mais lata que a dos autores citados, pois abrange todo o relacionamento entre patrimónios próprios dos cônjuges, qualquer que seja a sua origem. Miguel López Muñiz Goñi, *La ejecución de sentencias em materia matrimonial. Guía práctica y jurisprudencia*, 5ª ed., Madrid, Editorial Colix, 1997, p. 305, apoia esta ideia ao referir que se

Repare-se que os sistemas jurídicos que regulam o problema da responsabilidade por dívidas especialmente em relação a cada regime de bens (como os direitos francês, italiano, espanhol e alemão), apenas abordam a questão das compensações [*récompenses, rimborsi e restituzioni, reintegros* e *Ausgleich (zwischen Vorbehalts-, Sonder- und Gesamtgut)*] nos regimes de comunhão, o que é indiciador da noção que pretendemos dar às compensações[550].

Com efeito, se atendermos aos artigos relativos às compensações nos ordenamentos jurídicos referidos, incluindo o nosso, verificamos que para haver compensações *stricto sensu* tem de verificar-se um relacionamento entre o património comum e o património próprio de algum dos cônjuges. Se existirem apenas transferências de valores entre patrimónios próprios dos cônjuges (como acontece necessariamente no regime de separação, ainda que o mesmo possa também ocorrer nos regimes de comunhão), teremos créditos entre os cônjuges, que integram o conceito de compen-

forem utilizados bens comuns em proveito de um dos cônjuges é a comunhão a credora não se gerando qualquer crédito para o cônjuge prejudicado. Por outro lado, e aí concordamos com os autores em causa, não se confundem tais créditos com as compensações, pois enquanto nestas há um relacionamento entre o(s) património(s) próprio(s) do(s) cônjuge(s) e o património comum, naqueles são apenas os patrimónios próprios dos cônjuges que se ligam. V., Cristina Dias, *Compensações devidas pelo pagamento de dívidas..., ob. cit.*, pp. 95-110. Parece-nos que também Gernhuber/Coester-Waltjen, *ob. cit.*, § 38, VII, 15, p. 452, se afastam do entendimento dos autores referidos ao dizerem que, podendo as relações entre o património comum e os patrimónios dos cônjuges bem como as relações apenas entre os patrimónios dos cônjuges ter origens variadas, é possível surgirem relações decorrentes de responsabilidade negocial, como a responsabilidade por facto ilícito ou enriquecimento sem causa. Ou seja, não é o vínculo surgido entre os cônjuges por essas razões que distingue as compensações dos créditos.

550 O direito alemão fala também de *Ausgleich* em relação ao regime da *Zugewinngemeinschaft* (§§ 1371º e segs. do BGB), mas para abordar a parte a que cada um dos cônjuges terá direito, no fim do regime matrimonial, nos bens adquiridos ao longo do casamento, e não as compensações entre as diferentes massas de bens. V., Beitzke/Lüderitz, *ob. cit.*, pp. 131 e segs., e Lüderitz/Dethloff, *ob. cit.*, pp. 112 e segs., e Gernhuber/Coester-Waltjen, *ob. cit.*, §§ 36 e 37, pp. 391 e segs.
Também o art. 1676º, nº 2, do nosso Cód. Civil, com a redação dada pela Lei nº 61/2008, de 31 de outubro, refere o direito de exigir uma compensação. Porém, não se trata aqui de uma compensação *stricto sensu*, ou seja, aí se aborda o crédito compensatório de um dos cônjuges, cuja contribuição para os encargos da vida familiar excedeu a parte que lhe pertencia, perante o outro e o seu património próprio, designadamente com a sua contribuição para o trabalho doméstico. Sobre esta norma, v., o nosso texto "O crédito pela compensação do trabalho doméstico...", *ob. e loc. cit.*, pp. 199-226.

sação *lato sensu*, mas não de compensação em sentido estrito, por ausência de relacionamento com o património comum.

2. A regulamentação do direito atual (as insuficiências da lei)

A dissolução do casamento e da comunhão implica o fim do regime matrimonial e o surgimento de um estado de indivisão pós-comunhão que terminará com a liquidação e partilha dos bens comuns, ou seja, o efeito da dissolução do regime matrimonial traduz-se na substituição da comunhão dissolvida por uma indivisão e na possibilidade de liquidação e partilha para lhe pôr fim. Este estado de indivisão pode prolongar-se mais ou menos no tempo com todas as consequências, sobretudo ao nível da atualização dos valores em causa, a isso inerentes.

Em operação prévia à partilha, ainda que quase paralela, deve proceder-se à liquidação do regime matrimonial. É precisamente no momento da liquidação da comunhão que se devem integrar as compensações entre os patrimónios próprios e o comum. A regulação das compensações, como dispõe o nosso art. 1697º, deverá fazer-se no momento da partilha, mas, em rigor, integra a fase da liquidação da comunhão, como operação prévia à partilha[551] e, por isso, deverão ser reguladas neste contexto.

Operação sucessiva à retirada dos bens próprios e prévia à partilha dos bens comuns, a liquidação visa determinar e avaliar a massa a partilhar. É o ativo que se partilha, mas, sempre que possível, o ativo líquido, deduzindo-se o passivo, as dívidas da comunhão. A liquidação da massa comum não será completa se não incluir certos elementos que, a um ou outro título, integram o ativo ou passivo da comunhão. De entre esses elementos surgem, efetivamente, as compensações que podem incluir-se na massa ativa ou passiva da comunhão, consoante sejam a favor ou a cargo da mesma, respetivamente.

No decurso do regime de comunhão, os diversos patrimónios não têm uma existência autónoma e independente e para a realização de uma mesma operação (p. ex., o pagamento de uma determinada dívida) são frequentemente utilizados bens pertencentes aos vários patrimónios. Por

[551] A necessidade de uma fase de liquidação, de uma regulação das contas que se estabelecem entre diferentes patrimónios, não existe apenas nos regimes matrimoniais de comunhão. É também preciso proceder-se a uma liquidação em todos os casos em que uma indivisão chega ao fim, tal como acontece na partilha sucessória.

isso, será preciso, no momento da liquidação e partilha, restabelecer o equilíbrio entre os patrimónios. Poderá, assim, configurar-se a existência, no decurso do casamento e da comunhão, entre os patrimónios próprios dos cônjuges e o comum, de uma conta de compensações, cujo saldo apenas será apurado, e só ele será devido, no momento da liquidação e partilha. Todos os movimentos operados entre os patrimónios, no decurso do regime matrimonial, não são entre si independentes, integrando a conta de compensações estabelecida em relação a cada um dos cônjuges. O facto de apenas no momento da liquidação e partilha se regularem as compensações não significa que a conta que se estabelece entre cada um dos cônjuges e a comunhão, onde se incluem os créditos e débitos compensatórios devidos por cada cônjuge à comunhão ou por esta àqueles, não tenha uma existência, pelo menos, virtual durante o regime.

Este conceito de conta de compensações como se de uma conta-corrente se tratasse é extraído fundamentalmente da legislação francesa (cfr. o art. 1468º do Cód. Civil francês), que aborda a questão das compensações como uma operação integrante da fase da liquidação da comunhão. Com efeito, aí se regula detalhadamente em que situações ocorre um direito de compensação da comunhão e em que circunstâncias tal compensação se verifica a favor de um dos patrimónios próprios.

Entre nós, a matéria das compensações não é objeto de uma regulamentação geral e sistemática, ou seja, é a propósito de cada problema em concreto (dívidas do casal, qualificação do bem como próprio ou comum, aquisição de bens...) que as eventuais compensações são abordadas. De qualquer forma, e articulando os diversos artigos reguladores das compensações com o art. 1689º, remete-se a sua determinação e exigibilidade para o momento da partilha. Por isso, não nos parece descabido admitir a existência, no decurso da comunhão, de uma conta de compensações que integraria todas as situações, pontualmente previstas na lei, em que surge um crédito ou um débito a favor ou contra a comunhão. Só no momento da liquidação e partilha, altura em que, e também por isso, tais compensações são exigíveis, se determinará o saldo da referida conta[552].

[552] É evidente que, e tratando-se de compensações pelo pagamento de dívidas do casal, não encontramos, em rigor, uma conta-corrente e apuramento do saldo final, já que, normalmente, aquilo que estará em causa será um ou outro movimento de valores necessário para efetuar o pagamento de determinadas dívidas mais significativas (p. ex., a aquisição de uma casa).

Também o direito espanhol regula a propósito de cada questão o problema das compensações (cfr., p. ex., quanto à matéria das dívidas, o art. 1364º do Cód. Civil espanhol). De certa forma, com uma regulamentação mais geral das compensações, surge-nos o direito italiano[553]. Por sua vez, o direito alemão regula as compensações entre os diferentes patrimónios (*Ausgleich zwischen Vorbehalts-, Sonder- und Gesamtgut*) no âmbito da responsabilidade por dívidas contraídas pelo cônjuge único administrador dos bens comuns ou pelos dois cônjuges administradores.

Em todos esses casos, a compensação só se dará no momento da dissolução, liquidação e partilha da comunhão, embora o valor a repor seja o determinado no momento do seu surgimento (p. ex., o da aquisição de um bem ou do pagamento de uma dívida)[554].

No campo da responsabilidade por dívidas, as compensações estão previstas no art. 1697º. O seu nº 1 regula as compensações devidas pela comunhão a favor de um dos cônjuges, quando este respondeu por dívidas comuns, como obrigado solidário (cfr. o art. 1695º, nº 1) ou como obrigado conjunto (cfr. o art. 1695º, nº 2). Por sua vez, o nº 2 do art. 1697º pretende abranger todos os casos em que, por dívidas próprias, tenham respondido bens comuns.

São, portanto, essas as situações que fazem surgir, no momento da liquidação e partilha da comunhão, uma compensação, a favor da comunhão ou de um património próprio, pelo pagamento das dívidas do casal. Quanto à forma de cálculo e modo de pagamento das compensações há que recorrer aos ordenamentos jurídicos estrangeiros que dispõem de uma regulamentação legal sobre a matéria. É necessário, portanto, o recurso ao direito comparado já que não há na nossa ordem jurídica a regulamentação de tal problema.

[553] Apesar de tudo, o legislador italiano regula os *rimborsi* e *restituzioni* (cfr. o art. 192º do Cód. Civil italiano) no âmbito da dissolução do regime de comunhão legal, e não pontualmente em relação a cada problema em concreto.

[554] Neste sentido pronunciam-se Pires de Lima/Antunes Varela, *Código Civil..., cit.*, vol. IV, p. 431, a propósito do art. 1726º. V., *infra*, pp. 348 e segs., os problemas que tal solução comporta e que poderiam ser evitados se se admitisse a atualização dos valores em causa.

2.1. As lições do direito comparado

2.1.1. O direito francês

A análise das situações que dão origem a uma compensação é particularmente extensa e minuciosa na doutrina francesa[555]. Os autores, em geral, distinguem as compensações devidas à comunhão e as compensações devidas a um dos patrimónios próprios.

Quanto às compensações devidas pela comunhão, o art. 1433º do Cód. Civil francês estabelece o princípio geral: a comunhão deverá compensação ao cônjuge proprietário sempre que tenha tirado algum proveito de bens próprios. Tal acontece, conforme o § 2º do mesmo artigo, nomeadamente, quando ela absorveu dinheiros próprios ou provenientes da venda de um bem próprio, sem se verificar o fenómeno da sub-rogação real. Além deste caso especial, e exemplificativo, apresentado na lei, permite-se reter, como causa da compensação devida pela comunhão, toda a utilização de bens próprios de um cônjuge que lhe foi proveitosa e rentável.

Assim, deverá verificar-se um enriquecimento da comunhão que terá a sua origem no empobrecimento de um património próprio. Por aplicação da regra geral apresentada, os casos onde há lugar a compensação a favor de um património próprio são naturalmente diversos e devem estabelecer-se por relação a cada situação[556].

[555] V., Baudry-Lacantinerie/J. Le Courtois/F. Surville, *ob. cit.*, vol. XVI, tomo I, pp. 745 e segs., Planiol/Ripert, *Traité pratique de Droit Civil français...*, *cit.*, pp. 349 e segs., e pp. 505 e segs., e *Traité élémentaire...*, *cit.*, pp. 203 e segs., Beudant, *ob. cit.*, vol. X, 2ª ed., Paris, Rousseau et Cª Editeurs, 1937, pp. 286 e segs., Denecker, *La théorie générale des récompenses et son application aux libéralités faites par les époux communs en biens*, Lille, Douriez-Bataille, 1943, pp. 77 e segs., Savatier, *La communauté conjugale nouvelle*, Paris, Dalloz, 1970, pp. 187-203, Morin, *loc. cit.*, pp. 9-19, Aubry/Rau, *ob. cit.*, pp. 434 e segs., Patarin/Morin, *La réforme des régimes matrimoniaux. Statut fondamental et régime légal*, tomo I, 4ª ed., Paris, Répertoire du Notariat Defrénois, 1977, pp. 257-267, Henri Mazeaud, *et allii*, *ob. cit.*, vol. I, tomo IV, pp. 450 e segs., Rieg/Lotz, *ob. cit.*, pp. 435-440, G. Marty/P. Raynaud, *ob. cit.*, pp. 276 e segs., F. Terré/Ph. Simler, *ob. cit.*, pp. 468 e segs., Cornu, *Les régimes matrimoniaux*, 9ª ed., Paris, PUF, 1997, pp. 475 e segs., M. Grimaldi, *et allii*, *ob. cit.*, pp. 228 e segs., A. Colomer, *Droit Civil...*, *cit.*, pp. 450 e segs., e Rémy Cabrillac, *ob. cit.*, pp. 229-234.

[556] Um desses casos será a absorção e utilização de bens ou valores próprios para aquisição, melhoramento ou conservação de um bem comum (p. ex., utilização de materiais próprios para a construção ou reparação de um bem comum; aplicação, em benefício da comunhão, de uma indemnização resultante de um seguro de responsabilidade substitutiva de um bem próprio destruído...). Assim, quando fundos próprios de um dos cônjuges forem utilizados para a aquisição (não observando os formalismos exigidos para o mecanismo da sub-rogação

De referir que, e uma vez que, no direito francês, todas as dívidas da comunhão são também próprias do cônjuge que contraiu a dívida, nada impede que o credor apenas se dirija contra o património próprio do seu devedor. Sendo a dívida definitivamente da comunhão, verificou-se um enriquecimento desta à custa do património próprio do cônjuge e, assim, deverá compensar aquele. Repare-se, porém, neste contexto, que, ao contrário do que ocorre no caso de a comunhão pagar uma dívida própria de um dos cônjuges (art. 1412º do Cód. Civil francês) ou de suportar uma dívida comum, mas meramente a título provisório (arts. 1413º, 1416º, e 1417º do Cód. Civil francês), as compensações devidas pela comunhão a um dos cônjuges pelo pagamento de dívidas não têm fundamento em disposição expressa na lei, decorrendo do princípio geral enunciado no art. 1433º do Cód. Civil francês.

Uma vez identificada a sua origem importa provar que a compensação é devida pela comunhão. O cônjuge terá, assim, que fazer uma dupla prova. Em primeiro lugar deverá estabelecer a origem própria dos bens ou valores, de acordo com o art. 1402º, 2º, do Cód. Civil francês, sob pena de funcionar a presunção de comunicabilidade nesse artigo prevista. Por outro lado, não é suficiente estabelecer que os bens ou valores próprios foram absorvidos pela comunhão, sendo necessário provar que houve enriquecimento desta, provar que a comunhão tirou proveito desses bens ou valores próprios (cfr. o art. 1433º, 3º, do Cód. Civil francês), pelo menos quando

– cfr. os arts. 1406º, 1434º, e 1435º do Cód. Civil francês), reparação ou melhoramento de bens comuns (p. ex., o financiamento de uma construção num terreno comum), será devida uma compensação ao património próprio empobrecido. Todavia, de tais aquisições ou melhoramentos de bens comuns não decorrem quaisquer compensações a cargo da comunhão se foram financiados mediante rendimentos de bens próprios, que ingressam na comunhão (art. 1401º do Cód. Civil francês).
No caso de troca de um bem próprio, mediante o pagamento de uma torna à custa da comunhão de valor superior ao valor do bem cedido, o bem será adquirido integralmente pela comunhão, salvo a devida compensação (cfr. o art. 1407º do Cód. Civil francês). O mesmo acontece no caso de sub-rogação de um bem próprio, quando a contribuição da comunhão para o preço de aquisição e respetivas despesas seja superior à do cônjuge adquirente: o bem ingressa na comunhão, mas será devida compensação ao cônjuge a cargo do património comum. Compensação a cargo da comunhão existirá também na hipótese de uma confusão (ou assimilação) de bens móveis próprios na massa comum, em consequência da presunção de comunicabilidade dos bens (cfr. o art. 1402º do Cód. Civil francês), se não se provar que o bem é próprio de um dos cônjuges e se se demonstrar o enriquecimento da comunhão.

tenha havido oposição. Nesse caso, a prova poderá ser feita por todos os meios, mesmo por testemunhas e presunções, o que denota a dificuldade de tal demonstração[557].

Por sua vez, o art. 1437º do Cód. Civil francês prevê, num preceito geral, as compensações devidas à comunhão, segundo o qual, sempre que seja retirada da comunhão uma soma, seja para o pagamento de dívidas ou encargos pessoais de um cônjuge, tais como o preço ou parte do preço de um bem próprio ou os encargos prediais, seja para a recuperação, conservação ou melhoramento de bens próprios e, em geral, sempre que um dos cônjuges tire um proveito pessoal de bens comuns, haverá compensação.

De forma paralela ao princípio das compensações devidas pela comunhão, haverá compensações devidas à comunhão quando um cônjuge utilize fundos ou valores comuns para servir o seu património próprio e daí tenha resultado um benefício para esse património próprio. Também aqui os elementos que fundamentam a compensação devida à comunhão são idênticos (ainda que inversos): uma soma retirada da comunhão com vista ao proveito de um património próprio.

Na prática, as causas das compensações devidas à comunhão são muito mais numerosas, dado que, na maioria dos casos, os fundos que os cônjuges detêm, a começar pelos rendimentos recebidos, são comuns e todas as operações relativas ao desenvolvimento do património próprio têm fortes hipóteses de ser financiadas por valores ou fundos comuns.

Não podemos, como é evidente, apresentar todas as situações que originem uma compensação[558]. Será de referir, para o nosso estudo, a compen-

[557] A jurisprudência francesa entende também que não basta a mera absorção de valores próprios, sendo necessário demonstrar que tais valores se destinaram a despesas comuns, ou seja, que houve proveito da comunhão, ainda que tenda a não ser demasiado rigorosa nessa apreciação (v., *Recueil Dalloz*, ano 179º, nº 6, 2003, p. 398, Bernard Beignier, "Preuve de la récompense due par la communauté: retour au droit et à l'équité", *Recueil Dalloz*, ano 179º, nº 9, 2003, pp. 575 e 576, e Vincent Brémond, "Preuve de l'emploi des fonds propres donnant droit à récompense", *Recueil Dalloz*, ano 179º, nº 28, 2003, pp. 1866 e 1867).

[558] Desde logo, são devidas compensações à comunhão quando esta suporte despesas relativas a bens próprios, nos termos do art. 1437º do Cód. Civil francês. Trata-se aí, por um lado, de benfeitorias realizadas em bens próprios e, por outro lado, da aquisição de um bem próprio com a ajuda de dinheiros ou fundos comuns. Os arts. 1404º, 2º, 1406º, 1º, 1407º, 1º, e 1408º, todos do Cód. Civil francês, são ilustrações daquela regra.
Assim, será devida compensação à comunhão quando, mediante fundos comuns, se procedeu à aquisição de instrumentos de trabalho utilizados na profissão de um cônjuge (e conside-

sação no caso de pagamento de dívidas. Assim, será devida compensação quando a comunhão tenha pago dívidas próprias de um dos cônjuges, dívidas que apenas deverão ser suportadas pelo património próprio do cônjuge que contraiu a dívida (a comunhão não terá de as suportar, nem a título definitivo nem a título provisório e os bens comuns só respondem por ela nos termos do art. 1411º, 2º, do Cód. Civil francês). Com efeito, será devida compensação à comunhão, nos termos do art. 1412º do Cód. Civil francês, quando o património comum pagou uma dívida pessoal de um dos cônjuges, nomeadamente, as dívidas previstas no art. 1410º do mesmo código, ou seja, dívidas anteriores ao casamento ou dívidas que onerem heranças

rados próprios, nos termos do art. 1404º do Cód. Civil francês); quando a comunhão tenha financiado a aquisição de bens a título de acessórios de bens próprios, considerados eles mesmos como próprios (art. 1406º do Cód. Civil francês); quando tenha suportado a torna devida no caso de troca de um bem próprio por outro bem, também este próprio (art. 1407º do Cód. Civil francês); quando tenha contribuído para a aquisição de partes indivisas de um bem em que o cônjuge é comproprietário na sua origem (art. 1408º do Cód. Civil francês). O mesmo acontecerá quando o preço e as despesas de aquisição excedem a soma pela qual se efectuou a sub-rogação de um bem: a comunhão terá direito à compensação pelo excedente (art. 1436º do Cód. Civil francês).
Também será devida compensação à comunhão no caso de doações feitas à custa de bens comuns. No caso de doação a um terceiro (apesar de aqui não haver proveito de um património próprio à custa do comum, o levantamento sobre a comunhão parece ser suficiente para fundar o direito à compensação), sempre que o cônjuge, ao fazer ele só a doação (só possível quando o outro cônjuge o consentir – cfr. o art. 1422º do Cód. Civil francês), utilize bens comuns, deverá compensar a comunhão. A dívida é, do ponto de vista da contribuição, própria do doador (art. 1437º do Cód. Civil francês). Sempre que os dois cônjuges se apresentem como codoadores, deverá repartir-se entre eles o peso da compensação. No caso de doação entre cônjuges, sempre que um dos cônjuges faça uma doação de bens comuns ao outro – proibida no nosso art. 1764º, nº 1 – pretendendo doar a totalidade do bem, e não apenas a sua meação, a compensação será devida à comunhão por todo o bem (art. 1480º do Cód. Civil francês). Se os dois cônjuges fizeram uma liberalidade conjuntamente, mas em seu proveito, cada um deles deverá uma compensação, até à quantia de metade, salvo indicação em contrário, sobre a sua parte respetiva. Estas regras têm limites, ou seja, sempre que os cônjuges, conjuntamente, façam uma doação a um filho comum, à custa de bens comuns, o encargo incide definitivamente sobre a comunhão (cfr. os arts. 1438º e 1439º, 1º, do Cód. Civil francês). A situação será diferente se apenas um dos cônjuges se apresenta como o doador de mais da meação ou de todo o bem (art. 1439º, 2º, do Cód. Civil francês), pois aí, fazendo a doação a título pessoal, deverá compensar nessa medida.
Os frutos percebidos e não consumidos de bens próprios ingressam na comunhão, nos termos do art. 1403º do Cód. Civil francês. A comunhão poderá ainda ter direito a compensação, no momento da dissolução, pelos frutos que o cônjuge deixou de perceber negligentemente ou que consumiu fraudulentamente, dentro de um limite de 5 anos.

ou liberalidades obtidas durante o casamento, em virtude do disposto no art. 1411º do Cód. Civil francês[559].

Por outro lado, há dívidas que a comunhão suporta a título provisório, isto é, os bens comuns podem responder por elas mas mediante uma compensação. É o que resulta do princípio do art. 1413º do Cód. Civil francês: o pagamento das dívidas contraídas por qualquer dos cônjuges (fora dos casos previstos nos arts. 1410º a 1412º do Cód. Civil francês), durante a vigência da comunhão, pode ser efetuado por recurso aos bens comuns, salvo se houver fraude do cônjuge devedor ou má fé do credor, e mediante compensação à comunhão, quando tal ocorra (ou seja, quando a comunhão não suporte definitivamente tal dívida). Os arts. 1416º e 1417º do Cód. Civil francês concretizam tal princípio, determinando os casos em que há lugar a compensações devidas à comunhão pelo pagamento de dívidas, ou seja, as situações em que o património comum apenas responderá por tais dívidas a título provisório, sendo certo que, em todos os outros casos, a dívida que recai sobre a comunhão permanece a seu cargo a título definitivo.

A primeira situação em que haverá compensação à comunhão pelo pagamento de dívidas consta do art. 1416º do Cód. Civil francês: quando haja o pagamento de dívidas, pela comunhão, contraídas no interesse pessoal de um dos cônjuges, tais como as contraídas para a aquisição, conservação ou melhoramento de um bem próprio. De um modo geral, toda a despesa realizada em proveito de um só dos cônjuges faz surgir uma compensação[560].

Outra situação causa de compensação pelo pagamento de dívidas decorre do art. 1417º, 1º, do Cód. Civil francês, ou seja, a comunhão tem direito a uma compensação, feita a dedução, se for o caso, do proveito por ela obtido, quando tenha pago multas em que um dos cônjuges incorreu em virtude de infrações penais ou reparações e indemnizações nas quais foi condenado por delitos ou quase-delitos civis[561].

[559] De notar que o direito à compensação reconhecido à comunhão pelo pagamento de uma dívida própria não assenta na ideia de um enriquecimento injustificado, mas na de um empréstimo feito pela comunhão a um dos cônjuges – Planiol/Ripert, *Traité pratique de Droit Civil français..., cit.*, pp. 524 e 525.

[560] Deve entender-se que haverá, do mesmo modo, lugar a uma compensação se a comunhão voluntariamente assumiu uma despesa face à qual não tinha obrigação de responder. Neste sentido, Cornu, *Les régimes matrimoniaux.., cit.*, p. 327.

[561] Repare-se que solução idêntica decorre dos arts. 1692º, al. *b*), 1696º, nº 1, e 1697º, nº 2, do nosso Cód. Civil. Aliás, também os arts. 1424º e 1426º do Cód. Civil francês antigo consideravam as dívidas decorrentes de multas ou reparações civis como próprias da mulher, não

Finalmente, a comunhão terá também direito a compensação se a dívida que pagou foi contraída por um dos cônjuges em violação dos deveres que o casamento lhe impõe (p. ex., a dívida de alimentos que um cônjuge incorre para com um filho adulterino)[562].

O direito à compensação a favor da comunhão funda-se em dois elementos previstos no art. 1437º do Cód. Civil francês: a utilização de dinheiros ou valores comuns e o proveito daí retirado por um dos cônjuges para o seu património próprio, o enriquecimento deste património[563].

Nos termos do art. 1468º do Cód. Civil francês, estabelece-se, relativamente a cada cônjuge, uma conta das compensações que a comunhão lhe deve e das compensações que ele deve à comunhão. Na conta de cada cônjuge devem inscrever-se as diferentes causas da compensação a cargo ou em proveito da comunhão. São as causas das compensações que originam os artigos de cada conta. Por outro lado, essas compensações devem ser contabilizadas em valores monetários de modo a determinar o montante do crédito ou do débito da compensação, o que implicará a avaliação das mesmas.

Quanto à forma legal de avaliação das compensações, esta é estabelecida no art. 1469º do Cód. Civil francês que, no seu § 1º, dispõe que a compensação será, em geral, igual à mais fraca das duas somas representadas pela despesa feita e pelo lucro subsistente. Este artigo, resultante da Lei nº 65-570, de 13 de julho de 1965, e alterado pela Lei nº 85-1372, de 23 de dezembro de 1985, constituiu uma inovação em relação à antiga forma jurisprudencial de avaliação das compensações que, em geral, correspon-

respondendo pelas mesmas os bens do marido ou os bens comuns. Por sua vez, tais dívidas do marido podiam responsabilizar os bens comuns mas mediante compensação (v., A. Colomer, "Communauté conjugale", *JCP* 1956.II.9579).

562 Aubry/Rau, *ob. cit.*, p. 343, referem que, por analogia, a comunhão terá direito a compensação se os bens comuns pagarem uma dívida contraída por um dos cônjuges de forma fraudulenta.

563 O cônjuge requerente (dada a ausência de personalidade jurídica da comunhão), pelo menos quando haja oposição, terá de provar estes dois elementos, sendo admissíveis todos os meios de prova (por analogia com o disposto no art. 1433º, 3º, do Cód. Civil francês). Todavia, quanto à prova da natureza comum dos bens ou valores utilizados, convém referir a presunção de comunicabilidade, prevista no art. 1402º, 1º, do código citado (são considerados comuns todos os bens adquiridos no decurso da comunhão). Não haverá, assim, que provar a origem dos valores utilizados por um dos cônjuges nos seus bens próprios. Pelo contrário, caberá ao cônjuge requerido fazer a prova da utilização de fundos próprios para não pagar a compensação à comunhão.

dia à aplicação da teoria do enriquecimento sem causa, levando à comparação do empobrecimento de uma massa de bens e o enriquecimento de outra para apurar o montante mais fraco como avaliação da compensação devida. Na verdade, o sistema, aparentemente, reconduzia-se à regra prevista hoje no art. 1469º, 1º, do Cód. Civil francês[564]. Retomando, mas generalizando-a, a solução que antes da Reforma de 1965 apenas valia para as benfeitorias úteis, o art. 1469º, 1º, do Cód. Civil francês, impôs o princípio enunciado. Porém, o princípio previsto nesse § 1º sofre duas exceções, cuja aplicação vem cobrir vários casos de compensações.

A primeira exceção, prevista no § 2º do artigo citado, respeita às despesas necessárias, caso em que o valor da compensação não pode ser inferior à despesa feita.

O segundo desvio, ao qual se refere o § 3º, estabelece que a compensação não pode ser inferior ao lucro subsistente, quando o valor absorvido serviu para adquirir, conservar ou melhorar um bem que se encontra, no momento da liquidação da comunhão, no património que o absorveu. Porém, se o bem adquirido, conservado ou melhorado foi alienado antes da liquidação, o lucro será avaliado no dia da alienação; se um novo bem foi sub-rogado ao bem alienado, o lucro será avaliado sobre este novo bem. Tal método foi elaborado com vista a permitir uma revalorização significativa e equitativa das compensações, tendo em conta a depreciação monetária que carateriza a economia moderna. De facto, a avaliação das compensações é feita no momento da liquidação da comunhão e, muito provavelmente, a um período de tempo mais ou menos longo do momento que deu origem à compensação. Referindo-se ao lucro subsistente obtido pelo património devedor da compensação, calculado na altura da liquidação, é provável que se apresente como um valor superior à despesa feita.

Fundamentalmente, a técnica das compensações visa restaurar um equilíbrio de valores entre as diferentes massas de bens. Seria contraditório, face a tal objetivo, limitar-se à aplicação do mecanismo do enriquecimento sem causa.

O princípio enunciado no § 1º do art. 1469º do Cód. Civil francês (princípio do "*double maximum*") exige que se apure a noção de despesa feita e de lucro subsistente com vista a determinar o mais fraco dos dois valo-

[564] V., Planiol/Ripert, *Traité pratique de Droit Civil français...*, *cit.*, pp. 353 e segs., e p. 510, e Denecker, *ob. cit.*, pp. 1-9, e pp. 75 e segs.

res como o montante da compensação, já que se o lucro subsistente se apresentar como inferior face à despesa feita, a compensação não deverá empobrecer o devedor, bem como se a despesa feita for inferior ao lucro, a compensação não pode enriquecer o credor[565].

Quanto à despesa feita, importa reter que o empobrecimento de um património não resulta necessariamente de uma despesa no sentido restrito do termo, ou seja, da utilização de uma soma em dinheiro, já que a despesa pode resultar da utilização de bens de um património, em espécie, em proveito de outra massa de bens. Trata-se, assim, do valor retirado de uma massa de bens para outra, ou seja, o montante de fundos ou bens próprios de um cônjuge utilizados em proveito da comunhão ou, inversamente, a soma de valores comuns que serviram o património próprio de um cônjuge. É a medida do empobrecimento de um património em benefício de outro. A afetação do valor retirado de um património em proveito de outro é, naturalmente, diversa: aquisição, conservação ou melhoramento de bens; pagamento de dívidas; utilização de materiais próprios em proveito de um bem comum...

O cálculo da despesa feita, do montante do empobrecimento, deve reportar-se ao facto gerador dessa despesa, ou seja, ao dia em que a despesa ocorreu, à data da operação que causou a compensação.

Por seu lado, o lucro subsistente corresponde ao enriquecimento obtido no património que reteve os valores. Designa a mais-valia que resulta do valor absorvido, investido no património que o reteve. A sua apreciação far-se-á de forma diversa de acordo com o objeto da operação que causou a compensação (aquisição, conservação ou melhoramento de um bem).

Como refere o art. 1469º, 3º, do Cód. Civil francês, o lucro subsistente será avaliado no dia da liquidação, o momento mais próximo possível da partilha. Tal princípio, já anteriormente admitido pela jurisprudência, foi consagrado pela Reforma de 1985, na nova redação que deu ao § 3º do art. 1469º. Rejeita-se, assim, a regra da avaliação do lucro ao dia do facto

[565] Quanto à análise do art. 1469º do Cód. Civil francês, quer do princípio aí enunciado quer das suas exceções, e, em geral, quanto ao método de cálculo das compensações no direito francês, seguimos de perto os autores franceses e, em especial, Savatier, *La communauté conjugale.., cit.*, pp. 203-228, Aubry/Rau, *ob. cit.*, pp. 442 e segs., Rieg/Lotz, *ob. cit.*, pp. 440-460, Marty/Raynaud, *ob. cit.*, pp. 280 e segs., F. Terré/Ph. Simler, *ob. cit.*, pp. 477 e segs., Cornu, *Les régimes matrimoniaux.., cit.*, pp. 475 e segs., M. Grimaldi, *et allii, ob. cit.*, pp. 232 e segs., A. Colomer, *Droit Civil..., cit.*, pp. 459 e segs., e Rémy Cabrillac, *ob. cit.*, pp. 234-244.

gerador, afastando-se, do mesmo modo, da teoria do enriquecimento sem causa[566].

Como vimos, os §§ 2º e 3º do mesmo artigo apresentam exceções àquela regra. De referir, desde já, a possibilidade de o funcionamento dessas exceções poder ser combinado entre si e com a regra do § 1º, ou seja, e no caso de aquisição, conservação ou melhoramento de um bem, a compensação não poderá ser inferior ao lucro subsistente (§ 3º), mas se a compensação determinada for inferior à despesa realizada, e de valor igual a tal lucro, será pelo § 1º que ele será retido como determinativo do valor da compensação. Por outro lado, é a despesa feita que é retida sempre que estejam em causa despesas necessárias (§ 2º), a não ser que o § 3º entre em jogo (muitas despesas necessárias serão despesas com a conservação e até melhoramento do bem). Nesse caso, como resulta da combinação dos §§ 2º e 3º, da despesa feita ou lucro subsistente, será o valor superior que determinará a compensação. De uma forma geral, sempre que o valor retirado de um património serviu para a conservação de um bem, a compensação será igual à mais elevada das duas somas representativas da despesa feita e do lucro subsistente.

A compensação não pode ser inferior à despesa feita se esta for necessária (art. 1469º, 2º, do Cód. Civil francês). Não importa, neste caso, que o lucro visado tenha depois diminuído ou até desaparecido, por acidente ou qualquer outra circunstância, pois a compensação será igual ao mon-

[566] A doutrina discutia, antes da Reforma de 1985, a questão de saber qual o momento a que se deveria reportar o cálculo do lucro subsistente. Afastando o dia do facto gerador da compensação, duas datas poderiam ser tomadas em consideração para a aferição do lucro subsistente: o dia da dissolução do regime ou o dia da liquidação (Colette Saujot, "Le fondement des récompenses", *RTDC*, ano 68º, 1970, p. 702, Aubry/Rau, *ob. cit.*, pp. 446 e segs. e nota 65, e A. Colomer, *Droit Civil..., cit.*, pp. 462 e 466, que admitia também a avaliação reportada ao momento da partilha).
Havia razões textuais para reter a data da dissolução do regime. Por um lado, o § 3º do art. 1469º fazia referência à aquisição, conservação ou melhoramento de um bem que se encontre, *no dia da dissolução da comunhão*, no património que absorveu valores de um outro. Por outro lado, o art. 1473º reportava a contagem dos juros a esse mesmo momento. A jurisprudência rejeitou estes argumentos. Com efeito, os artigos referidos não respeitam ao cálculo da compensação. A *Cour de Cassation* [Civ. 1.re, de 16 de julho de 1969 (*JCP* 1970.II.16158, obs. Patarin)] fixou a data de avaliação do lucro subsistente reportando-a ao dia da liquidação, o que beneficia o património credor, uma vez que pode ter decorrido algum tempo entre o fim da comunhão e a partilha (afastando-se a técnica das compensações do instituto do enriquecimento sem causa).

tante das somas que foram utilizadas. Este § 2º reproduz a teoria que já valia em matéria de benfeitorias úteis[567].

Dado que tende a corrigir os danos decorrentes da depreciação monetária, a disposição do art. 1469º, 3º, do Cód. Civil francês, surge como uma das mais importantes inovações da Reforma de 1965. Aí o legislador, afastando a regra do § 1º, faz prevalecer o lucro subsistente, mesmo que seja nominalmente superior à despesa feita. Sempre que a soma retirada de um património serviu para a aquisição, conservação ou melhoramento de um bem que integra outra massa patrimonial, a compensação não pode ser inferior ao lucro subsistente. O objetivo de tal norma é, como referimos, atenuar os danos da depreciação monetária. A compensação constitui aí uma dívida de valor, isto é, uma obrigação cujo objeto é um valor incluído num bem e cujo montante será determinado apenas no dia do seu apuramento (no momento da liquidação da comunhão). Sendo avaliado no dia da liquidação do regime, o lucro subsistente aparecerá, na maioria dos casos, com um valor superior à despesa inicialmente feita.

Na análise do art. 1469º, 3º, do Cód. Civil francês, há que diferenciar consoante o bem adquirido, conservado ou melhorado, que origina a compensação, se encontra no património enriquecido, tenha sido alienado ou que um outro bem tenha sido sub-rogado em consequência dessa alienação.

[567] Terá de apreciar-se no caso concreto a qualificação da despesa como necessária ou não, sendo, por vezes, difícil distinguir as despesas propriamente necessárias e aquelas que permitem realizar um melhoramento no bem (dando estas últimas lugar à aplicação do art. 1469º, 3º, para a avaliação da compensação). M. Grimaldi, *et allii*, *ob. cit.*, p. 235, apresenta a este propósito, o seguinte exemplo: uma casa de morada da família, adquirida durante o casamento, foi fortemente danificada em virtude de uma tempestade, necessitando urgentemente da reparação do teto, portas e janelas. O custo dos trabalhos ficou por 400.000, pagos pelo dinheiro que um dos cônjuges recebeu a título sucessório de seus pais. No dia da liquidação da comunhão, o imóvel foi avaliado em 1.600.000, sendo certo que, se os trabalhos de reparação não se tivessem efetuado, apenas valeria 1.300.000. O cônjuge que pagou a despesa com valores próprios (art. 1405º do Cód. Civil francês) tem direito a uma compensação. A despesa feita foi no valor de 400.000. O lucro subsistente para a comunhão deverá avaliar-se comparando o valor do imóvel no momento da liquidação e o valor que teria se os trabalhos de reparação não se tivessem realizado, ou seja, 300.000 (1.600.000 – 1.300.000). O lucro subsistente (300.000) é inferior à despesa feita (400.000). Porém, atendendo ao caráter necessário de tais trabalhos, relevantes para conservar o imóvel num estado satisfatório, a compensação devida pela comunhão não pode ser inferior a 400.000.
Esta exceção à regra geral do art. 1469º, 1º, do Cód. Civil francês, permite um resultado mais justo e justifica uma apreciação ampla da noção de despesas necessárias.

Se o bem se encontrar no património enriquecido no momento da liquidação, há que distinguir três hipóteses: o bem foi adquirido, conservado ou melhorado.

Quando o valor retirado de uma massa de bens serviu a aquisição de um bem que integra outro património, a compensação não pode ser inferior ao lucro subsistente avaliado, por relação ao bem adquirido, no dia da liquidação da comunhão[568].

Se o valor retirado pagou, na totalidade, o custo de aquisição de um bem, que ingressou em outro património, incluindo o preço da compra do bem e todas as despesas ou encargos inerentes a tal operação, o lucro subsistente para o património enriquecido é avaliado por referência ao bem em causa no dia da liquidação, mas tal como foi adquirido, ou seja, deverá deduzir-se a tal valor do bem no momento da liquidação a mais-valia resultante dos melhoramentos feitos ulteriormente que poderão, também eles, ser causa de uma outra compensação, de acordo com a origem do seu financiamento (e o mesmo se dirá se o bem foi também objeto, após a aquisição, de despesas de conservação).

Se o valor retirado do património empobrecido serviu para financiar parcialmente o custo da aquisição, atender-se-á à proporção pela qual esse património interveio para avaliar o lucro subsistente, de acordo com o valor do bem adquirido no momento da liquidação e no seu estado ao momento da aquisição. Para determinar esta proporção convém relacionar o valor retirado de um património com o custo global da aquisição (incluindo os encargos e despesas de aquisição).

Esse método de cálculo proporcional é geralmente aceite[569] nos casos em que se verifica um financiamento parcial de um património em bene-

[568] Cabem, assim, no § 3º do art. 1469º do Cód. Civil francês, quanto à aquisição de um bem, p. ex., os casos em que a comunhão financiou a compra de um bem próprio (cfr. o art. 1404º do Cód. Civil francês), ou de um bem acessório de um próprio pré-existente (art. 1406º do Cód. Civil francês), ou o pagamento da torna no caso de troca de bem próprio (art. 1407º do Cód. Civil francês), ou completou o preço no caso de sub-rogação real de um bem (art. 1434º do Cód. Civil francês)... e também os casos em que, por não observância das formalidades previstas no art. 1434º do Cód. Civil francês, o bem ingressa na comunhão (podendo o cônjuge empobrecido exigir uma compensação igual ao lucro subsistente se o bem ainda existir na massa comum à data da liquidação da comunhão).

[569] Cfr. Civ. 1.re, de 13 de novembro de 1980 (*JCP* 1981.II.19608, note Pierre-François; *Defrénois* 1981, art. 32608, p. 461, obs. Champenois), e Civ. 1.re, de 11 de outubro de 1989 (*Bull. Civ.* I, nº 312; *Defrénois*, 1990, p. 877, obs. Champenois), citados no *Code Civil*, 100ª ed., Dalloz, 2001, p. 1193.

fício de outro (sub-rogação real, troca implicando tornas e despesas, aquisição de partes indivisas por um cônjuge comproprietário...).

Normalmente, por aplicação do art. 1469º, 3º, do Cód. Civil francês, quanto à aquisição de bens, o lucro subsistente aparece com valor superior à despesa feita, fazendo com que se atenda a esse lucro como o montante da compensação. Tal corresponde, aliás, ao objetivo da exceção que aí se faz ao § 1º do mesmo artigo. Porém, poderá constatar-se que o lucro subsistente é, no final, inferior à despesa feita. A evolução dos valores dos bens depende de múltiplos fatores que podem explicar uma baixa significativa de um período para o outro (situação geográfica dos bens, no meio rural ou no meio urbano; mutação económica do ambiente...). Nesses casos, o montante da compensação será igual ao lucro subsistente, de acordo com as disposições combinadas dos §§ 1º e 3º do art. 1469º.

Como na hipótese vista relativa à aquisição, a compensação também não pode ser inferior ao lucro subsistente quando o valor retirado de um património para outro serviu para a conservação de um bem.

A noção de despesa de conservação reporta-se às despesas levadas a cabo para assegurar a manutenção dos bens, de acordo com a sua natureza e destino, permitindo uma utilização normal e satisfatória. Trata-se de reparações, reconstruções, restaurações... que se revelam necessárias a determinada altura, devido à utilização dos bens ou a circunstâncias acidentais que requerem trabalhos de conservação dos mesmos. Ou seja, as despesas de conservação são equiparáveis às despesas necessárias, tal como são visadas no art. 1469º, 2º, do Cód. Civil francês. A consequência é a de que se deverá aplicar cumulativamente os §§ 2º e 3º do art. 1469º, de modo a que a compensação seja marcada por um duplo mínimo: não será inferior às despesas feitas e não pode ser também inferior ao lucro subsistente. Assim, quanto às compensações devidas por despesas de conservação dos bens, haverá que reter, das duas somas representadas pela despesa feita e pelo lucro subsistente, a de valor mais elevado.

O problema que pode colocar-se quanto às despesas de conservação liga-se ao método de cálculo do lucro subsistente[570].

F. Terré/Ph. Simler, *ob. cit.*, p. 486, apresentam a seguinte fórmula: lucro subsistente (P.S.) = [valor atual (V.A.) x valor emprestado (V.E.)]/custo da aquisição (C.G.). Se a comunhão contribuiu com 5 para um dado bem, cujo preço de aquisição foi de 15 e o seu valor atual é de 30, a compensação será de 5/15 desse valor, ou seja, 10.

570 V., A. Colomer, *Droit Civil..., cit.*, p. 469. Alguns autores utilizam a seguinte equação: P.S. = (D x V')/V (P.S.= lucro subsistente; D = despesas; V' = valor do bem no dia da liquidação; V

Finalmente, e do mesmo modo, quando o valor retirado de um património para outro serviu para o melhoramento de um bem, a compensação não pode ser inferior ao lucro subsistente para o património enriquecido.

Comparativamente à conservação, o melhoramento supõe um contributo novo que enriquece o bem, que o desenvolve e valoriza. A execução do art. 1469º, 3º, do Cód. Civil francês, revelou-se particularmente delicada quanto à avaliação do lucro subsistente. Tal método de avaliação acabou por ser fixado pela jurisprudência. De uma maneira geral, determina-se por comparação, no momento da liquidação, do valor do bem integrado pelos melhoramentos efetuados e o valor do mesmo sem tais melhoramentos. É a medida do lucro subsistente que se apresenta como a vantagem realmente alcançada pelo património enriquecido, no momento da liquidação e apuramento da compensação. Alguns autores[571] utilizavam o método usado em casos de aquisição (aplicando ao valor final do bem (V') a percentagem que as somas utilizadas representavam (D) no valor dos bens no momento dos trabalhos de melhoramento (V)). Tal técnica (da "despesa reavaliada") foi afastada por outros autores e pela *Cour de Cassation*, uma vez que implicava uma reavaliação da despesa feita e não o apuramento do lucro subsistente. A propósito de uma construção ou plantação realizada em terreno próprio e financiada pela comunhão, a *Cour de Cassation* estabeleceu que importa deduzir do valor atual do imóvel, construção ou plantação incluída, o valor do terreno ao tempo da liquidação. Será esta

= valor do bem antes dos trabalhos de conservação). A. Colomer (obra e página citadas, nota 106) apresenta o seguinte exemplo: despesas de reparação (D) = 10.000 realizadas num imóvel próprio que valia, antes dos trabalhos de conservação, 20.000 (V), e no dia da liquidação 25.000 (V'). O lucro subsistente será igual a 12.500 [(10.000 x 25.000)/20.000]. A compensação será de 12.500 porque o lucro subsistente é superior à despesa feita.
Outros autores entendem que se deverá, no dia da liquidação da comunhão, proceder à avaliação do bem no estado em que ele se encontra nesse momento, atendendo, portanto, às despesas de conservação realizadas, e depois aferir o valor que o bem teria, no mesmo momento, se as despesas não se tivessem realizado, considerando, assim, o seu estado antes da execução dos trabalhos, representando a diferença o lucro subsistente. Recorrendo ao exemplo anterior, o valor do bem no dia da liquidação sem a realização dos trabalhos de conservação seria de 12.000; o seu valor, nesse momento, atendendo às despesas realizadas seria de 25.000. O lucro subsistente será, assim, igual a 13.000 (25.000 - 12.000). Tal será também o montante da compensação já que o lucro é superior à despesa feita. V., F. Terré/Ph. Simler, *ob. cit.*, pp. 486 e 487, e M. Grimaldi, *et allii*, *ob. cit.*, pp. 241 e 242.

[571] V., Savatier, *La communauté conjugale...*, *cit.*, p. 215. F. Terré/Ph. Simler, *ob. cit.*, p. 486, referem tal técnica como uma das possíveis.

diferença que determina o montante da compensação[572]. Na hipótese em que os trabalhos de melhoramento apenas foram financiados em parte pela massa empobrecida, a compensação a esta devida será limitada a uma fração da mais-valia obtida.

Outra situação a considerar na análise do § 3º do art. 1469º do Cód. Civil francês é a de o bem adquirido, conservado ou melhorado ter sido alienado antes da liquidação. Duas situações são configuráveis: a alienação do bem foi seguida ou não de sub-rogação real.

Quando o bem que origina a compensação foi alienado antes da liquidação, sem que outro bem tenha ocupado o seu lugar (sem que o mecanismo da sub-rogação real funcionasse), a avaliação do lucro subsistente efetua-se nos termos anteriormente vistos, mas reportando-se ao dia da alienação, ou seja, será avaliado de acordo com o valor de alienação do bem. A substituição da data de avaliação é facilmente explicada se atendermos ao facto de que o aumento de valor que o bem conhecerá depois da alienação beneficiará o terceiro adquirente e, de modo algum, o património devedor da compensação (tal como a diminuição do valor do bem depois da alienação não o prejudica).

Em caso de alienação a título oneroso, o valor da alienação a reter para avaliação do lucro subsistente será o do preço efetivamente recebido, mesmo que tal não corresponda ao valor real do bem (como acontecerá no caso de fraude ou dissimulação de uma parte do preço do bem). É o preço realmente pago que permite aferir a vantagem procurada e obtida pelo património devedor da compensação.

[572] Civ. 1.re, de 6 de novembro de 1984 (*Bull. Civ.* I, nº 293), citado por M. Grimaldi, *et allii, ob. cit.*, p. 242, Civ. 1.re, de 6 de junho de 1990 (*JCP* 91.II.21652, obs. Pillebout), Civ. 1.re, de 9 de outubro de 1990 (*JCP* 91.II.21652, obs. Pillebout). V. também, Civ. 1.re, de 13 de junho de 1993 (*JCP* 1994.I.3733, nº 21, obs. Tisserand), e exemplos apresentados por M. Grimaldi, *et allii, ob. cit.*, pp. 242 e 243. Este autor chama a atenção para o facto de, seguindo o método fixado pela jurisprudência, sob reserva de convenção em contrário previamente determinada pelos cônjuges, a apreciação do valor da nua propriedade poder ser delicada, dado que poderá não existir. Por outro lado, se o melhoramento que dá origem à compensação resulta do acréscimo de bens novos, acessórios de um bem preexistente, a avaliação do lucro subsistente pode também ser problemática, dado haver uma aquisição e um melhoramento. A solução será a de deduzir ao valor global do bem o valor dos bens acessórios, no momento da liquidação. Se o valor do bem global, no momento da liquidação, for de 25.000; se se tiver realizado trabalhos de melhoramento no valor de 10.000; se o valor do terreno, no dia da liquidação, for de 15.000, a compensação será igual a 10.000 (25.000 – 15.000).

No caso de alienação a título gratuito será necessário procurar o valor do bem no dia dessa alienação.

Se a alienação do bem adquirido, conservado ou melhorado, que dá origem à compensação, foi seguida da aquisição de um novo bem, que substitui o bem alienado no património enriquecido, o lucro subsistente será novamente calculado no dia da liquidação da comunhão, fazendo-se a sua avaliação por referência ao bem sub-rogado ao primeiro (art. 1469º, 3º, *in fine*). Assim sucederá sempre que ocorra o mecanismo da sub-rogação real diretamente, no caso de troca, ou indiretamente, por cumprimento das formalidades do art. 1434º do Cód. Civil francês[573], e que a sub-rogação tenha efetivamente ocorrido, que o preço da alienação do bem que dá origem à compensação tenha sido investido na nova aquisição.

Nenhuma dificuldade se levanta se aquele preço cobriu na totalidade o custo da nova aquisição. O método de avaliação do lucro subsistente é o mesmo que analisámos na primeira situação em que o bem se encontrava no património enriquecido no dia da liquidação, salvo o facto de ser o valor do bem sub-rogado que deverá ser considerado no momento da liquidação. O problema levanta-se quando se constata uma diferença de valor entre o preço da alienação investido e o custo global da nova aquisição. Será, nesse caso, necessário aferir a proporção em que o património empobrecido interveio para esta nova aquisição, podendo, eventualmente, ao lucro subsistente alcançado pelo valor da alienação juntar-se um outro valor retirado ao património empobrecido. A soma das participações fixará a proporção a aplicar sobre o valor do bem sub-rogado, com vista a determinar o lucro subsistente.

Por outro lado, pode também assistir-se a sub-rogações sucessivas, ou seja, um bem é adquirido em substituição de um outro que deu origem a uma compensação e que, por sua vez, foi também substituído por um outro bem. A avaliação do lucro subsistente será sempre feita por referência ao bem sub-rogado, de acordo com o seu valor na altura da liquidação, mas tendo sempre em consideração a forma como a sub-rogação se realizou, isto é, como cada nova aquisição foi financiada, por que património o foi.

[573] A. Colomer, *Droit Civil...*, *cit.*, p. 472, entre outros, coloca ainda a possibilidade de aplicação do art. 1469º, 3º, do Cód. Civil francês, no caso de sub-rogação de facto, na medida em que tal artigo não exige formalidade especial para comprovar a substituição.

Procurou-se, com o § 3º do art. 1469º do Cód. Civil francês, atenuar os danos da depreciação monetária. Porém, em certos casos, o desequilíbrio patrimonial que se pretendia corrigir poderá até ser agravado. Morin refere que há casos em que a situação é de tal forma inextricável que as partes se limitam a fixar a compensação pelo montante das somas retiradas ao património empobrecido ou a concordar, a partir de elementos de avaliação parcial, em avaliar acidentalmente o lucro subsistente[574].

Por outro lado, há casos em que o valor da despesa feita e do lucro subsistente é igual (pelo menos, em termos nominais), dado estar em causa um valor monetário. Será o caso de um dos cônjuges fazer uma doação a um terceiro à custa de valores comuns (é o valor do bem no dia da doação que representa, simultaneamente, o empobrecimento da comunhão e o enriquecimento, indireto, do património do cônjuge doador); ou o do pagamento de uma dívida própria com dinheiro comum (empobrecimento e lucro subsistente coincidem)[575]. Nestes casos, o funcionamento das regras analisadas é posto em causa.

Portanto, e dada a sua complexidade inerente, o sistema francês não resolve todos os problemas dos desequilíbrios patrimoniais verificados no decurso do regime de bens nem o da depreciação monetária e que se procuram corrigir.

[574] Nota no *Defrénois*, 1987, nº 10, p. 434, *apud* A. Colomer, *Droit Civil..., cit.*, p. 473.

[575] A comparação imposta pelo art. 1469º do Cód. Civil francês entre despesa e lucro subsistente supõe que este seja mensurável, ou seja, que o valor retirado de um património tenha contribuído para o desenvolvimento de um outro, sob a forma de aquisição de novos bens, conservação ou melhoramento dos bens já existentes. Porém, nem todas as despesas realizadas num património se relacionam com bens retirados a outro. É o que acontece com o pagamento de dívidas quando a comunhão tenha direito a uma compensação (cfr. os arts. 1412º, 1413º, 1416º, e 1417º do Cód. Civil francês). Não há, neste caso, um lucro subsistente, no sentido de um ganho material para o património que absorveu valores do outro, ou seja, haverá uma poupança realizada por este património que não pode, contudo, traduzir-se num lucro subsistente no momento da liquidação. A mesma observação pode fazer-se a propósito das compensações devidas em consequência da doação de bens comuns. Neste caso, a retirada de valores da comunhão, sejam bens ou dinheiro, poderá assimilar-se à despesa feita, mas não há, verdadeiramente, um lucro para o património do doador, caraterizando-se a doação pela ausência de contrapartida. Seria, porém, injusto considerar, naqueles casos, nulo o lucro subsistente, levando a que, pela comparação exigida no art. 1469º do Cód. Civil francês, não haja lugar a compensação. Pelo contrário, parece necessário reter o montante da despesa feita por uma massa de bens em benefício de outra como o montante da compensação devido pelo património que retirou os valores de um outro.

Apurado o saldo final, nos termos vistos, a compensação poderá efetuar-se de diferentes formas, consoante o saldo da conta apareça a favor da comunhão ou a favor de um dos cônjuges[576].

[576] Problema que poderá colocar-se é o da eventual contagem de juros sobre o montante das compensações e o momento a partir do qual se procederá a tal contagem.
Tradicionalmente, antes da Reforma de 1985, o art. 1473º do Cód. Civil francês regulava o problema dos juros, determinando que as compensações devidas pela comunhão ou à comunhão contavam juros legais desde o momento da dissolução. Tal disposição, pela sua generalidade, não podia contemplar certas situações entretanto introduzidas pela Reforma de 1985. Referimo-nos, nomeadamente, à situação prevista no art. 1469º, 3º, do Cód. Civil francês, onde o montante da compensação se pauta pelo lucro subsistente que apenas é apurado no momento da liquidação do regime. Como poderá a compensação devida produzir juros se, no momento da dissolução, o seu montante não está ainda apurado? Por outro lado, tal regra poderia ser especialmente injusta pois, em virtude da taxa de juro legal fixada pela Lei de 11 de julho de 1975 (que atendia, essencialmente, à depreciação monetária) e da eventual perduração da indivisão pós-comunhão, a soma a pagar, que acrescia a um capital também reavaliado, podia ser, por vezes, insuportável. Por tudo isso, a jurisprudência francesa decidia contar os juros apenas desde a avaliação do lucro subsistente, ou seja, desde o dia da liquidação. Tal jurisprudência encontrou consagração legal, pela Reforma de 1985, no atual art. 1473º do Cód. Civil francês, que dispõe, no seu § 1º, que as compensações devidas pela comunhão ou à comunhão contam juros legais desde o dia da dissolução. Porém, o seu § 2º determina que sempre que a compensação seja igual ao lucro subsistente, os juros contam-se a partir do momento da liquidação.
A contagem dos juros desde a dissolução justifica-se por ser a partir dessa altura que as compensações são exigíveis. O atraso da liquidação em relação à dissolução não deve prejudicar a massa de bens credora da compensação. A exceção a tal princípio, quando a compensação é igual ao lucro subsistente, explica-se pelas razões já referidas e que se prendem com o facto de ser impossível calcular juros sobre um valor que não está ainda determinado e de, eventualmente, a contagem de juros, nesses casos, conduzir a resultados injustos que importa evitar. Em consequência, no estabelecimento das contas de compensação, só as compensações iguais à despesa feita darão lugar ao cálculo dos juros a partir da dissolução da comunhão, que acrescerão ao valor nominal retirado do património empobrecido.
Pode acontecer que, dentro de cada conta de compensações, haja umas que correspondam ao lucro subsistente e outras à despesa feita. Não parece correto calcular os juros sobre o saldo das compensações obtido no final – parece ser isso que M. Grimaldi, *et allii*, *ob. cit.*, p. 246, defende ao dizer que, nesses casos, os juros contam-se tendo por base o "saldo da segunda categoria", referindo-se às despesas feitas. De igual modo, Planiol/Ripert, *Traité pratique de Droit Civil français. Régimes matrimoniaux*, vol. IX, parte II, Paris, LGDJ, 1927, p. 279, ainda que à luz do direito francês anterior, expressavam-se no sentido de que apenas o saldo final contava juros -, dado que o ponto de partida para a contagem dos juros não é o mesmo para todas as compensações (F. Terré/Ph. Simler, *ob. cit.*, pp. 490 e segs.). Haverá que calcular os juros sobre cada compensação vista isoladamente, em função do regime que lhe é aplicável. Assim, o cálculo dos juros deverá preceder o apuramento do saldo final da conta de compensações.

Dentro de cada uma das contas de compensações, relativas a cada um dos cônjuges, apenas o saldo é exigível e deverá ser pago, ou seja, haverá entre as compensações devidas pela comunhão e as devidas à comunhão uma compensação nos termos gerais de direito. Se a comunhão for, relativamente a cada um dos cônjuges, credora e devedora de uma compensação, pode libertar-se do seu débito, ou parte dele, por meio de compensação com o débito do cônjuge credor[577]. Se cada compensação desse lugar a uma liquidação e pagamento isolado, a liquidação e partilha seriam extremamente complexas. Por outro lado, na medida em que os créditos de compensação se compensam e anulam com os débitos compensatórios, o cônjuge credor não concorre, na hipótese de insuficiência dos bens comuns, com o outro cônjuge ou com os credores da comunhão.

O art. 1470º do Cód. Civil francês determina que se a conta apresentar um saldo a favor da comunhão, o cônjuge deverá restituir o montante em causa à massa comum – *rapport* (§ 1º); se apresentar um saldo a favor do cônjuge, este poderá escolher entre exigir o pagamento ou levantar bens comuns (*prélèvement*) até à cobertura do seu crédito compensatório (§ 2º).

O saldo a favor da comunhão estabelece um crédito compensatório desta em relação ao cônjuge devedor. Por isso, o saldo das contas de compensação a seu favor apresenta-se no ativo da comunhão, na altura da liquidação e partilha.

Tendo em consideração o art. 1476º do Cód. Civil francês que determina a aplicação das regras da partilha sucessória à partilha da comunhão, a compensação poderá fazer-se pela meação do cônjuge devedor na partilha, recebendo uma meação menor que o seu cônjuge. Além disso, a compensação pode fazer-se pelo pagamento à massa comum das somas em dívida sempre que o débito do cônjuge enriquecido ultrapasse a sua parte na comunhão. Concretamente, a execução da restituição a que se refere o art. 1470º, 1º, do Cód. Civil francês, pode realizar-se por imputação na meação do cônjuge devedor ou por levantamento de bens comuns por parte do cônjuge do devedor.

A imputação de um débito de compensação a favor da comunhão consiste em considerar o saldo devido sobre a meação que cabe ao cônjuge

[577] Falamos aqui de compensação como forma de extinção de obrigações prevista nos arts. 1347º e segs. do Cód. Civil francês, os quais correspondem aos nossos arts. 847º e segs. do Cód. Civil. Melhor será falar-se não de compensação entre créditos e débitos mas de balanço de uma conta com artigos a crédito e outros a débito (Savatier, *La communauté conjugale...*, *cit.*, p. 220).

devedor. Considerar-se-á como tendo recebido esse valor na sua meação, ficando com menos na partilha dos bens comuns disponíveis. Porém, se se constata, além desta imputação, que a dívida de compensação não está completamente extinta, excedendo, portanto, a dívida compensatória global a meação do cônjuge devedor na comunhão, deverá ser feito um pagamento por este excesso.

O levantamento, como modalidade menos utilizada de pagamento do saldo de compensação a favor da comunhão, e que surge essencialmente nas partilhas judiciais, consiste em permitir ao cônjuge do devedor da compensação a retirada direta de bens comuns, integrantes da massa a partilhar, do mesmo valor que o montante compensatório devido pelo outro cônjuge. Tal levantamento pode ser de dinheiro ou bens e supõe a existência de bens comuns de valor correspondente ao montante do saldo devido. Depois de exercido o levantamento, a massa comum subsistente será repartida de forma igualitária. Também aqui um pagamento efetivo não poderá ser evitado se o montante do saldo compensatório devido ultrapassar a meação do devedor na massa comum[578].

Se a conta de compensações apresentar um saldo a favor de um dos cônjuges, este terá direito de escolha entre exigir um pagamento ou efetuar levantamentos prévios (*prélèvement*) sobre a massa comum[579]. São estas as duas hipóteses previstas no art. 1470º, 2º, do Cód. Civil francês. Mas, na prática, poderá fazer-se de uma outra forma, sendo a meação do cônjuge credor aumentada pelo crédito de compensação. Com efeito, a determinação e pagamento do saldo a favor de um dos cônjuges é normalmente

[578] Planiol/Ripert, *Traité pratique de Droit Civil français..., cit.*, vol. VIII, p. 183, apresentava ainda outra forma de pagamento daquelas compensações à comunhão: proceder-se-ia à partilha como se nada fosse devido e o cônjuge devedor deveria considerar o seu débito pagando metade da dívida ao outro cônjuge. A tal operação denominava-se "*mi-denier*", funcionando, sobretudo, quando a comunhão era pobre. V., Baudry-Lacantinerie/J. Le Courtois/F. Surville, *ob. cit.*, vol. XVII, tomo II, pp. 359-361.

[579] É o cônjuge credor que tem essa opção de escolha e, assim, não poderá o outro cônjuge impor-lhe, em alternativa da outra, uma das opções.

Por isso, o pagamento por *prélèvement* não se confunde com a dação em pagamento do Direito comum. Aqui o devedor propõe a entrega de uma determinada coisa como forma de pagamento, na impossibilidade de ser pago em dinheiro, ao passo que no *prélèvement* o credor exerce essa faculdade como um direito próprio, o que só é possível dado o facto de, além de credor, o cônjuge surgir como co-partilhante dos bens comuns. V., Raphäel Contin, "Les règlements en nature dans les partages matrimoniaux", *RTDC*, ano 75º, 1977, pp. 446 e 447.

anterior à partilha. Será o que subsiste na comunhão, depois dos pagamentos ou levantamentos efetuados, que será objeto da partilha (art. 1475º, 1º, do Cód. Civil francês). Todavia, tal pagamento poderá ser incorporado na partilha e é o que normalmente acontece. O método consiste em deduzir ao ativo da comunhão o montante do saldo das compensações devidas por ela, surgindo, assim, um ativo líquido. As compensações devidas são tratadas como passivo da comunhão. De seguida, acrescenta-se à meação do cônjuge credor da compensação na comunhão o montante do saldo que lhe é devido, aumentando com isso os seus direitos na partilha, ou seja, aumentando a sua meação. Tal prática facilita a partilha e, frequentemente, evita a divisão ou a venda anterior dos bens a partilhar, podendo resultar meações diferentes a receber por cada um dos cônjuges.

Quanto à exigência do pagamento, de acordo com o Direito das Obrigações geral, o seu exercício não apresenta dificuldades se existirem fundos disponíveis na massa comum. Na sua falta, haverá que converter certos bens, pela sua venda, para obter os meios daquele pagamento. Neste caso, a escolha dos bens pelo cônjuge credor da compensação não deverá ser inteiramente livre, devendo transpor-se a restrição prevista no art. 1471º do Cód. Civil francês, para os levantamentos, na hipótese em que a realização de bens da comunhão se apresenta como necessária para responder à exigência de pagamento[580].

Em vez do pagamento, o cônjuge credor poderá preferir exercer o seu direito de crédito sobre a comunhão pelo levantamento de bens, antes de se efectuar a partilha destes (cfr. o art. 1475º, 1º, do Cód. Civil francês). Consiste tal levantamento prévio em retirar da massa comum bens suficientes para cobrir o seu crédito compensatório, em momento preliminar à partilha.

Nos termos do art. 1471º, 1º, do Cód. Civil francês, os levantamentos exercem-se em primeiro lugar sobre o dinheiro, depois sobre os móveis e subsidiariamente sobre os imóveis da comunhão. Impõe-se, assim, ao cônjuge credor da compensação, uma ordem para se efetuar os levantamentos[581]. Na falta de dinheiro disponível, reconhece-se, em princípio, a livre

[580] V., M. Grimaldi, *et allii*, *ob. cit.*, pp. 248-252.

[581] Sendo a regra estabelecida com vista a proteger os interesses dos cônjuges, parece ser de admitir que os cônjuges possam convencionar uma ordem diversa da disposta no art. 1471º do Cód. Civil francês.

escolha dos bens móveis e imóveis que serão levantados. Naturalmente que o levantamento só poderá fazer-se dentro dos limites do montante do crédito e se o bem escolhido ultrapassar tal valor a licitação será inevitável.

Por outro lado, o art. 1471º do Cód. Civil francês traz uma limitação à escolha dos bens móveis e imóveis objeto dos levantamentos: não ficam prejudicados, todavia, com a escolha do cônjuge credor, os direitos que o seu cônjuge poderá ter de requerer a manutenção da indivisão ou a atribuição preferencial de certos bens. As regras fixadas para a manutenção da indivisão (cfr. os arts. 815º e segs. do Cód. Civil francês) e para a atribuição preferencial (cfr. os arts. 831º e segs. do Cód. Civil francês) são, por força do art. 1476º do Cód. Civil francês, aplicáveis à partilha da comunhão[582].

Os dois cônjuges podem ser credores de compensações face à comunhão. Se o dinheiro disponível não for suficiente para os levantamentos de um e de outro, poderá surgir uma concorrência entre eles quanto à escolha dos bens objeto dos levantamentos.

Antes da Reforma de 1985, a mulher tinha prioridade, em relação ao marido, para o exercício dos levantamentos, como forma de salvaguarda contra a má administração do marido. Desde a Lei nº 85-1372, de 23 de dezembro de 1985, os dois cônjuges estão, face aos levantamentos, em situação de plena igualdade e, nos termos do § 2º do art. 1471º do Cód. Civil francês, se ambos os cônjuges pretenderem levantar o mesmo bem, proceder-se-á a sorteio. Se se verificar que a comunhão é insuficiente para permitir todos os levantamentos a que os cônjuges têm direito, os levantamentos de cada cônjuge serão proporcionais ao montante das compensações que lhe são devidas (art. 1472º do Cód. Civil francês). Porém, se a insuficiência dos bens comuns for imputável à culpa de um dos cônjuges, o outro poderá exercer os seus levantamentos antes dele sobre todos os bens comuns, podendo também exercê-los subsidiariamente sobre os bens próprios do cônjuge responsável (art. 1472º, 2º, do Cód. Civil francês).

Uma última nota para referir que os levantamentos de bens comuns constituem uma operação da partilha, não conferindo ao cônjuge que os exerce qualquer direito de preferência em relação aos credores da comu-

[582] De notar que, quer a manutenção da indivisão, quer a atribuição preferencial, supõem geralmente um processo judicial, cabendo ao juiz estabelecer os interesses em jogo para resolver a possível oposição entre os cônjuges, e decidindo autorizar ou não o levantamento, salvo no caso especial de uma atribuição preferencial legal.

nhão, salvo a preferência resultante, se a ela houver lugar, de hipoteca legal (art. 1474º do Cód. Civil francês). Ou seja, o direito de levantamento tem uma natureza jurídica mista: surge como direito de partilha e como direito de crédito. Por isso, o cônjuge intervém nas qualidades de copartilhante e de credor da comunhão[583].

Apesar do princípio da indivisibilidade do cálculo das compensações e da sua não exigibilidade no decurso da vida conjugal, o direito a uma compensação não é, no direito francês, de ordem pública. Neste sentido, nada impede os cônjuges de, em convenção matrimonial, convencionarem sobre eventuais compensações devidas à ou pela comunhão e até a exclusão de tais compensações. De uma maneira geral, as disposições do art. 1469º do Cód. Civil francês podem ser adaptadas ou afastadas por convenção dos cônjuges, seja na convenção matrimonial seja numa convenção ou acordo entre os cônjuges a realizar após a dissolução da comunhão (v. os arts. 1450º e 1451º do Cód. Civil francês). Pelo contrário, não deverá admitir-se tais convenções no decurso do regime matrimonial. De qualquer forma, convém fazer aqui uma distinção. Quando essa convenção leve à supressão de uma determinada compensação poderá equiparar-se a uma doação entre cônjuges, válida mas, como tal, revogável. Pelo contrário, tal convenção será nula se afastar, no decurso da vida conjugal, pura e simplesmente o direito a uma compensação, pois aí atentará contra o princípio, apesar de atenuado, da imutabilidade do regime de bens, que apenas poderá alterar-se nos termos do art. 1397º do Cód. Civil francês. Na verdade, as normas que se referem às compensações entre as diferentes massas patrimoniais podem implicar alterações indiretas do regime de bens[584]. Com estas ressalvas, os cônjuges podem acordar o montante da compensação e o seu modo de avaliação.

[583] V., Baudry-Lacantinerie/J. Le Courtois/F. Surville, *ob. cit.*, vol. XVII, tomo II, pp. 378 e segs., Planiol/Ripert, *Traité pratique de Droit Civil français..., cit.*, vol. XIX, pp. 196 e segs., Jean Renauld, *ob. cit.*, pp. 769-776, Raphäel Contin, *loc. cit.*, pp. 446-482, F. Terré/Ph. Simler, *ob. cit.*, pp. 498 e segs., Cornu, *Les régimes matrimoniaux.., cit.*, pp. 488 e segs., e pp. 493 e segs., M. Grimaldi, *et allii, ob. cit.*, pp. 250 e segs., A. Colomer, *Droit Civil..., cit.*, pp. 475 e segs., e Malaurie/Aynès, *Les régimes matrimoniaux.., cit.*, pp. 299 e 300.

[584] Planiol/Ripert, *Traité pratique de Droit Civil français..., cit.*, vol. VIII, p. 496, e Malaurie/Aynés, *Droit Civil..., cit.*, pp. 276 e 277, e p. 110. E se isso vale no direito francês, onde já se atenuou o princípio da imutabilidade, maior aplicação encontra no direito português – v., Rita Lobo Xavier, *Limites à autonomia privada..., cit.*, p. 162 e nota 99.

2.1.2. O direito italiano

Um dos efeitos imediatos e obrigatórios da dissolução da comunhão decorre do art. 192º do Cód. Civil italiano. Aí se regulam os *rimborsi e restituzioni*: cada um dos cônjuges deve reembolsar a comunhão quer das somas levantadas do património comum para fins diversos do cumprimento das obrigações previstas no art. 186º do Cód. Civil italiano, quer do valor dos bens comuns que responderam por dívidas próprias de um dos cônjuges, nos termos do art. 189º do Cód. Civil italiano (salvo se, tratando-se de ato de administração extraordinária, se demonstrar que foi realizado em proveito da comunhão ou visou satisfazer uma necessidade familiar); cada um dos cônjuges tem direito à restituição da soma levantada do seu património próprio e aplicada em despesas e investimentos do património comum.

A divisão dos bens constitui uma fase subsequente à dissolução da comunhão, constituindo operação preliminar da divisão da comunhão o levantamento dos bens próprios de cada um dos cônjuges, com vista à determinação da massa comum a partilhar[585]. Regem aqui os arts. 195º a 197º do Cód. Civil italiano. Cada cônjuge poderá levantar os bens que levou para a comunhão e os que adquiriu ao longo do casamento por sucessão ou doação. Na falta dos bens poderá levantar o seu valor (art. 196º do Cód. Civil italiano).

Depois de distinguir os bens comuns dos bens próprios, a formação da massa patrimonial objeto da divisão deverá ser completada com os reembolsos e restituições previstos no citado art. 192º do Cód. Civil italiano, que pressupõem uma espécie de contabilização da vida familiar, traduzida na existência de uma conta de compensações. Aí se abordam três hipóteses distintas em que haverá lugar a compensações (duas situações de reembolso, ou seja, de compensações devidas à comunhão, e uma situação de restituição, isto é, de compensação devida ao cônjuge empobrecido).

Quanto à situação de restituição, o § 3º do art. 192º do Cód. Civil italiano prevê que cada cônjuge pode exigir a restituição das somas levantadas do seu património próprio e utilizadas em despesas ou investimentos do património comum[586]. Procura-se evitar o empobrecimento de um património próprio a favor do património comum.

[585] Repare-se que com a dissolução da comunhão, os bens previstos nos arts. 177º, als. *b*) e *c*), e 178º do Cód. Civil italiano, que constituem a *comunio de residuo*, passam a integrar a comunhão para a constituição definitiva da massa patrimonial objeto da divisão.

[586] A doutrina italiana (cfr., entre outros, Schlesinger, "Della comunione", *ob. e loc. cit.*, sob a direção de Carraro/Oppo/Trabucchi, pp. 404 e 445, Corsi, *Il regime patrimoniale...*, *cit.*,

Repare-se que esta obrigação de restituição pressupõe que o cônjuge credor tenha apresentado prova da natureza própria da soma utilizada para a despesa ou investimento comum. Além disso, configura, tal como atualmente entre nós, uma dívida nominal, cujo valor será apenas igual ao valor retirado do património próprio, não integrando, nomeadamente, a mais-valia que tal valor provocou no património comum.

O direito de restituição apenas se torna exigível no momento da dissolução da comunhão. Tal restituição é garantida mediante bens comuns e pode satisfazer-se diretamente mediante levantamento de tais bens (cfr. o art. 192º, 5º, do Cód. Civil italiano). A lei fixa também a ordem de levantamento dos bens: primeiro o dinheiro, depois os bens móveis e, por último, bens imóveis.

A restituição poderá ser exercida antes da liquidação e partilha da comunhão, a título excecional, se o interesse da família o exigir e justificar (art. 192º, 4º, do Cód. Civil italiano). Daí a necessidade de intervenção do tribunal para compatibilizar os interesses em causa. A lei permite compensações antes do termo da comunhão, preterindo a proteção da natureza jurídica da comunhão, face a um interesse superior: a proteção da família.

Quanto aos reembolsos devidos à comunhão, podemos aludir a duas hipóteses[587].

p. 194, A. Finocchiaro/M. Finocchiaro, *Diritto di famiglia..., cit.*, p. 1159, B. Carpino, "Rimborsi e restituzioni", *in* AAVV, *La comunione legale, cit.*, sob a direção de C.M. Bianca, tomo II, p. 985, F. Mastropaolo/P. Pitter, *ob.* e *loc. cit.*, p. 353, De Paola, *Il regime patrimoniale della famiglia..., cit.*, p. 706, M. Paladini, "Scioglimento della comunione legale e divisione dei beni", *in* AAVV, *Trattato di Diritto Privato. Il Diritto di famiglia*, sob a direção de Mario Bessone, vol. IV, tomo II, Torino, G. Giappichelli Editore, 1999, p. 447, e A. Galasso, *ob. cit.*, pp. 505 e 506) entende que, com a expressão "património próprio", o legislador quis referir-se à massa de bens próprios elencados no art. 179º do Cód. Civil italiano, com exclusão dos frutos dos bens próprios e dos proventos da atividade separada, que são objeto da *comunio de residuo*, e que só com a dissolução da comunhão a integram.

Seguindo o entendimento da mesma doutrina, por despesa deve entender-se os encargos relativos aos bens comuns, destinados à sua manutenção ordinária ou extraordinária, permitindo-lhes uma maior utilidade ou funcionalidade. Por seu lado, são investimentos as aplicações de somas diretamente na aquisição (quando esta se dá à custa não só de bens comuns mas também de bens próprios), melhoramento ou crescimento de bens comuns.

[587] Cfr. Schlesinger, "Della comunione", *ob. e loc. cit.*, sob a direção de Carraro/Oppo/Trabucchi, pp. 444-446, Santosuosso, *Commentario del Codice Civile. Delle persone e della famiglia. Il regime patrimoniale della famiglia, cit.*, pp. 304-306, e *Beni ed attività economica..., cit.*, pp. 190 e 191, B. Carpino, *ob. e loc. cit.*, pp. 982-985, F. Mastropaolo/P. Pitter, *ob. e loc. cit.*, pp. 345-352,

Em primeiro lugar, qualquer um dos cônjuges deve reembolsar a comunhão da soma retirada do património comum para um fim diverso do cumprimento das dívidas previstas no art. 186º do Cód. Civil italiano, que determina as dívidas pelas quais respondem definitivamente os bens comuns (cfr. o art. 192º, 1º, do Cód. Civil italiano). Entende-se que a aplicação da regra deve abranger a soma que integra a comunhão legal imediata ou de "resíduo". Neste último caso, a obrigação de reembolso surge em consequência de um levantamento feito depois da dissolução da comunhão e antes da liquidação e partilha da mesma[588].

Assim, haverá lugar a reembolso no caso de a comunhão ter pago dívidas contraídas por um dos cônjuges antes do casamento (art. 187º do Cód.

De Paola, *Il diritto patrimoniale della famiglia..., cit.*, pp. 704 e segs., L. Barbiera, *ob. e loc. cit.*, pp. 618-622, T. Auletta, *Il diritto di famiglia, cit.*, p. 191, M. Paladini, *ob. e loc. cit.*, pp. 445 e 446, e A. Galasso, *ob. cit.*, pp. 499-505.

[588] Parte da doutrina entende que o levantamento a que se refere o § 1º do art. 192º do Cód. Civil italiano deve efetuar-se com o consentimento expresso ou tácito do outro cônjuge, pois, caso contrário, não havendo consentimento, poder-se-á exigir a reconstituição da comunhão, tal como se encontrava antes do levantamento ou, não sendo tal possível, o pagamento do equivalente de acordo com o valor corrente à época de tal reconstituição da comunhão, por aplicação do art. 184º, 3º, do Cód. Civil italiano, sem necessidade de observar o § 4º do art. 192º do mesmo código – cfr., Schlesinger, "Della comunione", *ob. e loc. cit.*, sob a direção de Carraro/Oppo/Trabucchi, p. 445, B. Carpino, *ob.* e *loc. cit.*, p. 982, F. Mastropaolo/P. Pitter, *ob.* e *loc. cit.*, p. 346, De Paola, *Il diritto patrimoniale della famiglia..., cit.*, p. 704, e A. Galasso, *ob. cit.*, p. 501. Contra, A. Finocchiaro/M. Finocchiaro, *Diritto di famiglia..., cit.*, p. 1156, e Gabrielli/Cubeddu, *ob. cit.*, pp. 215 e 216. L. Barbiera, *ob.* e *loc. cit.*, p. 621 e nota 26, refere, invocando a decisão do Tribunal de Bergamo, de 18 de março de 1983 (*Giust. Civ.*, I, 1983, pp. 1601 e segs.), que o eventual acordo de um cônjuge ao levantamento efetuado pelo outro, se não acompanhado de uma obrigação de restituição, pode configurar uma liberalidade entre cônjuges, afastando, por isso, a tese da necessidade do consentimento. Com efeito, de acordo com a decisão deste tribunal só poderá haver restituição da comunhão a um dos cônjuges se a transferência de bens ou valores for acompanhada de um acordo no sentido de que se tratava de uma antecipação de valores e não uma doação indireta ao outro cônjuge. Posição, aliás, criticada por Marco Ieva, "L'ambito applicativo dell'art. 192, comma 3º, c.c.", *Rivista del Notariado*, ano XXXVIII, II, 1984, p. 256.

De qualquer forma, a ideia de que o art. 184º, 3º, do Cód. Civil italiano, não é aplicável a levantamentos de somas em dinheiro, referindo-se a bens móveis diferentes do dinheiro, parece ser convincente. Acresce que, na vida conjugal normal assiste-se a uma certa elasticidade no uso de dinheiro próprio ou do dinheiro comum, sendo que o equilíbrio entre os patrimónios se alcançará no momento da partilha da comunhão (a não ser que o interesse da família permita a antecipação do reembolso – art. 192º, 4º, do Cód. Civil italiano) – M. Paladini, *ob.* e *loc. cit.*, p. 446.

Civil italiano), ter suportado as obrigações que onerem doações ou heranças atribuídas ao cônjuge (art. 188º do Cód. Civil italiano), ter adquirido bens que servem um dos cônjuges na sua profissão (art. 179º, al. *d*), do Cód. Civil italiano), etc.

É pacífico na doutrina italiana o entendimento de que a obrigação de reembolso, prevista no art. 192º, 1º, do Cód. Civil italiano, constitui uma dívida de *valuta*, nominal, só exigível no momento da partilha ou, quando o interesse da família o aconselhar e permitir, antes dessa altura, não permitindo qualquer reavaliação[589].

A segunda hipótese de reembolso devido à comunhão está prevista no § 2º do mesmo art. 192º. O cônjuge que praticou atos de administração extraordinária, sem o consentimento do outro cônjuge, ou pagou dívidas próprias com bens comuns, deve reembolsar a comunhão pelos bens ou valores comuns com os quais os credores próprios desse cônjuge se satisfizeram, de acordo com o art. 189º do Cód. Civil italiano, a não ser que prove que o ato em causa foi vantajoso para a comunhão ou veio satisfazer uma necessidade da família[590].

Neste caso, a obrigação de reembolso não configura uma dívida de *valuta* ou nominal[591] e para a sua quantificação deve atender-se ao valor que o bem executado apresenta no momento em que saiu da comunhão (dado que é nesse momento que o património comum sofre um empobrecimento)[592], com a respetiva revalorização monetária e produção de juros, nos termos do art. 1282º, 1º, do Cód. Civil italiano, desde o momento em que o crédito

589 V., por todos, De Paola/Macri, *ob. cit.*, pp. 212 e 213, F. Mastropaolo/P. Pitter, *ob.* e *loc. cit.*, p. 347, De Paola, *Il diritto patrimoniale della famiglia..., cit.*, p. 705, e A. Galasso, *ob. cit.*, pp. 501 e 502 (ainda que se admita a contagem de juros a partir da sua exigibilidade).

590 Por "*vantaggioso per la comunione*" deverão entender-se quaisquer valores que subentrem na comunhão e superem os valores perdidos. A "*necessità della famiglia*" abrange todas as despesas consideradas úteis e não apenas necessárias.

591 Para Gabrielli/Cubeddu, *ob. cit.*, p. 219, todas as hipóteses previstas no art. 192º do Cód. Civil italiano configuram dívidas de valor.

592 F. Mastropaolo/P. Pitter, *ob.* e *loc. cit.*, p. 351, e A. Galasso, *ob. cit.*, p. 504. Contra, entendendo que se deve atender ao valor do bem no momento do reembolso, v., Gabrielli/Cubeddu, *ob. cit.*, p. 219.
São, aliás, configuráveis três momentos relativamente aos quais se poderá reportar o valor do bem a reembolsar: o momento em que saiu da comunhão, o momento da dissolução da comunhão ou o momento do reembolso. V., Paolo Forchielle, "Comunione legale dei beni - scioglimento. Comunione legale dei beni - restituzioni", *in* AAVV, *Questioni di diritto patrimoniale della famiglia..., cit.*, pp. 364-366.

se torne exigível, equiparando-se esta situação à prevista no art. 184º, 3º, *in fine*, do mesmo código[593].

Este reembolso à comunhão significa que a compensação devida será imputada na massa dos bens comuns, na meação do cônjuge devedor.

A solução apresentada quanto à forma de pagamento das compensações é essencialmente regulada, no direito italiano, no § 5º do art. 192º do Cód. Civil.

Fará parte do ativo da comunhão a soma a reembolsar-lhe, nos termos do art. 192º, 1º e 2º do Cód. Civil italiano. Por outro lado, integrará o seu passivo a restituição devida ao cônjuge credor.

Assim, na hipótese de um dos cônjuges surgir como credor de uma compensação face à comunhão, poderá levantar bens comuns até ao montante do seu crédito. No caso de desacordo quanto ao levantamento dos bens, a norma fixa que o levantamento se efetua primeiro sobre o dinheiro, depois sobre bens móveis e, por fim, sobre os imóveis, remetendo, em todo o caso, ao tribunal a solução do desacordo entre os cônjuges quanto ao direito de levantamento a efetuar por um dos cônjuges[594]. Trata-se de um levantamento prévio de bens comuns, semelhante ao regulado no direito francês, antes de se efetuar a partilha. Admite-se, porém, ainda que a lei não o refira, uma modalidade prática de restituição ao cônjuge, acrescentando-se à meação do cônjuge credor da compensação na comunhão o montante do saldo que lhe é devido, aumentando com isso os seus direitos na partilha, ou seja, aumentando a sua meação.

Por outro lado, o cônjuge devedor de uma compensação deverá reintegrar a comunhão pelo valor em causa. Tal efetuar-se-á pela imputação do valor da compensação na sua meação, ou seja, o seu cônjuge terá direito a uma meação nos bens comuns acrescida de valor igual ao reembolso devido à comunhão pelo cônjuge. Outra hipótese será a de admitir, encarando o § 5º do art. 192º do Cód. Civil italiano em termos gerais (e repare-se que o direito italiano tem também a regra da metade na partilha – cfr. o art.

[593] De Paola, *Il diritto patrimoniale della famiglia..., cit.*, p. 705.

[594] No sentido de se instaurar um processo judicial no caso de, para além do desacordo quanto aos bens a levantar, for controvertido o direito de levantamento, v., A. Finocchiaro/M. Finocchiaro, *Diritto di famiglia..., cit.*, p. 1164, B. Carpino, *ob.* e *loc. cit.*, p. 987, e F. Mastropaolo/P. Pitter, *ob.* e *loc. cit.*, p. 359. Acresce que, não se compreende, no caso de desacordo, como poderá o juiz decidir o levantamento sem proceder à divisão do património comum (Schlesinger, "Della comunione", *ob. e loc. cit.*, sob a direção de Carraro/Oppo/Trabucchi, p. 446).

210º, 3º, do Cód. Civil italiano), que o cônjuge do devedor da compensação à comunhão terá, antes da partilha, direito a levantar bens comuns no montante limite da compensação devida pelo seu cônjuge.

2.1.3. O direito espanhol

O direito espanhol prevê compensações nos arts. 1319º, *in fine*, 1346º, *in fine*, 1347º, 4º, 1352º, 1358º, 1359º, 1360º, 1362º, 1º, 1364º, 1373º, 2º, 1397º, 3º, 1398º, 3º, e 1403º do Cód. Civil espanhol[595], o que, ao contrário do que

[595] Nos termos do art. 1347º, 4º, do Cód. Civil espanhol, os bens qualificam-se como comuns, mas, se fundos próprios contribuíram para a sua aquisição, a comunhão será, neste caso, devedora do cônjuge em causa pelo valor satisfeito.
O art. 1358º do Cód. Civil espanhol, como que resumindo os artigos anteriores, e esclarecendo quaisquer dúvidas, estabelece que, independentemente da titularidade dos bens, sempre que para a aquisição de bens próprios se utilizarem fundos comuns, ou o inverso, haverá reembolso do valor satisfeito à sua custa, mediante o *reintegro* do seu valor atualizado no momento da liquidação. O mesmo se determina nos arts. 1359º e 1360º do Cód. Civil espanhol relativamente a edificações, plantações ou quaisquer outros melhoramentos efetuados em bens próprios ou comuns, bem como no caso de exploração, estabelecimento mercantil ou outro género de empresa. De referir que, nos termos do art. 1359º do Cód. Civil espanhol, se a despesa ou melhoramento se realizou nos bens comuns à custa de bens ou valores próprios, é devida uma compensação ao património próprio pelo valor gasto (§ 1º). Mas, se essa despesa ou melhoramento se realiza em bens próprios com fundos comuns, a compensação será pelo aumento de valor que os bens próprios conseguiram em resultado daquela despesa ou melhoramento (§ 2º). Ou seja, o art. 1359º do Cód. Civil espanhol estabelece no seu § 1º uma regra geral, a qual se aplica a todos os melhoramentos realizados em bens comuns ou em bens próprios de um dos cônjuges. Tal regra sofre um desvio no § 2º no caso de se tratar de melhoramentos realizados em bens próprios à custa de fundos comuns ou da atividade de qualquer um dos cônjuges, já que, nesse caso, a comunhão poderá exigir o reembolso do aumento de valor dos bens próprios em consequência do melhoramento. O problema que poderá levantar-se será o da concretização desse aumento de valor do bem devido ao melhoramento, pois só a esse a comunhão tem direito, ou seja, será preciso apurar o aumento de valor que o bem teria e qual o aumento de valor devido ao melhoramento. Repare-se que, não havendo mais-valia, a comunhão terá sempre direito ao valor gasto. V., sobre esta questão, M. Amorós Guardiola, *et allii*, *ob. cit.*, pp. 1650-1654. A razão aí apontada para não haver a compensação pela mais-valia no caso de melhoramento em bens comuns a cargo de bens próprios é a de que o aumento do valor sofrido pelo bem comum beneficia ambos os cônjuges por igual, no momento da liquidação da comunhão. Assim, o cônjuge que suportou a despesa não só será reembolsado do valor gasto como participará na mais-valia em metade. Importa chamar a atenção para a possibilidade, admitida pelo autor citado, de aplicação do § 1º do art. 1359º do Cód. Civil espanhol ao caso de melhoramentos ou despesas efetuadas em bens próprios de um dos cônjuges com valores ou fundos próprios do outro. Nada parece opor-se a tal solução, podendo aplicar-se o mesmo regime, nesse aspeto em concreto, sendo

acontece no direito francês e, de certa forma, no direito italiano, onde as compensações estão sistematicamente reguladas, prevendo-se um capítulo ou apenas um artigo para as regular em geral, denota que as compensações são pontualmente estabelecidas em diferentes matérias, como também acontece no direito português.

No âmbito da dissolução e liquidação da comunhão, o art. 1403º do Cód. Civil espanhol dispõe, em termos paralelos ao nosso art. 1689º, que, pagas as dívidas da comunhão, proceder-se-á ao pagamento das *indemnizaciones y reintegros* devidos a cada cônjuge até ao montante dos bens inventariados, fazendo-se as compensações correspondentes quando um cônjuge seja devedor da comunhão[596]. Com efeito, e nos termos do art. 1398º do Cód. Civil espanhol, no passivo da comunhão encontram-se os créditos que um dos cônjuges possa ter contra a comunhão, nomeadamente, resultantes do pagamento de dívidas comuns com bens próprios. As compensações a que o art. 1403º do Cód. Civil espanhol se refere não são os *reintegros* devidos entre o património comum e os patrimónios próprios dos cônjuges. O termo compensação está aí usado no seu sentido corrente, ou seja, com-

certo que, como já referimos, uma coisa são compensações e outra eventuais créditos entre os cônjuges.
Repare-se que, no caso de melhoramento de bem próprio com fundos comuns, há compensação pelo aumento de valor do bem (art. 1359º, 2º, do Cód. Civil espanhol), ao passo que no caso de aquisição de bem próprio com valores comuns há reembolso pelo valor atualizado no momento da liquidação (o que é lógico, dado na aquisição não haver aumento de valor).
Quanto às compensações devidas à comunhão, no âmbito da qualificação dos bens próprios e dos comuns, o art. 1346º, *in fine*, do Cód. Civil espanhol, determina que os bens em causa conservam o caráter de bens próprios, mas, se a sua aquisição se realizou com recurso a valores comuns, a comunhão será credora do cônjuge proprietário pelo valor satisfeito.
Compensação à comunhão também será devida no caso de a comunhão ter pago o valor da subscrição, tratando-se de ações ou outros títulos ou participações que conservam o caráter de bens próprios, por terem sido adquiridos em virtude da titularidade de direitos próprios (art. 1352º do Cód. Civil espanhol).

[596] Em todo o caso, o art. 1403º do Cód. Civil espanhol estabelece uma prioridade no pagamento das dívidas comuns face às compensações devidas ao cônjuge (ainda que possa contradizer o art. 1399º do Cód. Civil espanhol que determina a aplicação das regras da graduação dos créditos do Direito comum para o pagamento das dívidas comuns e não apenas das dívidas da comunhão a terceiros) que apenas serão pagas até ao valor dos bens inventariados (semelhante ao disposto no § 1378º, 2º, do BGB, no domínio da *Zugewinngemeinschaft*), ao contrário do que acontece no nosso art. 1689º, onde o cônjuge credor da compensação concorre com os credores comuns (tal como acontece também no direito francês, como vimos). V., Yolanda Bustos Moreno, *ob. cit.*, pp. 405-407.

pensam-se os créditos dos cônjuges contra a comunhão, pelas indemnizações e reembolsos, com o crédito da comunhão face ao cônjuge.

Aí se abordam as compensações (*reintegros*) entre o património próprio de um dos cônjuges e o património comum. Os créditos e débitos existentes entre os patrimónios próprios de cada um dos cônjuges são alheios à liquidação da comunhão e são regulados no art. 1405º do Cód. Civil espanhol[597].

Quanto às compensações a favor do património próprio de um dos cônjuges, o art. 1319º, *in fine*, do Cód. Civil espanhol, estabelecendo a responsabilidade solidária dos bens comuns e dos próprios do cônjuge que contraiu a dívida, e subsidiária do outro cônjuge, determina que o cônjuge que pagou com bens próprios as dívidas aí reguladas tem direito a ser reembolsado desse valor, em conformidade com o seu regime matrimonial[598].

As compensações devidas pelo pagamento de dívidas constam dos arts. 1362º, 1º, 1364º, 1373º, 3º, 1397º, 3º, e 1398º, 3º, do Cód. Civil espanhol.

As dívidas previstas nos arts. 1362º e 1363º do Cód. Civil espanhol são suportadas, a título definitivo, pela comunhão. Se bens próprios[599] de qualquer um dos cônjuges responderem por tais dívidas haverá lugar a

[597] Cfr. M. Amorós Guardiola, *et allii*, *ob. cit.*, p. 1799, e Yolanda Bustos Moreno, *ob. cit.*, p. 379, e pp. 384 e 385. Nesses termos, o art. 1405º do Cód. Civil espanhol estabelece que, se um dos cônjuges for, no momento da liquidação, credor pessoal do outro, poderá exigir a satisfação do seu crédito por meio da adjudicação de bens comuns, exceto se o devedor pagar voluntariamente. Abordam-se aqui os créditos que se produzem entre os cônjuges independentemente da comunhão. O cônjuge credor poderá exigir que o seu crédito se satisfaça mediante a adjudicação de bens comuns, no momento em que se procede à sua divisão (o que não impossibilita que possa exigir o seu pagamento antes da dissolução e partilha do regime matrimonial à custa dos bens próprios do cônjuge devedor). Para que o crédito se satisfaça em bens comuns será necessário que o cônjuge credor receba bens do património comum suficientes para cobrir o seu crédito e que constituem um *plus* na sua meação e uma diminuição da meação do cônjuge devedor.
É também essa a solução apresentada pelo nosso art. 1689º, 3º, que, regulando a partilha em termos gerais, e, assim, contemplando quer as compensações *stricto sensu* quer os créditos entre cônjuges, determina que uns e outros serão pagos, em primeiro lugar, pela meação do cônjuge devedor nos bens comuns.

[598] Haverá o direito de reembolso, de acordo com o regime de bens que vigorar entre os cônjuges, se bens próprios, sejam do cônjuge obrigado solidário ou do obrigado subsidiário, pagaram tais dívidas.

[599] Por bens ou valores próprios deve entender-se todos os bens que comportem tal natureza de próprios, em oposição à natureza de bens comuns referidos no art. 1347º do Cód. Civil espanhol. Tal implicará que os frutos ou rendimentos dos bens próprios, a que se refere o § 2º do art. 1347º do Cód. Civil espanhol, nunca podem fundamentar o direito de reembolso

reembolsos, de acordo com o art. 1364º do código citado. Nos termos do art. 1369º do mesmo código, a responsabilidade dos bens do cônjuge que contraiu a dívida e dos bens comuns é solidária.

O art. 1364º do Cód. Civil espanhol parece admitir a imediata exigibilidade, quando bens próprios pagaram dívidas comuns, não remetendo, como os outros ordenamentos jurídicos, para o momento da liquidação e partilha da comunhão, ao contrário do que dispõem os arts. 1358º e 1359º, 2º, e, de certa forma, o art. 1373º, 2º, do Cód. Civil espanhol[600].

Repare-se que o valor destas compensações (*reintegros*) devidas ao cônjuge empobrecido e credor integrará o passivo da comunhão, pelo seu valor atualizado (cfr. o art. 1398º, 3º, do Cód. Civil espanhol). Com efeito, e reportando-nos ao art. 1364º do Cód. Civil espanhol, que aborda o problema das compensações ao património próprio pelo pagamento de dívidas comuns, o cônjuge será reembolsado pelo valor utilizado para fazer face às dívidas comuns. Esta referência ao valor deve entender-se, como nos outros preceitos, como o valor atualizado, de forma a fazer face aos problemas da depreciação monetária.

Resta ainda referir que cabe ao cônjuge empobrecido e credor provar que a dívida é comum e também que foi paga com bens ou valores próprios, demonstrando-se a natureza própria de tais bens, afastando-se, dessa

quando se utilizem para fazer face a dívidas da comunhão, já que tais frutos ou rendimentos, ainda que provenientes de bens próprios, são comuns.

600 Em Espanha, no Projeto de 4 de outubro de 1978, sobre o regime económico matrimonial no Código Civil, a questão atualmente regulada no art. 1364º do Cód. Civil espanhol constava do art. 1365º do mesmo código, que estabelecia que o cônjuge que tivesse respondido com bens próprios para a satisfação das obrigações comuns tinha direito a ser reembolsado à custa do património comum. Na falta de bens comuns, o outro cônjuge deveria reembolsá-lo na metade pelo que pagou por tais obrigações. O atual art. 1364º do Cód. Civil espanhol, resultante do Projeto de 14 de setembro de 1979 sobre modificação do Código Civil em matéria de filiação, poder paternal e regime económico matrimonial, afastou a segunda parte do preceito, pelo que, não há agora uma regra expressa para resolver o problema de reembolso do cônjuge credor quando não haja bens comuns. Yolanda Bustos Moreno, *ob. cit.*, pp. 409 e 410, procura uma solução no art. 1401º, 2º, do Cód. Civil espanhol, considerando que, na falta de bens comuns, deve responder o outro cônjuge por metade (seguindo a regra de repartição do ativo – art. 1404º do Cód. Civil espanhol – que deve aplicar-se também ao passivo, incluindo as compensações ao cônjuge). Manuel Albaladejo, *Compendio de Derecho Civil, cit.*, p. 563, entende que, relativamente aos encargos familiares, se não houver bens comuns suficientes, e tendo respondido bens próprios de um dos cônjuges, se deverá atender, por analogia, ao art. 1438º do Cód. Civil espanhol, tendo o cônjuge que pagou a mais direito a ser reembolsado pelos bens próprios do outro.

forma, a presunção de comunicabilidade dos bens adquiridos, prevista no art. 1361º do Cód. Civil espanhol[601].

Quanto às compensações devidas à comunhão, e em matéria de dívidas, quando se trate de dívidas próprias de um cônjuge (aquelas que não estão previstas nos arts. 1362º e segs. do Cód. Civil espanhol) apenas respondem por elas os bens próprios do cônjuge devedor (art. 1373º do Cód. Civil espanhol). Contudo, se os bens comuns responderam por tais dívidas, dado que a comunhão não as suporta a título definitivo mas o credor poderá exigir o pagamento contra os bens comuns, considera-se que o cônjuge devedor recebeu tal valor por conta da sua meação no momento da liquidação da comunhão ou quando reembolse o património comum com outros bens próprios (art. 1373º, 2º)[602]. De facto, se o cônjuge devedor não tiver bens próprios, ou se estes forem insuficientes, o credor poderá penhorar bens comuns. Se o cônjuge do devedor, notificado da penhora, não exigir que se substituam os bens comuns pela meação do cônjuge devedor na comunhão (situação que acarreta a dissolução e partilha da comunhão), haverá

[601] O objeto da prova é, como podemos comprovar, idêntico em todos os ordenamentos jurídicos analisados. O mesmo acontece no direito português, isto é, o cônjuge empobrecido terá de provar a utilização de bens ou valores próprios (ilidindo a presunção de comunicabilidade dos bens móveis prevista no art. 1725º) em proveito do património comum (um empobrecimento e correspetivo enriquecimento).
Quanto ao ónus da prova, recorremos aqui à regra geral do art. 342º, nº 1: a prova caberá ao cônjuge que alega o direito à compensação.

[602] São, a título definitivo, dívidas próprias do cônjuge que as contraiu: as dívidas relativas à alimentação e educação dos filhos só desse cônjuge que não vivam no lar familiar (tenham ou não respondido por elas, a título provisório, bens comuns – art. 1362º, 2º, *in fine*, do Cód. Civil espanhol); as dívidas de um cônjuge que, apesar de obrigar também a comunhão, beneficiem apenas esse cônjuge; as dívidas decorrentes de responsabilidade extracontratual do cônjuge, ainda que da sua atuação resulte um benefício para a comunhão ou no âmbito da administração dos bens se tiver agido com dolo ou culpa grave (art. 1366º do Cód. Civil espanhol); as dívidas decorrentes do jogo (art. 1372º do Cód. Civil espanhol); as dívidas do cônjuge contraídas antes do casamento e as ocasionadas depois dele pelos seus bens próprios, pelo seu negócio ou profissão, desde que não resultem da administração ordinária ou de exploração regular (art. 1362º, 3º e 4º, do Cód. Civil espanhol).
Em princípio, excluídos os dois primeiros casos, os bens comuns não respondem por aquelas dívidas consideradas próprias do cônjuge que as contraiu. Porém, poderão vir a responder por elas, na falta de bens próprios do cônjuge devedor e nos termos do art. 1373º do Cód. Civil espanhol, havendo, consequentemente, compensação à comunhão, a efetuar nos termos do § 2º do art. 1373º do Cód. Civil espanhol, ou seja, por imputação do valor em causa na meação do cônjuge devedor, recebendo menos que o seu cônjuge.

execução sobre os bens comuns inicialmente penhorados sem que se proceda à partilha da comunhão. Por isso, o § 2º do art. 1373º do Cód. Civil espanhol refere, para efeitos de compensação, que o cônjuge devedor recebeu os bens comuns que responderam por dívidas próprias por conta da sua meação no património comum que receberá no momento da liquidação (que pode ser decorrente da própria ação executiva) ou no momento em que reembolse o património comum (com bens próprios que venha a obter ulteriormente) – *al tiempo en que los abone*. Entender-se-á, portanto, que o cônjuge recebeu tais valores, num momento ou no outro, por conta da sua meação. Propõe, assim, uma solução idêntica à apresentada pelo direito português nessa situação, não se acautelando, porém, a situação de não existirem bens comuns, que irão aumentar a meação do cônjuge do devedor, para pagamento da compensação em causa.

Também as compensações devidas à comunhão são diferidas para o momento da liquidação. À sua exigibilidade em momento anterior obsta a forma de pagamento (imputação na meação do cônjuge devedor). É evidente que o cônjuge devedor poderá, querendo, reembolsar a comunhão em momento anterior (o que, aliás, o art. 1373º do Cód. Civil espanhol prevê), mas tal não lhe poderá ser exigido antes da liquidação e partilha.

Resta notar que o valor destas compensações (*reintegros*) devidas à comunhão integrará o ativo da mesma, pelo seu valor atualizado (cfr. o art. 1397º, 3º, do Cód. Civil espanhol), evitando-se, assim, os problemas inerentes à desvalorização monetária[603].

A regulamentação do pagamento das compensações encontra-se nos artigos relativos à dissolução e liquidação da *sociedad de gananciales* e, fundamentalmente, no art. 1403º do Cód. Civil espanhol.

Dissolvida a comunhão proceder-se-á à sua liquidação que começará por um inventário do ativo e do passivo da comunhão (art. 1396º do Cód. Civil espanhol). Os elementos que integram o ativo constam do art. 1397º do Cód. Civil espanhol e o art. 1398º do mesmo código refere os elementos que constituem o passivo[604]. Repare-se que integra o ativo da comu-

[603] O legislador tem consciência de que, mesmo admitindo que as compensações se possam exigir antes da partilha da comunhão (como parece decorrer do art. 1364º do Cód. Civil espanhol, quanto às compensações devidas ao património próprio de um dos cônjuges), o normal é as compensações apenas serem determinadas, calculadas e pagas no momento da dissolução e partilha da comunhão. Sendo assim, houve que acautelar as desvalorizações monetárias.

[604] Não pretendemos aqui analisar as dívidas que responsabilizam definitivamente a comunhão e, por isso, integram o seu passivo (art. 1398º, 1º, do Cód. Civil espanhol), mas apenas

nhão o valor (atualizado) das somas pagas pela comunhão e que estão a cargo de um dos cônjuges e, em geral, todas as que constituem créditos (compensatórios) da comunhão contra aquele (art. 1397º, 3º, do Cód. Civil espanhol). Quando a comunhão paga, com fundos comuns, uma dívida da exclusiva responsabilidade de um dos cônjuges, nasce um crédito de reembolso na titularidade da comunhão pelo seu valor atualizado ao momento da liquidação e partilha. Do mesmo modo, ingressa no passivo da comunhão o valor (atualizado) das somas pagas por um dos cônjuges e a cargo da comunhão e, em geral, todas as que constituem créditos (de compensação) do cônjuge contra a comunhão (art. 1398º, 3º, do Cód. Civil espanhol). Trata-se agora de dívidas a cargo da comunhão mas que foram, provisoriamente, suportadas pelo património próprio de um dos cônjuges. Também aí se determina que os créditos sejam atualizados, ou seja, que se transformem os valores históricos em valores atuais. A introdução da regra da atualização dos valores, na Reforma de 1981, constituiu um aspeto de grande importância que ataca o fenómeno da crise do nominalismo, que se manifesta em épocas de instabilidade económica, em que a moeda sofre constantes desvalorizações.

Terminado o inventário, pagar-se-ão, em primeiro lugar, as dívidas da comunhão, começando pelas alimentícias que têm sempre preferência (art. 1399º do Cód. Civil espanhol). Pagas as dívidas da comunhão, proceder-se-á ao pagamento das indemnizações e reembolsos a que cada cônjuge tem direito até ao montante do valor inventariado, fazendo-se as compensações[605] devidas quando um cônjuge seja devedor da comunhão.

Feitas as deduções referidas no montante inventariado, será dividido o remanescente em partes iguais pelos cônjuges (cfr. o art. 1404º do Cód. Civil espanhol).

referir a questão das compensações, objeto do presente capítulo. Em todo o caso, importa referir que, e seguindo Mª Teresa Martín Meléndez, *ob. cit.*, p. 353, apesar de apenas integrar o inventário as dívidas pendentes que responsabilizam internamente a comunhão, se o cônjuge devedor não tem meios para pagar as dívidas que apenas externamente responsabilizam a comunhão, não deve o credor ficar prejudicado. Assim, deve também incluir-se no art. 1398º, 1º, do Cód. Civil espanhol, as dívidas apenas externamente comuns se o cônjuge devedor, que as deve suportar a título definitivo, não tiver bens suficientes para as pagar. Contra, v., Carmen López Beltrán de Heredia, *La liquidación de la sociedad de gananciales*, 2ª ed., Valencia, Tirant lo blanch, 2002, pp. 268-271, que considera não fazer sentido distinguir as dívidas internamente ou externamente comuns, devendo integrar o passivo previsto no art. 1398º, 1º, do Cód. Civil espanhol, todas as dívidas pelas quais a comunhão respondia no decurso da sua vigência.

605 Mais uma vez se fala em compensação como forma geral de extinção de obrigações.

É uma regulamentação idêntica à apresentada no nosso art. 1689º, e que veremos melhor de seguida: procede-se a uma fase prévia de liquidação da comunhão onde se apuram as compensações devidas à ou pela comunhão. Se a comunhão for, simultaneamente, credora e devedora de *reintegros*, proceder-se-á às devidas compensações. Só o saldo final, credor ou devedor, constitui o montante da compensação devida pela ou à comunhão. Tal compensação será paga pela meação do cônjuge credor (aumentando o valor da compensação na sua meação) ou devedor (reduzindo-se, na sua meação, o montante compensatório devido à comunhão e, consequentemente, aumentando a meação do outro cônjuge). Repare-se, porém, que os *reintegros* serão pagos até ao valor dos bens comuns inventariados, o que, ao contrário do que acontece no nosso art. 1689º, nº 3, 2ª parte, significa que a dívida compensatória poderá, eventualmente, não se extinguir.

2.1.4. O direito alemão

Uma última referência ao direito alemão cujos §§ 1437º a 1444º e os §§ 1459º a 1466º do BGB regulam as dívidas pelas quais responde o património comum ou o património próprio e/ou reservado dos cônjuges e os §§ 1445º e 1467º do BGB as hipóteses em que a comunhão é credora ou devedora de compensações. Sempre que uma dívida de um cônjuge ou do património comum não for suportada pelo património respetivo, haverá compensações[606].

[606] Os §§ 1437º e segs. e §§ 1459º e segs. do BGB referem as dívidas do património comum (*Gesamtgutverbindlichkeiten*), ou seja, aquelas que, contraídas pelo cônjuge administrador ou por qualquer dos cônjuges administradores, oneram o património comum e os bens comuns. Importa saber se a dívida é ou não comum para aferir da existência de uma possível compensação. Pode acontecer que pelo pagamento de uma dívida que incumbe definitivamente ao património comum tenham respondido bens próprios de um dos cônjuges ou que pelo pagamento de uma dívida que em definitivo onera o património próprio de um dos cônjuges tenham respondido bens comuns. V., Beitzke/Lüderitz, *ob. cit.*, pp. 160 e 161, e Lüderitz/Dethloff, *ob. cit.*, p. 134. A propósito do regime da comunhão de bens, MünchKomm – *Kanzleiter*, § 1416 Rdn. 16, p. 595, nota que a existência de diferentes massas de bens (*Gesamtgut* e *Sonder und Vorbehaltsgüt*) pode originar complicações, na medida em que se verificam, necessariamente, relações entre elas, implicando as compensações previstas nos §§ 1445º e 1467º do BGB. Repare-se que, para que haja uma eventual compensação, não pode existir por parte do cônjuge administrador, na utilização que faça dos seus bens próprios ou reservados em benefício do património comum, uma intenção de doação a favor do outro cônjuge, sendo de aplicar o § 685º, 1º, do BGB (Staudinger, *ob. cit.*, §§ 1363º-1563º, § 1445 Rdn. 10, p. 582).

No momento da liquidação, se o cônjuge administrador, ou ambos tratando-se de administração conjunta, utilizou bens comuns em proveito dos seus bens próprios ou reservados deve compensar pelo respetivo valor o património comum (§§ 1445º, 1º, e 1467º, 1º, do BGB). De igual modo, se utilizou os seus bens próprios ou reservados em benefício do património comum, este deve uma compensação àqueles (§§ 1445º, 2º, e 1467º, 2º, do BGB)[607].

O § 1445º do BGB, integrado no quadro legal da administração dos bens comuns por um só cônjuge, apenas regula as compensações devidas pelo ou ao cônjuge administrador, o que remeteria as compensações devidas pelo ou ao cônjuge não administrador para o regime geral das obrigações[608]. Porém, há que atender, ao § 1446º do BGB, regulador da exigibilidade das mesmas, e, em especial, a exceção consagrada no § 1446º, 2º, do BGB.

Com efeito, refere o § 1446º, 2º, do BGB, e o mesmo se verifica, no domínio da administração conjunta, no § 1468º do BGB, que o cônjuge não administrador ou, sendo ambos administradores dos bens comuns, ambos os cônjuges têm de imediatamente proceder às devidas compensações no momento do seu surgimento, mas apenas se os seus bens próprios e/ou reservados forem suficientes para o seu pagamento. Ou seja, no caso de compensações devidas pelos cônjuges à comunhão, desde que pagas por meio de bens próprios (não afetando os bens comuns), a sua exigibilidade é imediata, prevendo-se um regime idêntico ao dos créditos entre cônjuges (aliás, os §§ 1446º e 1468º do BGB regulam também as relações que se estabelecem entre os patrimónios próprios dos cônjuges), de acordo com a regra geral do § 271º do BGB[609]. Não existindo ou sendo insuficien-

[607] As compensações devidas à comunhão podem decorrer dos §§ 1439º a 1441º e §§ 1461º a 1463º do BGB. Assim, compensação será devida à comunhão se esta pagou dívidas resultantes de delitos civis ou penas imputados a um dos cônjuges, ou dívidas resultantes de atos praticados sobre bens próprios de um dos cônjuges (cfr. os §§ 1440º e 1441º, e §§ 1462º e 1463º do BGB) ou dívidas relativas à aquisição de bens que integram o património próprio ou reservado de um dos cônjuges (cfr. os §§ 1439º e 1461º do BGB).

[608] Nesse sentido, MünchKomm - *Kanzleiter*, § 1445 Rdn. 4, p. 656, e Staudinger, *ob. cit.*, §§ 1363º-1563º, § 1445 Rdn. 1, 2 e 14, pp. 579, 580 e 582. Dölle, *ob. cit.*, p. 894, no mesmo sentido, considera que além das compensações previstas nos §§ 1445º e 1467º do BGB podem existir outras resultantes das transferências ocorridas entre as diferentes massas patrimoniais; e estas são reguladas de acordo com as regras gerais.

[609] Repare-se que os créditos devidos pelo cônjuge administrador ao não administrador podem ser imediatamente exigíveis, não sendo de aplicar o § 1446º do BGB. Por seu lado, os créditos do não administrador ao administrador estão previstos no § 1446º, 2º, do mesmo

tes os bens próprios ou reservados, então diferem-se tais compensações para o momento da liquidação, atendendo aos §§ 1419º e 1476º do BGB.

Por outro lado, se os créditos devidos por um dos cônjuges ao outro podem estar sujeitos ao regime geral, na mesma lógica em que as próprias compensações podem imediatamente ser exigidas se houver bens próprios ou reservados suficientes (não se afeta a comunhão e os bens comuns), as compensações devidas ao(s) cônjuge(s) serão efetuadas mediante bens comuns, por acréscimo da sua meação (por analogia com o § 1476º, 2º, do BGB), o que só poderá ocorrer no momento da liquidação da comunhão, atendendo à natureza jurídica da mesma. Nenhum dos cônjuges pode dispor dos bens comuns nem exigir a sua parte, enquanto subsistir a comunhão (cfr. o § 1419º do BGB). Por isso, apesar de não expressamente previstas nos §§ 1446º e 1468º do BGB, as compensações devidas pelo património comum ao património do cônjuge não administrador ou ao de ambos os administradores devem também ficar sujeitas aos §§ 1419º e 1476º do BGB, ou seja, sendo pagas em primeiro lugar pela meação (acréscimo) do cônjuge credor nos bens comuns, tal só poderá ocorrer no momento da liquidação da comunhão[610].

Quanto ao cônjuge administrador, nos termos do § 1446º, 1º, do BGB, as compensações do cônjuge administrador ao património comum e deste àquele apenas serão devidas no momento da liquidação da comunhão. Tratando-se de compensações devidas pela comunhão ao cônjuge único administrador (onde mais facilmente os seus bens se confundem com os bens comuns), as compensações são diferidas para o fim da comunhão, por respeito à natureza jurídica desta (§ 1446º, 1º, do BGB)[611].

Por outro lado, e no âmbito da regulação de situações em que ambos os cônjuges são administradores, o § 1467º do BGB regula as compensações devidas à ou pela comunhão verificando-se relações entre as dife-

código, tal como as compensações devidas ao património comum, ou seja, podem ser imediatamente exigíveis se os bens próprios ou reservados daquele forem suficientes para o seu pagamento. Caso assim não seja, são também diferidos para o momento da liquidação da comunhão (v., Staudinger, *ob. cit.*, §§ 1363º-1563º, § 1446 Rdn. 5 e 10, pp. 585 e 586).

610 Contra, Staudinger, *ob. cit.*, §§ 1363º-1563º, § 1446 Rdn. 11, p. 586, e § 1468 Rdn. 7, p. 677, que considera ser de aplicar o regime geral, sendo tais compensações imediatamente exigíveis, por os §§ 1446º e 1468º do BGB não regularem a questão.

611 Diferente tratamento adotou a lei no caso das compensações devidas pelo património dos cônjuges administradores ao património comum, onde se prevê um regime idêntico ao do cônjuge não administrador (v., § 1468º do BGB).

rentes massas de bens, para cujo pagamento deve atender-se, além do § 1476º do BGB, no domínio da liquidação, ao § 1468º do BGB, já referido[612]. Ou seja, tal como o § 1446º do BGB, o § 1468º do mesmo diploma apenas determina, e nos mesmos moldes, a compensação dos cônjuges administradores ao património comum e não a deste àqueles, sendo, por isso, de atender ao já referido a esse propósito.

O pagamento de tais compensações será feito, no momento da liquidação (quando não seja efetuado, nos casos em que tal é possível, por bens próprios do cônjuge devedor, como já analisámos), por imputação na meação do cônjuge (§ 1476º, 2º, do BGB). O § 1476º, 2º, do BGB, declara expressamente que o cônjuge devedor de uma compensação deverá ver imputada na sua meação, no momento da liquidação, o valor que deve à comunhão. Do mesmo modo, e apesar de a lei não regular expressamente a questão, verá acrescida na sua meação a compensação que lhe é devida pela comunhão. Aliás, tal conclusão resulta do § 1475º do BGB ao determinar que, no momento da liquidação e partilha, serão satisfeitas as dívidas que oneram o património comum e, entre elas, constarão as compensações devidas aos cônjuges. Portanto, tais compensações deverão integrar o ativo da comunhão, no primeiro caso, e o seu passivo, no segundo caso[613]. Não se realizando o pagamento da compensação por imputação, por a meação não ser suficiente para o seu pagamento, ficará o cônjuge devedor obrigado, perante o outro cônjuge, com os seus bens próprios (§ 1476º, 2º, 2ª parte, do BGB)[614].

[612] De fora da regulamentação do § 1467º do BGB ficam as compensações aos bens comuns por utilização destes por um dos cônjuges no património próprio ou reservado do outro cônjuge e os créditos entre os patrimónios dos cônjuges por utilização de bens próprios de um dos cônjuges em bens do outro cônjuge (v., Staudinger, *ob. cit.*, §§ 1363º-1563º, § 1467 Rdn. 3-6, p. 674). Relativamente a estes últimos créditos, os mesmos serão regulados pelas regras gerais, nomeadamente, pelas regras da gestão de negócios (§§ 677º e segs. do BGB) e do enriquecimento sem causa (§§ 812º e segs. do BGB), mas ficam sujeitos à regra da exigibilidade do § 1468º do BGB (Staudinger, *ibidem*, e Rdn. 8, p. 677).

[613] As compensações devidas pelo cônjuge ao património comum, ainda que pagas pela sua meação (§ 1476º, 2º, do BGB), devem integrar o ativo da comunhão, ou seja, devem poder considerar-se para pagamento das dívidas comuns. Isso mesmo parece decorrer do exemplo apresentado por Staudinger, *ob. cit.*, §§ 1363º-1563º, § 1476 Rdn. 5, p. 711, ao referir que se o património comum for de 5000 e o cônjuge dever uma compensação de 3000, a massa a partilhar será de 8000, sendo que o cônjuge devedor apenas receberá 1000 dos 4000 que constituem a sua meação (§ 1476º, 2º, do BGB).

[614] O cônjuge devedor deveria ficar obrigado perante o património comum, ou seja, efetuando um pagamento com os seus bens próprios e reservados. Dessa forma permitiria engrossar

2.2. A regulamentação do direito português

Como vimos, e quanto às formas de cálculo e de pagamento das compensações, impôs-se considerar outros ordenamentos jurídicos. De facto, é necessário o recurso ao direito comparado já que não há na nossa ordem jurídica a regulamentação de tal matéria. Pareceu-nos, por isso, útil averiguar as soluções apresentadas nos outros ordenamentos jurídicos, na tentativa de vislumbrar uma melhor e mais correta regulação, no domínio do seu método de cálculo, das compensações pelo pagamento das dívidas do casal[615].

Nos direitos português, italiano e espanhol não encontramos expressamente regulado o método de cálculo e avaliação das compensações e, até mesmo, as suas formas de pagamento[616]. Admitimos a existência de uma conta-corrente, relativamente a cada um dos cônjuges, que, ao longo da vigência do regime matrimonial, contabiliza as compensações devidas à ou pela comunhão a cada um ou por cada um dos cônjuges. Debruçando-nos, em especial, sobre o problema das compensações pelo pagamento das dívidas do casal, não há aqui que aplicar as regras do enriquecimento sem causa nem o mecanismo encontrado pelo direito francês, relacionando a despesa feita e o lucro subsistente[617], já que nada disso dispõe o direito

o património comum para pagamento de dívidas e não apenas o preenchimento da meação do outro cônjuge. Em todo o caso, o credor comum beneficia sempre da proteção do § 1480º do BGB, ou seja, não sendo pagas as dívidas até à partilha com os bens comuns enquanto tais, são os cônjuges solidariamente responsáveis pela referida dívida, como veremos *infra*.

615 Coelho da Rocha, *ob. cit.*, pp. 263 e segs., chamava a atenção para o facto de a nossa lei, relativamente à partilha e "reposição recíproca dos cônjuges", não indicar uma fórmula prática para a executar. Os praxistas também não deram a essa operação a importância devida e, para suprir essa falta, socorria-se do direito francês (o então art. 1468º do Cód. Civil francês), para estabelecer as contas entre os cônjuges e a respetiva partilha.

616 O direito alemão, embora não regule o método de cálculo e avaliação das compensações, não as distinguindo, aliás, dos simples créditos (cfr. os §§ 1445º e 1467º do BGB), prevê expressamente, no § 1476º, 2º, do BGB, que, quanto às compensações devidas por um dos cônjuges à comunhão, o seu pagamento se efetuará por imputação na quota do cônjuge devedor ou, não se realizando por imputação, ficará o cônjuge devedor responsável face ao outro cônjuge, ou seja, responderá com bens próprios, apresentando-se, assim, com uma solução equiparável à prevista no art. 1689º, nº 1, do nosso Cód. Civil. Quanto às compensações devidas a cada um dos cônjuges poderá, por analogia, determinar-se a mesma forma de pagamento, isto é, acréscimo na meação.

617 De notar que, apesar dos esforços na regulamentação, com vista a evitar os prejuízos decorrentes da depreciação monetária, o sistema francês não fica completamente imune a tais problemas.

desses países, sendo o valor da compensação igual ao montante despendido por um dos patrimónios para o pagamento da dívida de outro património. Como veremos, o principal objetivo na determinação da avaliação das compensações é o de evitar que as desvalorizações monetárias prejudiquem o equilíbrio que se pretende restaurar com as compensações. Ora, tal conseguir-se-á mantendo a simplicidade de tais sistemas, mas permitindo, como aliás já o faz o direito espanhol, atualizações dos valores em causa[618].

Dentro de cada uma das contas de compensações, relativas a cada um dos cônjuges, apenas o saldo é exigível e deverá ser pago, ou seja, haverá entre as compensações devidas pela comunhão e as devidas à comunhão uma compensação nos termos gerais de direito, tal como vimos ocorrer no direito francês.

É a solução que decorre do art. 1697º do nosso Cód. Civil, que nos remete para o momento da partilha, e do art. 1689º, nºs 1 e 3, do Cód. Civil. Se o cônjuge for simultaneamente credor e devedor de uma compensação à comunhão, haverá que compensar o seu débito com o seu crédito e só após tais compensações, apurando-se o saldo final, se determinará se o cônjuge é devedor ou credor de uma compensação face à comunhão.

Por outro lado, e como vimos, há casos em que o valor da despesa feita e do lucro subsistente é igual (pelo menos, em termos nominais), dado estar em causa um valor monetário. Será o caso de um dos cônjuges fazer o pagamento de uma dívida própria com dinheiro comum (empobrecimento e lucro subsistente coincidem), fazendo com que a comunhão tenha direito a uma compensação (cfr. os arts. 1412º, 1413º, 1416º, e 1417º do Cód. Civil francês). Não há, neste caso, um lucro subsistente, no sentido de um ganho material para o património que absorveu valores do outro, mas haverá uma poupança realizada por este património que não se poderá, contudo, traduzir num lucro subsistente no momento da liquidação. Seria, porém, injusto, atendendo à regulamentação do sistema francês, considerar, naquele caso, nulo o lucro subsistente, levando a que, pela comparação exigida no art. 1469º do Cód. Civil francês, não haja lugar a compensação. Pelo contrário, parece necessário reter o montante da despesa feita por uma massa de bens em benefício de outra como o montante da compensação devido pelo património que retirou os valores de um outro. Será, portanto, a despesa que fixa o montante da compensação.

[618] No caso de compensações devidas por referência a certos bens (arts. 1722º, nº 2, 1726º, nº 2, 1727º, 2ª parte, 1728º, nº 1, *in fine*), a regulamentação apresentada pelo direito francês poderia ter alguma utilidade e interesse para permitir compensações justas e com valores atualizados, já que aí não está apenas em causa um pagamento de uma dívida, mas aquisição de bens cujos valores se alteram com o decurso do tempo, cujo estado sofre modificações, que podem ser alienados ou sub-rogados por outros... e tudo isso deveria ser tomado em conta, não só quanto ao método de cálculo como também quanto à determinação do momento da avaliação.

Uma vez obtido tal saldo credor ou devedor, haverá que proceder-se ao seu pagamento. Repare-se que aqui o pagamento do saldo devido ocorre simultaneamente à partilha e não, como acontece no direito francês, em momento prévio, excetuando o caso da modalidade prática em que tal pagamento é incorporado na partilha. Se o cônjuge for devedor de uma compensação face à comunhão, o nº 1, *in fine*, do art. 1689º dispõe que deverá conferir o que deve ao património comum, o que implicará, não necessariamente uma reposição dos bens ou valores retirados à comunhão, mas o receber menos bens na sua meação, ou seja, será a meação do cônjuge devedor que responderá pela compensação devida à comunhão, imputando-se o valor da compensação devida na sua meação. Só haverá que efetuar um pagamento, tal como vimos no direito francês, se a compensação devida exceder a sua meação no património comum[619].

Por outro lado, se o cônjuge for credor de uma compensação perante a comunhão, o nº 3 do art. 1689º, que, como já referimos, se reporta à partilha em termos gerais, abrangendo as compensações e os créditos entre cônjuges e, portanto, as compensações *lato sensu*, determina que tal crédito compensatório será também pago, pelo menos primeiramente, pelos bens comuns, passando por um aumento da meação do cônjuge empobrecido e, lógica e necessariamente[620], por uma diminuição da meação do outro cônjuge. Não existindo bens comuns respondem os bens próprios do cônjuge devedor, constituindo tal solução, como já referimos, um acréscimo da garantia concedida ao cônjuge empobrecido e credor da compensação e uma concretização do princípio do art. 1730º.

[619] Era, aliás, isso que Cunha Gonçalves, *Tratado de Direito Civil...*, *cit.*, vol. VI, pp. 469 e 471, defendia ao dizer que, na constância do matrimónio, acontecem frequentemente trocas de valor entre os diferentes patrimónios, que poderão levar a que o património próprio seja devedor ou credor do comum. Tais débitos e créditos não são independentes entre si e somente o saldo será devido. Assim, entre os patrimónios, podem operar-se compensações que se efetuarão por imputação no quinhão de cada cônjuge da soma que ele deve repor ou, se o saldo do cônjuge for credor, por dedução na massa partilhável ou por imputação no quinhão do outro cônjuge.

[620] Participando os cônjuges por metade no património comum (cfr. o art. 1730º), se um deles, e relativamente ao pagamento de dívidas do casal, respondeu para lá da parte que lhe cabia, na falta ou insuficiência de bens comuns, tal significará que o outro cônjuge, que deveria também responder nos mesmos termos, mas que não o fez, terá agora de realizar tal participação. Por isso, não obstante ser o património comum a responder, pois estamos perante compensações, tal compensação será efetuada por um aumento da meação de um dos cônjuges e uma diminuição na do outro cônjuge.

Uma diferença fundamental distingue o direito espanhol dos outros ordenamentos jurídicos: a expressa referência à atualização dos valores da compensação, obstando, assim, aos prejuízos decorrentes da depreciação monetária.

Analisando e comparando o direito português em matéria de cálculo e formas de pagamento e momento da exigibilidade das compensações pelo pagamento das dívidas do casal com os outros ordenamentos, podemos concluir que a adoção de um sistema como o francês, levando à comparação entre a despesa feita e o lucro subsistente, admitindo depois exceções, de forma a evitar enriquecimentos injustos de um património à custa de outro, não nos trará qualquer vantagem. Mesmo no direito francês, estando em causa o pagamento de dívidas do casal, a compensação devida será sempre igual à despesa feita, ao montante pago por um património em benefício de um outro[621]. A solução passará por admitir que as compensações, surgidas num certo momento da vida conjugal, permitam, no momento da liquidação e partilha da comunhão, restabelecer o equilíbrio quebrado

[621] Tal entendimento leva-nos, de igual modo, a excluir o mecanismo de contagem de juros regulado no art. 1473º do Cód. Civil francês (v., *supra*, p. 321, nota 576). O art. 1697º do Cód. Civil expressamente remete a exigibilidade das compensações para o momento da partilha dos bens do casal. Assim, e atendendo ao disposto nos arts. 805º e 806º do Cód. Civil, só desde o momento em que se vêm exigir correm juros legais [neste sentido, v., o ac. da RP, de 02.03.1995 (*Col. Jurisp.*, tomo II, 1995, p. 187)]. Cfr. Pereira Coelho/Guilherme de Oliveira, *ob. cit.*, pp. 517 e 518.
Solução diferente, no sentido de uma maior justiça, pode ser aplicada no caso da obrigação de restituir o preço decorrente de um contrato nulo, dado que a causa de nulidade ocorre no momento da celebração do contrato. O conceito de retroatividade, implicando que a obrigação de restituição seja devida desde o momento do efetivo pagamento do preço a título de cumprimento do contrato, faz correr os juros moratórios a partir deste momento. Neste caso, entende Maria Clara Sottomayor, "A obrigação de restituir o preço e o princípio do nominalismo das obrigações pecuniárias – A propósito do acórdão do STJ de 11 de Março de 1999", Separata de *Estudos em homenagem ao Professor Doutor Jorge Ribeiro de Faria*, Coimbra, Coimbra Editora, 2003, p. 548, que será possível contrabalançar a desvalorização monetária através do pagamento de juros.
No direito italiano, v., Corsi, *Il regime patrimoniale..., cit.*, p. 193, reportando-se aos arts. 1282º e 192º do Cód. Civil italiano. Também Sergio Alagna, "Lo scioglimento della comunione legale: osservazioni e proposte", *in* AAVV, *Studi sulla riforma del diritto di famiglia, cit.*, sob a direção de Ennio Russo, p. 507, sugeria que os reembolsos e restituições deviam contar juros desde o momento da dissolução. Considerando que as compensações efetuadas no momento da liquidação não estão sujeitas ao pagamento de juros, v., no direito espanhol, Díez-Picazo/Antonio Gullón, *ob. cit.*, p. 205.

por transferências patrimoniais entre as diferentes massas de bens. Assim, será de atendermos ao que faz o direito espanhol, ou seja, permitir uma atualização dos valores que constituem o montante das compensações. Isto porque partimos do princípio de que as compensações só serão devidas e pagas no momento da liquidação e partilha – cfr. o art. 1697º, nºs 1 e 2.

Não podemos também deixar de notar a ausência, no direito português, pelo menos nos artigos relativos à partilha (cfr. os arts. 1688º e 1689º do Cód. Civil), de uma regulamentação específica quanto às compensações. Como já referimos, o art. 1689º, nº 3, aborda as compensações *lato sensu*, abrangendo as compensações em sentido restrito e os créditos entre cônjuges. Por outro lado, não há outras formas de efetuar o pagamento das compensações que não mediante a imputação da compensação devida à comunhão na meação do cônjuge devedor, acrescida de um pagamento por via de bens próprios, ou por um aumento dessa meação no caso de compensação devida pela comunhão.

Quanto à possibilidade de, em convenção matrimonial, se alterar o método de cálculo das compensações, e até de as excluir, reproduzimos para o direito português o que abordámos relativamente ao direito francês (valendo o mesmo nos direitos espanhol e italiano)[622], com o acréscimo de que, se neste último, o princípio da imutabilidade se atenuou, no nosso direito o art. 1714º regula tal princípio com toda a sua intensidade. Assim, os cônjuges poderão, em convenção antenupcial, excluir as eventuais compensações que possam surgir no decurso da vida conjugal (ainda que tal não nos pareça aconselhável e afete o equilíbrio patrimonial necessário nos regimes de comunhão, podendo mesmo considerar-se elemento essencial nesses regimes)[623] e determinar até um método de cálculo e avaliação

[622] Tal entendimento vale ainda com mais força no direito alemão onde o regime de comunhão pode ser estipulado por convenção matrimonial, podendo os futuros cônjuges regular a matéria das compensações. V., entre outros, MünchKomm – *Kanzleiter*, § 1445 Rdn. 5, pp. 656 e 657, e § 1446, Rdn. 7, p. 658. Contra, em Espanha, Mª Teresa Martín Meléndez, *ob. cit.*, pp. 40 e 41, ao dizer que os direitos à compensação são de caráter imperativo, ainda que renunciáveis uma vez dissolvida a comunhão. Na Alemanha os cônjuges podem até convencionar a continuação da comunhão para além da morte de um dos cônjuges (*fortgesetzte Gütergemeinschaft* – §§ 1483º e segs. do BGB).

[623] Em face do limite fixado pelo art. 1699º, nº 1, al. *b*), proibindo estipulações que alterem os direitos patrimoniais conjugais, poderá ser duvidoso admitir uma convenção que afaste, totalmente ou em parte, as compensações. Cfr. Pereira Coelho/Guilherme de Oliveira, *ob. cit.*, p. 518. O que não parece impedir que os cônjuges regulem na convenção antenupcial

específico das compensações, permitindo, nomeadamente, atualizações de valores (o que será, além de permitido, francamente vantajoso)[624]. O que não poderão é convencionar no decurso da vida conjugal, quando tal possa implicar uma violação do princípio da imutabilidade.

Por outro lado, já será admissível a renúncia, por um dos cônjuges, a uma compensação concreta, nos mesmos termos em que se admitem as doações entre cônjuges (livremente revogáveis). Parece-nos também que não lhes será permitido, nos regimes de comunhão, determinar a exigibilidade do pagamento de compensações em momento anterior à liquidação e partilha da comunhão (o que não impede o seu pagamento voluntário). Tal exigência decorre do próprio fundamento das compensações, ou seja, da natureza jurídica da comunhão (como exigir uma compensação, apurada pelo saldo final das contas, a determinar no momento da liquidação da comunhão, paga pela meação do cônjuge devedor, se a concretização de tal meação só se procederá no momento da liquidação e partilha da comunhão?)[625].

3. A exigibilidade diferida e a necessidade de atualização dos valores

3.1. As razões do diferimento e o princípio do nominalismo

As compensações não são créditos ordinários, vulgares, razão pela qual são reguladas por uma regra fundamental que é a da indivisibilidade do seu cálculo, só sendo exigíveis no momento da dissolução da comunhão. Até então, os cônjuges estão em débito ou têm um crédito, cada um no que lhe cabe, para com a comunhão. Podemos configurar uma espécie de

as suas relações internas em matéria de responsabilidade por dívidas. O que não podem é, dentro do regime escolhido para regular as suas relações internas (p. ex., de conjunção ou solidariedade), excluir as compensações que em virtude desse regime possam surgir no decurso do casamento.

624 Aliás, e em sentido mais amplo, podem os nubentes inserir na convenção antenupcial cláusulas relativas à partilha dos bens comuns, como a adjudicação preferencial de certos bens a um dos cônjuges, a prioridade de cada um dos cônjuges na adjudicação dos bens que entrarem para a comunhão pelo seu lado (sem que se afete com isso a regra da repartição por metade do art. 1730º), etc. V., Rita Lobo Xavier, *Limites à autonomia privada..., cit.*, pp. 536-539. Também os arts. 160º e 210º do Cód. Civil italiano e o art. 1328º do Cód. Civil espanhol não obstam à possibilidade de, em convenção matrimonial, se regular o método de cálculo e avaliação das compensações.

625 Os créditos entre cônjuges, sujeitos ao regime geral das obrigações, podem ser regulados, em convenção matrimonial, pelos cônjuges que podem mesmo sujeitar a sua determinação e exigibilidade ao regime das compensações.

conta-corrente, na qual todos os créditos e débitos de cada um dos cônjuges em relação à comunhão são contabilizados e cujo saldo final será apurado, no momento da liquidação e partilha da comunhão, sendo que apenas este será devido no final.

As particularidades das relações patrimoniais entre os cônjuges, traduzidas na obrigação de comunhão de vida e na realização de um equilíbrio patrimonial justo, exigem um estatuto próprio e uma regulamentação específica face às restantes relações jurídicas estabelecidas entre pessoas não casadas. As compensações entre as diferentes massas patrimoniais, só sendo devidas no final da comunhão de vida e partilha dos bens, traduzem essa especificidade.

O nº 1 do art. 1697º representa uma exceção ao direito de regresso nas obrigações solidárias passivas em geral (cfr. o art. 524º), no que toca ao prazo de exigibilidade. Apresenta-se, assim, como um regime excecional face ao Direito das Obrigações, onde há a exigibilidade imediata de todos os créditos (se alguém é titular de um crédito pode, obviamente, exigir o seu pagamento ao devedor). De facto, no campo obrigacional, não tendo as partes determinado um prazo ou um dia certo para o cumprimento das obrigações, o art. 777º, nº 1, estabelecendo o princípio geral em matéria de obrigações puras, determina que o credor tem o direito de exigir a todo o tempo o cumprimento da obrigação, assim como o devedor pode a todo o tempo exonerar-se dela. O vencimento de tais obrigações fica, assim, na dependência da vontade das partes. Apesar disso, há prestações que, seja pela sua natureza, seja pelas circunstâncias que a determinaram, seja pela força dos usos (art. 777º, nº 2), não podem ser subordinadas ao princípio da imediata exigibilidade.

Não parece haver dúvidas de que as compensações pelo pagamento de dívidas do casal, afastando-se do princípio geral do Direito das Obrigações, não são imediatamente exigíveis, sendo diferidas para um momento ulterior ao seu surgimento.

De facto, o art. 1697º, nºs 1 e 2, refere expressamente o "momento da partilha". As razões da proibição da partilha dos bens comuns antes de cessarem as relações patrimoniais entre os cônjuges prendem-se com a ideia da proteção de um património comum especialmente afetado às necessidades da vida familiar. Aliado a isso, a proibição das compensações antes da partilha têm que ver com a própria natureza deste património comum, regulado pela lei como um património coletivo, tendo os cônjuges apenas direito a uma meação, em regra, só concretizável após a dissolução do casamento e do regime de bens[626]. Faz sentido, portanto, que a liquidação da comunhão ocorra somente no momento da dissolução da mesma e que só nessa altura se concretize o direito de cada um dos cônjuges sobre os bens que fazem parte da comunhão.

Visto que as compensações só têm lugar no momento da liquidação e partilha da comunhão, o problema da atualização dos valores a considerar é muito importante, pelo que a inflação pode tornar o seu valor nominal irrisório[627]. A propósito do sistema francês, A. Colomer, pronunciando-se sobre o problema dos desequilíbrios patrimoniais entre os cônjuges e das compensações, do ponto de vista da depreciação monetária, demonstrou que as próprias técnicas jurídicas agravavam muitas vezes as injustiças verificadas nas relações patrimoniais entre os cônjuges[628]. Com efeito, a comparação final em termos nominais de créditos e débitos com origem em épocas diversas era injusta. De facto, o problema da exigibilidade diferida, por oposição a uma exigibilidade imediata, como ocorre com qualquer crédito nos termos gerais, reside no facto de o montante devido a título de compensação ser, em virtude das desvalorizações monetárias, manifestamente irrisório no momento do pagamento.

O Cód. Civil espanhol procurou resolver o problema com que o diferimento das compensações para o momento da partilha se depara. Assim, na regulamentação da dissolução e liquidação da comunhão, os arts. 1397º e 1398º do Cód. Civil espanhol determinam, para efeitos de inventário, os elementos que compreendem o ativo e o passivo da comunhão, respetivamente. Os §§ 3º de cada um dos artigos referem o valor atualizado das

[626] Além disso, o diferimento das compensações estará mais de acordo com aquela que é tida como a orientação geral da lei: evitar uma excessiva intervenção do tribunal na vida da família (Heinrich Ewald Hörster, "A Respeito da Responsabilidade Civil...", *loc. cit.*, Ângela Cerdeira, *Da responsabilidade civil dos cônjuges entre si*, Coimbra, Coimbra Editora, 2000, pp. 82 e segs., e pp. 167 e segs., e Pereira Coelho/Guilherme de Oliveira, *ob. cit.*, pp. 183 e 184).

[627] Guilherme de Oliveira, "Sobre o contrato-promessa...", *loc. cit.*, pp. 274 e segs., a propósito da promessa de partilha dos bens comuns, refere que o valor dos bens concretos e das meações deve ser atual e referido ao momento da partilha.

[628] A. Colomer, *L'instabilité..., cit., passim.* Também Olivier Kuhnmunch, «L'incidence de la dépréciation monétaire sur le patrimoine familial», *in* AAVV, *Influence de la dépréciation monétaire sur la vie juridique privée*, sob a direção de Paul Durand, Paris, L.J.D.J., 1961, pp. 201 e segs., aponta como consequência do diferimento das compensações para o momento da partilha o problema da desvalorização monetária.

somas pagas pela comunhão ou pelo património de um dos cônjuges e a cargo de outro património.

A uma exigibilidade imediata obsta, desde logo, a própria lei que remete, no art. 1697º, nos regimes de comunhão[629], as compensações pelo pagamento de dívidas do casal para o momento da partilha[630]. Poderíamos

[629] Se o regime de bens vigente entre os cônjuges for o de separação, dada a autonomia patrimonial que esse regime reconhece a ambos os cônjuges, não se prevê qualquer dilação na exigibilidade das dívidas conjugais. O que se compreende: estão aqui em causa créditos entre cônjuges e não compensações *stricto sensu*. O que poderá acontecer, no regime de separação, será o pagamento, por um dos cônjuges, voluntariamente, de dívidas próprias do outro cônjuge. Ora, neste caso surgirá um crédito entre cônjuges, exigível a todo o tempo e sujeito ao regime geral das obrigações.

[630] No seu anteprojeto relativo à capacidade patrimonial dos cônjuges, Braga da Cruz apresentava duas razões justificativas para aquela dilação.

Em primeiro lugar, há toda a vantagem em adiar para o momento da partilha do casal, sempre que tal seja possível, a exigibilidade das dívidas dos cônjuges, que pode ser fonte de desentendimentos conjugais quando admitida antes disso. Mas também não será fonte de desentendimentos no regime de separação? Acresce que a lei admite, no decurso do casamento, ações de anulação de atos praticados por um dos cônjuges sem o devido consentimento do outro – art. 1687º. Aliás, pode até o diferimento da exigibilidade ser fundamento de injustiças e dissenções conjugais, sobretudo se o diferimento não abrir exceção à regra geral do nominalismo (Pereira Coelho/Guilherme de Oliveira, *ob. cit.*, p. 516).

Em segundo lugar, a imediata exigibilidade destas dívidas dos cônjuges equivaleria a atribuir-lhes uma exigibilidade a todo o tempo, já que a prescrição não corre entre cônjuges (colocando-se, dessa forma, nas mãos do cônjuge credor um meio fácil – a ameaça da cobrança imediata da quantia em dívida – de tutelar economicamente a atividade do cônjuge devedor). No entendimento de Pereira Coelho/Guilherme de Oliveira, *ob. cit.*, p. 512, o argumento de que a imprescritibilidade dos créditos entre cônjuges serviria de instrumento para tutelar a vida económica do cônjuge devedor é discutível. A regra da imprescritibilidade costuma ser aceite por se tratar de um instrumento de defesa do credor contra a inibição de exigir o pagamento e não como arma de chantagem sobre o devedor. Aliás, se o devedor pretender livrar-se da ameaça permanente bastar-lhe-á depositar o valor devido à ordem do credor. Assim, tal argumentação surgia numa época em que se podia recear a aquisição, por parte da mulher casada, de um certo poder patrimonial, baseado em direitos de regresso contra o marido, depois de ter pago, para além do que lhe competia, os compromissos que só o marido podia assumir. À medida que se afirma a autonomia negocial dos cônjuges, justifica-se mais dificilmente o receio de que as suas relações jurídicas patrimoniais concretas sejam fonte de conflitos entre eles. Acresce que a impossibilidade de corrigir situações de desequilíbrio financeiro pode tornar-se potenciadora de dissenções e desconfianças.

Não nos parece que esta exigibilidade deva permitir-se com base neste mesmo argumento. Como a prescrição não corre deveria admitir-se a imediata exigibilidade para que essa ameaça não seja constante. A isto não deveria obstar o facto de não se conseguir determinar o que é de cada cônjuge no decurso dos regimes de comunhão (seria uma falsa questão, dado que os

até considerar, eliminando a atual disposição legal e preconizando outra solução, que as compensações, em sentido estrito, estariam sujeitas ao mesmo regime jurídico dos restantes créditos, nomeadamente ao dos créditos entre cônjuges imediatamente exigíveis no decurso do regime matrimonial. A única diferença seria a de as compensações implicarem relacionamentos entre os patrimónios próprios e o comum e os créditos apenas envolverem patrimónios próprios. Porém, como admitir, no decurso dos regimes de comunhão, que o património próprio de um dos cônjuges exija uma compensação à comunhão, pelo pagamento de dívidas desta, se, nessa altura, o cônjuge não sabe o que da comunhão lhe cabe a ele ou ao seu cônjuge: estamos na presença de um património coletivo que pertence aos cônjuges em bloco, sendo estes titulares de um único direito e de um direito uno sobre ele. Só no momento da liquidação e partilha deixará de haver esta vinculação coletivística. Até lá nenhum dos cônjuges pode dispor desse património por si só e, por isso, não pode também exigir dele uma dada compensação (e o mesmo vale, atendendo à sua forma de pagamento, para as compensações devidas à comunhão que, na ausência de personalidade jurídica desta, surgiria representada pelo outro cônjuge). O que não impede, obviamente, cada um dos cônjuges de dispor de um bem na sua totalidade de acordo com as regras da administração e disposição dos bens. De facto, um cônjuge não pode é alienar a sua parte na comunhão como se de uma compropriedade se tratasse, mas pode dispor de bens por inteiro respeitando as regras das ilegitimidades conjugais. Concordamos, em todo o caso, que pode gerar alguma contradição o facto de um cônjuge poder

credores sabem o que é ou não comum para pagamento das dívidas: por maioria de razão cada cônjuge também o saberá), tanto mais que a osmose patrimonial ocorre em todos os regimes, mesmo no de separação de bens e neste regime não há diferimento dos créditos. É que existem razões para diferir as compensações (e apenas estas) nos regimes de comunhão. Com efeito, é na natureza jurídica do património comum que, para nós, reside o fundamento do diferimento das compensações para o momento da partilha. Entendendo o património comum como um património de afetação especial, como um património coletivo, de mão comum não pode permitir-se a exigibilidade das compensações no decurso da comunhão, ainda que tal solução eliminasse os problemas de atualização dos valores com que a exigibilidade diferida depara. Como refere Guilherme de Oliveira, "Compensações devidas pelo pagamento de dívidas do casal – anotação ao ac. da RL, de 8 de Julho de 1999", *RLJ*, ano 133º, 2000, p. 94, e *Temas..., cit.*, p. 354, o regime da exigibilidade diferida para o momento da partilha é um regime excecional face ao Direito das Obrigações e, por isso, só poderá aplicar-se havendo razões que o justifiquem. Ora, se as apresentadas antigamente não colhem atualmente, é, pelo contrário, a natureza jurídica do património comum que justifica o diferimento das compensações.

dispor de um dado bem comum, poder utilizá-lo até para pagamento de dívidas próprias suas (p. ex., utilizando o seu salário), e já não poder fazer o mesmo para pagar uma compensação ao património comum ou recebê-la deste, tanto mais que espontaneamente pode ocorrer tal pagamento, só não o podendo exigir judicialmente no decurso do regime de bens[631]. Entendemos, contudo, e atendendo à forma de pagamento das compensações (mediante a meação nos bens comuns do cônjuge devedor), que a natureza jurídica da comunhão opõe-se a esse pagamento imediato. Com efeito, uma coisa é a disposição de um bem comum enquanto tal, seja para a sua alienação seja para o pagamento de dívidas, e outra o pagamento de uma compensação mediante a meação nos bens comuns. Esta só se obtém no momento da liquidação do regime de bens[632].

Por tudo isso, remetemos as compensações e a sua exigibilidade para o momento da partilha da comunhão: é a natureza jurídica da comunhão que o justifica[633].

[631] Críticas apresentadas por Pereira Coelho/Guilherme de Oliveira, *ob. cit.*, p. 514.

[632] Aliás, Pereira Coelho/Guilherme de Oliveira, *ob. cit.*, p. 597, a propósito da natureza jurídica da comunhão, apontam precisamente para isso ao dizerem que antes de estar dissolvido o casamento ou de ser decretada a separação de pessoas e bens entre os cônjuges, "não podem estes dispor (p. ex., vendendo-a, doando-a, hipotecando-a (art. 690º)) da sua meação nos bens comuns, assim como não lhes é permitido pedir a partilha dos mesmos bens antes da dissolução do casamento".
Neste sentido pronunciou-se o ac. da RL, de 08.07.1999 (*Col. Jurisp.*, tomo IV, 1999, p. 94), considerando que as compensações são diferidas para o momento da liquidação e partilha dos bens comuns, dado que só nessa altura se sabe o que cabe a cada um dos cônjuges.

[633] Pereira Coelho/Guilherme de Oliveira, *ob. cit.*, p. 596, apresentam a seguinte definição: "(...) os bens comuns constituem uma massa patrimonial a que, em vista da sua especial afectação, a lei concede um certo grau de autonomia, e que pertence aos dois cônjuges, mas em bloco, podendo dizer-se que os cônjuges são, os dois, titulares de um único direito sobre ela". V. também, Pires de Lima/Braga da Cruz, *ob. cit.*, p. 98, Pires de Lima/Antunes Varela, *Código Civil..., cit.*, vol. IV, pp. 436 e 437, Antunes Varela, *ob. cit.*, pp. 454 e segs., e Heinrich Ewald Hörster/Eva Sónia Moreira da Silva, *ob. cit.*, pp. 208 e segs. Já Paulo Merêa, *Evolução dos Regimes Matrimoniais*, vol. I, Coimbra, Imprensa da Universidade, 1913, p. 81, nota 3, e p. 82, em 1913, referia que a comunhão do tipo germânico é produto de uma organização social e económica essencialmente comunitária, identificando a comunhão conjugal com a *Gesammte Hand* alemã (*ob. cit.*, vol. II, p. 129).
Por isso, só nos regimes de comunhão, onde existem verdadeiras compensações *stricto sensu*, estas se diferem para o momento da liquidação e partilha. E deve entender-se isto para todas as compensações e não apenas aquelas onde expressamente a lei remete para o momento da partilha (ou seja, também nos arts. 1727º e 1728º, nº 1, onde não há remissão expressa para o momento da liquidação). Sobre a natureza jurídica da comunhão e as diferentes posições

Entendendo a comunhão como património de mão comum[634], como se poderá, ao longo da vigência do vínculo matrimonial e do património comum, permitir a existência de compensações entre a comunhão e os patrimónios próprios de cada um dos cônjuges? Se não podemos concretizar, em quotas ideais, a meação do cônjuge credor da compensação, como lhe atribuir o seu valor no decurso da comunhão, atendendo a que a primeira forma de pagamento das mesmas é pela imputação ou acréscimo na meação do cônjuge? Se não é possível dispor da parte que lhe cabe na comunhão, não poderá o cônjuge exigir seja o montante que for da mesma no decurso do casamento. A isso se opõe a natureza jurídica da comunhão.

Repare-se ainda que, para além de encontrar justificação na natureza jurídica dos bens comuns, o diferimento das compensações para o momento da partilha representa também o respeito pelo princípio da imutabilidade ainda previsto no art. 1714º, nº 1, embora objeto de atenuações nos outros ordenamentos jurídicos, não podendo proceder-se a qualquer divisão dos bens comuns no decurso do casamento. Com efeito, se as compensações são pagas, nos termos dos arts. 1697º e 1689º, nºs 1 e 3, mediante a meação do cônjuge credor ou devedor nos bens comuns, estar-se-ia, de certa forma, a permitir uma divisão dos bens comuns na vigência do regime matrimonial, alterando as regras do próprio regime.

A isso não obsta o art. 740º do Cód. de Processo Civil e a possibilidade de os credores, no decurso do regime matrimonial, satisfazerem o seu crédito pela meação do cônjuge devedor nos bens comuns[635]. Para além de devermos considerar tal possibilidade como excecional (não é por a

doutrinais, v., Cristina Dias, *Compensações devidas pelo pagamento de dívidas..., cit.*, pp. 223 e segs. Sintetizando as posições doutrinais sobre a natureza jurídica da comunhão, v., Eduardo dos Santos, *ob. cit.*, pp. 304-309, e Esperança Pereira Mealha, *ob. cit.*, pp. 37-44, e pp. 59-62, e no direito espanhol, Vicente Guilarte Gutiérrez, "La naturaleza de la actual sociedad de gananciales", *Anuario de Derecho Civil*, tomo XLV, nº 3, 1992, pp. 878-928 (autor que opta pela conceção da comunhão como uma compropriedade e não como comunhão de mão comum – v., do mesmo autor, *Gestión y responsabilidad de los bienes gananciales*, Valladolid, Lex Nova, 1991, p. 76).

[634] Como escrevem Beitzke/Lüderitz, *ob. cit.*, p. 154, e Lüderitz/Dethloff, *ob. cit.*, p. 130, „*Das Gesamtgut ist* Gesamthandsvermögen *beider Gatten*".

[635] Cfr. os arts. 1696º, nº 1, do Cód. Civil, e 740º do Cód. de Processo Civil. Correspondem-lhe os arts. 1373º, 2º, do Cód. Civil espanhol, e 599º e segs. do Cód. Proc. Civil italiano. O art. 1373º, 2º, do Cód. Civil espanhol, prevê a possibilidade de os credores pessoais de um dos cônjuges se fazerem pagar com bens comuns, surgindo, em contrapartida, um direito de reembolso a favor da comunhão no momento da liquidação e partilha. M. A. Rueda Pérez/J. M. Rueda Pérez, loc. cit., p. 589, consideram tal norma como excecional e regulando as re-

lei a admitir nesse caso que deveremos entender que os cônjuges entre si poderão fazer o mesmo), o art. 740º do Cód. de Processo Civil, ao permitir que o credor execute a meação do cônjuge devedor, manda citar o cônjuge do executado para requerer a separação de bens, precisamente para forçar a partilha dos bens do casal. Caso tal não suceda, o credor penhora bens comuns e não exatamente a meação do cônjuge devedor que apenas será determinada no momento da liquidação e da partilha, com as devidas compensações (dado que os bens comuns responderam por dívidas próprias do cônjuge).

Por outro lado, uma coisa são as relações do património comum com os credores e outra as relações dos cônjuges entre si face ao património coletivo: uma coisa será o pagamento de dívidas face aos credores que, na ausência de bens próprios do cônjuge devedor poderão executar a meação deste no património comum, salvaguardando, dessa forma, o seu crédito, e outra o pagamento de compensações entre os diferentes patrimónios em

lações face aos credores, não devendo, por aplicação desse artigo, permitir a exigibilidade imediata das compensações.
Por sua vez, a doutrina italiana discutiu o problema da execução da meação do cônjuge devedor nos bens comuns como atentatória do princípio da indivisibilidade da comunhão (Schlesinger, "Della comunione...", loc. cit., sob a direção de Carraro/Oppo/Trabucchi, pp. 435 e 436, Carpino, ob. e loc. cit., p. 40 (citado por F. Mastropaolo/P. Pitter, ob. e loc. cit., p. 272, nota 50), F. Mastropaolo/P. Pitter, ob. e loc. cit., pp. 262 e segs., e Grasso, "Il regime in generale e il fondo patrimoniale", in AAVV, Trattato di diritto privato, cit., sob a direção de Pietro Rescigno, p. 403). Entenderam, porém, articulando os arts. 189º do Cód. Civil e 599º do Cód. Proc. Civil italianos com o art. 192º, 2º, do Cód. Civil italiano que, apesar de o credor pessoal se poder fazer pagar com bens comuns, a comunhão mantém-se e à parte nos bens comuns que serviu o credor atender-se-á, em relação ao cônjuge devedor, para efeitos de compensações. Aliás, se a comunhão não se mantivesse não se compreenderia que fosse, mais tarde, reintegrada mediante compensação (v., A. Galasso/M. Tamburello, ob. e loc. cit., pp. 617 e 618 e pp. 730 e segs.).
No direito alemão, os bens comuns permanecem como património de mão comum até à sua liquidação e partilha, mas, de acordo com o § 860º, 2º, ZPO, passa a ser possível ao credor, com o fim do regime de comunhão, penhorar a meação do cônjuge nos bens comuns (Beitzke/Lüderitz, *ob. cit.*, p. 162, e Lüderitz/Dethloff, *ob. cit.*, p. 135, MünchKomm – *Kanzleiter*, § 1471 Rdn. 8, p. 695, Staudinger, *ob. cit.*, §§ 1363º-1563º, § 1471 Rdn. 13, p. 689, Thomas Wittich, *Die Gütergemeinschaft (und ihre Auseinandersetzung)*, Luchterhand, Fur – Praxis, 2000, p. 39, Stein/Jonas/Brehm,VIII/2004, § 860 Rdn.2, p. 403, e Baumbach/Lauterbach/Albers/Hartmann, *Zivilprozessordnung*, vol. I, 65º ed., München, C. H. Beck, 2007, § 860 Rdn. 2 e 3, p. 2379). Trata-se da penhora da meação dos bens comuns no seu todo e não da parte de cada cônjuge em bens concretos (Staudinger, *ibidem*, e Zöller-Stöber, *Zöller Zivilprozessordnung*, 24ª ed., Köln, Dr. Otto Schmidt, 2004, § 860 Rdn. 1-3, p. 2182).

interação nos regimes de comunhão, a efetuar sempre que se verifique um motivo de surgimento das mesmas, ainda que o seu pagamento se remeta para o momento da partilha[636].

Note-se que a exigibilidade da dívida é diferida para o momento não da dissolução ou anulação do casamento, mas da partilha dos bens do casal, que pode efetuar-se com a simples separação judicial de bens (art. 1770º). Haveria então sempre a possibilidade de provocar a exigibilidade da dívida, forçando uma prematura partilha do casal, através de uma simples separação judicial de bens. É evidente que chocávamos contra os fundamentos desta separação, ou seja, para a ela haver lugar seria necessário que um dos cônjuges estivesse em risco de perder aquilo que é seu e tal risco resultasse, necessariamente, da má administração do outro cônjuge. Não obstante tais requisitos e exigências, Braga da Cruz propunha que, quando os interesses em jogo o justificassem, se permitisse que a necessidade de tornar imediatamente exigível uma dívida daquela natureza fundamentasse o pedido de separação judicial de bens e se procedesse à partilha do casal.

Não tendo a comunhão personalidade jurídica, não sendo um sujeito de direitos diferente dos cônjuges, no final, os créditos e débitos compensatórios serão pagos entre os cônjuges, verdadeiros titulares de direitos e obrigações. Porém, as compensações implicam a interferência da comunhão e, precisamente por esse facto, não podem ser imediatamente exigíveis. Com efeito, as compensações *stricto sensu* apenas existem nos regimes de comunhão, pois apenas aí se verificam transferências de bens e valores entre os patrimónios próprios dos cônjuges e o comum. A autonomia patrimonial (ainda que limitada) conferida à comunhão permite-lhe a imputação de certas compensações no momento da dissolução e partilha. Embora o pagamento dessas compensações se faça entre os cônjuges, é efetuado através das meações nos bens comuns, havendo a intervenção

[636] Aceitamos, contudo, a sugestão, apresentada por Pereira Coelho/Guilherme de Oliveira, *ob. cit.*, p. 514, de *de jure condendo* alargar o regime do art. 740º do Cód. de Processo Civil aos casos em que pareça justificado exigir imediatamente a compensação contra o património comum, como propôs Braga da Cruz, "Capacidade patrimonial dos cônjuges...", *loc. cit.*, p. 414. Solução semelhante está prevista no art. 192º, 4º, do Cód. Civil italiano, que admite a antecipação do pagamento da compensação pelo juiz se o interesse da família o exigir ou consentir. Rita Lobo Xavier, *Limites à autonomia privada...*, *cit.*, p. 339, considera que, não obstante a lei remeter as compensações para o momento da liquidação e partilha da comunhão, tal não impede que "o legislador possa reconhecer, em certos casos, o direito de exigir compensações mesmo na vigência da comunhão de vida".

do património comum, e não uma relação direta entre patrimónios próprios dos cônjuges[637].

Por tudo isso, as compensações são remetidas para o momento da dissolução e partilha da comunhão, ou seja, entendendo o património comum como um património de afetação especial, como um património coletivo, de mão comum não podemos permitir a exigibilidade das compensações no decurso da comunhão. É também precisamente por isso que se permite que, no regime de separação, onde apenas existem créditos entre cônjuges e não existe um património comum, com uma natureza jurídica própria, os créditos e débitos entre cônjuges sejam imediatamente exigíveis[638].

O facto de as compensações apenas serem determinadas e exigíveis no momento da liquidação e partilha comporta necessariamente um problema, o da depreciação monetária. Pense-se no caso de os bens comuns responderem por dívidas próprias de um dos cônjuges, ou de o produto da venda de um bem próprio ter sido utilizado na aquisição de um bem comum... Tal originará o surgimento de um crédito compensatório a favor ou contra o património comum. Se o pagamento de tal crédito se efetua no momento da liquidação e partilha, o património credor será prejudicado, sobretudo se passaram vários anos entre o nascimento da compensação e a sua satisfação, já que a incidência da depreciação monetária apresentará consequências consideráveis[639]. Todo o crédito de uma quantia em

[637] Nesse sentido, Planiol/Ripert, *Traité pratique de Droit Civil français...*, *cit.*, vol. IX, p. 175, nota 4, ao dizerem que a existência de uma conta de compensações, no momento da liquidação da comunhão, só se justifica por a comunhão não ser uma indivisão ordinária. Se a comunhão não passasse de uma mera indivisão não haveria necessidade de regulamentar tal conta, pois tudo se resolveria como créditos e débitos entre cônjuges. Ainda que a comunhão não possua personalidade jurídica, a lei considera o património comum como uma massa autónoma. Por isso, regula especificamente, como operação da liquidação e partilha, as compensações.

[638] Se o regime supletivo fosse o da separação de bens, onde não existem compensações *stricto sensu* mas apenas créditos entre cônjuges, imediatamente exigíveis, não nos chocaria admitir a não regulamentação das compensações, ficando tal matéria à disposição dos cônjuges que, na convenção matrimonial, acordando num regime de comunhão, teriam de prever a questão das compensações, o que facilitaria, nomeadamente, o problema do seu cálculo e avaliação.

[639] V., sobre a questão em análise da depreciação monetária e os seus reflexos em matéria de compensações, Charles Freyria, "Les moyens d'éviter, dans les contrats de mariage, les conséquences de la dépréciation de la monnaie", *RTDC*, ano 49º, 1951, pp. 331-352, A. Colomer, *L'instabilité...*, *cit.*, pp. 31 e segs. (onde se afirma que, mantendo-se estável a moeda, o equilíbrio do regime de comunhão é assegurado pelo mecanismo das compensações), M. Pedamon, *Les incidences de la réforme monétaire de 1948 sur le droit interne des obligations en Allemagne occidentale*,

dinheiro, qualquer que seja a sua origem, perde uma parte do seu valor económico quando a moeda sofre depreciação. Os efeitos desfavoráveis da instabilidade monetária traduzem-se no favorecimento do cônjuge devedor, atribuindo um montante compensatório irrisório[640].

O Cód. Civil português, tal como os códigos civis de outros países, tentou encontrar um equilíbrio entre os patrimónios, compensando todo o empobrecimento de um deles em proveito de outro, mediante o pagamento de uma soma em dinheiro. Para acautelar esse equilíbrio importa que o valor de referência, a moeda, seja estável. Se a moeda se deprecia, os créditos compensatórios desvalorizam-se e o equilíbrio rompe-se.

Se nos restringirmos à ideia do nominalismo monetário, a moeda não é afetada pelo fator tempo, mantendo-se inalterável o seu valor. Dada a desvalorização, qualquer crédito, cujo objeto seja o pagamento de uma soma em dinheiro, terá o seu valor invariavelmente fixado em moeda no dia do facto que lhe deu origem. Toda a compensação devida à ou pela comunhão pelo pagamento de dívidas será igual, em moeda, ao exato valor que dela ou para ela se retirou. Ignora-se, com isto, que o espaço de tempo entre o surgimento da compensação e o momento da sua execução, na altura da liquidação e partilha da comunhão, pode ser significativamente longo, pressupondo uma moeda estável. O cônjuge que tenha utilizado fundos comuns, em prejuízo do seu cônjuge, para pagar dívidas próprias, obtém um proveito substancial em comparação com a compensação irrisória que deve à comunhão.

Tais desequilíbrios, graves por si só, podem até ser chocantes se forem propositados. Com efeito, o cônjuge mais hábil poderá gozar da desvalori-

Paris, LGDJ, 1956, pp. 146-151, Savatier, *La communauté conjugale nouvelle..., cit.*, p. 153, e O. Vicente Torralba, "Las recompensas entre las masas patrimoniales y la depreciación monetaria", *Revista Critica de Derecho Inmobiliario*, ano XLIV, nº 484, 1971, pp. 553-564.

[640] Pereira Coelho/Guilherme de Oliveira, *ob. cit.*, pp. 516 e 517, referem não poder aceitar-se que o legislador preveja várias hipóteses de colaboração financeira entre os patrimónios, atendendo às relações de confiança e cooperação entre os cônjuges, e depois imponha compensações pelo valor nominal, impedindo que se atinja um reequilíbrio económico sério. Além disso, se o diferimento da exigibilidade encontra uma das razões na intenção de evitar litígios entre os cônjuges, o diferimento sem atualizações de valores será maior fonte de conflitos e de ressentimentos do que a exigibilidade imediata. Por fim, referem que "a regra do diferimento das compensações, associada ao princípio nominalista, não quadra bem com um regime que se mostra preocupado com a imutabilidade dos regimes de bens e com as fraudes que possam desequilibrar os valores dos três patrimónios".

zação monetária, utilizando-a em seu favor, enquanto a comunhão e, indiretamente, o outro cônjuge, na sua meação, obtém apenas uma modesta compensação fixada pelo valor nominal abstrato e imutável.

A doutrina francesa apresentava alguns remédios para fazer face à desvalorização monetária: a) em virtude da crise monetária, todo o crédito em dinheiro corre o risco de sofrer desvalorizações, pelo que a solução mais radical seria eliminar, na medida do possível, toda a causa de créditos em dinheiro, substituindo-os por um direito real [o titular conserva um bem cujo valor é, em princípio, estável e em caso de depreciação monetária, o valor do bem, traduzido em moeda, acompanha essa evolução. Atribuir-se-ia ao cônjuge um direito de propriedade em vez de um crédito compensatório em dinheiro, optando-se por um regime de restituição em espécie (pelo mecanismo da sub-rogação real) e não em dinheiro]; b) se esta eliminação do crédito não fosse possível, atualizar-se-ia o valor do crédito, passando a correção por avaliar o crédito em dinheiro no dia da liquidação do regime matrimonial; c) nos casos de imperfeição do segundo sistema procurar-se-ia abandonar toda a referência ao padrão monetário no dia da constituição do crédito, sendo este fixado por comparação com o valor de certa quantidade de mercadorias, sempre constante, reavaliado no dia da execução e pagamento do crédito[641].

Rejeitada a primeira solução, objeto de várias críticas, e verificando que o principal problema do diferimento das compensações para o momento da partilha é o de, face à instabilidade monetária, se avaliar as mesmas no dia do seu surgimento, tal inconveniente será evitado se a compensação for avaliada não nessa altura mas no momento da sua exigibilidade, ou seja, na altura da liquidação e partilha da comunhão. Daí a segunda solução apresentada.

A avaliação das compensações no momento em que se tornam exigíveis não constitui uma inovação. O art. 2109º do nosso Cód. Civil[642], em matéria sucessória, determinando o valor dos bens doados ao tempo da

641 V., Charles Freyria, *loc. cit.*, pp. 336 e segs., e Olivier Kuhnmunch, *ob. e loc. cit.*, pp. 237-251. A doutrina espanhola, antes da Reforma de 1981, que introduziu a regra da atualização dos valores das compensações, havia também sugerido soluções para resolver o problema da depreciação monetária, nomeadamente, considerando as compensações como dívidas de valor (v., Mª Teresa Martín Meléndez, *ob. cit.*, pp. 448-451).

642 Idêntica solução encontramos nos arts. 860º do Cód. Civil francês, 1045º do Cód. Civil espanhol, 750º, 1º, do Cód. Civil italiano, e § 2055º, 2º, do BGB.

sua avaliação, ou seja, no momento da abertura da sucessão, consagra tal solução. Assim, o crédito compensatório deverá atualizar-se atendendo à depreciação monetária. Esta solução pode defender-se para o direito matrimonial sempre que estejam em causa transferências de bens de um património para um outro. O valor do bem em causa, origem da compensação, deverá ser (re)avaliado no momento da liquidação e partilha da comunhão.

Pode acontecer que um bem cujo valor seja reavaliado sofra um aumento ou uma queda imprevista por determinadas circunstâncias. Um determinado bem próprio alienado no decurso do casamento cujo produto da venda foi absorvido pela comunhão pode ser objeto de um aumento de valor considerável e a comunhão deverá uma compensação com base neste último valor que, pelo seu montante, poderá arruiná-la. Por seu lado, a comunhão enriquecer-se-á, sem contrapartida, se o mesmo bem sofrer, no momento da liquidação, uma descida significativa no seu valor. Certamente que o problema será evitado se se estabelecer um valor mínimo da compensação, como o preço de alienação do bem próprio absorvido pela comunhão. Mas esta solução, garantindo uma compensação mínima, não impede a subida exagerada do valor do bem, a menos que se estabeleça um limite. A esse propósito, A. Colomer recusa ver qualquer injustiça por entender que o que se pretende é salvaguardar um poder de compra análogo ao que existia no momento da operação, o que coincide com o nosso entendimento[643]. De facto, não haverá, nesses casos, um enriquecimento injustificado pois, apesar do aumento ou diminuição no valor do bem, o poder de compra será constante.

Mas outro problema se coloca se o que estiver em causa for um determinado montante em dinheiro, como acontece com o pagamento de dívidas, em que a compensação terá necessariamente de ser pelo menos igual ao montante desembolsado por um património para o pagamento de dívidas do outro. Aqui a questão será a de determinar o fator de referência da avaliação, ou seja, não há aí nenhuma referência a um bem determinado relativamente ao qual se reavalie o seu valor[644]. Há que encontrar um valor

[643] A. Colomer, *L'instabilité...*, *cit.*, p. 238.

[644] P. ex.: um determinado bem próprio valia 1.000€. Foi alienado e o preço da venda foi absorvido pela comunhão. Nesta situação, a comunhão deverá uma compensação ao património próprio empobrecido pelo valor que o bem tem no momento em que se determina a compensação, ou seja, na altura da partilha. Há uma referência para a atualização da compensação: o bem.

de referência para a atualização das compensações estando em causa o pagamento de dívidas do casal (ou, em geral, transferências de fundos ou dinheiro de um património para outro). Para a realização do equilíbrio necessário entre os patrimónios é fundamental haver uma regulamentação uniforme, isto é, que de forma geral se determine o momento de avaliação das compensações. Podemos, desde já e sem prejuízo de maior desenvolvimento e comparação com outros ordenamentos, afirmar que em nenhum artigo relativo às compensações o nosso Cód. Civil fixa tal momento. À partida, diríamos que a compensação seria avaliada à data do seu surgimento, com os problemas da desvalorização monetária que isso implica[645].

Foi atendendo a tais problemas que surgiu a terceira solução, considerando artificialmente um elemento de referência estável. Em vez de se visar a equivalência da compensação a um bem determinado que, naqueles casos, falta, assegura-se a correspondência do seu valor a outra moeda, a mercadorias ou a determinados índices[646].

No caso de pagamento de dívidas, há apenas uma soma em dinheiro (p. ex.: bens comuns responderam pelo pagamento de dívidas próprias de um dos cônjuges). A comunhão terá direito, no momento da partilha, a uma compensação. Face à desvalorização monetária, tal valor não poderá ser o montante em dinheiro pago no momento do surgimento do direito a uma compensação. A questão estará em determinar qual a referência para atualizar tal valor. Pierre Catala, "Les effets de la dépréciation monétaire sur les rapports juridiques contractuels en droit civil français", *Famille et patrimoine*, Paris, Puf, 2000, p. 49, chamando a atenção aos problemas da depreciação monetária nos casos de restituição de somas em dinheiro muito depois da causa que as originaram, considera que a solução passa pela indexação da dívida a certos índices de referência.

645 De notar que, no âmbito do art. 1681º, quanto à administração dos bens do casal e responsabilidade do cônjuge administrador, as eventuais indemnizações existentes nesses termos são também diferidas para o momento da dissolução do casamento e aí são determinadas (e não no momento do facto violador que lhes deu origem), como defende a generalidade da doutrina (v., entre outros, Heinrich Ewald Hörster, "A Respeito da Responsabilidade Civil...", *loc. cit.*, Ângela Cerdeira, *ibidem*, e Pereira Coelho/Guilherme de Oliveira, *ob. cit.*, pp. 448 e 449). Tal moratória visa evitar uma excessiva intervenção judicial na vida familiar e nos conflitos conjugais.

646 A referência a certos índices, fazendo variar o montante exigível consoante as variações de um dado índice económico, pode ser convencionada pelas partes através de cláusulas de escala móvel, como refere Charles Freyria, *loc. cit.*, pp. 347-352, que poderá, porém, sofrer algumas críticas e envolver alguns riscos se o valor da mercadoria de referência não estiver em correlação exata com a depreciação da moeda. V. também, A. Colomer, *L'instabilité...*, *cit.*, pp. 199 e segs., e, manifestando-se contra a aplicação de tais cláusulas aos regimes matrimoniais, pp. 248 e 249.

A prestação que se deve restituir, independentemente das flutuações monetárias, será estipulada não com base num quantitativo numerário fixo mas num montante em numerário proporcional à evolução e curso que terá uma dada mercadoria, uma dada divisa... Introduz-se um valor constante, independentemente das flutuações monetárias. O crédito compensatório conserva o seu objeto inicial, o pagamento de uma soma em dinheiro, dado que, no momento da exigibilidade da compensação, o valor de referência traduzir-se-á em moeda e poderá, por isso, exprimir em numerário o novo valor da compensação. Poderá, assim, adotar-se como elemento de revalorização o curso de uma dada mercadoria ou um determinado índice pautado pelo jogo do mercado. Haverá aqui um amplo campo de aplicação dado que todo o crédito em dinheiro poderá ser apreciado em função de um valor padrão independente das variações monetárias.

É evidente que se, como admitimos, os cônjuges podem alterar, na convenção antenupcial, a forma de cálculo das compensações, também podem alterar a data da sua avaliação, fazendo-a coincidir com a da liquidação ou partilha da comunhão ou sujeitá-la a uma cláusula de salvaguarda no âmbito da convenção matrimonial. O problema estará quando nada estipularem[647].

A solução contemplada hoje no art. 1697º do Cód. Civil português quanto às compensações pelo pagamento de dívidas do casal resulta do anteprojeto de Braga da Cruz, encontrando a sua redação definitiva no texto do Cód. Civil de 1966, não sofrendo qualquer alteração desde então. A contextualização social das compensações não era na altura a que encontramos hoje. A mentalidade da sociedade e do legislador estava estruturada de forma diferente da atual no que se refere aos problemas da estabilidade

Quanto à validade das cláusulas de escala móvel, questão controvertida na doutrina francesa e que nos abstemos de analisar no âmbito deste estudo, v., entre outros, Michel Hubert, "Observations sur la nature et la validité de la clause d'échelle mobile", *RTDC*, ano 45º, 1947, pp. 18-31, e J.-Ph. Lévy, "Clauses d'échelle mobile et prêts d'argent", *JCP* 1950.I.840, que ligam a utilização frequente de tais cláusulas ao desejo de subtrair as relações jurídicas às flutuações da conjuntura económica.

[647] Tratando-se de compensações que surgem no decurso da vida conjugal, o mais provável é os cônjuges não preverem essas situações. Acresce que, e situando-nos no regime supletivo de comunhão de adquiridos, não nos parece que, tendo optado por não convencionar qualquer outro regime, os futuros cônjuges decidam realizar uma convenção matrimonial com o único objetivo de regular as compensações e evitar os problemas da desvalorização monetária. Porém, nada os impediria de, antecipadamente, fixarem cláusulas de atualização dos valores das compensações a aplicar na eventualidade de elas surgirem. V., A. Colomer, *L'instabilité...*, *cit.*, pp. 220-224.

e depreciação monetárias. Assentando num pressuposto de estabilidade económica e monetária, o Cód. Civil, em 1966, não tinha necessidade de prever atualizações do valor das compensações[648].

Nesse contexto, não havia razões para afastar o princípio do nominalismo, já que não acarretava a contrapartida das consequências danosas derivadas da depreciação monetária. Por isso, as compensações, ainda que apenas exigíveis no momento da partilha, seriam regidas pelo seu valor nominal. Simplesmente, hoje temos de atender às constantes flutuações da moeda e às suas inevitáveis desvalorizações. Admitir uma compensação pelo seu valor nominal, sem a respetiva atualização, seria permitir o enriquecimento de um património à custa de outro, frustrando-se o objetivo de equilíbrio pretendido. O nominalismo parte da ideia de que o dinheiro tem um valor constante o que, sendo correto em momentos de estabilidade, é ilusório em épocas de crise.

Haverá que aferir se não encontramos no nosso Cód. Civil uma situação que sirva de base para a atualização das compensações, destruindo os efeitos prejudiciais da depreciação[649].

[648] Muito embora já na altura o tenha feito em matéria de colação nos termos do art. 2109º, nº 3, remetendo para a aplicação do art. 551º. Do mesmo modo, Cunha Gonçalves, *Tratado de Direito Civil..., cit.*, vol. VI, p. 466, reportando-se ao Cód. de Seabra, referia que a liquidação da comunhão é referida, em princípio, à data da dissolução da sociedade conjugal porque, na maioria dos casos, segue-se a esse facto. Há casos, porém, em que a liquidação e partilha só se realizam alguns anos após a dissolução do casamento e, nessas situações, questiona-se qual a data a que deve referir-se a liquidação, na medida em que os bens sofrem aumentos e diminuições nos seus valores. O Cód. Civil de 1867 não dava resposta ao problema (tal como a não dá o Cód. Civil de 1966), mas a prática dos tribunais ia no sentido de se tomar em consideração os valores da época da liquidação, pois entendia-se ser necessário atender às oscilações da moeda, aplicando-se, por analogia, o previsto nos arts. 2107º, § 5º, e 2108º. Aliás, o próprio princípio do nominalismo foi introduzido numa época em que a inflação era praticamente inexistente. Entrou, porém, em crise a partir da 1ª Guerra Mundial, altura em que se inicia um período de instabilidade das moedas europeias. V., Maria Clara Sottomayor, *ob. e loc. cit.*, pp. 554 e 555. Considera a autora que atualmente a Europa vive uma fase de estabilização monetária, mantendo-se a inflação controlada, mas isso não afasta a possibilidade de ocorrência futura de fenómenos que alterem substancialmente o valor da moeda. E em momentos de crise económica o princípio nominalista relativamente às restituições em dinheiro foi afastado por alguma jurisprudência europeia, como a alemã, como dá conta a mesma autora (p. 561, nota 34).

[649] A necessidade de atualização dos valores para evitar soluções injustas é também analisada, noutro contexto, por Maria Clara Sottomayor, *ob. e loc. cit.*, pp. 547-606, a propósito da não atualização da obrigação de restituir o preço decorrente de um contrato declarado nulo.

Estando em causa nas compensações, e, em especial, nas compensações pelo pagamento das dívidas do casal, uma prestação pecuniária constituída não por *bens de consumo* mas por espécies *simbólicas* ou *convencionais*[650] que são um instrumento geral de trocas, o problema que se suscita é o de saber se, no momento do cumprimento, o património devedor da compensação fica adstrito a uma prestação idêntica à prestação fixada no momento do surgimento da compensação ou se essa prestação deverá ser atualizada por forma a facultar ao património credor da mesma um poder aquisitivo real tão aproximado quanto possível do que a prestação lhe proporcionaria no momento em que se constituiu o facto gerador da compensação.

Na parte geral do Direito das Obrigações, o princípio nominalista ou da não atualização encontra expressão no art. 550º[651], reconhecendo-se, desde logo, às partes a faculdade de escolherem o regime que entenderem na determinação do objeto da prestação, nomeadamente, através da inserção de cláusulas de atualização adequadas, sobretudo em períodos de

Também Pinto Monteiro, "Inflação e Direito Civil", *in* AAVV, *Estudos em homenagem ao Prof. Doutor A. Ferrer-Correia. Número especial do Boletim da Faculdade de Direito da Universidade de Coimbra*, vol. II, Coimbra, 1989, p. 884, critica o princípio do nominalismo dado que, em épocas de inflação, desprotege o credor, destrói o equilíbrio contratual, favorece os grandes devedores (como o Estado e as grandes empresas) e cria insegurança no comércio jurídico. A mesma preocupação em encontrar solução legal na falta de regulamentação específica tinha O. Vicente Torralba, *loc. cit.*, pp. 560-564, antes da Reforma de 1981, que fixou a atualização do valor das compensações no direito espanhol.

650 Antunes Varela, *Das obrigações em geral*, vol. I, 10ª ed., Coimbra, Almedina, 2000, p. 852. V. também, Vaz Serra, "Obrigações pecuniárias", *BMJ*, nº 52º, 1956, pp. 5 e segs., e pp. 46 e segs., Manuel de Andrade, *Teoria Geral das Obrigações*, colab. Rui de Alarcão, 3ª ed., Coimbra, Almedina, 1966, pp. 215 e segs., Pereira Coelho, *Obrigações – sumários das lições ao curso de 1966/67*, policopiado, Coimbra, 1967, pp. 131 e segs., Menezes Cordeiro, *Direito das Obrigações*, vol. I, Lisboa, AAFDL, 1980, pp. 350-355, Pinto Monteiro, *ob. e loc. cit.*, pp. 881 e 882, Almeida Costa, *Direito das Obrigações*, 9ª ed., Coimbra, Almedina, 2001, pp. 681 e segs., e Jorge Ribeiro de Faria, *Direito das Obrigações*, vol. II, reimpressão, Coimbra, Almedina, 2001, pp. 209 e segs.

651 V., no mesmo sentido, o art. 1277º do Cód. Civil italiano.
Manuel de Andrade, *Teoria Geral das Obrigações, cit.*, pp. 232 e 233, apresenta algumas razões justificativas do princípio nominalista, nomeadamente, a de a consagração de tal princípio evitar as dificuldades de apreciação do coeficiente exato da desvalorização ou valorização da moeda entre o momento da constituição e o do cumprimento da obrigação, bem como o de evitar injustiças relativas à aplicação dada aos bens ou às somas devidas. Acresce que a atualização das prestações pecuniárias introduziria um elemento de forte perturbação da vida económica e jurídica, pois o valor do dinheiro é suscetível de alterações constantes que dariam origem a reajustamentos (cfr., Vaz Serra, "Obrigações...", *loc. cit.*, pp. 50 e segs.).

mais acentuada instabilidade monetária. Adaptando tal entendimento ao direito patrimonial matrimonial, admitimos que os cônjuges possam prever tais cláusulas nas convenções matrimoniais, prevendo atualizações das eventuais compensações a existir no momento da partilha da comunhão.

Na falta de estipulação das partes, na ausência de "cláusulas de salvaguarda"[652], consagra-se o princípio nominalista, mandando-se efetuar o pagamento em moeda corrente e atendendo ao valor nominal da moeda na data do cumprimento, independentemente de eventuais desvalorizações monetárias que tenham ocorrido, correndo a inflação por conta do credor e não do devedor (como seria se se admitisse a atualização do valor). Assim, aplicando tal princípio no âmbito das compensações pelo pagamento de dívidas do casal, se a compensação[653] surge pelo pagamento de uma dívida no valor de 5.000€, será efetuada pela entrega (ou imputação) do mesmo valor de 5.000€ ao património empobrecido e credor da compensação, seja qual for o coeficiente de valorização ou desvalorização que a moeda tenha sofrido entre o momento do seu surgimento e o momento da sua liquidação e pagamento.

3.2. A necessidade de atualização dos valores (o exemplo espanhol)

O princípio do nominalismo representa o critério mais cómodo, mas há casos em que a lei, independentemente de qualquer estipulação das partes, se afasta de tal princípio e manda atualizar a prestação ou permite que a atualização se faça em determinados termos. O nominalismo é, portanto,

[652] Aliás, e em geral, as cláusulas de indexação encontram entre nós dificuldades de aplicação, dado que contrariam todo um sistema não adaptado à inflação que se iniciou em 1973. V., Menezes Cordeiro, *ob. cit.*, vol. I, p. 352, nota 61.

[653] Importa referir que só o saldo das contas de compensações será devido, o que envolve a contabilização de todas as compensações surgidas no decurso do regime matrimonial. Aqui, porém, analisamos apenas o caso das compensações devidas pelo pagamento das dívidas do casal e, portanto, é a estas que particularmente nos referimos, procurando saber se uma dada compensação que surge em virtude de uma transferência isolada de valores de um património para o outro, com vista ao pagamento de dívidas, e apurada no momento da liquidação e partilha como a única compensação devida, resultado de tal operação, deverá ter o seu valor atualizado ou pagar-se pelo valor que serviu para efetuar o pagamento da dívida. É evidente que, na prática e no final, a contabilização, cálculo e avaliação das compensações será muito mais complexa, na medida em que se atenderá a todos os factos geradores de uma compensação entre patrimónios, e não apenas decorrente do pagamento isolado de uma dívida, procurando, de alguma forma, atualizar todos os seus valores e só o saldo, apurado no final, será exigido e pago.

atenuado pelo princípio da indexação ou correção monetária, ou seja, teremos obrigações indexadas, atualizáveis em função de alterações monetárias e do índice geral dos preços.

Abstraindo-nos de outros casos em que se preveem tais atualizações[654], o art. 2109º, nº 3, manda atualizar as doações em dinheiro sujeitas a colação, bem como os encargos em dinheiro que as onerem e forem cumpridos pelo donatário. Na base de tal atualização está o mesmo entendimento que justifica a colação, ou seja, doando certos bens a algum dos descendentes, o ascendente quis antecipar, no todo ou em parte, o quinhão sucessório do donatário, e não beneficiá-lo quanto à partilha, em prejuízo dos outros descendentes. Não pode esquecer-se que a soma doada a um descendente em vida do doador pode não ter o mesmo valor que igual soma atribuída aos outros no momento da morte do ascendente. Por isso, deverá atualizar-se o valor da doação, bem como, para não prejudicar o donatário, os encargos em dinheiro por ele satisfeitos, quando aquela tenha tido por objeto uma soma em dinheiro[655].

Pelas mesmas razões se prescreve a atualização das tornas em dinheiro, no caso de partilha em vida, quando o seu pagamento não seja logo efetuado (cfr. o art. 2029º, nº 3). Também aqui o presuntivo herdeiro legitimário que recebeu bens ficaria beneficiado perante os outros, se não fosse atualizada a prestação pecuniária a que ficou adstrito em virtude da partilha.

Atendendo ao exposto, não podemos deixar de defender a atualização das compensações devidas pelo pagamento das dívidas do casal. Traduzindo uma obrigação pecuniária, um valor monetário que apenas é exigido no momento da partilha da comunhão, tal valor terá de ser atualizado, sob pena de se agravar o enriquecimento de um património em detrimento de outro, não restaurando o equilíbrio necessário[656].

[654] Cfr. os arts. 567º, 1077º, e 2012º do Cód. Civil. V., Antunes Varela, *Das Obrigações..., cit.*, pp. 856-858.

[655] Como referem Pires de Lima/Antunes Varela, *Código Civil..., cit.*, vol. I, p. 560, com aquela atualização pretende a lei manter o valor aquisitivo da prestação em relação à generalidade das mercadorias ou em relação ao conjunto de mercadorias que são tomadas em conta na determinação ponderada dos índices dos preços. Se a prestação era de 100, deverá pagar-se não 100, mas o necessário para adquirir a quantidade de mercadorias que no momento da constituição da obrigação se adquiria por 100. V. também, João António Lopes Cardoso, *Partilhas Judiciais*, vol. II, Coimbra, Almedina, 1990, pp. 12-21.

[656] No mesmo sentido da atualização parece apontar uma análise atenta do art. 1682º, nº 4, e da sua evolução legislativa. Aí se determina a existência de uma compensação no caso de um

Se se preveem atualizações no art. 2109º, nº 3, o mesmo devemos defender, nos termos do art. 1697º, para as compensações[657]. Atualmente, se con-

dos cônjuges, sem consentimento do outro, alienar ou onerar, por negócio gratuito, móveis comuns de que tem a administração. A atual redação do artigo refere que, nesses casos, será o *valor dos bens* alheados ou a *diminuição de valor* dos onerados levado em conta na meação do cônjuge (salvo tratando-se de doação remuneratória ou de donativo conforme aos usos sociais). Esta disposição corresponde, com alterações, aos arts. 1118º e 1128º do Cód. de Seabra e ao art. 1682º, nº 1, 2ª parte, do Cód. Civil, na redação de 1966. Porém, não se referia aí o *valor dos bens*, mas a *importância dos bens*, sugerindo o montante pelo que foram alienados, e não o seu valor no momento da liquidação e partilha, altura em que se apura a meação do cônjuge devedor. A redação da Reforma de 1977, e atual, acompanhando uma alteração no âmbito da administração dos bens do casal, no sentido de uma visão igualitária entre os cônjuges, procurando o equilíbrio entre os diferentes patrimónios, alude a um valor atualizado dos bens em causa como referência do montante da compensação. Estamos perante dívidas de valor, cujo montante, traduzido em dinheiro, apenas se concretizará no momento da liquidação e partilha da comunhão, fugindo ao princípio do nominalismo e às desvalorizações monetárias.

[657] Pires de Lima/Braga da Cruz, *ob. cit.*, p. 154, equiparavam a conferência de bens, nos termos do art. 1123º do Cód. de Seabra, à colação então prevista no art. 2098º, o que indicia o escopo comum dos dois institutos. Aliás, já à luz do Cód. de Seabra, o entendimento era o da aplicação dos arts. 2107º, § 5º, e 2108º, por forma a permitir uma atualização do valor dos bens. O recurso à regra da colação, aplicando-se à liquidação da comunhão, era também utilizado no direito espanhol, por Cossío Y Corral, *apud* Mª Teresa Martín Meléndez, *ob. cit.*, p. 448. Ainda que, na altura, resultasse do art. 1405º do Cód. Civil espanhol que deveria compensar-se os valores reportados ao momento em que se realizou o gasto e não no momento da liquidação, entendia o autor que, para evitar os danos da depreciação monetária, era necessário interpretar a referida norma no sentido de que o momento da avaliação deveria reportar-se à morte do doador e não ao momento da doação.
O critério de aferição dos valores na partilha sucessória e na partilha da comunhão deve ser o mesmo. Não se compreenderia que, p. ex., no caso de uma doação feita pelo cônjuge administrador, casado em regime de comunhão de adquiridos, a um filho, utilizando dinheiro obtido no exercício da sua atividade profissional (arts. 1678º, nº 2, al. *a*), e 1682º, nº 4), a mesma se considerasse pelo seu valor atualizado para efeitos de colação (art. 2109º, nº 3) e pelo seu valor nominal no âmbito da partilha da comunhão, com vista à determinação das devidas compensações. O mesmo é referido por Pamplona Corte-Real, *ob. cit.*, pp. 41 e 42, ao referir o alheamento do legislador do Direito da Família quanto a critérios de valorização dos bens na partilha, diferentemente do que ocorre em matéria sucessória. Enquanto em matéria sucessória o legislador preocupa-se com a avaliação dos bens hereditários (arts. 2162º e 2109º, nº 3), na partilha do património comum atender-se-ia, na falta de disposição legal, ao momento da efetivação dos atos conjugais em causa. Na nota 56 escreve o autor que "[é] realmente no mínimo perplexizante, em termos de filosofia do sistema, que a partilha do património comum do casal possa não obedecer a critérios valorimétricos similares aos sucessoriamente acolhidos. É um facto que *a referida partilha da comunhão conjugal* não tem por causa apenas a morte. Mas, sendo este o caso, das duas, uma: ou se admite um critério

siderarmos que a regra é a do nominalismo, prevista no art. 550º, e que os artigos que preveem atualizações dos valores, para efeitos do art. 551º, se apresentam como "*ius singulare*", isto é, como um regime oposto ao regime regra, não podemos recorrer à aplicação analógica, por as normas excecionais a não comportarem – art. 11º[658].

Porém, o facto de se não permitir a analogia, não exclui a interpretação extensiva[659]. Podemos entender que a norma reguladora das compensações (art. 1697º) se situa dentro do mesmo contexto ou âmbito de matéria jurídica em que se situa a norma da colação (art. 2019º, nº 3), pelo que haverá uma aplicação direta desta última por interpretação extensiva. Porém, mesmo que assim não se entenda[660], não será talvez de afastar a aplicação analógica do art. 2109º, nº 3, de forma a permitir a atualização das compensações pelo pagamento de dívidas do casal[661].

Muito embora o art. 2109º, nº 3, permitindo uma atualização dos valores das doações, seja apresentado como uma exceção ao princípio do nominalismo, duvidamos do seu caráter excecional. É que a regra prevista no

de valorização específico para tal situação, por consumpção sucessória; ou se aplicariam regras distintas na partilha conjugal, primeiro, e na partilha hereditária depois (...), solução igualmente indesejável do ponto de vista técnico".

658 Muito embora, no projeto de Código Civil de 1966, Manuel de Andrade não atribuísse valor absoluto a tal proibição. Aí se refere que "(...) em princípio, as normas excepcionais não comportam extensão analógica (...)". Cfr. Manuel de Andrade, "Fontes de Direito. Vigência, interpretação e aplicação da lei", *BMJ*, nº 102º, 1961, p. 145, e pp. 151 e 152. V. também, K. Larenz, *Metodologia da Ciência do Direito*, trad. de José Lamego, Lisboa, Fundação Calouste Gulbenkian, s.d., p. 427.

659 Aquilo que separa a interpretação extensiva da aplicação analógica está no facto de a primeira estender a aplicação da norma a casos não previstos pela sua letra mas compreendidos pelo seu espírito (J. Baptista Machado, *Introdução ao Direito e ao Discurso Legitimador*, Coimbra, Almedina, 1993, p. 193), ao passo que a segunda leva a aplicar a norma mesmo a situações que já nem sequer são abrangíveis no seu "espírito". "Só a interpretação extensiva seria sugerida, justificada e postulada pela *valoração* da norma (...); a aplicação analógica, essa seria sugerida e justificada pelo *paralelismo* dos problemas ou questões, por um lado, e postulada pela unidade e coerência do *sistema* (e não logo pela *valoração* particular de certa norma, como acolá), por outro" (J. Baptista Machado, *Lições de Direito Internacional Privado*, 3ª ed., Coimbra, Almedina, 1992, p. 101).

660 Com efeito, é o paralelismo da questão posta pelo caso omisso, a atualização das compensações, com a questão posta pelo caso diretamente regulado (atualização das doações em dinheiro sujeitas a colação) que conduz ao preenchimento de tal lacuna através de uma valoração idêntica e duma norma paralela, colocando-nos no campo da analogia.

661 V., Cristina Dias, *Compensações devidas pelo pagamento de dívidas..., cit.*, pp. 190 e segs.

art. 2109º é a da atualização do valor dos bens sujeitos a colação. O seu nº 1 determina que o valor dos bens doados é o que eles tiverem à data da abertura da sucessão. O nº 3 do mesmo artigo mais não faz que aplicar essa regra às doações em dinheiro, especificando a sua atualização nos termos do art. 551º. Sendo assim, apresentando-se o art. 2109º, nº 3, como norma geral nada há que impeça a sua aplicação por analogia à matéria das compensações. Por isso, tal como se preveem atualizações no art. 2109º, nº 3, também será de as admitir em matéria de compensações pelo pagamento de dívidas do casal por o escopo das normas ser o mesmo: salvaguarda do equilíbrio patrimonial.

A colação, tal como as compensações, traduz uma restituição de bens ou valores, com vista à igualação da partilha, salvaguardando um equilíbrio patrimonial. O objetivo do art. 2109º, nº 3, é o de evitar o enriquecimento de um descendente face aos outros; o escopo das compensações do art. 1697º é o de restaurar o equilíbrio entre os patrimónios eventualmente quebrado no decurso da vida conjugal, evitando o enriquecimento de um património à custa do empobrecimento de outro.

Além disso, e ainda que o art. 1689º o não preveja expressamente, admitindo que as regras da partilha sucessória (arts. 2101º e segs.) se aplicam, por analogia, à partilha da comunhão, podemos, também por aí, defender a aplicação do art. 2109º, nº 3, à matéria das compensações nos regimes de comunhão.

Aliás, para além das exceções ao princípio do nominalismo monetário admitidas expressamente por lei, deve entender-se que as prestações pecuniárias podem ser atualizadas por alteração das circunstâncias, quando o princípio da boa fé o justifique (arts. 437º e segs.)[662].

[662] V., Pires de Lima/Antunes Varela, *Código Civil..., cit.*, vol. I, p. 560. Como refere Manuel de Andrade, *Teoria Geral das Obrigações, cit.*, p. 244, ainda que afaste essa hipótese (admitindo-a, v., Vaz Serra, "Obrigações...", *loc. cit.*, p. 198), poderá valer como alteração das circunstâncias "uma subsequente e profunda desvalorização ou revalorização da moeda". Também contra, Pereira Coelho, *Obrigações..., cit.*, pp. 134 e 135, que, contudo, não deixa de admitir outras hipóteses de atualização para além daquelas expressamente previstas na lei, ao dizer que, nesses casos, a atualização já resultaria dos princípios gerais, tendo "a lei querido apenas estabelecer, por se tratar de matérias de maior interesse social ou mais frequente aplicação prática, a medida em que justamente tais prestações pecuniárias poderiam actualizar-se". Como entende Pinto Monteiro, *ob. e loc. cit.*, pp. 887 e 888, a atualização por alteração das circunstâncias apenas se verificará no caso de "imprevista queda ou ruína da moeda, ou de uma súbita e anormal alteração do índice de desvalorização monetária (...)". No mesmo sentido, v., os ac. do STJ,

Acresce ainda aos argumentos já referidos, o facto de o dever de compensação pelo pagamento de dívidas do casal constituir uma obrigação não autónoma, pelo que só se encontraria sujeita à disciplina geral das relações obrigacionais e, neste caso, ao princípio do nominalismo do art. 550º, naquilo que fosse compatível com a natureza das relações jurídicas em que se funda. Há, contudo, uma incompatibilidade entre o art. 550º e a natureza das relações jurídicas familiares, afastando, portanto, a obrigação de compensação do princípio do nominalismo[663].

Pode ainda argumentar-se no sentido de que as compensações consubstanciam uma obrigação legal, sendo o art. 550º de aplicar apenas às obrigações contratuais, o que exclui as compensações do seu campo de aplicação. De facto, e como refere Maria Clara Sottomayor, a propósito da obrigação de restituição do preço decorrente de invalidade do contrato, deve excluir-se a aplicação do princípio do nominalismo relativamente aos débitos não negociais, em que as partes não puderam efetuar qualquer escolha[664]. Adaptando ao nosso tema, podemos também afirmar que, tratando-se de obrigações legais, que têm por fonte a lei e não o contrato, como acontece com as compensações pelo pagamento de dívidas do casal, não é possível aos cônjuges prevenirem-se contra a desvalorização monetária verificada durante o período que decorre entre a data da constituição da obrigação de compensação e a data da sua exigibilidade. As compensações constituem uma obrigação legal destinada a repor o equilíbrio patrimonial quebrado no decurso do regime de bens. A este entendimento não

de 30.03.2017 (http://*www.dgsi.pt*, consultado a 17 de março de 2021), e da RL, de 14.06.2017 (http://*www.dgsi.pt*, consultado a 17 de março de 2021).

Analisando os desvios ao princípio do nominalismo monetário, Jorge Ribeiro de Faria, *ob. cit.*, vol. II, p. 223, aponta no mesmo sentido do texto, a propósito da indemnização de perdas e danos quando esta revista a forma de renda. Dado que a renda visa repor o lesado na situação em que ele se encontraria se não tivesse ocorrido a lesão, o legislador não podia abstrair-se da alteração das circunstâncias com reflexo sobre o montante da renda prescrita. "Fechar os olhos a uma alteração desta natureza, traduzir-se-ia em esvaziar de sentido útil a indemnização arbitrada". Daí a necessidade de atualização.

[663] V., Nuno Manuel Pinto Oliveira, *Direito das Obrigações*, vol. I, Coimbra, Almedina, 2005, pp. 20 e 21 e nota 29.

[664] Maria Clara Sottomayor, *ob. e loc. cit.*, p. 572. V. também, excluindo do princípio nominalista as dívidas não negociais, T. Ascarelli, *Obbligazioni pecuniarie. Commentario del Codice Civile Scialoja-Branca*, sob a direção de Scialoja/Branca, livro IV, Bologna/Roma, Nicola Zanichelli Editore/Soc. Ed. del Foro Italiano, 1959, p. 153, e Adolfo Di Majo, "Obbligazioni pecuniarie", *in* AAVV, *Enciclopedia del Diritto*, vol. XXIX, Milano, Giuffrè Editore, 1979, p. 237.

obsta o facto de os cônjuges poderem prever cláusulas de indexação, nas convenções matrimoniais, prevenindo-se contra a depreciação da moeda, prevendo atualizações das eventuais compensações a existir no momento da partilha da comunhão, bem como, no caso de a moeda ter sofrido uma diminuição considerável no seu valor em virtude da inflação, invocarem uma alteração das circunstâncias contratuais ao abrigo do art. 437º. De facto, podem os cônjuges estipular tais cláusulas ou invocar tal alteração das circunstâncias em relação à dívida que um tenha face à comunhão ou esta face àquele resultante de transferências patrimoniais ocorridas entre os diferentes patrimónios. Mas as compensações entre os patrimónios não são, à luz da atual regulamentação, uma obrigação contratual que os cônjuges contraem quando celebram o casamento ou se sujeitam ao regime de comunhão. Trata-se efetivamente de uma obrigação que a lei impõe para restabelecimento do equilíbrio patrimonial. Para alcançar tal finalidade a quantia entregue a título de compensação deverá representar, no momento da sua exigibilidade, o mesmo valor ou poder aquisitivo que tinha no momento do seu surgimento.

Poderíamos até ir mais longe. Das obrigações pecuniárias comuns distinguem-se as dívidas de valor, às quais não se aplica o princípio nominalista. Trata-se de dívidas que não têm diretamente por objeto o dinheiro, mas a prestação correspondente ao valor de certa coisa, sendo o dinheiro apenas um ponto de referência de liquidação e pagamento da prestação. Não se pretende diretamente atribuir ao credor o valor incorporado nas espécies monetárias que perfaçam, pelo seu valor nominal, determinado montante. Visa-se também proporcionar ao credor a aquisição de um valor, sendo a sua liquidação efetuada em dinheiro. A fixação do montante da prestação opera-se num momento ulterior à constituição da obrigação e mais próximo da época do cumprimento[665].

Poderíamos considerar, assim, as compensações como dívidas de valor, cujo montante, traduzido em dinheiro, apenas se concretizará no momento da liquidação e partilha da comunhão, fugindo ao princípio do nominalismo e às desvalorizações monetárias. A quantia em que se concretiza o crédito compensatório deverá atualizar-se para que, quando se efetue o seu pagamento, se entregue o valor que representa essa quantia, mas não a

[665] Sobre o critério de identificação da dívida de valor no direito italiano (*debito di valore*), v., Enrico Quadri, "Le obbligazioni pecuniarie", *in* AAVV, *Trattato di diritto privato, cit.*, sob a direção de Pietro Rescigno, vol. IX, tomo I, pp. 471-474.

mesma quantia que deu origem à compensação. Permitir-se-ia escapar à fragilidade dos créditos em dinheiro em períodos de instabilidade monetária.

Contudo, não nos parece que, no caso de compensações pelo pagamento de dívidas do casal, estejamos perante dívidas de valor, uma vez que elas se traduzem, à partida, por um montante pecuniário e será esse o objeto da prestação[666].

Se a consideração das compensações como dívidas de valor até pode ter fundamento e bons resultados práticos estando em causa aquisições ou disposições de bens[667], torna-se um pouco forçoso admiti-la no caso de pagamento de dívidas onde, desde o início, é um valor pecuniário que está em causa. A solução passará por, considerando-as simples obrigações pecuniárias, permitir a sua atualização, afastando o princípio nominalista a que, em princípio, estariam sujeitas.

Em todo o caso, mesmo nas dívidas de valor, uma vez fixado o montante da obrigação em dinheiro, no momento da liquidação e partilha, é o património credor da compensação que passa, a partir daí, a sofrer os ris-

[666] Como escreve Pereira Coelho, *Obrigações...*, *cit.*, pp. 132 e 133, no caso de dívidas de valor, "não é dinheiro que o devedor deve ao credor mas determinados bens reais, só intervindo aí o dinheiro a título de meio de determinação do *quantum* da prestação ou de meio para a respectiva liquidação (...). O que o devedor deve é o valor daqueles bens reais, de modo que se esse valor aumenta (...) deve ser correspondentemente actualizada a respectiva obrigação". De igual modo se pronuncia Vaz Serra, "Obrigações pecuniárias", *loc. cit.*, p. 152, referindo que as dívidas de valor compreendem as dívidas cuja finalidade é fazer entrar no património do credor uma determinada quantidade de bens reais (que lá estavam antes ou que, não estando, nele devam entrar) e que, não tendo por objeto dinheiro, são convertidas em dinheiro que substitui aqueles bens.

Numa outra perspetiva, Enrico Quadri, "Le obbligazioni pecuniarie", *ob. e loc. cit.*, pp. 474-476, e pp. 481-484, refere que a técnica da dívida de valor tem dado lugar a outros mecanismos que atenuam a dificuldade e a incerteza que caraterizam, dada a necessidade de liquidação, o funcionamento da dívida de valor. Na obrigação de reembolso será preferível sujeitar o seu valor ao andamento do preço de um bem do que considerá-la dívida de valor a liquidar no momento do pagamento. Também Vaz Serra, "Obrigações...", *loc. cit.*, pp. 36 e 37, reportando-se ao sistema alemão, defende que se deve, sob o ponto de vista do nominalismo, encontrar meios e processos para evitar soluções injustas.

Admitindo a ideia de dívida de valor às dívidas de dinheiro como as compensações, v., Mª Teresa Martín Meléndez, *ob. cit.*, pp. 454-458.

[667] Foi o que se procurou fazer no art. 1469º, 3º, do Cód. Civil francês, ao separar o valor da obrigação da sua expressão monetária de forma a avaliá-la no momento da sua execução (tal como no art. 192º, 2º, do Cód. Civil italiano). V., Françoise Chapuisat, *loc. cit.*, p. 656. Veja-se também o art. 1682º, nº 4, do nosso Cód. Civil.

cos das oscilações do valor da moeda, tal como na generalidade das obrigações pecuniárias (sujeita, contudo, a partir daí a juros moratórios, nos termos do art. 806º).

Isso assente, resta saber como se procederá a atualização das compensações, na ausência de regulamentação expressa.

Quer socorrendo-nos indiretamente do art. 2109º, nº 3, quer utilizando diretamente o art. 551º, que regula a atualização das obrigações pecuniárias, devemos atender aos índices dos preços, de modo a restabelecer, entre a prestação compensatória e a quantidade de mercadorias a que ela equivale, a relação existente na data em que a compensação surgiu[668]. Não se mencionam quais os índices de preços atendíveis, devendo utilizar-se os números-índices elaborados periodicamente pelo Instituto Nacional de Estatística[669/670].

[668] Atualiza-se a prestação pecuniária por forma a restaurar o seu valor aquisitivo originário, considerando-se atendíveis para tal efeito os preços das mercadorias. As mercadorias selecionadas para a fixação do nível dos preços são as que mais influem no curso da vida da generalidade da população, procurando obter-se a média ponderada dos preços, mediante a introdução de coeficientes que traduzem, de algum modo, a interferência de cada uma dessas mercadorias no custo geral de vida – Antunes Varela, *Das Obrigações...*, *cit.*, p. 861. Ainda que só de modo aproximado tais índices traduzam a medida do poder de aquisição, são o meio mais seguro de apreciar a evolução dos preços e, portanto, o poder aquisitivo da moeda.

[669] O Instituto Nacional de Estatística publica vários índices de preços que tomam como ponto de referência determinado ano. O nível geral dos preços nos anos subsequentes é dado por um número que exprime a variação ou evolução geral dos preços.

Com vista à atualização de uma dada prestação pecuniária, deverá tomar-se em consideração, no índice de preços ao consumidor, o número referente ao tempo da constituição da obrigação e o último publicado, estabelecendo-se o devido confronto entre eles (Vaz Serra, "Obrigações...", *loc. cit.*, pp. 22 e segs., e pp. 67 e segs., e Manuel de Andrade, *Teoria Geral das Obrigações*, *cit.*, pp. 249 e segs.).

[670] O direito francês, remetendo, tal como o direito português, as compensações para o momento da liquidação e partilha da comunhão, deparou-se com os problemas da depreciação monetária: o mecanismo das compensações poderia ser afetado pela impossibilidade de as exigir no decurso do regime matrimonial e de se remontar à data do surgimento para o cálculo do seu montante. Desde cedo, a doutrina francesa, como vimos, procurou encontrar soluções com vista à resolução de tal problema, de forma a permitir atualizações dos valores das compensações, evitando o enriquecimento de um património à custa de outro.

A Lei nº 65-570, de 13 de julho de 1965, esforçou-se por melhorar o método de cálculo e avaliação das *récompenses* sem que, contudo, tivesse conseguido eliminar todos os danos provocados pela depreciação da moeda. A. Colomer, *Droit Civil...*, *cit.*, p. 473, entende ser excessivo acreditar na total eficácia do mecanismo previsto na lei para tentar atenuar os danos da depreciação monetária. Os remédios procurados contra as desvalorizações da moeda podem demonstrar-se perigosos se não forem suscetíveis de uma aplicação geral (note-se que o § 3º do art. 1469º do Cód. Civil francês limita-se aos casos de aquisição, conservação ou melhoramento de bens), podendo conduzir a que o desequilíbrio patrimonial que se pretende corrigir seja, no final, agravado. P. ex., para o pagamento de uma dívida própria da mulher, os cônjuges, em 1970, utilizaram 20.000 do património comum. Um ano mais tarde a mulher herda uma soma em dinheiro no valor de 20.000 que os cônjuges utilizam no aumento de um prédio comum de uso agrícola. No fim da comunhão, teremos de ter em consideração duas somas que darão origem a compensações: a primeira em benefício da comunhão e a segunda a favor da mulher. Trinta anos mais tarde a comunhão termina. A compensação a favor da comunhão permanece igual a 20.000, soma que, entretanto, sofreu o golpe da erosão da moeda, mas que se mantém pois não se aplica, neste caso, o § 3º do art. 1469º do Cód. Civil francês. Pelo contrário, aplicar-se-á o referido § 3º no caso da compensação a favor da mulher, o que permitirá atender a um valor atualizado.

Antes de 1965, afastadas as benfeitorias úteis suportadas pela comunhão em benefício de um património próprio, onde se admitia que a compensação fosse igual à mais fraca das duas somas representadas pela despesa feita e a mais-valia subsistente na altura da cessação do regime matrimonial, o princípio era o de que a compensação tinha o seu valor cristalizado em termos monetários no dia em que se verificou o facto que lhe deu origem.

Ficava, em consequência, desvirtuada a teoria das compensações devido à depreciação monetária: obrigado a esperar pelo momento da liquidação da comunhão, o credor da compensação veria o valor real do seu direito desaparecer com o decurso dos anos, tal como os créditos compensatórios eram contabilizados em moeda de valor corrente mas de valor económico diferente.

A intervenção do legislador francês impôs-se como necessária regulando o método de cálculo e avaliação das compensações no art. 1469º do Cód. Civil francês, em 1965. A Reforma de 1985 veio aperfeiçoar o sistema, introduzindo uma nova redação ao § 3º do art. 1469º do Cód. Civil francês, permitindo o cálculo do lucro ao dia da liquidação e não da dissolução da comunhão o que permite uma maior atualização dos valores das compensações, ao calculá-los no dia mais próximo do seu pagamento, ainda que continue a aplicar-se apenas aos casos de aquisição, conservação e melhoramento de bens.

No caso de compensações pelo pagamento de dívidas, o problema da desvalorização monetária não é resolvido pela lei, sendo que a compensação corresponderá à quantia paga que, para salvaguarda do equilíbrio que as compensações procuram garantir, terá de ser atualizada. De notar, porém, que o Cód. Civil francês não prevê um artigo semelhante ao art. 551º do nosso Cód. Civil, no sentido de atualização dos valores de obrigações pecuniárias. Não pode, todavia, prescindir-se da atualização dos valores das compensações de forma a fazer face aos problemas da desvalorização monetária. É nesse sentido que se pronuncia J. Ph. Lévy, *ibidem*, que defende a necessidade de evitar a ruína do credor e o enriquecimento, por vezes calculado, do devedor, que perspetiva a desvalorização monetária. Com vista a evitar tais problemas deverá permitir-se a atualização dos valores monetários em causa. Porém, a lei francesa não prevê essa atualização e, tal como refere Henri Mazeaud, *et allii*, *ob. cit.*, p. 469, a compensação, tratando-se de uma quantia em dinheiro, não sofre revalorização, salvo se aquele dinheiro serviu para adquirir, conservar ou melhorar um bem.

No direito italiano o art. 192º do Cód. Civil, diferindo as compensações para o momento da partilha, não prevê atualização dos valores em causa que integram tais compensações, ressalvado o caso do § 2º, onde se entende não estar presente uma mera dívida nominal, admitindo atualizações dos valores em causa. Atendendo às flutuações económicas e às desvalorizações monetárias a compensação a receber pelo património empobrecido algum tempo depois do facto que deu origem à compensação seria irrisória.

Colocam-se, assim, no direito italiano, na ausência de uma regulamentação minuciosa e que procura cobrir tais problemas como no direito francês, as mesmas dúvidas que vimos e procurámos solucionar no direito português. A grande questão é a de, diferindo as compensações para o momento da partilha, atualizar os valores, problema que se nos afigura de solução difícil, atendendo ao ordenamento jurídico italiano em matéria de obrigações pecuniárias. De Paola/Macri, *ob.. cit.*, p. 213, referem mesmo que, não prevendo a lei quaisquer atualizações, a única forma de o cônjuge interessado não ser afetado pela desvalorização monetária seria a de, invocando o interesse da família, exigir o pagamento da compensação antes da liquidação da comunhão.

O entendimento por nós perfilhado quanto ao direito português poderia admitir-se também face ao direito italiano, não fossem os arts. 1277º e segs. do Cód. Civil italiano fixarem o princípio nominalista não prevendo exceções nem, como o art. 551º do nosso Cód. Civil, atualizações dos valores em causa. Paralelamente, o art. 751º do Cód. Civil italiano, relativo à colação quando está em causa doação de dinheiro, determina que ela se fará atendendo ao valor legal da *specie donata* ou da moeda, em substituição daquela, que tenha curso legal na altura da abertura da sucessão. Articulando tal preceito com os arts. 1277º segs. do Cód. Civil italiano atender-se-á ao valor nominal, não prevendo a lei quaisquer atualizações.

Não obstante, apelando ao fundamento e justificação primeira das compensações (evitar o enriquecimento de um património à custa do empobrecimento de um outro), não pode deixar de defender-se a necessária atualização dos valores em causa, sob pena de se frustrar o objetivo das compensações. Para mais, se entendermos as compensações pelo pagamento de dívidas do casal como dívidas atualizáveis, não sujeitas ao princípio nominalista, cujo montante, traduzido em dinheiro, apenas se concretizará e tornará efectivo no momento da liquidação e partilha da comunhão, a quantia em que se traduz o crédito compensatório deverá atualizar-se de forma a que, quando se efetue o seu pagamento, se entregue o valor que representa essa quantia, mas não a mesma quantia que deu origem à compensação (não o mesmo valor que procedeu ao pagamento de uma dada dívida, mas esse valor atualizado). Tal entendimento deverá admitir-se tanto mais que o direito italiano prevê uma exceção à exigibilidade diferida das compensações, ou seja, admitindo exceção ao diferimento da exigibilidade também deverá permitir atualização dos valores das compensações quando a sua exigibilidade seja diferida, pois o interesse familiar também o justifica.

Não se pense, contudo, que o facto de admitir, excecionalmente, a exigibilidade imediata das compensações implicaria a ausência de razão justificativa para o seu diferimento para o momento da partilha. Continua a justificar-se tal diferimento nos regimes de comunhão em atenção à natureza jurídica da comunhão. Além do mais, a exceção verifica-se apenas, mediante autorização do juiz, quando o interesse da família o exige e o consente (como referem F. Mastropaolo/P. Pitter, *ob.* e *loc. cit.*, p. 356, é o interesse da família que justifica o diferimento das compensações para o momento da partilha). Ou seja, somente para salvaguarda de um interesse superior, o da família, se admite a exigibilidade imediata das compensações, e sempre mediante autorização do tribunal, com vista a acautelar a ponderação dos interesses

Importa a este propósito fazer uma referência ao direito espanhol que, nesta matéria, poderá trazer alguns problemas dada a ausência de critério quanto à exigibilidade das compensações.

De facto, o direito espanhol, e reportando-nos, sobretudo, ao art. 1364º do Cód. Civil espanhol, em matéria de compensações pelo pagamento de dívidas, parece não encontrar qualquer obstáculo à imediata exigibilidade das compensações[671]. Tais compensações poderão, assim, ser reclamadas

em jogo. M. Paladini, *ob.* e *loc. cit.*, p. 449, refere que essa exceção, de pouca utilização prática, parece poder aplicar-se em casos de apropriação indevida de somas da comunhão por parte de um dos cônjuges, com objetivo diverso do previsto no art. 186º do Cód. Civil italiano, e perante a ausência de uma perspetiva concreta de reembolsar o património comum; ou no caso de utilização pelo património comum de bens ou valores próprios em paralelo com a incapacidade do património próprio para fazer face aos seus credores e consequente risco de execução sobre os bens próprios, e até sobre os comuns, com prejuízo para o interesse familiar. V. também, A. Finocchiaro/M. Finocchiaro, *Riforma del diritto...*, *cit.*, pp. 579 e 580, F. Mastropaolo/P. Pitter, *ob.* e *loc. cit.*, p. 357, e L. Barbiera, *ob.* e *loc. cit.*, pp. 624 e 625.
Porém, atendendo à forma de cálculo das compensações que já analisámos, atendendo à existência de uma conta de compensações em que apenas o saldo final será devido, demonstra-se complicado, ainda que possível, no decurso da comunhão, proceder às compensações devidas, sendo preciso analisar-se isoladamente as transferências de valores entre patrimónios que dão origem à compensação suscetível de ser exigida antecipadamente. Com efeito, se apenas no momento final da liquidação e partilha se podem contabilizar todos os movimentos e transferências de valores operados entre os patrimónios próprios e o comum no decurso da comunhão, a possibilidade de, antecipadamente, se exigir e efetuar o pagamento de uma compensação apenas poderá ser vista e apurada isoladamente, ou seja, não integrando a conta de compensações cujo saldo, apurado no final, será devido. Assim, as compensações excecionalmente exigidas antecipadamente são analisadas por si só, isoladamente, atendendo apenas a uma concreta transferência de valores entre patrimónios. Além disso, dever-se-á encarar com caráter excecional a possibilidade de exigibilidade antecipada das compensações, quando efetivamente estiver em causa o interesse da família, pois estará a ser preterido, ainda que face a um interesse superior, o fundamento da exigibilidade diferida das compensações: a natureza jurídica da comunhão. Por isso, também o pagamento antecipado das compensações nesses casos não passará pela meação do cônjuge devedor ou credor, ou seja, não se apurando tal meação no decurso do regime de bens, o pagamento das compensações à comunhão efetuar-se-á por recurso aos bens próprios do cônjuge devedor e o das compensações pela comunhão por bens comuns por inteiro.

[671] Como vimos, o Cód. Civil espanhol prevê compensações nos arts. 1319º, *in fine*, 1346º, *in fine*, 1347º, 4º, 1352º, 1358º, 1359º, 1360º, 1362º, 1º, 1364º, 1373º, 2º, 1397º, 3º, 1398º, 3º, e 1403º, sendo que, excluindo o art. 1319º que remete para o respetivo regime matrimonial, os arts. 1346º, *in fine*, 1347º, 4º, 1352º, 1359º, 1º, e 1364º regulam um direito à compensação não remetendo para o momento da dissolução e liquidação da comunhão. Por sua vez, os arts. 1358º, 1359º, 2º, 1362º, 1º, e 1373º, 2º, do Cód. Civil espanhol, expressamente diferem as compensações para o momento da liquidação da comunhão, não avançando a lei nem a

em qualquer momento. É evidente que, se os cônjuges estão de acordo, nada há que os impeça de efetuar os reembolsos no decurso do casamento. Na falta de acordo, requerer-se-á uma decisão judicial e a questão será a de saber se um dos cônjuges, titular de um direito a uma compensação, poderá exigi-la de imediato[672].

doutrina espanhola com qualquer razão justificativa para a diferença de regime, tanto mais que a diferenciação ocorre sejam ou não compensações devidas à comunhão ou a um dos patrimónios próprios, ou seja, não é por ser compensação devida à comunhão ou pela comunhão que o regime varia. De referir que alguns autores entendem que o facto de o § 2º do art. 1359º do Cód. Civil espanhol remeter para o momento da dissolução se não se tiver verificado antes a alienação do bem melhorado se deve a razões de ordem prática: só nesse momento será possível aferir o aumento de valor do bem. Não obstante, entendem que não há qualquer inconveniente em os cônjuges determinarem o reembolso em momento anterior, como, aliás, em relação à generalidade das compensações (v., M. A. Guardiola, *et allii*, *ob. cit.*, p. 1655, Mª Amalia Blandino Garrido, *Régimen jurídico de las deudas tras la disolución de la sociedad de gananciales*, Valencia, Tirant lo blanch, 1999, p. 133, Yolanda Bustos Moreno, *ob. cit.*, pp. 402 e 403, F. J. Gardeazábal del Río, *ob. e loc. cit.*, pp. 138 e 139, e Lledó Yagüe, *et allii*, *ob. cit.*, p. 212). Também Díez-Picazo/Antonio Gullón, *ob. cit.*, p. 205, a propósito do inventário para liquidação da comunhão, consideram que a "comunhão" pode exigir a devida compensação mesmo antes do momento da liquidação ao cônjuge devedor. Escrevem os autores que seria injusto que, dada a insuficiência dos bens comuns, o cônjuge não devedor tivesse que suportar os encargos familiares com os seus bens próprios, se o devedor não tivesse que compensar o que deve à comunhão até à liquidação, enriquecendo à custa do património comum. Parece-nos, em todo o caso, que tal se efetuará com os bens próprios deste e daí a possibilidade de exigibilidade imediata. José A. Alvarez-Caperochipi, *ob. cit.*, p. 267, distingue mesmo o *reintegro*, que se verifica no decurso do regime de bens, e o *reembolso*, que apenas se efetua no momento da liquidação. Lacruz Berdejo/Sancho Rebullida, *et allii*, *Elementos de Derecho Civil. Familia*, *cit.*, p. 161, são da opinião de que não deverá diferir-se a exigibilidade das compensações para o momento da liquidação, na sequência do direito francês, pois seria a manutenção de uma situação injusta e desnecessária. Entendem que a lei só vem regular as situações que não foram corrigidas no decurso do casamento; e se pretendia fixar, como regra geral, a não exigibilidade imediata das compensações, deveria tê-lo dito expressamente como o faz em certos preceitos. Admitem, porém, que o diferimento se verifique em virtude da inatividade dos cônjuges ou da dificuldade em fixar com precisão o saldo credor ou devedor (e não será isso que acontece na generalidade dos casos?). Também J. J. Rams Albesa, *ob. cit.*, p. 402, considera que a imediata exigibilidade das compensações é tão útil para a manutenção do equilíbrio entre os diferentes patrimónios como o próprio mecanismo das compensações. Contra, v., Giménez Duart, "La gestión de la comunidad de gananciales", *loc. cit.*, p. 589, que entende que as compensações devem apenas ser pagas no momento da liquidação da comunhão, argumentando com o facto de o art. 1403º do Cód. Civil espanhol exigir que se paguem primeiro as dívidas a terceiros e só depois as compensações.

[672] V., M. A. Guardiola, *et allii*, *ob. cit.*, pp. 1683 e 1684. V. também, M. A. Rueda Pérez/J. M. Rueda Pérez, *loc. cit.*, pp. 568 e 569, e Díez-Picazo/Antonio Gullón, *ob. cit.*, p. 205.

Com efeito, poderíamos entender que as compensações, em geral, são imediatamente exigíveis, deduzindo-o, nomeadamente, dos arts. 1346º, *in fine*, 1347º, 4º, 1352º, 1359º, 1º, e 1364º do Cód. Civil espanhol. Porém, e por a comunhão no direito espanhol ser encarada como a comunhão no direito português, não podemos deixar de notar que nos regimes de comunhão as compensações terão de ser diferidas para o momento da liquidação e partilha da comunhão, atendendo à natureza jurídica desta e não por ser impossível ou inviável o seu cálculo e determinação no decurso do regime de comunhão, ainda que possa revelar-se particularmente complexo[673].

[673] Sendo assim, e para além de assentarmos o diferimento das compensações na natureza jurídica da comunhão que, por si só, já seria suficiente, não pode interpretar-se isoladamente o art. 1364º do Cód. Civil espanhol, nem os restantes artigos relativos às compensações. Se atentarmos no art. 1403º do mesmo código verificamos que, no momento da liquidação e partilha da comunhão, serão pagas primeiramente as dívidas da comunhão e só depois as indemnizações e reembolsos devidos a cada um dos cônjuges, até ao limite dos bens comuns inventariados, fazendo-se as devidas compensações se um dos cônjuges for devedor da comunhão (solução não expressamente consagrada no art. 1689º, nºs 2 e 3, do Cód. Civil português).
Não podemos deixar de reter alguns aspetos relevantes. Desde logo, se as compensações fossem imediatamente exigíveis aquando do seu facto gerador, efetuar-se-ia primeiro o seu pagamento e só depois o pagamento das dívidas comuns a terceiros, em sentido contrário ao que dispõe a lei. Não obstante isso, se se entendesse que o que o art. 1403º do Cód. Civil espanhol regula, ao referir os reembolsos, são apenas aqueles que ainda não foram exigidos e pagos no decurso da comunhão, parece que os credores poderiam ficar prejudicados. Com efeito, admitindo-se a exigibilidade imediata das compensações poder-se-iam simular certas transferências patrimoniais com o intuito único de desviar fundos necessários ao pagamento de credores comuns que veriam diminuída a sua garantia sobre o património comum.
Acresce a tais factos que o mesmo art. 1403º do Cód. Civil espanhol refere, como primeira forma de pagamento dos *reintegros*, as compensações, como forma geral de extinção de obrigações, se o cônjuge credor de uma compensação for simultaneamente devedor de uma outra face à comunhão. Como proceder a tais compensações, para extinção das obrigações, se os *reintegros* podem ser exigidos isoladamente e no decurso da comunhão? Se são pagos independentemente uns dos outros nada haverá a compensar. É certo que também aqui se poderá entender que o artigo citado só regula as situações que ainda se coloquem no momento da liquidação e partilha da comunhão. Mas, se assim é quando já não existe comunhão e esta se encontra na fase de liquidação, mais se justificará no decurso da comunhão, atendendo à natureza jurídica desta.
Convém, contudo, notar que a doutrina espanhola aceita, em geral, a possibilidade de as compensações se exigirem no decurso da comunhão, mas não aponta razões justificativas para as situações em que se difere o seu pagamento para o momento da partilha, e não deixa de ter presente que, na prática e na realidade, as compensações apenas se vêm exigir numa altura em que deixou de existir o regime matrimonial (é nessa altura que surgem

Mas o aspeto mais importante contemplado pelo Cód. Civil espanhol em matéria de compensações, e que, de certa forma, denota também o entendimento do legislador no sentido do diferimento das compensações, é a resolução do problema com que tal diferimento se depara.

Na regulamentação da dissolução e liquidação da comunhão, os arts. 1397º e 1398º do Cód. Civil espanhol determinam, para efeitos de inventário (cfr. o art. 1396º do Cód. Civil espanhol), os elementos que compreendem o ativo e o passivo da comunhão, respetivamente. Os §§ 2º e, fundamentalmente, atendendo ao nosso objetivo, os §§ 3º de cada um dos artigos referem o valor atualizado das somas pagas pela comunhão ou pelo património de um dos cônjuges e a cargo de outro património.

A introdução da regra da atualização dos valores, na Reforma de 1981, constitui um aspeto de grande importância que ataca o fenómeno da crise do nominalismo, que se manifesta em épocas de instabilidade económica, em que a moeda sofre constantes desvalorizações.

O art. 1397º, 3º, do Cód. Civil espanhol, faz constar do ativo da comunhão o valor atualizado das somas pagas pela comunhão e a cargo de um dos cônjuges, e do seu património, e, em geral, todas as somas que constituem créditos (compensatórios) da comunhão face a um dos cônjuges.

os problemas). Alguns autores procuram justificar a existência de disposições em que se difere o pagamento das compensações interpretando-as como se se reportassem ao caso de elas sempre poderem ser exigidas no decurso do casamento, regulando-se naqueles artigos apenas as situações onde elas não tivessem sido exigidas na vigência do casamento ou não se tivesse ainda efetuado o pagamento (Díez-Picazo/Antonio Gullón, *ob. cit.*, p. 205, e Lacruz Berdejo/Sancho Rebullida, *et allii*, *Elementos de Derecho Civil. Familia*, *cit.*, p. 161). Contudo, tal não parece ter correspondência na lei, tanto mais que apenas os arts. 1397º e 1398º do Cód. Civil espanhol se enquadram no âmbito da partilha da comunhão, regulando os restantes o decurso da comunhão.

Ainda que a lei não o faça expressamente em todos preceitos legais, não será de afastar, no direito espanhol, o diferimento das compensações para o momento da liquidação e partilha da comunhão. Além do mais, se a lei o faz em algumas disposições poder-se-á, pelo menos por analogia, pois não se trata de normas excecionais, aplicar o mesmo entendimento a outras normas legais, não se encontrando razões para a diferenciação do regime entre umas e outras. Neste sentido, v., M. A. Rueda Pérez/J. M. Rueda Pérez, *loc. cit.*, p. 569. Também Mª Teresa Martín Meléndez, *ob. cit.*, pp. 70 e 71, considera que as compensações não devem, por regra, ser imediatamente exigíveis no decurso da comunhão (ainda que possam ser voluntariamente pagas). Contudo, sempre que o património devedor tenha meios para efetuar o pagamento e o património credor careça dos mesmos para satisfação de dívidas ou quando o interesse da família o justifique pode haver a exigibilidade imediata das compensações.

Quando a comunhão paga, com fundos comuns, uma dívida da exclusiva responsabilidade de um dos cônjuges, nasce um crédito de reembolso na titularidade da comunhão pelo seu valor atualizado ao momento da liquidação e partilha[674].

Em paralelo com o art. 1397º, o art. 1398º, 3º, do Cód. Civil espanhol, considera como elementos do passivo da comunhão as somas pagas pelo património próprio de um dos cônjuges e a cargo definitivo da comunhão e, em geral, as que constituem créditos (compensatórios) dos cônjuges para com a comunhão. Trata-se agora de dívidas a cargo da comunhão mas que foram, provisoriamente, suportadas pelo património próprio de um dos cônjuges. Também aí se determina que os créditos sejam atualizados, ou seja, que se transformem os valores históricos em valores atuais[675].

Esta preocupação pela atualização dos valores em matéria de compensações aparece também no art. 1358º do Cód. Civil espanhol, o que denota o cuidado do legislador espanhol em fazer frente ao problema da desvalorização monetária, estando ciente de que um largo período de tempo poderá decorrer entre o facto gerador da compensação e o seu efetivo pagamento. Lacruz Berdejo e Sancho Rebullida chegam mesmo a defender que o objetivo do preceito, mais do que estabelecer compensações, visa impor o princípio da atualização das dívidas em dinheiro[676]. O valor devido deverá reavaliar-se no momento da sua liquidação e pagamento.

Também o art. 1373º, 2º, do Cód. Civil espanhol, considera que o cônjuge devedor recebeu, por conta da sua meação, o valor dos bens que se executaram para o pagamento de dívida própria. Porém, tal valor deve ser atualizado no momento em que o cônjuge devedor compense a comunhão ou no momento da liquidação. Segue-se, portanto, a mesma orientação de atualização de valores no momento da realização do pagamento das com-

[674] M. A. Guardiola, *et allii*, *ob. cit.*, p. 1791, especifica que este crédito de reembolso será pela totalidade da soma paga pela comunhão e não apenas pela sua metade, pois o critério da metade é uma regra global de distribuição dos bens comuns e do ativo a partilhar, que não pode aplicar-se fragmentariamente, autonomizando cada um dos elementos ativos e passivos do património.

[675] O critério para a atualização dos valores em causa deve ser uniforme em relação a todos os elementos sujeitos a avaliação, e, não determinando a lei qual o índice a adotar para a referida atualização, deve optar-se pelo índice de preços ao consumidor elaborado pelo Instituto Nacional de Estatística (Mª Teresa Martín Meléndez, *ob. cit.*, pp. 433 e 466).

[676] Lacruz Berdejo/Sancho Rebullida, *et allii*, *Elementos de Derecho Civil. Familia*, *cit.*, p. 217. V. também, Luis Martinez-Calcerrada, *ob. cit.*, pp. 163 e 164, e pp. 183 e 184.

pensações. É efetivamente o valor atualizado dos bens comuns executados para o pagamento de dívida própria que deverá ser compensado pelo cônjuge enriquecido, por conta da sua meação[677].

O direito alemão, nos §§ 1446º e 1467º BGB, remete também o pagamento das compensações para o momento da liquidação da comunhão[678]. O que dissemos anteriormente vale de igual modo para o direito alemão que, não prevendo atualização dos valores das compensações, não pode esquecer os problemas da desvalorização monetária[679].

Com efeito, o cônjuge não administrador ou, sendo ambos administradores dos bens comuns, ambos os cônjuges têm de imediatamente proceder às devidas compensações no momento do seu surgimento, mas apenas se os seus bens próprios e/ou reservados forem suficientes para o seu pagamento. Ou seja, no caso de compensações devidas pelos cônjuges à comunhão, desde que pagas por meio de bens próprios (não afetando os bens comuns), a sua exigibilidade é imediata, prevendo-se um regime idêntico ao dos créditos entre cônjuges. Não existindo ou sendo insuficientes os bens próprios ou reservados, então diferem-se tais compensações para o momento da liquidação, atendendo aos §§ 1419º e 1476º do BGB.

Tratando-se, porém, de compensações devidas pela comunhão ao cônjuge único administrador (onde mais facilmente os seus bens se confundem com os bens comuns) ou por este àquela, as compensações são diferidas para o fim

677 Considera-se ainda que também os créditos entre cônjuges existentes no regime de separação de bens devem ser atualizados se forem pagos no momento da liquidação do regime – J. Martínez Cortés, *ob. e loc. cit.*, p. 389.

678 É, aliás, isso mesmo que Thomas Wittich, *ob. cit.*, p. 44, diz ao referir que *„Im Gegensatz zu Ansprüchen Dritter werden die Ausgleichsansprüche der Ehegatten gemäß § 1468º BGB erst mit Beendigung der Gütergemeinschaft fällig"*.

679 Abordando o problema da desvalorização monetária no âmbito da regulamentação legal da *Zugewinngemeinschaft*, Gernhuber/Coester-Waltjen, *ob. cit.*, § 36, VI, 2, pp. 408 e 409, focam os reflexos que as alterações ao nível do valor da moeda produzem nas relações de longo prazo. Sugerem, por isso, sobretudo tratando-se de valores pecuniários, a utilização de índices que permitam atualizar os valores em causa. Será de aplicar o mesmo entendimento no caso de compensações pelo pagamento de dívidas no regime de comunhão.
A necessidade de atender à inflação leva também os autores alemães a considerar que os reembolsos em dinheiro ou as dívidas da comunhão, para efeitos do § 1478º do BGB, no caso de a partilha se realizar subsequentemente ao processo de divórcio, devem atender aos condicionalismos da desvalorização monetária (v., entre outros, Beitzke/Lüderitz, *ob. cit.*, p. 163, e Dieter Giesen, *ob. cit.*, p. 182).

da comunhão, por respeito à natureza jurídica desta (§ 1446º, 1º, do BGB). O pagamento de tais compensações será feito por imputação na meação do cônjuge (§ 1476º, 2º, do BGB).

A lei alemã não regula, porém, o regime da exigibilidade das compensações devidas pela comunhão aos cônjuges administradores (§ 1468º do BGB) ou ao cônjuge não administrador (§ 1446º, 2º, do BGB) – matéria, eventualmente regulada pelos cônjuges na convenção matrimonial – o que nos levaria a crer que se aplicaria simplesmente o regime geral do Direito das Obrigações[680]. Contudo, se os créditos devidos por um dos cônjuges ao outro podem estar sujeitos ao regime geral, na mesma lógica em que as próprias compensações podem imediatamente ser exigidas se houver bens próprios ou reservados suficientes (não se afeta a comunhão e os bens comuns), as compensações devidas ao(s) cônjuge(s) serão efetuadas mediante bens comuns, por acréscimo da sua meação (por analogia com o § 1476º, 2º, do BGB), o que só poderá ocorrer no momento da liquidação da comunhão, atendendo à natureza jurídica da mesma. Nenhum dos cônjuges pode dispor dos bens comuns nem exigir a sua parte, enquanto subsistir a comunhão (cfr. o § 1419º do BGB)[681]. Sendo assim, admitindo como regra no direito alemão o diferimento das compensações quando o seu pagamento implique a utilização dos bens comuns, os problemas da desvalorização monetária também se põem.

Assim, a atualização das compensações, quer por força do art. 2109º, nº 3, quer do art. 551º, que regula a atualização das obrigações pecuniárias, deverá atender aos índices dos preços, de modo a restabelecer, entre a prestação compensatória e a quantidade de mercadorias a que ela equivale, a relação existente na data em que a compensação surgiu.

Concluindo, e para evitar as "manobras" interpretativas referidas, havendo diferimento da exigibilidade das compensações para o momento da liquidação e partilha da comunhão, deve assegurar-se, face às desvalorizações monetárias, as necessárias atualizações do montante apurado das

[680] V., MünchKomm – *Kanzleiter*, § 1446 Rdn. 5, p. 658, e Gernhuber/Coester-Waltjen, *ob. cit.*, § 38, VIII, 1, p. 453, e § 38, VIII, 8, p. 456.

[681] Gernhuber/Coester-Waltjen, *ob. cit.*, § 38, II, 2, p. 431, defendem a aplicação analógica do § 1378º, 3º, do BGB, disposição da *Zugewinngemeinschaft*, à comunhão de bens. Assim, a compensação apenas poderá ser exigida no fim da comunhão, uma vez apurado o saldo final compensatório, não podendo nenhum dos cônjuges exigi-la em momento anterior. Contra, MünchKomm – *Kanzleiter*, § 1419 Rdn. 3, p. 604.

compensações pelo índice geral de preços, nos termos do art. 551º do Cód. Civil. O problema levantado pela exigibilidade diferida, o de compensações irrisórias, não salvaguardando o equilíbrio visado entre os diferentes patrimónios existentes nos regimes de comunhão, é contornado se se admitir atualizações dos valores em causa, não restringindo as compensações devidas no momento da liquidação e partilha da comunhão ao seu valor meramente nominal à data do facto que lhes deu origem (no caso em análise, o pagamento de uma dívida).

É verdade que, e recordando que o diferimento da exigibilidade das compensações se funda na natureza jurídica da comunhão, os problemas ligados à desvalorização monetária e à necessidade de atualização dos valores podem ser evitados, pelo menos no caso das compensações devidas à comunhão, se elas forem primeiramente pagas com bens próprios do cônjuge devedor (não afetando a meação nos bens comuns). Na presença de tal situação nada repugna admitir a imediata exigibilidade de tais compensações, a não ser, talvez, o facto de, existindo uma conta-corrente onde se contabilizam as compensações, só o saldo final ser devido e a imediata exigibilidade poderá encontrar dificuldades de concretização. Tratar-se-ia, porém, de uma questão processual e prática e não de fundamento, ou seja, não se afetando a natureza jurídica da comunhão deixará de ter razão de ser a exigibilidade diferida. Pagando-se com bens próprios nada obsta ao pagamento anterior à liquidação[682]. É, aliás, isso que acontece quando, voluntariamente, os cônjuges resolvem pagar, no decurso da comunhão, as compensações devidas. Será este um ponto a considerar numa eventual nova regulamentação, ou seja, admitir o pagamento imediato no caso de compensações devidas à comunhão por um dos cônjuges, desde que esse pagamento se efetue mediante bens próprios do cônjuge devedor.

[682] É essa, em parte, a solução consagrada no BGB, nos §§ 1446º, 2º, e 1468º. É também a solução adotada pelo Cód. Civil de Macau que no seu art. 1565º, nº 3, determina o pagamento da compensação à comunhão com bens próprios do cônjuge devedor e, na sua falta ou insuficiência, surge um crédito do cônjuge não devedor sobre o património comum, crédito esse apenas exigível no momento da dissolução do regime de bens.
Perfilhando tal entendimento, Planiol/Ripert, *Traité élémentaire..., cit.*, p. 246, referem que, ainda que analisando os créditos entre cônjuges, se compreende que a exigibilidade da compensação se remeta para o momento da partilha quando o seu pagamento se faça com bens comuns, "*mais rien ne l'empêche de demander son paiement auparavant sur les biens personnels de l'époux débiteur*".

Os problemas só se manteriam no caso de compensações devidas pela comunhão, necessariamente pagas com bens comuns, se existirem. A única possibilidade de permitir a existência de compensações da comunhão ao património próprio do cônjuge credor, na vigência do matrimónio, seria a de admitir uma partilha prematura dos bens do casal por recurso à simples separação judicial de bens (arts. 1767º e segs.). Mas para isso, e face ao nosso ordenamento jurídico vigente, seria necessário que um dos cônjuges estivesse em risco de perder o que é seu por má administração do outro, o que em matéria de responsabilidade por dívidas poderá ser complicado. Solução diferente seria se a lei previsse como motivo de separação judicial de bens a necessidade de se efetuar as devidas compensações no decurso da vida conjugal por o interesse da família o justificar (interesse familiar esse que assegura no direito italiano a exigibilidade imediata da compensação – art. 192º, 4º, do Cód. Civil italiano).

Em alternativa, e constituindo o património comum um património coletivo, poderia admitir-se o pagamento da compensação a um dos cônjuges com bens comuns, mas por inteiro e não por acréscimo da meação do cônjuge credor da compensação (só apurada no momento da liquidação e partilha da comunhão).

Assim, aventuramo-nos a dizer que a solução deverá passar pela existência de um articulado próprio de regulação das compensações no âmbito da cessação das relações patrimoniais entre os cônjuges e partilha do casal, permitindo, nesse local, regular e resolver os problemas que as compensações colocam. Como ponto fundamental deverá prever-se expressamente, para que mais dúvidas não existam, a atualização dos valores das compensações diferidas para o momento da liquidação e partilha da comunhão. Só assim será possível restaurar o equilíbrio entre os diferentes patrimónios e evitar enriquecimentos de um à custa de outro. Paralelamente, e para evitar também os problemas da desvalorização, permitir a exigibilidade imediata das compensações devidas pelos cônjuges ao património comum quando haja bens próprios suficientes para tal, bem como, e excecionalmente, permitir a simples separação judicial de bens entre os cônjuges no caso de necessidade de efetuar compensações da comunhão a um dos cônjuges ou por um destes àquela (se os bens próprios não forem suficientes) no decurso do casamento, por o interesse da família o justificar.

Muito embora algumas questões no âmbito do Direito da Família possam regular-se por remissão para o regime geral (p. ex., os créditos entre cônjuges), há matérias que exigem um regime específico e as compensações são uma delas: para além de a comunhão de vida implicar a necessária osmose entre os patrimónios próprios dos cônjuges, nos regimes de comunhão surge um património comum cuja natureza jurídica controlará a regulação das compensações (*stricto sensu*).

Será sempre possível que os cônjuges, na convenção antenupcial, regulem os modos de avaliação e cálculo das compensações. Mas, o mais normal, mesmo existindo uma convenção antenupcial, será a completa indiferença perante tais questões e o surgimento de problemas no fim do regime matrimonial[683].

4. A regulamentação do passivo não partilhado (e contraído no decurso do casamento)

4.1. Algumas notas prévias sobre a partilha

A dissolução, declaração de nulidade ou anulação do casamento (art. 1688º) ou a separação de pessoas e bens (art. 1795º-A) implicam o fim das relações patrimoniais entre os cônjuges e o surgimento de um estado de indivisão pós-comunhão que terminará com a liquidação e partilha dos bens comuns, ou seja, o efeito da dissolução do regime matrimonial traduz-se na substituição da comunhão dissolvida por uma indivisão e na possibilidade de liquidação e partilha para lhe pôr fim[684].

[683] Aliás, a própria problemática das compensações pode colocar-se em causa já que, no decurso de um casamento normal, os cônjuges não anotam todos os movimentos entre os diferentes patrimónios numa conta-corrente. Mas não podemos esquecer que há, efetivamente, determinadas transferências patrimoniais, resultantes do pagamento de dívidas, que notoriamente dão origem a uma compensação a favor da comunhão ou de um dos cônjuges [pense-se, p. ex., no pagamento da totalidade de um empréstimo, considerado dívida comum, com valores próprios (p. ex., doados ou herdados) de um dos cônjuges; ou o pagamento de uma avultada indemnização devida por facto imputável a um dos cônjuges com bens comuns (p. ex., o seu salário)...]. É precisamente por essas situações existirem que importa encontrar uma correta regulamentação legal para a matéria que assegure o restabelecimento do equilíbrio patrimonial inicial e cumpra a finalidade das compensações.

[684] À partilha proceder-se-á também no caso de ser decretada a simples separação judicial de bens (art. 1770º) ou declarada a ausência (art. 108º) ou a insolvência de qualquer dos cônjuges (art. 141º, nº 1, al. *b*), do CIRE, e, mesmo no caso de insolvência de ambos os cônjuges (arts. 264º e segs. do CIRE), o art. 266º do CIRE determina que os bens comuns e os bens próprios de cada um dos cônjuges são inventariados, mantidos e liquidados em separado) – Pereira Coelho/Guilherme de Oliveira, *ob. cit.*, p. 504. De igual modo, à partilha proceder-se-á no caso de execução de bens comuns por dívida própria de um dos cônjuges (arts. 740º Cód. de

Antes de se efetuar a partilha propriamente dita importa, para se determinar o que partilhar, proceder a uma série de operações. Assim, em operação prévia à partilha, ainda que quase paralela, proceder-se-á à liquidação do regime matrimonial. Como operação preliminar a esta liquidação, é importante separar, desde logo, os bens próprios de cada um dos cônjuges do património comum (cfr. o art. 1689º, nº 1, do nosso Cód. Civil, o art. 1467º do Cód. Civil francês, o art. 195º do Cód. Civil italiano, os arts. 1392º e segs. do Cód. Civil espanhol, e os §§ 1417º e 1418º do BGB, onde se determinam os bens excluídos da comunhão). Ou seja, a partilha em sentido amplo integra três operações: a separação dos bens próprios[685], a liquidação do património comum (destinada a apurar o valor do ativo comum líquido, calculando as compensações e contabilizando as dívidas a terceiros e entre os cônjuges) e a partilha propriamente dita.

A liquidação inclui, assim, o relacionamento dos bens comuns (os bens e direitos qualificados como comuns pelas regras do regime de bens vigente durante o casamento, com as exceções previstas nos arts. 1719º e 1790º), a

Processo Civil) ou no caso de modificação do regime de bens prevista em convenção antenupcial sujeita a termo ou condição (Esperança Pereira Mealha, *ob. cit.*, p. 68).
No domínio do Cód. Civil de 1867, mesmo depois de separados de pessoas e bens, cada um dos cônjuges necessitava ainda do consentimento do outro para dispor dos bens imobiliários que lhe fossem atribuídos. O Cód. Civil de 1966 veio eliminar tal limitação, permitindo que, após o trânsito em julgado da sentença que decretar a separação judicial de pessoas e bens, cada um dos cônjuges possa dispor livremente dos bens que lhe couberem. Por outro lado, a Reforma de 1977 eliminou a ressalva que a versão original de 1966 fazia relativamente aos bens dotais, quanto à regra da cessação das relações pessoais e patrimoniais entre os cônjuges, precisamente porque se aboliu o regime dotal.
O art. 1689º corresponde aos arts. 1113º, 1123º, 1124º, e 1133º do Cód. de Seabra. Adotou-se uma orientação sistemática diferente da seguida naquele código, que regulava a matéria na parte relativa à comunhão geral (arts. 1113º, 1123º e 1124º) e adaptava depois aos outros regimes algumas das ideias ali consagradas (arts. 1113º e 1156º e segs.). A partilha dos bens do casal e o pagamento das dívidas são matérias comuns a todos os regimes de bens, como consequência da cessação das relações patrimoniais entre os cônjuges, e, por isso, são reguladas atualmente nas disposições gerais relativas aos efeitos do casamento.

[685] Como referem Pereira Coelho/Guilherme de Oliveira, *ob. cit.*, pp. 504 e 505, a separação dos bens próprios é uma operação ideal de exclusão que apenas ganhará importância quando a propriedade sobre um bem se torna objeto de litígio, quando o cabeça-de-casal inclui no rol dos bens comuns, sujeitos a partilha, um bem que o outro cônjuge, ou os seus herdeiros, consideram como bem próprio. Tais questões deverão ser resolvidas em ação comum, fora do processo de inventário (art. 1093º do Cód. de Processo Civil, e art. 3º do regime do inventário judicial, aprovado pela Lei nº 117/2019, de 13 de setembro).

correção de desequilíbrios pelo mecanismo das compensações e o pagamento de dívidas. Cada um dos cônjuges deverá conferir ao património comum o que lhe dever, em virtude dos pagamentos efetuados por esse património de dívidas próprias, de acordo com o disposto no art. 1697º, nº 2. Esta "conferência" implica o apuramento do saldo final das contas de compensações e a existência de um saldo credor a favor da comunhão, integrando tal valor o ativo da comunhão. O cônjuge devedor deverá compensar, nesse momento, o património comum pelo enriquecimento obtido no seu património próprio à custa da comunhão. É, aliás, o que decorre do art. 1697º, nº 2, ao dispor que o valor pago pelos bens comuns é levado a crédito do património comum no momento da partilha.

Importa referir que, atendendo ao disposto no art. 1689º, parece-nos ser de defender que as compensações devidas pela massa comum a um dos cônjuges, e pagas por um acréscimo da sua meação nos bens comuns (ou pelos bens próprios do cônjuge não credor) terão de ser apuradas e "reservadas" ao cônjuge credor da compensação antes do pagamento das dívidas e liquidação do passivo da comunhão, no sentido de integrarem o passivo da mesma[686].

[686] É o que acontece, aliás, no direito francês (cfr. os arts. 1470º e segs. do Cód. Civil francês). Porém, ao contrário do que se verifica na lei francesa, o pagamento das compensações decorre entre nós de uma interpretação do art. 1689º, no sentido de se efetuar, no caso de compensação a favor do cônjuge, por aumento da meação do cônjuge ou pelo pagamento com bens próprios do outro cônjuge ao cônjuge credor e empobrecido, não se prevendo a possibilidade de levantamento antecipado, antes da partilha propriamente dita, de bens comuns (onde o cônjuge credor da compensação concorre com os credores comuns). Por isso, atendendo a que o pagamento será feito, à partida, pela meação, poderíamos supor o pagamento de dívidas antes da compensação ao cônjuge. Não perfilhamos tal entendimento e defendemos uma "reserva" por conta da meação do cônjuge credor, excluída do ativo comum tendente ao pagamento de dívidas. Ou seja, o valor das compensações devidas ao cônjuge, ainda que pago por meio da sua meação nos bens comuns, deverá integrar o passivo da comunhão tal como as restantes dívidas a terceiros (concorrendo o cônjuge credor com os terceiros credores no pagamento do seu crédito).
A situação é diferente da prevista no § 1378º, 2º, do BGB, em que a *Zugewinnausgleich* apenas é paga com o ativo restante depois de pagas as dívidas aos credores. De facto, neste caso trata-se de acautelar a posição de terceiros credores que têm o património do seu devedor como garantia geral das obrigações e não podem ser afetados pela sua transformação em adquiridos sujeitos à partilha. No caso de compensações, trata-se de valores que não são da comunhão, ou seja, foi o cônjuge que pagou uma dada dívida comum, sendo a responsabilidade do património comum. Por isso, tais valores devem ser excluídos do ativo da comunhão, por não lhe pertencerem.

Se, para proteção dos credores, as compensações devidas à comunhão integram a massa comum utilizável para pagamento das dívidas, as compensações devidas pela comunhão, para proteção do cônjuge credor empobrecido, deverão também ser, no momento da liquidação e apuramento do saldo final compensatório, "reservadas" a esse cônjuge, não integrando o ativo da comunhão para efeitos de pagamento de dívidas. Dizemos reservadas na medida em que o pagamento das compensações realiza-se por imputação ou aumento do seu valor na meação do cônjuge devedor ou credor e a atribuição concreta da meação apenas se verifica após o pagamento das dívidas. Porém, isso não impede que, uma vez apurada a compensação a favor de um dos cônjuges, o seu valor se considere excluído do ativo da comunhão para pagamento de dívidas e reservado ao cônjuge credor (ou seja, integrando o passivo comum, tal como as restantes dívidas a terceiros). Se as compensações a favor da comunhão integram a massa comum para efeitos de pagamento de dívidas, pois são valores que fazem parte da comunhão e que constituem um crédito a favor dela desde o momento do facto gerador da compensação, as compensações a favor de um dos cônjuges (e do seu património próprio) constituem também um crédito desse cônjuge e um débito da comunhão, pois trata-se de valores que a comunhão indevidamente utilizou em seu benefício, nunca tendo sido dela.

O que poderá acontecer é que, fazendo parte do passivo da comunhão as dívidas a terceiros e as compensações devidas a um dos cônjuges (ou a ambos), concorram entre si os credores e o cônjuge para pagamento dos seus créditos, muito embora o cônjuge só seja pago, na altura da partilha, mediante a sua meação nos bens comuns[687]. Os terceiros credores e o cônjuge credor de uma compensação não deixam de ser credores face à comunhão, sem prejuízo das compensações, nos termos gerais de direito, de créditos e débitos compensatórios entre os patrimónios próprios dos cônjuges e o comum.

[687] Solução diferente decorre, como vimos na nota anterior, da norma do § 1378º, 2º, do BGB, e também do disposto no art. 1403º do Cód. Civil espanhol, onde as dívidas da comunhão a terceiros credores são pagas em primeiro lugar. V., *infra*, p. 395, nota 703, as críticas à solução prevista no art. 1403º do Cód. Civil espanhol apontadas pela doutrina espanhola. Por outro lado, e no regime de comunhão geral, o § 1475º do BGB determina como primeira operação da liquidação do regime o pagamento de dívidas comuns, entre as quais estão também as compensações devidas ao cônjuge.

A tal poderia objetar-se que, para salvaguarda dos terceiros credores, que veriam aumentado o património comum, as compensações devidas a um dos cônjuges apenas seriam tidas em conta após o pagamento das dívidas, tanto mais que o cônjuge empobrecido nunca seria prejudicado, atendendo à garantia dada pela parte final do nº 3 do art. 1689º, ou seja, teria sempre a possibilidade de ser pago pelos bens próprios do cônjuge não credor.

Não nos parece, contudo, ser de perfilhar tais argumentos. Em primeiro lugar, não há aí que proteger os interesses dos credores que deverão, em princípio, apenas ser satisfeitos com os bens comuns existentes. A admitir que as compensações devidas a um dos cônjuges apenas se efetuassem após o pagamento das dívidas, os credores seriam pagos com bens ou valores que não são propriamente da massa comum, mas de um dos cônjuges.

Depois, as compensações são entre os patrimónios próprios e o comum. Admitir, à partida, que o cônjuge credor teria sempre a possibilidade de se fazer compensar pelos bens próprios do seu cônjuge seria desvirtuar tal entendimento e partir do princípio de que a compensação seria paga pelo património próprio do cônjuge não credor deixando o património comum para o pagamento das dívidas. É evidente que, atendendo ao que até aqui defendemos e ao entendimento por nós perfilhado, temos que rejeitar tal solução[688].

De acordo com o art. 1689º, nº 3, as dívidas dos cônjuges um ao outro[689] são pagas em primeiro lugar pela meação do cônjuge devedor no patri-

[688] Parece-nos necessário estabelecer um regime específico, como operação própria da partilha da comunhão, para as compensações que, determinando o seu modo de avaliação e formas de pagamento, regulasse as compensações *stricto sensu* distinguindo-as de outras figuras como os créditos entre cônjuges e esclarecesse algumas dúvidas que facilmente se colocam no sistema atual. Defendemos que, para além das hipóteses já configuradas e admitidas, se deveria prever o levantamento prévio por parte do cônjuge credor da compensação como forma de pagamento, no seguimento do que já faz a lei francesa e a lei italiana, permitindo-se, desse modo, ainda que concorrendo com os restantes credores comuns, salvaguardar a posição do cônjuge credor da compensação contra uma eventual insolvência do outro cônjuge.
Corroborando tal entendimento, o art. 1475º, 1º, do Cód. Civil francês, dispõe que depois de efetuados todos os levantamentos (*prélèvements*) sobre a massa comum, o restante será partilhado, por metade, entre os cônjuges.

[689] V., o que dissemos *supra*, pp. 288 e segs., e nota 535, a propósito do entendimento por nós defendido quanto a estas dívidas, podendo considerar-se não só os créditos entre cônjuges como as compensações do art. 1697º, nº 1.

mónio comum e, não havendo bens comuns ou sendo estes insuficientes, pelos bens próprios do cônjuge devedor. De facto, e fazendo de igual modo parte das operações de liquidação e partilha da comunhão, há que atender também às compensações devidas pela comunhão ao património próprio de um dos cônjuges, quando por dívidas comuns tenham respondido bens próprios de um dos cônjuges (art. 1697º, nº 1).

Será o saldo compensatório final que poderá ser a favor do património próprio de um dos cônjuges. Quando tal aconteça dispõe o art. 1697º, nº 1, que o cônjuge que pagou com os seus bens próprios uma dívida comum torna-se credor do outro pelo que pagou a mais. Sabemos já quais as razões aduzidas por Braga da Cruz para o surgimento de um crédito face ao outro cônjuge e não face à comunhão. Aí apresentámos também a nossa posição face ao problema, pelo que omitimos a sua repetição[690].

Se não existe passivo (relativo a terceiros credores), cada um dos cônjuges recebe os seus bens próprios e a sua meação nos bens comuns, depois de efetuadas as devidas compensações[691]. Feita a conferência dos bens devidos à massa comum[692], deverá proceder-se à divisão desta, à partilha propriamente dita, entregando a cada um dos cônjuges a sua meação, que não será necessariamente igual a metade do património comum, atendendo às eventuais compensações que possam existir e ao seu eventual pagamento por imputação na meação do cônjuge.

Quando, porém, haja dívidas a pagar, uma vez completada a massa comum pelas compensações devidas por um dos cônjuges ao património comum[693], o nº 2 do art. 1689º manda efetuar primeiro o pagamento das

[690] V., *supra*, pp. 285 e segs.

[691] É evidente que existindo compensações devidas pela comunhão ao cônjuge, em virtude de outras transferências patrimoniais, o seu pagamento efetuar-se-á de modo a compensarem-se, integralmente ou em parte, umas pelas outras. Contra, Eduardo da Silva Carvalho, *ob. cit.*, vol. I, p. 187, e vol. II, p. 194, que, à luz do Cód. Civil de 1867, entendia que ambos os cônjuges deviam conferir o que lhes cabia ao património comum, não lhes sendo permitido por lei compensações entre os seus débitos e créditos.

[692] Não nos parece correto continuar a falar em comunhão depois da liquidação, uma vez que aquele património comum de afetação especial já não existe e, também por isso, já foi possível apurar e determinar o valor das compensações devidas. A esta questão voltaremos mais adiante.

[693] Se as compensações devidas pelos cônjuges apenas se efetuassem depois do pagamento das dívidas comuns, seria fácil ludibriar os credores da massa comum, esvaziando a comunhão de bens. É, contudo, o que parece decorrer dos §§ 1475º e 1476º, 2º, do BGB. Ou seja, só depois

dívidas comunicáveis, à custa do património comum. Só depois de saldadas tais dívidas poderão ser pagas, à custa dos bens comuns, as dívidas restantes (cfr. o art. 1696º). Se o património comum não for suficiente para o pagamento integral da dívida comum, poderá ser paga à custa dos bens próprios, de acordo com as regras específicas do regime que vigorou entre os cônjuges (cfr. o art. 1695º). Portanto, o pagamento de dívidas a terceiros é regulado pelo art. 1689º, nº 2, ou seja, o património comum paga, em primeiro lugar, as dívidas comuns e só depois as dívidas próprias; os patrimónios próprios pagam indistintamente todas as dívidas (próprias e comuns) se os bens comuns não chegarem para pagar as dívidas comuns[694].

No ordenamento jurídico francês, depois de dissolvida a comunhão, procede-se à liquidação da massa comum, ativa e passiva (art. 1467º do Cód. Civil francês)[695], estabelecendo-se, no nome de cada cônjuge, uma conta de compensações entre o que a comunhão lhe deve e o que ele deve à comunhão (art. 1468º do Cód. Civil francês). Calculada a compensação (art. 1469º do Cód. Civil francês) e apurado o saldo final a favor da comunhão, o cônjuge devedor deverá restituir o montante em causa à comunhão. Atendendo ao art. 1476º do Cód. Civil francês, que manda aplicar à partilha da comunhão as regras da partilha sucessória, a compensação poderá fazer-se pela meação do cônjuge devedor na partilha, recebendo uma meação menor que o seu cônjuge. Além disso, a compensação pode fazer-se pelo pagamento à massa comum das somas em dívida sempre que o débito do cônjuge enriquecido ultrapasse a sua parte na comunhão. Se a compensação for a cargo da comunhão, o cônjuge empobrecido e credor da compensação poderá exigir o seu pagamento

de pagas as dívidas é que se considera a compensação devida pelo cônjuge à comunhão, por imputação desta na sua meação. Não podemos, todavia, esquecer que o direito alemão prevê uma especial proteção ao credor que não foi pago antes da partilha ou por não existirem bens comuns no § 1480º do BGB.

694 Repare-se que os credores comuns, apesar de não terem qualquer preferência face aos credores próprios no caso de pagamento com bens próprios, estão numa posição mais vantajosa pois beneficiam do regime de solidariedade do art. 1695º, nº 1 (Pires de Lima, "Anteprojecto de dois títulos do novo Código Civil...", *loc. cit.*, p. 24, e Pereira Coelho/Guilherme de Oliveira, *ob. cit.*, p. 520).

695 A liquidação da comunhão pode ocorrer algum tempo depois da dissolução do casamento, sendo de aplicar nesse período, como veremos, as regras da indivisão ordinária. Isto significa também que, no momento da liquidação, ao passivo comum existente no momento da dissolução do casamento deve ainda acrescentar-se o passivo dessa indivisão pós-comunhão (M. Grimaldi, *et allii*, *ob. cit.*, p. 222).

ou levantar previamente bens comuns até à satisfação do valor da compensação (arts. 1470º, 1471º, e 1472º do Cód. Civil francês). Só depois de efetuado o pagamento das compensações, que integram o ativo ou passivo da comunhão, se efetuará a partilha do remanescente, por metade (art. 1475º, 1º, do Cód. Civil francês)[696].

A massa partilhável inclui todos os bens que integram a indivisão pós-comunhão aumentada, dado o caso, pelo saldo das contas de compensações favorável à comunhão e diminuída pelo mesmo saldo se for desfavorável à comunhão[697].

Por sua vez, o direito italiano, determinando no art. 192º do Cód. Civil as compensações devidas à ou pela comunhão, e sua forma de pagamento, regula no art. 194º do Cód. Civil italiano a divisão dos bens comuns, devendo repartir-se em partes iguais pelos cônjuges o ativo e o passivo remanescente. A lei

[696] De ressalvar, porém, os casos de atribuição preferencial previstos nos arts. 832º, 1475º, 2º, e 1476º, 2º (atribuição preferencial nos casos de dissolução por divórcio ou de separação de pessoas ou de bens), e os casos de *détournement* e *recel* previstos no art. 1477º do Cód. Civil francês (que podemos traduzir, respetivamente, como o ato intencional de um cônjuge desviar/retirar da comunhão bens de que não é titular, subtraindo-os à partilha, e de dissimular os efeitos já na sua posse – fica o cônjuge em causa privado dos efeitos que produziu. Um exemplo, apresentado pela jurisprudência, é o da elaboração pelo cônjuge sobrevivo de um falso testamento, atribuindo-lhe a qualidade de sucessor universal). V., F. Terré/Ph. Simler, *ob. cit.*, pp. 505 e segs., e A. Colomer, *Droit Civil..., cit.*, pp. 482-489.

[697] Como tivemos oportunidade de verificar, o direito francês regula as compensações no âmbito da liquidação e partilha da comunhão, permitindo uma regulamentação específica dos seus problemas, não surgindo confundidas com outras questões relativas à partilha, como acontece no art. 1689º do nosso Cód. Civil, prevendo meios próprios de pagamento das compensações. Tal especificação e diferenciação permite distinguir com maior clareza as compensações dos créditos entre cônjuges.

De facto, os arts. 1478º e 1479º do Cód. Civil francês determinam que, se após a partilha, e se não foram exercidos anteriormente, existirem créditos pessoais de um dos cônjuges em relação ao outro, nomeadamente, quando um dos cônjuges tenha pago uma dívida própria do outro, o cônjuge credor poderá exigir o pagamento do seu crédito sobre a meação na comunhão que coube ao outro cônjuge ou sobre os seus bens próprios. Repare-se que estes créditos, precisamente por não se tratar de compensações, não permitem ao cônjuge credor o exercício de levantamentos prévios e apenas contam juros a partir da ação no sentido da sua exigibilidade (desde o dia da notificação) – cfr. o art. 1479º do Cód. Civil francês, ao qual a Reforma de 1985 introduziu um § 2º remetendo, na falta de acordo das partes em sentido contrário, para o art. 1469º, 3º, do Cód. Civil francês, nos casos aqui previstos. V., Civ. 1.re, de 12 de junho de 1990 (*Bull. Civ.* I, nº 165; *Defrénois*, 1990, p. 872, obs. Champenois), citado no *Code Civil*, 100ª ed., Dalloz, 2001, p. 1196, onde se decidiu que, por aplicação do art. 1479º, 2º, do Cód. Civil francês, a quantia adiantada pela mulher ao marido para a aquisição de um bem, deve ser reavaliada na medida da mais-valia visada por esse adiantamento ao património do cônjuge.

italiana não regula, tal como a portuguesa (ainda que esta última tenha um artigo específico relativo à partilha, determinando, em geral, as operações a efetuar), como se procederá e a modalidade da divisão e partilha dos bens. A doutrina tem entendido, tratando-se da divisão de um património coletivo e não de bens determinados, dever aplicar-se analogicamente o regime da partilha sucessória[698]. De todo o modo, o art. 195º do Cód. Civil italiano determina que, na divisão, cada um dos cônjuges poderá levantar os seus bens próprios, ou seja, os bens levados para o casamento e os adquiridos ao longo dele por doação ou sucessão[699]. Assim, a operação preliminar da divisão da comunhão consiste, como é evidente, na separação dos bens pertencentes à comunhão dos bens próprios dos cônjuges, com vista à formação da massa a partilhar.

No caso de falta do bem que o cônjuge tem direito de levantar, o art. 196º do Cód. Civil italiano prevê a possibilidade de o cônjuge proprietário obter o valor em vez do bem, salvo se a falta se dever a consumação pelo uso ou perecimento ou qualquer outra causa não imputável ao outro cônjuge[700].

[698] V., Schlesinger, "Della comunione", *ob. e loc. cit.*, sob a direção de Carraro/Oppo/Trabucchi, p. 448, Corsi, *Il regime patrimoniale...*, *cit.*, p. 199, F. Mastropaolo/P. Pitter, *ob. e loc. cit.*, p. 370, e M. Paladini, *ob. e loc. cit.*, p. 450.

[699] O art. 195º do Cód. Civil italiano refere-se em particular aos bens móveis mas deverá abranger todos os bens considerados como próprios dos cônjuges, nos termos do art. 179º do mesmo código. V., A. Pino, *ob. cit.*, p. 119, F. Mastropaolo/P. Pitter, *ob.* e *loc. cit.*, pp. 379 e 380, nota 7, Santosuosso, *Beni ed attività economica...*, *cit.*, p. 201, e M. Paladini, *ob.* e *loc. cit.*, p. 439.
Importa chamar a atenção para o facto de o direito de levantamento previsto no art. 195º do Cód. Civil italiano nada ter que ver com o levantamento prévio previsto no art. 192º, 5º, do Cód. Civil italiano, como forma de pagamento das compensações, onde se reconhece ao cônjuge credor da compensação uma forma de exercer o seu direito sobre os bens comuns. A norma do art. 195º do Cód. Civil italiano refere-se à faculdade, inerente ao direito de propriedade, de retirar bens próprios, separando-os da comunhão.

[700] Traduz o disposto no anterior art. 229º do Cód. Civil italiano que, contudo, apenas se referia aos bens da mulher.
Quanto à disposição do art. 196º do Cód. Civil italiano, pode entender-se que o valor em causa é prestado pelos bens comuns. V., Schlesinger, "Della comunione", *ob. e loc. cit.*, sob a direção de Carraro/Oppo/Trabucchi, p. 451, F. Mastropaolo/P. Pitter, *ob.* e *loc. cit.*, p. 386 – no caso de perda do bem por causa não imputável ao outro cônjuge (se o for devem responder os bens deste), Santosuosso, *Beni ed attività economica...*, *cit.*, p. 202, M. Paladini, *ob.* e *loc. cit.*, pp. 442 e 443, e A. Galasso, *ob. cit.*, p. 544, salvo se a perda do bem for da responsabilidade do outro cônjuge. Também com esta ressalva pronunciou-se Guido Tedeschi, *ob. cit.*, p. 749, a propósito do antigo art. 229º do Cód. Civil italiano. Corsi, *Il regime patrimoniale...*, *cit.*, p. 198, considera que o direito de obtenção do valor verifica-se face ao património próprio do outro cônjuge, salvo se a perda do bem resultar de consumo, perda ou outra causa não imputável a este cônjuge.

O direito de levantamento não pode, contudo, ser exercido em prejuízo de terceiros (cfr. o art. 197º do Cód. Civil italiano).

Retirados os bens próprios pertencentes a cada um dos cônjuges, determinar-se-á a massa comum, integrando o ativo da comunhão, para além dos bens adquiridos, os bens que integram a *comunio de residuo* (arts. 177º, als. *b*) e *c*), e 178º do Cód. Civil italiano) e os *rimborsi* devidos à comunhão. Do mesmo modo, integram o passivo da comunhão, além das dívidas que a oneram, as *restituzioni* devidas pela comunhão.

Atendendo aos elementos que compõem o ativo e passivo da comunhão, o remanescente será repartido por igual entre os cônjuges. Estabelece-se, assim, uma regra inderrogável de repartição igualitária do ativo e do passivo da comunhão, idêntica, aliás, ao nosso art. 1730º.

O direito espanhol, depois de se referir às compensações, nos termos vistos, no regime de comunhão de adquiridos (*sociedad de gananciales*), regula a liquidação e partilha da comunhão nos arts. 1392º e segs. do Cód. Civil, fixando o art. 1410º do mesmo diploma legal a aplicação das regras relativas à partilha sucessória.

Dissolvida a comunhão proceder-se-á à sua liquidação que se iniciará com o inventário do ativo e passivo da comunhão (arts. 1396º e segs. do Cód. Civil espanhol)[701]. Sabemos já que o valor atualizado das compensações integra o ativo ou passivo consoante sejam a favor ou contra a comunhão (arts. 1397º, 3º, e 1398º, 3º, do Cód. Civil espanhol).

Uma vez apurado o ativo e o passivo da comunhão, pagar-se-ão as dívidas comuns, começando pelas alimentícias. Se os bens comuns não forem suficientes, observar-se-ão as regras relativas à concorrência de créditos (cfr. o art. 1400º do Cód. Civil espanhol).

Dispõe o art. 1403º do Cód. Civil espanhol que, pagas as dívidas da comunhão, efetuar-se-á o pagamento das indemnizações e *reintegros* devidos a cada

[701] Poderá haver liquidação com ou sem inventário, decorrendo, contudo, neste último caso, especiais obrigações e responsabilidades em relação a terceiros e aos interessados na liquidação (art. 1401º do Cód. Civil espanhol). Se os credores não participarem na liquidação, exercendo o direito que lhes concede o art. 1082º do Cód. Civil espanhol, a liquidação é-lhes oponível e, assim, ainda que mantenham os seus direitos sobre os bens comuns adjudicados ao cônjuge devedor, não podem invocar a perda do benefício de inventário para responsabilizar também o outro cônjuge.V., Díez-Picazo/Antonio Gullón, *ob. cit.*, p. 204, e Lledó Yagüe, *et allii*, *ob. cit.*, p. 271.
As regras processuais para a liquidação e partilha dos regimes de bens constam dos arts. 806º a 811º da *Ley de Enjuiciamiento Civil.*

um dos cônjuges até ao montante dos bens comuns inventariados, fazendo-se as devidas compensações quando o cônjuge seja simultaneamente devedor da comunhão.

Apesar de a lei não regular as formas de pagamento, entende-se que as compensações devidas à ou pela comunhão ao(s) ou pelo(s) cônjuge(s) são pagas, salvo a devida compensação entre créditos e débitos, em dinheiro (solução maioritariamente defendida na doutrina) ou por imputação na meação que cabe ao cônjuge devedor ou credor – *"toma de menos" ou "toma de más"* (como, aliás, dispõe o art. 1373º, 2º, do Cód. Civil espanhol)[702].

Repare-se, porém, que o art. 1403º do Cód. Civil espanhol prevê o pagamento das dívidas da comunhão em momento prévio à efetivação do pagamento das compensações. Como resulta dos arts. 1397º e 1398º do Cód. Civil espanhol, a compensação devida ao cônjuge ou à comunhão já está previamente reservada a esta ou àquele, sendo, por isso, utilizada ou excluída do pagamento de dívidas, constituindo elemento do ativo ou passivo da comunhão, respetivamente. Em todo o caso, as dívidas a terceiros credores pagar-se-ão previamente pelos elementos integrantes do ativo da comunhão e as compensações devidas a um dos cônjuges, compondo também o seu passivo, serão ulteriormente pagas pelo ativo restante[703]. Se não há bens comuns para

[702] Sobre as formas de pagamento das compensações no direito espanhol, v., Mª Teresa Martín Meléndez, *ob. cit.*, pp. 518-540, e Carmen López Beltrán de Heredia, *ob. cit.*, pp. 300-312. No entendimento de Mª Teresa Martín Meléndez, *ob. cit.*, pp. 528 e 529, caberá ao cônjuge devedor optar pelo pagamento em dinheiro ou por imputação na sua meação, salvo o caso previsto no art. 1373º, 2º, do Cód. Civil espanhol, onde se efetuaria sempre por imputação. No caso de se realizar por imputação, faltando bens comuns suficientes deverá o remanescente efetuar-se em dinheiro. Havendo acordo dos cônjuges pode também efetuar-se o pagamento da compensação devida pelo levantamento de bens comuns pelo cônjuge não devedor no mesmo valor da quantia devida pelo outro cônjuge (hipótese expressamente prevista pela lei francesa no art. 1471º do Cód. Civil francês e pela lei italiana, no art. 192º, 5º do Cód. Civil italiano, e que resulta também do art. 1432º do Cód. Civil espanhol em matéria do regime de participação nos adquiridos).

[703] Lacruz Berdejo/Sancho Rebullida, *et allii*, *Elementos de Derecho Civil. Familia, cit.*, pp. 218 e 219, defendem que a condição inferior a que o art. 1403º do Cód. Civil espanhol sujeita as compensações devidas pela comunhão aos cônjuges face aos restantes credores comuns não é aceitável. Compreendia-se tal solução à luz do direito anterior, em que o marido era administrador dos bens comuns e, como tal, apenas ele os podia endividar, assumindo-se as obrigações comuns também como suas dívidas pessoais. Não aceitam, portanto, que tal situação se mantenha no direito atual onde ambos os cônjuges administram os bens comuns. Por isso, não deverá entender-se o art. 1403º do Cód. Civil espanhol no seu sentido literal, antes se admitindo que o cônjuge credor da compensação a venha exigir em concorrência

pagamento aos credores, ainda que haja ativo constituído pelas compensações devidas pelo cônjuge à comunhão, parece que este deve imediatamente integrar o património comum com o respetivo valor da compensação[704].

Nos termos do art. 1404º do Cód. Civil espanhol, o remanescente, depois de pagas as dívidas, as indemnizações e as compensações, dividir-se-á por metade entre os cônjuges, ou seja, dividir-se-ão entre os cônjuges os bens comuns subtraindo os que foram utilizados para saldar o passivo.

Tal como o art. 1478º do Cód. Civil francês, também o art. 1405º do Cód. Civil espanhol regula os créditos entre cônjuges[705], determinando que se, no momento da liquidação, um dos cônjuges se apresentar como credor pessoal do outro poderá exigir a satisfação do seu crédito, se não o tiver feito no decurso da comunhão, pela adjudicação de bens comuns[706], salvo se o cônjuge

com os outros credores da comunhão. Acresce que, além de não ser coerente com a solução dada às compensações devidas à comunhão, que são pagas em concorrência com os credores pessoais dos cônjuges, levaria a que um cônjuge suportasse as dívidas comuns (apenas ele) pelo facto de não poder concorrer com os outros credores. No mesmo sentido, v., Gavidia Sanchez, *La atribución voluntaria de ganancialidad*, Madrid, Editorial Montecorvo, SA, 1986, pp. 150-154. Contra, defendendo a solução do art. 1403º do Cód. Civil espanhol, v., José A. Alvarez-Caperochipi, *ob. cit.*, p. 275. Repare-se que tal preferência é apenas concedida aos credores comuns e não aos pessoais, e, por isso, as compensações aos cônjuges são prioritárias face aos credores pessoais de cada cônjuge. Ou seja, os credores pessoais só serão pagos pela meação nos bens comuns do devedor depois de já realizado o pagamento das dívidas comuns e compensações ao cônjuge (Mª Pilar Alvarez Olalla, *ob. cit.*, p. 252). Diferente é a situação dos créditos entre cônjuges prevista no art. 1405º do Cód. Civil espanhol, que não estabelece qualquer direito de preferência mas a possibilidade de obter o pagamento do crédito mediante bens comuns. Como refere Ragel Sánchez, *ob. cit.*, p. 235, o credor pessoal pode opor-se a esta dação em pagamento do art. 1405º do Cód. Civil espanhol, através da ação pauliana, contando, aliás, com a presunção do art. 1297º do Cód. Civil espanhol, tratando-se de alienação a título oneroso realizada pelo cônjuge contra quem foi requerida penhora de bens.

704 Carmen López Beltrán de Heredia, *ob. cit.*, p. 310.

705 Os créditos e dívidas existentes entre patrimónios próprios dos cônjuges são alheios à liquidação da comunhão e apenas se regulam na norma prevista no art. 1405º do Cód. Civil espanhol – M. Amorós Guardiola, *et allii, ob. cit.*, p. 1799. A hipótese normal de aplicação do art. 1405º do Cód. Civil espanhol é a de o crédito que se visa satisfazer já se encontrar vencido. Contudo, o artigo pode também aplicar-se aos créditos ainda não vencidos, determinando, assim, a liquidação da comunhão um vencimento antecipado. Quando assim aconteça, dado que o crédito foi antecipadamente pago, deve permitir-se ao devedor o respetivo desconto. V., mesmo autor e obra, pp. 1800 e 1801.

706 Se se está a proceder à partilha dos bens comuns, acautela-se aqui o crédito de um dos cônjuges contra o outro, satisfeito pela adjudicação de bens comuns que, entende-se, integrem a meação do cônjuge devedor na comunhão, a qual, em virtude de tal pagamento, ficará reduzida no valor do crédito em causa.

devedor pagar voluntariamente, em dinheiro ou em espécie, enquanto o art. 1689º, nº 3, do Cód. Civil português, confunde as compensações *stricto sensu* e créditos entre cônjuges. De facto, seria desejável que, tal como os outros ordenamentos, também o direito português contemplasse uma regulamentação distinta para as compensações e os créditos entre cônjuges, determinando diferentes formas de se proceder ao seu pagamento, não confundindo as duas espécies[707].

Na regulamentação do regime convencional da comunhão de bens, o direito alemão determina que, uma vez terminada a comunhão, se proceda à sua liquidação e partilha (de acordo com as regras da compropriedade (§§ 741º e segs. do BGB)[708] – § 1471º, 1º, do BGB), que se realizará de acordo com os §§ 1475º a 1481º do BGB, salvo se os cônjuges estipularem de outra forma (§ 1474º do BGB). A liquidação e partilha compreendem, como primeira operação, o pagamento das dívidas a cargo do património comum (§ 1475º do BGB)[709] e a divisão do remanescente em partes iguais entre os cônjuges (§§ 1476º e 1477º, 1º, do BGB), efetuando-se as devidas compensações (§ 1476º, 2º, do BGB)[710]. Repare-se que no regime de comunhão no direito

[707] Na sequência da regulamentação proposta pelo direito francês, o direito espanhol apresenta, nos arts. 1406º e 1407º do Cód. Civil espanhol, exceções ao princípio da igualdade qualitativa e quantitativa na distribuição das meações entre os cônjuges, determinando a atribuição preferencial de certos bens a favor de um dos cônjuges. A figura da atribuição preferencial visa a satisfação de interesses pessoais que o ordenamento jurídico considera dignos de tutela e que seriam gravemente lesados se a partilha se fizesse de forma rigorosamente igualitária. É o caso da continuação do exercício de uma dada atividade profissional ou empresarial ou o interesse em utilizar a casa de morada da família ou bens de uso pessoal. É, aliás, o que ocorre nos arts. 1731º e 2103º-A e segs. do nosso Cód. Civil. Cfr. Pereira Coelho/Guilherme de Oliveira, *ob. cit.*, pp. 523 e segs. Também o § 1477º, 2º, do BGB, regula a atribuição preferencial de certos bens no momento da partilha.
Para uma análise dos arts. 1406º e 1407º do Cód. Civil espanhol, v., entre outros, M. Amorós Guardiola, *et allii*, *ob. cit.*, pp. 1801-1803, e Carmen López Beltrán de Heredia, *ob. cit.*, pp. 321-325.

[708] Ou seja, em primeiro lugar far-se-á *in natura* (§ 752º do BGB) e só na sua impossibilidade em valor, pela venda de bens (§§ 753º e 754º do BGB). V., Staudinger, *ob. cit.*, §§ 1363º-1563º, § 1477 Rdn. 2 e 3, pp. 713 e 714, e Thomas Wittich, *ob. cit.*, pp. 58-61.

[709] Se a dívida ainda não se venceu ou é objeto de processo litigioso, os cônjuges devem reter bens comuns necessários para o seu pagamento (sendo sempre o credor protegido pela norma do § 1480º do BGB). Se a dívida, nas relações internas entre os cônjuges, for da responsabilidade definitiva de um deles, não pode este exigir o seu pagamento mediante bens comuns. V., MünchKomm – *Kanzleiter*, § 1475 Rdn. 5 e 6, p. 705.

[710] Para uma análise da liquidação do regime da comunhão no direito alemão, v., Thomas Wittich, *ob. cit.*, pp. 38-61.

alemão as dívidas comuns são pagas em primeiro lugar (§ 1475º do BGB), e só depois as compensações devidas por um cônjuge ao património comum (§ 1476º do BGB). Contudo, não parece que os credores comuns fiquem prejudicados, atendendo ao disposto no § 1480º do BGB. Por outro lado, os credores comuns também não têm preferência no pagamento face ao cônjuge credor da compensação, tal como acontece no § 1378º, 2º, do BGB, dado que entre as dívidas da comunhão devem incluir-se as compensações devidas ao património próprio de um dos cônjuges[711].

Uma vez pagas as dívidas e as compensações (e já vimos não haver aqui uma hierarquia no seu pagamento, ou seja, as compensações ao cônjuge concorrem com o pagamento das dívidas a terceiros, não sendo estas pagas em primeiro lugar, como acontece com o § 1378º, 2º, do BGB, ou com o art. 1403º do Cód. Civil espanhol), procede-se à partilha propriamente dita. Esta faz-se de acordo com o regime de bens que vigorou no decurso do casamento, com as exceções dos arts. 1719º e 1790º[712]. Só se partilha o ativo líquido, isto é, os bens comuns existentes depois de realizadas as operações de liquidação.

4.2. A regulamentação do passivo não partilhado

Imagine-se agora a contração de uma dívida no decurso do casamento. Os cônjuges acabam por divorciar-se procedendo à liquidação e partilha do regime de comunhão vigente. O credor não reclamou a sua dívida (nomeadamente, no caso de partilha extrajudicial), não constando esta do passivo da comunhão. Uma vez realizada a partilha dos bens, o credor vem reclamar o pagamento da sua dívida, alegando e provando que no momento em que foi contraída a mesma era comum, e, por isso, exigindo o seu pagamento mediante os bens comuns e subsidiariamente sobre os bens próprios de qualquer um dos cônjuges[713]. Ora, não havendo já bens

[711] Thomas Wittich, *ob. cit.*, p. 44.

[712] De chamar também a atenção no caso da partilha às atribuições preferenciais de bens previstas nos arts. 1731º e 2301º-A.

[713] Apesar da dissolução do regime de bens e da partilha, optámos por continuar a falar em cônjuges e não ex-cônjuges. Na verdade, pode acontecer que a dissolução do regime de bens, por força da dissolução do casamento, ocorra não só no caso de divórcio, onde teríamos ex-cônjuges, mas também no caso de morte, onde existiria o cônjuge e os herdeiros. Além disso, nos ordenamentos jurídicos que temos vindo a analisar a dissolução do regime de bens nem

comuns, terá o cônjuge que não contraiu a dívida que a pagar, nos termos do art. 1695º, nº 1, ou seja, pagar mesmo a totalidade da dívida, sendo certo que o casamento já se dissolveu e se procedeu à partilha dos bens comuns?

Esta solução protegeria seguramente melhor os interesses de terceiros credores mas poderá obviamente ser gravosa para o cônjuge que não contraiu a dívida. Contudo, há que proteger o direito dos terceiros credores nestas situações. De facto, e excluindo os casos em que a culpa é sua por não ter reclamado o seu crédito, o credor não pode ser prejudicado pela partilha efetuada entre os cônjuges se detém um crédito que consubstancia uma dívida comum[714]. Por outro lado, tratando-se de dívida contraída no decurso do casamento (art. 1690º, nº 2) será de aplicar o regime da responsabilidade por dívidas do casal e não pode considerar-se haver qualquer prejuízo para o cônjuge que não contraiu a dívida. O problema estará na concretização prática da responsabilidade patrimonial. Ora, não havendo mais património comum como responderão os cônjuges face a terceiros?

Uma hipótese será a de recorrer à solução prevista no art. 1689º, nºs 2 e 3, para a partilha, ou seja, não havendo bens comuns (que ingressaram no património próprio de cada um dos cônjuges) respondem pela dívida os bens próprios de cada um dos cônjuges de acordo com as regras de cada regime de bens (solidariamente se era a comunhão o regime vigente ou conjuntamente se o regime era de separação de bens). Significa, portanto, que no regime de comunhão cada um dos cônjuges responde solidariamente pela dívida, podendo, se respondeu integralmente, ter direito de regresso face ao outro cônjuge (e tratar-se-á aqui, por não haver património comum, de estabelecer créditos entre cônjuges). No regime de separação, o credor apenas poderá exigir o pagamento por metade.

Ainda que esta solução esteja prevista para a realização da partilha nada impede a sua utilização nos casos de partilha já realizada onde haja que pagar uma dívida comum. Os credores estarão, assim, protegidos e os cônjuges respondem por uma dívida que era comum, não podendo conside-

sempre passa pela dissolução do casamento, podendo decorrer de uma alteração do regime de bens. È, aliás, o que também acontece se se requerer a separação de bens e partilha por força do art. 740º do Cód. de Processo Civil.

714 É a mesma lógica que justifica também que as convenções antenupciais não registadas não produzam efeitos face a terceiros, aplicando-se-lhes, nas suas relações com os cônjuges, o regime supletivo. Ora, também aqui dever-se-ia continuar a aplicar-se o regime de bens vigente para cuja partilha não tiveram tais credores qualquer intervenção.

rar-se que haja qualquer prejuízo da sua parte. A solução pode encontrar obstáculo no facto de se aplicar o regime da responsabilidade por dívidas dos cônjuges quando já houve dissolução do casamento (recorre-se à solução do art. 1695º por ligação com o art. 1689º). Em todo o caso, não podemos esquecer que a dívida foi contraída no decurso do casamento o que implica, face aos credores, um regime de responsabilidade por dívidas que nessa altura vigorava. O único obstáculo é a inexistência de património comum que, entretanto, foi partilhado entre os cônjuges, pelo que a responsabilidade deste passará pelas meações recebidas por cada um dos cônjuges. Ou seja, mesmo tendo já havido partilha, deve considerar-se reintegrado o património comum para efeitos do pagamento da dívida em causa. Considerar-se-á a meação que cada cônjuge recebeu do património comum (que se presume ser de metade – art. 1730º), respondendo ambas as meações, na mesma proporção (metade), pela dívida comum. Na falta ou insuficiência de tais bens "comuns" respondem os bens próprios dos cônjuges nos mesmos termos referidos (solidária ou conjuntamente, consoante o regime de bens que vigorou entre os cônjuges). Semelhante solução ocorre no caso de regresso do ausente com a restituição dos seus bens (art. 113º). De facto, a justificação da ausência gera a partilha dos bens do ausente seja em relação aos herdeiros (arts. 103º e 109º) seja em relação ao cônjuge (art. 108º), neste caso para partilha dos bens do casal. Uma vez regressado o ausente os seus bens ser-lhe-ão entregues logo que ele o requeira. O mesmo ocorre no caso de declaração de morte presumida, ainda que aqui o património lhe seja devolvido no estado em que se encontrar (admitindo-se, no entanto, a sub-rogação real), nos termos do art. 119º. Repare-se que o património do ausente ingressou no património do seu cônjuge ou dos seus herdeiros e agora é reintegrado novamente. Idêntico raciocínio poderá usar-se para reintegrar o património comum para pagamento de uma dívida comum contraída no decurso do casamento mas exigida depois da partilha da comunhão.

Não nos repugna, portanto, a aplicação do art. 1695º, por força do art. 1689º, para responsabilizar cada um dos cônjuges, sendo certo que, em primeiro lugar, deverão os cônjuges responder com os bens comuns que integraram a sua meação e que foi inserida no seu património próprio e respondem depois solidária ou conjuntamente com o restante património próprio. A única diferença face aos credores que exigiram o seu pagamento antes da partilha é que deixa de haver qualquer preferência destes face aos credores pessoais de cada cônjuge. De facto, a preferência apenas existia em relação ao património comum que, de facto, deixou de existir. Em todo o caso, os credores comuns continuam com uma garantia acrescida do seu crédito que não têm os credores de cada um dos cônjuges. Na verdade, a responsabilidade não é apenas de um dos cônjuges (o que contraiu a dívida) mas de ambos os cônjuges (os dois receberam, em princípio, a sua meação nos bens comuns) solidária ou conjuntamente. Acautela-se, assim, a posição do credor que não fica prejudicado com a partilha e os cônjuges respondem por uma dívida que era da responsabilidade comum, não enriquecendo injustamente à custa do credor[715].

Uma outra hipótese de regulamentação das dívidas em causa será a de aplicar, por analogia com a partilha sucessória, o art. 2098º. Ou seja, efetuada a partilha, cada herdeiro responderá pelos encargos da herança em proporção da quota que lhe tenha cabido, sendo de referir que os credores da herança gozam de preferência sobre os credores pessoais do herdeiro e que tal preferência mantém-se nos cinco anos subsequentes à abertura da sucessão ou à constituição da dívida, se esta é posterior, mesmo que a herança tenha sido partilhada (art. 2070º, nºs 1 e 3, em equiparação com a preferência dos credores comuns face ao património comum, prevista no art. 1689º, nº 2). Enquanto a herança se manteve no estado de indivisão todos os bens hereditários respondiam coletivamente (art. 2097º). A partir da divisão da herança, passa a responder cada herdeiro, individualmente, pela satisfação de cada dívida ou encargo da herança, mas apenas na proporção da quota que lhe coube na partilha (art. 2098º)[716].

[715] Cunha Gonçalves, *Tratado de Direito Civil..., cit.*, vol. VI, pp. 475 e 476, e pp. 539 e 540, apresentava, à luz do Cód. de Seabra, uma outra solução que em nada protege os credores. No caso de dívida comum, a partilha impunha-se aos credores, dado deixar de existir património comum, mas apenas bens próprios. Os credores comuns sofreriam, assim, a concorrência dos credores pessoais dos cônjuges, não havendo preferência daqueles sobre estes (salvo pelo estabelecimento de garantias especiais). Além disso, não tinham os credores a garantia acrescida que vimos, dado que a partilha das dívidas dos cônjuges implicava que fosse adjudicada ao cônjuge em causa o pagamento da dívida (ainda que contraída por ambos), como decorria por analogia do art. 2115º do Cód. de Seabra. Se fosse repartida pelos dois cônjuges o credor poderia exigir a mesma a ambos por metade. Ou seja, o credor comum passava a ser credor pessoal do cônjuge que contraiu a dívida.

[716] Dentro, portanto, das forças dos bens que especificamente recebeu da herança, nos termos do art. 2071º. V., Pereira Coelho, *Direito das Sucessões*, Coimbra, ed. processada em computador, 1992, pp. 259 e 260, Pires de Lima/Antunes Varela, *Código Civil..., cit.*, vol. VI, Coimbra, Coimbra Editora, 1998, pp. 160 e 161, e Cristina Dias, *Lições de Direito das Sucessões*, 7ª ed.,

Regulamentação semelhante deverá valer no caso de dívidas contraídas no decurso do casamento e que apenas são exigidas depois da partilha do património comum[717]. Primeiro, porque a natureza jurídica da comunhão e da herança é a mesma (património de mão comum). Depois, porque dentro do contexto legal o Direito Sucessório aproxima-se mais do Direito da Família que o direito geral. Finalmente, tendo o Direito Sucessório uma solução específica para o problema tudo aconselha que se siga a mesma no caso da partilha da comunhão[718]. De chamar a atenção para o

reimpressão, Coimbra, Almedina, 2021, p. 186. Sem prejuízo dos credores da herança, podem os herdeiros acordar que o pagamento de certo encargo (seja uma dívida do *de cujus*, seja um legado) se realize à custa de dinheiro ou de outros bens separados para o efeito, ou se faça à custa de um só dos herdeiros ou apenas de alguns deles. Este acordo interno produz efeitos em relação aos credores (ou legatários), por força do nº 3 do art. 2098º, por se entender que os mesmos têm direito ao objeto do seu crédito mas não ao modo da respetiva prestação. Contudo, têm os credores a faculdade de, não sendo integralmente pagos os seus créditos, recorrerem, nos termos gerais, aos restantes bens da herança ou demandarem os restantes herdeiros até integral pagamento dos seus créditos, dentro das forças da herança. E não devemos esquecer o direito de preferência dos credores da herança, mesmo depois de efetuada a partilha (art. 2070º, nº 3).

717 A aplicação analógica à partilha dos bens comuns de normas da partilha sucessória é também sugerida por A. Lopes Cardoso, *A Administração dos Bens..., cit.*, p. 375, quanto à aplicação dos arts. 2102º, nº 2, e 2053º, nº 1, relativos à obrigatoriedade de inventário.
O art. 1476º do Cód. Civil francês manda aplicar à partilha da comunhão (e o mesmo se diga quanto à liquidação do regime de separação de bens – art. 1542º do Cód. Civil francês) as regras da partilha sucessória. Ou seja, e por aplicação dos arts. 870º e 873º do Cód. Civil francês, a solução será semelhante à do nosso direito quanto à responsabilidade por dívidas. Os cônjuges são, assim, responsáveis pelas dívidas da comunhão na parte correspondente à que recebem da mesma, ou seja, respondem por tais dívidas com a parte que recebem na comunhão (bens comuns). Em todo o caso, o direito francês regula expressamente esta matéria, como veremos. De igual modo, o art. 1410º do Cód. Civil espanhol remete para a aplicação das regras da partilha sucessória. Também a doutrina italiana, apesar de não haver regulamentação expressa, tem entendido dever aplicar-se à partilha da comunhão as regras da partilha sucessória, dado que em ambos os casos se trata da divisão de um património coletivo (v., Schlesinger, "Della comunione", *ob. e loc. cit.*, sob a direção de Carraro/Oppo/Trabucchi, p. 448, F. Mastropaolo/P. Pitter, *ob.* e *loc. cit.*, p. 370, e M. Paladini, *ob.* e *loc. cit.*, p. 450). O § 1480º do BGB prevê que no caso de partilha do património comum antes do pagamento de uma dívida do mesmo pode responder pela dívida mesmo o cônjuge que não era responsável pela mesma, desde que os bens comuns que por ela respondiam lhes sejam adjudicados, aplicando-se por analogia as normas dos §§ 1990º e 1991º do BGB quanto à responsabilidade do herdeiro.

718 Além disso, tem mais sentido seguir a solução sucessória quando, dissolvendo-se o casamento por morte, uma dada dívida pode ser dívida da comunhão e simultaneamente dívida

facto de, a ser assim, ser aconselhável, nos casos de partilha realizada por acordo, a realização de um inventário dos bens para que se apresentem os bens comuns que, entretanto, tendo ingressado no património próprio do cônjuge, respondem pela dívida em causa (à semelhança do art. 2071º em matéria sucessória)[719], sob pena de essa prova ser mais difícil ao cônjuge quando se lhe exige o pagamento da dívida[720]. Mantêm, neste caso, os credores comuns preferência no pagamento face aos credores pessoais de cada cônjuge sobre os bens comuns inventariados que integram a meação de cada cônjuge (art. 2070º). Em contrapartida, esta solução apenas responsabiliza os cônjuges na proporção em que receberam o património comum, ou seja, não há uma responsabilidade pessoal dos cônjuges, seja solidária ou conjunta. Mesmo quando não consiga provar que os bens comuns que integraram a sua meação se extinguiram, os seus bens continuam a responder em proporção com a parte que cada um recebeu, ou seja, por metade. Portanto, esta solução recorre à analogia com o Direito Sucessório, evitando que se aplique as regras específicas da responsabilidade por dívidas do casal, reguladoras das relações entre cônjuges e não entre ex-cônjuges. Tem a desvantagem de prever uma responsabilidade não solidária dos cônjuges, limitada à parte que receberam no património

da herança, devendo ser objeto de tratamento semelhante. Se o casamento se dissolver por divórcio, a sujeição a um regime como o da partilha sucessória só beneficia os credores, evitando fraudes realizadas pelos cônjuges (que podem convencionar o divórcio para defraudar interesses de terceiros credores).

[719] E o mesmo se diga se a solução passar pela aplicação dos arts. 1689º e 1695º.
A aceitação em benefício de inventário do art. 2071º é diferente do processo de inventário. A aceitação da herança pode ser pura e simples e existir inventário para efeitos de partilha. A inversão do ónus da prova a que o art. 2071º, nº 1, se refere liga-se não à existência de inventário, mas à aceitação a benefício de inventário. V., Oliveira Ascensão, *Direito Civil. Sucessões*, 4ª ed., Coimbra, Coimbra Editora, 1989, p. 528. No caso de partilha dos bens comuns, não há esta aceitação, mas a existência de inventário permitirá alcançar resultados semelhantes ao nível da prova dos bens comuns.

[720] O que acontece seja no caso de divórcio por mútuo consentimento (onde deve constar a inventariação dos bens, nos termos do art. 1775º do Cód. Civil e do art. 994º, nº 1, al. *b*), do Cód. de Processo Civil), seja na partilha sem acordo (subsequente ao divórcio por mútuo consentimento ou sem consentimento) que segue o processo de inventário. Repare-se que não se estabelece qualquer presunção de prova como no art. 2071º, nº 1, em matéria sucessória, mas a existência de um inventário determinará sempre os bens existentes no património comum no momento da liquidação e partilha. A solução que propomos no texto é consagrada nos arts. 1483º, 2º, do Cód. Civil francês, e 1401º do Cód. Civil espanhol, e no § 1481º do BGB, como veremos *infra*.

comum, o que prejudica o credor que, no decurso do casamento, sempre tinha os patrimónios dos cônjuges para responsabilizar (e nos regimes de comunhão, solidariamente). A não aplicar-se a regra do art. 1695º para permitir a responsabilidade pessoal dos cônjuges, como responsabilizar solidariamente os cônjuges por tais dívidas?

A possibilidade de tal acontecer seria por recurso às regras da liquidação das sociedades civis, ou seja, e de acordo com o disposto no art. 1020º, uma vez encerrada a liquidação e extinta a sociedade, os antigos sócios continuam responsáveis perante terceiros pelo pagamento dos débitos que não tenham sido saldados, como se não tivesse havido liquidação. Isto significa que os sócios continuam a responder pessoal e solidariamente pelas dívidas sociais (art. 997º). Assim, responderiam os cônjuges solidariamente pelas dívidas comuns ainda não pagas depois de se efetuar a partilha do património comum.

Podem, com efeito, encontrar-se algumas analogias entre a comunhão e o contrato de sociedade[721]: em ambos os casos há entradas de património; há uma comparticipação nos lucros e perdas; há a afetação do património a um fim especial... Porém, por outro lado, e seguindo a argumentação de Pereira Coelho, o regime da comunhão conjugal diverge do das sociedades em numerosos aspetos[722]. O regime das sociedades é, em princípio, convencional podendo os sócios modificá-lo. No regime da comunhão há

[721] V., Pires de Lima/Braga da Cruz, *ob. cit.*, p. 95.
Alguns autores franceses chegaram a ver a comunhão conjugal como uma sociedade civil dotada de uma personalidade moral atenuada (Carbonnier, *Le régime matrimonial, sa nature juridique sous le rapport des notions de société et d'association*, Bordeaux, Imprimerie de l'Université Y. Cadoret, 1932, pp. 308 e segs.). Também, Aubry/Rau, *ob. cit.*, p. 240 (que introduziram a teoria da comunhão-indivisão, da comunhão como uma sociedade dotada de uma indivisão sujeita a regras especiais), e Cornu, *Les régimes matrimoniaux.., cit.*, p. 247. Carbonnier, *Le régime matrimonial..., cit.*, pp. 339 e segs., encontra nas compensações devidas pela ou à comunhão um argumento a favor da personalidade moral da comunhão (se a comunhão não fosse dotada de personalidade jurídica tudo se traduziria em relações de créditos e débitos entre os cônjuges, sem intervenção da comunhão) e da sua configuração como uma sociedade. Com efeito, podem equiparar-se às indemnizações que um sócio deve à sociedade sempre que dela retire somas em seu proveito pessoal. Entre nós, a equiparação da comunhão conjugal a uma sociedade foi defendida por Cunha Gonçalves, *Tratado de Direito Civil..., cit.*, vol. VI, p. 334. As semelhanças da comunhão com a sociedade são também referidas por Lacruz Berdejo/Sancho Rebullida, *et allii*, *Elementos de Derecho Civil. Familia, cit.*, pp. 171 e 172.

[722] Pereira Coelho, *Curso..., cit.*, 1965, p. 282, nota 2. V. também, A. Colomer, *Droit Civil..., cit.*, p. 195.

várias normas imperativas e, uma vez estipulado, o regime não pode vir a ser alterado (cfr. o art. 1714º). Também nenhum dos cônjuges pode pôr termo à comunhão ou dispor da sua posição em face da massa comum, sendo outro o regime das sociedades.

Portanto, o principal obstáculo a esta hipótese reside na natureza jurídica diferente da comunhão conjugal e do património societário. A comunhão conjugal não pode equiparar-se a uma sociedade: não preenche os requisitos previstos no art. 980º do Cód. Civil[723]. Desde logo, os cônjuges não estão obrigados a contribuir com bens e serviços, até por a comunhão existir independentemente de haver algum bem comum. Depois, o escopo da comunhão conjugal não é o exercício de uma atividade económica, nem a obtenção e repartição dos respetivos lucros: visa antes satisfazer a necessidade de dotar a família de uma massa patrimonial que lhe permita assegurar a sua sobrevivência. Mas, como referimos, há alguns pontos semelhantes entre a sociedade civil e a comunhão conjugal que permitiriam o recurso pontual a certas regras para a resolução de problemas. De facto, se a natureza jurídica da comunhão conjugal é diferente da sociedade civil, entrando a comunhão em liquidação, o estado de indivisão não é muito diferente da indivisão societária. Permitir-se-ia, assim, resolver a questão das dívidas comuns não pagas antes de se efetuar a partilha, por forma a responsabilizar solidariamente os cônjuges e não apenas na parte que receberam nos bens comuns como acontecia por recurso à comunhão hereditária (que, contudo, se aproxima mais da comunhão conjugal na sua natureza jurídica de património de mão comum). Evitar-se-ia, por outro lado, a continuação da aplicação das regras da responsabilidade patrimonial do art. 1695º, uma vez que já não existe comunhão conjugal. Paralelamente, é esta a solução que, ao lado do art. 1695º, melhor protege os interesses de terceiros credores que continuam a beneficiar de um regime de solidariedade para o pagamento da dívida.

Mas, e se o regime for de separação[724] e a dívida for comum? Respondem os cônjuges solidariamente? Não nos parece: de facto, no caso de

[723] Rita Lobo Xavier, "Reflexões sobre a posição do cônjuge meeiro...", *loc. cit.*, pp. 57 e 58.

[724] É evidente que se vigorar entre os cônjuges o regime de separação de bens, não há que proceder à partilha de bens comuns (sem prejuízo da existência de bens em compropriedade), não obstante existir liquidação do regime. Mas, o problema referido no texto pode também colocar-se, ou seja, uma vez dissolvido o casamento e liquidado o regime, como resolver o problema das dívidas contraídas no decurso do casamento e que eram comuns.

existir comunhão podemos recorrer às regras da liquidação da sociedade civil, na medida em que existe um património em indivisão. Na separação de bens não se gera qualquer indivisão e a liquidação do regime não visa a partilha dos bens comuns. Por isso, o credor (que também não tinha qualquer património comum para responsabilizar ao longo do regime de bens) verá o seu crédito ser garantido pelo património próprio dos cônjuges de acordo com a regra geral do Direito comum, ou seja, conjuntamente se ambos se obrigaram (e já não por força do art. 1695º, nº 2).

Contrariamente ao disposto noutros ordenamentos jurídicos, como veremos, a nossa lei não prevê a regulamentação das dívidas dos cônjuges depois de realizada a partilha, ou seja, a situação de a dívida ser contraída no decurso do casamento (art. 1690º, nº 2) e o credor apenas a vir exigir depois da dissolução do mesmo e partilha dos bens (sem que nesta se tenha considerado tal dívida). Parece-nos que se a dívida for própria (com base nos arts. 1691º e segs.) só responderão os bens próprios do cônjuge devedor (onde se incluirá a sua meação nos bens comuns que, com a partilha, ingressou no seu património próprio). Se a dívida for comum coloca-se o problema apontado.

Analisando as posições apresentadas, esta última permitiria alcançar o mesmo efeito da primeira, mas sem aplicação do art. 1695º. Contudo, é a equiparação da comunhão à herança que mais está conforme com a natureza jurídica desta e corresponde, aliás, com a regulamentação do direito comparado. Peca, porém, pela desproteção ao credor comum que, no decurso da comunhão tinha não só o património comum para responsabilizar como também o património próprio dos cônjuges solidariamente (nos regimes de comunhão) e agora ficaria limitado à meação nos bens comuns recebida pelos cônjuges, havendo inventário, ou, no limite, cada cônjuge continuaria a responder em proporção com o que recebeu. Como referimos *supra* não pode o credor ficar prejudicado pela partilha dos bens comuns realizada pelos cônjuges. Assim, parece-nos que a melhor solução será a de, ainda que aplicando por analogia as regras da partilha sucessória, considerar existir regra específica para a responsabilidade de cada cônjuge pelas dívidas comuns depois da partilha e que decorre do art. 1695º[725].

[725] Tal como acontece nos direitos francês e espanhol, ou seja, a partilha da comunhão fica sujeita às regras da partilha sucessória, mas em matéria de dívidas há regulamentação específica nos arts. 1482º e segs. do Cód. Civil francês e no art. 1401º do Cód. Civil espanhol. Entre nós, e na falta de regulamentação específica, que resolveria a questão, a melhor solução, para proteção dos credores, será a da aplicação do art. 1695º, nº 1.

Só assim o credor não fica prejudicado com a mesma partilha. Acrescentamos ainda, e como já tivemos oportunidade de defender, que a questão seria simplificada se o credor, em todo o caso, sempre pudesse responsabilizar o seu devedor nos termos gerais do Direito comum, isto é, se o cônjuge ou o ex-cônjuge que contraiu a dívida fosse sempre responsável por ela (e não apenas o património comum ou esse cônjuge a título conjunto)[726]. De facto, podemos até ir mais longe. Dado que o património comum deixou de existir, passando a integrar o património próprio de cada um dos cônjuges com a partilha, o credor sempre poderia exigir o pagamento do seu crédito ao cônjuge que contraiu a dívida (além da parte que este recebeu nos bens comuns que faz parte agora do património próprio daquele). Não se aplicando mais as regras do regime da responsabilidade por dívidas, deixa de ter sentido o afastar das regras gerais do Direito das Obrigações, ou seja, o património do devedor responde inteiramente pelas dívidas que contraiu. Poderia, assim, o credor pelo menos responsabilizar a totalidade do património do seu devedor (incluindo os bens comuns). Não podemos, contudo, esquecer que a dívida foi contraída no decurso do casamento e, muitas vezes, poderá ter sido contraída por um dos cônjuges mas em proveito comum. Restaria ao cônjuge devedor exigir um reembolso ao outro cônjuge com base nas regras do enriquecimento sem causa.

No direito francês as dívidas e o seu pagamento depois da dissolução da comunhão são regulados nos arts. 1482º e segs. do Cód. Civil francês. Regra geral, no momento da liquidação da comunhão procurar-se-á apurar e pagar o passivo para apenas se partilhar um ativo líquido. Porém, nem sempre tal acontecerá e a lei prevê, nos arts. 1482º e segs. do Cód. Civil francês, a hipótese de o passivo comum não ter sido inteiramente pago na altura da liquidação da comunhão, regulando tal passivo "residual" após a partilha. Para fixar o destino das dívidas comuns depois da dissolução deverá distinguir-se a *obligation aux dettes* (ou seja, qual dos cônjuges contraiu a dívida face a terceiros) e a *contribution aux dettes* (distinguindo se a dívida fazia parte do passivo definitivo da comunhão ou apenas do seu passivo provisório – art. 1485º do Cód. Civil francês).

[726] No direito francês, mesmo antes de a lei dispor sobre a matéria, era incontestável que o cônjuge que contraiu a dívida respondia por ela depois da dissolução da comunhão. Ninguém punha em causa que esse cônjuge respondia inteiramente pela dívida e não por metade (Cornu, *Les régimes matrimoniaux*.., *cit.*, p. 518).

Quanto à relação dos cônjuges com terceiros (*obligation aux dettes*), toda a dívida da comunhão é também uma dívida do cônjuge que a contrai. O que significa que o credor comum que não viu o seu crédito pago antes da partilha da comunhão pode exigir tal pagamento, na sua totalidade, ao cônjuge que é o seu devedor pessoal (além da parte que a este coube nos bens comuns no momento da partilha)[727]. Mas se ambos os cônjuges se obrigaram solidária ou conjuntamente pela dívida pode o credor exigir a totalidade a qualquer um deles, no primeiro caso, ou metade, no segundo caso, pois face ao credor surgem ambos como devedores. Se assim não foi, o cônjuge não devedor que recebeu a sua metade no património comum, deverá responder na mesma medida pela referida dívida comum (arts. 1482º e 1483º do Cód. Civil francês). Repare-se que o cônjuge do que contraiu a dívida poderá sempre, salvo o caso de *recel*, invocar o benefício de inventário (art. 1484º do Cód. Civil francês), nos termos do art. 1483º, 2º, para efeitos do art. 1486º, ambos do Cód. Civil francês. Ou seja, não terá de responder pelas referidas dívidas contraídas pelo seu cônjuge além dos bens comuns que recebeu e devidamente inventariados. Mas, há casos em que o cônjuge que não contraiu a dívida pode ter que a pagar integralmente. De facto, nos termos do art. 1489º do Cód. Civil francês, se o cônjuge que não contraiu a dívida recebeu na sua meação o imóvel hipotecado por causa da mesma dívida deve responder integralmente por esta[728].

Relativamente às relações dos cônjuges entre si (*contribution à la dette*) importa determinar se a dívida, existente no momento da dissolução e não paga antes da partilha do regime de bens, integrava o passivo definitivo ou provisório da comunhão. Se integrava o passivo definitivo (os bens comuns respondiam sem qualquer compensação) serão suportadas por cada um dos cônjuges na medida da parte que receberam no ativo (art. 1485º, 1º, do Cód.

[727] Os credores comuns que reclamam o seu crédito depois da partilha da comunhão não têm qualquer preferência face aos credores pessoais do cônjuge devedor (que, tal como no decurso do regime, apenas podem ser pagos com os bens próprios do seu devedor, acrescidos depois da partilha da meação deste nos bens comuns). Como refere A. Colomer, *Droit Civil…, cit.*, p. 492, tal é uma consequência da ausência de personalidade moral da comunhão e também do facto de o privilégio da separação de patrimónios previsto na partilha sucessória não se estender à partilha da comunhão.
Esta responsabilidade pessoal pela totalidade da dívida transmite-se aos herdeiros do ex-cônjuge devedor.

[728] Rieg/Lotz, *ob. cit.*, p. 471, consideram também constituir exceção à regra da responsabilidade pela metade do cônjuge que não contraiu a dívida o caso de ter sido estipulada uma cláusula de partilha desigual. Nesse caso, o cônjuge que não contraiu a dívida deverá participar no passivo na mesma proporção em que participa no ativo.

Civil francês). Por isso, o cônjuge que contraiu a dívida e que pagou a totalidade da mesma depois da partilha (art. 1482º do Cód. Civil francês) pode exigir do seu cônjuge o reembolso de metade das quantias pagas (art. 1487º do Cód. Civil francês)[729]. Tratando-se de dívidas que a comunhão apenas respondia mediante compensação (passivo provisório) importa saber se o credor obteve o pagamento do cônjuge devedor e responsável a título definitivo pela dívida ou do outro cônjuge. Se o credor, depois da partilha, veio exigir o pagamento ao devedor, este suporta a dívida a título definitivo, não tendo qualquer direito de reembolso contra o seu cônjuge. Se, pelo contrário, foi este último que a pagou poderá exigir reembolso ao seu cônjuge.

Os cônjuges podem ainda acordar na derrogação das regras impostas pelos arts. 1482º e segs. do Cód. Civil francês, desde que salvaguardados direitos de terceiros (art. 1490º do Cód. Civil francês), ou seja, face a estes as regras não serão afastadas, mantendo-se o direito de execução dos credores como legalmente regulado[730].

[729] Repare-se que não há aqui lugar a qualquer compensação, dado não existir já comunhão, sendo o reembolso tratado como crédito entre cônjuges, sujeito ao Direito comum.

[730] V., quanto a estas regras a observar na partilha, Aubry/Rau, *ob. cit.*, pp. 471-508, G. Marty/P. Raynaud, *ob. cit.*, pp. 299-309, F. Terré/Ph. Simler, *ob. cit.*, pp. 519-528, Cornu, *Les régimes matrimoniaux.., cit.*, pp. 503 e segs., M. Grimaldi, *et allii*, *ob. cit.*, pp. 252 e segs., e A. Colomer, *Droit Civil..., cit.*, p. 496, e pp. 521 e segs.
O direito francês prevê a possibilidade de, em convenção matrimonial, os cônjuges estabelecerem cláusulas relativas à partilha que, alterando a regra da metade, estipulam uma vantagem particular a favor de um deles: cláusula de levantamento (*prélèvement*) mediante compensação (arts. 1511º e segs. do Cód. Civil francês); cláusula de levantamento prévio a título gratuito (*préciput* – arts. 1515º e segs. do Cód. Civil francês); cláusula de estipulação de partes desiguais (arts. 1520º e segs. do Cód. Civil francês). Permite-se, desse modo, fazer justiça a um cônjuge que contribuiu mais do que o outro para o património comum.
Também o direito italiano permite que seja concedido, pelo juiz, a um dos cônjuges o usufruto de bens que cabem na meação do outro, em consideração da necessidade dos filhos (art. 194º do Cód. Civil italiano). Além disso, e ainda que tradicionalmente, face à regra da metade prevista no art. 194º do Cód. Civil italiano, se entendesse não ser possível fixar uma partilha desigual entre os cônjuges, tem-se entendido ser possível um acordo para composição desigual das meações que cabem a cada cônjuge, com vista a uma divisão mais justa dos bens comuns (sobretudo para o cônjuge que se dedicou ao lar). V., A. Galasso, *ob. cit.*, pp. 521 e 522.
Entre nós, Cunha Gonçalves, *Tratado de Direito Civil..., cit.*, vol. VI, p. 473, entendia que a regra da metade, então prevista no art. 1123º do Cód. Civil de 1867, só teria lugar quando a convenção antenupcial ou um acordo posterior à dissolução do casamento não estabelecesse outro modo de partilha. Braga da Cruz chegou mesmo a propor, no seu anteprojeto, um artigo relativo à "participação no património comum em partes desiguais" ("Regimes de bens do casamento. Anteprojecto...", *loc. cit.*, p. 215). À luz do nosso art. 1730º atual não poderá admitir-se qualquer

Os autores italianos entendem que depois da partilha dos bens não é mais possível aplicar-se o regime de algum privilégio dos credores comuns sobre o património comum. Os credores pessoais de cada cônjuge contam sempre com o património do seu devedor como garantia do pagamento das dívidas, acrescido da meação que recebeu nos bens comuns. Os credores "comuns", que no decurso da comunhão contavam com a garantia e o tratamento preferencial dos arts. 189º e 190º do Cód. Civil italiano, beneficiam da mesma garantia que os credores pessoais de cada cônjuge, se a dívida foi contraída por um só dos cônjuges, ou de ambos os cônjuges se a dívida foi contraída pelos dois[731]. Não devemos, porém, esquecer que também no direito italiano a dívida da responsabilidade dos bens comuns é sempre uma dívida pessoal do cônjuge que a contraiu.

Como regra no direito espanhol, antes de se efetuar a partilha deve proceder-se ao pagamento das dívidas aos credores. Assim, o art. 1399º do Cód. Civil espanhol dispõe que deve pagar-se em primeiro lugar as dívidas comuns e, de entre estas, as dívidas de alimentos. Na falta de bens comuns, deve observar-se o disposto nos arts. 1911º e segs. do Cód. Civil espanhol relativos à graduação dos créditos. Nessa hipótese, respondem os bens próprios do cônjuge devedor ou, se ambos contraíram a dívida, os bens de ambos os cônjuges[732].

acordo no sentido de uma partilha do património comum em partes desiguais. Neste sentido, pronunciando-se sobre a validade do contrato-promessa de partilha dos bens comuns do casal, cujo único limite é traduzido na regra da metade prevista no art. 1730º, v., Guilherme de Oliveira, "Sobre o contrato-promessa de partilha...", *loc. cit.*, pp. 274-288. Guilherme de Oliveira nota que a partilha feita por aplicação do art. 1790º implica uma diminuição do valor que o cônjuge havia de receber a título de meação, no regime de bens que o podia favorecer, mas, formalmente, as meações acabam por ser iguais, no regime de comunhão de adquiridos que vem a prevalecer.

O direito a metade regulado no art. 1730º é um direito ao valor de metade e não a metade de cada bem ou de cada dívida concretos (Pereira Coelho/Guilherme de Oliveira, *ob. cit.*, p. 600).

[731] L. Barbiera, *ob. e loc. cit.*, p. 618. Este autor (p. 617) considera não ser possível aplicar por analogia a regra do art. 2456º, 2º, do Cód. Civil italiano, reguladora dos créditos sociais não satisfeitos até à liquidação da sociedade, que permite que os credores sociais possam exigir o pagamento ao sócio por cuja culpa os credores não foram pagos. Considera o autor que esta norma pressupõe o afastamento de um devedor e o seu enriquecimento com danos para os credores. Ora, com a partilha dos bens comuns os credores pessoais e comuns não perdem a sua garantia patrimonial, como decorre do que dissemos no texto. Contra, defendendo a aplicação analógica do art. 2456º, 2º, do Cód. Civil italiano, v., Cian/Villani, *loc. cit.*, pp. 385 e 386.

[732] Repare-se que, como é óbvio, não há qualquer referência aos credores pessoais de cada cônjuge que apenas podem executar a meação nos bens comuns que caberá ao seu devedor no momento da partilha, não tendo qualquer direito a bens comuns determinados até lá. Em todo

Mas pode acontecer que depois de feita a partilha ainda existam dívidas comuns por pagar. Neste caso, aplicam-se as regras da partilha sucessória, por remissão do art. 1410º do Cód. Civil espanhol, salvo a norma específica do art. 1401º do mesmo código. O art. 1401º do Cód. Civil espanhol apresenta uma regra idêntica aos arts. 1482º e segs. do Cód. Civil francês, regulando o pagamento de dívidas da comunhão depois da dissolução. Ou seja, se as dívidas comuns não tiverem sido pagas até à partilha, os credores podem exigir o seu pagamento ao cônjuge que as contraiu (o que corresponde à regra geral do art. 1911º do Cód. Civil espanhol). Mas, mantendo-se a responsabilidade dos bens comuns, o outro cônjuge responde com os bens comuns que lhe couberam, tendo sido realizado inventário, limitando-se, assim, a sua responsabilidade tal como acontece com a dos herdeiros na partilha sucessória (arts. 1402º e 1082º, 1083º, e 1084º do Cód. Civil espanhol)[733]. Na falta de inventário pode o cônjuge não devedor responder para além dos bens comuns que recebeu

o caso, e por aplicação das regras da partilha sucessória (art. 1410º do Cód. Civil espanhol), podem intervir na liquidação da comunhão para evitar qualquer fraude ou prejuízo dos seus direitos (art. 1083º do Cód. Civil espanhol). V., Carlos Lasarte, *ob. cit.*, p. 252, Carmen López Beltrán de Heredia, *ob. cit.*, p. 287, e Díez-Picazo/Antonio Gullón, *ob. cit.*, p. 207.

[733] Os credores como tal reconhecidos podem opor-se à partilha dos bens comuns entre os cônjuges até ao pagamento ou garantia dos seus créditos (art. 1082º do Cód. Civil espanhol), sob pena de a mesma partilha lhes ser oponível, ou seja, apenas poderão exigir do cônjuge não devedor o pagamento mediante os bens comuns que este recebeu, independentemente da realização de inventário (Mª Pilar Alvarez Olalla, *ob. cit.*, p. 224). Ragel Sánchez, *ob. cit.*, p. 230, considera mesmo que neste caso os credores comuns perdem a sua preferência sobre os credores pessoais uma vez partilhados os bens e entregues aos cônjuges. Além disso, dado que os credores da comunhão são também credores de qualquer um dos cônjuges, estes e os pessoais de cada cônjuge podem intervir na partilha dos bens comuns para evitar que esta se faça em prejuízo ou fraude aos seus direitos (art. 1083º do Cód. Civil espanhol). Podem também os credores, uma vez realizada a liquidação e partilha, exigir o seu pagamento integralmente a qualquer um dos cônjuges, podendo, contudo, o demandado fazer intervir o outro cônjuge, salvo se a dívida for própria sua (arts. 1084º e 1401º do Cód. Civil espanhol). V., M. Amorós Guardiola, *et allii*, *ob. cit.*, p. 1798, e Lledó Yagüe, *et allii*, *ob. cit.*, p. 274.
Não pode também esquecer-se que os credores comuns têm preferência no seu pagamento sobre os bens comuns face aos credores próprios de cada um dos cônjuges (o que já acontece no decurso do regime de comunhão, onde os credores pessoais apenas podem penhorar a meação nos bens comuns (art. 1373º do Cód. Civil espanhol) e que também se verifica depois da partilha, como decorre dos arts. 1034º e 1401º do Cód. Civil espanhol). Aliás, idêntica norma resulta do art. 1699º do Cód. Civil espanhol, em relação à preferência dos credores sociais sobre os bens da sociedade. Têm também os credores a faculdade geral concedida pelo art. 1111º do Cód. Civil espanhol de utilizar ações de Direito comum para proteção dos seus direitos, como a ação pauliana (Carmen López Beltrán de Heredia, *ob. cit.*, p. 353).

(e, de acordo com a generalidade da doutrina, a sua responsabilidade é solidária e não apenas conjunta, sob pena de se prejudicar as legítimas expetativas dos credores)[734]. No caso de um dos cônjuges ter pago a mais do que lhe competia, terá direito a reembolso face ao outro cônjuge. Portanto, os bens comuns, ainda que já partilhados entre os cônjuges, não deixam de responder pelas dívidas comuns, nestes termos[735]. A partilha dos bens comuns não implica alteração das relações obrigacionais com os credores.

Tal como o art. 1401º do Cód. Civil espanhol, o § 1480º do BGB prevê que no caso de partilha do património comum antes do pagamento de uma dívida do mesmo pode responder pessoalmente pela dívida, como devedor solidário, mesmo o cônjuge que não era responsável pela dívida no momento da partilha, desde que os bens comuns que por ela respondiam lhe sejam adjudicados, aplicando-se por analogia as normas dos §§ 1990º e 1991º do BGB quanto à responsabilidade do herdeiro. De facto, no direito alemão, o § 1480º do BGB

O nosso Cód. Civil não prevê normas de proteção dos credores nesses casos, ao contrário do que previa o projeto relativamente à separação judicial de bens que fixava, no seu art. 8º, a participação dos credores pessoais de cada cônjuge na ação de separação, podendo opor-se a qualquer diligência que lhes causasse prejuízo injusto (Manuel Duarte Gomes da Silva/ Fernando Pessoa Jorge, "O Direito da Família no futuro Código Civil", *BMJ*, nº 126º, 1963, p. 222). Isto sem prejuízo de os credores intervirem na partilha nos casos do art. 740º do Cód. de Processo Civil.

[734] Victorio Magariños Blanco, *ob. e loc. cit.*, p. 184 (que considera que a responsabilidade, ainda que conjunta até à partilha, como resulta da regra geral do art. 1138º do Cód. Civil espanhol (e também do art. 1698º do Cód. Civil espanhol, em matéria de sociedades), é solidária), Mª Amalia Blandino Garrido, *ob. cit.*, pp. 157 e 158, e C. Saiz García, *ob. cit.*, p. 97 (por remissão para o art. 1084º do Cód. Civil espanhol). Em todo o caso, e como nota Mª Pilar Alvarez Olalla, *ob. cit.*, p. 235, se o cônjuge devedor obteve bens comuns suficientes para pagamento ao credor, não deve admitir-se a possibilidade, muitas vezes por mero capricho do credor, de afetar a liquidação e partilha realizada por forma a executar a parte que coube ao não devedor nos bens comuns.
Repare-se que diferente solução decorre do art. 1483º, 1º, do Cód. Civil francês, que, como vimos, determina apenas a responsabilidade por metade do cônjuge que não contraiu a dívida (ou até ao que constar do inventário realizado).

[735] Mª Amalia Blandino Garrido, *ob. cit.*, p. 100. Protegem-se, assim, os direitos de terceiros credores como resulta também do art. 1317º do Cód. Civil espanhol (Carmen López Beltrán de Heredia, *ob. cit.*, pp. 341-352). Tais direitos não são afetados mesmo que se dê a atribuição preferencial de certos bens comuns antes do pagamento das dívidas, dado que tais bens, como comuns, respondem nos termos analisados no texto. E se os bens adjudicados forem, entretanto, substituídos por outros devem funcionar as regras da sub-rogação real como forma de evitar o enriquecimento injusto do cônjuge que recebeu os bens e de proteger os credores (Carmen López Beltrán de Heredia, *ob. cit.*, pp. 358 e 360).

regula a responsabilidade por tais dívidas face a terceiros depois da partilha e o § 1481º do BGB a responsabilidade interna entre os cônjuges. Assim, depois de o § 1480º do BGB ter regulado a responsabilidade externa, o § 1481º do BGB determina que os cônjuges continuam a responder pelas dívidas que eram comuns na mesma proporção em que recebam o ativo comum (§ 1476º, 1º, do BGB). Importa, porém, fazer uma distinção. No caso de administração singular, o cônjuge não administrador apenas responde por metade da dívida ou no limite do que recebeu do património comum, podendo ser reembolsado pelo outro no que responder a mais (§ 1476º, 2º, do BGB). O cônjuge administrador, e não sendo o ativo comum suficiente, responde pessoalmente pela dívida. No caso de administração conjunta, a responsabilidade pelas dívidas comuns é conjunta, ou seja, cada cônjuge (com os bens comuns que lhe foram adjudicados e com os seus bens próprios) apenas responde por metade da dívida (§ 1481º, 2º, do BGB)[736].

Portanto, tal como nos outros ordenamentos jurídicos, também no direito alemão a responsabilidade do património comum mantém-se para o pagamento de dívidas consideradas comuns mesmo depois de efetuada a partilha e independentemente da adjudicação dos bens comuns aos cônjuges. Por outro lado, e para proteção dos credores, o cônjuge que contraiu a dívida e responsável por ela (ou ambos os cônjuges no caso de administração conjunta) responde também com os seus bens próprios. O outro cônjuge responde apenas no limite dos bens comuns que lhe foram adjudicados (§§ 1990º e 1991º do BGB, relativos à responsabilidade do herdeiro no caso de insuficiência dos bens da herança)[737], sem prejuízo, no caso de responder a mais, de reembolso por parte do outro cônjuge (§ 1481º do BGB).

[736] Tratando-se de dívida própria, apenas o cônjuge devedor é responsável face aos credores. Por isso, o não devedor pode opor-se ao pagamento se o credor lho exigir e o cônjuge devedor responde perante o outro cônjuge pelo que os credores lhe exigiram (§ 1481º, 3º, do BGB). V., Staudinger, *ob. cit.*, §§ 1363º-1563º, § 1481 Rdn. 12 e 13, p. 736, e Gernhuber/Coester-Waltjen, *ob. cit.*, § 38, X, 11, pp. 464 e 465. O que pode acontecer é ambos os cônjuges assumirem a dívida, no decurso da liquidação do património comum, como devedores solidários. Neste caso será de aplicar a regra geral dos §§ 427º ou 431º do BGB, não sendo o património comum responsável pela dívida. Em todo o caso, e ainda que o credor não possa exigir o pagamento diretamente aos bens comuns, os cônjuges devedores respondem não só com os seus bens próprios e reservados mas também com a sua meação nos bens comuns (art. 860º, 2º, ZPO). V., Staudinger, *ob. cit.*, §§ 1363º-1563º, § 1475 Rdn. 3, p. 707.

[737] É ainda de referir que o direito alemão prevê a comunhão continuada (*fortgesetzte Gütergemeinschaft*) nos §§ 1483º a 1518º do BGB. A comunhão continuada, prevista em convenção

Pela análise do direito comparado, podemos constatar que as soluções legais apontam para uma manutenção da responsabilidade dos bens comuns, recebidos pelos cônjuges nas suas meações, e a responsabilidade pessoal acrescida do cônjuge que contraiu a dívida. Por isso, a solução adiantada por nós para esta questão à luz do nosso ordenamento jurídico,

matrimonial pelos cônjuges, adia a liquidação da comunhão quando há filhos do casamento, ou seja, quando, por morte de um dos cônjuges, existem descendentes comuns, maiores ou menores, que sejam chamados à herança. Pode, porém, não vigorar se o cônjuge pré-falecido a excluir por testamento (§ 1509º do BGB) ou se o cônjuge supérstite afastar a prorrogação após a morte do outro (§ 1484º do BGB). As dívidas da comunhão continuada são as dívidas do *de cujus* pendentes que eram dívidas do património comum bem como todas as dívidas do cônjuge supérstite (§ 1488º do BGB). Além de por elas responder o património comum que integra agora a comunhão continuada, o cônjuge sobrevivo responde pessoalmente por tais dívidas. Podendo ficar prejudicado pela anterior administração do *de cujus*, o § 1489º, 2º, do BGB, permite ao cônjuge sobrevivo e agora administrador restringir a sua responsabilidade por aplicação das regras da responsabilidade do herdeiro pelas dívidas da herança. De referir ainda que, e não obstante as mesmas serem por regra da responsabilidade da comunhão continuada, o § 1499º do BGB determina as dívidas que nas relações internas são da responsabilidade do cônjuge sobrevivo (e o § 1500º do BGB as do *de* cujus e assumidas pelos descendentes) pelas quais não responde a título definitivo o património comum da comunhão continuada. Por outro lado, e no momento da divisão da comunhão continuada, devem seguir-se as disposições previstas para a liquidação e partilha do regime de comunhão, assumindo-se o cônjuge sobrevivo como o único administrador do património comum (sendo, assim, de aplicar os §§ 1480º e 1481º do BGB, quanto ao pagamento das dívidas depois da partilha – § 1498º do BGB). A comunhão continuada cessa por matrimónio ulterior do cônjuge sobrevivo, por morte deste último e pelo desaparecimento de todos os descendentes que participam na comunhão (§§ 1490º, 1493º, e 1494º do BGB).
O intuito do instituto da comunhão prorrogada filia-se no facto de se entender que o património comum é um património de afetação especial à satisfação das necessidades da família, que se presume manterem-se para além da morte de um dos cônjuges e enquanto o outro sobrevive, sem contrair novo matrimónio (Beitzke/Lüderitz, *ob. cit.*, p. 163, e Lüderitz/Dethloff, *ob. cit.*, p. 136, MünchKomm – *Kanzleiter*, Vor § 1483 Rdn. 3, p. 722, Gernhuber/Coester-Waltjen, *ob. cit.*, § 39, I, 2, p. 465, e Palandt/Brudermüller, *ob. cit.*, Vorb zu § 1483º, p. 1703).
A comunhão continuada (*"communauté continuée"*) existiu também no direito francês até ao Cód. Civil de 1804, permitindo o prolongamento da comunhão entre os descendentes comuns e o cônjuge sobrevivo. Desde então qualquer acordo de manutenção da comunhão é nulo (art. 1442º, 1º, do Cód. Civil francês), o que não impede que, em caso de morte de um dos cônjuges, não se efetue de imediato a liquidação e partilha da comunhão. Todavia, o que se mantém não é a comunhão (com as regras vigentes no decurso da vida em comum dos cônjuges), mas um estado de indivisão (que para os autores franceses se equipara à compropriedade – *indivision ordinaire*) que surge no momento da morte e que automaticamente substitui a comunhão (A. Colomer, *Droit Civil..., cit.*, pp. 421 e 422). Limitámo-nos a estas referências à comunhão continuada dado que ela não tem equivalente no nosso direito.

sendo o critério decisivo o momento da contração da dívida, parece ser a que mais se aproxima destas (sendo certo que entre nós as dívidas comuns não são dívidas pessoais do cônjuge que as contraiu) e a que melhor protege os credores, assegurando a manutenção da responsabilidade do património ou dos patrimónios que eram responsáveis pela dívida no decurso do regime de bens.

5. A regulamentação do passivo existente no momento da liquidação e contraído após a dissolução do casamento

Outro problema que aqui pretendemos analisar é o de saber como regular as dívidas contraídas entre o momento da dissolução do regime de bens e a efetiva partilha do mesmo, ou seja, continuarão a aplicar-se as regras do regime de bens (muito embora o casamento tenha já sido dissolvido) ou aplicar-se-ão as regras gerais de qualquer indivisão como se não tivesse existido qualquer regime de bens entre os cônjuges.

O regime de bens termina com a dissolução mas mantém-se a comunhão, pelo que só com a partilha se sabe o que é próprio de um e outro cônjuge e o que é comum, e só nessa altura se apuram e pagam as dívidas. Contudo, terminando as relações pessoais e patrimoniais entre os cônjuges, não tem sentido que se mantenham unidos pelo regime da responsabilidade por dívidas, podendo um cônjuge ser solidariamente responsável por uma dívida que o outro contraiu, só por ainda não se ter procedido à partilha dos bens (tanto mais que, entre os cônjuges, e para assegurar os seus patrimónios próprios, as relações patrimoniais cessam, por regra, na data da propositura da ação de divórcio – art. 1789º). O grande problema é a existência de um património comum que permanece até ao momento da partilha[738]. Pelas dívidas já contraídas (art. 1690º, nº 2) será de aplicar

[738] V., Cristina Dias, "Processo de inventário, administração e disposição de bens...", *loc. cit.*, p. 117, onde se refere que a natureza do património comum só termina com a respetiva partilha dos bens comuns. V., neste sentido, os ac. do STJ, de 15.12.1998 (*http://www.dgsi.pt*, consultado a 17 de março de 2021); e da RL, de 12.07.2001 (*http://www.dgsi.pt*, consultado a 17 de março de 2021), onde se afirma que, após a dissolução do casamento, os bens comuns mantêm-se nessa qualidade até ocorrer a sua divisão e partilha. Até lá aplicam-se-lhes todas as regras legais que os pressupõem. Mas há também jurisprudência em sentido contrário, defendendo a transformação da comunhão em compropriedade e, em consequência, a aplicação das normas da compropriedade – p. ex., os ac. do STJ, de 16.07.1971 (*RLJ*, ano 105º, 1972/73, p. 159, comentado por Vaz Serra, na mesma revista e ano, pp. 159 e 160, que apoia a posição do acórdão); e de 19.01.1995 (*http://www.dgsi.pt*, consultado a 17 de março de 2021); da RL, de

o regime da responsabilidade por dívidas do casal, já analisado. As dívidas a contrair depois da dissolução não deverão sujeitar-se a tal regime que apenas regula as relações patrimoniais entre cônjuges e não entre ex-cônjuges. Então como regulá-las?

Uma possibilidade será a de aplicar as regras da partilha sucessória dado tratar-se de um património de mão comum semelhante. Assim, continua a responder a comunhão pelas dívidas comuns tal como a herança responde coletivamente enquanto em estado de indivisão (art. 2097º)[739]. Repare-se que uma vez cessadas as relações patrimoniais entre os cônjuges pode proceder-se à partilha do casal (art. 1688º) que pode fazer-se por acordo ou por inventário, nos termos gerais[740]. Ora, o inventário para partilha dos bens em consequência do divórcio segue as disposições relativas ao inventário destinado a pôr termo à comunhão hereditária (arts. 1082º e 1084º do Cód. de Processo Civil)[741]. A Lei nº 117/2019, de 13 de setembro,

30.11.1990 (*http://www.dgsi.pt*, consultado a 17 de março de 2021); e da RE, de 02.02.1984 (*Col. Jurisp.*, tomo I, 1984, p. 288). Posição dúbia é assumida pelo ac. da RC, de 15.11.2005 (*http://www.dgsi.pt*, consultado a 17 de março de 2021), o qual, ainda que defenda que a dissolução da comunhão por divórcio determina uma situação de compropriedade, considera que a dissolução do casamento "não faz operar, automaticamente, a alteração do regime matrimonial de bens, pelo que, sendo a obrigação exequenda anterior à dissolução da sociedade conjugal, os bens comuns do casal mantêm essa qualidade, até à sua divisão e partilha".

[739] Antes da regulamentação legal da matéria em análise, a jurisprudência francesa entendia que o credor não poderia ser afetado com o fim do regime de bens, podendo continuar a exigir o seu pagamento pelos bens comuns antes de se efetuar a sua partilha (Planiol/Ripert, *Traité pratique de Droit Civil français..., cit.*, vol. IX, parte II, p. 157). Apontava, por isso, para a solução que propomos no texto para o nosso ordenamento jurídico, que também não regula a matéria, e que foi depois consagrada na legislação francesa. Também a nossa jurisprudência considera que, para proteção do credor, os bens comuns continuam a responder pelas dívidas já contraídas (ac. da RC, de 15.11.2005 (*loc. cit.*)), bem como, e apesar de próprias, pelas contraídas depois da dissolução do casamento, ainda que limitados à meação do ex-cônjuge devedor (ac. da RL, de 12.07.2001 (*loc. cit.*)).

[740] É importante voltar a referir que nos reportamos ao regime de comunhão. De facto, e ainda que a liquidação deva realizar-se, como já referimos, também no regime de separação, neste regime não há bens comuns a partilhar, pelo que cada cônjuge recebe apenas os seus bens próprios. Em relação aos bens em compropriedade que possam existir, pode pôr-se termo a essa indivisão mediante ação de divisão de coisa comum (e não processo de inventário). V., A. Lopes Cardoso, *A Administração dos Bens..., cit.*, p. 374, e Pereira Coelho/Guilherme de Oliveira, *ob. cit.*, p. 646.

[741] O meio competente para se proceder à partilha é o processo de inventário. "(...) [S]ó através do processo de inventário os exequentes e os demais credores têm possibilidade de nele intervirem, salvaguardando a sua posição (...), evitando-se, dessa forma, que a partilha seja

alterou o Código de Processo Civil, em matéria de processo de inventário, revogando o regime jurídico do processo de inventário, aprovado pela Lei nº 23/2013, de 5 de março, e aprovando o regime do inventário notarial. Nos termos desta lei, e de acordo com a nova redação do art. 1083º do Código de Processo Civil, o processo de inventário é da competência exclusiva dos tribunais judiciais: a) nos casos previstos nas als. *b*) e *c*) do nº 2 do art. 2102º do Código Civil; b) sempre que o inventário constitua dependência de outro processo judicial; c) quando o inventário seja requerido pelo Ministério Público. Nos demais casos, o processo pode ser requerido, à escolha do interessado que o instaura ou mediante acordo entre todos os interessados, nos tribunais judiciais ou nos cartórios notariais.

A indivisão que permanece entre a dissolução do regime de bens e a partilha dos bens comuns tem uma natureza e regime distintos da comunhão conjugal[742]. Para alguns autores passar-se-á de uma comunhão "colectivística" para uma comunhão "individualística", onde cada um dos cônjuges detém uma quota abstrata de 50% sobre o total do património comum, ainda que não concreta sobre os bens que o integram[743]. Para Pereira Coe-

um meio de defraudar os seus legítimos direitos e interesses; é que, no processo de inventário, quer o exequente, quer os respectivos credores, além do mais, têm o direito de promoverem o seu andamento e requererem a avaliação dos respectivos bens, proporcionando-se que esta seja real e não, eventualmente (...), fictícia" –ac. da RL, de 06.02.2001 (*Col. Jurisp.*, tomo I, 2001, p. 108), reportando-se à efetivação da separação judicial de bens.

[742] O direito francês fala a este propósito de *indivision post-communautaire* e o direito espanhol de *comunidad postganancial* ou *postmatrimonial*.

Esperança Pereira Mealha, *ob. cit.*, pp. 74 e 75, aponta as principais caraterísticas desta indivisão pós-comunhão: os seus titulares podem ser os cônjuges (ou ex-cônjuges) como o cônjuge sobrevivo e os herdeiros do *de cujus*; os titulares podem dispor da sua meação, nomeadamente, alienando-a, assim como pode ser objeto de penhora para pagamento de dívidas da responsabilidade exclusiva de um deles; os seus titulares têm um direito irrenunciável à partilha; a administração dos bens deixa de reger-se pelas regras que vigoravam durante o casamento, mas a lei não determina as novas regras de administração; o ativo e o passivo perdem a mutabilidade que tinham; o ativo continua especialmente afeto ao passivo comum.

[743] Manuel de Andrade, *Teoria Geral da Relação Jurídica*, vol. I, reimpressão, Coimbra, Almedina, 2003, pp. 225 e 226, entende que, após a extinção do vínculo que lhe subjaz, a propriedade coletiva (de que a comunhão conjugal é exemplo) degenera em comunhão ou compropriedade do tipo romano, podendo qualquer dos interessados dispor da sua parte ideal e pedir a divisão da massa patrimonial comum. Neste sentido pronunciaram-se os ac. da RC, de 27.09.1994 (*Col. Jurisp.*, tomo V, 1994, p. 31, que aplica as regras da compropriedade, uma vez dissolvido o casamento por divórcio e antes de efetuada a partilha), e de 12.11.2002 (*http://www.trc.pt*, consultado a 17 de março de 2021, onde se afirma que se transita "de uma situação de comu-

lho e Guilherme de Oliveira, por seu lado, a situação passa a ser idêntica à da herança indivisa[744]. Cada ex-cônjuge pode dispor da sua meação, como pode pedir a separação das meações (o que não podia fazer antes do divórcio). Mas não quer dizer que os bens comuns deixem de ser um património comum e passem a pertencer aos cônjuges em compropriedade[745]. Não podem, de facto, os cônjuges dispor de metade de cada um dos bens em concreto, pois antes da partilha não se sabe com que bens será preenchida a meação de cada um dos cônjuges. Na verdade, o regime mais próximo é o da comunhão hereditária[746]. Por isso, tal como em matéria de

nhão de mão comum ou de património colectivo para uma situação de compropriedade, em que os actos de disposição de toda a coisa ou de parte especificada de coisa comum exigem o consentimento de ambos os consortes ou comproprietários").

[744] Pereira Coelho/Guilherme de Oliveira, *ob. cit.*, p. 767. Aliás, os arts. 1689º e 1697º, que referem o momento da liquidação e partilha do regime de bens, reportam-se ao "património comum" e não a uma compropriedade. Defendendo a mesma posição de aproximação à comunhão hereditária, v., Lacruz Berdejo/Sancho Rebullida, *et allii*, *Elementos de Derecho Civil. Familia*, *cit.*, p. 247. Também a jurisprudência, nos ac. do STJ, de 25.11.1998 (*BMJ*, nº 481º, 1998, p. 492); da RL, de 08.07.1999 (*Col. Jurisp.*, tomo IV, 1999, p. 94); e da RE, de 07.07.1992 (*Col. Jurisp.*, tomo IV, 1992, p. 295, ainda que refira a aplicação das regras da compropriedade por força do art. 1404º), afastam a indivisão pós-comunhão da compropriedade e aplicam à comunhão, por analogia, as regras da herança jacente. Contra, v., os acórdãos citados na nota anterior. Cunha Gonçalves, *Tratado de Direito Civil...*, *cit.*, vol. VI, pp. 457 e 459, considerava que com a dissolução do casamento cessava o regime de comunhão, sendo esta substituída por um estado de indivisão, ou seja, uma *"comunhão em liquidação"*, semelhante à das sociedades dissolvidas. Os bens adquiridos a partir desse momento não ingressavam no património comum, sendo próprios do cônjuge em causa. Paralelamente, considerava que também o passivo comum ficava nesse momento fixado. A partir daí não eram mais possíveis dívidas comuns, sendo as dívidas contraídas pelos ex-cônjuges, mesmo antes da partilha, dívidas pessoais não sendo de lhes aplicar as normas relativas à comunicabilidade da dívida no decurso do casamento. Considerava, porém, que certas dívidas podiam acrescer ao passivo comum, nomeadamente, as relativas ao sustento da família.

[745] No mesmo sentido, De Paola, *Il diritto patrimoniale della famiglia...*, *cit.*, p. 698. É efetivamente por a comunhão se manter enquanto património coletivo depois da dissolução e até à partilha que leva M. Paladini, *ob. e loc. cit.*, p. 384, a considerar que se deve continuar a aplicar as normas dos arts. 186º a 190º do Cód. Civil italiano. Apenas exclui a aplicação do art. 190º do Cód. Civil italiano em relação aos credores que contraíram dívidas depois da dissolução e que responsabilizam os bens comuns ainda que não possam com rigor considerar-se credores da comunhão (dado esta estar dissolvida).

[746] Esperança Pereira Mealha, *ob. cit.*, pp. 77 e 78, apresenta razões para tal equiparação: tal como a herança, compõe-se a indivisão pós-comunhão de situações jurídicas ativas e passivas, tendo um certo grau de autonomia patrimonial, na medida em que responde prioritariamente por certo tipo de dívidas; o direito dos ex-cônjuges altera-se – passa a estar individualizado

administração não se continua a aplicar as regras de administração dos bens do casal (arts. 1678º e segs.), mas a administração da indivisão pós-comunhão incumbe ao cônjuge mais velho, por aplicação da regra prevista para o processo de inventário (art. 1133º, nº 2, do Cód. de Processo Civil)[747], também a matéria das dívidas que surgem entre a dissolução do regime de bens e a sua efetiva partilha deverá regular-se por recurso às regras do Direito Sucessório.

É evidente que no caso da comunhão hereditária não surgem novas dívidas do *de cujus*, só existem as que ele já havia contraído. Não seria então de admitir um prolongamento das regras do regime de comunhão e da responsabilidade por dívidas em vez da aplicação do art. 2097º, ou seja, a responsabilidade "comum" por tais dívidas?

Entendemos que não. Como referimos, as regras da responsabilidade por dívidas regem as relações entre cônjuges e não entre ex-cônjuges[748]. Além disso, o art. 2097º é uma norma de liquidação da herança. Ora, existindo tal regra reguladora da liquidação de um estado de indivisão, parece ser defensável a sua aplicação à comunhão em liquidação e ainda não partilhada. Repare-se que, em todo o caso, sempre serão menos as dívidas consideradas comuns. E, portanto, as dívidas serão normalmente próprias de quem as contrai, aplicando-se o regime geral do Direito comum. Mas, a existir uma dívida comum (p. ex., pode configurar-se uma dívida comum

e quantificado, cada qual dispõe da sua meação, mas continua a incidir sobre um todo (com ativo e passivo) e não sobre bens concretos (diferenciando-se da compropriedade); a sua administração incumbe ao cônjuge mais velho, por aplicação da regra prevista para o processo de inventário. Contra este último entendimento, v., no direito espanhol, p. ex., Lacruz Berdejo/ Sancho Rebullida, *et allii, Elementos de Derecho Civil. Familia, cit.*, p. 248, que considera que a administração da indivisão pós-comunhão é feita em conjunto, por aplicação das regras da compropriedade. E o mesmo decorre do direito francês ao defender a aplicação das regras da compropriedade (A. Colomer, *Droit Civil..., cit.*, p. 438).

[747] Repare-se que se o casamento se dissolve por morte, as regras de administração da herança podem abranger a administração dos bens comuns quando o cônjuge sobrevivo surge, como normalmente acontece, como cabeça-de-casal. De facto, tal cônjuge administra como cabeça-de-casal os bens comuns na totalidade e não só a meação abstrata do *de cujus* e os seus bens. O art. 1122º do Cód. de Seabra estabelecia também que no caso de morte de um dos cônjuges cabia ao sobrevivo a posse e administração dos bens enquanto não se efetuasse a partilha, coincidindo com a solução sucessória atual.

[748] Afastando também a regulamentação legal das dívidas dos cônjuges, v., o ac. da RE, de 02.02.1984 (*loc. cit.*), que considerou, pelo contrário, que, tendo a dívida exequenda sido contraída depois da dissolução do casamento, ser-lhe-á aplicável o regime da compropriedade.

se um ex-cônjuge contrai uma dívida para realizar certas obras num prédio seu mas onde o seu ex-cônjuge se encontra por acordo entre os mesmos – a dívida podia ingressar no art. 1691º, nº 1, al. *c*)), como respondem os cônjuges? Conjuntamente (art. 2097º)? Cada um pela sua parte[749]?

A continuação da aplicação das regras dos arts. 1690º e segs. implicaria que, verificando-se uma das situações de responsabilidade comum pela dívida, continuaria a responder o património comum e o próprio de cada um dos cônjuges solidária ou conjuntamente consoante o regime de bens. Se a solução não choca no caso de dívidas que possam beneficiar ambos (como as que possam ainda ser contraídas em proveito comum ou para um dado encargo comum, como o pagamento de uma renda ou empréstimo) já pode chocar no caso de dívidas contraídas pelo ex-cônjuge comerciante no exercício do seu comércio que pode até ser contra a vontade do seu ex-cônjuge. Se a comunicabilidade da dívida comercial já choca no decurso do casamento, mais ainda quando este não existe. Contudo, tudo estará em saber se os frutos e proventos do referido exercício do comércio passam a ser próprios do ex-cônjuge comerciante ou se caem no património comum ainda subsistente até à partilha. Ora, cessando as relações patrimoniais entre os cônjuges no momento da dissolução do casamento (art. 1688º), é nesse momento que devem deixar de aplicar-se as regras reguladoras do regime de bens. Significa isso, portanto, que os bens que os ex-cônjuges venham a adquirir após esse momento não integram o património comum que é, por isso também, definido no momento da cessação das relações patrimoniais entre os cônjuges, tal como acontece com o património que constitui a herança indivisa.

Entendemos, por isso, e em primeiro lugar, que a comunhão indivisa deve estar sujeita às regras da partilha sucessória por ser o instituto jurídico que mais se aproxima. Sendo assim, a comunhão indivisa apenas será responsável pelas dívidas contraídas e que a responsabilizam no seu decurso (é evidente que em relação às dívidas consideradas comuns no decurso da comunhão, manter-se-á a responsabilidade dos bens comuns agora indivisos) e ainda as contraídas depois da sua dissolução mas que a ela beneficiam ou com ela se relacionam. Todas as outras, e porque também novos bens não engrossam o património comum, devem considerar-se da responsabi-

[749] Neste caso, o recurso às regras das sociedades já não nos parece ser possível dado não existir qualquer partilha, pelo que temos um património de mão comum diferente da sociedade em liquidação onde cada sócio tem a sua participação.

lidade de cada um dos ex-cônjuges nos termos gerais. Repare-se que idêntica solução decorre das regras da administração e disposição dos bens do casal. De facto, ainda que os ex-cônjuges não possam dispor livremente dos bens comuns depois da dissolução do casamento mas antes da partilha da comunhão, pode qualquer um deles dispor dos seus bens próprios desde a propositura da ação (altura em que os efeitos se produzem entre os cônjuges – art. 1689º). O que significa que deixam de aplicar-se as regras da administração e disposição dos bens do casal, mantendo-se apenas em relação aos bens comuns pela ainda existência de um património comum.

De notar que, atendendo à produção dos efeitos do divórcio entre os cônjuges (por regra, na propositura da ação, nos termos do art. 1789º, nº 1, 2ª parte) em momento diferente dos terceiros (registo da sentença de divórcio – art. 1789º, nº 3), uma determinada dívida pode ser considerada como própria nas relações entre os cônjuges e ser havida como comum face a terceiros credores. De facto, e considerando-se aplicar as regras da partilha sucessória, os bens comuns só respondem pelas dívidas da comunhão. Só que certas dívidas podem ser consideradas como comuns face aos credores se forem contraídas antes do registo da sentença (e, por isso, em relação a eles mantêm-se as regras da responsabilidade por dívidas dos cônjuges dos arts. 1690º e segs.), mas já devem considerar-se como próprias face aos cônjuges porque contraídas depois da propositura da ação de divórcio. Ora, e não estando em causa o pagamento da dívida ao terceiro credor, que sempre poderá exigir o seu pagamento pelos bens comuns indivisos e solidariamente a qualquer um dos cônjuges (pois continua a aplicar-se em relação a ele as regras da responsabilidade por dívidas), nas relações entre os cônjuges e o património comum pode haver lugar a reembolsos. Ou seja, e por que continua a existir um património comum que só termina no momento da sua partilha, pode gerar-se uma compensação do património próprio do cônjuge que contraiu a dívida depois da propositura da ação e antes do registo da sentença ao património comum no momento da liquidação e partilha (ao contrário do que é defendido no ordenamento jurídico francês que considera não integrar tal valor a conta das compensações, podendo ser imediatamente exigido, resultante da consideração da indivisão pós-comunhão como uma compropriedade)[750].

[750] Mais uma vez, reafirmamos que defendemos a existência de um princípio geral de compensações sempre que um património tenha enriquecido à custa de um outro.

Chamamos a atenção para o facto de a solução que propomos não poder defender-se se a dívida, comum face aos credores mas própria entre os cônjuges porque contraída no momento de indivisão, tiver sido contraída não no interesse do ex-cônjuge devedor mas no interesse da comunhão em estado de indivisão.

O problema da natureza jurídica da comunhão em estado de indivisão e a falta de regulamentação especial da matéria pode conduzir a soluções menos justas na prática. Parece-nos, a este propósito, interessante referir o ac. da RL, de 21.02.2002 (*Col. Jurisp.*, tomo I, 2002, p. 109), que considerou que na relação de bens, no âmbito do processo de inventário para partilha dos bens do casal, não deve incluir-se o crédito de um dos cônjuges em relação ao outro surgido depois da propositura da ação de divórcio. A situação fáctica resume-se ao seguinte: o requerente pretendia que se inserisse na relação de bens do processo de inventário as quantias pagas por ele, em nome da requerida, relativas às prestações de um empréstimo hipotecário. Foi proferido despacho judicial no sentido da sua eliminação da referida relação de bens, dado que no inventário apenas se averiguariam os créditos dos cônjuges a terceiros e não de um dos cônjuges sobre o outro, questão a ser apreciada em ação de prestação de contas. O requerido interpôs recurso de agravo.

Coloca esta decisão duas questões a resolver: o problema das dívidas depois da propositura da ação de divórcio (se integram ou não o inventário para partilha) e o problema da determinação da existência de uma compensação.

Uma vez dissolvido o casamento, cessam as relações patrimoniais entre os cônjuges, retroagindo a produção dos seus efeitos, entre eles, à data da propositura da ação (arts. 1688º e 1789º, nº 1). A Relação de Lisboa não tem dúvidas ao afirmar que é nesse momento que se estabiliza o conteúdo do património conjugal comum, permanecendo até à partilha a natureza jurídica da comunhão como património de mão comum. Ou seja, assume a posição a que já fizemos referência *supra*, afastando a constituição de uma compropriedade. Ora, decretado o divórcio, qualquer um dos cônjuges pode requerer a instauração de inventário para partilha dos bens. Deve constar da relação de bens neste processo os bens e as dívidas que integravam o património comum e serve de base à sua liquidação (atual art. 1098º do Cód. de Processo Civil). Assim, as compensações a que o art. 1697º se refere devem ser relacionadas desde que surgidas antes da cessação das relações patrimoniais entre os cônjuges, ou seja, antes da propositura da ação de divórcio. Ora, tal como apenas são comuns os bens até essa altura adquiridos também só são comuns as dívidas até esse momento[751]. Por isso, tal como só consta do ativo da relação de bens os adquiridos até esse momento[752], também só integra o passivo contraído até à cessação das relações patrimoniais[753]. Como a dívida do pagamento do empréstimo apenas se referia ao montante pago depois da cessação das relações patrimoniais entre os cônjuges, considerou a Relação de Lisboa não ser de a incluir na relação de bens no âmbito do processo de inventário.

Sendo de aplicar as regras da partilha sucessória, a solução da Relação de Lisboa parece correta neste ponto. Na verdade, tal como no inventário para efeitos sucessórios deve atender-se aos bens e dívidas existentes no momento da abertura da sucessão, também no inventário para partilha dos bens do casal deve constar o ativo e o passivo até à data da propositura da ação de divórcio, estejam as dívidas pagas ou não, ou seja, desde que se tenham constituído até essa altura. De facto, pode existir uma dívida ainda não paga no momento da liquidação (e essa integra, obviamente, o passivo). Não é esse o nosso problema: aqui a questão é a das dívidas contraídas depois da dissolução e antes da liquidação e partilha da comunhão.

Aquilo com que não concordamos com a Relação de Lisboa é na confusão que faz quanto às compensações entre os diferentes patrimónios, confundindo-as com os créditos entre cônjuges[754]. Ora, se se trata de

[751] De facto, a consideração dos bens que integram o ativo até à data da propositura da ação (ou do começo da separação, nos termos do art. 1789º, nº 2), visa evitar, p. ex., que um cônjuge, com o seu trabalho, tenha engrossado o património comum e o outro, passado um período de tempo mais ou menos curto, viria exigir parte nesse património no momento da partilha. Repare-se que estão em causa as relações internas entre os patrimónios e não em relação a terceiros que já referimos *supra*. Ou seja, para terceiros a dívida será comum e, por isso, podem exigir o seu pagamento pelo património comum, se for o caso.

[752] V., ac. da RC, de 17.04.1990 (*Col. Jurisp.*, tomo II, 1990, p. 63), que fixou como bens do casal para partilha os que existiam na data da propositura da ação de divórcio não integrando, por isso, os bens recebidos a título sucessório por um dos cônjuges depois dessa data (tendo sido o casamento celebrado em regime de comunhão geral).

[753] A ele, porém, parece que deve acrescentar-se as dívidas comuns face a terceiros (as contraídas entre a propositura da ação de divórcio e o registo da sentença) e as dívidas contraídas depois da dissolução da comunhão, e anteriormente à sua partilha, em benefício da mesma.

[754] Chega mesmo a referir que "[os] créditos de cada um dos cônjuges sobre o outro (...) resultam, em regra, de terem sido pagas com bens próprios de um dos cônjuges dívidas da responsabilidade de ambos (...)". Ora, atendendo ao já exposto e à nossa definição de com-

uma compensação entre o património próprio do requerente e o património comum (se aquele pagou dívidas que incumbiam a este) ela surge em momento ulterior à cessação das relações patrimoniais mas terá de ser sempre por dívida anterior que se considerava comum no decurso do regime de bens. E, nesse caso, terá de integrar o passivo comum, como dívida da comunhão a um dos cônjuges. Caso contrário, se a dívida apenas surgiu depois da propositura da ação, a dívida será própria do cônjuge que a contraiu, não se tratando já de uma compensação mas de créditos entre cônjuges. De facto, se a dívida foi contraída pela requerida depois da cessação das relações patrimoniais entre os cônjuges, aquela será própria desta. Se o requerente a pagou surge um crédito entre os cônjuges que, nada tendo que ver com o património comum, não integra obviamente o passivo da relação de bens. Portanto, a confusão da Relação de Lisboa pode levar a resultados injustos pela confusão entre compensações e créditos. Com efeito, se se trata efetivamente de uma compensação, o pagamento efetuado pelo requerido depois da propositura da ação, mas necessariamente por dívida contraída no decurso da comunhão, deve integrar o passivo da relação de bens e não ser objeto de ação autónoma de prestação de contas[755] (ou de enriquecimento sem causa), solução apenas defensável se há créditos entre cônjuges por pagamento de dívidas próprias.

pensação e de créditos entre cônjuges não podemos concordar com a referida afirmação que confunde os dois conceitos.

[755] Tal como decidiu o ac. da RC, de 15.02.2005 (*http://www.dgsi.pt*): "O processo especial de inventário em consequência do divórcio (...) é o meio adequado para se conhecer e decidir dos chamados "créditos de compensação" entre os cônjuges, devendo aí ser relacionados, e já não em processo de prestação de contas". Como aí se refere, o processo especial de inventário destina-se não só a dividir os bens do casal, mas a liquidar as responsabilidades mútuas e as dívidas do casal. Ora, nestas incluem-se não só as dívidas face a terceiros mas também as devidas entre os patrimónios existentes dentro do casal. Tal como se incluem todos os bens do casal também devem incluir-se todas as dívidas, incluindo as compensações. Além disso, a ação especial de prestação de contas assenta na unilateralidade do dever de uma das partes prestar contas à outra, relativamente a bens ou interesses que lhe foram confiados, de acordo com o princípio geral de que quem administra bens alheios deve prestar contas da sua administração ao titular desses bens ou interesses. Ora, tal não sucede aqui. Contra, v., Lopes Cardoso, *Partilhas Judiciais*, vol. III, 4ª ed., Coimbra, Almedina, 1991, p. 392, para quem, apesar de consideradas no momento da partilha para serem satisfeitas de acordo com o art. 1689º, nº 3, as dívidas de compensações não devem ser relacionadas no inventário. Considera que as compensações não dizem respeito ao património comum mas ao património individual do cônjuge credor da mesma e, em contrapartida, um elemento do passivo do do cônjuge de-

Portanto, e concluindo, a comunhão indivisa deve ser objeto de uma regulamentação especial que não a do regime de bens. Como património autónomo que é a melhor regulamentação aproxima-a da comunhão hereditária. Assim, os bens comuns continuarão a responder pelas dívidas já contraídas no decurso da comunhão e consideradas comuns. As dívidas contraídas depois da dissolução devem considerar-se próprias do cônjuge que as contraiu, salvo se forem em benefício da comunhão indivisa. Em todo o caso, os bens comuns, enquanto tais, podem responder por tais dívidas próprias de cada um dos cônjuges. De facto, o credor pode obter o seu pagamento também pela meação dos bens comuns que caberão na partilha ao seu devedor[756].

No direito francês entende-se que à indivisão pós-comunhão não se aplica as regras especiais da comunhão entre cônjuges, mas antes o Direito comum da indivisão ordinária (compropriedade)[757]. A dissolução do regime implica

vedor. Como resulta do já exposto não podemos concordar com a posição deste autor, desde logo, porque se confunde as compensações com os créditos entre cônjuges. As compensações implicam uma relação com o património comum e é efetivamente o processo de inventário o meio adequado à sua consideração, dado que é por ele que se procede à liquidação e partilha da comunhão. Ora, uma das operações da liquidação é precisamente, como vimos, a consideração das compensações existentes entre os patrimónios comum e próprios dos cônjuges. Repare-se que o art. 1775º, nº 1, al. *a*), do Cód. Civil, e o art. 994º, nº 1, al. *b*), do Cód. de Processo Civil, em matéria de divórcio por mútuo consentimento, exigem a apresentação da relação de "bens" comuns. Esta referência aos bens deve entender-se como sendo ao património, ou seja, integrando os bens e as dívidas. Assim, entendemos que esta relação deve incluir não só o ativo como o passivo do património comum, sob pena de destruir o jogo das compensações pelo pagamento de dívidas. É evidente que é em processo de inventário que estas questões podem colocar-se mas o mesmo inventário assenta na referida relação de bens, pelo que esta deverá conter tais informações. Se naquela ou neste não constarem as dívidas, quer a terceiros quer entre os diferentes patrimónios, não teria sentido a regulamentação das dívidas na partilha nem das compensações. V., neste sentido, o ac. da RL, de 28.06.2007 (*http://www.dgsi.pt*, consultado a 17 de março de 2021).

[756] É precisamente o que refere o ac. da RL, de 12.07.2001 (*loc. cit.*). De facto, tratando-se de dívida contraída apenas pelo cônjuge marido após a dissolução do casamento, deve o exequente, tendo por título executivo uma letra aceite apenas por aquele, nomear à penhora o direito de meação do ex-cônjuge marido sobre a casa de morada da família entretanto atribuída à ex-cônjuge mulher.

[757] F. Terré/Ph. Simler, *ob. cit.*, p. 443, A. Colomer, *Droit Civil..., cit.*, pp. 427-442, e Annie Lamboley/Marie-Hélène Laurens-Lamboley, *Droit des régimes matrimoniaux*, 3ª ed., Paris, Litec, 2004, p. 142. Por isso, a jurisprudência já decidiu, p. ex., que o cônjuge que, por morte do outro, ocupa sozinho a casa de morada da família, deve à indivisão uma indemnização, de

imediatamente o fim da comunhão, e das suas regras, e a sua substituição pelas regras gerais da compropriedade (arts. 815º e segs. do Cód. Civil francês). Tais normas regulam o estado de indivisão gerado e que pode prolongar-se, sobretudo no caso de dissolução da comunhão por morte de um dos cônjuges, durante muitos anos. Integram o ativo desta compropriedade todos os bens comuns que existiam no momento da dissolução do regime, não sendo aumentado por novos bens[758].

Mas, aquilo que aqui nos importa é a composição e regulação do passivo dessa indivisão[759]. Neste sentido, distingue o art. 815º-17 do Cód. Civil francês, aplicável à comunhão dissolvida, os credores da comunhão dissolvida, aqueles cujos créditos resultam da conservação ou administração dos bens indivisos e os credores pessoais de um dos ex-cônjuges comproprietários. Assim, os credores que podiam exigir o seu pagamento pelos bens comuns por dívidas consideradas comuns e ainda não pagas no momento da dissolução[760] e aqueles cujo crédito resulta da conservação ou administração dos

acordo com o art. 815º-9 do Cód. Civil francês (Cass. civ. 1.re, (*Casier*), de 15 de fevereiro de 1973 (*D.* 1975, p. 509), consultado em Savatier, "Le régime des récompenses au regard de l'indivision post-communautaire", *Recueil Dalloz Sirey*, chr. XXX, 1975, pp. 179 e 180, e A. Colomer, *Droit Civil..., cit.*, pp. 661 e 662). A aplicação das regras da compropriedade decorre também da conceção da natureza jurídica da comunhão. De facto, se se entende a comunhão como uma indivisão *sui generis*, como muitos autores franceses (p. ex., Henri Mazeaud, *et allii*, *ob. cit.*, p. 151, e A. Colomer, *Droit Civil..., cit.*, pp. 193 e 196), no momento da sua dissolução as regras especiais a que está sujeita deixam de aplicar-se, sendo substituídas pelas regras gerais da compropriedade (v., Henri Deschenaux, *La nature juridique da la communauté..., cit.*, p. 349, ainda que o autor defenda a consideração da comunhão como uma sociedade, estando sujeita às regras da liquidação das mesmas no momento da sua dissolução).
De referir, como nota Mª Amalia Blandino Garrido, *ob. cit.*, p. 51, nota 82, que a regulamentação legal da compropriedade em França assenta numa certa estabilidade da instituição desde a Reforma de 1976, permitindo o equilíbrio entre o interesse individual de cada comproprietário e o interesse comum da indivisão.

758 Salvo os que a esses bens comuns se relacionam, como os frutos e rendimentos de tais bens quando não tenha sido efetuada uma partilha prévia (*"provisionnel"*) ou acordo estabelecendo a fruição dividida (art. 815º-10 do Cód. Civil francês). O mesmo se diga dos bens sub-rogados no lugar daqueles. V., sobre estas questões, A. Colomer, *Droit Civil..., cit.*, pp. 429-434.

759 Tal como em matéria de dívidas, também as regras da administração da comunhão deixam de aplicar-se com a dissolução desta, passando a aplicar-se as regras do Direito comum da indivisão, devendo os ex-cônjuges administrar e dispor em conjunto (art. 815º-3 do Cód. Civil francês). V., M. Grimaldi, *et allii, ob. cit.*, pp. 501-511.

760 Integram, portanto, o passivo da massa indivisa as dívidas nascidas no decurso do regime de bens e a cargo da comunhão e ainda não pagas no momento da dissolução.

bens indivisos[761], serão pagos por levantamento dos bens que constituem o ativo indiviso antes da partilha, o que significa que escapam ao concurso com os credores pessoais de cada ex-cônjuge (que, antes da partilha, não podem penhorar a parte do seu devedor nos bens indivisos). Podem, portanto, exigir o pagamento sobre os bens indivisos no seu conjunto, como se ainda continuasse a existir comunhão. Podem, além disso, reagir contra a penhora e venda dos bens indivisos. Acresce que, e além de terem o cônjuge que contraiu a dívida como seu devedor pessoal (art. 1482º do Cód. Civil francês), podem executar na medida da metade os bens próprios do cônjuge do seu devedor no decurso da indivisão (art. 1483º do Cód. Civil francês)[762].

Por seu lado, os credores pessoais de cada cônjuge são aqueles que antes da dissolução do regime apenas podiam executar o património próprio dos

De chamar a atenção para o facto de as dívidas relativas à contração de empréstimo nos termos do art. 1415º do Cód. Civil francês não poderem considerar-se dívidas da comunhão. De facto, a possibilidade de os credores poderem executar os rendimentos do cônjuge devedor não é suficiente para considerar a dívida como comum. Assim, se a referida obrigação não se encontra paga no momento da dissolução deve atribuir-se-lhe o tratamento das restantes dívidas pessoais.

761 Trata-se das despesas necessárias à conservação, administração, reparação dos bens indivisos e todas as dívidas assumidas por um dos ex-cônjuges das quais a indivisão tirou proveito (Marty/Raynaud, *ob. cit.*, p. 269).

762 De facto, o art. 1483º do Cód. Civil francês reconhece tal direito ao credor desde o momento da dissolução e não apenas depois da partilha. Tal faculdade foi apenas permitida após a Reforma de 1985. Até aí, os credores da comunhão não podiam, no decurso da indivisão, acionar o cônjuge do seu devedor, dado que tal faculdade só lhes era permitida depois da partilha, na medida de metade, e sujeita ao benefício de inventário.
Alguns autores consideram injusta tal faculdade dos credores comuns, dado que o ex-cônjuge do que contraiu a dívida deverá responder por ela na medida da metade depois da partilha, uma vez que é nessa altura que ele receberá metade da massa comum. Além disso, não pode socorrer-se do benefício de inventário antes da partilha (Ph. Simler, "Note sous Cass. civ. 1.re, 1.re mars 1988», *JCP* 1988.II.21158, e «Note sous Cass. civ. 1.re, 7 mars 1989», *JCP* 1989. II.21309, F. Terré/Ph. Simler, *ob. cit.*, pp. 451 e 452, e Cornu, *Les régimes matrimoniaux.., cit.*, pp. 422 e 423). Outros, contudo, admitem a faculdade conferida ao credor desde o momento da dissolução (Aubry/Rau, *ob. cit.*, pp. 496 e 497) e consideram que o cônjuge encontra proteção nos arts. 1487º e 1488º do Cód. Civil francês. A jurisprudência tem também aplicado o art. 1483º do Cód. Civil francês desde o momento da dissolução da comunhão. Flour/Champenois, *ob. cit.*, p. 543, consideram que, sendo a regra do art. 1483º, 1º, do Cód. Civil francês, a possibilidade de o credor exercer o seu direito desde o momento da dissolução, deve abrir-se uma exceção se o cônjuge do devedor invocar o benefício de inventário, ou seja, se se realizou inventário nos termos do art. 1484º do Cód. Civil francês, o credor apenas poderá exercer o seu direito depois da partilha, pois só nessa altura serão determinados os bens inventariados que cabem a esse cônjuge.

cônjuges bem como aqueles cujo crédito surgiu depois da dissolução e no decurso da indivisão e que não são de conservação ou administração dos bens indivisos. Na falta de convenção relativa ao exercício de direitos indivisos, não podem tais credores executar a parte do seu devedor nos bens indivisos. Podem, contudo, provocar a partilha em nome do seu devedor ou intervir na partilha por ele iniciada (arts. 815º-17 e 882º do Cód. Civil francês). Os cônjuges podem evitar o curso da ação de partilha pagando a dívida em nome do devedor, mantendo, assim, a indivisão. Neste caso, os credores pessoais serão pagos por levantamento dos bens indivisos (*prélèvement*). Se for estipulada uma convenção de indivisão, os credores pessoais apenas podem requerer a partilha nos casos em que o seu devedor o possa. Nos casos em que tal não lhes seja possível podem requerer a penhora e venda da quota-parte do seu devedor (art. 1873º-15 do Cód. Civil francês).

Repare-se, portanto, que as dívidas contraídas por qualquer um dos cônjuges no decurso da fase pós-comunhão são consideradas dívidas próprias de quem as contraiu, salvo se se tratar de dívidas relativas à conservação e administração da massa indivisa. Como tínhamos referido, depois da dissolução poucas dívidas serão comuns. De facto, só se justifica a manutenção de dívidas pelas quais ambos os cônjuges respondam se ambos beneficiarem com elas (nomeadamente, porque aproveitam à massa indivisa a partilhar). Tem, por isso, justificação a solução do direito francês.

No direito italiano, a doutrina dominante considera que a comunhão legal se transforma automaticamente com a sua dissolução numa comunhão ordinária[763/764], ou seja, tratar-se-á de uma situação de compropriedade à qual se

[763] Guido Tedeschi, *ob. cit.*, p. 742, Cian, "Sulla pubblicità del regime patrimoniale della famiglia. Una revisione chesi impone", *Rivista di Diritto Civile*, ano XXII, I, 1976, p. 34, que alterou depois a sua posição ("Introduzione. Sui presupposti storici e sui caratteri generali del diritto di famiglia riformato", *in* AAVV, *Commentario alla riforma del diritto di famiglia, cit.*, sob a direção de Carraro/Oppo/Trabucchi, vol. I, tomo I, p. 59, onde adota a posição de equiparação da comunhão em liquidação à sociedade em liquidação), Schlesinger, "Della comunione", *ob. e loc. cit.*, sob a direção de Carraro/Oppo/Trabucchi, p. 438, e pp. 442 e 443, Santosuosso, *Commentario del Codice Civile. Delle persone e della famiglia. Il regime patrimoniale della famiglia, cit.*, p. 288, e *Beni ed attività economica..., cit.*, p. 189, M. Gionfrida Daino, *ob. cit.*, pp. 191 e 192, C. M. Bianca, *Diritto civile..., cit.*, p. 101, Giovanni Ingino, "Gli effetti dello scioglimento della comunione legale sui rapporti patrimoniali tra coniugi anteriormente alla divisione", *Quadrimestre – Rivista di Diritto Privato*, nº 2, 1989, pp. 329 e 330, A. Smiroldo, "Effetti dello scioglimento", *in* AAVV, *La comunione legale, cit.*, sob a direção de C. M. Bianca, tomo II, p. 969, M. Morelli, *ob. cit.*, p. 123, T. Auletta, *Il diritto di famiglia, cit.*, pp. 190 e 191, Bruno de Filippis, *ob. cit.*, p. 292, e A. Galasso, *ob. cit.*, p. 518, e pp. 529 e 530. V., na jurisprudência, as decisões do

deverá aplicar as regras gerais dos arts. 1101º a 1116º do Cód. Civil italiano, e às quais se lhe aplica, naquilo que não for especialmente aí previsto, as normas da partilha hereditária (arts. 1116º e 713º e segs. do Cód. Civil italiano). Transformando-se a comunhão legal em compropriedade, alguns autores consideram continuar a aplicar-se o art. 189º do Cód. Civil italiano, e a preferência dos credores comuns face aos próprios de cada cônjuge em relação ao pagamento por bens comuns[765], mas já não a responsabilidade subsidiária do art. 190º do Cód. Civil italiano[766]. Para outros, há que distinguir entre as dívidas próprias e as comuns. Os credores pessoais, antes ou depois da dissolução, concorrem em situação de igualdade com os credores da ex-comu-

Trib. Verona, de 29 de setembro de 1987 (*Diritto di famiglia*, I, 1988, p. 999), *Corte di Cassazione*, de 28 de novembro de 1996 (*For. it.*, ano CXX, I, 1997, p. 95), e *Corte di Cassazione*, de 11 de novembro de 1996 (*Giust. Civ.*, tomo II, I, 1997, p. 2220), e Raffaele Caravaglios, *ob. cit.*, tomo II, pp. 1004 e 105. Maria Fortunata Lo Moro Biglia, *ob. cit.*, pp. 285 e segs., considera que a forma correta de analisar o problema passa por uma prévia análise das normas da compropriedade que em cada caso podem aplicar-se à comunhão indivisa. Assim, considera serem as regras da compropriedade (nomeadamente o art. 1105º, quanto à administração conjunta, e o art. 1110º, quanto aos atos que cada comproprietário pode praticar para conservação da coisa comum, ambos do Cód. Civil italiano) que melhor se adequam à regulação da administração e disposição dos bens (pp. 334-364).
Posição criticada por M. Paladini, *ob. e loc. cit.*, pp. 372-374, sobretudo por implicar que cada um dos cônjuges possa, a partir da transformação da comunhão em compropriedade, alienar a terceiro a sua quota, permitindo que a partilha se pudesse fazer entre um dos cônjuges e um terceiro estranho. Além disso, a referência do art. 177º, als. *b*) e *c*), do Cód. Civil italiano, à comunhão "*de residuo*", que surge no momento da dissolução da comunhão legal, integra-se no capítulo da comunhão legal e não da compropriedade, pelo que esta não surgiria automaticamente com a dissolução.

[764] Não se considera que a dissolução implica a criação de uma massa patrimonial sujeita a uma disciplina própria e específica à qual, na falta de regulamentação, se aplica analogicamente as regras da compropriedade, mas sim que a comunhão se transforma por força da lei em compropriedade com aplicação direta dos arts. 1101º a 1116º do Cód. Civil italiano (v., M. Paladini, *ob. e loc. cit.*, p. 371). Pode, por isso, cada um dos cônjuges dispor livremente da sua parte na comunhão como acontece na compropriedade, desde que se respeite o eventual direito do outro cônjuge previsto no art. 192º do Cód. Civil italiano (Giovanni Ingino, *loc. cit.*, p. 331).

[765] Giovanni Ingino, *loc. cit.*, p. 331.

[766] Schlesinger, "Della comunione", *ob. e loc. cit.*, sob a direção de Carraro/Oppo/Trabucchi, p. 443, ainda que se mantenha a responsabilidade dos bens próprios pelas dívidas em causa. Também A. Pino, *ob. cit.*, p. 118. Maria Fortunata Lo Moro Biglia, *ob. cit.*, pp. 368-374, defende a aplicação da regra geral do art. 1294º do Cód. Civil italiano, da solidariedade, às dívidas da comunhão indivisa já contraídas no interesse da família e não pagas no momento da liquidação. Esta solidariedade é, porém, diferente da prevista no art. 190º do Cód. Civil italiano, dado que para a autora não há agora subsidiariedade dos patrimónios próprios.

nhão em relação aos bens próprios do devedor (incluindo os que lhe cabem por força da partilha)[767]. Por seu lado, os credores comuns podem exigir a cada um dos cônjuges, por metade (portanto, na proporção que cada um tem a receber nos bens comuns), o pagamento seja por meio de um bem comum antes da partilha seja por bens determinados pertencentes a cada um dos cônjuges depois da partilha[768].

Parece-nos que, por aplicação das regras da compropriedade, as dívidas contraídas no decurso da indivisão serão próprias do cônjuge que as contraiu, salvo as que se destinarem às despesas necessárias "à conservação da coisa comum" (art. 1110º do Cód. Civil italiano), necessárias à própria comunhão indivisa. Neste caso, o cônjuge que as pagou na totalidade tem direito a reembolso da parte que cabia ao outro cônjuge, que será de metade (arts. 1101º e 1104º do Cód. Civil italiano)[769]. Repare-se que os credores pessoais de cada cônjuge podem intervir na partilha (art. 1113º do Cód. Civil italiano). Por seu lado, o art. 1115º do Cód. Civil italiano regula as dívidas solidárias dos comproprietários/cônjuges relativas à comunhão, devendo as mesmas ser pagas pelos bens comuns entretanto partilhados. Se um dos cônjuges tiver pago, antes da partilha, a mais que a parte que lhe competia deve também ser reembolsado no momento da partilha recebendo uma quota nos bens comuns superior à do outro e equivalente ao montante pago em excesso.

De referir que este entendimento pode sofrer um desvio em relação aos autores que consideram que a contitularidade dos cônjuges incide sobre a massa patrimonial no seu todo que constituía a comunhão de bens e não sobre cada um dos bens desse património. Nesse caso, a comunhão indivisa assemelha-se mais à comunhão hereditária do que à compropriedade[770].

[767] Mas já não quanto aos bens comuns, em relação aos quais os credores comuns têm preferência, além de só poderem exigir o seu pagamento a título subsidiário quando não existirem bens próprios.

[768] Guido Tedeschi, *ob. cit.*, p. 755, e Cian/Villani, *loc. cit.*, p. 385. Assim, e como refere Giovanni Ingino, *loc. cit.*, p. 332, os credores da ex-comunhão podem sempre recorrer ao art. 190º do Cód. Civil italiano, dado que podem, mesmo depois da dissolução, exigir o pagamento pelos bens próprios de um dos cônjuges.

[769] Como referem Cian/Villani, *loc. cit.*, p. 385, pelas dívidas da comunhão depois da dissolução responde cada um dos cônjuges na medida da metade, como se se tratasse de obrigações conjuntas. V. também, Maria Fortunata Lo Moro Biglia, *ob. cit.*, pp. 322 e 325.

[770] É a posição defendida por Busnelli, "Comunione dei beni tra coniugi", *Enciclopedia del Diritto*, vol. VIII, Milano, Giuffrè Editore, 1961, p. 273, Sergio Alagna, "Lo scioglimento della comunione legale...", *ob. e loc. cit.*, pp. 505 e 506, e F. Prosperi, *Sulla natura della comunione legale,*

A distinção não tem grande relevo prático atendendo ao reenvio que o art. 1116º do Cód. Civil italiano faz para as regras da partilha sucessória[771]. Em matéria de dívidas, significa que os cônjuges respondem face aos credores comuns pessoalmente na proporção da sua quota (art. 754º do Cód. Civil italiano)[772].

Outra parte da doutrina, por outro lado, defende a tese da "ultraividade" da comunhão legal[773], ou seja, as regras reguladoras desta continuam a aplicar-se, apesar da dissolução, até à efetiva partilha dos bens comuns. Manter-se-ão, portanto, as regras da administração e disposição[774] e da responsabilidade por dívidas. Alguns autores defensores da presente doutrina distinguem con-

Camerino, Scuola di perfezionamento in diritto civile dell'Università di Camerino, Edizioni Scientifiche Italiane, 1983, p. 156. Também Mastropaolo/Pitter, *ob. e loc. cit.*, p. 288, ainda que defendendo a manutenção das regras da comunhão, equipara-a à comunhão hereditária.

[771] F. Prosperi, *Sulla natura...*, *cit.*, p. 156, nota 249, e Maria Fortunata Lo Moro Biglia, *ob. cit.*, p. 285, nota 9.

[772] Contra, Maria Fortunata Lo Moro Biglia, *ob. cit.*, p. 366.

[773] G. Oppo, "Responsabilità patrimoniale...", *loc. cit.*, p. 105, e Mastropaolo/Pitter, *ob. e loc. cit.*, pp. 288-291. V., para a jurisprudência, Raffaele Caravaglios, *ob. cit.*, tomo II, pp. 1007-1013.

[774] O que leva alguns autores a criticar tal entendimento, dado que o art. 184º, 2º, do Cód. Civil italiano, exige que a ação de anulação de atos praticados por um cônjuge quando era necessário o consentimento de ambos seja intentada no prazo de até um ano após a dissolução da comunhão. V., M. Paladini, *ob. e loc. cit.*, p. 381, que critica a manutenção das regras da administração pelas dificuldades, decorrentes do fim da comunhão de vida entre os cônjuges, da administração disjunta, fazendo com que o poder de administração possa ser concentrado nas mãos de um só cônjuge. Entende, por isso, que após a dissolução o cônjuge adquirente do bem será o administrador do mesmo. Os bens que no decurso da comunhão foram adquiridos por ambos são administrados por ambos como comproprietários. E para evitar que um cônjuge possa ser prejudicado no momento da partilha por atos de administração e disposição do outro sobre bens que este último administra pode sempre recorrer-se ao meio ordinário de "*sequestro*" dos bens adquiridos pelo outro cônjuge (p. 383). Maria Fortunata Lo Moro Biglia, *ob. cit.*, pp. 288-309, depois de fundar a regra da administração disjunta, no decurso do regime de comunhão, na solidariedade conjugal (facilitando a administração do património comum e a melhor tutela de terceiros que contratem com um dos cônjuges), afasta a mesma administração disjunta por a solidariedade cessar com a dissolução do casamento (coincidindo o fim da comunhão com a dissolução do casamento, o que pode não acontecer se o regime de bens termina por alteração da convenção matrimonial). Com a dissolução a regra deverá ser a da administração conjunta. De igual modo, não se mantêm também as regras da indisponibilidade dos bens que vigoram no decurso do regime de bens.
Gabrielli/Cubeddu, *ob. cit.*, p. 179, considera esta posição doutrinal excessiva e inaceitável.
L. Trevisan, *loc. cit.*, p. 417, admite a continuação da comunhão mas defende apenas a aplicação das suas regras que regulam as relações dos cônjuges com terceiros credores, ou seja, apenas as regras reguladoras da responsabilidade por dívidas.

soante as dívidas sejam anteriores ou ulteriores à dissolução. Em relação às anteriores continua a aplicar-se as normas dos arts. 186º a 190º do Cód. Civil italiano, para proteção do credor comum. Para as contraídas depois da dissolução considera-se que, cessada a comunhão conjugal, deixam de existir dívidas contraídas no interesse da família (art. 186º, al. *c*), do Cód. Civil italiano), pelo que não terá razão de ser a continuação da aplicação das referidas normas[775].

Outros autores defendem ainda uma posição diferente, segundo a qual, por força da dissolução, abre-se uma fase liquidatória semelhante à prevista no caso da sociedade simples (sem personalidade jurídica) e que termina com a distinção do património comum dos próprios de cada cônjuge e com a divisão do património comum[776]. A analogia com a liquidação da sociedade releva na regulação das relações entre os ex-cônjuges e na liquidação do ativo e do passivo (devendo pagar-se primeiro o passivo e só depois proceder-se à divisão do ativo restante). Assim, após a dissolução cessam as regras de administração dos arts. 180º e segs. do Cód. Civil italiano, passando a reger as regras dos bens em compropriedade, bem como cessa a contração de dívidas no interesse da família, aplicando-se as regras da separação de bens (ou seja, as regras de Direito comum). Pelas dívidas que ingressem no art. 186º do Cód. Civil italiano continuam a responder os bens comuns, tendo os credores comuns preferência sobre os pessoais do cônjuge, entendendo alguns autores que já não se justifica a responsabilidade subsidiária do art. 189º do Cód. Civil italiano[777].

[775] O mesmo pode dizer-se em relação às dívidas previstas no art. 186º, al. *a*), do Cód. Civil italiano, dado que, após a dissolução, não se adquirem novos bens, assegurando-se apenas a manutenção do património comum (Maria Fortunata Lo Moro Biglia, *ob. cit.*, p. 312).
Posição criticada por M. Paladini, *ob. e loc. cit.*, pp. 375 e 376, dado que nem sempre a dissolução da comunhão coincide com a cessação da comunhão de vida conjugal (como acontece, p. ex., no caso de alteração do regime de bens ou de insolvência de um dos cônjuges) e, por isso, não tem sentido afastar a aplicação de tais normas pela razão apresentada, dado que podem continuar a existir dívidas contraídas depois da dissolução no interesse da família.

[776] De Paola/Macri, *ob. cit.*, pp. 209-211, De Paola, *Il diritto patrimoniale della famiglia...*, *cit.*, p. 639, e L. Barbiera, *ob. e loc. cit.*, pp. 614 e 635.
Posição criticada por Giovanni Ingino, *loc. cit.*, pp. 325-329, nomeadamente, por a disciplina societária visar uma finalidade estranha à comunhão conjugal, ou seja, visa o exercício de uma atividade económica com vista à obtenção do lucro, enquanto a comunhão conjugal no plano patrimonial decorre da comunhão de vida entre os cônjuges. Além disso, o direito de cada cônjuge sobre os bens comuns no momento da dissolução é um direito real, não podendo equiparar-se ao de um sócio sobre os bens sociais.

[777] De Paola/Macri, *ob. cit.*, p. 211, e L. Barbiera, *ob. e loc. cit.*, p. 616.

A *comunidad postganancial* tem sido também objeto de análise em Espanha, dado o direito espanhol não conter regulamentação expressa do problema. De facto, uma vez dissolvido o casamento (ou apenas o regime de bens)[778] pode a comunhão permanecer em estado de indivisão por longo período de tempo (o art. 1409º do Cód. Civil espanhol traduz precisamente esta ideia). Importa determinar a natureza de tal comunhão pós-conjugal e, com isso, a regulamentação a seguir nesse período, especialmente em matéria de dívidas[779].

Alguns autores viam nela uma compropriedade (*comunidad ordinaria*) ainda que com caraterísticas específicas (não haver quotas concretas sobre os bens)[780]. Outros autores consideram tratar-se de uma espécie de *sociedad de gananciales continuada* que só termina com a sua total liquidação[781].

[778] Na verdade, pode a comunhão de bens dissolver-se no decurso do casamento não só por alteração convencional do regime de bens (art. 1392º, 4º, do Cód. Civil espanhol), mas também por incapacidade, prodigalidade, ausência ou insolvência de um dos cônjuges (art. 1393º, 1º, do Cód. Civil espanhol), no caso de realização por um dos cônjuges de atos unilaterais de disposição que impliquem fraude, dano ou perigo para os direitos do outro (art. 1393º, 2º, do Cód. Civil espanhol), de incumprimento grave e reiterado do dever de informação (art. 1393º, 4º, do Cód. Civil espanhol) ou ainda no caso de oposição do cônjuge não devedor à penhora de bens comuns pelo credor (art. 1373º do Cód. Civil espanhol). Dissolvida a comunhão no decurso do casamento sem se realizar a partilha dos bens comuns, passará a vigorar o regime de separação de bens a par da regulamentação da comunhão indivisa (Begoña González Acebes, "El régimen jurídico de la comunidad postganancial", *Revista Crítica de Derecho Inmobiliario*, ano LXVIII, nº 610º, 1992, p. 1183).

[779] Para que a dissolução produza efeitos face a terceiros credores é necessário que conste do respetivo registo, ficando os credores de boa fé protegidos pela aparência do regime matrimonial dissolvido (registo civil, registo predial se estão em causa imóveis...). Além disso, e no caso de alteração de regime de bens, esta não pode afetar direitos adquiridos por terceiros credores, ou seja, ainda que a alteração conste dos respetivos registos, não pode prejudicar direitos já adquiridos de terceiros (art. 1317º do Cód. Civil espanhol). V., Mª Amalia Blandino Garrido, *ob. cit.*, pp. 86-94.
Se os cônjuges ou ex-cônjuges não satisfizerem voluntariamente as dívidas comuns aos respetivos credores, entre a dissolução e a partilha, podem estes últimos exigir judicialmente o seu pagamento sobre os bens comuns que integram a indivisão e sobre os bens próprios dos cônjuges (Mª Amalia Blandino Garrido, *ob. cit.*, p. 114). E podem, evidentemente, reagir contra alienações fraudulentas dos cônjuges a terceiros de bens comuns, mediante a ação pauliana (mesma autora e obra, p. 116).

[780] Neste sentido pronunciaram-se algumas resoluções da Direção Geral dos Registos, conforme nota Carlos Lasarte, *ob. cit.*, p. 257. Esta posição foi pela generalidade da doutrina abandonada, dado que apesar de cada um dos cônjuges ou ex-cônjuges deter uma quota não é uma quota concreta sobre bens determinados. Em todo o caso, Manuel Albaladejo, *Compendio de Derecho Civil, cit.*, p. 561, defende que da dissolução à liquidação os bens comuns passam a pertencer a cada cônjuge ou ex-cônjuge em regime de compropriedade. Alguma

A maioria da doutrina equipara-a à comunhão hereditária antes da partilha, apoiada na remissão que o art. 1410º do Cód. Civil espanhol faz para as normas da liquidação e partilha da herança, onde cada um dos cônjuges detém quotas abstratas sobre o total do património comum, e não quotas concretas sobre cada um dos bens como na compropriedade[782]. Estes últimos autores aplicam, e na falta de normas especiais para este património em liquidação (*patrimonio autónomo en liquidación*), as regras da comunhão hereditária. A comunhão apenas continuará a responder pelas dívidas que eram comuns no momento da dissolução. Tal como novos bens não integram o património comum indiviso, também as dívidas entretanto contraídas apenas responsabilizam o cônjuge que as contraiu (art. 1911º do Cód. Civil espanhol), podendo o credor exigir o pagamento pela meação que ele haja de receber nos bens comuns no momento da partilha, mas não podendo responsabilizar de imediato os bens comuns e o outro cônjuge[783]. Deixa, portanto, de ter aplicação

jurisprudência considera ser também de aplicar as regras da compropriedade ainda que admita que não existam quotas concretas sobre os bens (v., a decisão citada por Carlos Lasarte, *ob. cit.*, pp. 257 e 258). Eduardo Serrano Alonso, *et allii*, *ob. cit.*, p. 113, considera que a comunhão transforma-se numa compropriedade aplicando-se as regras desta.

781 Posição criticada por A. López/V.L. Montés/E. Roca, *et allii*, *ob. cit.*, p. 247, e L. Díez-Picazo/A. Gullón, *ob. cit.*, p. 201, que consideram não ser de continuar a aplicar as regras do regime de comunhão, nomeadamente, não deve mais a comunhão ser aumentada com os rendimentos do trabalho dos cônjuges nem aplicar-se as regras de administração e disposição dos bens que pressupõem a subsistência de um casamento.

782 A. Cabanillas Sánchez, "La mutabilidad...", *loc. cit.*, p. 201, e "Notas sobre la mutabilidad del régimen económico matrimonial, la responsabilidade de los bienes del matrimonio por las obligaciones contraidas por el cónyuge comerciante y la protección de los acreedores", *in* AAVV, *Estudios juridicos en homenaje al Profesor Aurelio Menéndez*, tomo I, Madrid, Civitas, 1996, p. 494, Begoña González Acebes, *loc. cit.*, pp. 1184-1188, A. López/V.L. Montés/E. Roca, *et allii*, *ob. cit.*, pp. 247 e 248, Mª Amalia Blandino Garrido, *ob. cit.*, pp. 34-42, e p. 54, Yolanda Bustos Moreno, *ob. cit.*, pp. 298 e 299, L. Díez-Picazo/A. Gullón, *ob. cit.*, pp. 201 e 202, Mª del Carmen Gete-Alonso y Calera/Maria Ysás Solanes/Judith Solé Resina, *ob. cit.*, p. 247, Lledó Yagüe, *et allii*, *ob. cit.*, p. 267, e Lacruz Berdejo/Sancho Rebullida, *et allii*, *Elementos de Derecho Civil. Familia*, *cit.*, pp. 246-249 (ainda que também afirmem que o regime passa a ser o da compropriedade embora sem quotas concretas sobre os bens, aplicando as suas regras, além das regras da liquidação sucessória, à qual, aliás, se aplica o mesmo regime).

783 Yolanda Bustos Moreno, *ob. cit.*, p. 380, por influência do art. 1485º do Cód. Civil francês, considera que as despesas relativas à manutenção e gestão da comunhão, os gastos derivados da liquidação e realização de inventário, e os gastos de partilha realizados no interesse comum devem também responsabilizar a indivisão pós-comunhão. Por seu lado, Mª Amalia Blandino Garrido, *ob. cit.*, pp. 101-106, considera que são dívidas pós-comunhão "comuns" as contraídas depois da dissolução do regime de bens por ambos os cônjuges ou ex-cônjuges ou por um com

o art. 1373º do Cód. Civil espanhol, pensado para a vigência do casamento[784]. Por seu lado, a disposição dos bens comuns fica sujeita ao consentimento dos contitulares (art. 397º do Cód. Civil espanhol)[785] e a administração segue as

o consentimento do outro, bem como as contraídas por um ou por ambos em benefício da indivisão pós-comunhão, ou seja, as dívidas relativas à manutenção, conservação, reparação, administração, etc. da referida indivisão. De facto, a aplicação dos arts. 393º e 395º do Cód. Civil espanhol, relativos à compropriedade, permite concluir que cada um dos cônjuges ou ex-cônjuges pode obrigar o outro a suportar os gastos em benefício da indivisão. Contudo, estes artigos regulam apenas as relações internas, não resultando daí a vinculação direta dos bens comuns. Em todo o caso, por aplicação do art. 1064º do Cód. Civil espanhol (por força da remissão do art. 1410º do Cód. Civil espanhol), pode concluir-se que cabe ao património pós-comunhão suportar a título definitivo tais dívidas. V. também, neste sentido, Mª Teresa Martín Meléndez, *ob. cit.*, p. 354. Carmen López Beltrán de Heredia, *ob. cit.*, p. 284, considera também que excecionalmente podem integrar o passivo da indivisão pós-comunhão, responsabilizando os bens comuns, a dívida contraída por ambos os cônjuges ou ex-cônjuges. Em todo o caso, os credores das dívidas comuns anteriores à dissolução da comunhão têm preferência sobre estes nos bens comuns para pagamento dos seus créditos.

[784] J. M. Cutillas Torns, "La disolución de la sociedad legal de gananciales. Efectos juridicos y posición de los acreedores frente a la misma", *La Ley*, nº 2, 1991, p. 1235, Begoña González Acebes, *loc. cit.*, p. 1197, e Mª Amalia Blandino Garrido, *ob. cit.*, pp. 182-185. De facto, pode o credor pessoal penhorar o direito abstrato que o seu devedor tem sobre os bens comuns, mas não bens concretos do património comum. Essa possibilidade resulta da aplicação por analogia do art. 166º do *Reglamento Hipotecario*, relativo às dívidas do herdeiro (Mª Pilar Alvarez Olalla, *ob. cit.*, p. 218, e pp. 241-247). Salvaguarda-se, assim, a proteção destes credores, tal como, aliás, e se se trata de dissolução do regime de comunhão por substituição por um outro, prevê o art. 1317º do Cód. Civil espanhol (Mª Pilar Alvarez Olalla, *ob. cit.*, p. 222).
A proteção dos credores pessoais pode também resultar – além de poderem intervir na partilha dos bens comuns para evitar que esta se faça em prejuízo ou fraude aos seus direitos (art. 1083º do Cód. Civil espanhol) e de recorrerem aos meios gerais de acordo com o disposto no art. 1111º do Cód. Civil espanhol – do exercício, em vez do seu devedor, do direito de partilha de que este é titular (v., Mª Amalia Blandino Garrido, *ob. cit.*, pp. 213-215, que considera que deve admitir-se a possibilidade de os cônjuges ou ex-cônjuges poderem paralisar o curso da partilha iniciada pelo credor pessoal de um deles, pagando a respetiva dívida a cargo do devedor). Pode, além disso, o não devedor recorrer à *tercería de dominio*, se o bem foi entregue ao devedor antes da liquidação da comunhão e, por isso, não corresponde à sua meação na mesma (Mª Amalia Blandino Garrido, *ob. cit.*, pp. 187 e 188) ou se se penhoraram bens comuns concretos depois da dissolução da comunhão por dívidas contraídas por um dos cônjuges nesse período (Carmen López Beltrán de Heredia, *ob. cit.*, p. 277).
A jurisprudência divide-se quanto à possibilidade de aplicar o art. 1373º do Cód. Civil espanhol. V., as decisões referidas por Pilar Benavente Moreda, "La anotación de embargo sobre bienes gananciales. Estudio de algunos aspectos del artículo 144 del Reglamento Hipotecario", *Revista Critica de Derecho Inmobiliario*, ano LXXVI, nº 657, 2000, pp. 807-814.

[785] O ato de disposição de um bem comum realizado por apenas um dos cônjuges depois da dissolução é nulo (v., Juan Montero Aroca, *Disolución y liquidación de la sociedad de gananciales*

regras sucessórias (ou seja, sendo nomeado, mesmo tacitamente, um administrador cabe a este tais funções; na sua falta, segue-se as regras da maioria, nos termos do art. 398º do Cód. Civil espanhol)[786].

No direito alemão considera-se que, após a dissolução, a comunhão deixa de existir enquanto tal, mas permanece uma comunhão em liquidação (*Liquidationsgemeinschaft*) sem quotas concretas dos cônjuges sobre os bens, ou seja, continua o património de mão comum[787]. Não podem, por isso, os cônjuges dispor dos bens comuns livremente (§§ 1471º, 2º, e 1419º do BGB)[788] e passam ambos a administrar o património comum (§ 1472º do BGB). As dívidas já contraídas e não pagas seguem o regime até então consoante a administração tenha sido singular ou conjunta, como já analisámos. Quanto às dívidas contraídas neste período falta uma norma reguladora das mesmas, sendo de considerar que por elas responde o cônjuge que as contrai (podendo até ser ambos os cônjuges, nos termos gerais dos §§ 420 e segs. do BGB), e a sua parte nos bens comuns (a determinar no momento da liquidação)[789]. Não integrando mais as novas aquisições o património comum (v., contudo, o § 1473º do BGB, em matéria de bens sub-rogados), também o mesmo património deixa de responder pela contração de novas dívidas.

(La aplicación práctica del artículo 95 del Código Civil y de los artículos 806 a 810 de la Ley de Enjuiciamiento Civil), Valencia, Tirant lo blanch, 2002, pp. 81 e 82).

786 V., José Carlos Sánchez González, "La sociedad de gananciales. Disolución y liquidación de la sociedad de gananciales", *in* AAVV, *Instituciones de derecho privado...*, *cit.*, pp. 219-233. No direito alemão, o § 1472º do BGB determina que até à partilha os cônjuges administram o património comum conjuntamente, devendo cada um deles colaborar com o outro na adoção das medidas necessárias para uma administração regular do património comum.

787 V., Ludwig Enneccerus/Theodor Kipp/Martin Wolff, *ob. cit.*, pp. 460-462, MünchKomm – *Kanzleiter*, § 1471, Rdn. 6, pp. 694 e 695, Staudinger, *ob. cit.*, §§ 1363º-1563º, § 1471 Rdn. 8-12, pp. 688 e 689, e Gernhuber/Coester-Waltjen, *ob. cit.*, § 38, X, 2, pp. 459 e 460. De facto, com a dissolução do regime de comunhão o património de mão comum não desaparece e não se converte em compropriedade; antes se mantém como comunhão em liquidação (Dölle, *ob. cit.*, p. 967).

788 Em todo o caso, e como já referimos, os vínculos do património comum relaxam-se, dado que, apesar de cada um dos cônjuges não poder dispor da sua meação nos bens comuns, os credores podem penhorar essa meação (§ 860º, 2º, ZPO) (Dölle, *ob. cit.*, pp. 967 e 968). Se um dos cônjuges dispõe sozinho de um bem comum, sem o consentimento do outro, serão de aplicar as normas dos §§ 182º a 185º do BGB, ou seja, as regras gerais e não as relativas ao regime de comunhão (Dölle, *ob. cit.*, p. 970).

789 MünchKomm – *Kanzleiter*, § 1471 Rdn. 8, pp. 695, e Gernhuber/Coester-Waltjen, *ob. cit.*, § 38, X, 3, p. 460. De facto, os credores podem penhorar a meação do cônjuge devedor nos bens comuns (§ 860º, 2º, ZPO).

Portanto, ainda que não expressamente reguladas e com divergências na doutrina e na jurisprudência, o entendimento que seguimos para a regulamentação das dívidas contraídas entre o momento da dissolução do regime de bens e o da partilha do património comum aproxima-se do analisado pelo direito estrangeiro. Assim, tais dívidas serão próprias do cônjuge que as contraiu (ou de ambos, se ambos as contraíram), salvo as que foram contraídas em benefício da indivisão que devem responsabilizar também os bens indivisos, nos mesmos termos que as dívidas comuns contraídas no decurso do casamento e vigência do regime de bens.

V
Conclusões

I. Como já tivemos ocasião de escrever, a regulamentação atual do regime da responsabilidade por dívidas não pode alhear-se da modificação do quadro de valores que circunda o casamento e da tendência cada vez mais individualista com que se encara a relação a dois[790]. De um conceito de casamento assente num estatuto desigual do homem e da mulher, onde ao homem cabia o sustento do lar e a sua representação e à mulher as tarefas domésticas e a educação dos filhos, passou-se à consagração do princípio da igualdade entre os parceiros conjugais[791]. Por isso, a família

[790] Como nota Guilherme de Oliveira, "Queremos amar-nos... mas não sabemos como!", *RLJ*, ano 133º, 2000, p. 43, e *Temas..., cit.*, p. 337, a frase escrita "Queremos amar-nos... mas não sabemos como!" denota "a extrema solidão individual no quadro de uma cultura narcisista "em branco"; mostra a extrema dificuldade da empresa sentimental "a dois", em que ambos participam com a expectativa máxima e um individualismo sem precedentes".

[791] Guilherme de Oliveira, "Queremos amar-nos... mas não sabemos como!", *loc. cit.*, p. 42, e *Temas..., cit.*, p. 335.
Como refere Rita Lobo Xavier, "Da crise à desregulamentação da família", *in* AAVV, *Estudos em homenagem ao Professor Doutor Jorge Ribeiro de Faria*, Coimbra, Coimbra Editora, 2003, p. 837, as modificações ocorridas no Direito da Família, sobretudo a partir da Reforma do Cód. Civil de 1977, implicaram, por um lado, o estreitamento do grupo familiar e, por outro lado, impulsionaram as mudanças relativas às estruturas de autoridade no seio da família. "Conceitos como "liberdade", "igualdade", "autonomia", tornaram-se correntes na discussão sobre o "dever ser" das relações familiares. Um exemplo da concretização deste discurso será o da defesa do reconhecimento das relações de convivência ditas "paramatrimoniais", fundado numa suposta liberdade de constituir relações familiares sem sujeição a "forma", ou num pretenso direito de cada cidadão organizar as respectivas relações afectivas de convivência segundo a sua vontade".

tem acompanhado o movimento caraterístico das sociedades modernas no sentido da ausência de lei na regulamentação das relações entre o casal.

O problema da responsabilidade por dívidas e a sua articulação com as matérias da administração e disposição dos bens do casal e, sobretudo, os problemas que daí decorrem no momento da liquidação e partilha do património comum exigem uma análise da atual regulamentação. O regime da responsabilidade por dívidas, a matéria da administração e disposição dos bens do casal, a análise dos regimes de bens e a manutenção do princípio da imutabilidade, a existência de transferências patrimoniais entre os cônjuges e a celebração de contratos entre eles, o restabelecimento do equilíbrio patrimonial quebrado no decurso do regime de bens e o mecanismo das compensações, a regulamentação das dívidas contraídas depois da dissolução do casamento e depois da partilha dos bens comuns, não podem manter-se à margem da evolução social e da nova conceção de família. Os cônjuges são cada vez mais dois "estranhos íntimos"[792], com autonomia e independência financeiras do ponto de vista patrimonial. E, se, por um lado, o Direito da Família deve ter isso em consideração e adaptar-se a essa nova realidade, não pode esquecer os problemas que a mesma acarreta[793].

II. Um estudo aprofundado do regime da responsabilidade por dívidas implica que o articulemos com os restantes regimes reguladores das relações patrimoniais entre os cônjuges. Com efeito, o atual regime deve justificar-se por uma dada regulamentação do ativo patrimonial. Assiste-se, porém, como vimos, a frequentes desarticulações entre a regulamentação do passivo e a da administração e disposição do ativo, que nos levam também a questionar a correção do atual regime da responsabilidade por dívidas dos cônjuges.

Face ao regime do art. 1681º, que traduz o princípio da irresponsabilidade do cônjuge administrador, há várias situações de lesão ou de perigo para o património do outro cônjuge e para o património comum que carecem de tutela legal e intervenção judicial. Seria, p. ex., de toda a utilidade uma disposição semelhante à proposta por Braga da Cruz, e já referida,

[792] Como lhes chama Rubin *apud* Guilherme de Oliveira, "Queremos amar-nos... mas não sabemos como!", *loc. cit.*, p. 43, e *Temas..., cit.*, p. 337.

[793] Como fizemos referência *supra*, o modelo igualitário do marido e mulher que os *Married women's property Acts* de 1882 e 1883 introduziram no direito inglês foi também, paralelamente, origem de injustiças que os tribunais e ulteriores diplomas legislativos tentaram atenuar.

quanto à introdução legislativa da possibilidade de, na falta de atuação do cônjuge administrador, poder o outro cônjuge praticar o ato em causa.

Pense-se também na hipótese de, atuando no exercício de poderes de administração, um cônjuge contrair dívidas (art. 1690º), que negligentemente prejudicam o património comum e, indiretamente, o outro cônjuge. Será o caso, p. ex., e muito frequente, do exercício de uma atividade comercial por um dos cônjuges em nome individual. Não tem o seu cônjuge qualquer meio que o impeça de obstar preventivamente a tais danos nem de obter seguramente uma indemnização (pelo seu cônjuge) pelos danos causados pela atuação danosa (excluída a hipótese legal do art. 1681º que exige atuação dolosa). Resta-lhe a simples separação judicial de bens ou o divórcio (que será certamente sem consentimento), que exigem o preenchimento de certos pressupostos, ou uma eventual compensação que o cônjuge devedor efetue ao património comum (que cairá por terra se os bens comuns não existirem mais e se o devedor também não tiver bens próprios). Responsabilizando ou prevenindo a atuação do cônjuge administrador acautelar-se-ia um sobreendividamento decorrente da legitimidade de qualquer um dos cônjuges para contrair dívidas[794].

O nosso legislador regulou a situação normal da vida familiar, mas não previu medidas de regulação das situações de crise. Quando surgem é que as dificuldades aparecem e impõe-se a sua regulamentação pelo Direito. E aqui o nosso ordenamento jurídico falha, como vimos, fazendo prevalecer a teoria da fragilidade da garantia e a não intromissão do tribunal na vida familiar. O problema estará sempre em saber até onde a lei e os tribunais devem ir, imiscuindo-se na vida do casal. Foi objetivo da Reforma de 1977 admitir a intervenção do tribunal apenas nos casos mais graves de desentendimentos do casal, deixando a solução dos problemas aos próprios cônjuges. Resta saber se o mesmo entendimento se deverá manter hoje em dia, onde os cônjuges adotam uma posição muito mais individualista e mais litigiosa.

[794] Como vimos, o direito francês tem aplicado nestes casos o art. 220º-1 do Cód. Civil francês. Os tribunais emitem interdições ou injunções positivas de praticar certos atos, com o intuito de evitar a produção de um dano e por um período limitado de três anos. No nosso direito sempre se poderia requerer providências cautelares não especificadas (arts. 362º e segs. do Cód. de Processo Civil). Porém, estas são obrigatoriamente requeridas em função de uma ação futura sob pena de caducidade (art. 373º, nº 1, al. *a*), do Cód. de Processo Civil), enquanto o procedimento do direito francês não está sujeito a esta condição.

Quanto aos atos de administração ordinária dos bens comuns vale a regra da administração disjunta, ou seja, qualquer um dos cônjuges pode praticar tais atos sem o outro. Referimos, citando Antunes Varela, que esta possibilidade de cada um dos cônjuges realizar atos de administração ordinária pode criar uma posição de vantagem ao cônjuge mais expedito e menos inibido, dando a possibilidade de um dos cônjuges realizar atos que o vinculam não só a si mas também ao seu cônjuge. Ora, parece-nos que esta afirmação valerá também em matéria de dívidas onde, podendo qualquer um dos cônjuges contrair dívidas sem o consentimento do outro, pode qualquer um deles vincular não só os bens comuns como até os bens próprios do outro cônjuge (art. 1695º), ficando o cônjuge não contraente vinculado a um negócio que não realizou.

Será importante distinguir, no caso de se tratar de uma dívida que envolva atos de administração de bem comum (e fora da hipótese prevista no art. 1691º, nº 1, al. *c*)), em matéria de responsabilidade patrimonial (e a admitir a redação atual do art. 1695º), a distinção, de entre as dívidas que responsabilizam os patrimónios próprios dos cônjuges em qualquer regime de bens, das que foram contraídas no exercício da administração ordinária dos bens comuns e das que excederam esse exercício. Só assim se articulam os regimes de administração e de responsabilidade por dívidas. Caso contrário, pode responder o património do cônjuge não contraente (e mesmo na totalidade, no caso do art. 1695º, nº 1) por uma dívida assumida pelo seu cônjuge quando este não tem a administração do bem em causa[795].

Por outro lado, carece do consentimento de ambos os cônjuges, nos regimes de comunhão, a alienação de bem imóvel comum ou próprio de qualquer um dos cônjuges. Mas já não no caso de simples promessa de venda, que pode validamente ser celebrada por apenas um dos cônjuges, ficando apenas este obrigado ao seu cumprimento face ao outro contraente. Como o outro cônjuge não se obrigou a nada, nunca estará em falta quanto

[795] P. ex., a dívida resultante da aquisição de uma máquina topo de gama ou de benfeitorias realizadas no estabelecimento comercial (bem comum) explorado por um dos cônjuges mas não exclusivamente. Trata-se de um ato que exige a administração conjunta dos cônjuges (por ser ato de administração extraordinária), dado que excede a normal utilização do bem. Contudo, o cônjuge que contraiu a dívida pode sozinho praticar o ato (sobretudo se a dívida envolver um empréstimo bancário, não aferindo o Banco se se trata de ato de administração ordinária ou extraordinária) e responsabilizar ambos os cônjuges (art. 1691º, nº 1, als. *b*) e/ou *d*)). Assim, o cônjuge que não tem sozinho a administração do bem acabará por responsabilizar ambos os cônjuges por atos de administração extraordinária.

à declaração de venda. Por isso, não deveria ser obrigado a ressarcir qualquer dano que resulte, para o promitente-comprador, da não realização do contrato prometido. Em sentido contrário, pronunciou-se, como já vimos, o Assento do STJ nº 4/94, de 26.01.1994 (*loc. cit.*), no sentido de que a dívida de restituição do sinal em dobro, por incumprimento de contrato-promessa de compra e venda de coisa imóvel, celebrado por um dos cônjuges, comerciante, no exercício da sua atividade comercial, como promitente-vendedor, é da responsabilidade de ambos os cônjuges, nos termos e com as ressalvas previstas na referida al. *d*) do nº 1 do art. 1691º. É também invocando o proveito comum, para efeitos do art. 1691º, nº 1, al. *c*), que a jurisprudência tem considerado comum a dívida resultante da restituição do sinal, ou perda do mesmo, pelo não cumprimento de contrato-promessa de compra e venda outorgado por apenas um dos cônjuges ou outros incumprimentos contratuais. Portanto, apesar de não ter qualquer interferência na celebração do contrato, que não é de disposição do bem (e para o qual o consentimento do cônjuge seria necessário) mas de simples promessa de alienação, o outro cônjuge pode vir a responder por uma dívida resultante do seu incumprimento. Parece-nos existir também aqui uma incongruência entre a responsabilidade pelas dívidas e o princípio da autonomia privada e disposição dos bens.

Em matéria de administração e de disposição, há uma acentuada autonomia dos cônjuges no exercício de uma atividade comercial. Não se compreende, por isso, a desarticulação com o regime da responsabilidade por dívidas onde, sem justificação, permanece a al. *d*) do nº 1 do art. 1691º, considerando comuns as dívidas contraídas no exercício do comércio. De facto, se se entende que o cônjuge no exercício do comércio pode praticar quaisquer atos livremente, não se compreende que pelos mesmos respondam o património comum e o de qualquer um dos cônjuges.

Por outro lado, sabemos que a constituição de direitos reais de garantia exige nos regimes de comunhão o consentimento de ambos os cônjuges. Referimos o caso da constituição de uma hipoteca sobre um bem comum. No caso de incumprimento da obrigação por esta garantida, responde pela dívida o bem comum onerado e todos os bens comuns e solidariamente os bens próprios de ambos os cônjuges (art. 1695º). Por isso se justifica a necessidade do consentimento de ambos para a sua constituição. Mas, se se tratar de uma hipoteca sobre um bem próprio, esta carece do consentimento do outro cônjuge para a sua constituição ainda que a dívida seja, em princípio, própria (art. 1694º, nº 2). Assim, não sendo o património comum nem o do outro cônjuge afetado pela constituição desta garantia não se justifica a necessidade do consentimento do outro cônjuge neste caso. Além do mais, também no regime de separação, onde a dívida é própria, não há necessidade do consentimento do outro cônjuge para a constituição de tais garantias. E não nos parece que a possibilidade de executar a meação do cônjuge devedor, na falta de bens próprios, seja argumento bastante para defender a necessidade do consentimento. É que, qualquer um dos cônjuges pode contrair dívidas que podem mesmo ser comuns e responsabilizar o património comum e aqui a lei não teve o cuidado de exigir o consentimento (p. ex., no caso do art. 1691º, nº 1, als. *b*), *c*) ou *d*)). Ou seja, a ideia de proteção do património comum não colhe neste campo. O que acontece é que se impõe um consentimento de ambos os cônjuges para a oneração, com direitos reais de garantia, de bens próprios e comuns, nos regimes de comunhão, mas este já não é necessário quando se "oneram" bens comuns com a contração de dívidas. Em todo o caso, se a constituição da hipoteca estiver ferida de anulabilidade, por falta de consentimento, e esta for requerida, haverá retorno à situação inicial, pelo que a comunhão não responderá pela dívida (e o incumprimento contratual está sujeito ao art. 1692º, al. *b*)). A questão só se coloca se a anulação não for requerida ou tiver passado o prazo para a mesma.

Além disso, pode constituir-se uma hipoteca judicial sobre um bem próprio de um dos cônjuges (art. 710º) para garantia de pagamento de uma dívida desse cônjuge. Protege-se aqui o credor, mesmo em prejuízo do interesse que o cônjuge do devedor tenha relativamente aos frutos do bem próprio (que são comuns). Em todo o caso, no momento da execução deve aplicar-se o previsto no art. 786º, nº 1, al. *a*), do Cód. de Processo Civil, quando a penhora tenha recaído sobre bens imóveis ou estabelecimento comercial que o executado não possa alienar livremente.

A constituição de hipoteca judicial sobre um bem comum também é permitida, mas, e para respeitar a autonomia das várias massas patrimoniais e o princípio da subsidiariedade que ela impõe, a hipoteca deve recair sobre um dos bens comuns que respondem ao mesmo tempo que os bens próprios (art. 1696º, nº 2). Não é, porém, permitido constituir hipoteca sobre a meação dos bens do casal (art. 690º).

Quanto à casa de morada da família, a lei exige o consentimento para a sua alienação, oneração, arrendamento ou constituição de outros direitos pessoais de gozo e em qualquer regime de bens, mas não a protege no caso de execução por dívidas. Ou seja, podendo qualquer um dos cônjuges contrair dívidas sem o consentimento do outro, pode acabar por ser executada, penhorada e vendida a casa de morada da família, seja por dívidas comuns (se for um bem comum) seja por dívida própria (se for bem próprio ou até, sendo bem comum, se se incluir na meação do devedor). De facto, no direito vigente, ao contrário do que acontecia nos anos vinte e trinta do século XX, em que as leis estabeleciam a impenhorabilidade do "casal de família", a casa de morada da família não está protegida contra uma penhora.

O que está obviamente em causa é a questão de saber até onde deve ir a proteção da casa de morada da família. Tendo em conta a proteção constitucional à habitação (art. 65º da CRP) e considerando o movimento geral no direito comparado, mesmo nos ordenamentos jurídicos de base mais separatista, no sentido de proteger a casa de morada da família, deve reforçar-se tal proteção, independentemente dos instrumentos técnicos usados para o efeito. Resta saber se essa proteção não dificultará a obtenção de crédito pela maioria das pessoas que só podem dar como garantia a casa onde habitam.

Quanto às dívidas que oneram doações, heranças ou legados, parece haver uma certa articulação entre o regime da aceitação e o da responsabilidade por dívidas. Podendo qualquer um dos cônjuges aceitar heranças sem necessidade do consentimento do outro, e não exigindo a lei que o seja em benefício de inventário, poderia haver riscos para o património comum e para o outro cônjuge. Na falta de inventário, cabe ao cônjuge aceitante a prova de que se excutiram os bens da herança. Porém, não o conseguindo provar respondem todos os bens do cônjuge aceitante, ou seja, a dívida é, em princípio, própria do aceitante, não afetando o património comum e o outro cônjuge. Pode acontecer que, por força do regime de bens, os bens herdados ingressem no património comum, situação em que responde também o património comum (art. 1693º, nº 2). Só que neste caso, pode, porém, o cônjuge do aceitante impugnar o cumprimento dos encargos se demonstrar que o valor dos bens não é suficiente para a sua satisfação.

O problema estará em situações limite em que esta impugnação não tem sucesso. É que, neste caso, o cônjuge que não se pronunciou quanto à aceitação pode não só ser afetado por via da responsabilização dos bens comuns como responder solidariamente pela dívida. Melhor seria, ponderados os riscos, exigir que o cônjuge aceitante só possa aceitar a herança sem o consentimento do seu cônjuge se o fizer em benefício de inventário. Só assim se acautela eficazmente a posição do outro cônjuge ao nível da responsabilidade por dívidas.

Pelo contrário, a exigência do consentimento mesmo para o repúdio (negócio jurídico unilateral), que não gera quaisquer encargos, dificilmente se justifica apenas pela eventual entrada dos bens no património comum. Trata-se de um benefício que devia estar na livre disponibilidade do cônjuge aceitante.

Quanto aos depósitos bancários, cuja liberdade de constituição e movimentação o art. 1680º prevê independentemente de os valores depositados serem próprios ou comuns, qualquer um dos cônjuges pode dispor dos valores em causa sem necessidade do consentimento do outro cônjuge. Ora, a existência de contas bancárias pode desvirtuar o regime da responsabilidade por dívidas. De facto, a existência desta norma do art. 1680º, traduzindo a necessária autonomia e independência patrimonial entre os cônjuges, pode ser perigosa ao nível de responsabilidade por dívidas. Assim, e se os valores depositados forem bens comuns, pode um dos cônjuges utilizar os mesmos para pagamento de dívidas próprias, com prejuízo dos credores comuns e do outro cônjuge que, na falta de outros bens comuns, poderá ter que responder na totalidade pela dívida pela qual, não fosse a atuação do seu cônjuge, responderiam os bens comuns depositados. Isto sem prejuízo das devidas compensações, nos termos do art. 1697º.

É possível que, em virtude do sobreendividamento do ou dos cônjuges as regras da administração dos bens do casal sejam alteradas. Com efeito, quando algum dos cônjuges é apresentado a insolvência, a administração dos seus bens, que integram a massa insolvente, não pertence ao ou aos cônjuges, mas ao administrador de insolvência (arts. 52º e segs. e 81º do CIRE).

A rigidez das regras de administração e disposição dos bens do casal é ultrapassada pela necessidade da prática diária de variados negócios jurídicos, pela difusão dos contratos de adesão e pela conclusão de negócios através de meros comportamentos concludentes. Além disso, e como referimos, além de vigorar a regra da irresponsabilidade do cônjuge administrador, não há sanção adequada para a violação das regras da administração (dado o âmbito restrito da simples separação judicial de bens).

Como vimos, qualquer um dos cônjuges tem legitimidade para contrair dívidas sem o consentimento do outro. Porém, também sabemos que, para dispor de certos bens, os cônjuges carecem do consentimento um do outro. Ou seja, pode acontecer que um cônjuge que carece do consentimento do outro para dispor de um bem acabe por o onerar com dívidas legitimamente. Pode, de facto, um cônjuge contrair uma dívida que é considerada comum e por ela respondem bens comuns que ele não pode livremente dispor (pense-se, p. ex., no caso da casa de morada da família). Por outro lado, a dívida pode ser própria e, mesmo assim, o cônjuge pode onerar bens comuns de que não pode dispor, nomeadamente, por não ter a sua administração (pense-se no caso dos bens comuns previstos no nº 2 do art. 1696º, quando seja o outro cônjuge a administrar o bem).

Referimos também, quanto à necessidade do consentimento para a prática de certos atos de disposição, a distinção entre a situação em que o ato foi praticado pelos dois cônjuges e aquela em que um atuou com o consentimento do outro. De facto, se ambos intervêm no ato de disposição, ambos serão responsáveis na relação contratual em causa e face a terceiros. Se atuou um com o consentimento do outro, este não está vinculado, tendo apenas prestado o seu consentimento para conferir validade ao ato. Em todo o caso, não parece ser este o resultado se analisarmos o problema do ponto de vista da responsabilidade por dívidas. Na realidade, pode o cônjuge que não está vinculado ao ato, e que nele apenas consentiu, vir a responder pela dívida em causa se ela for comum (arts. 1691º, nº 1, al. *a*), e 1695º), e até solidariamente se os cônjuges estiverem casados em regime de comunhão (art. 1695º, nº 1). Pode, por isso, não haver diferença entre a atuação pelos dois cônjuges ou de um com o consentimento do outro.

Assim, qualquer um dos cônjuges pode contrair dívidas mas pode carecer do consentimento do outro para dispor de certos bens. O regime tem uma maior coerência se comparado com o direito anterior, isto é, os cônjuges podem o menos (contrair dívidas e onerar os bens) mas não quer dizer que possam o mais (dispor dos bens). O problema é que, em virtude de uma execução sobre certos bens, a oneração por contração de dívidas pode resultar numa disposição do bem por parte do cônjuge que contraiu a dívida, ainda que não tenha poderes de disposição. Tal como é possível, por força de uma execução, e nos termos do art. 740º do Cód. de Processo Civil, a partilha forçada dos bens comuns do casal em virtude de uma ação executiva, por ação de terceiros, também será possível em virtude de ação semelhante a "disposição" de bens comuns, ou até próprios de um dos cônjuges, de que o cônjuge que contraiu a dívida não tem a livre disposição. O problema em causa são as situações de conluio entre o credor e um dos cônjuges em prejuízo do outro cônjuge. Mas aí este terá sempre os meios processuais, mais ou menos eficazes, para reagir, como a oposição à penhora ou à execução e os embargos de terceiro.

No caso das ilegitimidades conjugais, o efeito do consentimento é o de validar o ato praticado pelo cônjuge. No caso da contração de dívidas, dado que qualquer um dos cônjuges as pode contrair legitimamente sem o consentimento do outro, este permite a responsabilização do outro cônjuge e/ou do património comum.

III. Apesar de o regime da responsabilidade por dívidas ser regulado pela lei independentemente do regime de bens vigente entre os cônjuges, em certos aspetos a existência de um regime de comunhão ou de separação implica uma solução diferente. Foi precisamente isso que se tentou analisar no capítulo terceiro, ou seja, a repercussão do regime de bens e do respetivo regime da responsabilidade por dívidas na proteção dos credores, tentando concluir qual o mais adequado à atual situação patrimonial dos cônjuges.

Nos regimes de comunhão a proteção do terceiro credor sai mais favorecida, desde logo pelo facto de o art. 1695º, nº 1, do Cód. Civil, fixar a responsabilidade do património comum pelas dívidas comuns, o que não existe no regime de separação. Por outro lado, a garantia patrimonial dos credores é acrescida dado que os cônjuges respondem solidariamente pelas dívidas comuns. Além disso, a lei prevê uma proteção especial nos regimes de comunhão ao credor comercial, como decorre do art. 1691º, nº 1, al. *d*). Porém, como já deixámos claro, não cremos que esta excessiva proteção se justifique atualmente. De facto, o que há a proteger é a família e o seu património e essa proteção pode atingir-se com uma responsabilização do cônjuge que contrai a dívida e, em casos especiais, do património comum ou do outro cônjuge.

De referir ainda que, no caso de dívidas próprias, o credor tem também uma garantia acrescida no caso de vigorar o regime de comunhão, dado que, existindo um património comum, além dos patrimónios próprios dos cônjuges, e de certos bens comuns (art. 1696º, nº 2), podem os credores executar a meação do cônjuge devedor nos bens comuns (art. 1696º, nº 1).

Por seu lado, a separação de patrimónios, que carateriza o regime de separação, tem nas dívidas comerciais o máximo do seu significado. A al.

d) do nº 1 do art. 1691º afasta expressamente do seu campo de aplicação o regime de separação de bens. A atividade comercial exercida por qualquer dos cônjuges, casado em regime de separação de bens, não aproveita forçosamente ao outro, nem legalmente responsabiliza os seus bens. Se é certo que mesmo no regime de separação de bens é possível ao credor provar, p. ex., face à al. *c*) do nº 1 do art. 1691º, que determinada dívida foi contraída em proveito comum do casal para o efeito de fazer responder ambos os cônjuges, já não poderá sustentar-se existir uma presunção de proveito comum quando se trate de dívidas contraídas por qualquer um dos cônjuges no exercício do comércio. É a tradução da ideia de que os cônjuges são estranhos um ao outro, do ponto de vista patrimonial.

Demonstrámos, mais uma vez, a necessidade do afastamento do privilégio concedido ao comércio nos regimes de comunhão, tanto mais que nenhuma outra profissão goza do mesmo benefício. A que acresce ainda a dessintonia com as regras do Direito das Sociedades, ou seja, não podem ambos os cônjuges, que constituíram uma sociedade entre si, assumir responsabilidade ilimitada (art. 1714º, nº 3, do Cód. Civil, e art. 8º do Cód. das Sociedades Comerciais), mas podem, se não constituírem uma sociedade, aliar-se na exploração de um estabelecimento comercial. E pelas dívidas daí resultantes já responde ilimitadamente cada um dos cônjuges se ambos o explorarem, de acordo com as regras gerais (no regime de separação) ou mesmo o património comum (nos regimes de comunhão – art. 1691º, nº 1, al. *d*)).

No regime de separação de bens, como constatámos, a proteção do terceiro não está tão salvaguardada quanto nos regimes de comunhão, aproximando-se mais do regime geral do Direito comum. Em todo o caso, também neste regime há certas dívidas que, consideradas comuns, apesar de contraídas por um dos cônjuges, a ambos responsabilizam. Enquanto os regimes de comunhão podem propiciar deslocações patrimoniais entre os patrimónios comum e próprios dos cônjuges pelo pagamento de dívidas (gerando as compensações no final do regime), no regime de separação podem ocorrer transferências patrimoniais entre os patrimónios dos cônjuges para fugir aos credores comuns (dado o regime previsto no art. 1695º, nº 2). Ou seja, como os cônjuges respondem apenas por metade, poderia um deles transferir a totalidade do seu património para o outro cônjuge respondendo depois apenas por metade da dívida face ao credor. Mas, além de se dever ter em consideração o ainda existente princípio da imutabilidade, não pode isso significar um maior prejuízo aos credores. De facto, os credores podem sempre recorrer aos meios gerais (se fraudulentamente um cônjuge passar os seus bens para o outro) ou podem exigir uma responsabilização solidária.

O regime de separação, por ser mais simples, favorece as relações patrimoniais entre os cônjuges e terceiros e assegura a igualdade jurídica entre os cônjuges numa altura em que a autonomia e a independência recíprocas destes assumem cada vez mais um maior papel. Em termos gerais, pode dizer-se que o regime de separação beneficia de uma maior simplicidade, assegurando, pelo menos formalmente, uma igualdade entre os cônjuges.

Por seu lado, o regime de comunhão de adquiridos tem a vantagem de fazer participar ambos os cônjuges nos bens adquiridos depois do casamento, dando ao cônjuge que se dedica à atividade doméstica, não remunerada, a parte que lhe cabe nos ganhos e economias do outro, correspondendo ao ideal de comunhão dos cônjuges no plano patrimonial. A comunicação dos rendimentos dos bens próprios e das aquisições a título oneroso feitas no decurso do casamento constitui uma justa e proporcionada participação dos dois cônjuges nos resultados dos seus esforços comuns e da colaboração material e moral que mutuamente prestam.

Por outro lado, não há propriamente um regime puro de comunhão ou de separação, assistindo-se à penetração de ideias separatistas nos regimes de comunhão e de ideias comunitárias no regime de separação. Nos regimes de comunhão os patrimónios próprios dos cônjuges aumentam em detrimento do património comum, assumindo ambos os cônjuges iguais poderes de administração; na separação de bens prevê-se uma contribuição proporcional dos cônjuges para os encargos do casal, bem como restrições aos poderes do proprietário da casa de morada da família e a comunicabilidade de algumas dívidas, além de que a celebração de certos negócios entre os cônjuges, as aquisições em compropriedade ou a abertura de contas bancárias implicam alguma confusão patrimonial. São estas aproximações entre os dois regimes que levam algumas legislações a tentar combinar os dois, como acontece com o regime de participação nos adquiridos. O objetivo é fazer com que ambos os cônjuges participem, de forma justa, no valor dos bens adquiridos ao longo do casamento.

Nos países anglo-saxónicos e nos países nórdicos o regime legal, evitando os inconvenientes dos regimes de comunhão e os cálculos do regime de participação nos adquiridos, é o de separação de bens. Pelo contrário, a reforma do direito italiano em 1975 substituiu o regime de separação como regime supletivo pelo de comunhão, permitindo, dessa forma, a proteção do cônjuge mais débil e o reconhecimento do trabalho doméstico da mulher – traduzidos na participação igualitária no património comum e na administração dos bens. Além disso, em alguns estados dos E.U.A., a regra da *Common Law*, segundo a qual, em caso de divórcio, os patrimónios dos cônjuges seriam divididos de acordo com os respetivos títulos de aquisição, foi substituída pelo sistema de *Community Property*, onde existe uma divisão igualitária do património adquirido depois do casamento por qualquer um dos cônjuges. Em outros estados optou-se pelo sistema da *equitable distribution*, onde, em caso de divórcio, o tribunal pode distribuir equitativamente entre os cônjuges os bens adquiridos durante o casamento, independentemente de o respetivo título de aquisição dizer respeito a apenas um deles.

A necessidade de proteção do cônjuge que fica no lar (pela participação nos adquiridos no fim do casamento) não se justifica como há uns anos atrás. De qualquer forma, pode ainda haver necessidade de conceder alguma proteção em alguns casos. Mas tal proteção não implica uma participação nos bens adquiridos ao longo do casamento, podendo passar pela compensação a fixar por contribuição para os encargos da vida familiar além daquilo a que estava obrigado.

Cabe ao sistema jurídico adotar as medidas necessárias para se alcançar uma igualdade no processo educativo e de formação de ambos os sexos, para fomentar o emprego e o livre acesso de ambos os cônjuges ao mundo laboral. Deve, assim, evitar a debilidade, e não partir do seu reconhecimento e fazer com que o cônjuge "não débil" seja responsável pela debilidade do outro, através da redução dos bens que adquiriu ao longo do casamento. Se, efetivamente, o enriquecimento de um cônjuge se verificar à custa do outro, que se dedicou ao lar, deverá haver meios para repor o equilíbrio patrimonial que não passam necessariamente pelo regime de comunhão. O importante será, em qualquer regime, fixar mecanismos que impeçam não as transferências, exigidas pela comunhão de vida, mas o restabelecimento do equilíbrio patrimonial (p. ex., as compensações, a fixação de uma compensação no momento da dissolução ao cônjuge que sempre dedicou a sua vida ao lar e educação dos filhos ou ainda o recurso às regras gerais do enriquecimento sem causa). Além disso, o regime de separação estará sempre vinculado ao regime matrimonial primário, nomeadamente, em matéria de dívidas para ocorrer aos encargos normais da vida familiar ou de disposição de certos bens como a casa de morada da família.

Não podemos esquecer que o regime patrimonial supletivo de comunhão não pode defender-se com base apenas na ideia de proteção da comunhão entre os cônjuges, dado que implica também relações com terceiros. De facto, o regime de comunhão legal regula não apenas as relações entre os cônjuges mas também com terceiros, podendo implicar o envolvimento do património próprio de um dos cônjuges em função de uma atividade desenvolvida pelo outro cônjuge. Portanto, visando a proteção da solidariedade conjugal pode afetar-se o património próprio de um cônjuge para pagamento de dívidas contraídas pelo outro, com prejuízo para a autonomia patrimonial de cada um dos cônjuges e podendo tornar o mais débil e menos empreendedor sujeito à atuação do seu cônjuge, onerando, dessa forma, o seu património.

Uma das críticas apontadas ao regime de separação é a de que este é um regime mais prejudicial aos credores, dado que, não existindo património comum, os credores não têm esse património autónomo que será eventualmente responsável pelas dívidas contraídas pelos cônjuges. O credor apenas pode executar o património do seu devedor, diminuindo a sua garantia patrimonial se comparado com o regime de comunhão. Ora, tal poderá gerar certa desconfiança dada a possibilidade de os cônjuges efetuarem transferências patrimoniais entre si, com prejuízo dos credores de cada um. Não podemos, porém, esquecer que, dentro da normalidade, os credores, no caso de verem os seus direitos afetados, sempre podem recorrer aos meios gerais de Direito (p. ex., a impugnação pauliana, ações de nulidade, simulação, etc.). Sempre poderá argumentar-se no sentido de que, estando casados e vivendo juntos, a comunhão de vida entre os cônjuges gera uma maior promiscuidade patrimonial do que se se tratasse de estranhos. Mas isto não é suficiente para afastar o regime de separação: o mesmo argumento também não impõe a solidariedade das dívidas como acontece nos regimes de comunhão (art. 1695º, nºs 1 e 2).

Defendemos o regime de separação de bens ou um regime de base separatista, como forma de, por um lado, acautelar a necessária autonomia e independência entre os cônjuges e, por outro lado, evitar alguns dos problemas que mais fortemente se fazem sentir nos regimes de comunhão, como os de disposição de certos bens e o regime da responsabilidade por dívidas. Não negamos que também neste regime haja uma confusão ao nível patrimonial, que necessariamente decorre da comunhão de vida entre os cônjuges, que gera obrigações recíprocas entre eles e uma relevante "interpenetração patrimonial"[796]. Também no regime de separação de bens existe essa osmose patrimonial, devendo os cônjuges contribuir para os encargos da vida familiar, serem responsáveis por certas dívidas consideradas comuns, estarem de acordo quanto à disposição de certos bens[797], para já não falar das consequências da existência de contas bancárias entre os cônjuges também neste regime que, muitas vezes, conduzem a uma solidariedade alheia, por princípio, ao próprio regime. Porém, apesar de tudo, todos estes problemas existem com maior acuidade nos regimes de comunhão[798]. Haverá alguma razão para manter o regime de comunhão de adquiridos como regime supletivo? Haverá ainda que proteger algum dos cônjuges para que, no fim do casamento, ambos beneficiem no que foi adquirido com o esforço comum?

Esta eventual necessidade de proteção é acautelada, p. ex., se se fixar um regime de participação nos adquiridos. Mas mesmo que seja o regime de separação aquela proteção é assegurada pela celebração de contratos entre os cônjuges (que devem ser livremente permitidos) e de estipulações em convenção matrimonial. Como nota Rita Lobo Xavier, os regimes separatistas têm vindo a assumir tendências comunitárias[799]. Mas isso não

[796] Rita Lobo Xavier, *Limites à autonomia privada...*, *cit.*, p. 374.

[797] Farafina L. Boussougou-Bou-Mbine, *ob. cit.*, pp. 133 e segs., depois de afirmar a regra da independência da administração nos regimes separatistas, analisa as situações em que a comunhão de vida se sobrepõe a tal autonomia, nomeadamente, a concessão de mandato ao cônjuge para administrar os bens próprios do outro, a representação judicial (art. 219º do Cód. Civil francês), a cogestão dos bens em compropriedade, a necessidade do consentimento de ambos os cônjuges para a disposição da casa de morada da família ou do direito ao seu arrendamento (arts. 215º, 3º, e 1751º do Cód. Civil francês), etc.

[798] Concordamos com Rita Lobo Xavier, *Limites à autonomia privada...*, *cit.*, p. 375, nota 496, quando refere que a simplicidade dos regimes de separação é ilusória, pois, se os cônjuges vivem juntos, os seus interesses patrimoniais confundem-se inevitavelmente. Mas entendemos que, apesar de tudo, é um regime mais simples que os de comunhão. Se pode adotar-se por um mais simples qual a razão para preferir um em que os problemas são mais frequentes?

[799] Rita Lobo Xavier, *Limites à autonomia privada...*, *cit.*, pp. 443-472. De facto, também o regime de separação de bens está sujeito ao regime de base, nomeadamente, à obrigação de contribuir para os encargos da vida familiar, o que diminui a separação patrimonial entre os cônjuges; os regimes de separação consagram muitas vezes presunções de indivisão; os cônjuges casados em separação de bens constituem muitas vezes uma espécie de património comum, decorrente da aquisição de bens em compropriedade, da constituição de sociedades

significa que os regimes de comunhão sejam mais adequados à regulamentação da vida conjugal. Apenas parece que constata o inevitável, que resulta da comunhão de vida: a interpenetração de patrimónios. Aliás, os problemas colocados pelos regimes de comunhão, nomeadamente, em matéria de responsabilidade por dívidas e de administração e disposição dos bens foram marcadamente assinalados.

A escolha de um dado regime de bens passará sempre pelos objetivos visados com essa regulamentação patrimonial das relações entre os cônjuges. De facto, e como nota Mary Ann Glendon, a escolha oscila entre uma maior igualdade dos cônjuges com autonomia económica e separação patrimonial e o acentuar a existência de uma comunhão de vida e de bens com eventual proteção do cônjuge mais desfavorecido[800]. É nos regimes de separação, onde é mais marcada a separação económica e patrimonial, que mais se faz sentir a necessidade de proteger, em certos casos (p. ex., se apenas um dos cônjuges trabalha fora do lar), o cônjuge mais desfavorecido, que, não recebendo rendimentos profissionais, fica mais dependente do outro cônjuge, além de não aumentar a sua riqueza patrimonial, não participando nos bens adquiridos pelo seu cônjuge (trata-se, na maioria dos casos, da mulher e, por isso, a expressão "feminização da pobreza"). Por outro lado, nos regimes de comunhão, a necessidade de consentimentos para disposição de certos bens (mesmo próprios), o regime de responsabilidade comum de certas dívidas (como as comerciais), etc., dificultam a autonomia e independência cada vez mais exigidas nas relações entre os cônjuges.

O regime de participação nos adquiridos (ou comunhão nos ganhos) reúne as vantagens dos regimes de separação de bens e de comunhão de adquiridos. Tal como na separação há uma plena independência patrimonial dos cônjuges. Como na comunhão de adquiridos, ambos os cônjuges participam nos benefícios realizados durante o casamento (dirigindo-se, assim, essencialmente, para os casamentos em que apenas um dos cônjuges recebe um salário). O principal problema do regime é o seu complexo funcionamento na fase da liquidação, dado ser preciso reconstituir os

ou da realização de liberalidades entre si ou da abertura de contas bancárias coletivas; etc. Portanto, a estrita divisão dos patrimónios é incompatível com a plena comunhão de vida.

[800] Mary Ann Glendon, "Matrimonial property: a comparative study of law and social change", *Tulane Law Review*, vol. 49º, 1974-75, pp. 77-83.

patrimónios próprios de cada um dos cônjuges, levados para o casamento e adquiridos ao longo do mesmo, encontrando-se a origem dos bens, as causas e os montantes das compensações devidas entre eles. Além disso, o cônjuge que nada adquiriu no decurso do regime, que se dedicou ao lar e educação dos filhos, está dependente da possibilidade de vir a participar nos adquiridos pelo outro, sendo que o direito de crédito que daí surge é menos vantajoso do que o direito a metade dos bens no regime de comunhão. Daí também a sua pouca adesão, na prática, nos ordenamentos jurídicos que o preveem[801]. Acresce ainda, e já que o crédito de participação é monetário, que importa acautelar mecanismos de atualização dos valores em causa, evitando que o crédito de participação apurado esteja desvalorizado.

O casamento, seja em que regime for, é também uma união em termos patrimoniais, sendo necessária a previsão de mecanismos de regulação das referidas relações patrimoniais entre os cônjuges.

Os outros ordenamentos jurídicos regulam os regimes de administração, disposição e responsabilidade por dívidas relativamente a cada regime de bens, mas preveem também normas aplicáveis a qualquer regime (p. ex., quanto à disposição da casa de morada da família ou a contribuição para as despesas domésticas), ou seja, o "regime primário". Não será uma maneira mais simples e mais clara de regular a matéria?

IV. A inevitável osmose entre os patrimónios próprios e o comum que ocorre em virtude da comunhão de vida exige a previsão de determinados mecanismos destinados a realizar um justo equilíbrio patrimonial entre os cônjuges. Na constância do matrimónio ocorrem, frequentemente, transferências de valores entre as diferentes massas de bens em presença, transferências patrimoniais essas que carecem de correção no fim do regime matrimonial. O que se pretende evitar com tais mecanismos é o enriquecimento de um dos cônjuges à custa do empobrecimento do outro, procurando salvaguardar um certo equilíbrio patrimonial. Tendo por objetivo restabelecer o equilíbrio entre os diferentes patrimónios existentes nos regimes de comunhão, eventualmente afetado no decurso do regime, as compensações procuram evitar o enriquecimento injusto, como princípio

[801] Como referem Malaurie/Aynès, *Les régimes matrimoniaux, cit.*, pp. 361 e 362, o regime traduz uma falsa independência seguida de uma participação ilusória.

geral de direito, de um património em detrimento de outro, decorrente, em especial, do pagamento de dívidas, por um dos patrimónios, que oneram definitivamente outro património. Por outro lado, a técnica das compensações impõe que se determine o rasto dos movimentos de valores entre os patrimónios, permitindo identificar as transferências que pretendem defraudar a imutabilidade do regime de bens, encobrir negócios jurídicos proibidos ou constituir liberalidades não sujeitas ao regime da revogabilidade.

É, como vimos, no momento da liquidação da comunhão que deverão integrar-se as compensações entre os patrimónios próprios e o comum. A regulação das compensações, como dispõe o art. 1697º, deverá fazer-se no momento da partilha, mas, em rigor, integra a fase da liquidação da comunhão, como operação prévia à partilha. Operação sucessiva à retirada dos bens próprios e prévia à partilha dos bens comuns, a liquidação visa determinar e avaliar a massa a partilhar. É o ativo que se partilha, mas, sempre que possível, o ativo líquido, deduzindo-se o passivo, as dívidas da comunhão. A liquidação da massa comum não será completa se não incluir certos elementos que, a um ou outro título, integram o ativo ou passivo da comunhão. Um desses elementos são, efetivamente, as compensações que podem incluir-se na massa ativa ou passiva da comunhão, consoante sejam a favor ou a cargo da mesma, respetivamente.

O principal problema que a regulamentação legal das compensações pelo pagamento de dívidas coloca é o da sua exigibilidade diferida e a necessidade de permitir atualizações dos valores em causa, sob pena de se frustrar o objetivo das compensações.

As compensações são legalmente remetidas para o momento da liquidação e partilha da comunhão, ou seja, entendendo o património comum como um património de afetação especial, como um património coletivo, de mão comum não pode permitir-se a exigibilidade das compensações no decurso da comunhão, ainda que tal solução eliminasse os problemas de atualização dos valores com que a exigibilidade diferida depara. A não exigibilidade imediata encontra o seu fundamento na própria natureza jurídica da comunhão.

Diferidas para o momento da liquidação e partilha da comunhão, e na falta de especificação da lei, as compensações seriam pelo seu valor nominal, o que não concordamos. A introdução, no direito espanhol, da regra da atualização dos valores, na Reforma de 1981, constituiu um aspeto de grande importância ao atacar o fenómeno da crise do nominalismo, que se manifesta em épocas de instabilidade económica em que a moeda sofre constantes desvalorizações.

A necessidade de atualização dos valores das compensações faz-se sentir no nosso ordenamento jurídico. O problema colocado foi o meio a seguir para se proceder à atualização das compensações, na ausência de regulamentação expressa. Socorrendo-nos do escopo visado pelo art. 2109º, nº 3, e do art. 551º, que regula a atualização das obrigações pecuniárias, devemos atender aos índices dos preços, de modo a restabelecer, entre a prestação compensatória e a quantidade de mercadorias a que ela equivale, a relação existente na data em que a compensação surgiu. Não se mencionam quais os índices de preços atendíveis, devendo utilizar-se os números-índices elaborados periodicamente pelo Instituto Nacional de Estatística.

Problema que também se colocou no momento da liquidação e partilha foi o da regulamentação do passivo não partilhado. Será o caso da contração de uma dívida no decurso do casamento, que entretanto foi dissolvido, procedendo-se à liquidação e partilha do regime de comunhão vigente. O credor não reclamou a sua dívida, não constando esta do passivo da comunhão. Uma vez realizada a partilha dos bens, o credor vem reclamar o pagamento da sua dívida, alegando e provando que, no momento em que foi contraída, a mesma era comum, e, por isso, exigindo o seu pagamento mediante os bens comuns e subsidiariamente sobre os bens próprios de qualquer um dos cônjuges. Ora, não havendo já bens comuns, questionou-se se terá o cônjuge que não contraiu a dívida que a pagar, nos termos do art. 1695º, nº 1, ou seja, pagar mesmo a totalidade da dívida, sendo certo que o casamento já se dissolveu e se procedeu à partilha dos bens comuns.

Esta solução protegeria seguramente melhor os interesses de terceiros credores mas poderá obviamente ser gravosa para o cônjuge que não contraiu a dívida. Contudo, há que proteger o direito dos terceiros credores nestas situações. De facto, e excluindo os casos em que a culpa é sua por não ter reclamado o seu crédito, o credor não pode ser prejudicado pela partilha efetuada entre os cônjuges se detém um crédito que consubstancia uma dívida comum. Por outro lado, tratando-se de dívida contraída no decurso do casamento (art. 1690º, nº 2) será de aplicar o regime da responsabilidade por dívidas do casal e não pode considerar-se haver qualquer prejuízo para o cônjuge que não contraiu a dívida. O problema estará na concretização prática da responsabilidade patrimonial.

Uma hipótese será a de recorrer à solução prevista no art. 1689º, nºs 2 e 3, para a partilha, ou seja, não havendo bens comuns (que ingressaram no património próprio de cada um dos cônjuges), respondem pela dívida os bens próprios de cada um dos cônjuges de acordo com as regras de cada regime de bens (solidariamente se era a comunhão o regime vigente ou conjuntamente se o regime era o de separação de bens). Significa, portanto, que no regime de comunhão cada um dos cônjuges responde solidariamente pela dívida, podendo, se um deles respondeu integralmente, ter direito de regresso face ao outro cônjuge (e tratar-se-á aqui, por não haver património comum, de estabelecer créditos entre cônjuges). No regime de separação, o credor apenas poderá exigir o pagamento por metade.

Ainda que esta solução esteja prevista para a realização da partilha nada impede a sua utilização nos casos de partilha já realizada onde haja que pagar uma dívida comum. Os credores estarão, assim, protegidos e os ex-cônjuges respondem por uma dívida que era comum, não podendo considerar-se que haja qualquer prejuízo da sua parte. A solução pode encontrar obstáculo no facto de se aplicar o regime da responsabilidade por dívidas dos cônjuges quando já houve dissolução do casamento. Em todo o caso, não podemos esquecer que a dívida foi contraída no decurso do casamento o que implica, face aos credores, um regime de responsabilidade por dívidas que nessa altura vigorava. O único obstáculo é a inexistência de património comum que, entretanto, foi partilhado entre os cônjuges, pelo que a responsabilidade deste passará pelas meações recebidas por cada um dos cônjuges. Ou seja, mesmo tendo já havido partilha, deve considerar-se reintegrado o património comum para efeitos do pagamento da dívida em causa. Considerar-se-á a meação que cada cônjuge recebeu do património comum (que se presume ser de metade – art. 1730º), respondendo ambas as meações, na mesma proporção (metade), pela dívida comum. Na falta ou insuficiência de tais bens "comuns" respondem os bens próprios dos cônjuges nos mesmos termos referidos (solidária ou conjuntamente, consoante o regime de bens que vigorou entre os cônjuges).

Não nos repugna, portanto, a aplicação do art. 1695º, por força do art. 1689º, para responsabilizar cada um dos cônjuges, sendo certo que, em primeiro lugar, deverão os cônjuges responder com os bens comuns que integraram a sua meação e que foi inserida no seu património próprio e respondem depois solidária ou conjuntamente com o restante património próprio. A única diferença face aos credores que exigiram o seu pagamento antes da partilha é que deixa de haver qualquer preferência destes face aos credores pessoais de cada cônjuge. De facto, a preferência apenas existia em relação ao património comum que deixou de existir. Em todo o caso, os credores comuns continuam com uma garantia acrescida do seu crédito que não têm os credores de cada um dos cônjuges. Na verdade, a responsabilidade não é apenas de um dos cônjuges (o que contraiu a dívida) mas de ambos os cônjuges (os dois receberam, em princípio, a sua meação nos bens comuns) solidária ou conjuntamente. Acautela-se, assim, a posição do credor que não fica prejudicado com a partilha e os cônjuges respondem por uma dívida que era da responsabilidade comum, não enriquecendo injustamente à custa do credor.

Uma outra hipótese de regulamentação das dívidas em causa seria a de aplicar, por analogia com a partilha sucessória, o art. 2098º. Ou seja, efetuada a partilha, cada herdeiro responderá pelos encargos da herança em proporção da quota que lhe tenha cabido. Enquanto a herança se manteve no estado de indivisão todos os bens hereditários respondiam coletivamente (art. 2097º). A partir da divisão da herança, passa a responder cada herdeiro, individualmente, pela satisfação de cada dívida ou encargo da herança, mas apenas na proporção da quota que lhe coube na partilha (art. 2098º). Regulamentação semelhante deverá valer no caso de dívidas contraídas no decurso do casamento e que apenas são exigidas depois da partilha do património comum. Esta solução recorre à analogia com o Direito Sucessório evitando que se apliquem as regras específicas da responsabilidade por dívidas do casal reguladoras das relações entre cônjuges e não entre ex-cônjuges. Tem a desvantagem de prever uma responsabilidade não solidária dos cônjuges limitada à parte que receberam no património comum, o que prejudica o credor que, no decurso do casamento, sempre tinha os patrimónios dos cônjuges para responsabilizar (e nos regimes de comunhão, solidariamente).

A possibilidade de responsabilizar solidariamente os cônjuges seria por recurso às regras da liquidação das sociedades civis, ou seja, nos termos do art. 997º: tal como os sócios respondem pessoal e solidariamente pelas dívidas sociais, responderiam os cônjuges solidariamente pelas dívidas comuns ainda não pagas depois de se efetuar a partilha do património comum.

O principal obstáculo a esta hipótese reside na natureza jurídica diferente da comunhão conjugal e do património societário. A comunhão conjugal não pode equiparar-se a uma sociedade: não preenche os requisitos previstos no art. 980º do Cód. Civil.

Além disso, no caso de existir comunhão poderia recorrer-se às regras da liquidação da sociedade civil, na medida em que existe um património em indivisão. Na separação de bens não se gera qualquer indivisão e a liquidação do regime não visa a partilha dos bens comuns. Por isso, o credor (que também não tinha qualquer património comum para responsabilizar ao longo do regime de bens) verá o seu crédito ser garantido pelo património próprio dos cônjuges de acordo com a regra geral do Direito comum, ou seja, conjuntamente (e já não por força do art. 1695º, nº 2).

Contrariamente ao disposto noutros ordenamentos jurídicos, a nossa lei não prevê a regulamentação das dívidas dos cônjuges depois de realizada a partilha, sendo contraídas no decurso do casamento. Analisando as posições apresentadas, é a equiparação da comunhão à sucessão que mais está conforme com a natureza jurídica desta e corresponde, aliás, à regulamentação do direito comparado. Peca, porém, pela desproteção ao credor comum que, no decurso da comunhão, tinha não só o património comum para responsabilizar como também o património próprio dos cônjuges solidariamente (nos regimes de comunhão), e agora ficaria limitado à meação nos bens comuns recebida pelos cônjuges, havendo inventário, ou, no limite, cada cônjuge continuaria a responder em proporção com o que recebeu. Como referimos *supra* não pode o credor ficar prejudicado pela partilha dos bens comuns realizada pelos cônjuges. Assim, parece-nos que a melhor solução será a de, ainda que aplicando por analogia as regras da partilha sucessória, considerar existir regra específica para a responsabilidade de cada cônjuge pelas dívidas comuns depois da partilha e que decorre do art. 1695º. Só assim o credor não fica prejudicado com a mesma partilha. Acrescentamos ainda, e como já tivemos oportunidade de defender, que a questão seria simplificada se o credor, em todo o caso, sempre pudesse responsabilizar o seu devedor nos termos gerais do Direito comum, isto é, se o cônjuge ou o ex-cônjuge que contraiu a dívida fosse sempre responsável por ela (e não apenas o património comum ou esse cônjuge a título conjunto).

Por outro lado, analisámos também a forma de regular as dívidas contraídas entre o momento da dissolução do regime de bens e a efetiva partilha do mesmo, ou seja, continuarão a aplicar-se as regras do regime de bens (muito embora o casamento tenha já sido dissolvido) ou aplicar-se-ão as regras gerais de qualquer indivisão como se não tivesse existido qualquer regime de bens entre os cônjuges?

O regime de bens termina com a dissolução mas mantém-se a comunhão, pelo que só com a partilha se sabe o que é próprio de um e outro cônjuge e o que é comum, e só nessa altura se apuram e pagam as dívidas. Contudo, terminando as relações pessoais e patrimoniais entre os cônjuges, não tem sentido que se mantenham unidos pelo regime da responsabilidade por dívidas, podendo um cônjuge ser solidariamente responsável por uma dívida que o outro contraiu, só por ainda não se ter procedido à partilha dos bens. O grande problema é a existência de um património comum que permanece até ao momento da partilha. Pelas dívidas já contraídas (art. 1690º, nº 2) será de aplicar o regime da responsabilidade por dívidas do casal. As dívidas a contrair depois da dissolução não deverão sujeitar-se a tal regime que apenas regula as relações patrimoniais entre cônjuges e não entre ex-cônjuges. A comunhão indivisa deve ser objeto de uma regulamentação especial que não a do regime de bens. Como património autónomo que é a melhor regulamentação aproxima-a da comunhão hereditária. Assim, os bens comuns continuarão a responder pelas dívidas já contraídas no decurso da comunhão e consideradas comuns. As dívidas contraídas depois da dissolução devem considerar-se próprias do cônjuge que as contraiu, salvo se forem em benefício da comunhão indivisa.

V. Tentámos, assim, com este estudo, abordar as principais questões que se colocam em relação ao regime da responsabilidade por dívidas dos cônjuges na sua articulação com outras matérias de ordem patrimonial nas relações entre os cônjuges, as suas imperfeições e sugestões para um aperfeiçoamento do regime legal.

BIBLIOGRAFIA

Alagna, S./Ciccarello, S./Tommasini, R., "La responsabilità per i debiti della famiglia", *in* AAVV, *Eguaglianza morale e giuridica dei coniugi*, Napoli, Jovene Editore, 1975, pp. 191-208.

Alagna, Sergio, «Lo scioglimento della comunione legale: osservazioni e proposte», *in* AAVV, *Studi sulla riforma del diritto di famiglia*, sob a direção de Ennio Russo, Milano, Giuffrè Editore, 1973, pp. 497-518.

—, "Il sistema della contribuzione ai bisogni della famiglia", *Famiglia e rapporti tra conuigi nel nuovo diritto*, 2ª ed., Milano, Giuffrè Editore, 1983, pp. 261-330.

—, "I cc.dd. effetti d'interesse bancario del nuovo regime patrimoniale della famiglia", *Famiglia e rapporti tra conuigi nel nuovo diritto*, 2ª ed., Milano, Giuffrè Editore, 1983, pp. 477-500.

—, *Regime patrimoniale della famiglia e operazioni bancarie*, Padova, Cedam, 1988.

—, "Famiglia di fatto e famiglia di diritto a confronto: spunti in tema di rapporti bancari", *Il Diritto di Famiglia e delle Persone*, ano XXX, nº 1, 2001, pp. 281-301.

Albaladejo, Manuel, *Curso de Derecho Civil. Derecho de Familia*, vol. IV, 7ª ed., Barcelona, Bosch, 1996.

—, *Compendio de Derecho Civil*, 12ª ed., Madrid, Edisofer s.l., 2004.

Almeida, João Alcides de, "Dívidas incomunicáveis em razão de os cônjuges estarem separados de facto. Estipulação ilegal de juros em letras", *Scientia Iuridica*, tomo XV, 1966, pp. 492-500.

Alvarez-Caperochipi, José A., *Curso de Derecho de Familia. Matrimonio y régimen económico*, tomo I, Madrid, Civitas, 1988.

Alvarez Olalla, Mª Pilar, *Responsabilidad Patrimonial en el Régimen de Separación de Bienes*, Pamplona, Aranzadi, 1996.

Alves, Raúl Guichard, *Alguns aspectos do instituto da representação no Código Civil de 1966*, policopiado, Porto, 1992.

Amorós Guardiola, Manuel, *et allii*, *Comentarios a las reformas del derecho de familia*, vol. II, Madrid, Tecnos, 1984.

Andrade, Manuel de, "Sôbre as disposições por morte a favor de terceiros, feitas por esposados na respectiva escritura antenupcial", *RLJ*, ano 69º, 1936/37, pp. 305-338.

—, "Fontes de Direito. Vigência, interpretação e aplicação da lei", *BMJ*, nº 102º, 1961, pp. 141-152.

—, *Teoria Geral das Obrigações*, colab. Rui de Alarcão, 3ª ed., Coimbra, Almedina, 1966.

—, *Teoria Geral da Relação Jurídica*, vol. I, reimpressão, Coimbra, Almedina, 2003.

—, *Teoria Geral da Relação Jurídica*, vol. II, 7ª reimpressão, Coimbra, Almedina, 1992.

ANELLI, Franco, "L'amministrazione della comunione legale", *in* AAVV, *Trattato di Diritto di Famiglia de Paolo Zatti. Regime patrimoniale della famiglia*, Franco Anelli/ Michele Sesta, vol. III, Milano, Giuffrè Editore, 2002, pp. 235-340.

ANGELONI, Franco, *Autonomia privata e potere di disposizione nei rapporti familiari*, Padova, Cedam, 1997.

ANGIULI, Alessandra, "Preliminare di vendita di bene della comunione legale concluso da un solo coniugi e giudizio *ex* art. 2932 c.c.", *Giur. It.*, Junho, 2003, pp. 1150-1153.

ANTHERO, Adriano, *Comentário ao Código Commercial Portuguez*, vol. I, 2ª ed., Porto, Companhia Portuguesa Editora, s.d.

ARECHEDERRA ARANZADI, Luis, "Matrimonio *by cohabitation with habit and repute* en Escocia, *Outer House (Court of session) Dewar v. Dewar (17 agosto 1994)*", *in* AAVV, *Estudios Jurídicos en Homenaje al Profesor Luis Díez-Picazo*, sob a direção de A. Cabanillas Sánchez, *et allii*, tomo III, Madrid, Civitas, 2003, pp. 4373-4393.

AREZ, Mário Corrêa, "Da responsabilidade nas dívidas para sustento dos concubinos", *Scientia Iuridica*, tomo VIII, 1959, pp. 238-242.

ARGIROFFI, Carlo, "Sull'annullabilità degli atti compuiti da un coniuge senza il necessario consenso dell'altro (art. 184 C.C.)", *Il Diritto di Famiglia e delle Persone*, ano VI, 1977, pp. 823-844.

ASCARELLI, Tullio, *Obbligazioni pecuniarie. Commentario del Codice Civile Scialoja-Branca*, sob a direção de Scialoja/ Branca, livro IV, Bologna/Roma, Nicola Zanichelli Editore/Soc. Ed. del Foro Italiano, 1959.

ASCENSÃO, Oliveira, *Direito Civil. Sucessões*, 4ª ed., Coimbra, Coimbra Editora, 1989.

ATAÍDE, Rui, *A responsabilidade do "representado" na representação tolerada – um problema de representação sem poderes*, Lisboa, AAFDL, 2008.

ATTARDI, Aldo, "Profili processuali della comunione legale dei beni", *Rivista di Diritto Civile*, ano XXIV, I, 1978, pp. 25-51.

AUBRY/RAU, *Droit Civil français. Régimes matrimoniaux*, vol. VIII, 7ª ed., Paris, Libraires Techniques, 1973.

AULETTA, Tommaso, "Comunione legale – amministrazione ordinaria e straordinaria – procura generale – exclusione. Comunione legale – procura a terzi – ammissibilità condizioni", *in* AAVV, *Questioni di diritto patrimoniale della famiglia (discusse da vari giuristi e dedicate ad Alberto Trabucchi)*, Padova, Cedam, 1989, pp. 368-381.

—, *Il diritto di famiglia*, 4ª ed., Torino, G. Giappichelli Editore, 1997.

AVILA ALVAREZ, Pedro, «El régimen económico matrimonial en la reforma del Código Civil», *Revista Critica de Derecho Inmobiliario*, 1981, pp. 1373-1405.

BACH, Louis, *Droit Civil. Régimes matrimoniaux*, Paris, Sirey, 1978.

BARBEROT, Christine, «Conséquences de l'application de l'article 1415 du code civil au cautionnement réel», *Recueil Dalloz*, ano 178º, nº 22, 2002, pp. 1780-1785.

BARBIERA, Lelio, «La comunione legale», *in* AAVV, *Trattato di diritto privato. Persona e famiglia*, sob a direção de Pietro Rescigno, vol. III, tomo II, 2ª ed., Torino, UTET, 1996, pp. 435-642.

BARCELÓ DOMÉNECH, Javier, *Responsabilidad de los bienes gananciales por las obligaciones extracontractuales de un cónyuge*, Valencia, Tirant lo blach, 2000.

BÄRMANN, Johannes, "Das neue Ehegüterrecht", *Archiv für die civilistische Praxis*, nº 157, 1958/1959, pp. 145-214.

BARONA, Francisco, "O contrato-promessa de partilha dos bens comuns do casal", *in* AAVV, *Comemorações dos 35 anos do Código Civil e dos 25 anos da Reforma de 1977. Direito da Família e das Sucessões*, Coimbra, Coimbra Editora, 2004, pp. 399-458.

BARROS, Araújo, *Elementos de História do Direito Português*, Coimbra, Casa do Castelo – Editora, 1938.

BARTALENA, Andrea, "Inapplicabilità della presunzione muciana agli acquisti in regime di comunione legale", *Giurisprudenza Commerciale*, ano XI, 2, 1984, pp. 122-133.

BARTON, Chris, *Cohabitation Contracts*, England, Gower, 1985.

BAUDRY-LACANTINERIE/LE COURTOIS, J./SURVILLE, F., *Traité théorique et pratique de Droit Civil. Du contrat de mariage ou des régimes matrimoniaux*, vol. XVI, tomo I, 3ª ed., Paris, Librairie de la Société du Recueil J.-B. Sirey et du Journal du Palais, 1906.

—, *Traité théorique et pratique de Droit Civil. Du contrat de mariage ou des régimes matrimoniaux*, vol. XVII, tomo II, 3ª ed., Paris, Librairie de la Société du Recueil J.-B. Sirey et du Journal du Palais, 1906.

BAUMBACH/LAUTERBACH/ALBERS/HARTMANN, *Zivilprozessordnung*, vol. I, 65ª ed., München, C. H. Beck, 2007.

BAYOD LÓPEZ, María del Carmen, "Parejas no casadas, capítulos matrimoniales y normas de régimen económico matrimonial", *Revista Critica de Derecho Inmobiliario*, ano LXXI, nº 626, 1995, pp. 129-153.

BEHMER, Rüdiger, "Ist die Gütergemeinschaft als Wahlgüterstand "obsolet"?", *FamRZ*, ano 35º, nº 4, 1988, pp. 339-349.

BEIGNIER, Bernard, "Preuve de la récompense due par la communauté: retour au droit et à l'équité", *Recueil Dalloz*, ano 179º, nº 9, 2003, pp. 575 e 576.

BEITZKE, Günther, *Familienrecht*, München/Berlin, Biederstein Verlag, 1947.

BEITZKE, Günther/LÜDERITZ, Alexander, *Familienrecht*, 26ª ed., München, C. H. Beck, 1992.

BELEZA, Mª Leonor Pizarro, *Direito da Família*, policopiado, AAFDL, Lisboa, 1979.

—, "Os efeitos do casamento", *in* AAVV, *Reforma do Código Civil*, Ordem dos Advogados, Lisboa, Livraria Petrony, 1981, pp. 91-135.

BELEZA, Teresa, *Mulheres, Direito, Crime, ou a Perplexidade de Cassandra*, Lisboa, Faculdade de Direito, 1990.

BELLO JANEIRO, Domingo, "La legitimación pasiva ante deudas pretendidamente gananciales contraídas por uno de los cónyuges", *Revista Critica de Derecho Inmobiliario*, ano LXIX, nº 617, 1993, pp. 1021-1092.

—, "Los acreedores y la modificación del régimen económico matrimonial", *Revista Juridica del Notariado*, Julho-Setembro, 1993, nºs 33-66.

—, "Responsabilidad con los bienes gananciales ante fianza prestada por uno de los cónyuges", *Actualidad Civil*, 1, nºs 7/15, 1993, pp. 117-147.

BELTRÁN DE HEREDIA, Carmen López, *La liquidación de la sociedad de gananciales*, 2ª ed., Valencia, Tirant lo blanch, 2002.

BÉNABENT, Alain, "La charge des loyers d'un logement occupé par un seul des époux", *Droit & Patrimoine*, nº 34, 1996, p. 72.

—, *Droit civil. La famille*, 9ª ed., Paris, Litec, 1998.

BENAVENTE MOREDA, Pilar, «La anotación de embargo sobre bienes gananciales. Estudio de algunos aspectos del artículo 144 del Reglamento Hipotecario», *Revista Critica de Derecho Inmobiliario*, ano LXXVI, nº 657, 2000, pp. 777-856.

BENDITO CAÑIZARES, M.ª Teresa, *Marido y mujer frente a las deudas del otro cónyuge: la tercería de dominio*, Madrid, Tecnos, 1996.

BERNARDI, Giuseppe, "La responsabilità sussidiaria dei beni personale", *in* AAVV, *La comunione legale*, sob a direção de C. M. Bianca, vol. II, Milano, Giuffrè Editore, 1989, pp. 777-793.

BEUDANT, Ch., *Cours de Droit Civil français. Le contrat de mariage et les régimes matrimoniaux*, tomo X, 2ª ed., Paris, Rousseau et Cª Editeurs, 1937.

BIANCA, C. Massimo, *Diritto civile. La famiglia. Le successioni*, vol. II, 2ª ed., Milano, Giuffrè Editore, 1989.

—, "Gli atti di straordinaria amministrazione", *in* AAVV, *La comunione legale*, sob a direção de C. M. Bianca, Milano, Giuffrè Editore, 1989, pp. 603-637.

BIGLIA, Maria Fortunata Lo Moro, *Lo scioglimento della comunione legale tra coniugi*, Padova, Cedam, 2000.

BILE, Franco, "La famiglia di fatto nella giurisprudenza della Corte di Cassazione", *Rivista di Diritto Civile*, ano XLII, nº 6, 1996, pp. 641-650.

BIN, Marino, *Rapporti patrimoniale tra coniugi e principio di eguaglianza*, Memoria dell'Instituto Giuridico, Torino, G. Giappichelli Editore, s.d.

BLANDINO GARRIDO, M. ª Amalia, *Régimen jurídico de las deudas tras la disolución de la sociedad de gananciales*, Valencia, Tirant lo blanch, 1999.

BLUTTNER, Peter, *Das Recht der nichtehelichen Lebensgemeinschaft in Panama und anderen lateinamerikan Staaten*, Berlin, 1990.

BOULANGER, François, *Droit Civil de la Famille (aspects internes et internationaux)*, tomo I, 2ª ed., Paris, Economica, 1992.

BOUSSOUGOU-BOU-MBINE, Farafina L., *La pénétration des idées communautaires dans les régimes séparatistes*, Paris, LGDJ, 1999.

BOUTARD, Jacques, *Les pouvoirs ménagers de la femme mariée*, Paris, Librairie Arthur Rousseau, 1947.

BRÉMOND, Vincent, "Preuve de l'emploi des fonds propres donnant droit à récompense", *Recueil Dalloz*, ano 179º, nº 28, 2003, pp. 1866 e 1867.

BRIGANTI, Ernesto, "Procedure esecutive e comunione legale", *in* AAVV, *La comunione legale – Problematiche e questioni a venticinque anni dalla riforma*, Milano, Giuffrè Editore, 2003, pp. 153-158.

BROMLEY, P. M., *Family Law*, 2ª ed., London, Butterworths, 1962.

BRUDERMÜLLER, Gerd, "Schlüsselgewalt und Telefonsex", *NJW*, ano 57º, nº 32, 2004, pp. 2265-2270.

BRUSCUGLIA, L., "L'amministrazione dei beni della comunione legale", *in* AAVV, *Trattato di diritto privato. Il diritto di famiglia*, sob a direção de Mario Bessone, vol. IV, tomo II, Torino, G. Giappichelli Editore, 1999, pp. 241-316.

—, "La responsabilità patrimoniale dei coniugi in comunione legale", *in* AAVV, *Trattato di diritto privato. Il diritto di famiglia*, sob a direção de Mario Bessone, vol. IV, tomo II, Torino, G. Giappichelli Editore, 1999, pp. 317-366.

BUSNELLI, Francesco Donato, "Comunione dei beni tra coniugi", *Enciclopedia del Diritto*, vol. VIII, Milano, Giuffrè Editore, 1961, pp. 264-277.

—, "La famiglia e l'arcipelago familiare", *Rivista di Diritto Civile*, ano XLVIII, nº 4, 2002, pp. 509-529.

BUSTOS GÓMEZ-RICO, Modesto de, "Las relaciones personales y económicas entre los integrantes de la unión de hecho y frente a terceros", *in* AAVV, *Consecuencias jurídicas de las uniones de hecho*, sob a direção de Xavier O'Callaghan, Madrid, Consejo General del Poder Judicial, 1998, pp. 419-493.

BUSTOS MORENO, Yolanda, *Las deudas gananciales y sus reintegros*, Madrid, Dykinson, 2001.

CABANILLAS SANCHEZ, Antonio, "La contratación entre cónyuges", *Anuario de Derecho Civil*, tomo XXXVIII, nº 3, 1985, pp. 505-584.

—, "La mutabilidad del régimen económico matrimonial", *Anuario de Derecho Civil*, tomo XLVII, nº 2, 1994, pp.115-235.

—, "Notas sobre la mutabilidad del régimen económico matrimonial, la responsabilidad de los bienes del matrimonio por las obligaciones contraidas por el conyuge comerciante y la protección de los acreedores", *in* AAVV, *Estudios juridicos en homenaje al Profesor Aurelio Menéndez*, tomo I, Madrid, Civitas, 1996, pp. 489-512.

CABRILLAC, Michel/PÉTEL, Philippe, "Redressement et liquidation judiciaires des entreprises", *JCP* 1996.I.3960.

CABRILLAC, Rémy, *Droit Civil. Les régimes matrimoniaux*, 4ª ed., Paris, Montchrestien, 2002.

CADARSO PALAU, Juan, *Sociedad de gananciales y participaciones sociales*, Madrid, Tecnos, 1993.

CAEIRO, António, "Sobre a participação dos cônjuges em sociedades por quotas", Separata do número especial do *Boletim da Faculdade de Direito de Coimbra – Estudos em homenagem ao Prof. Doutor António de Arruda Ferrer Correia*, Coimbra, 1986.

CAMPI, Cesare Coltro, "Comunione legale e operazioni su titoli: considerazioni", *Banca borsa e titoli di credito*, ano XL, nº 1, 1977, pp. 364-378.

CAMPOS, Abel de, "O marido pode responsabilizar por suas dívidas os mobiliários do casal", *Scientia Iuridica*, vol. VIII, 1959, pp. 395-398.

CAMPOS, Diogo Leite de, *A subsidiariedade da obrigação de restituir o enriquecimento*, Coimbra, Almedina, 1974.

—, *A invenção do direito matrimonial. A institucionalização do casamento*, Separata do *Boletim da Faculdade de Direito da Universidade de Coimbra*, vol. LXII, Coimbra, 1995.

—, *Lições de Direito da Família e das Sucessões*, 2ª ed., Coimbra, Almedina, 1997.

CANARIS, Claus-Wilhelm, *Handelsgesetzbuch Großkommentar. Bankvertragsrecht*, vol. 3, 3, 2ª ed., Berlin/New York, Walter de Gruyter, 1981.

CANOTILHO, J. J. Gomes/MOREIRA, Vital, *Constituição da República Portuguesa anotada*, 3ª ed., Coimbra, Coimbra Editora, 1993.

CAPELO, Mª José, "Pressupostos processuais gerais na acção executiva – A legitimidade e as regras da penhorabilidade", *Themis – Revista de Direito*, ano IV, nº 7, 2003, pp. 79-104.

CAPOLUONGO, F., "Il regime di separazione dei beni", *in* AAVV, *Manuale del nuovo Diritto di Famiglia*, sob a direção de G. Cassano, 2ª ed., Piacenza, Casa Editrice La Tribuna, 2003, pp. 719-740.

CARAVAGLIOS, Raffaele, *La comunione legale*, tomos I e II, Milano, Giuffrè Editore, 1995.

CARBONNIER, Jean, *Le régime matrimonial, sa nature juridique sous le rapport des notions de société et d'association*, Bordeaux, Imprimerie de l'Université Y. Cadoret, 1932.

—, *Droit civil. La famille, les incapacités*, vol. 2, 9ª ed., Paris, Thémis, 1972.

—, *Droit Civil. La famille. L'enfant, le couple*, vol. 2, 20ª ed., Paris, PUF, 1999.

CARDOSO, A. Lopes, "Alguns aspectos das dívidas dos cônjuges no novo Código Civil", *Revista dos Tribunais*, ano 86º, 1968, pp. 51-114.

—, *A Administração dos Bens do Casal*, Coimbra, Almedina, 1973.

—, "Alguns aspectos das dívidas comerciais dos cônjuges", *Revista dos Tribunais*, ano 95º, 1977, pp. 401-422.

—, "Da responsabilidade dos cônjuges por dívidas comerciais", *in* AAVV, *Temas de*

Direito da Família, Ciclo de Conferências no Conselho Distrital do Porto da Ordem dos Advogados, Coimbra, Almedina, 1986, pp. 165-208.

CARDOSO, Eurico Lopes, *Manual dos incidentes da instância em Processo Civil*, 2ª ed., Coimbra, Almedina, 1965.

—, *Manual da Acção Executiva*, 3ª ed. (reimpressão), Coimbra, Almedina, 1992.

CARDOSO, João António Lopes, *Partilhas Judiciais*, vol. II, Coimbra, Almedina, 1990.

—, *Partilhas Judiciais*, vol. III, 4ª ed., Coimbra, Almedina, 1991.

CARNEIRO, J. G. Sá, "Anotação ao ac. RP, de 3 de Abril de 1970", *Revista dos Tribunais*, ano 89º, 1970, pp. 277 e 278.

—, "Anotação ao ac. do STJ, de 4 de Janeiro de 1972", *Revista dos Tribunais*, ano 90º, 1972, pp. 183-185.

CARPINO, Brunetto, "Rimborsi e restituzioni", *in* AAVV, *La comunione legale*, sob a direção de C.M. Bianca, tomo II, Milano, Giuffrè Editore, 1989, pp. 981-988.

CARRARO/OPPO/TRABUCCHI, *Commentario alla riforma del diritto di famiglia*, vol. I, tomos I e II, Padova, Cedam, 1977.

CARRESI, Franco, "Del fondo patrimoniale", *in* AAVV, *Commentario al diritto italiano della famiglia*, sob a direção de Cian/Oppo/Trabucchi, vol. III, Padova, Cedam, 1992, pp. 343-361.

CARVALHO, Eduardo José da Silva, *As formas do regimen matrimonial. Communhão geral de bens*, vol. I, V.N. Famalicão, Typographia Minerva, 1893.

—, *As formas do regimen matrimonial. Da separação de bens e da simples comunhão de adquiridos*, vol. II, Coimbra, França Amado Editor, 1897.

CARVALHO, Orlando de, "Negócio jurídico indirecto (teoria geral)", *Escritos. Páginas de Direito*, Coimbra, Almedina, 1998, pp. 31-164.

CASANOVA, Salazar, "Tutela do direito à utilização da casa de morada de família", *Lex Familiae – Revista Portuguesa de Direito da Família*, ano 2, nº 3, 2005, pp. 117-126.

CASTRO, Artur Anselmo de, *A acção executiva singular, comum e especial*, 2ª ed., Coimbra, Coimbra Editora, 1973.

CASTRO, Artur A. de/NOGUEIRA, Mário M. Reymão, *História do Direito Português. Direitos de Família: casamento e regimes de bens*, Coimbra, Atlântida Editora, 1930.

CASTRO LUCINI, Francisco, *Temas de Derecho de Familia*, Madrid, Agisa, 1989.

CATALA, Pierre, "Les effets de la dépréciation monétaire sur les rapports juridiques contractuels en droit civil français", *Famille et patrimoine*, Paris, Puf, 2000, pp. 43-66.

CATTANEO, G., "Note introduttive agli articoli 82-88 Nov.", *in* AAVV, *Commentario alla riforma del diritto di famiglia*, sob a direção de Carraro/Oppo/Trabucchi, vol. I, tomo I, Padova, Cedam, 1977, pp. 468-488.

—, "Del regime di separazione dei beni", *in* AAVV, *Commentario alla riforma del diritto di famiglia*, sob a direção de Carraro/Oppo/Trabucchi, vol. I, tomo I, Padova, Cedam, 1977, pp. 462-488.

CERDEIRA, Ângela Cristina da Silva, *Da responsabilidade civil dos cônjuges entre si*, Coimbra, Coimbra Editora, 2000.

CHABOT, Gérard, "Le cautionnement par actes séparés sous le régime de communauté légale", *JCP* 1999.II.10202.

CHAMPENOIS-MARMIER, Marie-Pierre/FAUCHEUX, Madeleine, *Le mariage et l'argent*, Paris, PUF, 1982.

CHAMPION, Jean, *Régimes matrimoniaux et contrats de mariage*, 9ª ed., Paris, Delmas, 1998.

CHAPUISAT, Françoise, "Vers une utilisation extensive de la subrogation réelle, a propos des lois du 13 juillet 1965 et

3 juillet 1971», *RTDC*, ano 71º, 1973, pp. 643-662.

CHARLIN, Jacques, "Le contrat de concubinage", *in* AAVV, *Indépendance financière et communauté de vie*, Actes des journées d'études des 15 et 16 décembre 1988, Paris, LGDJ, 1989, pp. 97-108.

CHEVALLIER-DUMAS, Françoise, "La fraude dans les régimes matrimoniaux", *RTDC*, ano 77º, 1979, pp. 40-70.

CIAN, G., "Sulla pubblicità del regime patrimoniale della famiglia. Una revisione chesi impone", *Rivista di Diritto Civile*, ano XXII, I, 1976, pp. 33-46.

—, "Introduzione. Sui presupposti storici e sui caratteri generali del Diritto di Famiglia riformato", *in* AAVV, *Commentario alla riforma del diritto di famiglia*, sob a direção de Carraro/Oppo/Trabucchi, vol. I, tomo I, Padova, Cedam, 1977, pp. 23-63.

CIAN, G./OPPO, G./TRABUCCHI, A., *Commentario al diritto italiano della famiglia*, vol. III, Padova, Cedam, 1992.

—, *Commentario al diritto italiano della famiglia*, vol. VI, 1, Padova, Cedam, 1993.

CIAN, G./VILLANI, A., "La comunione dei beni tra coniugi (legale e convenzionali)", *Rivista di Diritto Civile*, ano XXVI, I, 1980, pp. 337-412.

CID, Nuno de Salter, "União de facto e Direito: indecisão ou desorientação do legislador?", *Economia e Sociologia*, nº 57º, 1994, pp. 19-84.

—, *A protecção da casa de morada da família no direito português*, Coimbra, Almedina, 1996.

—, "Direitos Humanos e Família: quando os homossexuais querem casar", *Economia e Sociologia*, nº 66, 1998, pp. 189-235.

—, *A comunhão de vida à margem do casamento: entre o facto e o direito*, Coimbra, Almedina, 2005.

CLERICUS, Susanne, *Schuldhaftung der Ehegatten im portugiesischen Familienrecht*, Aachen, Shaker Verlag, 1999.

Code Civil, 100ª ed., Dalloz, 2001.

COELHO, F. M. Pereira, *Curso de Direito da Família*, vol. I, Coimbra, Atlântida Editora, 1965.

—, *Direito de Família, Sumários das lições ao curso de 1966-1967*, policopiado, Coimbra, 1967.

—, *Obrigações – sumários das lições ao curso de 1966/67*, policopiado, Coimbra, 1967.

—, "O enriquecimento e o dano", *RDES*, ano XV, 1968, pp. 315-369, e ano XVI, 1969, pp. 1-53.

—, *Curso de Direito de Família. Direito matrimonial*, vol. I, tomo 2, 2ª ed., policopiado, Coimbra, Unitas, 1970.

—, *Curso de Direito da Família*, policopiado, Coimbra, 1986.

—, "Casamento e família no direito português", *in* AAVV, *Temas de Direito da Família*, Ciclo de Conferências no Conselho Distrital do Porto da Ordem dos Advogados, Coimbra, Almedina, 1986, pp. 1-29.

—, "Anotação ao ac. do STJ, de 10 de Maio de 1988", *RLJ*, ano 123º, 1990/91, pp. 369-371.

—, *Direito das Sucessões*, Coimbra, ed. processada em computador, 1992.

—, "Casamento e divórcio no ensino de Manuel de Andrade e na legislação actual", Separata do *Boletim da Faculdade de Direito de Coimbra*, vol. LXXVII, 2001.

COELHO, F. M. Pereira/OLIVEIRA, Guilherme de, *Curso de Direito da Família*, vol. I, 4ª ed., Coimbra, Coimbra Editora, 2008.

—, *Curso de Direito da Família*, vol. I, 5ª ed., Coimbra, Imprensa da Universidade de Coimbra, 2016.

COELHO, Pinto, *Direito de Família*, lições coligidas por José Lourenço Júnior, Lisboa, 1935.

COLIN, Ambroise/CAPITANT, Henri/JULLIOT DE LA MORANDIÈRE, Léon,

Précis de Droit Civil, tomo III, 8ª ed., Paris, Dalloz, 1950.

COLOMER, A., *L'instabilité monétaire et les régimes matrimoniaux, le mal et ses remèdes*, Paris, Rousseau & Cª, 1955.

—, «Communauté conjugale», *JCP* 1956. II.9579.

—, *Les régimes matrimoniaux et le droit commercial. Le fonds de commerce et les régimes matrimoniaux*, tomo I, Paris, Répertoire du Notariat Defrénois, 1977.

—, «La réforme de la réforme des régimes matrimoniaux ou: vingt ans après (premières réflexions sur la loi du 23 décembre 1985)", *Recueil Dalloz Sirey*, VII, 1986, pp. 49-58.

—, *Droit Civil. Régimes matrimoniaux*, 10ª ed., Paris, Litec, 2000.

COMANZO, Sylvie, «Situation des créanciers de l'époux in bonis en cas de redressement judiciaire du conjoint», *JCP- La Semaine Juridique notariale et immobilière*, nº 8, 1998, pp. 279-284.

CONTIN, Raphäel, "Les règlements en nature dans les partages matrimoniaux», *RTDC*, ano 75º, 1977, pp. 435-482.

CORDEIRO, António Menezes, *Direito das Obrigações*, vol. I, Lisboa, AAFDL, 1980.

—, *Direito das Obrigações*, vol. II, reimpressão, Lisboa, AAFDL, 1986.

CORNU, Gérard, "Le contrat entre époux. Recherche d'un critère général de validité", *RTDC*, ano 51º, 1953, pp. 461-493.

—, "La reforme des régimes matrimoniaux. Généralités. Le regime primaire impératif", *JCP* 1966.I.1968.

—, «La réforme des régimes matrimoniaux. Le pouvoir de la volonté des époux», *JCP* 1966.I.1997.

—, *Vocabulaire Juridique*, 6ª ed., Paris, PUF, 1996.

—, *Les régimes matrimoniaux*, 9ª ed., Paris, PUF, 1997.

—, *Droit Civil. La famille*, 8ª ed., Montchrestien, LGDJ, 2003.

CORREIA, Brito, *Direito Comercial. Sociedades Comerciais*, vol. II, 3ª ed., Lisboa, AAFDL, 1997.

CORREIA, Ferrer, "A procuração na teoria da representação voluntária", *Boletim da Faculdade de Direito da Universidade de Coimbra*, vol. XXIV, 1948, pp. 253-293, e *Estudos Jurídicos II – Direito Civil e Comercial e Direito Criminal*, XXXI, Coimbra, Atlântida Editora, 1969, pp. 1-32.

—, *Aditamentos às lições de Direito Comercial (a mulher casada e o exercício do comércio)*, policopiado, coligido por Fernando José Bronze e revisto por António Caeiro, Coimbra, Unitas, 1971.

CORREIA, M. Pupo, *Direito Comercial*, 4ª ed., Lisboa, SPB-Editores e Livreiros, Lda., 1996.

CORSI, Francesco, *Il regime patrimoniale della famiglia*, tomo I, Milano, Giuffrè Editore, 1979.

—, "Comunione legale, scioglimento e presunzione muciana", *Giurisprudenza Commerciale*, ano X, 2, 1983, pp. 737-746.

CORTE-REAL, Pamplona, *Direito da Família e das Sucessões. Relatório*, Suplemento da Revista da Faculdade de Direito de Lisboa, Lisboa, Lex, 1995.

COSPITE, "Del regime di separazione dei beni", *in* AAVV, *Commentario breve al Codice Civile*, sob a direção de Cian/Trabucchi, 5ª ed., Padova, Cedam, 2001, pp. 268 e 269.

COSSIO Y CORRAL, Alfonso, *Instituciones de Derecho Civil*, tomo II, Madrid, Civitas, 1988.

COSTA, Mário Júlio de Almeida, "Enquadramento histórico do Código Civil português", *Boletim da Faculdade de Direito da Universidade de Coimbra*, vol. XXXVII, 1961, pp. 138-160.

—, *História do Direito Português*, 2ª ed. (reimpressão), Coimbra, Almedina, 1995.

—, *Direito das Obrigações*, 9ª ed., Coimbra, Almedina, 2001.

COSTES, Jean-Louis, "La réprésentation dans la gestion d'une indivision", *JCP* 1985.I.3181.

COSTI, "Impresa familiare e "rapporti com i terzi" nel nuovo diritto di famiglia", *in* AAVV, *Il nuovo Diritto di Famiglia*, sob a direção de Claudio Delitala/Guilia Minoli, Milano, Giuffrè Editore, 1976, pp. 93-104.

COURBE, Patrick, *Droit de la Famille*, 3ª ed., Paris, Armand Colin, 2003.

CRETNEY, Stephen, *Family Law*, 3ª ed., London, Sweet & Maxwell, 1997.

—, *Family Law in the Twentieth Century. A History*, Oxford, University Press, 2003.

CRETNEY, Stephen M./MASSON, J. M./BAILEY-HARRIS, R., *Principles of Family Law*, 6ª ed., London, Sweet & Maxwell, 1997.

—, *Principles of Family Law*, 7ª ed., London, Sweet & Maxwell, 2003.

CRUZ, Guilherme Braga da, "Problemas relativos aos regimes de bens do casamento sobre que se julga necessário ouvir o parecer da comissão redactora do novo Código civil", *BMJ*, nº 52º, 1956, pp. 341-354.

—, "O problema do regime matrimonial de bens supletivo, no novo Código Civil português", *BMJ*, nº 53º, 1956, pp. 173-204.

—, "Regimes de bens do casamento. Disposições gerais. Anteprojecto dum capítulo do novo Código Civil (articulado e exposição de motivos)", *BMJ*, nº 63º, 1957, pp. 23-191.

—, "Capacidade patrimonial dos cônjuges. Anteprojecto de um título do futuro Código Civil (articulado e exposição dos motivos)", *BMJ*, nº 69º, 1957, pp. 353-429.

—, "Regimes de bens do casamento. Disposições gerais. Regimes de comunhão (disposições gerais e regime supletivo). Anteprojecto para o novo Código Civil", *BMJ*, nº 122º, 1963, pp. 205-222.

—, *Obras Esparsas*, vol. II, 1ª parte, Coimbra, Coimbra Editora, 1981.

—, *Obras Esparsas*, vol. III, Coimbra, Coimbra Editora, 1984.

CRUZ, Rossana Martingo, *União de facto versus Casamento – questões pessoais e patrimoniais*, Coimbra, Gestlegal, 2019.

CRUZ, Sebastião, *Direito Romano (Ius Romanum)*, vol. I, 4ª ed., Coimbra, 1984.

CUENA CASAS, Matilde, *La protección de los acreedores en el régimen económico matrimonial de separación de bienes (La llamada presunción muciana)*, Madrid, Dykinson, 1999.

CUNHA, Paulo, *Direito da Família* (lições coligidas por Raúl J. Rodrigues Ventura, R. L. Amaral Marques e Júlio M. Salcedas), vol. I, Lisboa, 1941.

CUTILLAS TORNS, José Maria, "La disolución de la sociedad legal de gananciales. Efectos juridicos y posición de los acreedores frente a la misma", *La Ley*, nº 2, 1991, pp. 1233-1243.

DAINO, Miranda Gionfrida, *La posizione dei creditori nella comunione legale tra coniugi*, Padova, Cedam, 1986.

DAUCHY, Pierre, "L'influence du droit civil sur le droit bancaire", *Revue trimestrielle de droit commercial et de droit économique*, tomo XXXIX, 1986, pp. 1-48.

DE CUPIS, Adriano, «Indirizzo della vita familiare e responsabilità patrimoniale», *Rivista di Diritto Civile*, ano XXXI, II, 1985, pp. 1-8.

—, *Il Diritto di Famiglia*, Padova, Cedam, 1988.

DE FILIPPIS, Bruno, *Trattato Breve di Diritto di Famiglia*, Padova, Cedam, 2002.

DELGADO ECHEVERRÍA, Jesús, "Afianzamiento por un cónyuge y sociedad de gananciales", *Aranzadi Civil*, vol. II, 1995, pp. 5-40.

DELHAY, "Les comptes bancaires de la femme mariée", *in* AAVV, *Quelques aspects de la nouvelle situation de la femme mariée*, Paris, Puf, 1968, pp. 43-70.

DELMAS-MARTY, Mireille, *Le droit de la famille*, Paris, PUF, 1972.

DENECKER, Jean-Gabriel, *La théorie générale des récompenses et son application aux libéralités faites par les époux communs en biens*, Lille, Douriez-Bataille, 1943.

DE PAOLA, Vincenzo, *Il diritto patrimoniale della famiglia coniugale. Il regime patrimoniale della famiglia*, vol. II, Milano, Giuffrè Editore, 1995.

—, *Il diritto patrimoniale della famiglia nel sistema del diritto privato. Il regime patrimoniale della famiglia*, 2ª ed., Milano, Giuffrè Editore, 2002.

DE PAOLA, Vincenzo/MACRI, Antonio, *Il nuovo regime patrimoniale della familia*, Milano, Giuffrè Editore, 1978.

DERNBURG, Heinrich, *Bürgerliches Recht. Deutsches Familienrecht*, 2ª ed., s.l., Verlag der Buchhandlung des Waisenhauses, 1903.

DERRIDA, Fernand, «La situation des créanciers personnels du conjoint du débiteur soumis a une procédure de redressement-liquidation judiciaires: bilan», *Defrénois*, ano 117º, nº 1, 1997, pp. 353-357.

DESCHENAUX, Henri, *La nature juridique da la communauté de biens entre époux d'après les droits français, allemand et suisse*, Paris, Rousseau et Cª Éditeurs, 1934.

DIAS, Cristina Araújo, «Do Mandato na Administração dos Bens do Casal (uma análise dos artigos 1678º, nº 2, al. g) e 1681º, nºs 2 e 3 do Código Civil)", *Scientia Iuridica*, tomo L, 2001, pp. 181-208.

—, "Da acessão no âmbito da titularidade dos bens no regime de comunhão de adquiridos: bens adquiridos por virtude da titularidade de bens próprios", *in* AAVV, *Estudos em Comemoração do 10º Aniversário da Licenciatura em Direito da Universidade do Minho*, Coimbra, Almedina, 2004, pp. 229-249.

—, "Processo de inventário, administração e disposição de bens (conta bancária) e compensações no momento da partilha dos bens do casal – comentário ao acórdão da Relação de Évora, de 21-2-2002 (*Col. Jurisp.*, XXVII, I, 2002, p. 274)", *Lex Familiae – Revista Portuguesa de Direito da Família*, ano 1, nº 2, 2004, pp. 111-122.

—, "Dissolução da união de facto", *Cadernos de Direito Privado*, nº 11 (Julho/Setembro), 2005, pp. 63-80.

—, "A especialidade do consentimento conjugal na alienação de imóvel próprio", *Cadernos de Direito Privado*, nº 15 (Julho/Setembro), 2006, pp. 62-72.

—, "Breves notas sobre o fundamento das compensações no âmbito das relações patrimoniais entre os cônjuges", *in* AAVV, *Ars Ivdicandi – Estudos em homenagem ao Prof. Doutor António Castanheira Neves*, vol. II, Coimbra, Coimbra Editora, 2009, pp. 207-223.

—, *Do Regime da Responsabilidade por Dívidas dos Cônjuges – problemas, críticas e sugestões*, Coimbra, Coimbra Editora, 2009.

—, "Algumas reflexões em torno da cessão de quotas entre cônjuges", *in* AAVV, *Ad Honorem – Estudos em homenagem ao Prof. Doutor Manuel Henrique Mesquita*, vol. I, Coimbra, Coimbra Editora, 2009, pp. 639-672.

—, "O crédito pela compensação do trabalho doméstico prestado na constância do matrimónio (a contribuição consideravelmente superior de um dos cônjuges para os encargos da vida familiar – o artigo 1676º do Código Civil)", *in* AAVV, *E foram felizes para sempre...? Uma análise crítica do novo regime jurídico do divórcio*, sob a coordenação de Mª Clara Sottomayor e Mª Teresa Féria de Almeida, Coimbra, Coimbra Editora/Wolters Kluwer, 2010, pp. 199-226.

—, "Breves notas em torno da (des)articulação do regime de administração e disposição dos bens do casal com o regime da responsabilidade por dívidas", *in* AAVV, *Estudos dedicados ao Professor Doutor Nuno José Espinosa Gomes da Silva*, vol. I, *Direito e Justiça – Revista da Faculdade de Direito da Universidade Católica Portuguesa*, Lisboa, Universidade Católica Editora, 2013, pp. 271-296.

—, "Bens sub-rogados no lugar de bens próprios – omissão no título aquisitivo das menções constantes do art. 1723º, alínea *c*), do Código Civil", *Cadernos de Direito Privado*, nº 51, 2015, pp. 59-85.

—, *Alteração do Estatuto Patrimonial dos Cônjuges e a Responsabilidade por Dívidas*, reimpressão, Coimbra, Almedina, 2018.

—, "Responsabilidade civil entre cônjuges: uma análise do artigo 1792º do Código Civil", *in* AAVV, *Casamento e União de Facto – questões da jurisdição civil*, Lisboa, Centro de Estudos Judiciários, *ebook*, 2020, pp. 39-62 (*http://www.cej.mj.pt/cej/recursos/ebooks/penal/eb_casamento_uf.pdf?fbclid=IwAR31jFi4WVlElT-61am7op2GB3KiazP60HYS-mF05CDyIsiBejGe_5LOHYMU*, consultado a 17 de fevereiro de 2021).

—, *Lições de Direito das Sucessões*, 7ª ed., reimpressão, 2021.

—, *Compensações devidas pelo pagamento de dívidas dos cônjuges – análise crítica*, Coimbra, Almedina, 2021.

Dias, Cristina Araújo/Cruz, Rossana Martingo, "Non-marital relationships and the European Court of Human Rights", *Anuário de Direitos Humanos*, Centro de Investigação Interdisciplinar em Direitos Humanos, *ebook*, ano 1, 2018, pp. 27-40 (*https://drive.google.com/file/d/1flETu4zVtO-oAjiQXSYKtmsqO-gkQEWep/view?fbclid=IwAR1DdLu4kHsJ1rWgoOkRNALL3DcSQmqfQMHex0OmqKj0xQKQsGJBBvG76nc*, consultado a 17 de fevereiro de 2021).

Díaz-Ambrona Bardaji, Mª Dolores, "La responsabilidad de los cónyuges en el ejercicio de la potestad doméstica en el sistema del artículo 1319 del codigo civil", *Actualidad Civil*, 1, nº 11, 1988, pp. 641-658.

Díaz-Ambrona Bardaji, Mª Dolores/Henández Gil, Francisco, *Lecciones de Derecho de Familia*, Madrid, Editorial Centro de Estudios Ramón Areces, S.A., 1999.

Díez Ballesteros, Juan Alberto, *La empresa individual en el régimen de gananciales*, Madrid, Editorial Montecorvo, S.A., 1997.

Díez-Picazo, Luis/Gullón, Antonio, *Sistema de Derecho Civil. Derecho de Familia. Derecho de Sucesiones*, vol. IV, 9ª ed., Madrid, Tecnos, 2004.

Di Majo, Adolfo, "Obbligazioni pecuniarie", *in* AAVV, *Enciclopedia del Diritto*, vol. XXIX, Milano, Giuffrè Editore, 1979, pp. 222-298.

Di Martino, Patrizia, "Comunione legale, tutela dei creditori e azione revocatoria ordinaria", *Rassegna di diritto civile*, nº 2, 1982, pp. 342-369.

—, "La comunione legale tra coniugi: la responsabilità", *in* AAVV, *Il Diritto di Famiglia. Il regime patrimoniale della famiglia*, sob a direção de G. Bonilini/G. Cattaneo, vol. II, Torino, Utet, 1997, pp. 210-241.

Di Martino, Patrizia/Rovera, Sergio, "La comunione legale tra coniugi: l'amministrazione dei beni", *in* AAVV, *Il Diritto di Famiglia. Il regime patrimoniale della famiglia*, sob a direção de G. Bonilini/G. Cattaneo, vol. II, Torino, Utet, 1997, pp. 165-209.

Dnes, Antony W., "Cohabitation and marriage", *in* AAVV, *The Law and Economics of Marriage and Divorce*, sob a direção de Antony W. Dnes/Robert Rowthorn, Cambridge, Cambridge University Press, 2002, pp. 118-131.

DOGLIOTTI, Massimo, "La comunione legale", *in* AAVV, *Giurisprudenza del diritto di famiglia. Rapporti personali e patrimoniali tra coniugi, famiglia di fatto*, sob a direção de Mario Bessone, vol. II, 4ª ed., Milano, Giuffrè Editore, 1994, pp. 163-329.

DÖLLE, Hans, *Familienrecht*, Band I, s.l., C. F. Müller, 1964.

DOPFFEL, Peter/KÖTZ, Hein/SCHERPE, Jens M., "Rechtsvergleichende Gesamtwürdigung und Empfehlung", *in* AAVV, *Die Rechtsstellung gleichgeschlechtlicher Lebensgemeinschaften*, sob a direção de Jürgen Basedow/Kaus J. Hopt/Hein Kötz/Peter Dopffel, Tübigen, Mohr Siebeck, 2000, pp. 391-423.

D'ORAZIO, Eliodoro, "Famiglia di fatto e Diritto di Famiglia *in fieri*", *Giur. Mer.*, ano XXVI, 1994, pp. 996-1002.

DÖRR, Claus, "Die Entwicklung des Familienrechts seit Ende 1990", *NJW*, ano 45º, nº 9, 1992, pp. 529-536.

D'ORS, Alvaro, *Elementos de Derecho Privado Romano*, Pamplona, Studium Generale, 1960.

DUPUIS, Michel, "Une institution dérogeant aus régles des régimes matrimoniaux: le compte bancaire joint", *Recueil Dalloz Sirey*, VI, 1988, pp. 39-46.

EDWARDS, Lilian/GRIFFITHS, Anne, *Family Law*, Edinburgh, W. Green/Sweet & Maxwell, 1997.

EMANE, Augustin, "Les créances entre époux", *JCP* éd. N., Doctrine, 1994, pp. 309-314.

ENGISH, Karl, *Introdução ao pensamento jurídico*, trad. de J. Baptista Machado, 6ª ed., Lisboa, Fundação Calouste Gulbenkian, 1988.

ENNECCERUS, Ludwig/KIPP, Theodor/WOLFF, Martin, *Lehrbuch des bürgerlichen Rechts, Familienrecht*, trad. Blas Pérez González/José Castán Tobeñas, tomo IV, vol. I, 2ª ed., Barcelona, Bosch, 1979.

ESTEVES, A. Matos, "Dívidas emergentes de títulos de crédito. O afastamento da moratória forçada", *Revista da Ordem dos Advogados*, ano 55º, 1995, pp. 581-595.

ESTRADA ALONSO, Eduardo, *Las uniones extramatrimoniales en el Derecho Civil Español*, Madrid, Civitas, 1986.

ESTRUCH ESTRUCH, Jesus, "La liquidación de las relaciones patrimoniales en las uniones de hecho", *Revista General de Derecho*, ano LIV, nº 644, 1998, pp. 5369-5395.

Exposição documental do Código Civil Português, Lisboa, Ministério da Justiça, 1966.

FARIA, Jorge Ribeiro de, *Direito das Obrigações*, vol. I, Coimbra, Almedina, 1990.

—, *Direito das Obrigações*, vol. II, reimpressão, Coimbra, Almedina, 2001.

FENAUX, Henri, "Le changement de régime matrimonial et les droits des tiers", *RTDC*, tomo 65º, 1967, pp. 545-580.

FERNÁNDEZ VILLA, José, "El pasivo de la sociedad de gananciales: en torno al art. 1.369 C.c.", *Anuario de Derecho Civil*, tomo XLVI, nº 2, 1993, pp. 643-746.

FERREIRA, Carmindo, "A sub-rogação real e os regimes matrimoniais", *Jornal do Fôro*, ano 9º, 1945, pp. 96-139, e ano 10º, 1946, pp. 110-150.

FERREIRA, José Dias, *Código Civil Português Anotado*, vol. II, 2ª ed., Coimbra, Imprensa da Universidade, 1895.

FERRER VANRELL, María Lipar, "El "régimen económico" en la ley 18/2001, de 19 de Diciembre, de parejas estables, del Parlamento Balear", *in* AAVV, *Estudios Jurídicos en Homenaje al Profesor Luis Díez-Picazo*, Madrid, Civitas, 2003, pp. 4597-4616.

FERRERES COMELLA, Victor, "El principio de igualdad y el "derecho a no casarse"

(A proposito de la STC 222/92)", *Revista Española de Derecho Constitucional*, ano 14, nº 42º, 1994, pp. 163-196.

FINOCCHIARO, Mario, "Del regime patrimoniale della famiglia", *in* AAVV, *Nuova rassegna di giurisprudenza sul codice civile*, sob a direção de Cesare Ruperto/Vittorio Sgroi, Milano, Giuffrè Editore, 1994, pp. 1329-1469.

FINOCCHIARO, A./FINOCCHIARO M., *Riforma del diritto di famiglia (commentario sistematico alla legge 19 maggio 1975, Nº 151)*, vol. I, Milano, Giuffrè Editore, 1975.

—, *Diritto di famiglia. Legislazione, dottrina e giurisprudenza*, vol. I, Milano, Giuffrè Editore, 1984.

FLOUR, Jacques/CHAMPENOIS, Gérard, *Les régimes matrimoniaux*, Paris, Armand Colin, 1995.

FORCHIELLE, Paolo, "Comunione legale dei beni - scioglimento. Comunione legale dei beni - restituzioni", *in* AAVV, *Questioni di diritto patrimoniale della famiglia (discusse da vari giuristi e dedicate ad Alberto Trabucchi)*, Padova, Cedam, 1989, pp. 363-366.

FOSAR BENLLOCH, Enrique, "Análisis de la Jurisprudencia española sobre las relaciones económicas en las uniones extramatrimoniales", *Revista General de Legislación y Jurisprudencia*, ano CXXXII, nº 3, tomo LXXXVI, 1983, pp. 219-284.

FREJAVILLE, Marcel, "Le compte de banque de la femme marieé dit "compte de ménage"", *JCP* 1943.I.364.

FRENISY, Anne-Marie, «La preuve de la propriété et des pouvoirs dans les régimes matrimoniaux depuis la loi du 13 juillet 1965», *RTDC*, ano 68º, 1970, pp. 64-112.

FREYRIA, Charles, "Les moyens d'éviter, dans les contrats de mariage, les conséquences de la dépréciation de la monnaie", *RTDC*, ano 49º, 1951, pp. 331-352.

F. TORRES, Teodora, «La administración de los bienes comunes en la sociedad de gananciales», *Revista de Derecho Privado*, tomo XLIX, 1985, pp. 723-764.

FURTADO, J. Pinto, *Código Comercial Anotado*, vol. I, Coimbra, Almedina, 1975.

—, *Disposições Gerais do Código Comercial*, Coimbra, Almedina, 1984.

—, "Dívidas comerciais ou dos comerciantes e executoriedade por dívidas dos cônjuges", *O Direito*, anos 106º-119º, 1974-1987, pp. 35-73.

FUSARO, Andrea, *Il regime patrimoniale della famiglia*, Padova, Cedam, 1990.

GABRIELLI, Giovanni, "Le autorizzazioni giudiziali nella disciplina dei rapporti patrimoniali tra coniugi", *Rivista di Diritto Civile*, ano XXII, I, 1981, pp. 27-54.

GABRIELLI, Giovanni/CUBEDDU, Maria Giovanna, *Il regime patrimoniali dei coniugi*, Milano, Giuffrè Editore, 1997.

GALASSO, Alfredo, *Regime patrimoniale della famiglia. Commentario del Codice Civile Scialoja-Branca*, sob a direção de Francesco Galgano, tomo I, Bologna, Zanichelli Editore, 2003.

GALGANO, Francesco, *Diritto civile e commerciale*, vol. IV, 3ª ed., Padova, Cedam, 1999.

GARCÍA GARRIDO, Manuel, *Ivs vxorium. El régimen patrimonial de la mujer casada en derecho romano*, Roma-Madrid, Cuadernos del Instituto Juridico Español, nº 9, 1958.

GARCÍA VICENTE, F., "Modificación del régimen económico del matrimonio: delito de alzamiento de bienes", *in* AAVV, sob a direção de J. R. San Román Moreno, *Régimen económico matrimonial y la protección de acreedores*, Madrid, Consejo General del Poder Judicial, 1995, pp. 391-425.

GARDEAZÁBAL DEL RÍO, Francisco Javier, "La sociedad de gananciales", *in* AAVV,

Instituciones de derecho privado. Familia, sob a direção de Víctor M. Garrido de Palma, tomo IV, vol. 2, Madrid, Civitas, 2002, pp. 19-275.

GARGANO, Arturo, "La pubblicità dei rapporti patrimoniali tra coniugi nel nuovo diritto di famiglia", *Il Diritto di Famiglia e delle Persone*, ano V, 1976, pp. 307-321.

GARRIDO DE PALMA, Victor, "La economía de la familia. Las capitulaciones matrimoniales y el régimen económico matrimonial", *in* AAVV, *Instituciones de derecho privado. Familia*, sob a direção de Víctor M. Garrido de Palma, tomo IV, vol. 2, Madrid, Civitas, 2002, pp. 199-268.

GAVIDIA SANCHEZ, Julio Vicente, *La atribución voluntaria de ganancialidad*, Madrid, Editorial Montecorvo, SA, 1986.

GERALDES, António Santos Abrantes, «Execução específica de contrato-promessa de compra e venda celebrado apenas por um dos cônjuges», *Lex Familiae – Revista Portuguesa de Direito da Família*, ano 1, nº 1, 2004, pp. 95-101.

GERNHUBER, Joachim, "Geld und Güter beim Zugewinnausgleich", *FamRZ*, ano 31º, nº 11, 1984, pp. 1053-1062.

GERNHUBER, Joachim/COESTER-WALTJEN, Dagmar, *Lehrbuch des Familienrechts*, 4ª ed., München, C. H. Beck, 1994.

—, *Familienrecht*, 5ª ed., München, C. H. Beck, 2006.

GERSÃO, Eliana, "A igualdade jurídica dos cônjuges. A propósito do projecto de Código Civil", *RDES*, ano 13º, 1966, pp. 25-64.

GETE-ALONSO Y CALERA, M. ª del Carmen/YSÁS SOLANES, Maria/ SOLÉ RESINA, Judith, *Derecho de Familia*, Barcelona, Cálamo Producciones Editoriales, 2004.

GIESEN, Dieter, *Familienrecht*, 2ª ed., Tübigen, Mohr Siebeck, 1997.

GIMÉNEZ DUART, Tomás, "La organización económica del matrimonio tras la reforma de 13 de Mayo de 1981", *Revista de Derecho Notarial*, ano XXIX, nºs CXIII-CXIV, 1981, pp. 73-122.

—, "La gestión de la comunidad de gananciales", *Anuario de Derecho Civil*, tomo XXXV, nº 2, 1982, pp. 571-589.

GIUSTI, Alberto, "Parità ed autonomia tra i coniugi nell'amministrazione dei beni della comunione legale", *Rivista di Diritto Civile*, ano XXXIII, I, 1987, pp. 177-201.

—, *L'amministrazione dei beni della comunione legale*, Milano, Giuffrè Editore, 1989.

GLENDON, Mary Ann, "Matrimonial property: a comparative study of law and social change", *Tulane Law Review*, vol. 49º, 1974-75, pp. 21-83.

—, *The Transformation of Family Law. State, Law, and Family in the United States and Western Europe*, Chicago/London, The University of Chicago Press, 1989.

GOMES, Júlio Manuel Vieira, "Modificação do regime matrimonial: algumas observações de direito comparado", *Revista do Notariado*, nº 3 (Julho/Setembro), 1987, pp. 321-393, e nº 4 (Outubro/Dezembro), 1987, pp. 475-555.

GONÇALVES, Luiz da Cunha, *Comentário ao Código Comercial Português*, vol. I, Lisboa, Empresa Editora J. B., 1914.

—, *Tratado de Direito Civil em comentário ao Código Civil Português*, vol. VI, Coimbra, Coimbra Editora, 1932.

—, *Direitos de Família e Direitos das Sucessões*, Lisboa, Edição Ática, 1955.

GONZÁLEZ ACEBES, Begoña, "El régimen jurídico de la comunidad postganancial", *Revista Crítica de Derecho Inmobiliario*, ano LXVIII, nº 610º, 1992, pp. 1181-1200.

GONZÁLEZ GARCÍA, J., "Régimen económico de gananciales (II)", *in* AAVV, *Curso de Derecho Civil. Derechos de Familia y Sucesiones*, sob a direção de Francisco

Javier Sánchez Calero, Valencia, Tirant lo blanch, 2004, pp. 215-240.

GORDILLO CAÑAS, Antonio, "La protección de los terceros de buena fé en la reciente reforma del Derecho de Familia", *Anuario de Derecho Civil*, tomo XXXV, nº 2, 1982, pp. 1111-1160.

GORGONI, Marilena, "La separazione dei beni", *in* AAVV, *Trattato di diritto privato. Il diritto di famiglia*, sob a direção de Mario Bessone, vol. IV, tomo II, Torino, G. Giappichelli Editore, 1999, pp. 518-571.

GOSSELIN, Antoinette, "Sûretés entre époux", *in* AAVV, *Les contrats entre époux*, sob a direção de Jean Louis Jeghers, Bruxelles, Bruylant, 1995, pp. 311-348.

GOUBEAUX, Gilles/VOIRIN, Pierre, *Droit Civil*, tomo II, 19ª ed., Paris, LGDJ, 1997.

GRANDIDIER, Gilbert, "Liquidation du régime matrimonial et partage des biens à la suite du concubinage", *in* AAVV, *Le Droit de la Famille en Europe. Son evolution depuis l 'Antiquité jusqu'à nos jours*, Actes des journées internationales d'Histoire du Droit, sob a direção de Roland Ganghofer, Strasbourg, Press Universitaire de Strasbourg, 1992, pp. 765-771.

GRASSO, Biagio, "Il regime in generale e il fondo patrimoniale", *in* AAVV, *Trattato di diritto privato. Persona e famiglia*, sob a direção de Pietro Rescigno, vol. III, tomo II, 2ª ed., Torino, UTET, 1996, pp. 401-434.

—, "Il regime della separazione dei beni", *in* AAVV, *Trattato di diritto privato. Persona e famiglia*, sob a direção de Pietro Rescigno, vol. III, tomo II, 2ª ed., Torino, UTET, 1996, pp. 653-658.

GREGORY, John De Witt/SWISHER, Peter N./SCHEIBLE, Sheryl L., *Understanding Family Law*, USA, Matthew Bender, 1993.

GRIMALDI, Michel, *et allii*, *Droit patrimonial de la famille*, Paris, Dalloz, 1998.

GUCCIONE, Francesca, «Spunti in tema di comunione legale e responsabilità patrimoniale dei conuigi verso gli istituti di credito», *Il Diritto di Famiglia e delle Persone*, ano XII, 1983, pp. 778-785.

GUGGENHEIM, Martin, «Family Law», *in* AAVV, *Fundamentals of American Law*, sob a direção de Alan B. Morrison, New York University School of Law, Oxford University Press, 1996, pp. 397-424.

GUILARTE GUTIÉRREZ, Vicente, *Gestión y responsabilidad de los bienes gananciales*, Valladolid, Lex Nova, 1991.

—, "La naturaleza de la actual sociedad de gananciales", *Anuario de Derecho Civil*, tomo XLV, nº 3, 1992, pp. 875-928.

—, "La sociedad de gananciales: desde la comunidad germánica al caos liquidatorio", *in* AAVV, *Estudios Jurídicos en Homenaje al Profesor Luis Díez-Picazo*, sob a direção de A. Cabanillas Sánchez, *et allii*, tomo III, Madrid, Civitas, 2003, pp. 4683-4706.

GUIMARÃES, Maria de Nazareth Lobato, "Alimentos", *in* AAVV, *Reforma do Código Civil*, Ordem dos Advogados, Lisboa, Livraria Petrony, 1981, pp. 169-217.

HAEGELE, Karl, "GmbH und Verfügungsbeschränkungen der Zugewinngemeinschaft", *GmbH-Rundschau*, ano 56º, 1965, pp. 187-192.

HARKE, Jan Dirk, "Schlüsselgewalt als Versionshaftung", *FamRZ*, ano 53º, nº 2, 2006, pp. 88-91.

HAUSER, J./HUET-WEILLER, D./ GHESTIN, J., *Traité de Droit Civil. La famille. Fondation et vie de la famille*, 2ª ed., Paris, LGDJ, 1993.

HÉMARD, M. Jean, «Les contrats a titre onéreux entre époux», *RTDC*, nº 37, 1938, pp. 671-734.

HERNÁNDEZ RUEDA, Nuria, *Régimen de responsabilidad por deudas privativas durante la vigencia de la sociedad de gananciales (Tras la*

Ley 1/2000, de 7 de enero, de Enjuiciamiento Civil), Madrid, Dykinson, 2002.

HIJAS FERNÁNDEZ, Eduardo, *Derecho de Familia. Doctrina sistematizada de la Audiencia de Madrid*, 2ª ed., Valladolid, Lex Nova, 2001.

HÖRSTER, Heinrich Ewald, *A Parte Geral do Código Civil Português, Teoria Geral do Direito Civil*, reimpressão, Coimbra, Almedina, 2000.

—, "A respeito da responsabilidade dos cônjuges (ou: A doutrina da "fragilidade da garantia" será válida?)", *Scientia Iuridica*, tomo XLIV, nº 253/255, 1995, pp. 113-124.

—, "Há necessidade de legislar em matéria de união de facto?", *in* AAVV, *Direito da Família e Política Social*, Porto, Publicações Universidade Católica, 2001, pp. 65-72.

—, "Evoluções legislativas no Direito da Família depois da reforma de 1977", *in* AAVV, *Comemorações dos 35 anos do Código Civil e dos 25 anos da Reforma de 1977. Direito da Família e das Sucessões*, Coimbra, Coimbra Editora, 2004, pp. 59-74.

HÖRSTER, Heinrich Ewald/SILVA, Eva Sónia Moreira da, *A Parte Geral do Código Civil Português*, 2ª ed., Coimbra, Almedina, 2019.

HUBERT, Michel, "Observations sur la nature et la validité de la clause d'échelle mobile", *RTDC*, ano 45º, 1947, pp. 1-32.

IEVA, Marco, "L'ambito applicativo dell'art. 192, comma 3º, c.c.", *Rivista del Notariado*, ano XXXVIII, II, 1984, pp. 253-256.

INGINO, Giovanni, «Gli effeti dello scioglimento della comunione legale sui rapporti patrimoniali tra coniugi anteriormente alla divisione», *Quadrimestre – Rivista di Diritto Privato*, nº 2, 1989, pp. 317-337.

IRTI, Natalino, "Della comunione convenzionale", *in* AAVV, *Commentario alla riforma del diritto di famiglia*, sob a direção de Carraro/Oppo/Trabucchi, vol. I, tomo I, Padova, Cedam, 1977, pp. 453-461.

JANNARELLI, Antonio, "Impresa e società nel nuovo diritto di famiglia", *For. it.*, ano CII, V, 1977, pp. 265-284.

JANNELLI, "L'amministrazione dei beni della comunione legale", *in* AAVV, *Manuale del nuovo Diritto di Famiglia*, sob a direção de G. Cassano, 2ª ed., Piacenza, Casa Editrice La Tribuna, 2003, pp. 575-607.

JESTAZ, Philippe, "Réflexions finales sur les personnes, la famille, les régimes matrimoniaux, les successions et les libertés", *in* AAVV, *Le Code Civil (1804-2004). Livre du Bicentenaire*, Paris, Dalloz, 2004, pp. 435-452.

JULIEN, Pierre, *Les contrats entre époux*, Paris, LGDJ, 1962.

JUSTO, António dos Santos, «Relações patrimoniais entre cônjuges: do Direito Romano ao Direito Português», Separata da *Lusíada*, nº 2, 2005.

KUHNMUNCH, Olivier, "L'incidence de la dépréciation monétaire sur le patrimoine familial", *in* AAVV, *Influence de la dépréciation monétaire sur la vie juridique privée*, sob a direção de Paul Durand, Paris, LGDJ, 1961, pp. 191-252.

LACRUZ BERDEJO, José Luis, *La potestad doméstica de la mujer casada*, Barcelona, Ediciones Nauta, 1963.

—, "La reforma del régimen económico del matrimonio", *Anuario de Derecho Civil*, tomo XXXII, nº 1, 1979, pp. 343-369.

—, "El régimen económico del matrimonio", *in* AAVV, *La reforma del Derecho de Familia. Matrimonio, separación, divorcio, régimen económico matrimonial, filiación y patria potestad*, Jornadas hispalenses sobre la reforma del Derecho de Familia, Sevilla, Imprenta Sevillana, 1982, pp. 97-135.

LACRUZ BERDEJO, José Luis/SANCHO REBULLIDA, *et allii*, *Elementos de Dere-*

cho Civil. Derecho de Familia, vol. II, 3ª ed., Barcelona, Bosch, 1989.

—, *Elementos de Derecho Civil. Derecho de Familia*, Vol. IV, 4ª ed., Barcelona, Bosch, 1997.

—, *Elementos de Derecho Civil. Familia*, vol. IV, 2ª ed., Madrid, Dykinson, 2005.

LAMBOLEY, Annie/LAURENS-LAMBOLE, Marie-Hélène, *Travaux dirigés de droit des régimes matrimoniaux*, 3ª ed., Paris, Litec, 2002.

—, *Droit des régimes matrimoniaux*, 3ª ed., Paris, Litec, 2004.

LANGENFELD, Gerrit, *Handbuch der Eheverträge und Scheidungsvereinbarungen*, 4ª ed., München, C. H. Beck, 2000.

LARENZ, Karl, *Metodologia da Ciência do Direito*, tradução de José Lamego, Lisboa, Fundação Calouste Gulbenkian, s.d.

LASARTE, Carlos, *Principios de Derecho Civil. Derecho de Familia*, vol. VI, 3ª ed., Madrid, Marcial Pons, 2002.

LAURENT, Jean-Charles, «Enrichissement sans cause - note sous Pau, 1.re ch., 23 janvier 1961», *JCP* 1961.II.12207.

LE GUIDEC, Raymond, «Note sous Cass. com., 19 mai 1982», *JCP* 1985.II.20335.

LEITÃO, Luís Manuel Teles de Menezes, *O enriquecimento sem causa no direito civil (estudo dogmático sobre a viabilidade da configuração unitária do instituto, face à contraposição entre as diferentes categorias de enriquecimento sem causa)*, Lisboa, Cadernos de Ciência e Técnica Fiscal, 1996.

LEROY, Jacques, "Perspectives sur le devenir du régime de la séparation de biens", *RTDC*, 1983, pp. 31-80.

LÉVY, "Clauses d'échelle mobile et prets d'argent", *JCP* 1950.I.840.

LIEB, Manfred, *Die Ehegattenmitarbeit im Spannungsfeld zwischen Rechtsgeschäft, Bereicherungsausgleich und gesetzlichem Güterstand*, Tübingen, J.C.B. Mohr (Paul Siebeck), 1970.

LIÉNARD-LIGNY, Monique, «Les régimes matrimoniaux en droit allemand depuis la loi du 18 juin 1957», *Annales de la Faculté de Droit de Liège*, ano 7º, nº 1, 1962, pp. 351-380.

LIGUORI, Bruno/DISTASO, Nicola/SANTOSUOSSO, Fernando, *Commentario del Codice Civile. Disposizioni sulla legge in generale. Delle persone e della famiglia*, vol. I, tomo 1, Torino, Utet, 1966.

LIKILIMBA, Guy-Auguste, "Mariage et dettes ménagères", *Recueil Dalloz*, ano 180º, nº 40, 2004, pp. 2886-2889.

LIMA, Pires de, "Anotação ao ac. do STJ, de 17 de Maio de 1940", *RLJ*, ano 73º, 1940/41, pp. 280-285.

—, "Natureza do regime dotal", *RLJ*, ano 74º, 1941/42, pp. 5-9.

—, "Atribuição da administração dos bens do casal à mulher na ausência do marido (notas a um acórdão)", *RLJ*, ano 76º, 1943/44, pp. 337-340, e pp. 353-356.

—, "Anotação ao ac. da RC, de 12 de Dezembro de 1944", *RLJ*, ano 78º, 1945/46, pp. 253-255.

—, "Administração da mulher casada imposta por terceiros", *RLJ*, ano 78º, 1945/46, pp. 278-281.

—, "Anteprojecto de dois títulos do novo Código Civil referente às relações pessoais entre os cônjuges e à sua capacidade patrimonial", *BMJ*, nº 56º, 1956, pp. 5-25.

—, "Anotação ao ac. do STJ, de 28 de Janeiro de 1955", *RLJ*, ano 88º, 1955/56, pp. 189-192.

—, "Anotação ao ac. do STJ, de 8 de Fevereiro de 1957", *RLJ*, ano 90º, 1957/58, pp. 195-202.

—, "Anotação ao ac. do STJ, de 30 de Maio de 1961", *RLJ*, ano 95º, 1962/63, pp. 53-57.

—, "Anotação ao ac. do STJ, de 24 de Junho de 1966", *RLJ*, ano 100º, 1967/68, pp. 6-10.

—, "Anotação ao ac. do STJ, de 6 de Dezembro de 1966", *RLJ*, ano 100º, 1967/68, pp. 243-245.

—, "Anotação ao ac. do STJ, de 6 de Janeiro de 1967", *RLJ*, ano 100º, 1967/68, pp. 245-247.

—, "Anotação ao ac. do STJ, de 6 de Fevereiro de 1968", *RLJ*, ano 102º, 1969/70, pp. 13-16.

LIMA, Pires de/CRUZ, Braga da, *Direitos de Família*, vol. II, 3ª ed., Coimbra, Coimbra Editora, 1953.

LIMA, Pires de/VARELA, João de Matos Antunes, *Noções fundamentais de Direito Civil*, vol. I, 6ª ed., Coimbra, Coimbra Editora, 1973.

—, *Código Civil Anotado*, vol. I, 4ª ed., Coimbra, Coimbra Editora, 1987.

—, *Código Civil Anotado*, vol. II, 4ª ed., Coimbra, Coimbra Editora, 1997.

—, *Código Civil Anotado*, vol. IV, 2ª ed., Coimbra, Coimbra Editora, 1992.

—, *Código Civil Anotado*, vol. V, Coimbra, Coimbra Editora, 1995.

LIPP, Martin, *Examens-Repetitorium, Familienrecht*, Heidelberg, C.F. Müller, 2001.

LLEDÓ YAGÜE, Francisco, *et allii*, *Compendio de Derecho Civil. Familia*, Madrid, Dykinson, 2004.

LLOPIS GINER, Juan Manuel, *et allii*, *Curso Básico de Derecho de Familia*, Valencia, Editorial Práctica de Derecho, 2000.

LOBO, Mário Tavarela, "Temas Jurídicos. Discussão e soluções no novo Código Civil", *RDES*, ano XVI, nº 1-2, 1969, pp. 269-372.

LOPES, José Joaquim Almeida, "A união de facto no direito português", *Revista Española de Derecho Canonico*, nº 50, 1993, pp. 243-250.

LÓPEZ, A./MONTÉS, V.L./ROCA, E., *et allii*, *Derecho de Familia*, sob a direção de E. Roca i Trías, 3ª ed., Valencia, Tirant lo blanch, 1997.

LÓPEZ LIZ, José, "Adquisición, administración y disposición de bienes inmeubles en la sociedad conyugal", *Revista Jurídica de Catalunya*, ano LXXXVIII, nº 3, 1989, pp. 575-613.

—, *Bienes inmeubles y sociedad conyugal*, Barcelona, Bosch, 1998.

LÓPEZ PÉREZ, Jerónimo, "Aspectos externo e interno de responsabilidad en la sociedad de gananciales: interés del acreedor y de los cónyuges", *Anuario de Derecho Civil*, tomo XLVI, nº 2, 1993, pp. 747-763.

LÓPEZ SÁNCHEZ, Manuel-Ángel, "La empresa mercantil y la sociedad de gananciales tras la ley de 13-5-1981", *Revista Jurídica de Catalunya*, ano LXXXII, nº 1, 1983, pp. 585-617.

LUCET, Frédéric/VAREILLE, Bernard, *Droit civil. Régimes matrimoniaux, libéralités, successions*, 2ª ed., Paris, Dalloz, 1997.

LÜDERITZ, Alexander/DETHLOFF, Nina, *Familienrecht*, 28ª ed., München, C. H. Beck, 2007.

LUPETTI, Marcello Claudio, "Rifiuto del coacquisto: è il tramouto di un'epoca", *Rivista del Notariado*, vol. LVII, nº 2 (Março-Abril), 2003, pp. 416-428.

MACHADO, J. Baptista, *Lições de Direito Internacional Privado*, 3ª ed., Coimbra, Almedina, 1992.

—, *Introdução ao Direito e ao Discurso Legitimador*, 6ª reimpressão, Coimbra, Almedina, 1993.

MAGALHÃES, Barbosa de, "Anotação ao ac. do STJ, de 6 de Março de 1951", *Revista da Ordem dos Advogados*, ano 11º, nºs 3 e 4, 1951, pp. 364-378.

—, "Responsabilidade dos bens dotais extinto o ónus, por débitos contraídos pela mulher na constância do matrimónio", *Revista da Ordem dos Advogados*, ano 19º, 1959, pp. 116-126.

MAGARIÑOS BLANCO, Victorio, "Cambio de régimen económico matrimonial de ganancials por el de separación y los derechos de los acreedores", *in* AAVV, *La reforma del Derecho de Familia. Matrimonio, separación, divorcio, régimen económico matrimonial, filiación y patria potestad*, Jornadas hispalenses sobre la reforma del Derecho de Familia, Sevilla, Imprenta Sevillana, 1982, pp. 47-115.

MAIOLI, Carmen del Bagno, "Dovere di contribuzione e solidarietà fra i coniugi", *Rassegna di diritto civile*, nº 2, 1984, pp. 474-481.

MALAURIE, Philippe/AYNÉS, Laurent, *Droit Civil. La famille*, Paris, Éditions Cujas, 1987.

—, *Les régimes matrimoniaux*, Paris, Defrénois, 2004.

MANRIQUE PLAZA, Javier, "Responsabilidad por deudas en la sociedad de gananciales", *in* AAVV, *Academia Sevillana del Notariado*, Editorial Revista de Derecho Privado, 1989, pp. 13-38.

MARTIN, Didier, *Le conjoint de l'artisan ou du commerçant (Statu professionnel, fiscal, social, matrimonial et successoral)*, Paris, Sirey, 1984.

MARTÍN MELÉNDEZ, María Teresa, *La liquidación de la sociedad de gananciales. Restablecimiento del equilíbrio entre masas patrimoniales*, Madrid, McGraw-Hill, 1995.

MARTÍNEZ-CALCERRADA, Luis, "Comentario al art. 1319", *in* AAVV, *Comentario del Código Civil*, sob a direção de Ignacio Sierra Gil de la Cuesta, tomo 7, Barcelona, Bosch, 2000, pp. 19-23.

MARTÍNEZ CORTÉS, "El régimen económico de separación de bienes", *in* AAVV, *Instituciones de Derecho Privado, Familia*, sob a direção de Víctor M. Garrido de Palma, tomo IV, vol. 2, Madrid, Civitas, 2002, pp. 277-421.

MARTÍNEZ GIJÓN, José, "El régimen económico del matrimonio y el processo de redacción de los textos de la familia del Fuero de Cuenca", *Anuario de Historia del Derecho Español*, tomo XXIX, 1959, pp. 45-151.

MARTINS, José Mendes, *Dívidas commerciaes dos cônjuges*, Coimbra, França Amado Editor, 1894.

MARTINS, Júlio Augusto, "Regimens matrimoniaes", *Revista dos Tribunais*, ano 41º, 1922/1923, pp. 193-197.

MARTY, Gabriel/RAYNAUD, Pierre, *Droit Civil. Les régimes matrimoniaux*, 2ª ed., Paris, Sirey, 1986.

MAS BADÍA, Mª Dolores, *La tercería de dominio ante el embargo de bienes gananciales*, Valencia, Tirant lo blanch, 1999.

MASTROPAOLO, F., "Del regime patrimoniale della famiglia. Commento all'art. 184", *in* AAVV, *Commentario al diritto italiano della famiglia*, sob a direção de Cian/Oppo/Trabucchi, vol. III, Padova, Cedam, 1992, pp. 197-228.

MASTROPAOLO, F./PITTER, P., "Del regime patrimoniale della famiglia. Commento all'art. 186º", *in* AAVV, *Commentario al diritto italiano della famiglia*, sob a direção de Cian/Oppo/Trabucchi, vol. III, Padova, Cedam, 1992, pp. 230-254.

MATA PALLARES, Francisco, "Deuda y responsabilidad en la contratación de persona casada", *Anales de la Academia Matritense del Notariado*, tomo XXV, 1959, pp. 327-353.

MAZEAUD, Henri, *et allii*, *Leçons de Droit Civil. Régimes matrimoniaux*, vol. I, tomo IV, 5ª ed., Paris, Montchrestien, 1982.

—, *Leçons de Droit Civil. La famille*, vol. III, tomo I, 7ª ed., Paris, Montchrestien, 1995.

MEALHA, Esperança Pereira, *Acordos conjugais para partilha dos bens comuns*, Coimbra, Almedina, 2004.

MENDES, João de Castro, "Breve nota sobre o valor actual do art. 10º do Código

Comercial", *Revista dos Tribunais*, ano 90º, 1972, pp. 291-294.

—, "O consentimento do cônjuge na constituição de obrigações", *Direito e Justiça*, vol. II, 1981/86, pp. 23-31.

—, *Teoria Geral do Direito Civil*, vol. II, Lisboa, AAFDL, 1995.

—, *Direito da Família*, edição revista por Miguel Teixeira de Sousa, Lisboa, AAFDL, 1997.

MERÊA, Paulo, *Evolução dos Regimes Matrimoniais*, vols. I e II, Coimbra, Imprensa da Universidade, 1913.

MERINO GUTIÉRREZ, Arturo, "El embargo de los bienes de los cónyuges", *in* AAVV, *Estudios Jurídicos en Homenaje al Profesor Luis Díez-Picazo*, sob a direção de A. Cabanillas Sanchez, *et allii*, Madrid, Civitas, 2003, pp. 4799-4834.

MERZBACHER, Friedrich, "Die Zugewinngemeinschaft. Eine wiederentdeckte Institution des ehelichen güterrechts", *Archiv für die civilistische Praxis*, nº 156º, 1957, pp. 1-28.

MESSINEO, *La natura giuridica della comunione coniugale dei beni*, Roma, Athenaeum, 1920.

MESSORI, Enrico, "Comunione legale tra coniugi e diritto personali di godimento", *Archivio giuridico Filippo Serafini*, nº 202, 1 (Março), 1982, pp. 101-121.

MICHAUX, Stéphanie, "Lés mécanismes de correction des déséquilibres patrimoniaux lors de la rupture du couple", *in* AAVV, *Différenciation ou convergence des statuts juridiques du couple marié et du couple non marié? Droit belge et français*, sob a direção de Jean Hauser/Jean Louis Renchon, Bruxelles/Paris, Bruylant/LGDJ, 2005, pp. 202-244.

Ministério da Justiça, *Projecto de Código Civil*, Lisboa, Imprensa Nacional de Lisboa, 1966.

MINNECI, Ugo, "Responsabilità patrimoniale dei coniugi in regime di comunione legale", *in* AAVV, *Trattato di Diritto di Famiglia de Paolo Zatti. Regime patrimoniale della famiglia*, Franco Anelli/Michele Sesta, vol. III, Milano, Giuffrè Editore, 2002, pp. 341-378.

MIRALLES GONZÁLEZ, Isabel, "El deber de contribución a las cargas del matrimonio", *Revista Jurídica de Catalunya*, nº 3, 1987, pp. 583-615.

MONCADA, Cabral de, *Estudos de História do Direito*, vol. I, Coimbra, Acta Universitatis Conimbrigensis, 1948.

MONÉGER, J., "L'emprunt contracté par un époux pour l'entretien du ménage et l'éducation des enfants", *Recueil Dalloz Sirey*, chr., XXVIII, 1975, pp. 165-170.

—, "Le mandat apparent d'un époux de vendre un immeuble dependant de la communauté (à propos de l'arrêt de la première Chambre civile de la Cour de cassation du 14 décembre 1976)», *JCP* 1979.I.137.

MONFORT FERRERO, María Jesús, *La Responsabilidad de los Cónyuges ante las Necesidades Ordinarias de la Familia*, Navarra, Aranzadi, 2004.

MONTANIER, Jean-Claude, *Les régimes matrimoniaux*, 4ª ed., Grenoble, Presses Universitaires de Grenoble, 2003.

MONTEIRO, António Pinto, «Inflação e direito civil», *in* AAVV, *Estudos em homenagem ao Prof. Doutor A. Ferrer-Correia. Número especial do Boletim da Faculdade de Direito da Universidade de Coimbra*, vol. II, Coimbra, 1989, pp. 871-907.

MONTEIRO, Evelyne, "A propos des revenus des biens propres des époux dans le régime légal", *RTDC*, nº 1, 1998, pp. 23-41.

MONTERO AROCA, Juan, *Disolución y liquidación de la sociedad de gananciales (La aplicación práctica del artículo 95 del Código Civil y de los artículos 806 a 810 de la Ley de Enjuiciamiento Civil)*, Valencia, Tirant lo blanch, 2002.

MORALEJO IMBERNÓN, Nieves, "Comentarios a los artículos 1344 a 1410", *in* AAVV, *Comentarios al Código Civil*, sob a direção de Rodrigo Bercovitz Rodríguez-Cano, Navarra, Aranzadi, 2001, pp.1565-1633.

MOREIRA, Guilherme A., "Anotação ao ac. da RP, de 27 de Novembro de 1917", *Boletim da Faculdade de Direito da Universidade de Coimbra*, ano V, 1918-1920, pp. 229-251.

MORELLI, Mario Rosario, *Il nuovo regime patrimoniale della famiglia*, Padova, Cedam, 1996.

MORIN, Georges, "Examen de quelques problèmes que souleve en pratique la nouvelle théorie des récompenses", *Defrénois*, ano 91º, nº 2, 1971, I, art. 29769, pp. 1-19.

MOULY, Jean, "Licenciement, par un époux en instance de divorce, de son employée de maison et solidarité ménagère", *Recueil Dalloz*, ano 181º, nº 36, 2005, pp. 2509-2512.

Münchener Kommentar zum Bürgerlichen Gesetzbuch. Familienrecht, sob a direção de Kurt Rebmann/Franz Jürgen Säcker, vol. 7, I, 3ª ed., München, C. H. Beck, 1993.

Münchener Kommentar zur Zivilprozeßordnung mit Gerichtsverfassungsgesetz und Nebengesetzen, sob a direção de Gerhard Lüke/Peter Wax, vol. 2, 2ª ed., München, C.H. Beck, 2000.

—, vol. 3, 2ª ed., München, C.H. Beck, 2001.

MUÑIZ GOÑI, Miguel López, *La ejecución de sentencias em materia matrimonial. Guía práctica y jurisprudencia*, 5ª ed., Madrid, Editorial Colix, 1997.

MUÑOZ-PLANAS, José María, *Cuentas bancarias con varios titulares*, Madrid, Civitas, 1993.

NASCIMENTO, José Augusto do, *Lições de Direito Civil. Relações de Família e Sucessões*, de acordo com as lições de Pires de Lima, Coimbra, Casa do Castelo, 1931.

NASCIMENTO, Paulo Sobral Soares do, "Embargos de terceiro deduzidos pelo cônjuge do executado com fundamento em penhora de bem comum do casal – anotação ao ac. do STJ, de 9.6.2005", *Cadernos de Direito Privado*, nº 18 (Abril/Junho), 2007, pp. 16-28.

NATUCCI, Alessandro, "Gli atti di amministrazione straordinaria del coniuge in regime di comunione legale", *Quadrimestre – Rivista di Diritto Privato*, nº 1, 1988, pp. 117-146.

NAVAS NAVARRO, Susana, *El régimen de separación de bienes y la protección de los terceros (Análisis de los artículos 1.441 y 1.442 del Código civil)*, Valencia, Tirant lo blanch, 1996.

NEUMAYER, Karl, *Die Kombination von Vermögenstrennung und vermögensteilhabe im Ehelichen Güterrecht*, Berlin/Tübingen, Walter de Gruyter & CO./J.C.B. Mohr (Paul Siebeck), 1954.

NOIR-MASNATA, Catherine, *Les effets patrimoniaux du concubinage et leur influence sur le devoir d'entretien entre époux séparés*, Genève, Librairie Droz, 1982.

OBERTO, Giacomo, *I regimi patrimoniali della famiglia di fatto*, Milano, Giuffrè Editore, 1991.

—, *Il Codice Civile Commentario. Il regime di separazione dei beni tra coniugi*, Milano, Giuffrè Editore, 2005.

OCAÑA RODRÍGUEZ, Antonio, *Deudas y sociedad de gananciales. Su proyección práctica en los procesos civil y penal*, 2ª ed., Madrid, Editorial Colex, 1997 .

OLIVEIRA, Guilherme de, "Sobre o contrato-promessa de partilha dos bens comuns – anotação ao ac. da RC, de 28 de Novembro de 1995", *RLJ*, ano 129º, 1996/1997, pp. 274-288.

—, "A Reforma do Direito da Família de Macau", *RLJ*, ano 132º, 1999, pp. 103-109.

—, "Queremos amar-nos... mas não sabemos como!", *RLJ*, ano 133º, 2000, pp. 41-47.

—, "Compensações devidas pelo pagamento de dívidas do casal – anotação ao ac. da RL, de 8 de Julho de 1999", *RLJ*, ano 133º, 2000, pp. 91-94.

—, "Um direito da família europeu? (Play it again, and again... Europe!)", *RLJ*, ano 133º, 2000, pp. 105-111.

—, "Necessidade do consentimento do cônjuge do empresário para a alienação de imóveis que se integrem no objecto da empresa", *Col. Jurisp.*, tomo I, 2001, pp. 5 e 6.

—, *Temas de Direito da Família*, 2ª ed., Coimbra, Coimbra Editora, 2001.

—, "Bem adquirido num sorteio; comunhão de adquiridos, separação de facto e divórcio – anotação ao ac. da RL, de 9 de Janeiro de 2000", *RLJ*, ano 133º, 2002, pp. 348-351.

—, "Transformações do Direito da Família", *in* AAVV, *Comemorações dos 35 anos do Código Civil e dos 25 anos da Reforma de 1977. Direito da Família e das Sucessões*, Coimbra, Coimbra Editora, 2004, pp. 763-779.

—, "Dois numa só carne", *Lex Familiae – Revista Portuguesa de Direito da Família*, ano 2, nº 3, 2005, pp. 5-12.

OLIVEIRA, Nuno Manuel Pinto, *Direito das Obrigações*, vol. I, Coimbra, Almedina, 2005.

OPPO, Giorgio, "Responsabilità patrimoniale e nuovo diritto di famiglia", *Rivista di Diritto Civile*, ano XXII, I, 1976, pp. 105-128.

—, "Acquisti alla comunione coniugale e pregiudizio dei creditori personali", *Rivista di Diritto Civile*, ano XXVII, I, 1981, pp. 137-159.

—, "Regimi patrimoniali della famiglia e fallimento del coniuge", *Rivista di Diritto Civile*, ano XXXIV, I, 1988, pp. 43-58.

—, *Persona e famiglia*, vol. V, Milano, Cedam, 1992.

PAILLUSSEAU, Jean, "Le passif de la communauté légale", *in* AAVV, *Quelques aspects de la nouvelle situation de la femme mariée*, Paris, Puf, 1968, pp. 1-41.

PAIVA, Adriano, «Regimes de bens», *in* AAVV, *Comemorações dos 35 anos do Código Civil e dos 25 anos da Reforma de 1977. Direito da Família e das Sucessões*, Coimbra, Coimbra Editora, 2004, pp. 381-397.

PALADINI, M., "Scioglimento della comunione legale e divisione dei beni", *in* AAVV, *Trattato di Diritto Privato. Il Diritto di famiglia*, sob a direção de Mario Bessone, vol. IV, tomo II, Torino, G. Giappichelli Editore, 1999, pp. 367-456.

PALANDT/BRUDERMÜLLER, *Bürgerliches Gesetzbuch*, vol. 7, 66ª ed., München, C. H. Beck, 2007.

PALERMO, Gianfranco, "Obbligazioni solidali nell'interesse della famiglia?", *Rivista del Notariado*, ano XXXIII, I, 1979, pp. 488 e segs.

PARENTE, Ferdinando, "La responsabilità sussidiaria dei beni della comunione legale per debiti personali", *Giur. It.*, ano 140º, I, 2, 1988, pp. 823-830.

—, "I parametri della parziarietà e della sussidiarietà nell'adempimento delle obbligazioni contratte congiuntamente dai coniugi", *Giur. It.*, nº 10, Outubro, 2002, pp. 1866-1870.

PASTOR ÁLVAREZ, Mª del Carmen, *El deber de contribución a las cargas familiares constante matrimonio*, Murcia, Universidad de Murcia, Marcial Pons, 1998.

PATARIN, J./MORIN, G., *La réforme des régimes matrimoniaux. Statut fondamental et régime légal*, tomo I, 4ª ed., Paris, Répertoire du Notariat Defrénois, 1977.

PATTI, Salvatore, "Il declino della *imunity doctrine* nei rapporti familiari", *Rivista di Diritto Civile*, ano XXVII, I, 1981, pp. 378-414.

PEDAMON, Michel, *Les incidences de la réforme monétaire de 1948 sur le droit interne des obligations en Allemagne occidentale*, Paris, LGDJ, 1956.

PEREGO, Eurico, «Se, in regime di separazione dei beni, un coniugi risponde per le obbligazioni contratte dall'altro nell'interesse della famiglia», *Rassegna di diritto civile*, nº 2, 1987, pp. 351-360.

—, "Separazione legale dei beni – obbligazione contratta da un coniuge – ammissibilità – responsabilità dell'altro – esclusione", *in* AAVV, *Questioni di diritto patrimoniale della famiglia (discusse da vari giuristi e dedicate ad Alberto Trabucchi)*, Padova, Cedam, 1989, pp. 405-414.

PEREIRA, Manuel Gonçalves, "Ausência (Anteprojecto para o novo Código Civil)", *BMJ*, nº 105º, 1961, pp. 281-391.

—, "Regimes convencionais. Anteprojecto para o novo Código Civil", *BMJ*, nº 122º, 1963, pp. 223-372.

PEREZ-BUSTAMANTE, Rogelio, "La communauté de biens en histoire du droit espagnol", *in* AAVV, *Le Droit de la Famille en Europe. Son évolution depuis l'Antiquité jusqu'à nos jours*, sob a direção de Roland Ganghofer, Strasbourg, Presses Universitaires de Strasbourg, 1982, pp. 541-555.

PÉTEL, Philippe, "Note sous Cass. com., 19 janvier 1993", *JCP* 1993.II.22056.

PICCALUGA, Federico, «*Favor communionis* ed acquisto di beni con denaro personale», *Il Diritto di Famiglia e delle Persone*, ano XXXI, n.s 2-3, 2002, pp. 340-342.

PICOITO, Carlos da Costa, *Da situação jurídica da mulher casada no campo do direito privado*, Faro, Tip. União, 1961.

PINHEIRO, Jorge Duarte, *O núcleo intangível da comunhão conjugal. Os deveres conjugais sexuais*, Coimbra, Almedina, 2004.

—, O *Direito da Família Contemporâneo*, 7ª ed., Coimbra, Gestlegal, 2020.

PINO, Augusto, *Il Diritto di Famiglia*, Padova, Cedam, 1977.

PINTO, Carlos Alberto da Mota, *Teoria Geral do Direito Civil*, 3ª ed., 8ª reimpressão, Coimbra, Coimbra Editora, 1993.

PINTO, Fernando Brandão Ferreira, *Causas do divórcio*, Coimbra, Almedina, 1980.

PLANCK, *Bürgerliches Gesetzbuch. Familienrecht*, vol. IV, 1ª e 2ª ed., Berlin, F. Guttentag, 1901.

PLANIOL, Marcel/RIPERT, Georges, *Traité pratique de Droit Civil français. Régimes matrimoniaux*, vol. VIII, parte I, Paris, LGDJ, 1925.

—, *Traité pratique de Droit Civil français. Régimes matrimoniaux*, vol. IX, parte II, Paris, LGDJ, 1927.

—, *Traité élémentaire de Droit Civil*, tomo III, 10ª ed., Paris, LGDJ, 1927.

POIRIER, Donald, *La famille*, Canada, Les Éditions Yvon Blais Inc., 1998.

PONSARD, A., «L'étendue de la solidarité ménagère des époux», *in* AAVV, *Indépendance financière et communauté de vie*, Actes des journées d'études des 15 et 16 décembre 1988, Paris, LGDJ, 1989, pp. 21-37.

PORZIO, Mario, "Debiti personali del coniuge ed espropriazione dei beni in comunione legale", *Diritto e Giurisprudenza*, ano 102º, vol. XLIII, 1987, pp. 809-815.

PRAGER, Susan Westerberg, "Sharing principles and the future of marital property law", *UCLA Law Review*, vol. 25, nº 3, 1978, pp. 1-22.

PROENÇA, J. J. Gonçalves, *Direito da Família*, 3ª ed., Lisboa, Universidade Lusíada Editora, 2004.

PROSPERI, Francesco, *Sulla natura della comunione legale*, Camerino, Scuola di perfezionamento in diritto civile dell'Università di Camerino, Edizioni Scientifiche Italiane, 1983.

PUIG BRUTAU, José, "Terceria de dominio sobre bienes gananciales", *Revista de*

Derecho Privado, tomo XLVII, 1963, pp. 419-435.

QUADRI, Enrico, "Le obbligazioni pecuniarie", *in* AAVV, *Trattato di diritto privato*, sob a direção de Pietro Rescigno, vol. IX, tomo I, Torino, Utet, 1984, pp. 469-484.

—, "Obblighi gravanti sui beni della comunione", *in* AAVV, *La comunione legale*, sob a direção de C. M. Bianca, tomo II, Milano, Giuffrè Editore, 1989, pp. 741-776.

—, "Della comunione convenzionale", *in* AAVV, *Commentario al diritto italiano della famiglia*, sob a direção de Cian/Oppo/Trabucchi, vol. III, Padova, Cedam, 1992, pp. 390-415.

RAGEL SÁNCHEZ, Luis Felipe, *Ejecución sobre bienes gananciales por deudas de un cónyuge*, Madrid, Tecnos, 1987.

RAMS ALBESA, Joaquín J., *La sociedad de gananciales*, Madrid, Tecnos, 1992.

RAUCENT, Léon, *Droit patrimonial de la famille. Les régimes matrimoniaux*, 3ª ed., Louvain-La-Neuve, Cabay, Libraire-éditeur, 1986.

RAUSCHER, Thomas, *Familienrecht*, Heidelberg, C.F. Müller, 2001.

Recueil Dalloz, «Communauté entre époux», ano 178º, nº 21, 2002, pp. 1731 e 1732.

—, «Communauté entre époux», ano 179º, nº 6, 2003, pp. 398 e 399.

—, «La promesse d'hypothèque n'est pas une hypothèque: elle n'en a ni les avantages ni les inconvénients», ano 178º, nº 26, 2002, p. 2119.

REGO, Carlos Lopes do, *Comentários ao Código de Processo Civil*, Coimbra, Almedina, 1999.

REIS, J. Alberto dos, *Processo de Execução*, vol. I, 3ª ed. (reimpressão), Coimbra, Coimbra Editora, 1985.

—, *Processo de Execução*, vol. II, reimpressão, Coimbra, Coimbra Editora, 1985.

RENAULD, Jean, *Droit patrimonial de la famille*, vol. I, Bruxelles, 1971.

Revista de Legislação e Jurisprudência, ano 11º, 1878/1879, pp. 423-427.

—, ano 14º, 1880/81, pp. 242 e 243.

—, ano 26º, 1893/94, pp. 104-108.

—, ano 88º, 1955/56, pp. 87-90.

RIBERA BLANES, Begoña, *La contribución a las cargas del matrimonio en el régimen de separación de bienes*, Valencia, Tirant lo blanch, 2004.

RIBERA PONT, Mª Consuelo, "La atribución de ganancialidad del artículo 1.355 del Código Civil", *Revista Critica de Derecho Inmobiliario*, ano LVI, 1983, pp. 1413-1434.

RICCA, Lucio, "Gli atti di amministrazione nel regime patrimoniale della famiglia", *in* AAVV, *Studi sulla riforma del diritto di famiglia*, sob a direção de Ennio Russo, Milano, Giuffrè Editore, 1973, pp. 463-495.

RIEG, Alfred, "La participation aux acquêts en Allemagne et en France: deux visages d'une même institution", *in* AAVV, *Mélanges dédiés à Gabriel Marty*, Toulouse, Université des Sciences Sociales de Toulouse, 1978, pp. 921-946.

—, «Traits fondamentaux de l'évolution du droit des régimes matrimoniaux dans l'Europe du XXe siècle», *in* AAVV, *Le Droit de la Famille en Europe. Son evolution depuis l'antiquité jusqu'à nos jours*, sob a direção de Roland Ganghofer, Actes des journées internationales d'Histoire du Droit, Strasbourg, Presses Universitaires de Strasbourg, 1992, pp. 425-430.

RIEG, Alfred/LOTZ, François, *Technique des régimes matrimoniaux*, 2ª ed., Paris, Litec, 1984.

ROBINNE, Sébastien, «La situation des créanciers hypothécaires de l'époux *in bonis* en cas de liquidation judiciaire du conjoint: suite et fin?», *Droit & Patrimoine*, nº 81º, 2000, pp. 38-41.

ROCHA, Coelho da, *Instituições de Direito Civil Portuguez*, 8ª ed., tomo I, Lisboa, Livraria Clássica Editora, 1917.

RODRIGUEZ ADRADOS, Antonio, "Disposición onerosa de inmuebles gananciales", *Revista de Derecho Notarial*, ano VI, nºs XXI-XXII, 1958, pp. 129-228.

RODRÍGUEZ MARTÍNEZ, M. ª Eugenia, *Disposición de bienes gananciales*, Navarra, Aranzadi, 2000.

RÓMAN GARCÍA, Antonio M., *El matrimonio y su economía (Régimen económico matrimonial legal y régimenes convencionales)*, Madrid, Centro de Estudios, Fundación Beneficentia et Peritia Juris, 2004.

ROPPO, Enzo, "Convenzioni matrimoniali", *Enciclopedia Giuridica*, Instituto della Enciclopedia Italiana, vol. IX, Roma, 1989, pp. 1-6.

RUEDA PÉREZ, M. A./RUEDA PÉREZ, J. M., «Notas sobre la nueva regulación de las cargas y obligaciones de la sociedad de gananciales tras la reforma del C.C.», *Revista de Derecho Privado*, Junho de 1982, pp. 556-593.

RUGGIERO, Roberto, *Istituzioni di Diritto Civile. Diritto di famiglia. Diritti reali e possesso*, vol. II, 7ª ed., Messina-Milano, Giuseppe Principato, 1934.

RUSSO, Ennio, *Le convenzioni matrimoniali ed altri saggi sul nuovo Diritto di Famiglia*, Milano, Giuffrè Editore, 1983.

—, *Il Codice Civile Commentario – artt. 177-179. L'oggeto della comunione legale e i beni personali*, sob a direção de P. Schlesinger, Milano, Giuffrè Editore, 1999.

RZEPECKI, "Les opérations de crédit et la solidarité ménagère de l'article 220 du code civil", *JCP* 1999.I1.48.

SACCO, Rodolfo, "Regime patrimoniale della famiglia", *in* AAVV, *Commentario alla riforma del diritto di famiglia*, sob a direção de Carraro/Oppo/Trabucchi, vol. I, tomo I, Padova, Cedam, 1977, pp. 315-342.

—, "Del regime patrimoniale della famiglia", *in* AAVV, *Commentario al diritto italiano della famiglia*, sob a direção de Cian/Oppo/Trabucchi, vol. III, Padova, Cedam, 1992, pp. 3-42.

SAIZ GARCÍA, Concepción, *Acreedores de los Cónyuges y Régimen Económico Matrimonial de Gananciales*, Navarra, Aranzadi, 2006.

SALARIS, Fernando, "Impresa familiare, famiglia di fatto e comunità rurali", *Rivista di Diritto Agrario*, nº 4, 2, 1983, pp. 464-469.

SALDANHA, Eduardo, *RLJ*, ano 71º, 1938/39, pp. 83-86.

SALVESTRONI, Umberto, "Comunione legale, efficacia degli acquisti separati e responsabilità per le obbligazioni contratte separatamente dai coniugi", *Rivista del diritto commerciale e del diritto generale delle obbligazioni*, ano LXXVI, parte 1, 1978, pp. 163-195.

—, "Contratti e rapporti patrimoniali tra coniugi", *in* AAVV, *Il contratto. Silloge in onere di Giorgio Oppo*, vol. II, Padova, Cedam, 1992, pp. 801-816.

SANCHÉZ CALERO, Francisco Javier, "El régimen económico del matrimonio (II)", *in* AAVV, *Curso de Derecho Civil. Derechos de Familia y Sucesiones*, sob a direção de Francisco Javier Sánchez Calero, 3ª ed., Valencia, Tirant lo blanch, 2004, pp. 167-179.

SANCIÑENA ASURMENDI, Camino, *Régimen económico matrimonial del comerciante*, Madrid, Dykinson, 1996.

SAN ROMÁN MORENO, J. R., "Planteamiento general", *in* AAVV, *Régimen económico matrimonial y la protección de acreedores*, sob a direção de J. R. San Román Moreno, Madrid, Consejo General del Poder Judicial, 1995, pp. 9-77.

SANTORO-PASSARELLI, Francesco, "Poteri e responsabilità patrimoniali dei coniugi per i bisogni della famiglia", *Rivista Trimestrale di Diritto e Procedura Civile*, ano XXXVI, 1982, pp. 1-17.

—, "Il regime patrimoniale primario", *in* AAVV, *Questioni di diritto patrimoniale della famiglia (discusse da vari giuristi e dedicate ad Alberto Trabucchi)*, Padova, Cedam, 1989, pp. 3-7.

SANTOS, Eduardo dos, *Direito da Família*, 2ª ed., Coimbra, Almedina, 1999.

SANTOSUOSSO, Fernando, *Il matrimonio e il regime patrimoniale della famiglia*, Torino, Utet, 1965.

—, *Commentario del Codice Civile. Delle persone e della famiglia. Il regime patrimoniale della famiglia*, vol. I, título VI, tomo I, parte 3, Torino, Utet, 1983.

—, *Beni ed attività economica della famiglia*, Torino, Utet, 1995.

SANZ VIOLA, Ana María, "La gestión de los bienes gananciales y las adquisiciones a titulo oneroso y a costa del caudal común realizadas por uno de los cónyuges por separado", *Revista Critica de Derecho Inmobiliario*, ano LXIII, nº 583, 1987, pp. 1753-1764.

SAUJOT, Colette, *La pénétration des idées séparatistes dans les régimes communautaires*, Paris, LGDJ, 1956.

—, «Le fondement des récompenses», *RTDC*, ano 68º, 1970, pp. 684-706.

SAVATIER, René, *La communauté conjugale nouvelle*, Paris, Dalloz, 1970.

—, «Le régime des récompenses au regard de l'indivision post-communautaire», *Recueil Dalloz Sirey*, chr. XXX, 1975, pp. 175-186.

SCALETTA, D., "Lo scioglimento della comunione legale dei coniugi", *in* AAVV, *Manuale del nuovo Diritto di Famiglia*, sob a direção de G. Cassano, 2ª ed., Piacenza, Casa Editrice La Tribuna, 2003, pp. 655-698.

SCHLESINGER, P., "Della comunione", *in* AAVV, *Commentario alla riforma del diritto di famiglia*, sob a direção de Carraro/Oppo/Trabucchi, vol. I, tomo I, Padova, Cedam, 1977, pp. 361-451.

—, "Del regime patrimoniale della famiglia. Della comunione legale", *in* AAVV, *Commentario al diritto italiano della famiglia*, sob a direção de Cian/Oppo/Trabucchi, vol. III, Padova, Cedam, 1992, pp. 69-196.

SCHLÜTER, Wielfried, *BGB – Familienrecht*, 11ª ed., Heidelberg, C. F. Müller, 2005.

SCHOFIELD, Gareth/MIDDLETON, Jonathan, *et allii*, *Debt and insolvency on family breakdown*, NFLG, Bristol, Jordan Publishing Limited, 2003.

SCHROEDER, R., *Geschichte des Ehelichen Güterrechts in Deutschland*, I, Stettin. Danzig. Elbing, Léon Saunier's Buchhandlung, 1863.

SCHRÖDER, *Das eheliche Güterrecht nach dem Bürgerlichen Gesetzbuche*, 3ª ed., Berlin, F. Guttentag, 1900.

SCHRÖEDER, "La ruine des créanciers organisée par la loi (les droits du créancier antérieur au mariage dans le nouveau régime matrimonial légale)", *JCP* 1969.I.2291.

SCHRÖDER/BERGSCHNEIDER, *Familienvermögensrecht*, Bielefeld, Ernst und Werner Gieseking, 2003.

SCHWAB, Dieter, *Familienrecht*, 14ª ed., München, C. H. Beck, 2006.

SEGNI, Mario, "Gli atti di straordinaria amministrazione del singoli coniuge sui beni immobili della comunione", *Rivista di Diritto Civile*, ano XXVI, I, 1980, pp. 598-648.

SEOANE PRADO, Javier, "Cuestiones procesuales que plantea la defensa de terceros y acreedores en situaciones de cambio convencional de régimen económico matrimonial. Medidas cautelares", *in* AAVV, *Régimen económico matrimonial y la protección de acreedores*, sob a direção de J. R. San Román Moreno, Madrid, Consejo General del Poder Judicial, 1995, pp. 343-389.

SÉRIAUX, Alain, "Une définition civile du mariage (prière d'insérer)", *Recueil Dalloz*, ano 181º, nº 29, 2005, pp. 1966-1969.

SERRA, Vaz, "Obrigações pecuniárias", *BMJ*, nº 52º, 1956, pp. 5-336.

—, "Enriquecimento sem causa", *BMJ*, nº 81º, 1958, pp. 5-245.

—, "Anotação ao ac. do STJ, de 24 de Maio de 1960", *RLJ*, ano 94º, 1961/1962, pp. 168-173, pp. 183-188, e pp. 200-203.

—, "Anotação ao ac. do STJ, de 16 de Julho de 1971", *RLJ*, ano 105º, 1972/73, pp. 159 e 160.

—, "Anotação ao ac. do STJ, de 4 de Janeiro de 1972", *RLJ*, ano 105º, 1972/73, pp. 346-352, e pp. 358-360.

—, "Anotação ao ac. do STJ, de 3 de Novembro de 1972", *RLJ*, ano 106º, 1973/74, pp. 328-336.

—, "Anotação ao ac. do STJ, de 28 de Novembro de 1972", *RLJ*, ano 106º, 1973/74, pp. 360-367, e pp. 373-383.

—, "Anotação ao ac. do STJ, de 11 de Junho de 1976", *RLJ*, ano 110º, 1977/78, pp. 186-192, e pp. 195-199.

—, "Anotação ao ac. do STJ, de 13 de Abril de 1978", *RLJ*, ano 111º, 1978/79, pp. 308-314.

—, "Anotação ao ac. do STJ, de 5 de Fevereiro de 1980", *RLJ*, ano 114º, 1981/82, pp. 184-192.

SERRANO ALONSO, Eduardo, *La liquidación de la sociedad de gananciales en la jurisprudencia del Tribunal Supremo*, Madrid, La Ley-Actualidad, S.A., 1997.

—, *Manual de Derecho de Familia*, Madrid, Edisofer, s.l., 2000.

SERRANO ALONSO, Eduardo, *et allii*, *Régimen económico del matrimonio*, 3ª ed., Barcelona, Editorial Forum, 1996.

SESTA, Michele, "Il dovere di contribuzione ai bisogni della famiglia", *in* AAVV, *Casi e questioni di diritto privato – matrimonio e famiglia*, sob a direção de Mario Bessone, vol. III, 8ª ed., Milano, Giuffrè Editore, 1997, pp. 116-122.

—, "As transformações do Direito da Família italiano no quadro da evolução dos ordenamentos europeus", *Boletim da Faculdade de Direito da Universidade de Coimbra*, vol. LXXVIII, 2002, pp. 223-284.

—, *Diritto di Famiglia*, Padova, Cedam, 2003.

SGROI, M., "La famiglia di fatto", *in* AAVV, *Manuale del nuovo Diritto di Famiglia*, sob a direção de G. Cassano, 2ª ed., Piacenza, Casa Editrice La Tribuna, 2003, pp. 269-326.

SHIMAZU, Ichiro, "Legal Response to Formal and Informal Marriage in Japan", *in* AAVV, *Marriage and cohabitation in Contemporary Societies*, sob a direção de John M. Eekelaar/Sanford N. Katz, Toronto, Butterworths, 1980, pp. 190-197.

SILVA, Manuel Duarte Gomes da, *Curso de Direito da Família*, vol. II, Lisboa, AAFDL, 1969.

SILVA, Manuel Duarte Gomes da/JORGE, Fernando Pessoa, "O Direito da Família no futuro Código Civil", *BMJ*, nº 126º, 1963, pp. 219-235.

SILVA, Nuno J. Espinosa Gomes da, *História do Direito Português. Fontes de Direito*, 2ª ed., Lisboa, Fundação Calouste Gulbenkian, 1991.

SIMLER, Philippe, "Le conflit des présomptions en régime de communauté (Contribution à l'étude du rôle de la présumption de communauté après la loi du 13 juillet 1965)", *RTDC*, ano 68º, 1970, pp. 478-525.

—, «Note sous Cass. civ. 1.re, 1.re mars 1988», *JCP* 1988.II.21158.

—, "La mesure de l'indépendance des époux dans la gestion des gains et salaires", *Indépendance financière et communauté de vie*, Actes des journées d'études des 15 et 16 décembre 1988, Paris, LGDJ, 1989, pp. 55-73.

—, «Note sous Cass. civ. 1.re, 7 mars 1989», *JCP* 1989.II.21309.

—, «Régimes matrimoniaux», *JCP* 1995.I.3821.

—, «Régimes matrimoniaux», *JCP* 1996.I.3962.

—, "Régimes matrimoniaux", *JCP* 2003.I.158.

SMIROLDO, Antonino, "Effetti dello scioglimento", *in* AAVV, *La comunione legale*, sob a direção de C. M. Bianca, vol. II, Milano, Giuffrè Editore, 1989, pp. 939-979.

SOERGEL/LANGE, *Bürgerliches Gesetzbuch. Kommentar. Familienrecht*, vol. 7, I, 12ª ed., Stuttgat/Berlin/Köln/Mainz, W. Kohlhammer, 1988.

SOTTOMAYOR, Maria Clara, "A obrigação de restituir o preço e o princípio do nominalismo das obrigações pecuniárias – A propósito do acórdão do STJ de 11 de Março de 1999", Separata de *Estudos em homenagem ao Professor Doutor Jorge Ribeiro de Faria*, Coimbra, Coimbra Editora, 2003.

SOUSA, R. Capelo de/PITÃO, J. França, *Código Civil e Legislação Complementar*, Coimbra, Almedina, 1979.

STAUDINGER, J. Von, *BGB – Kommentar zum Bürgerlichen Gesetzbuch mit Einführungsgesetzt und Nebengesetzen. Familienrecht*, vol. 4, §§ 1363º-1563º, 13ª ed., Berlin, Sellier de Gruyter, 1994.

TASSINARI, F., "Responsabilità dei coniugi in comunione legale, tutela dei creditori e scelta del regime della separazione dei beni", *in* AAVV, *La comunione legale – Problematiche e questioni a venticinque anni dalla riforma*, Milano, Giuffrè Editore, 2003, pp. 141-151.

TEDESCHI, Guido, *Trattato di Diritto Civile Italiano. Il matrimonio. Il regime patrimoniale della famiglia*, sob a direção de F. Vassalli, vol. III, tomo 1, 2ª ed., Torino, Utet, 1950.

TENA ARREGUI, Rodrigo, "La pretendida anulabilidad de los contratos realizados por un cónyuge sin el consentimiento del outro", *Revista Jurídica del Notariado*, Julho-Setembro, 1999, pp. 277-302.

TERRÉ, François/FENOUILLET, Dominique, *Droit Civil. Les personnes, la famille, les incapacités*, 6ª ed., Paris, Dalloz, 1996.

—, *Droit Civil. Les personnes, la famille, les incapacités*, 7ª ed., Paris, Dalloz, 2005.

TERRÉ, François/SIMLER, Philippe, *Droit Civil. Les régimes matrimoniaux*, 2ª ed., Paris, Dalloz, 1994.

TOMÉ, Mª João Romão Carreiro Vaz, *O direito à pensão de reforma enquanto bem comum do casal*, Coimbra, Coimbra Editora, 1997.

TORRALBA, O. Vicente, "Las recompensas entre las masas patrimoniales y la depreciación monetaria", *Revista Critica de Derecho Inmobiliario*, ano XLIV, nº 484, 1971, pp. 553-564.

TORRES GARCÍA, Teodora, "Régimen económico matrimonial y uniones de hecho", *in* AAVV, *Matrimonio y uniones de hecho*, Salamanca, Ediciones Universidad de Salamanca, Aquilafuente, 2001, pp. 39-52.

TREVISAN, Lucio, "Tutela dei creditori personali dei coniugi in regime di comunione legale o convenzionale", *Rivista del diritto commerciale e del diritto generale delle obbligazioni*, ano LXXX, parte 1, 1982, pp. 395-420.

VAREILLE, Bernard, "Régimes matrimoniaux", *RTDC*, ano 94º, nº 2, 1995, pp. 420-428.

—, "Régimes matrimoniaux", *RTDC*, ano 95º, nº 1, 1996, pp. 221-233.

—, "Régimes matrimoniaux", *RTDC*, nº 2, 2000, pp. 386-396.

—, "Régimes matrimoniaux", *RTDC*, nº 4, 2000, pp. 888-892.

—, "Régimes matrimoniaux", *RTDC*, nº 2, 2001, pp. 416-427.

VARELA, João de Matos Antunes, *Direito da Família*, 5ª ed., Lisboa, Livraria Petrony, 1999.

—, *Das obrigações em geral*, vol. I, 10ª ed., Coimbra, Almedina, 2000.

VASCELLARI, M., "Separazione dei beni - presunzione di comproprietà *ex* art. 219, comma 2º, c.c. - opponibilità da parte del coniuge dell'esecutato in sede di opposizione di terzo all'esecuzione - condizioni", *in* AAVV, *Questioni di diritto patrimoniale della famiglia (discusse da vari giuristi e dedicate ad Alberto Trabucchi)*, Padova, Cedam, 1989, pp. 415-428.

VÁSQUEZ IRUZUBIETA, Carlos, *Administración y liquidación del régimen económico del matrimonio*, Madrid, Dijusa, 2004.

VASSEUR, Michel/MARIN, Xavier, *Les comptes en banque*, tomo I, Paris, 1966.

VECCHI, "Obbligazioni nell'interesse della famiglia e responsabilità solidale dei coniugi", *Rivista di Diritto Civile*, ano XXXVII, II, 1991, pp. 631 e segs.

VEITORI, Giuseppe, "Il dovere coniugale di contribuzione", *in* AAVV, *Studi in onore di Pietro Rescigno. Diritto Privato*, vol. II, tomo 1, Milano, Giuffrè Editore, 1998, pp. 867-882.

VERZERA, M., "Le obbligazioni dei coniugi in comunione legale e la solidarietá matrimoniale in prospettiva costituzionale", *in* AAVV, *Manuale del nuovo Diritto di Famiglia*, sob a direção de G. Cassano, 2ª ed., Piacenza, Casa Editrice La Tribuna, 2003, pp. 613-653.

VIDAL MARTÍNEZ, Jaime, "Aplicación del régimen de sociedad de gananciales a una relación y convivencia no matrimonial. Convenio económico. Validez (Comentario de urgencia a la sentencia de 21 de abril de 1986 de la Audiencia Provincial de Córdoba)", *Revista General de Derecho*, ano XLII, nº 504, 1986, pp. 4303-4317.

VOISIN, Laurent, "Les charges du ménage dans les relations entre "conjoints" et à l'égard des tiers", *in* AAVV, *Différenciation ou convergence des statuts juridiques du couple marié et du couple non marié? Droit belge et français*, sob a direção de Jean Hauser/Jean-Louis Renchon, Bruxelles/Paris, Bruylant/LGDJ, 2005, pp. 128-158.

WEBER, A., «Die Entwicklung des Familienrechts seit Mitte 1999, Eherecht, Kindschaftsrecht, Ehewohnung, Hausrat und vermögensrechtliche Beziehungen", *NJW*, ano 54º, nº 18, 2001, pp. 1320-1328.

WELLENHOFER, Marina, "Familienrecht. Keine analoge Anwendung von § 1362 BGB auf nichteheliche Lebensgemeinschaft", *JuS*, nº 6, 2007, pp. 591-593.

WENGLER, Wilhelm, "O projecto de um novo Código Civil português", *BMJ*, nº 168º, 1967, pp. 333-341.

WEVER, Reinhardt, *Vermögensauseinandersetzung der Ehegatten ausserhalb des Güterrechts*, 4ª ed., Bielefeld, Ernst und Werner Gieseking, 2006.

WEYLAND, Michel, "L'indispensable dissociation des alinéas 1 et 2 de l'article 1414 du Code Civil (à propos de l'article 48 du décret n. 92-755 du 31 juillet 1992)", *JCP* 1993.I.3712.

WITTICH, Thomas, *Die Gütergemeinschaft (und ihre Auseinandersetzung)*, Luchterhand, Fur - Praxis, 2000.

XAVIER, M.ª Rita A. G. Lobo, "Reflexões sobre a posição do cônjuge meeiro em sociedades por quotas", Separata do *Boletim da Faculdade de Direito da Universidade de Coimbra*, ano XXXVIII, Coimbra, 1993.

—, "Contrato-promessa de partilha dos bens do casal celebrado na pendência da acção de divórcio (comentário ao acórdão do Supremo Tribunal de Justiça de 26 de Maio de 1993)", Separata da *RDES*, ano XXXVI, nºs 1-2-3, Janeiro--Setembro, 1994.

—, "Acção cambiária. Proveito comum do casal. Ónus da prova. Conta bancária comum", Separata da *RDES*, ano XXXVII, nºs 1-2-3, Janeiro-Setembro, 1995.

—, "A sub-rogação real indirecta de bens próprios nos regimes de comunhão", Separata da *RDES*, ano XXXIX, nºs 1-2-3, Janeiro-Setembro, 1997.

—, *Limites à autonomia privada na disciplina das relações patrimoniais entre os cônjuges*, Coimbra, Almedina, 2000.

—, "Da crise à desregulamentação da família", *in* AAVV, *Estudos em homenagem ao Professor Doutor Jorge Ribeiro de Faria*, Coimbra, Coimbra Editora, 2003, pp. 835-848.

—, "Das relações entre o direito comum e o direito matrimonial – a propósito das atribuições patrimoniais entre cônjuges", *in* AAVV, *Comemorações dos 35 anos do Código Civil e dos 25 anos da Reforma de 1977, Direito da Família e das Sucessões*, vol. I, Coimbra, Coimbra Editora, 2004, pp. 487-500.

—, "Bem adquirido por cônjuge casado no regime de comunhão de adquiridos em cumprimento de contrato-promessa de compra e venda celebrado antes do casamento", *Lex Familiae – Revista Portuguesa de Direito da Família*, ano 1, nº 2, 2004, pp. 5-16.

—, "Omissão das formalidades exigidas pela norma da alínea c) do artigo 1723º do Código Civil para a sub-rogação real indireta de bens próprios no regime da comunhão de adquiridos: o Acórdão de Uniformização de Jurisprudência nº 12/2015 e as novas dimensões do problema", *Julgar*, nº 40, janeiro-abril, 2020, pp. 13-29.

XAVIER, Vasco da Gama Lobo, *Sumários de Direito Comercial*, policopiado, Coimbra, 1977/78.

—, "O art. 10º do Código Comercial e as dívidas cambiárias (assento do Supremo Tribunal de Justiça, de 13 de Abril de 1978, nº (4/78)", Separata da *RDES*, ano XXV, nºs 1 e 2, Janeiro-Março, 1980.

—, "Responsabilidade dos bens do casal pelas dívidas comerciais de um dos cônjuges", Separata da *RDES*, ano XXIV, Outubro-Dezembro, 1980.

—, "Se pode o cônjuge do empresário, ao abrigo do art. 1678º, nº 3, do Código Civil, intervir na gestão do estabelecimento mercantil, quando este seja um bem comum do casal", Separata da *RDES*, ano XXVI, nºs 1-2-3-4, 1982.

XAVIER, Vasco da Gama Lobo/MESQUITA, Manuel Henrique, "Sobre o art. 1682º-A, nº 1, al. a), do Código Civil: desnecessidade do consentimento do cônjuge do empresário para a alienação de imóveis que se integre no objecto da empresa", *RDES*, ano XXVI, nºs 1-2-3-4, 1979, pp. 59-73.

YÁÑEZ VIVERO, Fátima, "Deudas de un solo cónyuge y responsabilidad ganancial según la reciente jurisprudencia del Tribunal Supremo", *Anuario de Derecho Civil*, tomo LIII, nº 2, 2000, pp. 553-626.

—, *Las capitulaciones matrimoniales en perjuicio de acreedores y la anotación de embargo sobre bienes ex-gananciales*, Madrid, Fundación Beneficentia et Peritia Iuris, Colegio de Registradores de la Propriedad y Mercantiles de España, 2003.

ÍNDICE